Reto Mantz

AF287620

Rechtsfragen offener Netze

Rechtliche Gestaltung und Haftung des Access Providers in zugangsoffenen
(Funk-)Netzen

Schriften des Zentrums für angewandte Rechtswissenschaft

Band 8

ZAR | Zentrum für angewandte Rechtswissenschaft

Universität Karlsruhe (TH)

Herausgeber der Schriftenreihe: *Prof. Dr. Thomas Dreier M.C.J.*

Prof. Dr. Jürgen Kühling LL.M.

Prof. Dr. Peter Sester Dipl.-Kfm.

Rechtsfragen offener Netze

Rechtliche Gestaltung und Haftung des Access Providers in zugangsoffenen (Funk-)Netzen

von
Reto Mantz

universitätsverlag karlsruhe

Dissertation an der Universität Freiburg i. Br., Rechtswissenschaftliche Fakultät

Dekan der Rechtswissenschaftlichen Fakultät Freiburg i. Br.:
Prof. Dr. jur. Walter Perron
Erstgutachter:
Prof. Dr. jur. Thomas Dreier, MCJ, Institut für Informationsrecht,
Universität Karlsruhe (TH)
Zweitgutachter:
Prof. Dr. jur. Maximilian Haedicke, LLM, Institut für Wirtschaftsrecht -
Arbeitsbereich Gewerblicher Rechtsschutz und Urheberrecht,
Universität Freiburg i. Br.

Ort und Tag der mündlichen Prüfung:
Freiburg i. Br., 13. Februar 2008

Die Dissertation wurde am Institut für Informationsrecht der Universität
Karlsruhe (TH) geschrieben. Stand Februar 2008.

Impressum

Universitätsverlag Karlsruhe
c/o Universitätsbibliothek
Straße am Forum 2
D-76131 Karlsruhe
www.uvka.de

Universitätsverlag Karlsruhe 2008
Print on Demand

ISSN: 1860-8744
ISBN: 978-3-86644-222-1

Vorwort

Die vorliegende Arbeit wurde im Sommersemester 2007 von der juristischen Fakultät der Albert-Ludwigs-Universität Freiburg i. Br. als Dissertation angenommen. Sowohl Rechtsprechung als auch Literatur wurden bis Februar 2008 berücksichtigt. Bedanken möchte ich mich insbesondere bei meinem Doktorvater, Herrn Prof. Dr. Thomas Dreier, M.C.J., dafür, dass er diese Arbeit in einem relativ späten Stadium noch angenommen, gefördert und mich bei der Erstellung unterstützt hat. Mein Dank gilt auch Herrn Prof. Dr. Maximilian Haedicke, LL.M, für die rasche Erstellung des Zweitgutachtens.

Weiter danke ich meiner Familie, meiner Freundin und all meinen Freunden, die mich in der Zeit der Erstellung immer wieder aufgebaut und unterstützt haben.

Inhaltsübersicht

Erster Teil: Einführung   1

§ 1   Einleitung 3

§ 2   Netzwerke und offene Netze 7

§ 3   Rechtliche Vorfragen 45

Zweiter Teil: Rechtsverhältnisse zwischen den Teilnehmern   89

§ 4   Rechtsverhältnisse 91

§ 5   Störungen im Rechtsverhältnis 171

Dritter Teil: Ansprüche geschädigter Dritter   209

§ 6   Ansprüche gegen den Nutzer bzw. Teilnehmer 211

§ 7   Ansprüche gegen den Betreiber 239

Vierter Teil: Zusammenfassung und Ausblick   327

§ 8   Schlussbetrachtung 329

Anhang Pico Peering Agreement 335

Index 341

Inhaltsverzeichnis

Erster Teil: Einführung   1

§ 1   Einleitung 3
    I.   Untersuchungsgegenstand 3
    II.   Ziel der Untersuchung 3
    III. Gang der Untersuchung 4

§ 2   Netzwerke und offene Netze 7
    I.   Offene Netze 7
    II.   Beispiel für den Aufbau eines offenen Netzes 10
    III. Zum Begriff „offene Netze" 11
    IV. Gesellschaftliche Grundlagen offener Netze 13
        1. Motivation und Ziele 14
            a) Eigennützige Motive 14
            b) Altruistische Motive 16
            c) Versuch einer rechtlichen Verankerung 18
            d) Code is Law: Die Einbindung aller Nutzer 19
        2. Kommunikationsstrukturen und Community-Inhalte 20
        3. Strukturbildung 21
    V.   Technische Grundlagen offener Netze 22
        1. Das Netzwerk-Schichtenmodell 22
        2. Physikalische Vernetzung 23
        3. TCP/IP 24
        4. Routing-Technologien 27
        5. Virtual Private Networks 31
        6. Kontrollstrukturen 32
        7. Identifizierung in offenen Netzen 34

a) IP-Adresse 34

b) MAC-Adresse 35

c) Anmeldung 36

d) Prozessor-Id 36

e) Fazit 36

8. Gefährdungen im Internet 37

a) Viren 37

b) Würmer 38

c) Trojaner 39

d) Denial-of-Service-Angriffe 39

e) Fazit 41

9. Exkurs: Serverdienste in offenen Netzen 41

§ 3   Rechtliche Vorfragen 45

I.   Die Trennung zwischen Nutzer und Diensteanbieter - Auflösung eines
      Rollenparadigmas 45

II.   Die Anwendung von TKG und TMG 46

1. Einleitung 47

2. Anwendbarkeit des TKG 49

3. Anwendbarkeit des TMG 51

a) Problemstellung 51

b) Generelle Anwendbarkeit des TMG neben dem TKG 54

c) Anwendbarkeit nur der Privilegierungsregeln des TMG 55

d) Fazit 56

4. Rechtsfolgen 57

a) Meldepflicht 57

b) Datenschutz 59

c) Anwendbarkeit der TKÜV 61

d) Pflicht zur Ergreifung von Schutzmaßnahmen 63

e) Anwendbarkeit der TKV 66

III. Das Grundrecht auf informationelle Selbstbestimmung und Anonymität . . 67

1. Anonymität 69

2. Relevanz von Verkehrsdaten 70

3. Grundrecht auf informationelle Selbstbestimmung, Recht auf Anonymität 72

4. Eingriffe in das Recht auf Anonymität 79

a) Legitimation 79

b) Verhältnismäßigkeit 80

5. Gefahren durch Anonymität 83

6. Fazit 84

IV. Exkurs: Vertragsgestaltung bei Open Source und Open Content 85

V. Zusammenfassung 87

Zweiter Teil: Rechtsverhältnisse zwischen den Teilnehmern   89

§ 4   Rechtsverhältnisse 91

I. Rechtsverhältnisse ohne direkte Regelungsgrundlage 92

1. Essentialia negotii 93

a) Leistungen 93

b) Parteien 94

2. Erklärungen 95

3. Rechtliche Einordnung - Abgrenzung 97

a) Objektive Kriterien 97

b) Subjektive Kriterien 99

aa) Gesellschaftlicher Verkehr 100

bb) Unentgeltlichkeit 102

cc) Grund und Zweck 103

dd) Wirtschaftliche und rechtliche Bedeutung für die Beteiligten . . 104

aaa) Methoden zur Erkennung der Motivation des Nutzers . . . 107

bbb) Erkennbarkeit für den Betreiber bzw. den objektiven Dritten 108

ccc) Ergebnis 109

ee) Wirtschaftliche Risiken des Leistenden 109

ff) Ergebnis 111

c) Vertrauensschutz 111

d) Erweiterung der subjektiven Theorie für altruistische Angebote
an die Allgemeinheit? 113

aa) Problemstellung 113

bb) Lösungsansatz 115

cc) Ergebnis 116

e) Ergebnis 116

4. Ergebnis 116

II. Verwendung von Peering Agreements 117
    1. Einleitung 117
        a) Grundlagen des Peering 117
        b) Das Pico Peering Agreement für freie Netze 119
        c) Überlegungen zur Einbeziehung des Pico Peering Agreement 120
    2. Rechtliche Bindung durch das Pico Peering Agreement 120
    3. Das Pico Peering Agreement als Auslobung nach § 657 BGB 124
        a) Folgerungen aus der Behandlung von Patronatserklärungen 124
        b) Vergleich mit der Vertragsgestaltung bei Open Source und Open
           Content 126
        c) Weitere Gesichtspunkte 128
        d) Ergebnis 129
    4. Parteien eines Vertrages auf Grundlage des Pico Peering Agreement . . 129
        a) Ersteller des Pico Peering Agreement und Betreiber bzw. Nutzer . . 129
        b) Ersteller von notwendiger Software, die das Pico Peering Agree-
           ment verwenden, und Betreiber bzw. Nutzer 130
        c) Betreiber und Nutzer bzw. Betreiber und Betreiber 131
        d) Mehrere Betreiber 132
    5. Das Pico Peering Agreement als Gesellschaftsvertrag nach § 705 BGB   132
        a) Gründung der Gesellschaft 134
            aa) Gemeinsamer Zweck 134
            bb) Förderungspflicht 135
            cc) Dauerhaftigkeit der Förderungspflicht und Kündigung durch
                Einstellung des Betriebes 136
            dd) Ablehnung der Gesellschaftsgründung unter Hinweis auf
                Open Source-Gesellschaften? 139
            ee) Konstruktion mehrseitiger Beziehungen 140
            ff) Ergebnis 141
        b) Beitritt zur Gesellschaft 142
            aa) Problem: Verschmelzung von Gesellschaften 142
            bb) Direkte Sichtbarkeit als Abgrenzungskriterium 147
            cc) Fazit 149
        c) Kündigung 149
        d) Auseinandersetzung 149
        e) Haftung der Gesellschafter 150
        f) Nutzungsbestimmungen 151

g) Vereinbarkeit mit dem Wesen der Gesellschaft des BGB? 151

h) Fazit 153

6. Exkurs: Das Pico Peering Agreement als zweiseitiger Vertrag bei
   VPN-Verbindungen 153

7. Exkurs: Netzwerke und Netzwerkverträge 155

8. Ergebnis 156

III. Die Nutzung von Vereinsstrukturen 157

    1. Einführung 157

       a) Der Verein als Rechtsform 157

          aa) Nicht-Wirtschaftlichkeit der Vereine 158

          bb) Zweck, Satzung und Organe 159

          cc) Vereine auf Basis des Pico Peering Agreement? 160

       b) Beispiele 161

          aa) Freifunk Potsdam e.V. 162

          bb) Weimarnetz e.V. 163

          cc) Opennet Initiative e.V. Rostock 164

    2. Vereine als Betreiber - Das Verhältnis der Mitglieder zum Verein 164

       a) Mitgliedschaftsrechte 165

       b) Mitgliedschaftspflichten 166

       c) Zwischenergebnis 167

    3. Das Verhältnis zwischen den Mitgliedern 167

    4. Ergebnis 169

§ 5 **Störungen im Rechtsverhältnis** 171

  I. Ansprüche bei Leistungsstörungen - Sekundärhaftung 171

    1. Sekundäransprüche im Gefälligkeitsverhältnis 171

       a) Fallkonstellationen für Sekundäransprüche 172

       b) Die Begründung von Sekundärpflichten im Gefälligkeitsverhält-
   nis vor der Schuldrechtsreform 2002 173

       c) Sekundärpflichten nach der Schuldrechtsreform 176

       d) Ergebnis 180

    2. Sekundäransprüche bei Verwendung des Pico Peering Agreement . . . 180

       a) Grundsatz: Sorgfalt in eigenen Angelegenheiten 180

       b) Inhaltskontrolle, §§ 307 ff. BGB 181

       c) Haftungsausschluss durch das Pico Peering Agreement 182

       d) Ergebnis 184

    3. Sekundäransprüche bei der Nutzung von Vereinsstrukturen 185

      a) Haftung unter den Mitgliedern 185

      b) Haftung des Vereins 186

      c) Ergebnis 186

    4. Ergebnis 187

II. Dingliche Haftung 187

    1. Der possessorische Anspruch aus § 862 BGB 188

      a) Besitzstörung 188

      b) Verbotene Eigenmacht 190

        aa) Besitzstörung ohne bzw. gegen den Willen des Anspruchstellers . 190

          aaa) Die Bedingbarkeit der Zustimmung nach § 858 BGB 190

          bbb) Reglementierung des Verhältnisses zwischen Betreiber und Nutzer, Peering Agreements 191

          ccc) Vereinbarkeit mit Gefälligkeitsverhältnissen 195

          ddd) Vereinbarkeit mit Gesellschaftsvertrag und Vereinsstruktur . 196

          eee) Ergebnis 197

        bb) Ergebnis 197

      c) Ergebnis 198

    2. Exkurs: Untersagung der gleichzeitigen Nutzung eines anderen parallelen Netzes aus § 862 BGB 198

      a) Besitzstörung 198

      b) Verbotene Eigenmacht 199

      c) Ergebnis 201

    3. Der Unterlassungsanspruch aus § 1004 BGB 201

    4. Ergebnis 201

III. Deliktische Haftung 201

    1. Deliktische Haftung in Gefälligkeitsverhältnissen 202

      a) Privilegierungen in vertraglichen Gefälligkeitsverhältnissen 202

      b) Übertragung der Grundsätze auf nicht-vertragliche Gefälligkeitsverhältnisse 203

      c) Ergebnis 205

    2. Deliktische Haftung in Gesellschaftsverhältnissen nach dem Pico Peering Agreement 205

    3. Deliktische Haftung im Verein 206

    4. Ergebnis 206

IV. Bereicherungsrechtliche Ansprüche 206

V. Ergebnis 207

Dritter Teil: Ansprüche geschädigter Dritter 209

§ 6 Ansprüche gegen den Nutzer bzw. Teilnehmer 211

I. Einführung 211

II. Urheberrechtsverletzungen 213

   1. Urheber-, Leistungsschutz- und Nutzungsrechte 214

   2. Verletzungshandlung 215

   3. Rechtswidrigkeit 216

   4. Verschulden 216

   5. Rechtsfolgen 217

III. Persönlichkeitsrechtsverletzungen 218

   1. Schutzbereich 218

   2. Rechtsfolgen 219

IV. Weitere - deliktische - Eingriffe 219

   1. Bewusste Schädigung durch den Nutzer 220

     a) Rechtsgutverletzung 220

     b) Weitere tatbestandliche Voraussetzungen 222

     c) Haftungsbegrenzendes Mitverschulden, § 254 BGB 222

   2. Unbewusste Schädigung 222

     a) Rechtsgutverletzung 223

     b) Verletzung von Verkehrssicherungspflichten 223

       aa) Gefahrbeherrschung als Anknüpfungspunkt von Verkehrssicherungspflichten 223

       bb) Pflicht zur Ergreifung der zur Verfügung stehenden Sicherungsmaßnahmen 224

         aaa) Die Bekanntheit des Sicherheitsproblems 224

         bbb) Bekanntheit auch der Sicherungs- bzw. Gegenmaßnahmen . 228

         ccc) Technische Zumutbarkeit 230

         ddd) Wirtschaftliche Zumutbarkeit 231

         eee) Aktualität 232

         fff) Das allgemeine Lebensrisiko als Begrenzung 232

         ggg) Zwischenergebnis 235

       cc) Zwischenergebnis 235

      c) Rechtswidrigkeit und Verschulden 235

      d) Mitverschulden des Geschädigten, § 254 BGB 236

    3. Ergebnis 237

  V. Ergebnis 237

§ 7 Ansprüche gegen den Betreiber 239

  I. Anonymität als Problem der Rechtsverfolgung 239

  II. Betreiberbegriff und Schädigungshandlungen 240

  III. Deliktsrechtlicher Anspruch, § 823 Abs. 1 BGB 241

  IV. Störerhaftung, § 1004 BGB (analog) 242

    1. Einführung 242

    2. Rechtsbeeinträchtigung 243

    3. Willentliche und adäquat-kausale Verursachung 243

      a) Zustands- oder Handlungsstörer 243

      b) Willensbetätigung und Kenntnis des Störers 244

      c) Mittelbare Verursachung 246

      d) Ergebnis 248

    4. Abhilfemöglichkeit 249

      a) Erhebung von Daten zur Identifizierung 249

      b) Verhinderung der Verbreitung 250

      c) Einstellung des (offenen) Betriebs 252

      d) Konkurrierende Rechtspflichten 254

    5. Überwachungs- und Prüfungspflichten 254

      a) Kenntnis als Voraussetzung für Überwachungs- und Prüfungspflichten 255

      b) Allgemeine Grundsätze 257

      c) Spezielle Abwägungskriterien 259

        aa) Wirtschaftliche Nutzenziehung aus dem Handeln des Störers . . 259

        bb) Datenschutz und Anonymität 261

      d) Pflichten der Betreiber von offenen Netzwerken - Abwägung 267

        aa) Pflicht zur Erhebung von Bestands- und Verkehrsdaten 268

          aaa) Bestandsdaten 269

          bbb) Verkehrsdaten 277

        bb) Verhinderung der Verbreitung 278

        cc) Einstellung des (offenen) Betriebs 280

        dd) Ergebnis 283

      e) Ergebnis 283

6. Rechtswidrigkeit 284

7. Ausschluss der Haftung durch Privilegierung, § 8 TMG 285

8. Haftung weiterer zwischengeschalteter Betreiber 285

9. Haftung des Whitelist-Betreuers 286

10. Haftung der Gesellschaft 289

11. Haftung des Vereins 289

    a) Haftung des Vereins für vereinseigene Anlagen 290

    b) Haftung des Vereins für Handlungen der Vereinsmitglieder 291

    c) Haftung des Vereinsmitglieds für eigenverantwortliches Handeln . . 291

    d) Fazit 291

12. Exkurs: Unbewusstes „Angebot" - ein Privilegierungsparadoxon? . . . 291

13. Ergebnis 295

V.   Auskunftsansprüche 295

1. Einführung 295

2. Änderungen des Prüfungsablaufs durch Umsetzung der Enforcement-RL 296

3. Auskunftsanspruch nach § 101 Abs. 2 UrhG-RegE 297

    a) Offensichtliche Rechtsverletzung 298

    b) Für Rechtsverletzung genutzte Dienstleistung 299

        aa) Dienstleistung 299

        bb) Gewerbliches Ausmaß der Diensterbringung 299

        cc) Nutzung für rechtsverletzende Tätigkeit 300

        dd) Gewerbliches Ausmaß auch der Rechtsverletzung 300

        ee) Zwischenergebnis 301

    c) Der Auskunft entgegenstehende Rechte und Normen 301

        aa) Privilegierung, § 8 TMG 301

        bb) Datenschutzrecht 304

            aaa) Ermittlung und Übermittlung von Daten zur Erfüllung des Auskunftsanspruchs 304

            bbb) Rechtmäßigkeit der Verarbeitung 307

            ccc) Ergebnis 312

        cc) Fernmeldegeheimnis 312

        dd) Schutz des Rechts auf informationelle Selbstbestimmung? 314

        ee) Ergebnis 315

    d) Verhältnismäßigkeit 315

    e) Umfang der Auskunft 318

     f) Kein Zeugnisverweigerungsrecht 318

     g) Richtervorbehalt, § 101 Abs. 9 UrhG-RegE 319

     h) Ergebnis 319

  4. Allgemeiner Auskunftsanspruch, § 242 BGB i.V.m. verletzter

     Rechtsnorm 320

     a) Kein Eigenbehelf des Verletzten 321

     b) Rechtsbeziehung zwischen Auskunftsgläubiger und -schuldner . . . 322

     c) Interessenabwägung 322

     d) Privilegierung, § 8 TMG 324

     e) Inhalt und Umfang 324

     f) Ergebnis 325

  5. Ergebnis 326

  VI. Ergebnis 326

Vierter Teil: Zusammenfassung und Ausblick   327

§ 8 Schlussbetrachtung 329

  I. Zusammenfassung 329

  II. Ausblick 330

  III. Offene Fragen 331

Anhang Pico Peering Agreement 335

Index 341

Literaturverzeichnis

Ahrens, Hans-Jürgen	21 Thesen zur Störerhaftung im UWG und im Recht des Geistigen Eigentums, WRP 2007, 1281–1290
Aigner, Dietmar *Hofmann, Dietrich*	Fernabsatzrecht im Internet, München 2004
Albers, Marion	Informationelle Selbstbestimmung, Baden-Baden 2005 (zugl. Habil., Humboldt-Universität Berlin 2001/2002)
Alvaro, Alexander	Positionspapier zur Einführung einer Vorratsspeicherung von Daten, RDV 2005, 47–50
Andersen, Birgitte *Frenz, Marion*	The Impact of Music Downloads and P2P File-Sharing on the Purchase of Music: A Study for Industry Canada, - http://strategis.ic.gc.ca/epic/site/ippd-dppi.nsf/vwapj/IndustryCanadaPaperMay4_2007_en.pdf/$FILE/IndustryCanadaPaperMay4_2007_en.pdf, 2007 (abgerufen am 28.2.2008)
Angelov, Miroslav et al.	Stellungnahme der Humanistischen Union zum Referentenentwurf eines „Gesetz zur Neuregelung der Telekommunikationsüberwachung und anderer verdeckter Ermittlungsmaßnahmen sowie zur Umsetzung der Richtlinie 2006/24/EG" vom 27. November 2006, Berlin 2007 - http://www.humanistische-union.de/fileadmin/hu_upload/doku/inneres/Gesamtreform_HU-Stellungnahme.pdf, (abgerufen am 28.2.2008)
Ann, Christoph	Internetverträge - Besonderheiten des elektronischen Vertragsschlusses, in: *Hohl, Michael*; *Leible, Stefan*; *Sosnitza, Olaf (Hrsg.):* Vernetztes Recht, Stuttgart 2002, 53–70

Anonymous   der neue hacker's guide, 2. Auflage, München 2001

Arnold, Alfred   Funk-Erkennung, - http://www.heise.de/netze/artikel/
                               79463, (abgerufen am 28.2.2008)

Autengruber, Christof   Vision und Realität Freier Community Netze – Selbst-
                               organisation in der Netzkultur, Magisterarbeit Salz-
                               burg, Salzburg 2007, - http://home.subnet.at/christof/
                               wp-content/uploads/Mag-Arbeit_Freie-Netze.pdf, (ab-
                               gerufen am 28.2.2008)

Backu, Frieder   Haftung der Access Provider - Aktuelle Entwicklungen,
Hertneck, Danielle   ITRB 2008, 35–38

Ballhaus, Werner et al.   Das Bürgerliche Gesetzbuch mit besonderer Berück-
                               sichtigung der Rechtsprechung des Reichsgerichts und
                               des Bundesgerichtshofs, Band II, 1. Teil, §§ 241-243,
                               12. Auflage, Berlin 1976 (zitiert: BGB-RGRK)

Ballhaus, Werner et al.   Das Bürgerliche Gesetzbuch mit besonderer Berück-
                               sichtigung der Rechtsprechung des Reichsgerichts und
                               des Bundesgerichtshofs, Band II, 2. Teil, §§ 414-610,
                               12. Auflage, Berlin 1978 (zitiert: BGB-RGRK)

Ballhaus, Werner et al.   Das Bürgerliche Gesetzbuch mit besonderer Berück-
                               sichtigung der Rechtsprechung des Reichsgerichts und
                               des Bundesgerichtshofs, Band III, 1. Teil, §§ 854-1011,
                               12. Auflage, Berlin 1979 (zitiert: BGB-RGRK)

Ballhaus, Werner et al.   Das Bürgerliche Gesetzbuch mit besonderer Berück-
                               sichtigung der Rechtsprechung des Reichsgerichts und
                               des Bundesgerichtshofs, Band I, §§ 1-240, 12. Auflage,
                               Berlin 1982 (zitiert: BGB-RGRK)

Balzereit, Ernst   Gefälligkeitsverträge, Großenhain 1929 (zugl. Jur.
                               Diss., Marburg 1929)

Bamberger, Georg   Kommentar zum Bürgerlichen Gesetzbuch, München
Roth, Herbert   2007

Banzhaf, Volker   Der Auskunftsanspruch im gewerblichen Rechtsschutz
                               und Urheberrecht, Heidelberg 1989 (zugl. Jur. Diss.,
                               Heidelberg 1989)

Bar, Christian v.	Verkehrspflichten, Köln 1980
Bär, Wolfgang	Anmerkung zu LG Stuttgart, Beschl. v. 4.1.2005 - 13 Qs 89/04, NJW 2005, 614, MMR 2005, 626–627
Bär, Wolfgang	Wardriver und andere Lauscher - Strafrechtliche Fragen im Zusammenhang mit WLAN, MMR 2005, 434–441
Bär, Wolfgang	Anmerkung zu AG Offenburg, Beschl. v. 20.7.2007 - 4 Gs 442/07, MMR 2007, 811–813
Barth, Stephan	Unterstützungsleistungen im Kommunikationsraum Internet, Siegen 2003 (zugl. Phil. Diss., Siegen 2003) - http://nbn-resolving.de/urn%3Anbn%3Ade%3Ahbz%3A467-336, (abgerufen am 28.2.2008)
Bartsch, Michael	Software und das Jahr 2000, Baden-Baden 1998 (zugl. Jur. Diss., Karlsruhe 1998)
Bäumler, Helmut	Gibt es ein Recht auf Anonymität? Macht Anonymität heute noch Sinn? DuD 2003, 60–60
Bäumler, Helmut	Das Recht auf Anonymität, in: *Bäumler, Helmut, Mutius, Albert v. (Hrsg.):* Anonymität im Internet, Braunschweig 2003, 1–11
Baur, Jürgen Stürner, Rolf	Sachenrecht, 17. Auflage, München 1999
Beckmann, Roland Michael (Hrsg.)	Juris PraxisKommentar BGB, §§ 433-630, 3. Auflage, Saarbrücken 2006 (zitiert: JurisPK-BGB)
Behling, Mario	Auf dem Weg zum überregionalen Freifunk-Netz, 2006 - http://de.indymedia.org/2006/06/151100.shtml, 28.6.2006 (abgerufen am 28.2.2008)
Berlit, Wolfgang	Auswirkungen des Gesetzes zur Verbesserung der Durchsetzung von Rechten des geistigen Eigentums im Patentrecht, WRP 2007, 732–738
Berwanger, Elizabeth	Der Gesellschaftsvertrag eines virtuellen Unternehmens, Münster 2000 (zugl. Jur. Diss., Münster 2000)

Bhattacharjee, Sudip et al.	The Effect of Digital Sharing Technologies on Music Markets: A Survival Analysis of Albums on Ranking Charts, Management Science 2007, 1359–1374 - http://mansci.journal.informs.org/cgi/reprint/53/9/1359, (abgerufen am 28.2.2008)
Bieniek, Georg	Die rechtliche Beurteilung virtueller Unternehmen. Gesellschaftsrechtliche Einordnung und vertragsrechtliche Lösungsansätze organisatorischer Besonderheiten, 1. Auflage, Berlin 2004 (zugl. Jur. Diss., Bremen 2004)
Bizer, Johann	Datenschutz im Telemediengesetz, - https://www.datenschutzzentrum.de/allgemein/061211-tmg.htm, 11.12.2006 (abgerufen am 28.2.2008)
Bizer, Johann	Recht auf Anonymität - Ein Prinzip der elektronischen Individualkommunikation, 2000 - http://www.lfd.nrw.de/pressestelle/download/12vortrag-bizer.pdf, (abgerufen am 28.2.2008)
Bizer, Johann	Praxis der TK-Überwachung, DuD 2002, 216–220
Bizer, Johann	Das Recht auf Anonymität in der Zange gesetzlicher Identifizierungspflichten, in: *Bäumler, Helmut*; *Mutius, Albert v. (Hrsg.):* Anonymität im Internet, Braunschweig 2003, 78–94
Bizer, Johann	Verkehrsdaten: Auf Vorrat zur Auskunft, DuD 2004, 588–588
Bizer, Johann	Wer steckt hinter der IP-Adresse? - Grenzen eines urheberrechtlichen Auskunftsanspruches, DuD 2004, 627–627
Bizer, Johann	Vorratsdatenspeicherung: Ein fundamentaler Verfassungsverstoß, DuD 2007, 586–589
Blankenagel, Alexander	Das Recht, ein „Anderer" zu sein, DÖV 1985, 953–963
Bleisteiner, Stephan	Rechtliche Verantwortlichkeit im Internet, Köln 1999 (zugl. Jur. Diss., Würzburg 1998)
Blomeyer, Arwed	Allgemeines Schuldrecht, 4. Auflage, Berlin 1969

Bökel, Rainer	Das Recht auf Anonymität in der Diskussion, in: *Bäumler, Helmut*; *Mutius, Albert v. (Hrsg.):* Anonymität im Internet, Braunschweig 2003, 191–197
Bölscher, Jens *Kaiser, Christian* *Schulenburg, Johann-* *Matthias Graf v. d.*	Hacker gibt es wirklich! VW 2002, 565–565
Bork, Reinhard	Allgemeiner Teil des Bürgerlichen Gesetzbuches, 2. Auflage, Tübingen 2006
Böttcher, Leif	Schutz vor unerwünschten R-Gesprächen (nur) durch Eintragung in die Sperrliste? VuR 2006, 256–259
Breyer, Patrick	Bürgerrechte und TKG-Novelle - Datenschutzrechtliche Auswirkungen der Neufassung des Telekommunikationsgesetzes, RDV 2004, 147–153
Breyer, Patrick	Die systematische Aufzeichnung und Vorhaltung von Telekommunikations-Verkehrsdaten für staatliche Zwecke in Deutschland, Berlin 2005
Breyer, Patrick	Rechtsprobleme der Richtlinie 2006/24/EG zur Vorratsdatenspeicherung und ihrer Umsetzung in Deutschland, StV 2007, 214–220
Brox, Hans *Walker, Wolf-Dietrich*	Allgemeiner Teil des BGB, 31. Auflage, Köln 2007
Buchinger, Daniel *Pfeiffer, Gero*	Anmerkung zu BGH, Urt. v. 4.3.2004 - III ZR 96/03, NJW 2004, 1590 - Dialer, JA 2004, 589–591
Bull, Hans Peter	Zweifelsfragen um die informationelle Selbstbestimmung - Datenschutz als Datenaskese? NJW 2006, 1617–1624
Bundesamt für Sicherheit in der Informationstechnik	IT-Grundschutzhandbuch 2005, Köln 2005
Burg, Michael *Gimnich, Martin*	Illegale Dialer im Internet, DRiZ 2003, 381–385
Burghardt, Alexander	Mobile Mesh-Netzwerke, funkschau 2005, 43–44

Büschenfeldt, Maika	Die Zukunft elektronischer Demokratie: Ideen, Methoden und Praktiken der Open-Source-Bewegung als Modell für die Softwareentwicklung in experimentellen Anwendungsfeldern, in: *Lutterbeck, Bernd*; *Bärwolff, Matthias*; *Gehring, Robert A. (Hrsg.):* Open Source Jahrbuch 2007, Berlin 2007 - http://www.opensourcejahrbuch.de/download/jb2007/OpenSourceJahrbuch2007_online.pdf, (abgerufen am 28.2.2008), 481–494
Calliess, Christian *Ruffert, Matthias*	EUV/EGV - Das Verfassungsrecht der Europäischen Union mit Europäischer Grundrechtecharta, 3. Auflage, München 2007
Canaris, Claus-Wilhelm	Die Feststellung von Lücken im Gesetz, Berlin 1964
Canaris, Claus-Wilhelm	Ansprüche wegen positiver Vertragsverletzung und Schutzwirkung für Dritte bei nichtigen Verträgen, JZ 1965, 475–482
Canaris, Claus-Wilhelm	Die Vertrauenshaftung im deutschen Privatrecht, München 1971
Canaris, Claus-Wilhelm	Die Reform des Rechts der Leistungsstörungen, JZ 2001, 499–528
Cichon, Caroline	Internet-Verträge, 2. Auflage, Köln 2005 (zugl. Jur. Diss., München 1999)
Collin, Peter	Die Videoüberwachung von Kriminalitätsschwerpunkten, JuS 2006, 494–497
Comes, Heinrich	Der rechtsfreie Raum - Zur Frage der normativen Grenzen des Rechts, Berlin 1976
Craushaar, Götz v.	Der Einfluß der Vertrauenshaftung auf die Privatrechtsbildung, München 1969
Czychowski, Christian	Auskunftsansprüche gegenüber Internetzugangsprovidern vor dem 2. Korb und nach der Enforcement-Richtlinie der EU, MMR 2004, 514–519
Dammann, Ulrich *Simitis, Spiros*	EG-Datenschutzrichtlinie, Baden-Baden 1997

Danezis, George	Introducing Traffic Analysis - Attacks, Defences and Public Policy Issues, - http://homes.esat.kuleuven.be/ ~gdanezis/TAIntro.pdf, (abgerufen am 28.2.2008)
Danowski, Patrick *Voß, Jakob*	Das Wissen der Welt - Die Wikipedia, in: *Lutterbeck, Bernd*; *Bärwolff, Matthias*; *Gehring, Robert A. (Hrsg.):* Open Source Jahrbuch 2005, Berlin 2005 - http://www.opensourcejahrbuch.de/download/jb2005/ OpenSourceJahrbuch2005_online.pdf, (abgerufen am 28.2.2008), 393–405
Dauner-Lieb, Barbara	Die geplante Schuldrechtsmodernisierung - Durchbruch oder Schnellschuß? JZ 2001, 8–18
Dauner-Lieb, Barbara et al.	Fälle zum neuen Schuldrecht, Heidelberg 2002
Dauner-Lieb, Barbara et al.	Das neue Schuldrecht, Heidelberg 2002
Denninger, Erhard	Das Recht auf informationelle Selbstbestimmung, in: *Hohmann, Harald (Hrsg.):* Freiheitssicherung durch Datenschutz, Frankfurt 1987, 127–172
Denninger, Erhard	Anonymität - Erscheinungsformen und verfassungsrechtliche Fundierung, in: *Bäumler, Helmut*; *Mutius, Albert v. (Hrsg.):* Anonymität im Internet, Braunschweig 2003, 41–51
Deutsch, Erwin	Das „allgemeine Lebensrisiko" als negativer Zurechnungsgrund, VersR 1993, 1041–1046
Deutsch, Erwin	Allgemeines Haftungsrecht, 2. Auflage, Köln 1996
Deutsche Landesgruppe der IFPI e.V.	Stellungnahme der Deutschen Landesgruppe der IFPI e.V. und des Bundesverbandes der Phonographischen Wirtschaft e.V. zum Regierungsentwurf für ein Gesetz zur Verbesserung der Durchsetzung von Rechten des geistigen Eigentums, - http://www.ifpi. de/recht/20070316_ifpi.pdf, 16.3.2007 (abgerufen am 28.2.2008)
Dietz, Ingo *Richter, Michael*	Netzzugänge unter Internet Service Providern, CR 1998, 528–535

Dix, Alexander   Das Recht auf Anonymität als Eckpfeiler einer offenen
                                    Gesellschaft, in: *Bäumler, Helmut*; *Mutius, Albert v.*
                                    (Hrsg.): Anonymität im Internet, Braunschweig 2003,
                                    52–61

Dobusch, Leonhard   Von der Kommune zur Community: Freie Netze und
                                    freies Wissen auf der lokalpolitischen Agenda, in: *Lut-*
                                    terbeck, Bernd; *Bärwolff, Matthias*; *Gehring, Robert A.*
                                    (Hrsg.): Open Source Jahrbuch 2007, Berlin 2007 -
                                    http://www.opensourcejahrbuch.de/download/jb2007/
                                    OpenSourceJahrbuch2007_online.pdf, (abgerufen am
                                    28.2.2008), 523–530

Dobusch, Leonhard   Freie Netze. Freies Wissen. Wien 2007 -
Forsterleitner, Christian   http://eprints.rclis.org/archive/00009232/01/
                                    FreiNetzeFreiesWissen(Volltext).pdf, (abgerufen am
                                    28.2.2008)

Dölle, Hans   Außergesetzliche Schutzpflichten, ZStW 103 (1943),
                                    67–102

Döring, Nicola   Selbsthilfe, Beratung und Therapie im Internet, in:
                                    Batinic, Bernad (Hrsg.): Internet für Psychologen,
                                    2. Auflage, Göttingen 2000, 421–458

Dornseif, Maximilian   Tatsächliche und rechtliche Risiken drahtloser Compu-
Schumann, Kay H.   ternetzwerke, DuD 2002, 226–230
Klein, Christian

Dreier, Thomas   Urheberrechtsgesetz, 2. Auflage, München 2006
Schulze, Gernot

Drossou, Olga;   Die wunderbare Wissensvermehrung. Wie Open Inno-
Krempl, Stefan;   vation unsere Welt revolutioniert, Hannover 2006
Poltermann, Andreas (Hrsg.)

Druey, Jean Nicolas   Das Recht als Netz für Netzwerke: Eine Wegskizze,
                                    KritV 2006, 163–172

Dustmann, Andreas   Die privilegierten Provider, Baden-Baden 2001 (zugl.
                                    Jur. Diss., Kiel 2001)

Duttge, Gunnar   Recht auf Datenschutz? Der Staat 36 (1997), 281–308

Dütz, Wilhelm	Tendenzaufsicht im Vereinsrecht, in: *Hanau, Peter (Hrsg.):* Festschrift für Wilhelm Herschel, München 1982, 55–76
Eckert, Claudia	IT-Sicherheit, 4. Auflage, München 2006
Eckhardt, Jens	Datenschutz und Überwachung im Regierungsentwurf zum TKG, CR 2003, 805–813
Eckhardt, Jens	Wie weit reicht der Schutz des Fernmeldegeheimnisses (Art. 10 GG)? DuD 2006, 365–368
Eckhardt, Jens	Anmerkung zu AG Berlin Mitte, Urt. v. 27.3.2007 - 5 C 314/06, K&R 2007, 600 und LG Berlin, Urt. v. 6.9.2007 - 23 S 3/07, K&R 2007, 601, K&R 2007, 602–604
Ehlers, Dirk (Hrsg.)	Europäische Grundrechte und Grundfreiheiten, 2. Auflage, Berlin 2005
Ehret, Susanne	Internet-Auktionshäuser auf dem haftungsrechtlichen Prüfstand, CR 2003, 754–761
Eichelberger, Jan	Anmerkung zu OLG Düsseldorf, Urt. v. 7.6.2006 - I-15 U 21/06, MMR 2006, 618, MMR 2006, 621–621
Eisenhardt, Ulrich	Gesellschaftsrecht, 12. Auflage, München 2005
Eisenkolb, Julia	Die Enforcement-Richtlinie und ihre Wirkung - Ist die Enforcement-Richtlinie mit Ablauf der Umsetzungsfrist unmittelbar wirksam? GRUR 2007, 387–393
Elsing, Siegfried H.	Alles entschieden bei der Gesellschaft bürgerlichen Rechts? - Die Rechtsprechung zwischen Mosaik- und Meilensteinen, BB 2003, 909–915
Enneccerus, Ludwig Lehmann, Heinrich	Recht der Schuldverhältnisse, 15. Auflage, Tübingen 1958
Erman, Walter	Bürgerliches Gesetzbuch, 11. Auflage, Köln 2004
Ernst, Sonja	Freie Netze - Utopien aus Sauerkrautdosen, Spiegel Online 2005, 4.3.2005 - http://www.spiegel.de/netzwelt/technologie/0,1518,344668,00.html, (abgerufen am 28.2.2008)

Ernst, Stefan Rechtliche Probleme mobiler Ad-hoc-Netze - Pervasive Computing und die Selbstbestimmung des Kunden, in: *Taeger, Jürgen*; *Wiebe, Andreas (Hrsg.)*: Mobilität - Telematik - Recht, Köln, 127–144

Ernst, Stefan Hacker und Computerviren im Strafrecht, NJW 2003, 3233–3239

Ernst, Stefan Vertragsgestaltung im Internet, München 2003

Ernst, Stefan Hacker, Cracker & Computerviren, Köln 2004

Ernst, Stefan Anmerkung zu LG Mannheim, Beschl. v. 25.1.2007 - 7 O 65/06, MMR 2007, 537, MMR 2007, 538–539

Ernst, Stefan
Seichter, Dirk Die Verwertung von Domains durch Partnerprogramme und Domain-Parking, WRP 2006, 810–815

Ernst, Stefan
Seichter, Dirk Die Störerhaftung des Inhabers eines Internetzugangs, ZUM 2007, 513–518

Ernst, Stefan
Vassilaki, Irini
Wiebe, Andreas Hyperlinks, Köln 2002

Esser, Josef
Schmidt, Eike Schuldrecht - Band I Allgemeiner Teil, Teilband 2, 7. Auflage, Heidelberg 1993

Esser, Josef
Schmidt, Eike Schuldrecht - Band I Allgemeiner Teil 1, 8. Auflage, Heidelberg 1995

Esser, Josef
Weyers, Hans Leo Gesetzliche Schuldverhältnisse, 8. Auflage, Heidelberg 2000

Feldmann, Thorsten Anmerkung zu OLG Hamburg, Urt. v. 22.8.2006 - 7 U 50/06, MMR 2006, 744, MMR 2006, 746–748

Felixberger, Stefan Staatliche Überwachung der Telekommunikation, CR 1998, 143–147

Feser, Frank Anmerkung zu KG Berlin, Urt. v. 27.1.2003 - 26 U 205/01, NJW-RR 2003, 637, MMR 2003, 402–403

Fetzer, Thomas
Zöller, Mark A. Verfassungswidrige Videoüberwachung - Der Beschluss des BVerfG zur geplanten Überwachung des Regensburger Karavan-Denkmals durch Videotechnik, NVwZ 2007, 775–779

Fezer, Karl-Heinz	UWG, München 2005
Fikentscher, Wolfgang	Schuldrecht, 9. Auflage, Berlin 1997
Fikentscher, Wolfgang	Schuldrecht, 10. Auflage, Berlin 2006
Flechsig, Norbert P.	Subdomain: Sicher versteckt und unerreichbar? - Die Verkehrssicherungspflichten des Host-Providers, MMR 2002, 347–353
Flickenger, Rob et al.	Wireless Networking in the Developing World, 2006 - http://wndw.net/pdf/wndw-print.pdf, (abgerufen am 28.2.2008)
Flume, Werner	Allgemeiner Teil des Bürgerlichen Rechts, Band I/1 - Die Personengesellschaft, Berlin 1977
Flume, Werner	Allgemeiner Teil des Bürgerlichen Rechts, Band I/2 - Die juristische Person, Berlin 1983
Flume, Werner	Allgemeiner Teil des Bürgerlichen Rechts, Band 2 - Das Rechtsgeschäft, 4. Auflage, Berlin 1992
Forsterleitner, Christian Pawel, Stefan	Die Voraussetzungen der Freiheit, in: *Dobusch, Leonhard*; *Forsterleitner, Christian (Hrsg.):* Freie Netze. Freies Wissen. Wien 2007 - http://eprints.rclis.org/archive/00009232/01/FreiNetzeFreiesWissen(Volltext).pdf, (abgerufen am 28.2.2008), 277–292
Frey, Dieter Rudolph, Matthias	EU-Richtlinie zur Durchsetzung der Rechte des geistigen Eigentums, ZUM 2004, 522–529
Freytag, Stefan M.	Haftung im Netz, München 1999
Freytag, Stefan M.	Providerhaftung im Binnenmarkt, CR 2000, 600–609
Fritzsche, Jörg	Unterlassungsanspruch und Unterlassungsklage, Berlin 2000 (zugl. Habil., Augsburg 1996/1997)
Fuhrberg, Kai Häger, Dirk Wolf, Stefan	Internet-Sicherheit, 3. Auflage, München 2001
Funk, Axel Zeifang, Gregor	Die GNU General Public License, Version 3, CR 2007, 617–624

Garstka, Hansjürgen	Terrorismusbekämpfung und Datenschutz - Zwei Themen im Konflikt, Neue Justiz 2002, 524–525
Gastroph, Bettina	Dogmatik und Entwicklung der culpa in contrahendo, JA 2000, 803–809
Gehring, Robert A.	„Innovation" - eine Spurensuche, in: *Lutterbeck, Bernd*; *Bärwolff, Matthias*; *Gehring, Robert A. (Hrsg.):* Open Source Jahrbuch 2005, Berlin 2005 - http://www.opensourcejahrbuch.de/download/jb2005/ OpenSourceJahrbuch2005_online.pdf, (abgerufen am 28.2.2008), 409–424
Gehrlein, Markus	Vertragliche Haftung für Gefälligkeiten, VersR 2000, 415–419
Geiger, Rudolf	EUV, EGV, 4. Auflage, München 2004
Geis, Ivo *Geis, Esther*	Anmerkung zu EuGH, Urt. v. 30.5.2006, MMR 2006, 527, MMR 2006, 530–530
Geppert, Martin et al. (Hrsg.)	Beck'scher TKG-Kommentar, 2. Auflage, München 2000
Geppert, Martin et al. (Hrsg.)	Beck'scher TKG-Kommentar, 3. Auflage, München 2006
Gercke, Marco	Strafbarkeit einer Online-Demo, MMR 2005, 868–869
Gercke, Marco	Die Bedeutung der Störerhaftung im Kampf gegen Urheberrechtsverletzungen, ZUM 2006, 593–600
Gercke, Marco	Zugangsprovider im Fadenkreuz der Urheberrechtsinhaber, CR 2006, 210–216
Gercke, Marco	Anmerkung zu LG Hamburg, Urt. v. 26.7.2006 - 308 O 407/06, CR 2007, 54 = MMR 2006, 763, CR 2007, 55–56
Gergen, Thomas	Das gescannte Foto im Internet, Jura 2006, 473–475
Gernhuber, Joachim	Das Schuldverhältnis, Tübingen 1989
Gietl, Andreas	Zivilrechtliche Ansprüche gegen unerwünschte Mitbenutzer privater Funknetze, DuD 2006, 37–40
Gietl, Andreas	Anmerkung zu LG Frankfurt a.M., Urt. v. 22.2.2007 - 2/3 O 771/06, ZUM 2007, 407–409

Gietl, Andreas	Die Einführung der Vorratsdatenspeicherung, K&R 2007, 545–550
Gietl, Andreas	Störerhaftung für ungesicherte Funknetze - Voraussetzungen und Grenzen, MMR 2007, 630–634
Gitter, Rotraud *Schnabel, Christoph*	Die Richtlinie zur Vorratsspeicherung und ihre Umsetzung in das nationale Recht, MMR 2007, 411–416
Gnirck, Karen *Lichtenberg, Jan*	Internetprovider im Spannungsfeld staatlicher Auskunftsersuchen, DuD 2004, 598–602
Goette, Wulf	Mindestanforderungen an die Gesellschafterstellung in der BGB-Gesellschaft, MedR 2002, 1–5
Gola, Peter *Klug, Christoph* *Reif, Yvette*	Datenschutz- und presserechtliche Bewertung der „Vorratsdatenspeicherung", NJW 2007, 2599–2602
Gola, Peter *Schomerus, Rudolf*	Bundesdatenschutzgesetz, 8. Auflage, München 2005
Golembiewski, Claudia	Das Recht auf Anonymität im Internet, DuD 2003, 129–133
Gonnermann, Otto	Die sogenannten Gefälligkeitsverträge, Köln 1932 (zugl. Jur. Diss., Marburg 1932)
Görlich, Christian F. *Humbert, Ludger*	Open Source - Die Rückkehr der Utopie? in: *Lutterbeck, Bernd*; *Bärwolff, Matthias*; *Gehring, Robert A. (Hrsg.):* Open Source Jahrbuch 2005, Berlin 2005 - http://www.opensourcejahrbuch.de/download/jb2005/OpenSourceJahrbuch2005_online.pdf, (abgerufen am 28.2.2008), 311–327
Gounalakis, Georgios *Rhode, Lars*	Persönlichkeitsschutz im Internet, München 2002
Grabe, Olaf	Anmerkung zu AG Völklingen, Urt. v. 23.2.2005 - 5C C 575/04, MMR 2005, 482, MMR 2005, 483–485
Grabitz, Eberhard *Hilf, Meinhard*	Das Recht der Europäischen Union - Band III, München 30. Erg.Lief. 2006
Grassmuck, Volker	Freie Software - Zwischen Privat- und Gemeineigentum, Bonn 2004 - http://freie-software.bpb.de/, (abgerufen am 28.2.2008)

Greiner, Arved   Sperrungsverfügungen als Mittel der Gefahrenabwehr
                                im Internet, CR 2002, 620–623

Grosskopf, Lambert   Anmerkung zu LG Hamburg, Beschl. v. 21.4.2006 -
                                308 O 139/06, CR 2007, 121, CR 2007, 122–124

Grunewald, Barbara   Gesellschaftsrecht, 5. Auflage, Tübingen 2002

Grützmacher, Malte   Anmerkung zu LG Frankfurt, Urt. v. 6.9.2006 - 2/6 O
                                224/06, CR 2006, 729, CR 2006, 733–735

Grützmacher, Malte   Copyright statt Copyleft, ITRB 2006, 108–112

Gundermann, Lukas   E-Commerce trotz oder durch Datenschutz? K&R 2000,
                                225–235

Habersack, Mathias   Die Mitgliedschaft - subjektives und „sonstiges" Recht,
                                Tübingen 1996

Habersack, Mathias   Patronatserklärungen ad incertas personas, ZIP 1996,
                                257–263

Haedicke, Maximilian   Die Haftung für mittelbare Urheber- und Wettbewerbs-
                                rechtsverletzungen - Zugleich eine Besprechung von
                                BGH v. 15. 10. 1998 - Möbelklassiker, GRUR 1999,
                                397–402

Haedicke, Maximilian   „Lex informatica" oder allgemeines Deliktsrecht? CR
                                1999, 309–313

Haedicke, Maximilian   Informationsbefugnisse des Schutzrechtsinhabers im
                                Spiegel der EG-Richtlinie zur Durchsetzung der Rech-
                                te des geistigen Eigentums, in: *Ohly, Ansgar (Hrsg.):*
                                Perspektiven des Geistigen Eigentums und Wettbe-
                                werbsrechts : Festschrift für Gerhard Schricker zum
                                70. Geburtstag, München 2005, 19–32

Hajjem, Chawki   Ten-Year Cross-Disciplinary Comparison of the Grow-
Harnad, Stephen   th of Open Access and How it Increases Research Ci-
Gingras, Yves   tation Impact, IEEE Data Engineering Bulletin 2005,
                                39–47 - http://arxiv.org/pdf/cs/0606079, (abgerufen am
                                28.2.2008)

Härting, Niko   Die Gewährleistungspflichten von Internet-
                                Dienstleistern, CR 2001, 37–43

Härting, Niko	Internetrecht, 2. Auflage, Köln 2005
Härting, Niko	Zur Störerhaftung des Betreibers einer Internet-Auktionsplattform für Verstöße gegen jugendschutzrechtliche Vorschriften durch Dritte, CR 2007, 734–735
Hasselblatt, Gordian N.	Gewerblicher Rechtsschutz, 2. Auflage, München 2005
Heermann, Peter W.	Verbundene Geschäfte im Sinne des § 9 Abs. 1 VerbrKrG, AcP 200 (2000), 1–44
Heermann, Peter W.	Die Stellung des multilateralen Synallagmas im Recht der Vertragsverbindungen, KritV 2006, 173–186
Hefermehl, Wolfgang *Köhler, Helmut* *Bornkamm, Joachim*	Wettbewerbsrecht, 26. Auflage, München 2008
Heghmanns, Michael	Musiktauschbörsen im Internet aus strafrechtlicher Sicht, MMR 2004, 14–18
Heidrich, Joerg	Rechte und Pflichten in Wireless-Netzwerken (WLAN-Recht), c't 2004, 102–103 - http://www.recht-im-internet.de/themen/wlan.htm, (abgerufen am 28.2.2008)
Heidrich, Joerg	Haftung für Internetforen, in: *Taeger, Jürgen*; *Wiebe, Andreas (Hrsg.):* Aktuelle Rechtsfragen zu IT und Internet - Tagungsband Herbstakademie 2006, Edewecht 2006, 3–13
Heidrich, Joerg	Anmerkung zu AG Offenburg, Beschl. v. 20.7.2007 - 4 Gs 442/07, CR 2007, 678–679
Hellwig, Konrad	Über die Grenzen der Vertragsmöglichkeit, AcP 86 (1896), 223–248
Helmke, Robin *Müller, Björn* *Neumann, Andreas*	Internet-Telefonie zwischen TKG, IuKDG und Mediendienste-Staatsvertrag, JurPC 1998, Web–Dok. 93/1998, Rn. 1–49 - http://www.jurpc.de/aufsatz/19980093.htm, (abgerufen am 28.2.2008)
Hennrichs, Joachim	Treupflichten im Aktienrecht, AcP 195 (1995), 221–273

Henrichs, Axel	Staatlicher Einsatz von Videotechnik - Eine Grundrechtsbetrachtung zu Videoüberwachungsmaßnahmen, BayVbl 2005, 289–299
Hepting, Reinhard	Ehevereinbarungen, München 1984
Hepting, Reinhard	Erklärungswille, Vertrauensschutz und rechtsgeschäftliche Bindung, Festschrift der rechtswissenschaftlichen Fakultät zur 600-Jahr-Feier der Universität zu Köln 1988, 209–234
Herrmann, Elke	Der Störer nach § 1004 BGB, Berlin 1987 (zugl. Habil., Hamburg 1987)
Hetzer, Wolfgang	Terrorabwehr im Rechtsstaat, ZRP 2005, 132–135
Heussen, Benno	„Danaergeschenke, Dereliktion oder Haftung im Verein?" - Offene Rechtsfragen um Free Software, in: *Taeger, Jürgen*; *Wiebe, Andreas (Hrsg.):* Informatik - Wirtschaft - Recht, Regulierung in der Wissensgesellschaft, Festschrift für Wolfgang Kilian, Baden-Baden 2004, 323–338
Hey, Felix	Freie Gestaltung in Gesellschaftsverträgen und ihre Schranken, München 2004 (zugl. Habil., München 2001)
Hiesmair, Manu *Dobusch, Leonhard*	Freiheit liegt in der Luft, in: *Dobusch, Leonhard*; *Forsterleitner, Christian (Hrsg.):* Freie Netze. Freies Wissen. Wien 2007 - http://eprints.rclis.org/archive/00009232/01/FreiNetzeFreiesWissen(Volltext).pdf, (abgerufen am 28.2.2008), 13–25
Hilger, Marie Luise	Das betriebliche Ruhegeld, Heidelberg 1959
Hille, Hans-Eduard	Die Inhaltskontrolle der Gesellschaftsverträge von Publikums-Personengesellschaften, Köln 1986 (zugl. Jur. Diss., Köln 1985)
Hirsch, Burkhard	Aktuelle Sicherheitspolitik im Lichte des Verfassungsrechts - Eine notwendige Entgegnung - Erwiderung zu Schäuble, ZRP 2007, 210, ZRP 2008, 24–25

Hobert, Guido	Datenschutz und Datensicherheit, 2. Auflage, Frankfurt 2000 (zugl. Jur. Diss., Marburg 1998)
Hoeren, Thomas	Internet und Recht - Neue Paradigmen des Informationsrechts, NJW 1998, 2849–2854
Hoeren, Thomas	Vorschlag für eine EU-Richtlinie über E-Commerce - Eine erste kritische Analyse, MMR 1999, 192–199
Hoeren, Thomas	Anmerkung zu LG München I, Urt. v. 19.5.2004 - 21 O 6123/04, MMR 2004, 693, CR 2004, 776–778
Hoeren, Thomas	Recht der Access Provider, München 2004
Hoeren, Thomas	Anmerkung zu LG Hamburg, Urt. v. 19.2.2007 - 308 O 32/07, MMR 2007, 333, MMR 2007, 334–335
Hoeren, Thomas	Das Telemediengesetz, NJW 2007, 801–806
Hoeren, Thomas	Skriptum Internetrecht, Münster März 2007 - http://www.uni-muenster.de/Jura.itm/hoeren/materialien/Skript/skript_Maerz2007.pdf, (abgerufen am 28.2.2008)
Hoeren, Thomas *Eustergerling, Sonja*	Die Haftung des Admin-C - Ein kritischer Blick auf die Rechtsprechung, MMR 2006, 132–138
Hoeren, Thomas *Sieber, Ulrich*	Handbuch Multimedia-Recht, München 2000, 16. Nachlieferung August 2006
Hoffmann, Hans-Joachim	Der Einfluß des Gefälligkeitsmoments auf das Haftungsmaß, AcP 167 (1967), 394–409
Hoffmann, Helmut	Zivilrechtliche Haftung im Internet, MMR 2002, 284–289
Hohmann-Dennhardt, Christine	Freiräume - Zum Schutz der Privatheit, NJW 2006, 545–549
Hornung, Gerrit	Die Haftung von W-LAN Betreibern, CR 2007, 88–94
Hornung, Gerrit	Wireless und speicherpflichtig? Die Vorratsdatenspeicherung und der Betrieb von W-LAN-Systemen, MMR 2007, Heft 12, XIII
Hu, Hao et al.	WiFi Epidemiology: Can Your Neighbors' Router Make Yours Sick? 2007 - http://arxiv.org/PS_cache/arxiv/pdf/0706/0706.3146v1.pdf, (abgerufen am 28.2.2008)

Huber, Peter *Faust, Florian*	Schuldrechtsmodernisierung, München 2002
Huber, Ulrich	Verschulden, Gefährdung und Adäquanz, in: *Müller,* *Klaus*; *Soell, Hermann (Hrsg.):* Rechtswissenschaft und Gesetzgebung - Festschrift für Eduard Wahl, Heidelberg 1973, 301–337
Huhtonen, Aleksandr	Comparing AODV and OLSR Routing Protocols, - http://citeseer.ist.psu.edu/huhtonen04comparing.html, (abgerufen am 28.2.2008)
Hülsdunk, Lutz	Virtual private networks, Münster 2004 (zugl. Jur. Diss., Münster 2004)
Hülsmann, Werner	Gegen EU-Vorratsdatenspeicherung, DuD 2004, 734– 736
Hütten, Roger	Verantwortlichkeit im Usenet, K&R 2007, 554–560
Institut für Rechtsfragen der *Freien und Open Source Soft-* *ware*	Die GPL kommentiert und erklärt, Beijing 2005
Isensee, Josef	Das Grundrecht auf Sicherheit, Berlin 1983
Isensee, Josef *Kirchhof, Paul*	Handbuch des Staatsrechts - Band VI: Freiheitsrechte, 2. Auflage, Heidelberg 2001
Jacquet, P. et al.	Optimized link state routing protocol for ad hoc networks, 2001 - http://citeseer.ist.psu.edu/ jacquet01optimized.html, (abgerufen am 28.2.2008)
Jaeger, Till *Metzger, Axel*	Open Content-Lizenzen nach deutschem Recht, MMR 2003, 431–438
Jaeger, Till *Metzger, Axel*	Neues Recht für freie Software, c't 2006 Nr. 4, 46–49
Jaeger, Till *Metzger, Axel*	Open Source Software, 2. Auflage, München 2006
Jaeger, Till *Schulz, Carsten*	Gutachten zu ausgewählten rechtlichen Aspek- ten der Open Source Software, München 2005 - http://opensource.c-lab.de/files/portaldownload/ Rechtsgutachten-NOW.pdf, (abgerufen am 28.2.2008)

Janal, Ruth	Rechtliche Fragen rund um das R-Gespräch, K&R 2006, 272–279
Jandt, Silke	Das neue TMG - Nachbesserungsbedarf für den Datenschutz im Mehrpersonenverhältnis, MMR 2006, 652–657
Jauernig, Othmar	Bürgerliches Gesetzbuch, 12. Auflage, München 2007
Jergolla, Maren	Das Ende der wettbewerbsrechtlichen Störerhaftung? WRP 2004, 655–660
Jessen, Tanja	Vertragsgestaltung und -praxis der Online-Dienste, ZUM 1998, 282–292
Jhering, Rudolf v.	Ein Rechtsgutachten, JJ 18 (1880), 1–128
John, Uwe	Grundsätzliches zum Wirksamwerden empfangsbedürftiger Willenserklärungen, AcP 184 (1984), 385–412
Jung, Peter	Die Bedeutung der Selbstregulierung für das Lauterkeitsrecht in internationalen Computernetzwerken, GRURInt. 1998, 841–851
Jung, Peter	Die Netiquette - Grundlage eines globalen Rechts gegen den unlauteren Wettbewerb in internationalen Datennetzen? in: *Immenhauser, Martin*; *Wichtermann, Jürg (Hrsg.):* Vernetzte Welt - globales Recht, Stuttgart 1998, 153–180
Jung, Ute	Die Einigung über die „essentialia negotii" als Voraussetzung für das Zustandekommen eines Vertrages, JuS 1999, 28–32
Jürgens, Uwe	Recht auf Anonymität im Internet, DSB 2002, 10–10
Jürgens, Uwe *Köster, Oliver*	Die Haftung von Webforen für rechtsverletzende Einträge - Anmerkungen zu LG Hamburg, 324 O 721/05 v. 2. 12. 2005 - AfP 2006, 237 und OLG Düsseldorf, 1-15 U 180/05 v. 26. 4. 2006, AfP 2006, 267, AfP 2006, 219–223

Kagan, Odia	Too Close for Comfort: Is it Legal to „Borrow" Wireless Internet from your Neighbors? - http://www.ibls.com/internet_law_news_portal_view_prn.aspx? s=latestnews&id=1686, 21.2.2007 (abgerufen am 28.2.2008)
Kallmeyer, Harald	Die Gefälligkeitsverhältnisse, Göttingen 1968 (zugl. Jur. Diss., Göttingen 1968)
Karabensch, Robert *Scheibe, Sebastian* *Bühring, Björn*	Freie WLAN-Netze, - http://ig.cs.tu-berlin.de/lehre/w2004/ir1/uebref/ ScheibeBuehringKarabensch-FreieWlan-netze-2004-12-16.pdf, (abgerufen am 28.2.2008)
Kazemi, Robert	Anmerkung zu VG Köln, Urt. v. 3.3.2005 - Az: 6 K 7151/02, MMR 2005, 399, MMR 2005, 404–405
Kazemi, Robert	Anmerkung zu LG Flensburg, Urt. v. 25.11.2005 - 6 O 108/05, MMR 2006, 181, MMR 2006, 182–183
Keilmann, Annette	Vorsicht! - Zum Gehalt des § 311 II, III BGB, JA 2005, 500–503
Kerbusch, Hermann	Zur Ausgleichspflicht bei Störungen des Fernsehempfanges durch Nachbarbauten, BlGBW 1981, 228–230
Kitz, Volker	Die Auskunftspflicht der Zugangsvermittlers bei Urheberrechtsverletzungen durch seine Nutzer, GRUR 2003, 1014–1019
Kitz, Volker	§ 101a UrhG: Für eine Rückkehr zur Dogmatik, ZUM 2005, 298–303
Kitz, Volker	Die Zukunft der Auskunft oder: Die abenteuerliche Karriere des § 101a UrhG, MMR 2005, 133–134
Kitz, Volker	Der Gewaltbegriff im Informationszeitalter und die strafrechtliche Beurteilung von Onlineblockaden - Anmerkung zu OLG Frankfurt am Main, Beschl. vom 22.5.2006 - 1 Ss 319/05, ZUM 2006, 730–737
Kitz, Volker	Urheberschutz im Internet und seine Einfügung in den Gesamtrechtsrahmen, ZUM 2006, 444–450
Klees, Andreas	Anmerkung zu KG Berlin, Urt. v. 27.1.2003 - 26 U 205/01, NJW-RR 2003, 637, CR 2003, 372–373

Klett, Alexander R.	Zum Auskunftsanspruch nach § 101a UrhG, K&R 2005, 222–224
Klünder, Karl-Heinz	Die rechtliche Natur der Gefälligkeitsleistungen, Borna-Leipzig 1932 (zugl. Jur. Diss., Göttingen 1932)
Klutzny, Alexander	Online-Demonstrationen und virtuelle Sitzblockaden - Grundrechtsausübung oder Straftat? RDV 2006, 50–59
Knaak, Roland	Die EG-Richtlinie zur Durchsetzung der Rechte des geistigen Eigentums und ihr Umsetzungsbedarf im deutschen Recht, GRURInt. 2004, 745–750
Köbele, Berd	Anspruch auf Mitteilung des Anschlussinhabers bei bekannter IP-Adresse, DuD 2004, 609–610
Koch, Frank A.	Zivilrechtliche Anbieterhaftung für Inhalte in Kommunikationsnetzen, CR 1997, 193–203
Koch, Frank A.	Urheber- und kartellrechtliche Aspekte der Nutzung von Open Source-Software (I), CR 2000, 273–281
Koch, Frank A.	Computervertragsrecht, 6. Auflage, Freiburg 2002
Koch, Frank A.	Probleme beim Wechsel zur GPLv3, ITRB 2007, 261–263
Koch, Robert	Haftung für die Weiterverbreitung von Viren durch E-Mails, NJW 2004, 801–807
Köcher, Jan K. *Kaufmann, Noogie C.*	Anmerkung zu LG Hamburg, Urt. v. 7.7.2004 - 308 O 264/04, CR 2005, 136, MMR 2005, 61–62
Köcher, Jan K. *Kaufmann, Noogie C.*	Speicherung von Verkehrsdaten bei Internet-Access-Providern, DuD 2006, 360–364
Koenig, Christian *Loetz, Sascha*	Sperrungsanordnungen gegenüber Network- und Access-Providern, CR 1999, 438–445
Koenig, Christian *Neumann, Andreas*	Das Ende des sektorspezifischen Datenschutzes für die Telekommunikation? ZRP 2003, 5–8
Koenig, Christian *Neumann, Andreas*	Telekommunikationsrechtliche Ansprüche auf Leistungen der Fakturierung und des Inkassos für Internet-by-Call-Dienstleistungen, K&R 2004, Beilage 3/2004, 1–31

Köhler, Helmut   „Täter" und „Störer" im Wettbewerbs- und Markenrecht
                                       - Zur BGH-Entscheidung „Jugendgefährdende Medien
                                       bei eBay", GRUR 2008, 1–7

Köhler, Helmut   Gesetz gegen den unlauteren Wettbewerb, 3. Auflage,
Piper, Henning   München 2002

Köpsell, Stefan   Strafverfolgung trotz Anonymität, DuD 2005, 403–409
Miosga, Tobias

Kost, Pius   Die Gefälligkeit im Privatrecht, Zürich 1973 (zugl. Jur.
                                       Diss., Freiburg in der Schweiz 1973)

Kraft, Dennis   Rechtsprobleme virtueller Sit-ins, MMR 2003, 366–374
Meister, Johannes

Kraft, Dennis   Die Strafbarkeit von Internet-Demonstrationen, K&R
Meister, Johannes   2005, 458–462

Kral, Arno   Wireless LANs Networker's Guide, München 2003
Kreft, Heinz

Krämer, Achim   Die gesellschaftsvertragliche „Ausschließung"' aus der
                                       Personengesellschaft, NJW 1981, 2553–2556

Kramer, Andreas   Zivilrechtlicher Auskunftsanspruch gegenüber Access
                                       Providern, Hamburg 2007 (zugl. Jur. Diss., Münster
                                       2006)

Krebber, Sebastian   Der nicht zufällige Kontakt ohne Vertragsnähe auf der
                                       Grenze zwischen vertraglicher und deliktischer Haf-
                                       tung, VersR 2004, 150–157

Kreutzer, Till   Anmerkung zu LG München I, Urt. v. 19.5.2004 - 21 O
                                       6123/04, MMR 2004, 693, MMR 2004, 695–698

Kristin, Tanja   Das Deliktsstatut bei Persönlichkeitsrechtsverletzun-
                                       gen über das Internet, München 2001 (zugl. Jur. Diss.,
                                       München 2000)

Kröger, Detlef;   Handbuch zum Internet-Recht, 2. Auflage, Berlin 2002
Gimny, Marc A. (Hrsg.)

Krückmann   Gefälligkeitsverträge, SeuffBl. 74 (1909), 113–120 und
                                       153–160

Kübler, Friedrich   Gesellschaftsrecht, 5. Auflage, Heidelberg 1998

Kuhlmann, Dirk	Open Source und offene Standards, in: *Lutterbeck, Bernd*; *Bärwolff, Matthias*; *Gehring, Robert A. (Hrsg.):* Open Source Jahrbuch 2004, Berlin 2004 - http://www.opensourcejahrbuch.de/download/ jb2004/OpenSourceJahrbuch2004.pdf, (abgerufen am 28.2.2008), 237–247
Kuhn, Matthias	Rechtshandlungen mittels EDV und Telekommunikation, München 1991 (zugl. Jur. Diss., Regensburg 1990)
Kuntz, Wolfgang	Rechtsprechungsübersicht zur Telefax-Werbung, JurPC 2004, Web–Dok. 70/2004, Rn. 1–23 - http://www.jurpc. de/aufsatz/20040070.htm
Kurose, James F. *Ross, Keith W.*	Computer Networking: A Top-Down Approach Featuring the Internet, 3. Auflage, Boston 2004
Lakhani, Karim R. *Wolf, Robert G.*	Why Hackers Do What They Do, in: *Feller, Joseph et al. (Hrsg.):* Perspectives on Free and Open Source Software, Cambridge 2005 - http://mitpress. mit.edu/books/chapters/0262562278.pdf, (abgerufen am 28.2.2008)
Lang, Markus	PC, aber sicher! - Sicherheit beim Einsatz von Personalcomputern, JurPC 2001, Web–Dok. 205/2001, Rn. 1–166 - http://www.jurpc.de/aufsatz/20010205.htm, (abgerufen am 28.2.2008)
Lang, Markus	Videoüberwachung und das Recht auf informationelle Selbstbestimmung, BayVbl 2006, 522–530
Lange, Herrmann	Empfiehlt es sich, die Haftung für schuldhaft verursachte Schäden zu begrenzen? Kann für den Umfang der Schadensersatzpflicht auf die Schwere des Verschuldens und die Tragweite der verletzten Norm abgestellt werden? In: 43. Deutscher Juristentag 1960, Tübingen 1960
Lange, Herrmann	Schadensersatz, 2. Auflage, Tübingen 1990
Langhoff, Helge	Auskunftsanspruch gegen Internetprovider, ZUM 2006, 457–460

Larenz, Karl	Culpa in contrahendo, Verkehrssicherungspflicht und „sozialer Kontakt", MDR 1954, 515–518
Larenz, Karl	Lehrbuch des Schuldrechts, Teil II, Halbband 1, München 1986
Larenz, Karl	Methodenlehre der Rechtswissenschaft, 6. Auflage, Berlin 1991
Larenz, Karl / *Canaris, Claus-Wilhelm*	Lehrbuch des Schuldrechts, Band II/2: Besonderer Teil, 13. Auflage, München 1994
Larenz, Karl / *Wolf, Manfred*	Allgemeiner Teil des Bürgerlichen Rechts, 9. Auflage, München 2004
Lehmann, Matthias / *Rein, Christian A.*	Bay: Haftung des globalen Basars zwischen Gemeinschaftsrecht und BGH, CR 2008, 97–103
Leible, Stefan / *Sosnitza, Olaf*	Schadensersatzpflicht wegen Virenbefall von Disketten, K&R 2002, 51–52
Leible, Stefan / *Sosnitza, Olaf*	„3 - 2 - 1 - meins!" und das TDG, WRP 2004, 592–599
Leible, Stefan / *Sosnitza, Olaf*	Neues zur Störerhaftung von Internet-Auktionshäusern, NJW 2004, 3225–3227
Leible, Stefan / *Sosnitza, Olaf*	Haftung von Internetauktionshäusern - reloaded, NJW 2007, 3324–3326
Leible, Stefan / *Wildemann, Andree*	Anmerkung zu BGH, Urt. v. 4.3.2004 - III ZR 96/03, NJW 2004, 1590 - Dialer, K&R 2004, 288–290
Leistner, Matthias	Von „Grundig-Reporter(n) zu Paperboy(s)" - Entwicklungsperspektiven der Verantwortlichkeit im Urheberrecht, GRUR 2006, 801–814
Lejeune, Mathias	Vertragstypologische Einordnung von ASP Verträgen, CR 2007, 77–79
Lenz, Uwe	Personenverbände - Verbandspersonen - Kartellverträge, München 1987 (zugl. Jur. Diss., Osnabrück 1987)
Lessig, Lawrence	Code: Version 2.0, New York 2006 - http://pdf.codev2.cc/Lessig-Codev2.pdf, (abgerufen am 28.2.2008)
Lessig, Lawrence	The Future Of Ideas, New York 2006 - http://lessig.extf.net/thefutureofideas/download-pdf, (abgerufen am 28.2.2008)

Leutheusser-Schnarrenberger, Sabine	Vorratsdatenspeicherung - Ein vorprogrammierter Verfassungskonflikt, ZRP 2007, 9–13
Li, Binghao et al.	Hybrid Method for Localization Using WLAN, 2005 - http://www.gmat.unsw.edu.au/snap/publications/lib_etal2005c.pdf, (abgerufen am 28.2.2008)
Libertus, Michael	Zivilrechtliche Haftung und strafrechtliche Verantwortlichkeit bei unbeabsichtigter Verbreitung von Computerviren, MMR 2005, 507–512
Linke, Thomas	Anmerkung zu OLG Hamburg, Urt. v. 28.4.2005 - 5 U 156/04, MMR 2005, 453, MMR 2005, 456–458
Lischka, Konrad	Gnadenlose Richter gefährden Web 2.0 in Deutschland, Spiegel Online 2007, 21.6.2007 - http://www.spiegel.de/netzwelt/web/0,1518,490006,00.html, (abgerufen am 28.2.2008)
Loewenheim, Ulrich	Handbuch des Urheberrechts, München 2003
Loewenheim, Ulrich Koch, Frank A.	Praxis des Online-Rechts, München 2001
Lohmann, Michael	„Wer nichts zu verbergen hat, hat auch nichts zu befürchten", Telepolis 27.9.2006 - http://www.heise.de/tp/r4/artikel/23/23625/1.html, (abgerufen am 28.2.2008)
Looschelders, Dirk	Schuldrecht Allgemeiner Teil, 4. Auflage, Köln 2006
Lorenz-Meyer, Ulrich	Haftungsstruktur und Minderung der Schadensersatzpflicht durch richterliches Ermessen, Tübingen 1971
Luthiger, Benno	Alles aus Spaß? - Zur Motivation von Open-Source-Entwicklern, in: *Lutterbeck, Bernd*; *Bärwolff, Matthias*; *Gehring, Robert A. (Hrsg.):* Open Source Jahrbuch 2004, Berlin 2004 - http://www.opensourcejahrbuch.de/download/jb2004/OpenSourceJahrbuch2004.pdf, (abgerufen am 28.2.2008), 93–106
Lutter, Marcus	Theorie der Mitgliedschaft, AcP 180 (1980), 84–159

Lutterbeck, Bernd	Infrastrukturen der Allmende - Open Source, Innovation und die Zukunft des Internets, in: *Lutterbeck, Bernd*; *Bärwolff, Matthias*; *Gehring, Robert A. (Hrsg.):* Open Source Jahrbuch 2005, Berlin 2005 - http://www.opensourcejahrbuch.de/download/jb2005/OpenSourceJahrbuch2005_online.pdf, (abgerufen am 28.2.2008), 329–346
Mädrich, Matthias	Das allgemeine Lebensrisiko, Berlin 1980
Maier, Dieter J.	Gefälligkeit und Haftung - LG Kiel, NJW 1998, 2539, JuS 2001, 746–751
Malpricht, Max Marc	Haftung im Internet - WLAN und die möglichen Auswirkungen, ITRB 2008, 42–45
Mangoldt, Hermann von *Klein, Friedrich* *Starck, Christian*	Kommentar zum Grundgesetz, Band 1, 5. Auflage, München 2005
Mankowski, Peter	E-Commerce-Recht und Internationales Verbraucherschutzrecht, MMR 2000, 22–37
Mankowski, Peter	Anmerkung zu BGH, Urt. v. 4.3.2004 - III ZR 96/03, NJW 2004, 1590 - Dialer, MMR 2004, 312–315
Mankowski, Peter	Anmerkung zu BGH, Urt. v. 16.3.2006 - III ZR 152/05, NJW 2006, 1971 - R-Gespräche, MMR 2006, 458–461
Mantz, Reto	Anmerkung zu LG Hamburg, Urt. v. 26.7.2006 - 308 O 407/06, MMR 2006, 763, MMR 2006, 764–766
Mantz, Reto	GPL: Version 3 zur Diskussion, CR 2006, R42
Mantz, Reto	Open Access-Lizenzen und Rechtsübertragung bei Open Access-Werken, in: *Spindler, Gerald (Hrsg.):* Rechtliche Rahmenbedingungen von Open Access-Publikationen, Göttingen 2006, 55–103
Mantz, Reto	Open Content-Lizenzen und Verlagsverträge - Die Reichweite des § 33 UrhG, MMR 2006, 784–789
Mantz, Reto	Anmerkung zu LG Hamburg, Urt. v. 24.8.2007 - 308 O 245/07, MMR 2007, 726, MMR 2007, 728–729

Mantz, Reto	Anmerkung zu LG München I, Urt. v. 19.4.2007 - 7 O 3950/07, MMR 2007, 453, MMR 2007, 456–458
Mantz, Reto	Open Source, Open Content und Open Access - Gemeinsamkeiten und Unterschiede, in: *Lutterbeck, Bernd; Bärwolff, Matthias; Gehring, Robert A. (Hrsg.):* Open Source Jahrbuch 2007, Berlin 2007 - http://www.opensourcejahrbuch.de/download/jb2007/ OpenSourceJahrbuch2007_online.pdf, (abgerufen am 28.2.2008), 413–426
Mantz, Reto	Anmerkung zu LG München I, Urt. v. 4.10.2007 - 7 O 2827/07, CR 2008, 49, CR 2008, 52–54
Mantz, Reto	Creative Commons-Lizenzen im Spiegel internationaler Gerichtsverfahren, GRURInt. 2008, 20–24
Märkle, Rudi W. Alber, Matthias	Der Verein im Zivil- und Steuerrecht, 11. Auflage, Stuttgart 2004
Marly, Jochen	Softwareüberlassungsverträge, 4. Auflage, München 2004
Martens, Silke	Störerhaftung bei Urheberrechtsverletzungen, ITRB 2006, 268–268
Maxwell, Elliot	Open Standards, Open Source, and Open Innovation: Harnessing the Benefits of Openness, innovations - Technology, Governance, Globalization 2006, 119–176 - http://www.mitpressjournals.org/doi/abs/10.1162/itgg. 2006.1.3.119, (abgerufen am 28.2.2008)
Mayer, Christoph Möller, Claudius	Erweiterter Verbraucherschutz in der Telekommunikation - Die neuen Vorschriften der §§ 66a ff. TKG im Überblick, MMR 2007, 559–563
Meckbach, Anne Weber, Christoph	Anmerkung zu LG Hamburg, Urt. v. 27.4.2007 - 324 O 600/06, MMR 2007, 450, MMR 2007, 451–452
Medicus, Dieter	Allgemeiner Teil des BGB, 9. Auflage, Heidelberg 2006
Medicus, Dieter	Bürgerliches Recht, 21. Auflage, Köln 2007

Medosch, Armin	Die Konstruktion der Netzwerk-Allmende, - http://freifunk.net/magazin/gesellschaft_politik/ netzwerkallmende, 22.6.2004 (abgerufen am 28.2.2008)
Medosch, Armin	PicoPeering Vertrag - Grundsatzabkommen für globale Bürgernetzbewegung, - http://freifunk.net/magazin/ gesellschaft_politik/picopeer, 13.3.2003 (abgerufen am 28.2.2008)
Medosch, Armin	Freie Netze, Hannover 2003
Medosch, Armin	Auf freien Wellenlängen: Funknetze als techno-soziale Entwürfe, in: *Lutterbeck, Bernd*; *Bärwolff, Matthias*; *Gehring, Robert A. (Hrsg.):* Open Source Jahrbuch 2006, Berlin 2006, 389–404
Meier, Klaus *Wehlau, Andreas*	Die zivilrechtliche Haftung für Datenlöschung, Datenverlust und Datenzerstörung, NJW 1998, 1585–1591
Mersson, Günter	Haftungsbeziehungen bei Gefälligkeitsfahrten, ZAP 1995, 147–150
Merten, Stefan *Meretz, Stefan*	Freie Software und Freie Gesellschaft, in: *Lutterbeck, Bernd*; *Bärwolff, Matthias*; *Gehring, Robert A. (Hrsg.):* Open Source Jahrbuch 2005, Berlin 2005 - http://www.opensourcejahrbuch.de/download/jb2005/ OpenSourceJahrbuch2005_online.pdf, (abgerufen am 28.2.2008), 293–309
Mes, Peter	Patentgesetz, Gebrauchsmustergesetz, 2. Auflage, München 2005
Metz, Frank	Rechtsberatungs-Hotlines - Zulässigkeit unter dem Gesichtspunkt des anwaltlichen Berufsrechts, MMR 1999, 447–452
Metzger, Axel	Anmerkung zu LG München I, Urt. v. 19.5.2004 - 21 O 6123/04, MMR 2004, 693, CR 2004, 778–780
Metzger, Axel *Jaeger, Till*	Open Source Software und deutsches Urheberrecht, GRURInt. 1999, 839–848
Metzger, Axel *Wurmnest, Wolfgang*	Auf dem Weg zu einem Europäischen Sanktionenrecht des geistigen Eigentums? ZUM 2003, 922–933

Meyer, Jürgen (Hrsg.)	Kommentar zur Charta der Grundrechte der Europäischen Union, 2. Auflage, Baden-Baden 2005
Mittenzwei, Ingo	Fundbesitz als Gegenstand des Deliktsschutzes und der Eingriffskondiktion, MDR 1987, 883–887
Möhring, Philipp *Nicolini, Käte*	Urheberrechtsgesetz, 2. Auflage, München 2000
Möller, Klaus *Kelm, Stefan*	Distributed Denial-of-Service Angriffe (DDoS), DuD 2000, 292–293
Mönkemöller, Lutz	Moderne Freibeuter unter uns? - Internet, MP3 und CD-R als GAU für die Musikbranche! GRUR 2000, 663–669
Moritz, Hans-Werner *Dreier, Thomas*	Rechts-Handbuch zum E-Commerce, 2. Auflage, Köln 2005
Mühlbauer, Peter	Kaufen, Lesen, Sprechen - Zensur zwischen öffentlich und privat. Teil 5: Zensur durch Überwachung, Telepolis 16.4.2007 - http://www.heise.de/tp/r4/artikel/25/25080/1.html, (abgerufen am 28.2.2008)
Müller-Erzbach, Rudolf	Das private Recht der Mitgliedschaft als Prüfstein eines kausalen Rechtsdenkens, Weimar 1948
Müller-Graff, Peter-Christian	Die Geschäftsverbindung als Schutzpflichtverhältnis, JZ 1976, 153–156
Müller-Hengstenberg, *Claus D.* *Kirn, Stefan*	Vertragscharakter des Application Service Providing-Vertrags, NJW 2007, 2370–2373
Münch, Ingo von *Kunig, Philipp*	Grundgesetz-Kommentar, Band 1, 5. Auflage, München 2000
Muscheler, Karlheinz	Die invitatio ad offerendum auf dem Prüfstand, Jura 2000, 565–570
Mutius, Albert v.	Anonymität als Element des allgemeinen Persönlichkeitsrechts - terminologische, rechtssystematische und normstrukturelle Grundfragen, in: *Bäumler, Helmut*; *Mutius, Albert v. (Hrsg.):* Anonymität im Internet, Braunschweig 2003, 12–26

Nägele, Thomas *Nitsche, Christina*	Gesetzentwurf der Bundesregierung zur Verbesserung der Durchsetzung von Rechten des geistigen Eigentums, WRP 2007, 1047–1058
Nett, Edgar *Mock, Michael* *Gergeleit, Martin*	Das drahtlose Ethernet . Der IEEE 802.11 Standard: Grundlagen und Anwendung, 1. Auflage, München 2001
Nickels, Sven	Neues Bundesrecht für den E-Commerce, CR 2002, 302–309
NN	Kurzmeldung: 7000 Computer-Viren, VW 1996, 580–580
Nordemann, Jan Bernd *Dustmann, Andreas*	To Peer Or Not To Peer, CR 2004, 380–388
Oberholzer, Felix *Strumpf, Koleman*	The Effect of File Sharing on Record Sales - An Empirical Analysis, - http://www.unc.edu/~cigar/papers/ FileSharing_March2004.pdf, März 2004 (abgerufen am 28.2.2008)
Oechsler, Jürgen	Schuldrecht Besonderer Teil - Vertragsrecht, München 2003
Oertmann, Paul	Das Recht der Schuldverhältnisse, Berlin 1899
Olenhusen, Albrecht Götz von *Crone, Andreas*	Der Anspruch auf Auskunft gegenüber Internet-Providern bei Rechtsverletzungen nach Urheber- bzw. Wettbewerbsrecht, WRP 2002, 164–170
O'Mahony, Siobhan	Nonprofit Foundations and Their Role in Community-Firm Software Collaboration, in: *Feller, Joseph et al. (Hrsg.):* Perspectives on Free and Open Source Software, London 2005 - http://mitpress.mit.edu/books/ chapters/0262562278.pdf, (abgerufen am 28.2.2008), 393–413
Omsels, Hermann-Josef	Open Source und das deutsche Vertrags- und Urheberrecht, in: *Schertz, Christian*; *Omsels, Hermann-Josef (Hrsg.):* Festschrift für Paul W. Hertin zum 60. Geburtstag am 15. November 2000, München 2000, 141–170
Oppermann, Klaus	Der Auskunftsanspruch im gewerblichen Rechtsschutz und Urheberrecht, Berlin 1997 (zugl. Jur. Diss., Humboldt-Universität Berlin 1995)

Palandt, Otto (Begr.)	Bürgerliches Gesetzbuch, 67. Auflage, München 2008
Pankoke, Stefan L.	Von der Presse- zur Providerhaftung, München 2000 (zugl. Jur. Diss., Tübingen 1999/2000)
Paxson, Vern	An Analysis of Using Reflectors for Distributed Denial-of-Service Attacks, - http://www.icir.org/vern/papers/reflectors.CCR.01/reflectors.html, 26.6.2001 (abgerufen am 28.2.2008)
Perkins, Charles E.	Ad Hoc Networking, 1. Auflage, Boston 2001
Perkins, Charles E. *Royer, Elizabeth*	Ad-hoc on-demand distance vector routing, 1997 - http://citeseer.ist.psu.edu/248612.html, (abgerufen am 28.2.2008)
Pernice, Ina Maria	Die Telekommunikations-Überwachungsverordnung (TKÜV), DuD 2002, 207–211
Peters, Falk	Einfluß der TK-Regulierung auf die Kommunikationssicherheit, CR 2000, 257–260
Petri, Axel *Göckel, Andreas*	Vertragsstruktur der Internet-Backbone-Betreiber: Peering, CR 2002, 418–425
Peukert, Alexander *Kur, Annette*	Stellungnahme des Max-Planck-Instituts für Geistiges Eigentum, Wettbewerbs- und Steuerrecht zur Umsetzung der Richtlinie 2004/48/EG zur Durchsetzung der Rechte des geistigen Eigentums in deutsches Recht, GRURInt. 2006, 292–303
Pflüger, Thomas *Ertmann, Dietmar*	E-Publishing und Open Access: Konsequenzen für das Urheberrecht im Hochschulbereich, ZUM 2004, 436–443
Picker, Eduard	Positive Forderungsverletzung und culpa in contrahendo - Zur Problematik der Haftungen „zwischen" Vertrag und Delikt, AcP 183 (1983), 369–520
Piper, Henning *Ohly, Ansgar*	UWG, 4. Auflage, München 2006
Plander, Harro	Lottospielgemeinschaft und Rechtsbindungswille, AcP 176 (1976), 425–447

Pohle, Jan *Dorschel, Joachim*	Verantwortlichkeit und Haftung für die Nutzung von Telekommunikationsanschlüssen, CR 2007, 628–633
Pohle, Jan *Schmeding, Michael*	Anmerkung zu BGH, Urt. v. 15.11.2006 - XII ZR 120/04, K&R 2007, 91, K&R 2007, 385–387
Puschke, Jens *Singelnstein, Tobias*	Telekommunikationsüberwachung, Vorratsdatenspeicherung und (sonstige) heimliche Ermittlungsmaßnahmen der StPO nach der Neuregelung zum 1. 1. 2008, NJW 2008, 113–119
Raabe, Franziska	Der Auskunftsanspruch nach dem Referentenentwurf zur Verbesserung der Durchsetzung von Rechten des geistigen Eigentums, ZUM 2006, 439–443
Raabe, Oliver	Abgrenzungsprobleme bei der rechtlichen Einordnung von Anonymisierungsdiensten im Internet, CR 2003, 268–274
Raabe, Oliver *Dinger, Jochen* *Hartenstein, Hannes*	Telekommunikationsdienste in Next-Generation-Networks am Beispiel von Peer-to-Peer-Overlay-Systemen, K&R 2007, 1–12
Rachlock, Jana	Anmerkung zu LG Hamburg, Urt. v. 4.1.2005 - 312 O 753/04, MMR 2005, 326, MMR 2005, 328–330
Rebmann, Kurt *Säcker, Franz Jürgen* *Rixecker, Roland*	Münchener Kommentar zum Bürgerlichen Gesetzbuch, 5. Auflage, München 2007 (zitiert: MünchKommBGB)
Rebmann, Kurt *Säcker, Franz Jürgen* *Rixecker, Roland*	Münchener Kommentar zum Bürgerlichen Gesetzbuch, §§ 241-432, 5. Auflage, München 2007 (zitiert: MünchKommBGB)
Redeker, Helmut	IT-Recht in der Praxis, 3. Auflage, München 2003
Rehbinder, Manfred	Urheberrecht, 15. Auflage, München 2008
Reichert, Bernhard	Handbuch des Vereins- und Verbandsrechts, 11. Auflage, München 2007
Reischl, Klaus	Grundfälle zum neuen Schuldrecht, JuS 2003, 40–48
Reppesgaard, Lars	Leichte Beute für Funkpiraten, DIE ZEIT 2002, 37–37

Richardi, Reinhard *Wlotzke, Otfried*	Münchener Handbuch zum Arbeitsrecht, 2. Auflage, München 2000
Riehmer, Klaus *Hessler, Christina*	Rahmenbedingungen und Ausgestaltung von Provider-Verträgen, CR 2000, 170–176
Rigby, Karina	Anonymity on the Internet Must be Protected, - http://www.swiss.ai.mit.edu/6095/student-papers/ fall95-papers/rigby-anonymity.html, 1995 (abgerufen am 28.2.2008)
Rogers, Thomas *Szamosszegi, Andrew*	Fair Use in the U.S. Economy, Washington 2007 - http://www.ccianet.org/artmanager/uploads/1/ FairUseStudy-Sep12.pdf, (abgerufen am 28.2.2008)
Roggenkamp, Jan Dirk	Haftung der Betreiber privater WLAN-Hotspots, jurisPR-ITR 2006, 12/2006 Anm. 3
Rohlf, Dietwalt	Der grundrechtliche Schutz der Privatsphäre, Berlin 1980 (zugl. Jur. Diss., Tübingen 1978/1979)
Röhrborn, Jens *Katko, Peter*	Rechtliche Anforderungen an Wireless LAN, CR 2002, 882–889
Rössel, Markus	Haftung für offene WLAN-Hotspots, ITRB 2006, 247–249
Rössel, Markus	Beweislast für Filtermöglichkeit, Anmerkung zu LG München I, Urt. v. 19.4.2007 - 7 O 3950/07, ITRB 2007, 130–131
Rössel, Markus	Telemediengesetz Ein Zwischenschritt: neues Gesetz mit Novellierungsbedarf, ITRB 2007, 158–162
Rössel, Markus *Kruse, Wilhelm*	Schadensersatzhaftung bei Verletzung von Filterpflichten, CR 2008, 35–41
Rössler, Beate	Anonymität und Privatheit, in: *Bäumler, Helmut; Mutius, Albert v. (Hrsg.):* Anonymität im Internet, Braunschweig 2003, 27–40
Roßnagel, Alexander	Handbuch Datenschutzrecht, München 2003
Roßnagel, Alexander	Recht der Multimedia-Dienste, München 2005

Roßnagel, Alexander Modernisierung des Datenschutzrechts, Berlin 2001
Pfitzmann, Andreas
Garstka, Hansjürgen

Roßnagel, Alexander Datenschutz durch Anonymität und Pseudonymität -
Scholz, Philip Rechtsfolgen der Verwendung anonymer und pseudony-
mer Daten, MMR 2000, 721–731

Roth, Birgit VPN-Verträge, ITRB 2004, 19–21
Haber, Marc

Rücker, Daniel Notice and take down-Verfahren für die deutsche Provi-
derhaftung? CR 2005, 347–355

Sachs, Michael (Hrsg.) Grundgesetz-Kommentar, 4. Auflage, München 2007

Säcker, Franz Jürgen Berliner Kommentar zum Telekommunikationsgesetz,
Frankfurt 2006

Sankol, Barry Anmerkung zu AG Offenburg, Beschl. v. 20.7.2007 - 4
Gs 442/07, K&R 2007, 540–543

Satzger, Helmut Strafrechtliche Verantwortlichkeit von Zugangsvermitt-
lern, CR 2001, 109–117

Saurer, Johannes Die Ausweitung sicherheitsrechtlicher Regelungsan-
sprüche im Kontext der Terrorismusbekämpfung, NV-
wZ 2005, 275–282

Sauter, Eugen Der eingetragene Verein, 18. Auflage, München 2006
Schweyer, Gerhard
Waldner, Wolfram

Schaar, Peter Datenschutz im Internet, München 2002

Schack, Haimo Urheber- und Urhebervertragsrecht, 4. Auflage, Tübingen 2007

Schäuble, Wolfgang Aktuelle Sicherheitspolitik im Lichte des Verfassungsrechts, ZRP 2007, 210–213

Scheerer-Buchmeier, Heike Die Abgrenzung des Rechtsgeschäfts von der nicht
rechtsgeschäftlichen Vereinbarung unter besonderer
Berücksichtigung der Diskussion im 19. Jahrhundert,
Köln 1990 (zugl. Jur. Diss., Köln 1990)

Scheuerle, Wilhelm A. Das Wesen des Wesens, AcP 164 (1964), 429–471

Scheuring, Dirk	Faire Nutzung, faule Tricks, Telepolis 17.09.2007 - http://www.heise.de/tp/r4/artikel/26/26208/1.html, (abgerufen am 28.2.2008)
Scheurle, Klaus-Dieter *Mayen, Thomas*	Telekommunikationsgesetz, München 2002
Schewick, Barbara van	Innovationsmotor Internet: Der Einfluss der Netzarchitektur auf Innovation, in: *Drossou, Olga*; *Krempl, Stefan*; *Poltermann, Andreas (Hrsg.):* Die wunderbare Wissensvermehrung. Wie Open Innovation unsere Welt revolutioniert, Hannover 2006, 48–63
Schimmel, Roland *Buhlmann, Dirk*	Fehlerquellen im Umgang mit dem Neuen Schuldrecht, Neuwied 2002
Schimmel, Roland *Buhlmann, Dirk*	Frankfurter Handbuch zum neuen Schuldrecht, Neuwied 2002
Schlegel, Ralf Oliver	Anmerkung zu BGH, Urt. v. 4.3.2004 - III ZR 96/03, NJW 2004, 1590 - Dialer, MDR 2004, 620–622
Schlegel, Ralf Oliver	Anmerkung zu LG Hamburg, Urt. v. 7.7.2004 - 308 O 264/04, CR 2005, 136, CR 2005, 144–145
Schlotter, Clemens D.	Die neuen Endkunden schützenden Regelungen des Gesetzes zur Änderung telekommunikationsrechtlicher Vorschriften v. 18.02.2007 - ein detaillierter Überblick, JurPC 2007, Rn. 1–135
Schmidbauer, Franz	Schadensersatz wegen Viren, - http://www.i4j.at/news/aktuell36.htm, 12.2.2003 (abgerufen am 28.2.2008)
Schmidt, Jürgen	Der Lochtrick - Wie Skype & Co. Firewalls umgehen, c't 2006 Nr. 17, 142–142 - http://www.heise.de/security/artikel/82054, (abgerufen am 28.2.2008)
Schmidt, Karsten	Der bürgerlich-rechtliche Verein mit wirtschaftlicher Tätigkeit, AcP 182 (1982), 1–59
Schmidt, Karsten	Die Abgrenzung der beiden Vereinsklassen, RPfleger 1972, 286–294, 343–353
Schmidt, Karsten	Sieben Leitsätze zum Verhältnis zwischen Vereinsrecht und Handelsrecht, ZGR 1975, 477–486

Schmitz, Florian *Laun, Stefan*	Die Haftung kommerzieller Meinungsportale im Internet, MMR 2005, 208–213
Schmitz, Peter	TDDSG und das Recht auf informationelle Selbstbestimmung, München 2000 (zugl. Jur. Diss., Mainz 1999)
Schmitz, Peter *Dierking, Laura*	Inhalte- und Störerverantwortlichkeit bei Telekommunikations- und Telemediendiensten, CR 2005, 420–428
Schneider, Annette	Verträge über Internet-Access, München 2001 (zugl. Jur. Diss., Heidelberg 2000/2001)
Schneider, Jochen	Datenschutz und neue Medien, NJW 1984, 390–398
Schneider, Jochen *Günther, Andreas*	Haftung für Computerviren, CR 1997, 389–396
Schneider, Uwe H.	Patronatserklärungen gegenüber der Allgemeinheit, ZIP 1989, 619–625
Schneier, Bruce	Steal This Wi-Fi, - http://www.wired.com/politics/security/commentary/securitymatters/2008/01/securitymatters_0110, 10.1.2008 (abgerufen am 28.2.2008)
Schnellecke, Christian	Wirksamkeit und Inhaltskontrolle harter Patronatserklärungen, Frankfurt 2005 (zugl. Jur. Diss., Bonn 2005)
Scholz, Philip	Datenschutzrechtliche Anforderungen, in: *Roßnagel, Alexander (Hrsg.):* Datenschutz beim Online-Einkauf, Braunschweig/Wiesbaden 2002, 41–72
Schöne, Torsten	Gesellschafterausschluss bei Personengesellschaften, Köln 1993 (zugl. Jur. Diss., Münster (Westfalen) 1992)
Schöttle, Hendrik	Sperrungsverfügungen im Internet: Machbar und verhältnismäßig? K&R 2007, 366–370
Schöttler, Ingo	Haftung des Inhabers eines Internetanschlusses für Rechtsverletzungen seiner Kinder, jurisPR-ITR 2007, 2/2007 Anm. 2
Schricker, Gerhard	Urheberrecht, 3. Auflage, München 2006

Schröder, Fritz	Die sogenannten Gefälligkeitsverträge, Charlottenburg 1932 (zugl. Jur. Diss., Göttingen 1932)
Schulz, Carsten	Stellungnahme des ifrOSS zu einem Auskunftsanspruch der Rechtsinhaber gegenüber Providern v. 10.11.2003, - http://www.ifross.de/ifross_html/art39.pdf, (abgerufen am 28.2.2008)
Schulze, Reiner	Bürgerliches Gesetzbuch : Handkommentar, 5. Auflage, Baden-Baden 2007 (zitiert: HK-BGB)
Schulzki-Haddouti, Christiane	Digitale Freihäfen, in: *Medosch, Armin; Röttgers, Janko (Hrsg.):* Netzpiraten, Hannover 2001, 177–189
Schumacher, Volker A.	Die Gestaltung von IP-VPN-Verträgen, CR 2006, 229–235
Schumacher, Volker A.	IP-VPN-Verträge in der Praxis, in: *Taeger, Jürgen; Wiebe, Andreas (Hrsg.):* Aktuelle Rechtsfragen zu IT und Internet - Tagungsband Herbstakademie 2006, Edewecht 2006, 101–108
Schünemann, Wolfgang B.	Die wettbewerbsrechtliche „Störer"-Haftung, WRP 1998, 120–124
Schütz, Raimund Gostomzyk, Tobias	Sind von Minderjährigen angenommene R-Gespräche vergütungspflichtig? MMR 2006, 7–12
Schwab, Karl Heinz Prütting, Hanns	Sachenrecht, 31. Auflage, München 2003
Schwab, Martin	Schuldrechtsreform 2001 - Alles wird neu, JZ 2001, 311–312
Schwab, Martin	Grundfälle zu culpa in contrahendo, Sachwalterhaftung und Vertrag mit Schutzwirkung für Dritte nach neuem Schuldrecht, JuS 2002, 773–778
Schwarz, Günter Christian	Gesetzliche Schuldverhältnisse, München 2003
Schwarz, Mathias Peschel-Mehner, Andreas	Recht im Internet, August 2002
Schwerdtner, Peter	Der Ersatz des Verlusts des Schadensfreiheitsrabattes in der Haftpflichtversicherung, NJW 1971, 1673–1678
Seetzen, Uwe	Zur Entwicklung des internationalen Deliktsrechts, VersR 1970, 1–15

Seichter, Dirk	Die Umsetzung der Richtlinie zur Durchsetzung der Rechte des geistigen Eigentums, WRP 2006, 391–400
Sessinghaus, Karel	Ein Beitrag zur Störerhaftung von Teleddiensteanbietern unter dogmatischer Beleuchtung des BGH-Urteils „Internet-Versteigerung" v. 11.3.2004 - I ZR 304/01, GRUR 2004, 860 = WRP 2004, 1287, WRP 2005, 697–703
Sester, Peter	Open-Source-Software: Vertragsrecht, Haftungsrisiken und IPR-Fragen, CR 2000, 797–807
Sieber, Ulrich	Strafrechtliche Verantwortlichkeit für den Datenverkehr in internationalen Computernetzen (1), JZ 1996, 429–442
Sieber, Ulrich	Verantwortlichkeit im Internet, München 1999
Sieber, Ulrich *Höfinger, Frank Michael*	Drittauskunftsansprüche nach § 101a UrhG gegen Internetprovider zur Verfolgung von Urheberrechtsverletzungen, MMR 2004, 575–585
Sierck *Schöning* *Pöhl*	Gutachten des wissenschaftlichen Dienstes des Deutschen Bundestages - Zulässigkeit der Vorratsdatenspeicherung nach europäischem und deutschem Recht, Berlin 2006 - http://material.vorratsdatenspeicherung.de/BT-Wissenschaftliche-Dienste-Gutachten-VDS.pdf, (abgerufen am 28.2.2008)
Sikora, Axel	Wireless LAN - Protokolle und Anwendungen, München 2001
Simitis, Spiros	Die informationelle Selbstbestimmung - Grundbedingung einer verfassungskonformen Informationsordnung, NJW 1984, 398–405
Simitis, Spiros	Anmerkung zu EuGH, Urt. v. 30.5.2006, NJW 2006, 2029, NJW 2006, 2011–2014
Simitis, Spiros (Hrsg.)	Bundesdatenschutzgesetz, 6. Auflage, Baden-Baden 2006
Simon, Jürgen	Rundfunkstörungen und Mietrecht, ZMR 1986, 1–4, 37–40

Sobola, Sabine *Kohl, Katrin*	Haftung von Providern für fremde Inhalte, CR 2005, 443–450
Soergel, Hans Theodor	Bürgerliches Gesetzbuch, §§ 705-853, 11. Auflage, Stuttgart 1985
Soergel, Hans Theodor	Bürgerliches Gesetzbuch, §§ 854-1296, 12. Auflage, Stuttgart 1990
Soergel, Hans Theodor	Bürgerliches Gesetzbuch, Allgemeiner Teil 1, §§ 1 - 103 BGB, 13. Auflage, Stuttgart 2000
Soergel, Hans Theodor	Bürgerliches Gesetzbuch, Allgemeiner Teil 2, §§ 104 - 240 BGB, 13. Auflage, Stuttgart 2000
Soergel, Hans Theodor	Bürgerliches Gesetzbuch, Sachenrecht 1, 13. Auflage, Stuttgart 2002
Soergel, Hans Theodor	Bürgerliches Gesetzbuch, §§ 823-853, 13. Auflage, Stuttgart 2005
Sofsky, Peter	Das Prinzip Sicherheit, Frankfurt 2005
Solmecke, Christian	Rechtliche Beurteilung der Nutzung von Musiktausch-börsen, K&R 2007, 138–143
Sommer, Christian *Brinkel, Guido*	Haftung für eDonkey-Links - Anmerkung zu LG Hamburg, Urt. v.15.7.2005 - 308 O 379/05, CR 2006, 68, CR 2006, 68–70
Sonntag, Matthias	IT-Sicherheit kritischer Infrastrukturen, München 2005 (zugl. Jur. Diss., Münster 2002)
Spindler, Gerald	Deliktsrechtliche Haftung im Internet - nationale und internationale Rechtsprobleme, ZUM 1996, 533–563
Spindler, Gerald	E-Commerce in Europa - Die E-Commerce-Richtlinie in ihrer endgültigen Fassung, MMR 2000, 4–21
Spindler, Gerald	Das Gesetz zum elektronischen Geschäftsverkehr - Verantwortlichkeit der Diensteanbieter und Herkunftslandprinzip, NJW 2002, 921–927
Spindler, Gerald	Haftung des Internet-Auktionsveranstalters für markenrechtsverletzende Inhalte Dritter, K&R 2002, 83–85
Spindler, Gerald	Anmerkung zu BGH, Urt. v. 4.3.2004 - III ZR 96/03, NJW 2004, 1590 - Dialer, JZ 2004, 1128–1132

Spindler, Gerald	IT-Sicherheit und Produkthaftung - Sicherheitslücken, Pflichten der Hersteller und der Softwarenutzer, NJW 2004, 3145–3150
Spindler, Gerald	Open Source Software auf dem gerichtlichen Prüfstand - Dingliche Qualifikation und Inhaltskontrolle, K&R 2004, 528–534
Spindler, Gerald	Rechtsfragen bei Open Source, Köln 2004
Spindler, Gerald (Hrsg.)	Vertragsrecht der Internet-Provider, 2. Auflage, Köln 2004
Spindler, Gerald	Anmerkung zu OLG Frankfurt, Urt. v. 25.1.2005 - 11 U 51/04, MMR 2005, 241, MMR 2005, 243–245
Spindler, Gerald	Haftung und Verantwortlichkeit im IT-Recht, CR 2005, 741–747
Spindler, Gerald	Miturhebergemeinschaft und BGB-Gesellschaft, in: *Ohly, Ansgar (Hrsg.):* Perspektiven des Geistigen Eigentums und Wettbewerbsrechts : Festschrift für Gerhard Schricker zum 70. Geburtstag, München 2005, 539–558
Spindler, Gerald	Anmerkung zu BGH, Urt. v. 19.4.2007 - I ZR 35/04, MMR 2007, 507 - Internetversteigerung II, MMR 2007, 511–514
Spindler, Gerald	Das neue Telemediengesetz - Konvergenz in sachten Schritten, CR 2007, 239–245
Spindler, Gerald *Dorschel, Joachim*	Auskunftsansprüche gegen Internet-Service-Provider, CR 2005, 38–47
Spindler, Gerald *Dorschel, Joachim*	Vereinbarkeit der geplanten Auskunftsansprüche gegen Internet-Provider mit EU-Recht, CR 2006, 341–347
Spindler, Gerald *Klöhn, Lars*	Fehlerhafte Informationen und Software - Die Auswirkungen der Schuld- und Schadensrechtsreform - Teil II, VersR 2003, 410–414
Spindler, Gerald *Leistner, Matthias*	Die Verantwortlichkeit für Urheberrechtsverletzungen im Internet - Neue Entwicklungen in Deutschland und in den USA, GRURInt. 2005, 773–795

Spindler, Gerald *Schmitz, Peter* *Geis, Ivo*	TDG, Teledienstegesetz, Teledienstedatenschutzgesetz, Signaturgesetz, Kommentar, 2. Auflage, München 2004
Spindler, Gerald *Volkmann, Christian*	Anmerkung zu OVG Münster, Beschl. v. 19.3.2003 - 8 B 2567/02, MMR 2003, 348, MMR 2003, 353–355
Spindler, Gerald *Volkmann, Christian*	Die zivilrechtliche Störerhaftung der Internet-Provider, WRP 2003, 1–15
Spindler, Gerald; *Wiebe, Andreas (Hrsg.)*	Internet-Auktionen und Elektronische Marktplätze, 2. Auflage, Köln 2005
Splittgerber, Andreas	Auskunftsansprüche gegen Internetprovider, in: *Taeger, Jürgen*; *Wiebe, Andreas (Hrsg.):* Aktuelle Rechtsfragen zu IT und Internet - Tagungsband Herbstakademie 2006, Edewecht 2006, 14–25
Splittgerber, Andreas *Klytta, Joanna*	Auskunftsansprüche gegen Internetprovider, K&R 2007, 78–85
Spoenle, Jan	Ermittlung der Identität von Tauschbörsen-Nutzern in Bagatellfällen, Anmerkung zu AG Offenburg, Beschl. v. 20.7.2007 - 4 Gs 442/07, jurisPR-ITR 2007, 8/2007 Anm. 6
Stadler, Thomas	Auskunftsansprüche gegen Internet Service Provider bei Urheberrechtsverletzungen, - http://www. afs-rechtsanwaelte.de/Pages/providerauskunft.html, 27.9.2004 (abgerufen am 28.2.2008)
Stadler, Thomas	Sperrungsverfügung gegen Access-Provider, MMR 2002, 343–347
Stadler, Thomas	Haftung für Informationen im Internet, 2. Auflage, Berlin 2005
Stallman, Richard	Warum Open Source das Wesentliche von Freier Software verdeckt, in: *Lutterbeck, Bernd*; *Bärwolff, Matthias*; *Gehring, Robert A. (Hrsg.):* Open Source Jahrbuch 2007, Berlin 2007 - http://www.opensourcejahrbuch. de/download/jb2007/OpenSourceJahrbuch2007_online. pdf, (abgerufen am 28.2.2008), 1–8

Stallman, Richard M. *Lessig, Lawrence*	Free Software, Free Society: Selected Essays of Richard M. Stallman, Boston 2002 - http://notabug.com/ 2002/rms-essays.pdf, (abgerufen am 28.2.2008)
Staudinger, Julius	Kommentar zum Bürgerlichen Gesetzbuch, §§ 581-610, 12. Auflage, Berlin 1989
Staudinger, Julius	Kommentar zum Bürgerlichen Gesetzbuch, §§ 241-243, 13. Auflage, Berlin 1995
Staudinger, Julius	Kommentar zum Bürgerlichen Gesetzbuch, §§ 581-606, Berlin 1996
Staudinger, Julius	Kommentar zum Bürgerlichen Gesetzbuch, §§ 249-254, 13. Auflage, Berlin 1998
Staudinger, Julius	Kommentar zum Bürgerlichen Gesetzbuch, §§ 823-825, 13. Auflage, Berlin 1999
Staudinger, Julius	Kommentar zum Bürgerlichen Gesetzbuch, §§ 854-882, 13. Auflage, Berlin 2000
Staudinger, Julius	Kommentar zum Bürgerlichen Gesetzbuch, §§ 903-924, Berlin 2002
Staudinger, Julius	Kommentar zum Bürgerlichen Gesetzbuch, §§ 134-163, Berlin 2003
Staudinger, Julius	Kommentar zum Bürgerlichen Gesetzbuch, §§ 705-740, 13. Auflage, Berlin 2003
Staudinger, Julius	Kommentar zum Bürgerlichen Gesetzbuch - Eckpfeiler des Zivilrechts, Berlin 2005
Staudinger, Julius	Kommentar zum Bürgerlichen Gesetzbuch, §§ 241-243, Berlin 2005
Staudinger, Julius	Kommentar zum Bürgerlichen Gesetzbuch, §§ 397 - 432, Berlin 2005
Staudinger, Julius	Kommentar zum Bürgerlichen Gesetzbuch, §§ 657 - 704, Berlin 2006
Staudinger, Julius	Kommentar zum Bürgerlichen Gesetzbuch, §§ 985-1011, 13. Auflage, Berlin 2006
Steiner, Gert H.	Schadensverhütung als Alternative zum Schadensersatz, Köln 1983 (zugl. Jur. Diss., Marburg 1983)

Stöber, Kurt	Handbuch zum Vereinsrecht, 9. Auflage, Köln 2004
Stork, Karlgeorg	Allgemeine Geschäftsbedingungen von Zugangsdiensten im Internet (Access Provider), München 2002 (zugl. Jur. Diss., München 2001)
Streinz, Rudolf (Hrsg.)	EUV/EGV, München 2003
Strohal, Emil (Hrsg.)	Planck's Kommentar zum Bürgerlichen Gesetzbuch, Band III, Sachenrecht 1, Berlin 1920
Strohal, Emil (Hrsg.)	Planck's Kommentar zum Bürgerlichen Gesetzbuch, Band 2, 2. Hälfte - Recht der Schuldverhältnisse (Besonderer Teil), Berlin 1928
Strömer, Tobias H.	Mit heißer Nadel - Neue Gesetze zur Telekommunikation, c't 1996, 50–51 - http://www.heise.de/ct/96/10/050, (abgerufen am 28.2.2008)
Strömer, Tobias H.	Online-Recht, 3. Auflage, Heidelberg 2002
Strömer, Tobias H. *Grootz, Andreas*	Internet-Foren: „Betreiber- und Kenntnisverschaffungspflichten" - Wege aus der Haftungsfalle, K&R 2006, 553–556
Stürner, Rolf	Anmerkung zu BGH, Urt. v. 4.7.1975 - I ZR 115/73, JZ 1976, 320–323
Sujecki, Bartosz	Vertrags- und urheberrechtliche Aspekte von Open Source Software im deutschen Recht, JurPC 2005, Web–Dok. 145/2005, Abs. 1–52
Sury, Ursula	Rechtsaspekte offener Accesspoints, Informatik Spektrum 2005, 504–506
Taeger, Jürgen	Außervertragliche Haftung für fehlerhafte Computerprogramme, Tübingen 1995 (zugl. Habil., Hannover 1994/1995)
Tanenbaum, Andrew S.	Computernetzwerke, 4. Auflage, München 2003
Teichmann, Arndt	Gestaltungsfreiheit in Gesellschaftsverträgen, München 1970 (zugl. Habil., Göttingen 1969)

Teplitzky, Otto Neue Entwicklungen beim wettbewerbs- und marken-rechtlichen Auskunftsanspruch, in: *Keller, Erhard*; *Plassmann, Clemens*; *Falck, Andreas von (Hrsg.)*: Fest-schrift für Winfried Tilmann, Köln 2003, 913–921

Teplitzky, Otto Wettbewerbsrechtliche Ansprüche und Verfahren, 9. Auflage, Köln 2007

Teubner, Gunther Netzwerk als Vertragsverbund, Baden-Baden 2004

Tinnefeld, Marie-Theres
Ehmann, Eugen
Gerling, Rainer R. Einführung in das Datenschutzrecht, 4. Auflage, München 2005

Tita, Rolf-Thomas Umfang und Grenzen der Softwareversicherung nach Kl. 028 zu den ABE (I), VW 2001, 1696–1696

Todd, Bennett Distributed Denial of Service Attacks, 2000 - http://www.linuxsecurity.com/resource_files/intrusion_detection/ddos-faq.html, 18.2.2000 (abgerufen am 28.2.2008)

Trautmann, Arne Unverschlüsseltes WLAN und Störerhaftung: LG Hamburg öffnet die Büchse der Pandora, - http://www.law-blog.de/323/wlan-ungesichert-stoererhaftung, 8.9.2006 (abgerufen am 28.2.2008)

Uerpmann-Wittzack, Robert
Jankowska-Gilberg, Magdalena Die Europäische Menschenrechtskonvention als Ordnungsrahmen für das Internet, MMR 2008, 83–89

Ulmer, Claus D.
Schrief, Dorothee Vorratsdatenspeicherung durch die Hintertür, DuD 2004, 591–597

Unabhängiges Landeszentrum für Datenschutz Schleswig-Holstein Stellungnahme des ULD vom 27.06.2007 zum Gesetzesentwurf der Bundesregierung für ein Gesetz zur Neuregelung der Telekommunikationsüberwachung und anderer verdeckter Ermittlungsmaßnahmen sowie zur Umsetzung der Richtlinie 2006/24/EG, BR-Drucksache 275/07 gegenüber dem Innen- und Rechtsausschuss des Schleswig-Holsteinischen Landtags, Kiel 2007 - https://www.datenschutzzentrum.de/polizei/20070627-vorratsdatenspeicherung.pdf, 27.6.2007 (abgerufen am 28.2.2008)

Volkmann, Christian	Anmerkung zu BGH CR 2004, 763 - Rolex, CR 2004, 767–769
Volkmann, Christian	Der Störer im Internet, München 2005 (zugl. Jur. Diss., Göttingen 2004)
Waldenberger, Arthur	Zur zivilrechtlichen Verantwortlichkeit für Urheberrechtsverletzungen im Internet, ZUM 1997, 176–188
Walke, Bernhard H.	Mobile Radio Networks: Networking, Protocols and Traffic Performance, 2. Auflage, Chichester 2002
Wandtke, Artur-Axel *Bullinger, Winfried*	Praxiskommentar zum Urheberrecht, 2. Auflage, München 2006
Weber, Nils	Kostenerstattung und Störerhaftung im Grenzbeschlagnahmeverfahren am Beispiel des Markenrechts, WRP 2005, 961–967
Wellenhofer, Marina	Drittwirkung von Schutzpflichten im Netz, KritV 2006, 187–207
Wenzel, Karl Egbert	Das Recht der Wort- und Bildberichterstattung, 5. Auflage, Köln 2003
Westermann, Harry et al.	Sachenrecht, 7. Auflage, Heidelberg 1998
Westin, Alan F.	Privacy and Freedom, London 1967
Westphal, Dietrich	Die neue EG-Richtlinie zur Vorratsdatenspeicherung - Privatsphäre und Unternehmerfreiheit unter Sicherheitsdruck, EuZW 2006, 555–559
Westphal, Dietrich	Die Richtlinie zur Vorratsspeicherung von Verkehrsdaten – Brüsseler Stellungnahme zum Verhältnis von Freiheit und Sicherheit in der „Post-911-Informationsgesellschaft", EuR 2006, 706–724
Wieacker, Franz	Die Methode der Auslegung des Rechtsgeschäfts, JZ 1967, 385–391
Wiebe, Andreas	Anmerkung zu OLG Köln, Urt. v. 2.11.2001 - 6 U 12/01, CR 2002, 50, CR 2002, 53–55
Wiebe, Andreas	Anmerkung zu ÖOGH, Urt. v. 26.7.2005 - 11 Os 57-59/05z,x,v, MMR 2005, 828–830

Wiebe, Andreas	EnforcementRL - Rechtsdurchsetzung nach der Richtlinie 2004/48/EG, in: *Büllesbach, Alfred; Büchner, Wolfgang (Hrsg.):* IT doesn't matter!? Aktuelle Herausforderungen des Technikrechts, Köln 2006, 153–177
Wiebe, Andreas	Urheberrechtsverletzungen auf Auktionsplattformen - Anmerkung zu OLG München 29. Senat, Urt. v. 21.09.2006 - 29 U 2119/06, MMR 2006, 739, jurisPR-ITR 2006, 10/2006 Anm. 4
Wieling, Hans Josef	Sachenrecht, Band I, 2. Auflage, Berlin 2006
Wilhelm, Jan	Sachenrecht, 2. Auflage, Berlin 2002
Williams, Sam	Free as in Freedom: Richard Stallman's Crusade for Free Software, 2002 - http://www.oreilly.com/openbook/freedom/, (abgerufen am 28.2.2008)
Willoweit, Dietmar	Abgrenzung und rechtliche Relevanz nicht rechtsgeschäftlicher Vereinbarungen, Berlin 1969
Willoweit, Dietmar	Schuldverhältnis und Gefälligkeit, JuS 1984, 909–916
Willoweit, Dietmar	Die Rechtsprechung zum Gefälligkeitshandeln, JuS 1986, 96–107
Wimmer, Norbert Michael, Gerhard	Der Online-Provider im neuen Multimediarecht, Baden-Baden
Wimmers, Jörg Schulz, Carsten	Stört der Admin-C? CR 2006, 754–764
Wolff, Martin Raiser, Ludwig	Sachenrecht, 10. Auflage, Tübingen 1957
Wüstenberg, Dirk	Das Recht der Zugangsanbieter auf Speicherung der IP-Adressen bei Online-Flatrates, TKMR 2003, 105–109
Wüstenberg, Dirk	Argumente gegen die Rechtmäßigkeit der Vorratsdatenspeicherung, RDV 2006, 102–104
Wüstenberg, Dirk	Erforderlichkeit der IP-Adressen-Speicherung, VuR 2006, 49–52
Zagouras, Georgios	Eltern haften für ihre Kinder? - R-Gespräche zwischen Anscheinsvollmacht, Widerruf und Wucher, NJW 2006, 2368–2371

Zagouras, Georgios Mehrwertdienste und Verbraucherschutz im TKG, NJW 2007, 1914–1917

Zarzer, Brigitte AN.ON. - Anonymität Online, Telepolis 21.8.2002 - http://www.telepolis.de/r4/artikel/13/13120/1.html, (abgerufen am 28.2.2008)

Zimmer, Anja Wireless LAN und das Telekommunikationsrecht, CR 2003, 893–898

Zöllner, Wolfgang Arbeitsrecht, 5. Auflage, München 1998
Loritz, Karl-Georg

Zombik, Peter Der Kampf gegen Musikdiebstahl im Internet, ZUM 2006, 450–456

Zschoche, Detlef Zur Haftung Dritter aus positiver Forderungsverletzung - Zugleich Anmerkung zum Urteil des BGH vom 19.12.1977 (II ZR 184/76), VersR 1978, 1089–1092

Zwingenberger, Meike Soziales Kapital: Communities und die Bedeutung sozialer Netzwerke in den USA, München 2003 (zugl. Diss., München 2004) - http://edoc.ub.uni-muenchen. de/archive/00006028/, (abgerufen am 28.2.2008)

Zypries, Brigitte Null Privatheit? FAZ.net 2007, 8 - http://www.faz.net/s/ Rub594835B672714A1DB1A121534F010EE1/Doc\ ~EED4D8CFA1A8C47BD9DE8AA696647DB35\ ~ATpl~Ecommon~Scontent.html, (abgerufen am 28.2.2008)

Abkürzungsverzeichnis

a.A.	andere Auffassung
a.F.	alte Fassung
Abb.	Abbildung
ABl.	Amtsblatt
AcP	Archiv für die civilistische Praxis
AfP	Archiv für Presserecht
AG	Amtsgericht
AGB	Allgemeine Geschäftsbedingungen
Anm.	Anmerkung
AODV	Ad-hoc On-demand Distance Vector
Art.	Artikel
BayVbl	Bayerische Verwaltungsblätter
BB	Betriebs-Berater
BDSG	Bundesdatenschutzgesetz
BGB	Bürgerliches Gesetzbuch
BGBl.	Bundesgesetzblatt
BGH	Bundesgerichtshof

BlGBW	Blätter für Grundstücks-, Bau- und Wohnungsrecht
BR	Bundesrat
BReg	Bundesregierung
BSI	Bundesamt für Sicherheit in der Informationstechnik
BT	Bundestag
BVerfG	Bundesverfassungsgericht
BVerwG	Bundesverwaltungsgericht
c't	Magazin für Computertechnik
CD-ROM	Compact Disc Read-Only Memory
cic	culpa in contrahendo
CR	Computer und Recht
CSMA/CA	Carrier Sense Multiple Access / Collision Avoidance
DDoS	Distributed Denial of Service
Diss.	Dissertation
DNS	Domain Name System
DoS	Denial of Service
DPPL	Digital Peer Publishing License
DRDoS	Distributed Reflected Denial of Service
DRiZ	Deutsche Richterzeitung
Drs.	Drucksache
DSB	Datenschutzberater
DSRL	Datenschutzrichtlinie
DuD	Datenschutz und Datensicherheit

DÖV	Die Öffentliche Verwaltung
ECRL	E-Commerce-Richtlinie
EDV	Elektronische Datenverarbeitung
EG	Europäische Gemeinschaft
EGMR	Europäischer Gerichtshof für Menschenrechte
EGV	Vertrag zur Gründung der Europäischen Gemeinschaft
Einl.	Einleitung
EMRK	Europäische Menschenrechtskonvention
Erg.Lief.	Ergänzungslieferung
EU	Europäische Union
EuGH	Europäischer Gerichtshof
EUV	Vertrag über die Europaische Union
EuZW	Europäische Zeitschrift für Wirtschaftsrecht
FS	Festschrift
FTP	File Transfer Protocol
GebrauchsmusterG	Gebrauchsmustergesetz
GG	Grundgesetz
GHz	Gigahertz
GPL	GNU General Public License
GRC	EU-Grundrechtecharta
GRUR	Gewerblicher Rechtsschutz und Urheberrecht
GRUR-RR	Gewerblicher Rechtsschutz und Urheberrecht - Rechtsprechungs-Report
GRURInt.	Gewerblicher Rechtsschutz und Urheberrecht, Internationaler Teil

h.M.   herrschende Meinung

Habil.   Habilitation

HessSOG   Gesetz über die öffentliche Sicherheit und Ordnung des Landes Hessen

HTTP   Hypertext Transfer Protocol

i.E.   im Ergebnis

i.S.d.   im Sinne des/der

i.w.S.   im weiteren Sinne

ICANN   Internet Corporation for Assigned Names and Numbers

IEEE   Institute of Electrical and Electronics Engineers

IETF   Internet Engineering Task Force

IFPI   International Federation of the Phonographic Industry

IfrOSS   Institut für Rechtsfragen der Freien und Open Source Software

IP   Internet Protocol

IPR   Internationales Privatrecht

IPv4   Internet Protocol Version 4

IPv6   Internet Protocol Version 6

ISO   International Organization for Standardization

ISP   Internet Service Provider

IT   Informationstechnik

ITRB   Der IT-Rechts-Berater

IuKDG   Gesetz zur Regelung der Rahmenbedingungen für Informations- und Kommunikationsdienste

JA   Juristische Ausbildung

JJ   Jherings Jahrbücher

jurisPR-ITR	Juris Praxis-Report IT-Recht
JuS	Juristische Schulung
JZ	Juristenzeitung
K&R	Kommunikation & Recht
Kap.	Kapitel
KG	Kammergericht
krit.	kritisch
KritV	Kritische Vierteljahreszeitschrift für Gesetzgebung und Rechtspflege
KUG	Kunst-Urhebergesetz
LAN	Local Area Network
LG	Landgericht
m.	mit
m.w.N.	mit weiteren Nachweisen
MAC	Medium Access Control
MANET	Mobile AdHoc Network
MDR	Monatsschrift für Deutsches Recht
MEZ	Mitteleuropäische Zeit
MMR	Multimedia und Recht
n.F.	neue Fassung
NAT	Network Address Translation
NJW	Neue Juristische Wochenschrift
NJW-RR	Neue Juristische Wochenschrift - Rechtsprechungs-Report
NVwZ	Neue Zeitschrift für Verwaltungsrecht

OECD	Organisation für wirtschaftliche Zusammenarbeit und Entwicklung
OLG	Oberlandesgericht
OLSR	Optimized Link State Routing
OSI	Open Systems Interconnection
P2P	Peer-to-Peer
PatG	Patentgesetz
pFV	positive Forderungsverletzung
PolG-BW	Polizeigesetz des Landes Baden-Württemberg
PPA	Pico Peering Agreement
RDV	Recht der Datenverarbeitung
RegE	Regierungsentwurf
RFC	Request for Comments
RG	Reichsgericht
RIPE NCC	Réseaux IP Européens Network Coordination Centre
RL	Richtlinie
Rn.	Randnummer
RPfleger	Der Deutsche Rechtspfleger
Rs.	Rechtssache
s.o.	siehe oben
s.u.	siehe unten
SeuffBl.	Seufferts Blätter für Rechtsanwendung
TCP	Transmission Control Protocol
TDDSG	Teledienstedatenschutzgesetz

TDG	Teledienstegesetz
TK-Datenschutz-RL	Telekommunikationsdatenschutzrichtlinie
TKG	Telekommunikationsgesetz-Entwurf
TKG	Telekommunikationsgesetz
TKMR	Telekommunikations- & Medienrecht
TKV	Telekommunikations-Kundenschutzverordnung
TKÜV	Verordnung über die technische und organisatorische Umsetzung von Maßnahmen zur Überwachung der Telekommunikation
TMG	Telemediendienstegesetz
UrhG	Urheberrechtsgesetz
UWG	Gesetz gegen den unlauteren Wettbewerb
VerbrKrG	Verbraucherkreditgesetz
VersR	Versicherungsrecht
vgl.	vergleiche
VPN	Virtual Private Network
VSRL	Vorratsdatenspeicherungsrichtlinie
VuR	Verbraucher und Recht
VW	Versicherungswirtschaft
WLAN	Wireless Local Area Network
WRP	Wettbewerb in Recht und Praxis
WWW	World Wide Web
ZGR	Zeitschrift für Unternehmens- und Gesellschaftsrecht
ZIP	Zeitschrift für Wirtschaftsrecht und Insolvenzpraxis
ZMR	Zeitschrift für Miet- und Raumrecht

ZRP   Zeitschrift für Rechtspolitik

ZUM   Zeitschrift für Urheber- und Medienrecht

zust.   zustimmend

Erster Teil:

Einführung

§ 1 Einleitung

I. Untersuchungsgegenstand

Den Gegenstand dieser Untersuchung bilden sogenannte „offene" oder „freie" Netze. Bei offenen Netzen handelt es sich vor allem um Funknetzwerke, bei denen Privatpersonen ohne vorherrschende wirtschaftliche Interessen Netzwerke aufbauen, Netzwerkleistungen anbieten und häufig auch ihren Internetzugang zur Verfügung stellen. Hierfür stellen sie in Eigenregie und auf eigene Kosten Hardware und mitunter auch die zugehörige Software zur allgemeinen Nutzung bereit. Die Nutzung ist in aller Regel kostenlos und teilweise sogar unabhängig von einer Anmeldung oder der Erfüllung anderer Zugangsvoraussetzungen möglich. Es bilden sich dadurch größere Netzwerke, die sowohl in technischer, aber auch in sozialer Hinsicht Kooperation und Gemeinschaftsarbeit fördern und bedingen. Mehrere Anbieter solcher Funknetze, im folgenden kontextabhängig als „Betreiber" oder „Diensteanbieter" bezeichnet, verbinden hierfür ihre Geräte und bilden dadurch ein möglichst flächendeckendes „vermaschtes" Netz.

Grundlage dieser Vernetzung sind AdHoc-Routingprotokolle, die auf technischer Seite eine möglichst gute und störungsfreie Verbindung aller beteiligten Netzwerkknoten herstellen. Prägend für die Netzwerke ist die Auflösung des Nutzer/Diensteanbieter-Paradigmas: Jeder Nutzer stellt durch die Vernetzung im sogenannten AdHoc-Modus gleichzeitig seinen Netzwerkknoten anderen in der Rolle eines Diensteanbieters zur Verfügung.

Die Gemeinschaften zeichnen sich dadurch aus, dass von Anfang an eine enge soziale Verbindung entsteht. Über regelmäßige Treffen, Mailing-Listen, Foren, Chats etc. findet ein reger Austausch statt. Zentrale Organisationsstrukturen sind nur in Ausnahmefällen vorhanden und nur selten überhaupt erwünscht.

II. Ziel der Untersuchung

Das Ziel dieser Untersuchung ist eine möglichst umfassende Aufarbeitung der zivilrechtlichen Gestaltung offener Netzwerke sowie weiterer Fragestellungen im Zusammenhang mit offenen

Netzen. Ausgegangen wird hierfür zunächst vom Verhältnis der einzelnen Nutzer bzw. Betrei-
ber untereinander, wobei die rechtlichen Grundlagen im Sinne der eingegangenen Rechtsver-
hältnisse herausgearbeitet werden. Eine Komplikation ist bereits hier, dass es das klassische
Modell der Trennung von Betreiber und Nutzer, wie sie beispielsweise bei kommerziellen
Angeboten, aber auch bei kostenlosen Hotspots z.b. in Cafés vorherrscht, bei den offenen
Netzen nicht immer gibt. Die Rollenverteilung ist viel eher dem einer Kooperation ähnlich.

Dennoch soll neben der Darstellung des Rechtsverhältnisses auf eine mögliche Haftung zwischen den Beteiligten eingegangen werden, wobei insbesondere Vorliegen und Wirksamkeit
von Haftungsausschlüssen bzw. Privilegierungen zu untersuchen sind.

Über die Rechtsverhältnisse der Beteiligten hinaus sollen die rechtlichen Eckpunkte gegenüber Dritten herausgearbeitet werden. Dafür sollen speziell mögliche Haftungsrisiken und
die einschlägigen Anspruchsgrundlagen dargestellt, geprüft und bewertet werden.

III.   Gang der Untersuchung

Die Untersuchung der offenen Netze bzw. ihrer rechtlichen Gesichtspunkte erfolgt schrittweise von innen nach außen. Als erste Frage stellt sich, ob zwischen den Teilnehmern offener
Netzwerke überhaupt eine vertragliche Grundlage besteht.[1] Zu unterscheiden sind dabei unterschiedliche Strukturen: Zum Teil existieren keinerlei konkrete Absprachen.[2] Dem gegenüber
stehen Netzwerkgemeinschaften, die sich sogenannter „Peering Agreements" bedienen,[3] und
schließlich organisieren sich die Träger offener Netze teilweise in Vereinen.[4] Eine gewisse
Nähe besteht zu den mittlerweile sehr bekannten Phänomenen des Open Source oder Open
Content. Vergleiche mit diesen Systemen können die Strukturen verdeutlichen und Hinweise
auf die Motivation und damit auch die vertragsrechtliche Gestaltung geben. Im Anschluss daran sollen die Konsequenzen dieser Ergebnisse für das (Haftungs-) Verhältnis der Beteiligten
untersucht werden.[5]

Eine sehr brisante Fragestellung ist das Verhältnis der Betreiber offener Netze zu Dritten.
Durch den Aufbau und Betrieb des Netzes können nämlich Rechtsverletzer häufig anonym
oder zumindest nahezu anonym handeln. Marken- und Urheberrechtsverletzungen, Verletzungen des allgemeinen Persönlichkeitsrechts oder direkte Eingriffe in andere (absolute) Rechte
können begangen werden, ohne dass der Rechtsinhaber die Identität des Rechtsverletzers oh-

---

[1]   S.u. S. 91 ff.
[2]   S.u. S. 92 ff.
[3]   S.u. S. 117 ff.
[4]   S.u. S. 157 ff.
[5]   S.u. S. 171 ff.

ne weiteres feststellen könnte.[6] Logische Folge ist, dass der Rechtsinhaber gegen denjenigen vorgeht, den er mit vertretbarem Aufwand zu identifizieren vermag. Dies ist in aller Regel der Betreiber des Teil des Netzwerks, über den der Zugang zum Internet bereitgestellt wird. In Betracht kommen mangels einer eigenen Verletzungshandlung des Betreibers die Anwendung der Störerhaftung[7] sowie das Vorliegen von Auskunftsansprüchen.[8] Auskunftsansprüche haben das Ziel, die Identität des Verletzers festzustellen, um ein anschließendes rechtliches Vorgehen gegen den Verletzer zu ermöglichen. Dabei ist zu beachten, dass es sich um Vorgänge handelt, die den Haftungsprivilegierungen der §§ 7 ff. TMG unterfallen können, wodurch sich erhebliche Komplikationen ergeben können. So ist der Anwendungsbereich der §§ 7 ff. TMG zwar durch den *BGH* (insbesondere das INTERNETVERSTEIGERUNGSURTEIL)[9] mittlerweile dahingehend geklärt, dass Unterlassungs- und Auskunftsanssprüche nicht der Privilegierung unterliegen. Dennoch beeinflusst das Privilegierungsregime das Pflichtenprogramm von Internet Service Providern, das bei Access Providern aufgrund ihres geringen Einflusses auf die Kommunikationsinhalte und ihrer besonderen Bedeutung für die Internet-Kommunikation einer besonders intensiven Untersuchung bedarf. Eine weitere wesentliche Rolle spielen datenschutzrechtliche Gesichtspunkte. Vor dem Hintergrund aktueller Gesetzesvorhaben wie der Umsetzung der Enforcement-Richtlinie[10] sowie der Vorratsdatenspeicherungsrichtlinie[11] sind die Pflichten der Betreiber zu untersuchen, und die Folgen für die Haftung zu bewerten bzw. abzuschätzen. Dabei steht sowohl die Vereinbarkeit mit europäischem Primär- wie deutschem Verfassungsrecht in Frage. Sich gegenüber stehende Grundrechtspositionen und das klassische in Deutschland verfassungsrechtlich begründete Datenschutzmodell vermögen dementsprechend die Rechtssituation zwischen Betreiber und Rechtsinhaber zu beeinflussen.

Im Rahmen der Untersuchung spielen technische Gegebenheiten eine wesentliche Rolle. Zu untersuchen ist insbesondere, ob und wie sich die technischen Vorgaben auf die rechtliche Beurteilung auswirken können.

Teilweise sind die Gemeinschaften vereinsrechtlich organisiert. Dementsprechend ist auch die vereinsrechtliche Komponente der Gemeinschaftsbildung zu betrachten. Allerdings

---

[6] S.u. S. 211 ff.
[7] S.u. S. 242 ff.
[8] S.u. S. 295 ff.
[9] BGH MMR 2004, 668 - Internetversteigerung I.
[10] Richtlinie 2004/48/EG des europäischen Parlaments und des Rates vom 29. April 2004 zur Durchsetzung der Rechte des geistigen Eigentums, ABl. EG v. 2.6.2004, L 195/16.
[11] Richtlinie 2006/24/EG des Europäischen Parlaments und des Rates vom 15. März 2006 über die Vorratsspeicherung von Daten, die bei der Bereitstellung öffentlich zugänglicher elektronischer Kommunikationsdienste erzeugt oder verarbeitet werden, und zur Änderung der Richtlinie 2002/58/EG, ABl. v. 13.4.2006, L 105 S. 54.

fällt diese Organisationsstruktur meist etwas aus dem Rahmen bzw. dient nur bestimmten Zwecken, während die individuellen privaten Leistungen dominieren. Aus diesem Grunde werden die vereinsrechtlichen Fragestellungen eher summarisch behandelt.

§ 2   Netzwerke und offene Netze

Offene Netze sind ein vielschichtiges Phänomen. Bevor mit der rechtlichen Beurteilung der verschiedenen Facetten begonnen werden kann, ist ein Grundverständnis im Hinblick auf offene Netze notwendig. Dementsprechend soll in diesem Abschnitt eine Basis für die Untersuchung offener Netze gelegt werden, indem begriffliche, gesellschaftliche und technische Grundlagen aufgezeigt werden. Um den verschiedenen Gesichtspunkten offener Netze gerecht zu werden, soll dabei eine schrittweise Annäherung vorgenommen werden: Zunächst sollen offene Netze informell und untechnisch beschrieben werden. Versucht wird also, den status quo des Untersuchungsgegenstandes in vereinfachter Form aufzuzeigen. Dieses Bild kann in Einzelheiten von der Realität bei den unterschiedlichen existierenden Netzprojekten abweichen, soll aber deutlich machen, auf welcher Grundlage die rechtlichen Fragestellungen behandelt werden. Nach der eher untechnischen Darstellung wird versucht, den Begriff offene Netze eingehender zu beleuchten und ihn in einen Kontext zu setzen, der Vergleiche mit anderen „offenen Ressourcen" wie z.B. Open Source oder Open Content erlaubt. Im Anschluss daran sollen „gesellschaftliche" Grundlagen aufgezeigt werden, wobei vor allem der Frage nachzugehen sein wird, weshalb offene Netze entstehen und welche Motivation prägend ist bzw. welche Komponenten für Aufbau und Betrieb offener Netze wesentlich sind. Nachdem diese Basis gelegt ist, runden technische Konzeptionen, die in Netzwerken allgemein und in offenen Netzen speziell Anwendung finden, sowie als weitere Gesichtspunkte Kontrollstrukturen, Identifikationsmöglichkeiten, Gefährdungen im Internet und Serverdienste die Darstellung ab.

I.   Offene Netze

Offene Netze sind meist Funknetzwerke, die von Privatpersonen aufgebaut und betrieben werden. Wesentliches Prinzip des Netzwerks ist, dass Netzwerkressourcen nicht vom Betreiber allein genutzt, sondern Dritten zur Verfügung gestellt werden. Der Betreiber eines Netzwerks richtet seine Geräte so ein, dass Dritte diese ebenfalls nutzen können. Durch den Einsatz von

Funktechnologie müssen keine Kabel verlegt werden. Größere Entfernungen können sogar ohne Sichtverbindung und - mit Einschränkungen - durch Hindernisse wie Mauern hindurch überbrückt werden. Netzbetreiber, die über einen eigenen Internetzugang verfügen, stellen diesen ebenfalls offen zur Nutzung bereit, sie bilden ein sogenanntes Gateway ins Internet. Durch diese Öffnung können bereits kleine Gemeinschaften rund um zentrale Knoten entstehen. Offene Netze zeichnen sich in aller Regel nicht nur durch eine gemeinsame Nutzung von Ressourcen aus. Vielmehr entsteht durch eine Vielzahl von Kommunikationsmethoden ein reger Kontakt zwischen den Beteiligten.

Zielsetzung offener Netzwerke ist allerdings nicht die Bildung vieler kleiner Gruppen um zentrale Netzknoten, sondern die Bildung eines größeren Netzwerks, sowohl im Hinblick auf die Anzahl der Nutzer, als auch auf die abgedeckte Fläche. Die hier untersuchten offenen Netze bilden sogenannte Mesh-Netzwerke. Im Gegensatz zu diesem Mesh-Netzwerk wird die „typische" Struktur bei Funknetzwerken von einem zentralen Netzknoten, an den sich „Clients" genannte Nutzer anschließen, gebildet. Die Kommunikation der Clients erfolgt in diesem Fall nur über den zentralen Netzknoten. Diese Betriebsart nennt man „Infrastrukturmodus".[1] Im Infrastrukturmodus betriebene Netze zeichnen sich demzufolge durch eine Zweiteilung bzw. eine klare Rollenverteilung in Betreiber und Nutzer oder untechnisch Dienstleister und Konsument aus. Die Kommunikation lässt sich derart beschreiben, dass Nutzer eine reine 1:1-Kommunikation mit dem Betreiberknoten eingehen, während einzig und allein der Betreiberknoten durch eine 1:n-Kommunikation die Vermittlung zwischen den angeschlossenen Nutzerknoten übernimmt.[2]

Mesh-Netzwerke brechen dieses zweigeteilte Paradigma auf.[3] Im Mesh-Netzwerk betreibt jeder Knoten eine 1:n-Kommunikation - jeder Knoten kommuniziert unmittelbar mit allen Netzwerkknoten, die in seinem „Sichtbereich" liegen.[4] Ein einzelner Knoten ist also nicht mehr Betreiber *oder* Nutzer, er ist Betreiber und Nutzer *gleichzeitig*. Im folgenden wird deshalb von „Betreiber", „Nutzer" und „Teilnehmer" praktisch synonym gesprochen, wobei sich teilweise in der unterschiedlichen Verwendung eine Rollenbeschreibung in einer konkreten Situation ausdrücken kann. Durch die Kommunikation mit allen sichtbaren Netzknoten entsteht selbstverständlich eine viel dichtere Kommunikation, die schließlich viel eher dem menschlichen Kommunikationsmodell entspricht: Jedes Individuum hat Kontakt zu vielen anderen.

Die hier dargestellten offenen Netzwerke heben sich durch ein weiteres Merkmal von den typischen Funknetzwerken ab: Kommunikation wird von Knoten unbesehen weiter vermittelt,

---

[1]   Eingehend zu den unterschiedlichen Modi mit Erläuterungen und Abbildungen s.u. S. 27.
[2]   Näher dazu s.u. Abb. 2.4, S. 28.
[3]   Näher dazu s.u. S. 45.
[4]   S. auch u. Abb. 2.5, S. 30.

sofern dies notwendig ist.[5] Funknetzwerke zeichnen sich dadurch aus, dass über eine größere räumliche Entfernung Verbindungen aufgebaut werden können. Die „Sichtweite" ist allerdings trotzdem begrenzt. Wenn nun Netzknoten die Vermittlung von Kommunikation übernehmen, so können sie dadurch ermöglichen, dass Netzwerkknoten miteinander kommunizieren, die aufgrund widriger Umstände oder einem zu großen Abstand keine direkte Verbindung miteinander aufnehmen können. Trotz fehlender unmittelbarer Verbindung entsteht dadurch ein Netzwerk, in dem weit voneinander entfernte Knoten in einem gemeinsamen Verbund stehen. Die Verbindung erfolgt für den einzelnen Nutzer weitgehend transparent, die Herstellung der Verbindung und die Vermittlung, das sogenannte Routing,[6] übernimmt die von ihm verwendete Hard- bzw. Software. Die vorliegende Untersuchung betrachtet hauptsächlich solche Mesh-Netzwerke als offene Netze. Durch diese „vermaschten" Netzwerke können also zum einen größere Flächen abgedeckt werden, zum anderen viele einzelne, räumlich getrennte Nutzer in einem Verbund miteinander kommunizieren. Die Netzwerkinfrastruktur ist zudem von einzelnen Knoten weitgehend unabhängig und befindet sich im verteilten Eigentum der Betreiber.

Der Aufbau eines offenen Netzes zeichnet sich weiter insofern durch eine heterogene Struktur aus, als der Betrieb eines Netzknotens vollständig im Belieben des Betreibers besteht. In der Regel errichten die Betreiber Knoten, die dauerhaft mit den anderen Teilnehmern verbunden sind und so feste Stützen des Netzwerks bilden können. Dieses Grundmodell wird jedoch durch kurzzeitige Nutzungen ergänzt. Auch derjenige, der mit seinem Notebook nur für einen kurzen Zeitraum Teilnehmer des Netzwerks wird, wird in die Struktur des Netzwerks voll eingebunden und stellt eine potentielle Relaisstation dar. Bei Entfernung des Knotens aus dem Netz reagiert das Netzwerk eigenständig auf die Veränderung.

Offene Netze sind zusätzlich dadurch geprägt, dass die Zugangshürden zu diesem gemeinsamen Netz sehr gering sind. Um Zugang zum Internet zu erhalten, ist in aller Regel ein kostenpflichtiger Zugang über einen Access Provider, an den der Kunde meist über ein Kabel - oder ebenfalls über Funk - angeschlossen ist, notwendig. Dementsprechend sind ein physischer Anschluss an den Access Provider, eine Anmeldung, die Bereitstellung von Zugang sowie Zugangsdaten durch den Provider, und die regelmäßige Bezahlung der Zugangsleistungen erforderlich. Der Zugang zu offenen Netzen ist hingegen in aller Regel durch eine teilweise sogar entbehrliche, weitgehend formlose Anmeldung und die Beschaffung und Einrichtung von entsprechenden Zugangsgeräten oder sogar nur durch die Installation einer Software möglich. Es bestehen also hauptsächlich technische Hürden, die die Betreiber durch Information und weitreichende Hilfestellungen zu reduzieren versuchen.

---

[5]   Zum Transit s.u. S. 117.
[6]   Zu einzelnen Routing-Techniken s.u. S. 27.

Ein weiteres ganz wesentliches Merkmal offener Netze ist das Fehlen wirtschaftlicher Interessen bei den BetreibeRn. Für den Betrieb eines Netzknotens und die Erbringung von Vermittlungsleistungen sowie das Vorantreiben der technischen Entwicklung und des Ausbaus des Netzes wird keinerlei Entgelt verlangt. Eine Gewinnerzielungsabsicht liegt dementsprechend nicht vor. Ganz im Gegenteil investieren die Beteiligten selbst Zeit und auch finanzielle Ressourcen, ohne dafür entlohnt zu werden. Die Finanzierung der Netzwerkinfrastruktur erfolgt in diesem Sinne vollkommen dezentral.[7]

Grundvoraussetzung und gleichzeitig Ergebnis dieser Vernetzung ist die Bildung von Gemeinschaften. Die technische Verbindung findet also ihr Pendant in der Bildung von sozialen Gemeinschaften, die die Entwicklung offener Netze wesentlich bestimmen. Die Gemeinschaften bilden sich teilweise auf Grundlage gemeinsamer Interessen, bündeln aber in aller Regel verschiedenste Ansatzpunkte, Motivationen und persönliche Zielsetzungen in einer konstruktiven Art und Weise.[8]

II. Beispiel für den Aufbau eines offenen Netzes

Lediglich zur Verdeutlichung soll kurz ein Beispiel für Aufbau und Betrieb eines offenes Netz dargestellt werden. Zu beachten ist allerdings, dass offene Netze in vielen Formen auftreten, einem ständigen Wandel unterliegen, und die folgende Darstellung darüber hinaus stark vereinfacht ist.

Zunächst beginnen einige wenige Personen gemeinsam mit dem Aufbau des Netzes. Hierfür kaufen sie jeweils einen Wireless LAN (WLAN)-Funk-Router. Die Router werden für das offene Netz eingerichtet. Dafür wird auf ihnen eine neue Software, die sogenannte Firmware, aufgespielt. Zugangshürden werden nicht oder nur in geringem Umfang vorgesehen. Die Router werden dauerhaft postiert, beispielsweise am eigenen Fenster oder auf dem Dach. An den jeweils eigenen Router schließen die Mitglieder ihren Computer an. Ab diesem Zeitpunkt können die Mitglieder - die Funkverbindung der Router vorausgesetzt - bereits miteinander kommunizieren. Inhalte und Nachrichten können innerhalb des Netzes ausgetauscht werden. Hat eines der Mitglieder einen Internetzugang, kann er seinen Router mit dem Internet verbinden. Standardmäßig würde sein Router ab diesem Zeitpunkt auch für die anderen Teilnehmer den Internetzugang zur Verfügung

---

[7]   „No-Budget-Organisation", *Autengruber*, Freie Netze, 105 f.

[8]   *Autengruber*, Freie Netze, 98, 104, 131; vgl. auch *Grassmuck*, 249 ff.; *Maxwell*, innovations 2006, 119, 138 f.

stellen. Seine Anlage dient als Zugangsstation. Als Folge haben alle im Netz angeschlossenen Nutzer Zugriff auf das Internet. Es ist ein Netz entstanden, in dem
Daten zwischen den Teilnehmern und mit dem Internet ausgetauscht werden können. Nutzer dieses Netzwerks sind zunächst nur die „Gründungsmitglieder".

Um weitere Mitglieder zu werben, könnten die Mitglieder Nachbarn und Bekannte ansprechen, Flyer verteilen oder Informationen über ihr Netzwerk im Internet
publik machen. In der Voreinstellung der Firmware der Netzknoten wird zudem
ein aussagekräftiger Name für das Netzwerk gewählt, der auf die Offenheit des
Netzes hinweist, beispielsweise „offenes-netz.de". Dieser Netzwerkname wird
über sogenannte Broadcast-Pakete in regelmäßigen Abständen im Rahmen der
Funkreichweite bekannt gegeben. Andere Nutzer, die WLAN-Geräte in Reichweite betreiben, können das offene Netz mit ihrem Computer entdecken und z.B.
über die Internetseite Kontakt mit den Betreibern des Netzes aufnehmen. Interessierte Nutzer haben nun die Möglichkeit teilzunehmen, indem sie ebenfalls einen
Router erwerben und die entsprechende Software aufspielen und konfigurieren
und damit einen festen Zugangspunkt zum Netz einrichten oder eine solche Software z.B. für ihr Notebook installieren. Selbst wer nur einen kurzen Aufenthalt in
einer anderen Stadt plant, kann sein Notebook so einrichten, dass er Zugang zum
Netzwerk erhält und es kostenlos während seines Besuchs nutzen kann. Wer selbst
über einen Internetzugang verfügt, kann diesen für das offene Netz verfügbar machen und damit einen alternativen Internetzugangspunkt errichten. Indem neue
Teilnehmer hinzu kommen, kann das offene Netz weiter wachsen. Nimmt man
an, dass mehrere solche Initiativen entstehen und Teilnehmer hinzukommen, können die offenen Netze durchaus „zusammenwachsen". Mit zunehmender Größe
des Netzwerks bilden sich regelmäßig Kommunikationswege wie Mailing-Listen,
regelmäßige Treffen etc. aus, die die Organisation des Netzes ermöglichen und
erleichtern und einen sozialen Kontakt der Nutzer herstellen können.

III.   Zum Begriff „offene Netze"

Nachdem die grundsätzliche Konzeption offener Netzwerke dargestellt wurde, soll nun näher
auf den Begriff „offene Netze" eingegangen werden. Offene Netze sind Funknetze. Der Begriff kann also hauptsächlich als ein technischer verstanden werden. In diesem Sinne ist ein

Netz „offen", wenn es zugangsoffen ist,[9] also der Zugang zum Netz vollständig ohne oder nur mit sehr geringen Hürden möglich ist. *Jürgen Neumann*, einer der Aktivisten bei freifunk, formuliert dies so: „Entweder ist ein Netz offen, also für andere auch anonym zugänglich und in jeder Weise nutzbar, oder es ist es nicht, und damit geschlossen, also nicht zugänglich."[10] Der Begriff „offen" kann ferner auf einer nicht-technischen Ebene verstanden werden, indem auf die Gemeinschaftsbildung als wesentliches Merkmal offener Netze abgestellt wird. Als offen wären dann Netze zu bezeichnen, bei denen eine gewisse Idee, eine bestimmte Motivation als bestimmender Faktor festgestellt werden kann. Offene Netze werden durch beide Elemente ausgezeichnet: Sie bilden sowohl in technischer als auch in nicht-technischer, sozialer Hinsicht ein Netzwerk.

Offene Netze werden auch als „freie Netze" bezeichnet.[11] Die Begriffspaare werden allerdings meist synonym verwendet.[12] Die Bezeichnung als offen oder frei findet sich in dieser Form nicht nur bei offenen Netzen, sondern ist kennzeichnend für eine Reihe von Phänomenen, für die der Oberbegriff offene Ressourcen gebildet werden kann. Als Beispiele dieser Phänomene können Open Source bzw. Free Software, Open Content, Open Access, Open Standards,[13] Open Spectrum,[14] Open Hardware[15] und Open Innovation[16] dienen, wobei diese Liste nicht abschließend ist. Insbesondere bei Open Source Software wird teilweise zwischen „frei" und „offen" differenziert. So hat sich die Bezeichnung „Open Source" weitgehend durchgesetzt, obwohl in großen Teilen, z.B. durch die Free Software Foundation[17] eher von „Free Software" gesprochen wird.[18]

In der vorliegenden Arbeit wird der Ausdruck „offene Netze" gebraucht, um zum einen begrifflich die Nähe zu Konzepten wie Open Source, Open Content und anderen offenen Ideen zu verdeutlichen, und zum anderen das Merkmal der Zugangsoffenheit[19] herauszustellen.

---

[9]   Frei im Sinne von „Freiheit der Verwendung", *Autengruber*, Freie Netze, 4; vgl. allgemein zum Begriff „Netzwerk" und der Offenheit des Zugangs *Druey*, KritV 2006, 163, 165 ff.

[10] http://blog.freifunk.net/2006/im-namen-des-volkes (abgerufen am 28.2.2008).

[11] S. nur *Medosch*, Freie Netze.

[12] Vgl. *Medosch*, Freie Netze, 44.

[13] *Kuhlmann*, in: Lutterbeck/Bärwolff/Gehring, Open Source Jahrbuch 2004, 237; *Maxwell*, innovations 2006, 119, 124 ff.

[14] *Medosch*, Freie Netze, 183; *Medosch*, in: Lutterbeck/Bärwolff/Gehring, Open Source Jahrbuch 2006, 389, 401; vgl. auch *Lessig*, The Future Of Ideas, 73 ff., 218 ff.

[15] *Medosch*, Freie Netze, 179.

[16] *Drossou/Krempl/Poltermann*, 1 ff.; *Gehring*, in: Lutterbeck/Bärwolff/Gehring, Open Source Jahrbuch 2005, 409, 422; *Maxwell*, innovations 2006, 119, 149 ff.

[17] http://www.fsf.org (abgerufen am 28.2.2008).

[18] Dazu ausführlich *Stallman*, in: Lutterbeck/Bärwolff/Gehring, Open Source Jahrbuch 2007, 1; vgl. auch *Jaeger/Metzger*, Open Source Software, Rn. 4.

[19] S.o. S. 9.

Das Präfix „Open" wird wie gezeigt mittlerweile für eine ganze Reihe von Ressourcen verwendet. Bekanntester Vertreter dieser Reihe ist Open Source, es ist praktisch der Prototyp der Debatte um offene Ressourcen. Open Source Software oder Free Software bedient sich hierfür eines Freiheitsbegriffs, der häufig mit dem Zitat „Free Software - Free as in freedom" umschrieben wird.[20] Es wird maßgeblich auf die Freiheit abgestellt, eigene Werke und eigene Ressourcen Dritten freiwillig, frei, offen und meist kostenlos zur Verfügung zu stellen. Um diese offenen Projekte bilden sich regelmäßig Gruppen, die gemeinschaftlich an einem Werk arbeiten und so in der Gruppe die Weiterentwicklung vorantreiben, aber auch anderen Hilfestellungen und Informationen bieten. Während Open Source dieses Phänomen rund um Software und Softwareentwicklung beschreibt, ist Open Content das Schlagwort für eine Bewegung, die von den Erfahrungen bei der Verbreitung von Open Source-Software ausgehend ganz allgemein die Zirkulation von Inhalten umfasst. Die dahinter stehende Idee ist, dass Informationen als nicht-körperliche und leicht und jederzeit vervielfältigbare Güter nach Möglichkeit jedem und jederzeit zur Verfügung stehen sollten. Ein eindrucksvolles Beispiel hierfür bieten Wikis im allgemeinen und Wikipedia im speziellen.[21] Rechtliche „Grundlage" für offene Ressourcen bilden in aller Regel Freiheitsrechte, namentlich die Rede- bzw. Kommunikationsfreiheit aus Art. 5 Abs. 1 GG oder die allgemeine Handlungsfreiheit aus Art. 2 Abs. 1 GG. Für Open Access, das stark an Open Content angelehnt die Verfügbarkeit von wissenschaftlichen Werken und Erkenntnissen zum Ziel hat, stehen die wissenschaftliche Diskussion und Weiterentwicklung von Forschungsergebnissen auf Basis der Wissenschaftsfreiheit nach Art. 5 Abs. 3 GG im Vordergrund.[22]

Offene Netze verwenden grundsätzlich den gleichen Freiheitsbegriff, der auch bei freier Software und offenen Inhalten zur Geltung kommt.[23]

IV. Gesellschaftliche Grundlagen offener Netze

Nach der Klärung der reinen Begrifflichkeit soll nun versucht werden, die gesellschaftlichen Grundlagen bezüglich der Entstehung und des Betriebs offener Netze darzustellen und einzuordnen. Die geschichtliche Entwicklung offener Netze wird vorliegend nicht betrachtet.[24] Für

---

[20]   *Stallman/Lessig*, 9; *Williams*, 1 ff.; vgl. *Grassmuck*, 285.

[21]   S. dazu *Danowski/Voß*, in: Lutterbeck/Bärwolff/Gehring, Open Source Jahrbuch 2005, 393.

[22]   Zum Vergleich von Open Source, Open Content und Open Access, *Mantz*, in: Lutterbeck/Bärwolff/Gehring, Open Source Jahrbuch 2007, 413; Vergleich von Open Standards, Open Source und Open Innovation, *Maxwell*, innovations 2006, 119.

[23]   *Autengruber*, Freie Netze, 66; Interview mit Aaron Kaplan, in: *Dobusch/Forsterleitner*, 28.

[24]   Dazu *Autengruber*, Freie Netze, 63 ff.; *Medosch*, Freie Netze, 57 ff., 203 ff.; *Medosch*, in: Lutterbeck/Bärwolff/Gehring, Open Source Jahrbuch 2006, 389.

die Behandlung der rechtlichen Gestaltung überaus relevant sind aber Motivation und Ziele der Beteiligten. Sie können Ansatzpunkte z.b. für die rechtliche Beurteilung von Handlungen oder für Abwägungsprozesse im Rahmen der Geltendmachung von Ansprüchen liefeRn. Hilfreich hierfür kann der Versuch sein, zumindest stichwortartig eine grundrechtliche Verankerung der Motivation zu beschreiben.[25] Darüber hinaus soll versucht werden, die Umgebung offener Netzwerke zu beschreiben: Die Bildung von Gemeinschaften sowie Inhalt und Bedeutung von gemeinschaftlichen Inhalten werden beispielhaft aufgezeigt. Anschließend kann aus einer untechnischen und weitgehend nicht-rechtlichen Sicht angedacht werden, ob und wie offene Netze strukturiert sind, also ob sich Organisationskomplexe bilden, die in bekannten Schemata wiederzufinden sind.[26]

1. Motivation und Ziele

Betreiber und Teilnehmer an offenen Netzen stellen auf der Grundlage eigener Leistungen Dritten Dienste zur Verfügung. Als Motivationswege können zwei unterschiedliche, sich teilweise ergänzende Ansätze aufgezeigt werden: Eigennutz und Altruismus. Die Grenze zwischen beiden ist bei offenen Netzen fließend oder zumindest unscharf. Dennoch sollen beide für die folgende Analyse getrennt betrachtet werden. Anschließend sollen diese Motive grundrechtlich verortet werden.

a) Eigennützige Motive

Auf der Seite der eigennützigen Motive lassen sich zunächst fünf Motive feststellen: Zugang zum Netzwerk, Technikaffinität,[27] selbst generierte Erfolgserlebnisse bzw. Lerneffekte oder Selbstentfaltung, Anerkennung in der Gemeinschaft und Nutzung der Plattform.

Als wohl wichtigster Kernpunkt ist der Zugang zum Netz zu nennen. Insbesondere Teilnehmer, die selbst keinen Zugang zum Internet haben, weil er nicht verfügbar ist, er aus finanziellen Gründen nicht bestellt wird, oder andere Gründe vorliegen, können über das freie Netz und die meist darin vorhandenen Internet-Zugangspunkte Zugriff auf Internetressourcen erhalten. Zusätzlich ist der Zugang zu einem Netzwerk aus miteinander verbundenen Computern, auf denen teilweise Ressourcen oder Dienste zur Verfügung gestellt werden, möglich. Mit diesem Gesichtspunkt hängt die Nutzung des Netzwerks als Plattform zusammen. Vor allem Künstler können das Netzwerk für die Herstellung und Verbreitung von Kunst oder an-

---

[25]   Zu Open Source etc. s.o. S. 13.
[26]   Dieser Punkt wird in rechtlicher Hinsicht später vertieft, s.u. S. 132 ff. und 157 ff.
[27]   *Grassmuck*, 16.

deren Inhalten nutzen.[28] Der Zugang zum Netzwerk ist für viele der Teilnehmer sicherlich treibender Faktor.[29] Dennoch lässt sich allein damit die Bildung offener Netze nicht erklären. Mehrere der Teilnehmer haben selbst einen eigenen Zugang zum Netz, wodurch mindestens bei ihnen dieses Motivationselement entfällt.[30] Zusätzlich stellen sie ihren Internetzugang aber den anderen Nutzern zur Verfügung.

Viele der aktiven Netzbetreiber begeistern sich für die technischen Lösungen, die mit Netzwerken zusammenhängen. Das zeigt sich nicht zuletzt daran, dass die für den Betrieb des Netzwerks notwendigen Routing-Protokolle[31] im freifunk-Netzwerk verbessert und teilweise neu entwickelt wurden. Ferner finden Kurse zur Herstellung von Antennen statt. Durch diese Technikaffinität besteht eine starke Verbindung und eventuell auch Identifizierung mit den technischen Problemen und ihren Lösungen für offene Netze. Die Behandlung schwieriger technischer Probleme kann zudem eine Herausforderung darstellen, deren Lösung auf gewisse Art eine Befriedigung verschafft, und als eigenes Motivationselement angesehen werden kann.[32] Insofern stellt die aktive Teilnahme und Weiterentwicklung von offenen Projekten im allgemeinen und offenen Netzen im speziellen eine Form der Selbstentfaltung dar.[33]

Bereits häufig bei Open Source und Open Content diskutiert wurde schließlich der Beweggrund der Anerkennung. Bei Software oder anderen Werken wird der Programmierer bzw. Ersteller zum Urheber, er schafft ein Werk, das andere nutzen bzw. konsumieren können. Dadurch generiert der Einzelne Ansehen in der Gemeinschaft und darüber hinaus.[34] Bei wissenschaftlichen Werken ist dieses Ansehen zumindest teilweise quantifizierbar: Der „impact factor" eines Werkes ist eminent wichtig.[35] Open Access setzt unter anderem an diesem Punkt an.[36] Nur vielfach rezipierte, verwendete und zitierte Werke garantieren ein hohes Ansehen in der Wissenschaftsgemeinschaft. Dieses Modell gilt grundsätzlich auch für die anderen offenen Phänomene.[37]

---

[28] *Autengruber*, Freie Netze, 50, 71; *Medosch*, Freie Netze, 86.

[29] *Autengruber*, Freie Netze, 97 ff.

[30] Vgl. auch *Luthiger*, in: Lutterbeck/Bärwolff/Gehring, Open Source Jahrbuch 2004, 93, 94.

[31] Eingehend s.u. S. 27.

[32] *Grassmuck*, 250 f.; *Lakhani/Wolf*, in: Feller/Fitzgerald/Hissam/Lakhani, Perspectives on Free and Open Source Software, 3, 4 f.; *Luthiger*, in: Lutterbeck/Bärwolff/Gehring, Open Source Jahrbuch 2004, 93, 95; *Maxwell*, innovations 2006, 119, 139; *Medosch*, Freie Netze, 92; *Merten/Meretz*, in: Lutterbeck/Bärwolff/Gehring, Open Source Jahrbuch 2005, 293, 294.

[33] Vgl. *Merten/Meretz*, in: Lutterbeck/Bärwolff/Gehring, Open Source Jahrbuch 2005, 293, 294.

[34] *Luthiger*, in: Lutterbeck/Bärwolff/Gehring, Open Source Jahrbuch 2004, 93, 95.

[35] *Görlich/Humbert*, in: Lutterbeck/Bärwolff/Gehring, Open Source Jahrbuch 2005, 311, 314; *Pflüger/Ertmann*, ZUM 2004, 436, 436 f.

[36] Vgl. *Hajjem/Harnad/Gingras*, IEEE Data Engineering Bulletin 28(4) 2005, 39.

[37] Vgl. *Maxwell*, innovations 2006, 119, 140.

Offene Netze bündeln eine Vielzahl unterschiedlicher Personen mit verschiedensten Interessen. Kennzeichnend ist, dass in dieser Gemeinschaft eine hohe individuelle Freiheit besteht, durch die jeder die eigenen Ziele verfolgen und umsetzen kann.[38] Auch dies ist ein Grund für den Erfolg offener Netze.

b)   Altruistische Motive

Zumindest eine Kerngruppe der Beteiligten verfolgt über diese Beweggründe hinaus fremdnützige Motive. Wie bereits gezeigt, würde das Argument des Zugangs zum Internet keinesfalls die Betreiber von Gateways zum Internet zur Teilnahme an offenen Netzen veranlassen. Allerdings verfolgen viele Beteiligte den Aufbau von lokalen und auch größeren Gemeinschaften.[39] Offene Netze können zudem als „Katalysator für auf ihnen aufbauende Projekte in Form von sozialen Gemeinschaften, zivilgesellschaftlichen Engagements und künstlerisch-intellektuellem Austausch und Diskurs" wirken.[40] Sie zeichnen sich weiter durch ihre dezentralen und gleichberechtigten Strukturen, durch Integration und Demokratisierung aus.[41] Das offene Netz ist in einer solchen Gemeinschaft ein verbindendes Element, das allen zur Verfügung steht. In dieser Hinsicht wird häufig von der „Netzwerk-Allmende" gesprochen.[42] Die Bildung dieser Gemeinschaften ist sowohl Ziel als auch Zweck. Die Netzwerke setzen dabei auf Informations- und Kompetenzvermittlung der Mitglieder untereinander und mobilisieren dadurch „starkes soziales Kapital als Ressource".[43] Bemerkenswert ist, dass nicht nur innerhalb der jeweiligen Gruppe ein intensiver kommunikativer Kontakt besteht, sondern über räumliche Grenzen hinweg eine sowohl soziale wie technische Verknüpfung von weit auseinanderliegenden Netzprojekten entsteht. So verbinden sich Netzprojekte in verschiedenen

---

[38]   *Autengruber*, Freie Netze, 104.

[39]   *Autengruber*, Freie Netze, 96; *Hiesmair/Dobusch*, in: Dobusch/Forsterleitner, Freie Netze.Freies Wissen, 13, 21; vgl. *Medosch*, Freie Netze, 100, 129; alternativ wird auch teilweise offen vertreten, dass es sich um eine Form von „Höflichkeit" handelt, das eigene Netzwerk auch Dritten zur Verfügung zu stelle, vgl. *Schneier*, Steal This Wi-Fi.

[40]   *Hiesmair/Dobusch*, in: Dobusch/Forsterleitner, Freie Netze.Freies Wissen, 13, 25.

[41]   Vgl. *Autengruber*, Freie Netze, 120.

[42]   *Autengruber*, Freie Netze, 68 f.; *Hiesmair/Dobusch*, in: Dobusch/Forsterleitner, Freie Netze.Freies Wissen, 13, 21; *Medosch*, Freie Netze, 171 f.; *Medosch*, in: Lutterbeck/Bärwolff/Gehring, Open Source Jahrbuch 2006, 389, 390; *Medosch*, Die Konstruktion der Netzwerk-Allmende; allgemein zum Begriff Allmende und Commons in digitalem Sinn, *Lutterbeck*, in: Lutterbeck/Bärwolff/Gehring, Open Source Jahrbuch 2005, 329.

[43]   *Zwingenberger*, 289.

Städten über VPN-Verbindungen[44] miteinander und bilden dadurch, über den Umweg einer Verbindung über das Internet, ein noch größeres Gemeinschaftsprojekt.[45]

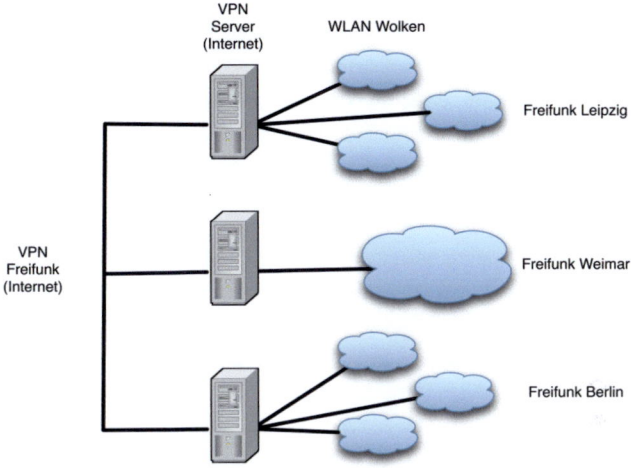

Abbildung 2.1: **Beispiel: VPN-Verbindungen des Freifunk-Netzes**

In diesem Zusammenhang werden offene Netze auch als Lösungsansatz für den soge-nannten „Digital Divide" betrachtet. Die digitale Spaltung bezeichnet eine Trennung der Be-völkerung in diejenigen, die Zugang zu digitalen Ressourcen wie dem Internet haben und diejenigen, die davon ausgeschlossen sind.[46] Gründe für diese Trennung finden sich in sozia-ler Hinsicht - Altersunterschiede, Scheu vor dem Umgang mit Technik, fehlende finanzielle Mittel etc. - und technologischer Hinsicht - z.B. das Ob der Verfügbarkeit von Internet am Wohnort. *Zwingenberger* führt dazu aus:[47]

> „Die Netzwerkforschung hat [...] gezeigt, dass sozioökonomisch unterprivilegier-
> te Gruppen besondere Defizite bei der erforderlichen Beziehungsarbeit aufwei-
> sen. Ein Ergebnis [... ist ...], dass sozial Privilegierte alte und neue Medien stärker

44 S.u. S. 31.

45 *Autengruber*, Freie Netze, 90; s. Abb. 2.1, vgl. dazu das Bild von Mario Behling, http://de.indymedia.org/2006/06/151100.shtml (abgerufen am 28.2.2008).

46 Vgl. *Autengruber*, Freie Netze, 17; *Dobusch*, in: Lutterbeck/Bärwolff/Gehring, Open Source Jahrbuch 2007, 523, 525; *Hiesmair/Dobusch*, in: Dobusch/Forsterleitner, Freie Netze.Freies Wissen, 13, 16 f.

47 *Zwingenberger*, 287 f.

nutzen. Sie haben überdurchschnittlich viele mediatisierte zwischenmenschliche
Kontakte, die ihr ohnehin über dem Durchschnitt liegendes Beziehungsspektrum
noch erweiteRn. Soziale Isolation, Einsamkeit und verstärkter Fernsehkonsum
gehen hingegen mit sozialer Unterprivilegierung einher, für die gerade auch ein
Mangel an mediatisierten Kontakten typisch ist. So kommt es zu einer doppelten
Benachteiligung der sozial Schwachen. Sie haben nicht nur seltener Zugang zu
den neuen Informationstechnologien, sondern damit konfrontiert, sind sie auch
schlechter ausgestattet, um die notwendige Beziehungsarbeit zu leisten, die für
die Mobilisierung sozialen Kapitals nötig wäre."

Menschen, die sozial unterprivilegiert sind, auf eigene Kosten und mit eigener Leistung
einen Netzzugang zur Verfügung zu stellen, stellt einen altruistischen Akt dar, der von einigen der Aktivisten in offenen Netzwerken offen als Begründung genannt wird.[48] Dass offene
und vermaschte Netze eine wichtige Rolle zur Behebung des Digital Divide spielen, zeigt
sich zudem in einer ganz anderen Dimension: Der digitalen Spaltung zwischen Industrie- und
EntwicklungsländeRn. Offene Netzwerke werden als Chance gesehen, Internet und Netztech-
nologien kostengünstig und gemeinschaftsbildend in Entwicklungsländern aufzubauen und zu
verbreiten.[49]

c)   Versuch einer rechtlichen Verankerung

Wie bei Open Source, Open Content etc., bei denen das Verhalten auf grundrechtliche Rechtspositionen zurückgeführt werden kann, ist dies natürlich auch bei offenen Netzen möglich.
Wie gezeigt, ist Kommunikation im Sinne der Kommunikationsfreiheit nach Art. 5 Abs. 1 GG
ein wesentliches Element.[50] Hinzu kommt die Nutzung einer freien bzw. freigegebenen Ressource, des Funkspektrums, dessen Nutzung man als Ausübung der allgemeinen Handlungsfreiheit nach Art. 2 Abs. 1 GG einordnen könnte. Bei den anderen Ideen offener Ressourcen
erschöpft sich die Rechtsausübung hauptsächlich in der Nutzung der Kommunikationsfrei-

---

[48]   Interview mit Corinna Aichele, in: *Autengruber*, Freie Netze, 147; s. auch *Forsterleitner/Pawel*, in: Do-
       busch/Forsterleitner, Freie Netze.Freies Wissen, 277, 283; *Hiesmair/Dobusch*, in: Dobusch/Forsterleitner,
       Freie Netze.Freies Wissen, 13, 24 f.; *Maxwell*, innovations 2006, 119, 138.
[49]   Vgl. *Ernst*, Spiegel Online 2005; *Flickenger* et al., 1 ff.
[50]   Vgl. *Autengruber*, Freie Netze, 144; *Maxwell*, innovations 2006, 119, 154; *Medosch*, Freie Netze, 41; *Me-
       dosch*, in: Lutterbeck/Bärwolff/Gehring, Open Source Jahrbuch 2006, 389, 400; *Medosch*, Die Konstruktion
       der Netzwerk-Allmende.

heiten sowie der Ausübung von Urheberrechten als Vehikel.[51] Aufbau, Öffnung und Betrieb eines offenen Netzes stellen darüber hinaus bei jedem Betreiber die Ausübung von Eigentumsrechten nach Art. 14 Abs. 1 GG dar. Die Besinnung auf das Eigentum ist den Betreibern der offenen Netze auch durchaus bewusst.[52] Mit dem Motto „Eigentum bringt Verantwortung"[53] sowie dem Wunsch, sozial nicht Privilegierten einen Netzzugang zur Verfügung zu stellen, zeigt sich, dass auch die Sozialbindung des Eigentums nach Art. 14 Abs. 2 GG eine Rolle spielt. Dadurch unterscheiden sich offene Netze in erheblichem Maße von anderen offenen Projekten. Im Ergebnis könnte gerade dieser Unterschied in rechtlichen Abwägungsprozessen, bei denen einander gegenüberstehende Rechte und Interessen in die Überlegungen einbezogen werden müssen, Anlass zu einer veränderten Bewertung zugunsten der Netzbetreiber geben. In jedem Fall rechtfertigen die altruistischen Beweggründe Überlegungen hinsichtlich einer Anpassung von rechtlichen Ergebnissen, sofern sich die bisherige Auslegung in weitem Umfang auf das eigennützige und wirtschaftlich motivierte Handeln der beteiligten Parteien stützt.

d) Code is Law: Die Einbindung aller Nutzer

Unabhängig von der Überlegung zur Motivation lässt sich mit *Lessig*[54] bezüglich offener Mesh-Netze feststellen, dass gilt: „Code is law" - Code ist Gesetz bzw. Code schafft Regeln. Mesh-Netzwerke basieren auf speziellen Routing-Protokollen, die in Soft- und Hardware implementiert sind und deren Einsatz Voraussetzung für die Teilnahme an offenen Netzen ist. Durch die Meshed-Network-Routing-Software, den Code, wird technisch eine Gegenseitigkeit der Diensterbringung abgebildet und auch erzwungen. Mit Einsatz der Software übernimmt der Nutzer gleichzeitig auch das Routing und Transit für Knoten, mit denen Kommunikation für Dritte nur über sein System möglich ist.[55] Diese Struktur spiegelt sich beispielsweise im Pico Peering Agreement wider.[56] Insofern stimmt der von *Lessig* formulierte Grundsatz „Code is law"[57] mit der Realität in vermaschten offenen Netzen überein. Damit manifestiert

---

[51] Vgl. *Mantz*, in: Lutterbeck/Bärwolff/Gehring, Open Source Jahrbuch 2007, 413, 414, denn Ziel z.B. bei „Copyleft"-Open Source ist die dauerhafte Freiheit des Werks und nachfolgender Bearbeitungen, *Jaeger/ Metzger*, Open Source Software, Rn. 5; vgl. auch *Merten/Meretz*, in: Lutterbeck/Bärwolff/Gehring, Open Source Jahrbuch 2005, 293, 305 ff.

[52] Vgl. *Medosch*, Freie Netze, 65, 173, 193; sowie Präambel des Pico Peering Agreement, dazu näher s.u. S. 193.

[53] *Medosch*, Freie Netze, 91, 193.

[54] *Lessig*, Code: Version 2.0, 1 ff.

[55] *Perkins*, 20.

[56] Eingehend s.u. S. 119 ff.; Volltext im Anhang s.u. S. 335.

[57] *Lessig*, Code: Version 2.0, 1.

sich der freiwillige Grundsatz offener Netzwerke im Ergebnis in den Zugangsvoraussetzungen.[58] Dies ist allerdings nicht als eine Form von Zwang einzuordnen, denn die Teilnahme am Netzwerk bleibt freiwillig.[59] Auch verdrängt dieser „Zwang" keinesfalls die vorhandenen altruistischen Motive. Er ist insofern eine gemeinschaftlich gewollte Verpflichtung, die für die Zielsetzung des Netzwerks - Stabilität sowie große Abdeckung in der Fläche und damit das Erreichen möglichst vieler Nutzer - absolut notwendig ist.

2. Kommunikationsstrukturen und Community-Inhalte

Offene Netze als soziale Gemeinschaften bilden sich in der Regel um einen Anfangskern herum. Erfolgsrezept für Aufbau und Stärkung der Gemeinschaft („Community") sind insbesondere verschiedene Kommunikationsstrukturen. Großen Raum nimmt dabei die technisch vermittelte Kommunikation ein, gerade auch über das bestehende bzw. entstehende Netz. Informationen können dadurch zielgerichtet an bereits Involvierte und Interessierte transportiert werden. Wikis, also Informationsportale mit Bearbeitungsfunktion für jedermann, Foren, Chaträume und selbstverständlich Mailing-Listen dienen in offenen Netzen dazu, eine effektive und intensive Kommunikation und Verknüpfung zwischen Mitgliedern und Interessenten zu ermöglichen. Durch die Nutzung der technischen Kontaktmöglichkeiten und die Lösung der damit verbundenen Probleme kann bereits auf dieser Ebene ein ausgeprägter sozialer Kontakt entstehen.[60] Wichtig ist darüber hinaus der direkte, unmittelbare, nicht technisch vermittelte Kontakt. Mit regelmäßigen lokalen Treffen bieten Netzprojekte Anlaufstationen bei Problemen, Räumlichkeiten für Diskussionen und die Möglichkeit, sich gegenseitig über das Projekt oder andere Dinge auszutauschen.[61] Überregional und auch international finden, mehr oder weniger regelmäßig, Konferenzen bzw. Treffen statt.[62]

Zusätzlich verfolgen viele der Betreiber das Ziel, über das vorhandene Netz auch gemeinschaftsbezogene oder andere Inhalte zu verbreiten bzw. zur Verfügung zu stellen oder wenigstens die Voraussetzungen dafür zu schaffen.[63] So werden beispielsweise immer wieder Versuche des Aufbaus eines „Community-Radios" unternommen.[64] Zudem können Künstler das Netzwerk als Plattform nutzen.[65]

---

[58]   Vgl. auch *Merten/Meretz*, in: Lutterbeck/Bärwolff/Gehring, Open Source Jahrbuch 2005, 293, 299 f.

[59]   Zu den Gefahren der Auswirkungen der Zwangswirkungen von Code *Lessig*, Code: Version 2.0, 6 ff.

[60]   Vgl. *Zwingenberger*, 264 f.; *Jürgen Neumann* im Interview, http://www.politik-digital.de/edemocracy/-netzkultur/wlan2.shtml (abgerufen am 28.2.2008).

[61]   *Autengruber*, Freie Netze, 101, 103.

[62]   Vgl. *Autengruber*, Freie Netze, 97 f.; *Medosch*, Freie Netze, 62, 128.

[63]   *Autengruber*, Freie Netze, 107; zu den Problemen *Autengruber*, Freie Netze, 109.

[64]   *Autengruber*, Freie Netze, 110; *Medosch*, Freie Netze, 62, 216.

[65]   *Autengruber*, Freie Netze, 50, 71; *Medosch*, Freie Netze, 86.

Der Aufbau einer Verbindung zu Funknetzwerken erfolgt regelmäßig über die Teilnahme an einem Netzwerk mit einem bestimmten Namen. Funknetze erhalten regelmäßig einen Namen, den sie über ein regelmäßig ausgesendetes Signal, das Beacon genannt wird, publizieren.[66] Ein potentieller Nutzer kann diesen Namen dementsprechend auslesen und sehen. Offene Netze werden meist so eingerichtet, dass bereits der Name auf die Offenheit des Netzwerks hinweist und teilweise gleichzeitig eine Internet-Adresse enthält, die die Kontaktaufnahme durch den potentiellen Nutzer ermöglicht.

3. Strukturbildung

Effektive und offene Kommunikation ist insbesondere in dezentral angelegten Netzwerken für den Fortbestand wesentlich. Grund dafür ist, dass in dezentralen Netzwerken sowohl die Entscheidungsfindung als auch die Umsetzung von Maßnahmen ebenfalls meist dezentral erfolgt. Dadurch können sich unterschiedliche Strukturen herausbilden. Vorliegend wird vor allem auf stark dezentrale Netze eingegangen. In diesen werden Entscheidungen meist bei lokalen Treffen nach Diskussion der Ideen durch einen „harten Kern" getroffen, also den Leuten, die Netzaufbau und -betrieb aktiv betreiben.[67] Die Entscheidungsfindung kann aber durch Diskussionen auf Mailing-Listen und in Foren vorbereitet und unterstützt werden. *Jürgen Neumann* spricht dabei vom „Prinzip des Ideen-Darwinismus" - die besten Ideen setzen sich durch.[68] Er beschreibt diesen Vorgang weiter:[69]

> „Es finden zahlreiche Diskussionen statt, und Ideen reifen und tatsächlich kommen die Ideen zur Umsetzung, die dann von den 'Machern' akzeptiert werden. Das erste Prinzip ist: Wenn ich möchte, dass etwas passiert, mach ich es entweder selber oder ich schaffe es, andere davon zu überzeugen, dass sie das tun. Warum tun sie das? Entweder weil sie das interessiert, oder weil sie sich davon einen gewissen Erfolg versprechen. Zum Beispiel sozialen Erfolg. Es geht ja nicht um Geld, sondern darum, welche Idee oder welche Umsetzung klingt am erfolgversprechendsten oder ist für mich persönlich am interessantesten. Durch viel diskutieren passiert es dann, irgendwie."

---

[66] *Nett/Mock/Gergeleit*, 108, 116; *Sikora*, 104.
[67] Vgl. *Autengruber*, Freie Netze, 104.
[68] *Autengruber*, Freie Netze, 104.
[69] Interview mit Jürgen Neumann, in: *Autengruber*, Freie Netze, 157.

Als Gegenbeispiel können feste Entscheidungsstrukturen gebildet werden, indem z.b. Vereine als Dachorganisation und/oder Anlaufstelle gebildet werden,[70] oder von vornherein ein Verein vollständig den Aufbau und die Kontrolle des Netzes übernimmt.[71]

Offene Netzprojekte wenden sich teilweise bewusst dagegen, solche Strukturen aufzubauen, sondern sehen die sich bildende „Organisation" eher als „Label oder Sammelbecken" für Menschen, die Interesse an offenen Netzen haben.[72] Dieser Ansatz deckt sich mit der Feststellung, dass viele verschiedene Interessen, verteilt auf viele Individualisten mit einer gewissen gemeinschaftlichen Motivation als Basis, in offenen Netzprojekten vereint werden.[73]

V.   Technische Grundlagen offener Netze

Die Struktur von offenen Netzen wurde bereits ansatzweise beschrieben. Im Bereich der - einer ständigen Veränderung unterliegenden - Technik ist für die Beurteilung von Rechtsfragen in diesem Zusammenhang ein Grundverständnis der den Rechtsfragen zugrunde liegenden technischen Gegebenheiten hilfreich und notwendig.[74] Im folgenden sollen deshalb diese Grundlagen dargestellt werden, wobei ein Schwerpunkt auf der Darstellung der technischen Lösungen im Bereich der Funknetze liegt.

1.   Das Netzwerk-Schichtenmodell

Computer können physikalisch und logisch „vernetzt" werden. Das bedeutet, dass zwischen Ihnen eine technische Verbindung aufgebaut und verwaltet wird. Vernetzung als technisches Problem wird logisch, also zur Darstellung und Bearbeitung, aufgeteilt in verschiedene Schichten oder „Layer". Es gibt zwei verschiedene, anerkannte Modelle für diese Darstellung: Das ISO/OSI-Referenzmodell[75] und das TCP/IP-Referenzmodell.[76]

Die einzelnen Schichten bauen von unten nach oben aufeinander auf. Es wird versucht, eine starke logische und tatsächliche Trennung der Schichten zu erreichen. Jede höher liegende Schicht basiert vollständig auf der unter ihr liegenden Schicht und kann die durch diese bereit

---

[70]   So z.B. bei Freifunk-Potsdam, s.u. S. 162; Funkfeuer.at, s. Interview mit Aaron Kaplan, in: *Dobusch/Forsterleitner*, 27.
[71]   Z.B. Opennet Initiative e.V. Rostock, s.u. S. 164; vgl. auch *O'Mahony*, in: Feller/Fitzgerald/Hissam/Lakhani, Perspectives on Free and Open Source Software, 393.
[72]   *Autengruber*, Freie Netze, 104.
[73]   Vgl. *Autengruber*, Freie Netze, 112.
[74]   *Sieber* in: Hoeren/Sieber, Kap. 1 Rn. 9.
[75]   ISO-Standard ISO/IEC 7498-1, http://standards.iso.org/ittf/PubliclyAvailableStandards/s020269_ISO-_IEC_7498-1_1994(E).zip (abgerufen am 28.2.2008).
[76]   S. Abb. 2.2.

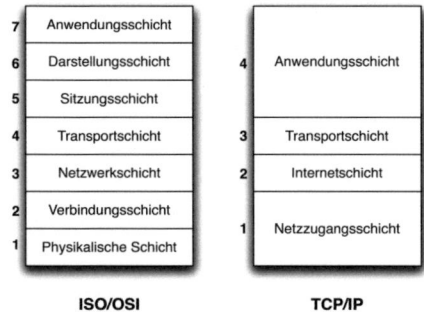

Abbildung 2.2: **ISO/OSI- und TCP/IP-Referenzmodell**

gestellten Dienste nutzen und funktional erweitern.[77] Während das ISO/OSI-Referenzmodell sieben Schichten enthält, beschränkt sich das TCP/IP-Referenzmodell auf lediglich vier Schichten.[78] Die im ISO/OSI-Referenzmodell auf Schichten 5 bis 7 angesiedelten Funktionen Sitzung, Darstellung und Anwendung werden im TCP/IP-Referenzmodell vollständig durch die Anwendungsschicht repräsentiert. Während also im ISO/OSI-Referenzmodell die Anwendungsschicht auf die Dienste der Darstellungsschicht, und diese wiederum auf die Dienste der Sitzungsschicht zurückgreifen kann, muss im TCP/IP-Referenzmodell die Anwendung alle Aufgaben hinsichtlich Anwendung und Sitzung vollständig selbst übernehmen.

2. Physikalische Vernetzung

Auf eine eingehende Darstellung aller Schichten wird vorliegend verzichtet.[79] Wichtig ist, dass zwischen zwei Netzwerkknoten eine Verbindung bestehen muss, über die sie in irgendeiner Form Daten austauschen können. Die physikalische Schicht wird auch Bitübertragungsschicht genannt, um deutlich zu machen, dass hier Daten in Form von Bits[80] übertragen werden können. Netzwerkknoten können auf jede erdenkliche Art, z.B. per Kabel oder Funk, miteinander verbunden sein, solange sich auf irgendeine Art und Weise Bits übertragen lassen. Aufgabe der Verbindungsschicht (auch Sicherungsschicht genannt) ist, dafür zu sorgen, dass mittels der Bitübertragung eine Verbindung aufgebaut wird, die sich für die darüberlie-

---

[77] Vgl. *Kurose/Ross*, 45 ff. mit einem leicht verständlichen Beispiel; ferner *Sieber* in: Hoeren/Sieber, Kap. 1 Rn. 30 ff.; *Tanenbaum*, 54 f.
[78] Zur Kritik daran und der Lösung durch ein 5-Schichten-Hybridreferenzmodell *Tanenbaum*, 66 f.
[79] S. dazu *Sieber* in: Hoeren/Sieber, Kap. 1 Rn. 29 ff.; *Tanenbaum*, 54 ff.
[80] Bits sind die kleinsten logischen Informationseinheiten, sie enthalten nur die Werte 0 oder 1.

gende Netzwerkschicht als eine Art Leitung, frei von unerkannten Übertragungsfehlern darstellt.[81] Auf dieser Ebene werden Netzwerkknoten auch eindeutig identifiziert: Jedes aktive
Netzwerkgerät hat eine eindeutige Netzwerkadresse, die MAC-Adresse[82] (Medium Access
Control) genannt wird. Bitübertragungs- und Verbindungsschicht stellen nur die Möglichkeit
der Kommunikation zwischen zwei Knoten zur Verfügung, die unmittelbar miteinander verbunden sind.

3. TCP/IP

Sollen mehr als zwei Computer zu einem Netzwerk verbunden werden, in dem nicht alle
Netzknoten direkt miteinander verbunden sind, so ist zusätzliche Logik notwendig, um Informationen durch das Netz zu transportieren. Im TCP/IP-Referenzmodell ist dies die Aufgabe
der Internetschicht (2). Die Internetschicht, respektive das Internet Protocol (IP) übernimmt
dabei zwei wesentliche Aufgaben: Es bestimmt die Versendung von Paketen sowie das sogenannte Routing.[83] Hierbei werden Datenpakete in das Netzwerk eingespeist und über mehrere
Knoten zum Empfänger transportiert. Das Internet Protocol nimmt hierfür Daten in einer bestimmten maximalen Größe sowie versehen mit Absender- und Empfängeradresse entgegen,
erweitert sie mit Zusatzinformationen und versendet dieses Paket an den nächsten Knoten „auf
dem Weg" zum Empfänger. Jeder Netzwerkknoten, der ein solches Paket empfängt, überprüft
zunächst, ob er selbst der Adressat ist. Ist dies nicht der Fall, entscheidet er auf Grundlage
der Empfängeradresse und den ihm vorliegenden Daten, an welchen Knoten im Netzwerk er
das Paket weiterreicht. Diese Methodik wird als Routing bezeichnet. Festzuhalten ist, dass
das Internet Protocol nicht Datenströme, sondern nur Datenpakete verarbeiten kann, und jeder
Netzwerkknoten autonom entscheidet, an wen er ein vorliegendes Datenpaket weiterleitet. Das
Internet Protocol basiert vollständig auf der Verarbeitung von Paketen. Es ist zustandslos. Das
bedeutet, dass zwischen Paketen auf dieser Ebene kein inhaltlicher Zusammenhang besteht,
auch wenn die Daten eventuell zusammengehören. Einzelne Pakete werden dementsprechend
vollkommen unabhängig voneinander behandelt und bearbeitet. Lediglich die im sogenannten
IP-Header vergebene Nummerierung kann auf dieser Ebene auf einen Zusammenhang hinweisen. Da jeder Netzwerkknoten autonom und für jedes Paket einzeln entscheidet, wohin er das
Paket weiterreicht, können einzelne inhaltlich zusammengehörende Pakete unterschiedliche
Wege durch ein Netzwerk nehmen und dementsprechend in einer gegenüber der Versendung
anderen Reihenfolge ankommen. Zudem enthält das Internet Protocol keine Kontrolle darüber,

---

[81] *Tanenbaum*, 55.
[82] *Kurose/Ross*, 445; s. auch u. S. 35.
[83] *Sieber* in: Hoeren/Sieber, Kap. 1 Rn. 50.

ob Pakete ihr Ziel tatsächlich erreichen. Jeder Knoten sendet die Pakete weiter. Geht ein Paket auf dem Weg zwischen zwei Knoten verloren oder kann ein Knoten aus bestimmten Gründen ein Paket nicht annehmen, so ist dieses Paket auf der Netzwerk- bzw. Internetschicht verloren. An dieser Stelle setzt das sogenannte Transmission Control Protocol (TCP) an. TCP ist ein verbindungsorientiertes Datenstromprotokoll, das den zuverlässigen Transport von Daten garantiert. TCP ist auf der Transportschicht angesiedelt. Im Gegensatz zu IP stellt sich TCP nicht als eine Übertragung von einzelnen Paketen dar, sondern bietet als Dienst für die darüber liegenden Schichten - im TCP/IP-Referenzmodell nur noch die Anwendungsschicht - die Versendung von Datenströmen an. Dies ist allerdings hauptsächlich eine logische Abstraktion. Wie dargestellt, bedienen sich Protokolle in höheren Schichten der durch die darunter liegenden Schichten bereit gestellten Dienste. TCP verwendet demnach die Dienste der Internetschicht, insbesondere IP. Meist spricht man nur deshalb nur von der TCP/IP-Protokollfamilie.[84] Die Programmierung von Anwendungen, die auf TCP/IP zurückgreifen, erfolgt demnach auf der Basis von Datenströmen. Die tatsächliche Übertragung allerdings erfolgt weiterhin paketorientiert über das Internet Protocol. TCP erreicht die zugesagte Zuverlässigkeit insbesondere durch eine Fehlerbehandlung. Gehen z.b. IP-Pakete verloren, so werden diese erneut angefordert. Zusätzlich werden die Pakete beim Empfänger in die richtige Reihenfolge versetzt. Anwendungen können dementsprechend grundsätzlich davon ausgehen, dass die Daten so beim Empfänger ankommen, wie sie versandt wurden.

Netzwerkknoten werden auf dieser Ebene durch IP-Adressen eindeutig adressiert.[85] Die Vergabe der Adressen ist hierarchisch organisiert. Eine Vergabestelle, die ICANN,[86] teilt regionalen Vergabestellen Adressräume, also Blöcke von IP-Adressen zu, die diese wiederum in Blöcken an lokale Vergabestellen, Internet-Provider und Endanwender vergeben. Zu unterscheiden ist zwischen dynamischen und statischen IP-Adressen. Statisch sind IP-Adressen, die dauerhaft einem bestimmten Endgerät zugewiesen sind und meist fest im Gerät eingetragen werden.[87] Als dynamisch werden IP-Adressen bezeichnet, die einem Gerät erst zugewiesen werden, wenn der Bedarf hierfür besteht. Die Zuweisung erfolgt beispielsweise, wenn sich der Endkunde mit seinem Computer bei seinem Internet Provider „einwählt". Dafür weist der Internet Provider dem Kunden eine IP-Adresse aus den ihm zur Verfügung stehenden Adres-

---

[84] Zur Geschichte *Kurose/Ross*, 229.
[85] Eingehende Darstellung bei *Sieber* in: Hoeren/Sieber, Kap. 1 Rn. 52 ff.
[86] Internet Corporation for Assigned Numbers and Names, http://www.icann.org (abgerufen am 28.2.2008).
[87] *Sieber* in: Hoeren/Sieber, Kap. 1 Rn. 55.

sen für die Zeit der Nutzung zu.[88] Folge davon ist, dass eine IP-Adresse über einen gewissen Zeitraum mehreren Kunden zugewiesen werden kann.[89]

IP-Adressen des Internet Protocol v4 (IPv4) bestehen aus vier zusammengesetzten Zahlen im Bereich von 0 bis 255. Eine IP-Adresse wäre beispielsweise 80.46.134.17. Bestimmte Bereiche von IP-Adressen sind sogenannte lokale oder private Adressen. Sie werden von Netzwerkknoten nicht über das allgemeine Netzwerk geroutet. Der Übergang ins Internet und zurück erfolgt für solche lokalen Netzwerke über einen Router, der Gateway genannt wird.[90] Lokale Adressen können also in verschiedenen getrennten Netzen vergeben werden, ohne dass Konflikte bei der Adressierung auftreten. Das Gateway muss nun allerdings die lokalen Adressen für den Transport in das Internet umsetzen und ankommende Pakete ebenfalls wieder dem richtigen Empfänger mit seiner lokalen Adresse zuleiten.

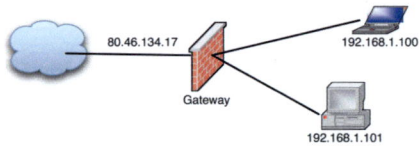

Abbildung 2.3: **Ein Gateway übersetzt lokale IP-Adressen**

Auf diese Weise können trotz der knappen IPv4-Adressen[91] zusätzliche Teilnehmer Internetverkehr abwickeln. Für die Adressumsetzung wird hauptsächlich das sogenannte Network Address Translation (NAT)-Verfahren eingesetzt. Wird eine TCP-Verbindung eingegangen, so wird allgemein die IP-Adresse praktisch um einen Zusatz, den sogenannten Port, auf dem Endgerät erweitert. Über diesen Port wird die Verbindung aufgebaut. Bei Initiierung einer TCP/IP-Verbindung eines Rechners im lokalen Netz sendet dieser Rechner ein TCP/IP-Paket, in dem er einen Quellport angibt. Diesen Quellport ersetzt das Gateway durch einen neuen und verzeichnet intern den ursprünglichen Quellport und die lokale IP-Adresse des Absenders in einer Tabelle. Erreicht ein Paket aus dem Internet das Gateway unter Angabe der ersetzten Portnummer, so schlägt das Gateway in seiner Tabelle nach, an welches der Endgeräte im lokalen Netz das Paket versendet werden soll und modifiziert das Paket für das lokale Netz

---

[88] OLG Hamburg, CR 2005, 512; ÖOGH MMR 2005, 827; *Gundermann*, K&R 2000, 225, 226; *Strömer*, Online-Recht, 55; *Tanenbaum*, 487 f.
[89] Vgl. auch u. Abb. 7.4, S. 305.
[90] *Kurose/Ross*, 367; *Sieber*, JZ 1996, 429, 434.
[91] *Tanenbaum*, 487.

entsprechend.[92] Festzuhalten für die spätere Betrachtung bleibt hier, dass alle Computer im lokalen Netz nach außen, also zum Internet hin, unter der IP-Adresse des Gateways auftreten.[93] Jegliche Kommunikation aus dem und ins Internet erfolgt über diese. Die lokale Adressierung hingegen ist ein rein interner Vorgang. Wird die TCP/IP-Verbindung beendet, so wird auch in der internen Tabelle des Gateways die Adressübersetzungsinformation gelöscht bzw. bei späterem Bedarf entfernt. Der Kommunikationspartner im Internet kann allein anhand der IP-Adresse folglich nicht feststellen, welcher der lokalen Computer mit ihm die Kommunikation eingegangen ist. Auch der Gateway-Betreiber hat in aller Regel nicht die Möglichkeit, dies festzustellen, da die Tabellen ständig aktualisiert und wieder gelöscht und nicht gespeichert werden.

Mittelfristig werden diese Verfahren obsolet, da mit dem Internet Protocol v6 (IPv6) der Adressraum derart vergrößert wird, dass praktisch jedem Endgerät eine eindeutige Adresse zugewiesen werden kann.

4. Routing-Technologien

Auf der Verbindungsschicht des ISO/OSI-Referenzmodells erfolgt die Übertragung von Information zwischen zwei Anlagen über eine mittels der Schicht 1 hergestellte physikalische Verbindung. Werden mehrere Computer in einem Netzwerk verbunden, so ist der Aufbau einer direkten Verbindung zwischen allen Geräten nicht mehr möglich. Stattdessen muss Kommunikation über bestimmte Stellen vermittelt werden. Diese Vermittlung erfolgt über Routing-Algorithmen, die auf der Netzwerk- bzw. Internetschicht (ISO/OSI: Schicht 3, TCP/IP: Schicht 2) verortet werden. Sie entscheiden für jedes ankommende Paket einzeln, an welche Station ein Paket als nächstes weitergeleitet wird. In groben Zügen berechnen die einzelnen Knoten die Wege zu allen Knoten, zu denen sie eine Verbindung unmittelbar herstellen können. Über den Austausch dieser Informationen mit anderen Netzknoten können unter Einbeziehung der Ergebnisse der benachbarten Knoten und die wiederholte Verbreitung der Ergebnisse über mehrere Iterationen hinweg ganze Wege berechnet werden. Diese Verfahren unterliegen verschiedenen Bedingungen: Die Algorithmen sollten robust, stabil, fair und optimal arbeiten. Zusätzlich dürfen sie nicht zu aufwändig sein, da zum einen die Prozessoren für komplexe Algorithmen zu teuer würden und zum anderen der Kommunikationsaufwand für die Berechnung der Routen minimiert werden soll.

---

[92] Eingehender und mit Beispiel s. *Tanenbaum*, 490; *Kurose/Ross*, 339 ff.; Techniken, um Schwierigkeiten mit NAT zu umgehen, s. *Schmidt*, c't 17/2006, 142; für technische Einzelheiten s. RFC 3022, http://www.ietf.org/rfc/rfc3022.txt (abgerufen am 28.2.2008).

[93] S. Abb. 2.3.

Routing-Algorithmen müssen sich an geänderte Umstände anpassen. Eine Verbindung kann zusammenbrechen, ein Knoten ausgeschaltet werden, die Verbindung kann sich auch rapide verschlechtern oder verbesseRn. Zudem kann das Datenaufkommen steigen und sinken. Idealerweise reagiert der Routing-Algorithmus angemessen auf solche Veränderungen und wählt für jedes Paket den idealen und gleichzeitig sichersten Weg.

Die beschriebenen Veränderungen sind in kabelgebundenen Netzen relativ selten, so dass eine Anpassung nicht zu häufig notwendig wird. In Funknetzen ist dies grundsätzlich anders. Zum einen bewegen sich die Knoten teilweise. Zum anderen können äußere Umstände massive Auswirkungen auf Qualität und Vorhandensein einer Verbindung nehmen.[94] Bereits ein Hindernis im Weg der Funkwellen kann eine Verbindung unterbrechen. Ebenso können andere Funkquellen die Verbindung stören. Zum anderen handelt es sich bei per Funk angebundenen Geräten häufig um mobile Endgeräte. Ein Notebook wird beispielsweise an einem Ort angeschaltet und genutzt, plötzlich wieder ausgeschaltet und vielleicht später an einem vollständig anderen Ort wieder in Betrieb genommen. Auf solche Veränderungen müssen Routing-Algorithmen reagieren. Vergleichweise leicht ist dies im sogenannten Infrastruktur-Modus. Bei diesem existieren zentrale Basen (Access Points), an die sich alle Clients anmelden.[95] Eine Verbindung eines Client besteht also nur mit der Basis, es handelt sich um eine 1:1-Verbindung. Wollen mobile Clients miteinander kommunizieren, so vermittelt die Basis die Kommunikation. Die Clients müssen demnach keine Routen berechnen. Die Basis wiederum vermittelt nur zu direkt angebundenen Stationen per Funk, an andere Stationen in der Regel über ein Kabel.

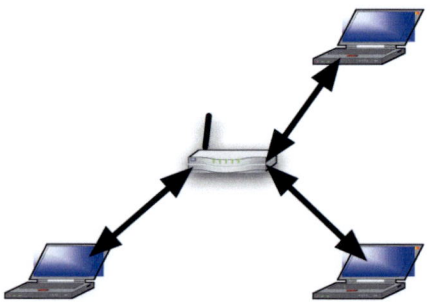

Abbildung 2.4: **Im Infrastruktur-Modus wird nur mit der Basis kommuniziert**

---

[94]   Vgl. *Sikora*, 49 ff., 188 ff.; *Tanenbaum*, 88 f.
[95]   *Nett/Mock/Gergeleit*, 76 f.

Durch die zentralisierte Struktur ist eine größere Flächenabdeckung, die bei offenen Netzen beabsichtigt ist, mit relativ viel Aufwand verbunden. Wirksame Leistungen für die Vergrößerung des Netzes werden nur durch die Access Points erbracht. Trotzdem ist es möglich, auch auf dieser Basis eine weitgehende Vernetzung zu erreichen, indem die Basisstationen untereinander verbunden werden. Die Verbindung kann einerseits kabelgebunden erfolgen.[96] Die verschiedenen Zugangspunkte tauschen dabei intern Daten über das Verbindungskabel aus und eröffnen die Kommunikation der Nutzer über die Grenzen des eigenen Zugangspunktes hinaus. Eine kabelgebundene Vernetzung ist aber in der Regel zumindest in größerem Rahmen nicht möglich. Schließlich müssten Kabel z.b. zur Überbrückung einer Straße privat durch öffentlichen Raum verlegt werden.[97] Für die Benutzung öffentlichen Raums für Telekommunikationslinien ist § 68 TKG einschlägig. Danach können Betreiber öffentlicher Telekommunikationsnetze auf Antrag und unter Aufbringung der Gebühren nach § 142 Abs. 1 S. 1 Nr. 7 TKG öffentliche Wege benutzen.[98] Allerdings wird die Ausübung der Abwägung im Rahmen der Entscheidung nach § 68 Abs. 3 TKG vermutlich häufig zu Ungunsten eines „privat" verlegten Kabels ausfallen. Problematisch ist auch, ob das Verlegen von Kabeln durch einen nicht-organisierten Zusammenschluss von Privatleuten unter den Begriff des Betreibers eines öffentlichen Telekommunikationsnetzes fällt. Eine zentrale Ansprechperson fehlt jedenfalls, die vermutlich für die Gewährung des Wegerechts unter Beachtung des § 68 Abs. 3 TKG erforderlich wäre. Hinzu kommt, dass die bürokratischen Hürden und die entstehenden Kosten den Betreiber eines privaten Netzknotens mit hoher Wahrscheinlichkeit abschrecken würden.

Alternativ können die Zugangspunkte auch selbst per Funk miteinander verbunden werden. Hierbei wird ein Funkadapter, das kann ein eigener Access Point oder aber nur ein einzelner Funkadapter im Access Point sein, nur dafür genutzt, die Verbindung zu einem anderen Funkadapter zu halten. Zwischen den derart miteinander verbundenen Access Points kann auch eine Übergabe des sich bewegenden Nutzers erfolgen. Der Nutzer wird in diesem Fall eine neue Verbindung mit dem jetzt näheren bzw. für ihn besseren Access Point eingehen und die alte lösen. Im Idealfall bemerkt er davon nichts. Dieser Vorgang wird als Roaming bezeichnet.[99] Die Bereitstellung von Roaming-Funktionalität ist in der Regel mit erheblichem Aufwand verbunden und damit teuer.

Anders ist dies im sogenannten AdHoc-Modus. In diesem werden Verbindungen eines Netzknotens mit allen sichtbaren Knoten aufgebaut. Jeder Netzknoten baut demnach eine 1:n-Kommunikation auf. Dadurch steigt die Anzahl der möglichen Wege durch ein Netz. Jeder

---

[96]   Sogenannte Extended Service Sets *Nett/Mock/Gergeleit*, 79; *Sikora*, 82.
[97]   Vgl. *Medosch*, Freie Netze, 60.
[98]   Zur Anwendung des TKG eingehend s.u. S. 49 ff.
[99]   *Kral/Kreft*, 60; *Sikora*, 82.

Knoten übernimmt zusätzlich die Rolle eines Routers. Eine zentrale Basisstation wird nicht mehr benötigt.[100] Die Knoten müssen demnach Wege durch das Netzwerk berechnen und auf eingehende Pakete anwenden. Die Volatilität von Funkverbindungen macht sich hier deutlich bemerkbar. Verschlechtert sich eine Verbindung oder fällt aus, so müssen die umliegenden Knoten und in der Folge auch die weiter entfernten Knoten darauf reagieren. Durch AdHoc-Netzwerke wird die strenge Trennung von Server und Client, also in diesem Fall von Access Point und Endgerät, aufgelöst. AdHoc-Netzwerke werden auch als Mobile AdHoc Network[101] (MANET) oder Mesh-Netzwerk[102] bezeichnet. Die Knoten stellen also auch die Verbindung zwischen anderen Nutzern her, übernehmen dementsprechend Router- bzw. Repeaterfunktionen.[103] Durch die speziell für diese mobilen und volatilen AdHoc-Netzwerke entwickelten Routing-Algorithmen können alle Geräte, die sich in der Abdeckungswolke befinden, miteinander kommunizieren. Auf diese Art und Weise kann durch das Netzwerk eine erheblich größere Fläche abgedeckt werden, die kostenaufwändige Installation und Verbindung von Basisstationen entfällt. Stabilität und Zuverlässigkeit des Netzes hängen dabei maßgeblich von der Anzahl der Nutzer ab, die insgesamt beteiligt sind. Roaming im eigentlichen Sinne ist in einem solchen Netz nicht notwendig. Bewegt sich ein Nutzer innerhalb der Netzabdeckung, so kann die Verbindung zu einzelnen Knoten abreißen. Die Verbindungen zu den anderen sichtbaren Knoten bleiben jedoch erhalten. Die Routing-Algorithmen werden zudem auf die Veränderung reagieren. Für den Nutzer entsteht der Eindruck einer dauerhaften Verbindung.

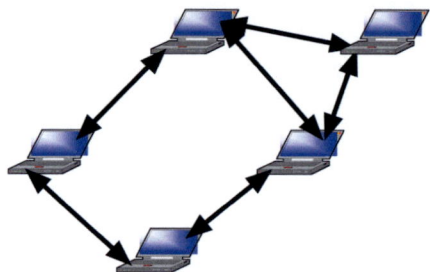

Abbildung 2.5: **Im AdHoc-Modus kommunizieren alle Knoten, die sich sehen**

---

[100] *Ernst*, in: Taeger/Wiebe, Mobilität, 127, 131.
[101] *Perkins*, 29; *Tanenbaum*, 414; *Walke*, 13.
[102] *Burghardt*, funkschau 2005, 43.
[103] *Kurose/Ross*, 506 f., 1 ff.

Die beiden vorgestellten Vernetzungsmodi lassen sich auch kombinieren. Die Vernetzung von Nutzern via Infrastrukturmodus ist leicht einzusetzen, wohingegen die AdHoc-Vernetzung die Bildung von großen Abdeckungswolken ermöglicht, die über viele Zwischenstationen verfügen. Indem Basisstationen so umprogrammiert werden, dass sie im AdHoc-Modus arbeiten, können diese mit anderen derart konfigurierten Access Points und Endgeräten ein großes AdHoc-Netzwerk aufbauen. An den Access Points können kabelgebunden weitere Nutzer angeschlossen werden und damit als „passive" Mitglieder am Netzwerk teilnehmen. Die Vorteile der beiden Modi lassen sich so in Einklang bringen.

Derzeit werden für das Routing in AdHoc-Netzwerken verschiedene Algorithmen angewandt. Die bekanntesten dürften derzeit der Ad-hoc On-demand Distance Vector-Routingalgorithmus[104] (AODV) und der Optimized Link State Routing-Algorithmus[105] (OLSR) sein. Betreiber des freifunk-Netzes in Berlin entwickeln den sogenannten B.A.T.M.A.N.-Algorithmus (Better Approach to Mobile AdHoc Networking), der vor allem die Probleme der genannten Algorithmen in großen Netzwerken beseitigen soll.[106]

5.   Virtual Private Networks

Mit Virtual Private Networks (VPN) lassen sich über das Internet verschiedene Teilnetze miteinander verbinden.[107] Virtual Private Networks werden virtuell genannt, da es sich nicht um tatsächlich existierende Netzwerke, sondern nur virtuell vorhandene Netzwerkadapter handelt. Anstatt zwischen verschiedenen Standorten (nicht-virtuelle) direkte Standleitungen zu den anderen Teilnetzen aufzubauen, wird ein sogenannter sicherer Tunnel errichtet, durch den Daten - meist verschlüsselt - über das Internet versendet werden. Ein solcher Tunnel beginnt in der Regel an der Firewall des privaten Teilnetzes und endet an der Firewall des zu verbindenden Teilnetzes.[108] Der Vorteil eines VPN ist, dass dieses virtuelle Netzwerk für den Anwender vollkommen transparent ist: Für ihn stellt es sich wie ein tatsächlich vorhandenes Netzwerk dar. Es macht dementsprechend keinen Unterschied, ob mit einem über ein VPN verbundenen weit entfernten Computer oder mit einem im lokalen Netzwerk stehenden Computer kommu-

---

[104]   Dazu *Perkins/Royer*, Ad-hoc on-demand distance vector routing; *Perkins*, 139 ff.; *Tanenbaum*, 395 ff., 415; zum Distance Vector-Routing *Kurose/Ross*, 358 ff.
[105]   *Jacquet* et al., INMIC 2001, 1 ff.; zum Link State-Routing *Kurose/Ross*, 354 ff.; *Perkins*, 113 ff.; zum Vergleich von AODV und OLSR *Huhtonen*, Comparing AODV and OLSR Routing Protocols, 1.
[106]   S. dazu http://open-mesh.net/batman/batman/documentation (abgerufen am 28.2.2008).
[107]   Zur vertraglichen Gestaltung von VPN-Verträgen *Hülsdunk*, 1 ff.; *Roth/Haber*, ITRB 2004, 19; *Schumacher*, CR 2006, 229; *Schumacher*, in: Taeger/Wiebe, Rechtsfragen zu IT 2006, 101.
[108]   *Tanenbaum*, 841.

niziert wird. Durch diese Methodik können mehrere weit entfernte Teilnetze über das Internet praktisch zu einem großen Netzwerk verbunden werden.

Dieses Verfahren verwenden offene Netzprojekte, um ihre in unterschiedlichen Städten oder Stadtteilen befindlichen Netzwerke miteinander zu verbinden. Notwendig sind hierfür nur Gateways zum Internet, die über eine VPN-Verbindung miteinander gekoppelt werden.

6.   Kontrollstrukturen

Die Verbindung mit Netzwerken kann grundsätzlich beschränkt werden. Der Zugang zum Netz ebenso wie die Netzleistungen können dementsprechend durch Kontrollstrukturen bestimmt werden.[109] Trotz der Möglichkeit der physikalischen Verbindung können so Teilnehmer bewusst ausgeschlossen, oder nur bestimmte Personen zugelassen werden. Ebenso können bestimmte Handlungen eingeschränkt werden. Da der Einsatz von Kontrollstrukturen vielfach diskutiert wird, soll eine kurze Darstellung möglicher Kontrollstrukturen erfolgen.

Funknetze basieren auf der Übertragung von Funkwellen. Funkwellen breiten sich grundsätzlich omnidirektional, also in alle Richtungen, aus.[110] Sie können also von jedem Knoten in der Funkreichweite empfangen werden. Damit nicht jeder die Funkkommunikation „mitlesen" kann, können die Pakete verschlüsselt übertragen werden.[111] Zusätzlich können Filter eingerichtet werden, die nur bestimmten Personen überhaupt den Aufbau einer Verbindung zu einem Netzwerkknoten erlauben, z.B. anhand der MAC-Adresse eines Netzwerkgeräts.[112] Offene Netze sollen dem Zugang grundsätzlich so wenig Hürden wie möglich entgegen stellen, da Ziel die Einbindung möglichst vieler Personen ist. Die sozialen Hürden werden bereits als zu hoch empfunden, technische Schwierigkeiten sollen diesen Effekt nicht weiter verstärken. Die meisten offenen Netze arbeiten deshalb ohne Verschlüsselung, viele zusätzlich auch ohne Zugangsfilter. In großen offenen Netzwerken besteht dennoch teilweise das Erfordernis einer Anmeldung. Dafür gibt es verschiedene Gründe. Zum einen sollen Kontaktmöglichkeiten bestehen, um die Teilnehmer auch aktiv in das Netzwerk einzubinden. Zusätzlich ist es in größeren Netzwerken notwendig, eine Adressverwaltung einzurichten. In vielen nicht-offenen Netzwerken werden IP-Adressen automatisch vergeben. Die Basis, an der man sich anmeldet, vergibt aus einem ihr zur Verfügung stehenden Bereich Adressen an die angemeldeten Knoten. Dieser automatische Vorgang lässt sich auf offene Netze nicht ohne weiteres übertragen: Die hier betrachteten offene Netze zeichnen sich dadurch aus, dass kein zentraler

---

[109]   Vgl. *Lessig*, Code: Version 2.0, Kap. 4: „architectures of control".
[110]   *Tanenbaum*, 123.
[111]   Dazu s. *Sikora*, 111 f.; *Tanenbaum*, 842 ff.; *Walke*, 877.
[112]   Vgl. *Nett/Mock/Gergeleit*, 118 ff.

Basisknoten existiert. Würde die Verbindung zu einem solchen abbrechen, so könnte der Client keine IP-Adresse mehr erhalten. Hinzu kommt, dass offene Netze häufig in sogenannten Clustern wachsen: Es bilden sich zunächst kleine Inseln, die idealerweise irgendwann zusammenwachsen. Es kann also durchaus passieren, dass in den vorher getrennten Inseln die gleichen IP-Adressen vergeben wurden. Wächst das Netz zusammen, ist die Adressierung der Knoten nicht mehr eindeutig. Die Routing-Algorithmen würden in dieser Situation versagen. Die Volatilität der Funknetze macht die Realisierung einer zentralen automatischen Vergabe der IP-Adresse demzufolge praktisch unmöglich. Die vollständige Freigabe der IP-Adressen in dem Sinne, dass sich jeder Betreiber selbst eine Adresse aussucht, kann aber zum selben Ergebnis von Überschneidungen führen. Außerdem müssen die IP-Adressen in einem Netz aus dem selben Subnetz kommen, da ansonsten Adressierung bzw. Routing nicht mehr funktionieren.[113] Aus diesem Grunde gibt es bei offenen Netzen teilweise eine zentrale und über das Internet erreichbare IP-Adressverwaltung. Hier kann ein Nutzer z.B. unter Angabe einer Mail-Adresse eine IP-Adresse fest registrieren. Auf diese Art und Weise werden Konflikte soweit wie möglich verhindert. Eine Kontrolle der Daten erfolgt jedoch nicht, da sie grundsätzlich zu aufwändig wäre und zudem dem Gedanken des offenen Netzes widerspräche. Auch weitere Zugangskontrollen sind zwar möglich, werden aber regelmäßig nicht vorgenommen. Wer ein Gateway betreibt kann zusätzlich über eine sogenannte Whitelist den Zugang nur bestimmten Personen gewähren. Im Gegensatz zu Blacklist-Strategien, bei denen mit Ausnahme von gesperrten Teilnehmern jeder die Dienste nutzen darf, ist hierbei also der Zugang erst mit Aufnahme in die Whitelist, quasi als Erlaubnis, möglich. Mittels Whitelists lässt sich eine feste Benutzergruppe erstellen und verwalten. Die Whitelist wird nicht von allen verwandt, und es wird meist auf eine zentrale Whitelist zugegriffen, so dass die Registrierung einer IP-Adresse bei der IP-Adressverwaltung auch den Zugang zum Internet über ein Gateway freischaltet. Es lässt sich demnach festhalten, dass die Zugangshürden im Sinne von Kontrollstrukturen grundsätzlich so niedrig wie möglich gehalten werden.

Weiter lässt sich über Firewalls ein höherer Grad an Sicherheit erreichen, indem bestimmte Pakete nicht durchgelassen werden. Dies betrifft an einem Gateway sowohl den eingehenden als auch den ausgehenden Verkehr. Durch die Sperrung bestimmter TCP-Ports lassen sich so bestimmte Anwendungen theoretisch blockieren. Häufig wird dies verwendet, um die Verwendung von Peer-to-Peer-Programmen zu unterbinden. Problematisch ist dies, weil die Vergabe von Ports dynamisch geändert werden kann.[114] Es lässt sich also grundsätzlich von einem bestimmten Port auf eine bestimmte Anwendung schließen, z.B. ist für normale HTTP-Anfragen, also die Anfrage von Webseiten, Port 80 vorgesehen. Im Programm können aber

---

[113]   Vgl. *Kurose/Ross*, 526 f.
[114]   *Tanenbaum*, 839; vgl. *Kurose/Ross*, 694 ff.

solche Ports auch für andere Anwendungen verwendet werden, so dass sich nicht zwangsläufig von einer Portnummer auf eine Anwendung schließen lässt und sich auf diese Weise eine
effektive Kontrolle des Inhalts von Kommunikation nicht erreichen lässt. Die Analyse des
Kommunikationsinhalts zur Kontrolle ist dagegen zu aufwändig, datenschutzrechtlich und im
Hinblick auf das Fernmeldegeheimnis bedenklich und widerspricht der Idee der freien Kommunikation in offenen Netzen.[115]

7. Identifizierung in offenen Netzen

Offene Netze bieten einen Kommunikationsraum, der mit möglichst niedrigen Hürden versehen sein soll. Der Zugang ist im Gegenzug meist sogar anonym oder unter Verzicht auf
identifizierende persönliche Merkmale möglich.[116] Ein Problem bei der weitläufigen Vernetzung kann deshalb die Identifizierung der Teilnehmer darstellen. Das Identifizierungsproblem
stellt sich sowohl bei der Nutzung des Internets als auch bei der Teilnahme an offenen Netzen.
Aus diesem Grund sollen bereits hier Möglichkeiten dargestellt werden, die eine persönliche
Identifikation ermöglichen könnten.

a) IP-Adresse

Der Nutzer des Internet ist über die von ihm genutzte IP-Adresse in Verbindung mit dem Nut-
zungszeitpunkt nahezu eindeutig identifizierbar.[117] Unter dieser fragt er Dienste an und erhält
nur an diese gerichtet die Antworten. Die Fälschung der IP-Adresse bereits auf Protokolle-
bene, also auf der Vermittlungsschicht, würde einen tatsächlichen Informationsaustausch des
Nutzers mit dem Server effektiv verhindeRn. Im Gegensatz dazu können auf Anwendungsebene Absenderadressen wie z.B. Email-Adressen ohne weiteres gefälscht werden.[118]

   IP-Adressen werden jedoch häufig wiederverwendet. Internet-Service-Provider haben
zwar selber entsprechende Kontingente, weisen diese in der Regel jedoch dynamisch zu.[119]
Feste, also sogenannte statische IP-Adressen, die vor allem den Betrieb von Serverdiensten
erleichtern, sind in der Regel weitaus teurer und werden selten von Endnutzern angefordert
bzw. Endnutzern angeboten. Die Identifizierung eines Internet-Nutzers resultiert demzufol-

---

[115] Zur leichten Umgehung von Inhaltsfiltern s. nur *Tanenbaum*, 839.
[116] S.o. S. 11.
[117] *Cichon*, Rn. 42; *Mantz*, MMR 2006, 764; *Tanenbaum*, 479.
[118] *Hobert*, 54.
[119] OLG Hamburg, CR 2005, 512; ÖOGH MMR 2005, 827; *Gundermann*, K&R 2000, 225, 226; *Strömer*,
       Online-Recht, 55; *Tanenbaum*, 487 f.

ge aus der Kombination von IP-Adresse und dem Zeitpunkt ihrer Nutzung.[120] Über diese Daten kann der Internet Service Provider (ISP), sofern er entsprechend speichert,[121] auf die Bestandsdaten über den nutzenden Kunden zugreifen und regelmäßig eine eindeutige Identifizierung vornehmen. Auf diese Daten könnten Dritte potentiell zugreifen.[122]

Anders liegt der Fall, wenn mehrere Personen einen Internetzugang nutzen und deshalb über Network Address Translation (NAT) die lokalen IP-Adressen umgesetzt werden, und damit alle Nutzer nach außen unter der selben IP-Adresse auftreten.[123] Der entsprechende Normalfall ist die häusliche gemeinschaftliche Nutzung des Internetzugangs. Bei diesem kann zwar eventuell keine eindeutige Identifizierung, sehr wohl aber eine Eingrenzung auf wenige Personen, nämlich die Angehörigen des Haushalts bzw. der Gemeinschaft, erfolgen. Durch die Verwendung großer offener Netze mit Internetzugang wird die Anzahl der Personen, die nach außen unter einer IP-Adresse auftreten, stark vergrößert. Während bei einem in Wohngemeinschaften verwendeten Internetzugang die Identität der möglichen Nutzer klar umgrenzt ist, ist bei offenen Netzen die Zahl der potentiellen Nutzer unübersehbar.[124] Außerdem muss zwischen demjenigen, der das Gateway ins Internet betreibt, und demjenigen der es nutzt, keinerlei persönliche Beziehung bestehen. Die Wahrscheinlichkeit, dass sich die beiden Personen nicht kennen, lässt sich zumindest nicht von der Hand weisen. Dementsprechend ist für die Identifizierung der Teilnehmer des offenen Netzes auf andere Mechanismen zurückzugreifen, wenn eine Identifikation überhaupt erfolgen soll.

b) MAC-Adresse

Ein Ansatz zur Identifizierung könnte die MAC-Adresse der Netzwerkschnittstelle des Nutzers sein.[125] Die MAC-Adresse ist eine durch den Hersteller der Netzwerkschnittstelle gesetzte Kennung, die theoretisch eindeutig ist.[126] Mit ihr könnte zwar noch nicht die Person, wohl aber der verwendete Computer bzw. die verwendete Netzwerkschnittstelle festgestellt werden. Auf dieser Basis könnte tatsächlich eine nahezu eindeutige Identifikation erfolgen, sofern eine Datenbasis gelegt würde, die die Verknüpfung von MAC-Adresse und Personendaten ermöglicht. Viele Zugangslösungen ins Internet erlauben auch die Speicherung der MAC-Adressen der Nutzer im Rahmen eines Logs.

---

[120] *Strömer*, Online-Recht, 30; kritisch zur Genauigkeit *Grosskopf*, CR 2007, 122, 123, der deshalb für den Beweis der Eindeutigkeit der Identität den Beweis der Richtigkeit der Zeitmessung verlangt.
[121] Zur Problematik der Speichererlaubnis bzw. -pflicht s. u. S. 268.
[122] Zu Auskunftsansprüchen s.u. S. 295 ff.
[123] S.o. S. 26.
[124] Vgl. auch *Gercke*, ZUM 2006, 593, 594, 596.
[125] Allgemein zu MAC-Adressen s.o. S. 26.
[126] *Kurose/Ross*, 445 f.

Allerdings sind bereits MAC-Adressen entdeckt worden, die mehrfach vergeben wurden. Hinzu kommt, dass die MAC-Adresse zumindest temporär, also bis zum nächsten Neustart, ohne weiteres durch den Nutzer beliebig gesetzt werden kann, meist reicht dafür die Ausführung eines Befehls des Betriebssystems.[127] Insofern ist die MAC-Adresse kein taugliches Merkmal zur Identitätsfeststellung in Netzwerken.[128]

Nur aufgrund der im Netzwerk ausgetauschten Pakete und der daraus ersichtlichen Informationen MAC-Adresse und IP-Adresse ist demnach eine eindeutige Feststellung des Nutzers nicht sicher möglich.

c) Anmeldung

Als eine wirksame Herangehensweise könnte das Erfordernis einer Anmeldung dienen. Ähnlich wie bei der Anmeldung zu anderen Internet-Diensten wird hier vor der Nutzung die Angabe bestimmter Daten verlangt. Eventuell erfolgt vor der Gewährung des Zugangs eine Prüfung der Daten. Dieser Ansatz widerspricht allerdings vollständig dem Kerngedanken der offenen Netze, demzufolge die Zugangshürden so gering wie möglich gestaltet werden sollen, um eine effektive und freie Kommunikation für jedermann zu ermöglichen. Dennoch wird teilweise die Angabe einer Email-Adresse gefordert. Über diese könnte dann eine Identifizierung erfolgen.

d) Prozessor-Id

Denkbar wäre auch, anhand einer eindeutig dem Hauptprozessor eines Endgeräts zugeordneten Identifikationsnummer (sog. Prozessor-Id) eine Identifizierung vorzunehmen. Abgesehen davon, dass nicht alle Prozessoren eine solche Id tragen, wird sie nicht in versendeten IP-Paketen verwendet. Zudem lassen sich IP-Pakete sehr leicht manipulieren, so dass selbst unter der Annahme, dass die Prozessor-Id mitgesandt würde, eine Identifikation nicht sicher möglich wäre. Auch andere, dem Gerät eindeutig zugeordnete Daten sind demzufolge keine Alternative.

e) Fazit

Es folgt somit, dass eine Identifizierung der Nutzer offener Netze durchaus gewährleistet werden kann, sofern die Anbindung an den bzw. die anderen Knoten nur nach vorheriger Anmeldung gestattet wird. Ohne Preisgabe aussagekräftiger Daten, also nur aufgrund der tatsächlich versandten Pakete, lässt sich eine sichere Identifikation nicht durchführen.

---

[127]   Vgl. *Sikora*, 111.
[128]   *Arnold*, Funk-Erkennung; vgl. auch *Flickenger* et al., 148.

Wird keine Anmeldung verlangt, so ist eine anonyme oder wenigstens pseudonyme Nutzung offener Netze möglich. Eine Anmeldung hingegen stellt für den Nutzer eine zusätzliche Hürde dar und wird aus diesem Grunde von vielen Betreibern abgelehnt.

8. Gefährdungen im Internet

Zum Verständnis möglicher Schädigungshandlungen sollen an dieser Stelle kurz mögliche Gefährdungsszenarien dargestellt werden. Vereinfacht formuliert soll aufgezeigt werden, wie ein beliebiger Netzteilnehmer durch die Nutzung des Netzes geschädigt werden kann. Die Szenarien sind nicht spezifisch für offene Netze, sondern sind allgemeine Gefahrenlagen im Internet. Dabei ist jede Gefährdung spiegelbildlich sowohl als Handlung des Nutzers als auch als Gefahrensituation des Nutzers anzusehen. Einerseits können solche Gefährdungen nämlich direkt von ihm ausgehen, andererseits kann er selbst auch ihr Opfer sein. Ist er selbst nur Opfer eines solchen Angriffs und wird sein System anschließend für Angriffe gegen andere genutzt, so ist es für die rechtliche Beurteilung seiner Verantwortlichkeit notwendig, die Gegenmaßnahmen, die ihm zur Verfügung standen bzw. gestanden hätten, ebenfalls aufzuzeigen. Deshalb soll auch auf diese kurz eingegangen werden.

a) Viren

Computerviren sind sich selbst vermehrende Computerprogramme.[129] Sie benutzen für die Verbreitung ein anderes Programm, also ebenso wie das biologische Vorbild einen Wirt,[130] und führen über ihn ihre Schadfunktion aus. Als Wirt dient hierbei meist eine ausführbare Datei, die von einem Virus infiziert wird. Der Wirt wird durch das Virus modifiziert und mindestens um den schädigenden Code erweitert. Alternativ können Dateien angegriffen werden, die Makros enthalten.[131] Bei der Ausführung dieses Makros durch das öffnende Programm wird dann die Schadroutine ausgeführt. Ziel der Viren ist immer, die eigene Präsenz zu verbergen und zusätzlich so viele Wirte wie möglich zu infizieren.

Während früher die Verbreitung von Viren hauptsächlich über Wechseldatenträger wie Disketten oder CD-ROMs erfolgte,[132] ist heute durch die globale und auch lokale Vernetzung, z.B. durch das Internet, die netzbasierte Verteilung von Viren über speziell präparierte Webseiten, E-Mails, FTP- oder Webserver, Peer-to-Peer-Netze und Kommunikationsnetzwerke wie

---

[129] *Anonymous*, 401; *Eckert*, 45 f.
[130] *Lang*, JurPC 2001, Web-Dok. 205/2001, Rn. 50.
[131] *Tita*, VW 2001, 1696; *Lang*, JurPC 2001, Web-Dok. 205/2001, Rn. 61; *Anonymous*, 413.
[132] *NN*, VW 1996, 580; weiter dazu AG Köln DuD 2001, 298; LG Köln NJW 1999, 3206; *Leible/Sosnitza*, K&R 2002, 51.

ICQ, MSN etc. vorherrschend.[133] Mittlerweile sind zudem nicht mehr nur Computer, sondern sogar die ans Netz angeschlossenen Router ein mögliches Angriffsziel.[134] Als mögliche effektive Gegenmaßnahme für Computersysteme stehen Virenscanner zur Verfügung. Sie können eine Infektion verhindern oder das Virus beseitigen, sofern sie es erkennen.

b) Würmer

Computerwürmer sind den Computerviren ähnliche Schadprogramme. Sie benötigen allerdings keinen Wirt, von dessen Verbreitung sie abhängen, sondern nutzen selbst die Netzwerkinfrastruktur, werden also bereits so programmiert, dass sie für ihre eigene Verbreitung sorgen können. Hierfür werden Netzwerkdienste, z.B. Email[135] oder Kommunikationsnetzwerke, missbraucht. Zudem greifen sie direkt Computersysteme an, die Sicherheitslücken aufweisen.[136] Dadurch können sie in kurzer Zeit viele Rechenanlagen infizieren und sind in dieser Hinsicht effektiver als Viren. Würmer sind auch für Plattformen erstellt worden, die bisher von Viren nicht angegriffen wurden. So können z.B. Mobiltelefone betroffen sein, die eine fehlerhafte Implementierung des Bluetooth-Funkstandards aufweisen.[137] Würmer müssen außer der Funktion zur Weiterverbreitung keine zusätzliche Schadfunktion aufweisen. Bereits ihre Verbreitung verbraucht häufig auf den infizierten Systemen enorme Ressourcen, so dass schon dadurch hohe wirtschaftliche Schäden eintreten können. Würmer setzen teilweise Techniken ein, mittels derer sie sich möglichst tief im System verankern und der eigenen Entdeckung vorbeugen. Zudem weisen sie häufig Funktionen auf, durch die sie Anti-Virenprogramme deaktivieren und ihre Erkennung verhindern können. Würmer können zusätzlich auch als Ankerpunkt für spätere Angriffe dienen, indem sie auf bestimmte Kommandos von außen warten oder selbst Trojaner nachinstallieren.[138]

Viele Computerwürmer werden ebenfalls durch Anti-Virenprogramme erkannt und an der Installation gehindert. Durch ihre Fähigkeit, Sicherheitslücken auf den betroffenen Systemen auszunutzen, werden sie allerdings häufig nicht entdeckt, bevor sie in Aktion treten bzw. verbergen die Infektion komplett. Aus diesem Grund ist es wichtig, Sicherheitslücken zu schließen oder betroffene Systemdienste nicht von außen zugänglich zu machen. Sogenannte

---

[133] BSI-Lagebericht 2007, http://www.bsi.bund.de/literat/lagebericht/lagebericht2007.pdf, 22 (abgerufen am 28.2.2008).

[134] *Hu* et al., WiFi Epidemiology: Can Your Neighbors' Router Make Yours Sick?; http://www.heise.de/newsticker/meldung/101364 (abgerufen am 28.2.2008).

[135] BSI-Lagebericht 2007, http://www.bsi.bund.de/literat/lagebericht/lagebericht2007.pdf, 22 (abgerufen am 28.2.2008); *Tita*, VW 2001, 1696.

[136] *Lang*, JurPC 2001, Web-Dok. 205/2001, Rn. 41; *Eckert*, 57.

[137] *Eckert*, 870 ff.

[138] Eingehend s.u. S. 39.

Firewalls, die an Schnittstellen zwischen Netzen oder Computersystemen den Datenverkehr kontrollieren und regulieren können,[139] sind zusätzlich in der Lage, Datenverkehr von außen direkt zu unterbinden und so auch Infektionen zu verhindern.

c) Trojaner

Trojanische Pferde bzw. Trojaner sind Programme, die als nützliche Anwendung getarnt sind, aber zusätzliche Funktionen beinhalten, die ohne Wissen und Zutun des Anwenders ausgeführt werden.[140] Sie können heimlich, also ohne Wissen des Anwenders, Aktionen wie das Ausspähen von Daten oder Passwörtern, ausführen, während der Nutzer das Gefühl hat, eine sinnvolle Anwendung installiert zu haben.

Die Unterscheidung zwischen Viren, Würmern, Trojanern und anderer Malware oder Backdoors, die Dritten den Zugang zum System ermöglicht, fällt häufig schwer. Grund hierfür ist, dass die eingesetzten Konzepte sich überschneiden oder durch ein Programm mehrere dieser Konzepte verwendet werden. Durchaus denkbar ist auch, dass die Schadprogramme beim Nutzer dafür verwendet werden, nicht nur den Trojaner oder Viren weiterzuverbreiten, sondern - ohne dass der betroffene Nutzer hiervon Kenntnis hätte - andere Rechtsverletzungen zu begehen und z.B. urheberrechtlich geschützte Werke zu verbreiten oder Inhalte anzubieten, die das Persönlichkeitsrecht Dritter verletzen.

Auch gegen Trojaner existieren Gegenmaßnahmen. Virenscanner, erweiterte Firewalls und z.B. spezielle Erweiterungen, die Webseiten analysieren, können Trojaner erkennen bzw. deren Installation verhindeRn. Über sog. Intrusion Detection-Systeme lassen sich zudem in größeren Netzwerken Auffälligkeiten, die auf Trojaner u.ä. hinweisen, anhand des Netzwerkverkehrs identifizieren.[141]

d) Denial-of-Service-Angriffe

Denial-of-Service-Angriffe sind ein weiteres Beispiel dafür, wie Nutzer sowohl bewusst als auch nach erfolgter Kompromittierung ihres Systems unbewusst Dritte schädigen können.

---

[139] *Fuhrberg/Häger/Wolf*, 137; *Lang*, JurPC 2001, Web-Dok. 205/2001, Rn. 99.

[140] BSI-Lagebericht 2007, http://www.bsi.bund.de/literat/lagebericht/lagebericht2007.pdf, 20 f. (abgerufen am 28.2.2008); RFC 1244 Site Security Hand Book, http://www.faqs.org/rfcs/rfc1244.html, 3.9.8.1.2 (abgerufen am 28.2.2008); *Bölscher/Kaiser/v. d. Schulenburg*, VW 2002, 565; *Lang*, JurPC 2001, Web-Dok. 205/2001, Rn. 44.

[141] *Heibey* in: Roßnagel, Handbuch Datenschutzrecht, Kap. 4.5 Rn. 133; vgl. auch BSI-Studie „Einführung von Intrusion-Detection-Systemen - Rechtliche Aspekte", http://www.bsi.bund.de/literat/studien/ids02/dokumente/Rechtv10.pdf (abgerufen am 28.2.2008).

Denial-of-Service bezeichnet Angriffe, bei denen Computersysteme mit Anfragen oder Aufgaben derart überlastet werden, dass sie ihre eigentliche Funktion nicht mehr erfüllen können.
Werden durch Viren oder Würmer einmal angegriffene Systeme für koordinierte Angriffe verwendet, so bezeichnet man die koordinierten Anlagen insgesamt als Bot-Netze, in Abkürzung
von Roboter-Netzwerken.[142] Internetsysteme sind dafür ausgelegt, Anfragen aus dem Internet
zu beantworten. Werden allerdings zu viele Anfragen gestellt, so können nicht mehr alle behandelt werden.[143] Durch Bot-Netze können nun sehr viele Anfragen in kürzester Zeit gestellt
werden. Sie stellen Anfragen, unterbrechen jedoch die Kommunikation, so dass der Internets-
erver auf eine Antwort von ihnen wartet und dafür Betriebssystemressourcen reserviert.[144] Da
diese nicht in ausreichendem Maße vorhanden sind und vorhanden sein können, wird die eigentliche Funktion des Servers beeinträchtigt. Werden Bot-Netze verwendet, um einen solchen
Angriff auszuführen, so spricht man von Distributed-Denial-of-Service-Angriffen (DDoS).[145]
Dabei handelt es sich meist um kompromittierte Systeme, die über Trojaner fernsteuerbar sind
und auch untereinander kommunizieren können. Sie nehmen von einer zentralen Instanz Be-
fehle wie z.B. das anzugreifende Ziel entgegen und führen die Angriffe aus. Bot-Netze werden
auch zur massenhaften Versendung von Werbe-Mails ("Spam") verwendet.[146]

Die Struktur von Bot-Netzen ermöglicht durch den gezielten Angriff auf einen zentralen Server, die Koordination eines Netzwerks und damit auch dessen Nutzbarkeit zu verhindeRn. Aktuelle Bot-Netze nutzen zudem aus dem Bereich der Peer-to-Peer-Anwendungen
bekannte verschlüsselte, dezentrale Kommunikationsstrukturen. Eine weitere Variante, die
ebenfalls mit Hilfe von Bot-Netzen durchgeführt werden kann, sind so genannte Distributed-
Reflected-Denial-of-Service-Angriffe (DRDoS). Hierbei sendet der Angreifer seine Datenpakete nicht direkt an das Opfer, sondern an reguläre Internetdienste Unbeteiligter, trägt jedoch
als Absenderadresse die des Opfers ein.[147] Die Antworten auf diese Anfragen stellen für das
Opfer den eigentlichen DoS-Angriff dar. Für das Opfer erscheint es, als würde der Angriff von

---

[142] BSI-Lagebericht 2007, http://www.bsi.bund.de/literat/lagebericht/lagebericht2007.pdf, 25 (abgerufen am
     28.2.2008).
[143] *Anonymous*, 375 ff; *Bölscher/Kaiser/v. d. Schulenburg*, VW 2002, 565, 565; BSI-Lagebericht 2007,
     http://www.bsi.de/literat/lagebericht/lagebericht2007.pdf, 19 (abgerufen am 28.2.2008).
[144] Vgl. *Tanenbaum*, 839 f.
[145] BSI-Lagebericht 2007, http://www.bsi.bund.de/literat/lagebericht/lagebericht2007.pdf, 23 (abgerufen am
     28.2.2008); *Anonymous*, 393 f.; *Kurose/Ross*, 700; *Tanenbaum*, 840; *Todd*, Distributed Denial of Service
     Attacks.
[146] BSI-Lagebericht 2007, http://www.bsi.bund.de/literat/lagebericht/lagebericht2007.pdf, 25 (abgerufen am
     28.2.2008).
[147] *Paxson*, An Analysis of Using Reflectors for Distributed Denial-of-Service Attacks, 1 ff.

diesen Internetdiensten ausgehen - der Ursprung des Angriffs ist durch diese Vorgehensweise praktisch nicht mehr ermittelbar.

Schutz gegen DoS-Angriffe ist kaum möglich. Auch die Rückverfolgung ist aufwändig und bei verteilten Angriffen erheblich schwieriger und kaum Erfolg versprechend.

e) Fazit

Das Internet kann durchaus als ein „Gefahrenraum" bezeichnet werden. Die Gefährdungsmöglichkeiten sind vielfältig und gehen über die hier dargestellten rein technischen Angriffe weit hinaus.[148] Das Bewusstsein für solche Gefährdungen steigt allerdings.[149] Die dargestellten technischen Angriffsmöglichkeiten sind für die Betrachtung von Netzwerken aber auch von offenen Netzen wichtig, da sie mögliche schädigende Handlungen und damit Haftungssituationen vorzeichnen können.

9. Exkurs: Serverdienste in offenen Netzen

Für einige rechtsverletzende Handlungen stellen offene Netze allerdings häufig bereits von der Konzeption her technische Hürden auf. Wer sich über ein Funknetz mit dem Internet verbindet, ist normalerweise nicht unmittelbar nach außen „sichtbar", sondern nur innerhalb eines lokalen Netzwerks. Dies bedeutet, dass seine Anlage von außen nicht direkt adressiert werden kann. Vielmehr ist die IP-Adresse desjenigen Systems, das über eine Verbindung zum Internet verfügt (Gateway), auch die Adresse, unter der er nach außen auftritt. Initiiert er eine Verbindung durch eine Anfrage nach außen, so konfiguriert sich das Gateway so, dass Antworten auf die Anfrage auch an dieses System geleitet werden. Diesen Vorgang bezeichnet man als „Network Address Translation" (NAT).[150] Dadurch, dass sich das Gateway merkt, welche Verbindungen geöffnet wurden, kann es die Antworten darauf Rechnern zuordnen, die im von ihm bedienten lokalen Netzwerk stehen.

Problematisch ist daran, dass der Nutzer des lokalen Netzes von außen gerade nicht adressierbar ist. Hat er die Kommunikation nicht initiiert, so fehlt dem Gateway bei einem ankommenden Paket die Information, wohin er dieses weiterleiten soll. Im Ergebnis kommt eine von außen gestartete Verbindung nicht zustande. Dadurch ist das Angebot von Serverdiensten in mit NAT betriebenen Netzwerken grundsätzlich nicht möglich. Server-Dienste sind nämlich

---

[148] Vgl. BSI-Lagericht 2007, http://www.bsi.de/literat/lagebericht/lagebericht2007.pdf, 19 ff. (abgerufen am 28.2.2008).

[149] BSI-Lagericht 2007, http://www.bsi.de/literat/lagebericht/lagebericht2007.pdf, 11 (abgerufen am 28.2.2008).

[150] S. schon o. S. 26.

gerade solche, bei denen ein anderes System, der Client, die Verbindung aufbaut, z.B. bei einem Webserver. Um diese Problematik zu umgehen, lässt sich das Gateway meist so konfigurieren, dass bestimmte Verbindungen immer an einen bestimmten Rechner im lokalen Netz weitergeleitet werden. Dafür ist jedoch die Angabe eines IP-Adresszusatzes, des Ports, erforderlich. Zudem handelt es sich um eine statische Einstellung. Bestimmte Ports werden also dauerhaft einem bestimmten Rechner zugeordnet und können nicht von anderen Rechnern genutzt werden, da alle Pakete, die beim Gateway mit diesem Port ankommen, zwangsläufig an den fest eingestellten Recher geleitet werden.

Weiteres Problem in den bei den meisten offenen Netzen verwendeten vermaschten Netzen ist, dass der Nutzer häufig gar nicht definitiv feststellen kann, über welches Gateway er dauerhaft erreichbar sein wird. Durch Schwankungen in Zwischenverbindungen ist es durchaus möglich, dass unterschiedliche Gateways die Verbindung ins Internet für ihn herstellen, so dass er im Grunde bei allen die statische Weiterleitung einstellen müsste. Aus diesen Gründen sind zumindest für den normalen Nutzer Serverdienste kaum zu realisieren, sofern er nicht selber das Gateway bereit stellt. Das bedeutet, dass sowohl Webserver, als auch FTP-Server in offenen Netzen kaum für Rechtsverletzungen gebraucht werden dürften, sofern nicht eine direkte Verbindung mit dem Gateway besteht.

Vor keine Probleme wird allerdings der Betrieb von Filesharing-Diensten gestellt. Dadurch, dass der Nutzer hier zuerst die Verbindung aufbaut, kann auch über NAT-Grenzen hinweg sowohl der Download als auch Upload von Dateien erfolgen.[151] Auch der Versand von Dateien, Emails etc. ist über offene Netze ohne weiteres möglich.

Die Problematik lässt sich tatsächlich auch umgehen, wenn ein Rechner außerhalb des offenen Netzes als Vermittlungsstelle für den Nutzer fungiert. Der Nutzer des offenen Netzes könnte über eine sogenannte „getunnelte" VPN-Verbindung[152] eine dauerhafte Verbindung zu einem Rechner außerhalb aufbauen. Nach außen entspräche seine IP-Adresse der des Vermittlungsrechners, aller Verkehr würde von dort über den Tunnel an ihn weitergeleitet. Diese Dienste sind aber zum einen regelmäßig kostenpflichtig. Außerdem würden Ansprüche wie Auskunftsbegehren etc. zunächst an den VPN-Dienstleister gerichtet werden, der eine vertragliche Verbindung mit dem Nutzer hat. In dieser Konstellation spielt es folglich im Grunde keine Rolle, ob der Schädiger Nutzer eines offenen Netzes ist oder nicht. Weder realisiert sich die besondere Gefahr der offenen Netze, wie z.B. das Problem der Anonymität,[153] noch treten die anderen Beteiligten am offenen Netz maßgeblich in Erscheinung. Aus diesen Grün-

---

[151]   Zur Umgehung dieser Probleme durch Programme mit externer Serververbindung wie z.B. Skype s. *Schmidt*, c't 17/2006, 142.
[152]   Dazu s.o. S. 31.
[153]   Eingehend s.u. S. 69.

den wird diese technisch realisierbare Lösung hier nicht untersucht. Schließlich können bei der RIPE NCC[154] globale IP-Adressen reserviert und dann im lokalen Netz vergeben werden. Dieser Vorgang ist allerdings kostenpflichtig und bedarf einer weitergehenden Organisation bzw. eines Verantwortlichen. Deshalb wird meist auf lokale bzw. nicht geroutete Adressen zurückgegriffen.

---

[154] Réseaux IP Européens Network Coordination Centre, http://www.ripe.net (abgerufen am 28.2.2008).

§ 3   Rechtliche Vorfragen

I.   Die Trennung zwischen Nutzer und Diensteanbieter - Auflösung eines Rollenparadigmas

Betrachtet man die gesetzlichen und anderen rechtlichen Konzeptionen, die bei der Behandlung von Fragen im Zusammenhang mit technischen Netzwerken zusammenhängen, so lässt sich feststellen, dass bis auf wenige Ausnahmen eine Zweiteilung im Sinne einer klaren Rollenverteilung besteht. Netzwerk- und Internetdienste werden von einem Diensteanbieter angeboten und von einem Dienstnutzer konsumiert.

Das TKG kennt den Telekommunikationsdiensteanbieter nach § 3 Nr. 6 TKG und den Nutzer nach § 3 Nr. 14 TKG. Das TMG teilt ebenso zwischen dem Diensteanbieter nach § 2 Nr. 1 TMG und dem Nutzer gemäß § 2 Nr. 4 TMG, ebenso wie die dem TMG zugrunde liegende E-Commerce-Richtlinie[1] (ECRL) in Art. 2 lit. b) und d). Daraus lässt sich auf ein grundsätzliches Rollenparadigma schließen, das nach der eingenommenen Funktion des Teilnehmers differenziert.[2] Die Abgrenzung nach der Funktion ist durchaus sinnvoll und erleichtert das Verständnis für die Vielzahl der im Internet eingegangenen (Rechts-)Beziehungen. Zusätzlich deckt sich dieser Befund selbstverständlich mit dem synallagmatischen Verständnis von Verträgen mit Austauschbeziehung.

Diese Rollenverteilung lässt sich ohne weiteres überall dort aufrecht erhalten, wo sich die persönliche Handlung ebenso klassifizieren lässt: Der Kunde des Access Providers nutzt den vom Access Provider erbrachten Dienst. In den hier betrachteten offenen Netzen, die sich einer Vernetzung mittels Funktechnologien im AdHoc-Modus bedienen, ist die Ermittlung

---

[1]   Richtlinie 2000/31/EG des europäischen Parlaments und des Rates vom 8. Juni 2000 über bestimmte rechtliche Aspekte der Dienste der Informationsgesellschaft, insbesondere des elektronischen Geschäftsverkehrs, im Binnenmarkt („Richtlinie über den elektronischen Geschäftsverkehr"), ABl. EG Nr. L 178 v. 17.7.2000, S. 1 ff.

[2]   Vgl. *Sieber*, JZ 1996, 429, 434 f.; *Sieber* in: Hoeren/Sieber, Kap. 1 Rn. 17; *Spindler* in: Spindler/Schmitz/ Geis, § 3 TDG Rn. 18.

bzw. Aufrechterhaltung dieser Rollenverteilung erheblich schwieriger. Im mobilen AdHoc-Netzwerk steht der Teilnehmer in unmittelbarem (Funk-)Kontakt zu den mit ihm über Funkwellen physikalisch verbundenen Netzwerkknoten.[3] Über diese vermittelt kann er aber auch mit denjenigen Netzwerkknoten kommunizieren, zu denen er selbst keine unmittelbare Funkverbindung hat. Routing-Algorithmen, die auf den Netzwerkknoten arbeiten, erlauben ihm die Kommunikation mit weiter entfernt liegenden anderen TeilnehmeRn. Insofern kann er leicht als Nutzer identifiziert werden. Die mit ihm verbundenen Knoten hingegen, die diese Vermittlungsleistung erbringen, sind für ihn die Diensteanbieter. Diese Sichtweise ändert sich, sobald man den Netzwerkknoten aus der Sicht eines anderen Teilnehmers sieht: Für diesen erbringt er die Vermittlungsleistung. Für diesen ist er nicht Nutzer, sondern Diensteanbieter. Im selben Augenblick kann jeder Teilnehmer eines AdHoc-Netzwerks also Nutzer und Diensteanbieter sein. Es besteht demzufolge Identität zwischen Nutzer und Diensteanbieter. Eine Trennung kann nur logisch hinzugedacht werden, indem auf einzelne Kommunikationsströme abgestellt wird.[4]

Über Verträge des bürgerlichen Rechts lässt sich dieses Verhältnis ohne weiteres rechtlich abbilden, indem beide Parteien Dienste als Leistung erbringen. Die Verwendung und Bereitstellung von offenen Netzen hat eine starke soziale Komponente. Die Verbreitung und Akzeptanz basiert weitgehend auf der Anzahl der beteiligten Nutzer. Zwischen den Nutzern besteht darüber hinaus häufig ein die Gruppe verbindender Gemeinschaftssinn, der sich auch auf die gemeinschaftsinterne Kommunikation auswirkt. Durch diese Gemeinschaftsbildung, aber auch durch die technische Realisierung der Netzwerke, gibt es dementsprechend keine feste Rollenverteilung in reine Nutzer und reine Betreiber. Während im kommerziellen Bereich also eine Menge von Anbietern um die Konsumenten ihrer Angebote konkurrieren, wird bei offenen Netzen die deutliche Trennung aus TKG und TMG durch das den offenen Netzen immanente Konzept fast immer aufgelöst.

II.   Die Anwendung von TKG und TMG

Für die rechtliche Beurteilung ist die genaue Feststellung der anzuwendenden Rechtsgrundlage zwingend notwendig. Die Auflösung einer eindeutigen Rollenverteilung zwischen Nutzer und Diensteanbieter erschwert die Einordnung in diesem Sinne. Im folgenden sollen deshalb die einschlägigen Normen bestimmt, und die jeweiligen Rechtsfolgen kurz angerissen werden.

---

[3]   S. dazu o. Abb. 2.5, S. 30.
[4]   Vgl. z.B. *Ernst*, in: Taeger/Wiebe, Mobilität, 127, 132 ff.

1. Einleitung

Erster Anknüpfungspunkt für die Einordnung sind die verschiedenen Betreiberbegriffe. Kann der Teilnehmer eines offenen Netzwerks in diesen Kategorien erfasst werden, so können anschließend die in Literatur und Rechtsprechung für sie erarbeiteten Ergebnisse auf offene Netzwerke übertragen werden.

Grundsätzlich werden vier verschiedene Arten von Betreibern im Zusammenhang mit Netzwerken und dem Internet unterschieden: Content-, Host-, Access- und Network Provider. Der Content Provider zeichnet sich dadurch aus, dass er (eigene) Inhalte in einem Netzwerk zur Nutzung bereithält.[5] Der Host Provider hingegen stellt seinen Nutzern lediglich Speicherplatz und Infrastruktur zur Verfügung und ermöglicht es ihnen, eigene Inhalte im Netzwerk bereitzustellen.[6] Während also der Content Provider quasi die Quelle der Daten bzw. Informationen darstellt, ist der Host Provider von den Daten bereits insofern entfernt, als er nur die Voraussetzungen für deren Bereitstellung durch Dritte schafft. Der Access Provider wiederum vermittelt Dritten den Zugang zu einem Netz bzw. zu fremden Informationen.[7] Typischerweise handelt es sich hierbei um den Zugang zum Internet. Der Network Provider schließlich leitet lediglich Daten bzw. Informationen von einem Rechnersystem zu einem anderen Rechnersystem weiter.[8] Er vermittelt somit nicht unmittelbar zwischen Nutzer und Anbieter von Informationen, sondern stellt auf dem Weg zwischen beiden Infrastruktur im Sinne einer Transportleistung bereit.

In Gemeinschaften wie bei der Errichtung und dem Betrieb von offenen Netzen ist insbesondere auch die Verbreitung von Inhalten - z.B. von Informationen über gemeinsame Interessengebiete oder auch das Netzwerk selbst - häufig wichtiger Inhalt. Insofern kann der einzelne Nutzer im offenen Netzwerk auch Anbieter von Inhalten und damit Content Provider sein. Ein Beispiel hierfür sind Daten über Konfigurationen von WLAN-Routern, die in manchen offenen Netzen verwendet werden. Halten diese abrufbare Informationen über den aktuellen Zustand des Netzes oder des eigenen Knotens vor, so handelt es sich hierbei um Inhalte, also „Content" im Sinne des TMG. Was jedoch Aufbau des und Teilnahme am Netzwerk angeht, handelt es sich vielmehr um die Bereitstellung des Zugangs zum Netzwerk und

---

[5]   *Schuppert* in: Spindler, Vertragsrecht der Internet-Provider, Kap. II Rn. 68; *Sieber*, JZ 1996, 429, 434; *Stadler*, Haftung für Informationen im Internet, Rn. 9.

[6]   *Härting*, CR 2001, 37; *Hoeren/Pichler* in: Loewenheim/Koch, 386; *Sieber*, JZ 1996, 429, 434; *Stadler*, Haftung für Informationen im Internet, Rn. 10.

[7]   *Bleisteiner*, 55 f.; *Hoffmann*, MMR 2002, 284, 286; *Gottschalk* in: Kröger/Gimny, 257; *Schneider*, 89 ff., 148 ff.; *Sieber*, JZ 1996, 429, 434; *Spindler* in: Spindler, Vertragsrecht der Internet-Provider, Kap. IV Rn. 81; *Stadler*, Haftung für Informationen im Internet, Rn. 11.

[8]   *Bleisteiner*, 55; *Koenig/Loetz*, CR 1999, 438, 439; *Säcker* in: BerlinTKG, § 3 TKG Rn. 39.

eben auch zum Internet, sofern ein Knoten als Gateway fungiert. Dies deckt sich mit der wohl allgemeinen Auffassung, dass Anbieter von Funknetzwerken als Access Provider einzuordnen sind.[9] Bezweifelt wird teilweise, dass dies auch für private Betreiber gilt.[10] Den Weg weist § 2 Satz 1 Nr. 1 TMG: Danach ist Diensteanbieter u.a. jede natürliche Person, die den Zugang zur Nutzung von Telemediendiensten vermittelt. Der Anwendungsbereich ist damit extrem weit. Es soll jeder erfasst werden, der Telemediendienste anbietet oder den Zugang zu ihnen vermittelt.[11] Der Tatbestand ist rein objektiv gefasst. Eine subjektive Komponente ist nicht ersichtlich. Zwar könnte man in der aktiven Formulierung „zur Nutzung bereithält" eine solche erahnen,[12] das würde den Anwendungsbereich aber wohl zu sehr einschränken. Vom Wortlaut her könnte man argumentieren, dass die Regelung für Access Provider ohnehin nicht gilt, da auf sie lediglich die zweite Alternative - „Zugang zu ihnen vermittelt" - zutrifft. Darauf kommt es aber letztlich nicht an. Es ist nämlich unschwer erkennbar, dass auch Private, die ein offenes bzw. ungesichertes Netzwerk betreiben, ihren Nutzern den Zugang zu den Telediensten anderer vermitteln. Nimmt man dennoch an, dass Private lediglich als „Selbstnutzer" keine Diensteanbieter sind,[13] so profitieren gerade sie, die am allerwenigsten den Informationsfluss kontrollieren können und deshalb am ehesten auf die Privilegierungen der §§ 7 ff. TMG angewiesen sind, von eben diesen Privilegierungen nicht.[14] Anstatt dessen müsste über die Anwendung des Rechtsgedankens der §§ 7 ff. TMG eine Haftung „auf der Wertungsebene" kompliziert ausgeschlossen werden.[15] Ein solcher Umweg ist bei einfacher Anwendung bzw. angemessen weiter Auslegung der objektiven Kriterien des § 2 Satz 1 Nr. 1 TMG nicht notwendig. Private, die ein offenes Netz betreiben, sind insofern ebenfalls als Access Provider Diensteanbieter anzusehen.[16]

Problematisch könnte die Einordnung als Access Provider lediglich für diejenigen Netzwerkknoten sein, die selbst nicht den Zugang zum Internet ermöglichen, sondern nur einen Knoten auf dem Weg dorthin darstellen. Sie könnten als reine Routerrechner und damit als Network Provider anzusehen sein und in der Folge eventuell eine andere rechtliche Behand-

---

[9]   *Heidrich*, c't 13/2004, 102; *Röhrborn/Katko*, CR 2002, 882; *Spindler* in: Spindler/Schmitz/Geis, § 2 TDG
      Rn. 27, § 3 TDG Rn. 14.
[10] So *Hornung*, CR 2007, 88, 90; a.A. *Gietl*, ZUM 2007, 407, 408; *Gietl*, MMR 2007, 630, 631; *Mantz*, MMR
      2006, 764, 765; *Roggenkamp*, jurisPR-ITR 12/2006 Anm. 3, C.
[11] *Spindler* in: Spindler/Schmitz/Geis, § 2 TDG Rn. 3, vor § 8 ff. TDG Rn. 21.
[12] *Hornung*, CR 2007, 88, 90 Fn. 19.
[13] *Hornung*, CR 2007, 88, 90.
[14] Dies sieht auch *Hornung*, CR 2007, 88, 92.
[15] So *Hornung*, CR 2007, 88, 92.
[16] Eingehend zu dieser Frage s.u. S. 291.

lung erfahren.[17] Der Network Provider hat allerdings keine direkte Kommunikationsbezie-
hung zu Nutzern,[18] wohingegen jeder Knoten in einem offenen Netzwerk idealerweise gerade
den anderen Nutzern den Zugriff auf das Netz ermöglicht. In der Bereitstellung des Knotens
besteht ein Angebot an eine noch unbestimmte Nutzergemeinde, diesen Knoten auch unmittelbar zu nutzen. Das für den Network Provider kennzeichnende Element, nämlich seine Position
nur auf dem Weg der Kommunikation ohne direkten Kontakt zu Informationen oder Nutzern,
ist somit in der Person des Teilnehmers an offenen Netzwerken nicht erfüllt. Der Betreiber
eines Netzwerkknotens im offenen Netzwerk ist folglich Access Provider.

Mit dieser Feststellung verbunden ist allerdings die Problemstellung, welchem Rechtsbe-
reich der Access Provider zuzuordnen ist, genauer gesagt, ob er als Telekommunikations- oder
Telemediendiensteanbieter anzusehen ist und dementsprechend den Regelungen des TKG
oder des TMG oder sogar beiden unterworfen ist. Diese Frage ist durchaus relevant,[19] da
schon nach der Zielrichtung von TKG bzw. TMG völlig unterschiedliche Regelungsinhalte zu
beachten sind. Als Beispiele seien hier nur die unterschiedliche Regelung des Datenschutzes
und der Haftungsprivilegierungen genannt.

2.   Anwendbarkeit des TKG

Access Provider könnten Telekommunikationsdiensteanbieter im Sinne des TKG sein. Telekommunikation ist gemäß § 3 Nr. 22 TKG der technische Vorgang des Aussendens, Über-
mittelns und Empfangens von Signalen mittels Telekommunikationsanlagen. Diensteanbieter
nach dem TKG ist entsprechend § 3 Nr. 6 TKG, wer ganz oder teilweise geschäftsmäßig
Telekommunikationsdienste erbringt oder an der Erbringung der Dienste mitwirkt. Telekommunikationsdienste wiederum sind entsprechend § 3 Nr. 24 TKG in der Regel gegen Entgelt
erbrachte Dienste, die die Übertragung von Signalen über Telekommunikationsnetze beinhalten. Des weiteren sind Telekommunikationsanlagen nach § 3 Nr. 23 TKG „technische Einrichtungen oder Systeme, die als Nachrichten identifizierbare elektromagnetische oder optische
Signale senden, übertragen, vermitteln, empfangen, steuern oder kontrollieren können".

Der Access Provider realisiert technisch den Zugang zu anderen Netzen bzw. Knoten oder
dem Internet, indem er Informationen der bei ihm angeschlossenen Anlagen verarbeitet und

---

[17]   Vgl. *Koch*, CR 1997, 193, 199; *Koenig/Loetz*, CR 1999, 438, 439; *Spindler* in: Spindler/Schmitz/Geis, § 2
      Rn. 31; a.A. *Sieber*, Verantwortlichkeit im Internet, Rn. 262: Unterscheidung nicht relevant, da der Network
      Provider ebenso wie der Access Provider Vermittler zu „fremden Diensten" nach § 2 Satz 1 Nr. 1 TMG sei,
      die Differenzierung führe lediglich zu Abgrenzungsschwierigkeiten.

[18]   *Spindler* in: Hoeren/Sieber, Kap 29 Rn. 77; *Hoeren/Pichler* in: Loewenheim/Koch, 386 f.; *Spindler* in:
      Spindler/Schmitz/Geis, § 2 TDG Rn. 31.

[19]   Vgl. *Säcker* in: BerlinTKG, § 3 TKG Rn. 38; *Koenig/Loetz*, CR 1999, 438.

überträgt.[20] Es handelt sich folglich um einen Telekommunikationsdienst.[21] Auch die privat aufgebauten offenen Netze dienen als Access Provider der Übertragung von Signalen und damit der Erbringung von Telekommunikationsdiensten. Die Funknetzknoten dienen darüber hinaus im weiteren Sinne der Verarbeitung von Nachrichten und sind damit als Telekommunikationsanlagen im Sinne von § 3 Nr. 23 TKG zu qualifizieren.

Problematisch könnten lediglich diejenigen Tatbestandsmerkmale sein, die auf die Entgeltlichkeit oder Geschäftsmäßigkeit abzielen. Telekommunikationsdienste wie Vernetzung oder Internetzugang werden in der Regel gegen Entgelt erbracht. Offene Netze stellen insofern eine Ausnahme dar. Nur darauf stellt zumindest § 3 Nr. 24 TKG ab. Ob im konkreten Fall Entgelte verlangt werden, ist gerade nicht Teil des Tatbestandes. Damit fallen die in offenen Netzen ohne Entgelt erbrachten Dienste zumindest unter § 3 Nr. 24 TKG.

Geschäftsmäßigkeit wird in § 3 Nr. 10 TKG legaldefiniert. Danach kommt es für die Einordnung als geschäftsmäßiges Handeln nicht auf die Gewinnerzielungsabsicht an. Entscheidend ist vielmehr, ob der Dienst nachhaltig erbracht wird. Damit ist insbesondere ein dauerhaftes Angebot, bzw. eine Tätigkeit von gewisser Häufigkeit und nicht nur im Einzelfall, erfasst.[22]

Offene Netze zeichnen sich u.a. dadurch aus, dass sie als möglichst zuverlässiges Netz eine Alternative zu anderen Anbietern darstellen. Auch wenn der einzelne Knoten nicht ständig verfügbar sein muss, so soll doch das Netz an sich möglichst dauerhaft die Nutzer anbinden und verbinden können. Damit handelt es sich um geschäftsmäßiges Handeln i.S.d. § 3 Nr. 10 TKG. Folglich sind die Teilnehmer an offenen Netzen in aller Regel auch als Telekommunikationsdiensteanbieter nach dem TKG zu betrachten.

Anders könnte dies bei denjenigen sein, die nicht dauerhaft einen Knoten betreiben, sondern lediglich selten das Netz nutzen und somit auch nur selten selber den Zugang anderer vermitteln können. Eine Grenzziehung ist hierbei schwierig. Von einem dauerhaften Angebot kann aber sicher nicht ausgegangen werden, wenn der Dienst lediglich einmal in der Woche genutzt bzw. angeboten wird. Insbesondere die einmalige bzw. nur vorübergehende Nutzung kann das Merkmal der Dauerhaftigkeit nicht erfüllen. Derjenige, der also das Angebot eines

---

20 *Dietz/Richter*, CR 1998, 528, 530 f.; *Hoeren*, Recht der Access Provider, Rn. 34; *Koenig/Neumann*, K&R Beilage 3/2004, 1, 12; *Groß* in: Roßnagel, Handbuch Datenschutzrecht, Kap. 7.8 Rn. 18 m.w.N.; *Stadler*, Haftung für Informationen im Internet, Rn. 34.

21 OVG Münster MMR 2003, 348, 351; LG Darmstadt MMR 2006, 330; *Gersdorf* in: BeckTKG, Einl. C Rn. 18 f.; *Greiner*, CR 2002, 620, 621; *Hoeren*, Recht der Access Provider, Rn. 34, 71; *Röhrborn/Katko*, CR 2002, 882; *Groß* in: Roßnagel, Handbuch Datenschutzrecht, Kap. 7.8 Rn. 18; *Schmitz/Dierking*, CR 2005, 420, 421; *Stadler*, Haftung für Informationen im Internet, Rn. 34; *Stadler*, MMR 2002, 343, 344; *Volkmann*, Der Störer im Internet, 16, 24.

22 *Robert* in: BeckTKG, § 91 TKG Rn. 9; *Lünenbürger* in: Scheurle/Mayen, § 3 TKG Rn. 18.

offenen Netzes in einer fremden Stadt lediglich während eines kurzen Aufenthalts nutzt, wird zwar in der Zeit seiner eigenen Nutzung Netzteilnehmer und damit auch Netzanbieter, das Merkmal des geschäftsmäßigen Handelns ist jedoch nicht erfüllt. Als Zwischenergebnis ist die Anwendbarkeit jedenfalls des TKG in der Regel gegeben.

3. Anwendbarkeit des TMG

Wenn feststeht, dass der Betreiber eines offenen Netzwerks den Regelungen des TKG unterfällt, stellt sich die Frage, ob daneben bzw. zusätzlich eine Anwendung des TMG, das ebenfalls Normierungen bezüglich der Access Provider enthält, möglich bzw. geboten ist. Insbesondere die Privilegierung des § 8 TMG soll nach dem Wortlaut der Norm auch dem Access Provider zugute kommen.

a) Problemstellung

Neben die Anwendbarkeit des TKG könnte zusätzlich die des TMG treten. Sollte dies der Fall sein, ist schließlich das Verhältnis der Normbereiche zu klären. Die Anwendung des TMG könnte diejenige des TKG ausschließen oder umgekehrt. Auch eine parallele Anwendung ist denkbar.

Eine Möglichkeit der Unterscheidung wäre die Anwendung allgemeiner Regeln, also z.B. der Vorrang des neueren Gesetzes.[23] Allerdings lässt sich nach Novellierung sowohl des TKG als auch des TDG und der Neufassung durch das TMG ohne inhaltliche Veränderung oder Klarstellung seitens des Gesetzgebers diese Regel nur mit Zweifeln verwenden. Zu beachten ist aber, dass § 1 Abs. 1 TMG eine Anwendungsbegrenzung enthält. Danach gilt das TMG u.a. nicht für Telekommunikationsdienste nach § 3 Nr. 24 TKG. Unter Verwendung der Begrifflichkeiten des TKG setzt § 1 Abs. 1 TMG dementsprechend voraus, dass kein Telekommunikationsdienst vorliegt. Unter Einbeziehung der bisherigen Ergebnisse ließe sich also konstatieren, dass nach § 1 Abs. 1 TMG das TMG auf Access Provider keine Anwendung findet. So klar dieses Postulat sein mag, ist es doch nur der erste Schritt zur Beschreibung der Problemstellung. § 2 Satz 1 Nr. 1 TMG wiederum enthält nämlich eine Definition des „Diensteanbieters" nach dem TMG. Dort heißt es: „Diensteanbieter [ist] jede natürliche Person, die eigene oder fremde Teledienste zur Nutzung bereithält oder den Zugang zur Nutzung vermittelt." Während die ersten beiden Alternativen den Content- sowie den Host Provider erfassen,[24] könnte mit der Vermittlung des Zugangs auch der Access Provider einbezogen sein. Hinzu kommt, dass § 8 TMG eine Privilegierung vorsieht, die relativ eindeutig den Access

---

23 Vgl. *Koenig/Neumann*, K&R Beilage 3/2004, 1, 3.
24 *Spindler* in: Spindler/Schmitz/Geis, § 3 TDG Rn. 10, 18.

Provider betrifft und der Umsetzung von Art. 12 ECRL dient.[25] Unter Beachtung dieser Gesichtspunkte besteht ein Widerspruch.[26] Die Anwendbarkeit des TMG auf Access Provider ist
also mitnichten unproblematisch. Notwendig ist deshalb eine klare Abgrenzung der Anwen-
dungsbereiche im Hinblick auf den Access Provider.

Möglich ist diese Abgrenzung mittels einer funktionsbezogenen Betrachtung, die auch
der Gesetzgeber in der Gesetzesbegründung zu § 2 des alten TDG vorgesehen hat.[27] Danach
umfasst der Begriff Telekommunikation den rein technischen Transportvorgang von Daten
unabhängig von Inhalt und Anwendung der übertragenen Daten und Dienste.[28] Zu trennen
wäre also zwischen der Transportleistung und der Bereitstellung von Inhalten.[29] Dementsprechend würden unter das TKG die Dienstleistungen *der* Telekommunikation, unter das TMG
die Dienstleistungen *durch* Telekommunikation fallen.[30] Verwendet man diese Abgrenzungs-
methode, so kommt man leicht zu dem Schluss, dass der Access Provider eine technische
Dienstleistung, die Zugangsvermittlung zum Netz respektive den Transport von Inhalten von
der Quelle zum Nutzer übernimmt, es sich also um Dienstleistungen der Telekommunikation
handelt.[31]

Einen anderen, stärker technisch orientierten Ansatz stellt der Versuch dar, die Abgrenzung
mittels des ISO/OSI-Schichtenmodells[32] vorzunehmen.[33] Das ISO/OSI-Schichtenmodell ist
ein Modell, dessen Zweck die Bereitstellung einer gemeinsamen konzeptuellen Basis für
die Kommunikation zwischen Rechnersystemen darstellt.[34] Es besteht aus sieben Schichten
(layer): Bitübertragung (physical), Sicherung (data link), Vermittlung (network), Transport
(transport), Kommunikationssteuerung (session), Darstellung (presentation) und Anwendung
(application). Dabei stellt jede Schicht eine Menge von Funktionen bereit, die der Schnittstelle

---

[25] *Sessinghaus*, WRP 2005, 697, 702; *Spindler* in: Spindler/Schmitz/Geis, § 9 TDG Rn. 1.
[26] *Gersdorf* in: BeckTKG, Ein. C Rn. 19: „normativer Konflikt"; *Stadler*, Haftung für Informationen im In-
      ternet, Rn. 33.
[27] BT-Drs. 13/7385, 19.
[28] *Wittern/Schuster* in: BeckTKG, § 3 TKG Rn. 49; *Hoeren*, Recht der Access Provider, Rn. 67.
[29] BGH NJW 2002, 361, 362; OLG Hamburg NJW-RR 2001, 544, 545; OLG Stuttgart MMR 2002, 746, 748;
      VG Köln MMR 2003, 205, 206; *Wittern/Schuster* in: BeckTKG, § 3 TKG Rn. 49; *Säcker* in: BerlinTKG,
      § 3 TKG Rn. 38; *Sieber*, Verantwortlichkeit im Internet, Rn. 267; *Spindler* in: Spindler/Schmitz/Geis, § 2
      TDG Rn. 22.
[30] *Gersdorf* in: BeckTKG, Einl. C Rn. 20.
[31] *Gersdorf* in: BeckTKG, Einl. C Rn. 15; *Wittern/Schuster* in: BeckTKG, § 3 TKG Rn. 49; *Säcker* in: Ber-
      linTKG, § 3 TKG Rn. 38; *Dietz/Richter*, CR 1998, 528, 530 f.; *Felixberger*, CR 1998, 143, 144; *Spindler* in:
      Spindler/Schmitz/Geis, § 2 TDG Rn. 25; *Stadler*, Haftung für Informationen im Internet, Rn. 34.
[32] S.o. S. 22.
[33] *Bleisteiner*, 111 f.; *Helmke/Müller/Neumann*, JurPC Web-Dok. 93/1998, Rn. 38; *Koenig/Neumann*, K&R
      Beilage 3/2004, 1, 5 f., 8; *Raabe*, CR 2003, 268, 272; *Sieber*, Verantwortlichkeit im Internet, Rn. 267.
[34] Eingehend s.o. S. 22 ff.

zur darüberliegenden Schicht als „Dienste" zur Verfügung stehen. Mittels dieses Modells lassen sich Übertragungsprotokolle, wie auch TCP und IP beschreiben. Wie sich deutlich in den Begriffsbestimmungen des TKG zeigt, verwendet der Gesetzgeber für die Regelung von Telekommunikationsvorgängen Begriffe aus dem Bereich der Technik. Daraus ließe sich folgern, dass für die Abgrenzung von technischen Diensten bzw. für die Auslegung der technikbezogenen Gesetze auf den Sprachgebrauch der fraglichen Wissenschaft zurückzugreifen sei, und deshalb das ISO/OSI-Schichtenmodell für die Einordnung herangezogen werden könne.[35] Als Telekommunikationsdienste würden dann alle Dienste auf den Ebenen 1 bis 4 gelten, während Telemediendienste sich der Schichten 5 bis 7 bedienen.[36]

Dieser Ansatz verkennt jedoch, dass das ISO/OSI-Schichtenmodell in seiner Gesamtheit die Übertragung von Information in verschiedenen Formen modelliert und ebenso insgesamt der technischen Beschreibung der Vorgänge dient.[37] Auch auf der Anwendungsebene werden vielfach nicht Inhalte im Sinne einer menschlichen Kommunikation oder Meinungsäußerung sondern vielmehr technische bzw. Steuerungsinformationen übertragen und verarbeitet. Steuerungsinformationen sind aber als Grundlage einer Inhaltskommunikation nach der funktionsbezogenen Abgrenzung gerade nicht als Telemediendienste einzuordnen.[38] Telekommunikationsdienste könnten also durchaus auch auf den Schichten 5 bis 7 zu finden sein. So erbringt der Access Provider in aller Regel auch Dienste wie die Vergabe von IP-Adressen mittels des Domain Name System[39] (DNS), welche den Telekommunikationsdiensten zuzuordnen sind,[40] aber im ISO/OSI-Schichtenmodell oberhalb von Schicht vier abgebildet werden.[41] Das ISO/OSI-Schichtenmodell ist vielmehr auf allen Ebenen vollständig inhaltsneutral, was gerade den Vorteil des Modells verdeutlicht und damit wohl auch dessen Erfolg erklärt. Es kann aus diesen Gründen nicht zur Unterscheidung von Telekommunikations- und Telediensten dienen.

Das Problem ist somit durch die Konzeption des TMG in Beziehung zum TKG vorgezeichnet.

---

[35] *Koenig/Neumann*, K&R Beilage 3/2004, 1, 5 f.; *Raabe*, CR 2003, 268, 272 ff.

[36] *Bleisteiner*, 111 f.; *Helmke/Müller/Neumann*, JurPC Web-Dok. 93/1998, Rn. 44; *Koenig/Neumann*, K&R Beilage 3/2004, 1, 8; *Raabe*, CR 2003, 268, 271; *Sieber*, Verantwortlichkeit im Internet, Rn. 267.

[37] *Gersdorf* in: BeckTKG, Einl. C Rn. 17.

[38] *Stadler*, Haftung für Informationen im Internet, Rn. 37.

[39] IETF RFC 1034 und 1034, http://tools.ietf.org/html/rfc1034, http://tools.ietf.org/html/rfc1035 (abgerufen am 28.2.2008).

[40] *Gersdorf* in: BeckTKG, Einl. C Rn. 25; *Schmitz* in: Spindler/Schmitz/Geis, § 1 TDDSG Rn. 8; *Spindler* in: Spindler/Schmitz/Geis, § 2 TDG Rn. 26.

[41] *Raabe*, CR 2003, 268, 273 in Bezug auf Schicht 4 des TCP/IP-Referenzmodells, die den Schichten 5-7 des ISO/OSI-Schichtenmodells entspricht.

b)   Generelle Anwendbarkeit des TMG neben dem TKG

Trotz des Widerspruchs zwischen § 1 Abs. 1 und § 2 Satz 1 Nr. 1 TMG könnte man davon ausgehen, dass das TMG generell auf Access Provider Anwendung findet. Ein gewichtiges Argument für diese Sichtweise ist zum einen, dass der Gesetzgeber selbst immer und wiederholt davon ausgegangen ist, dass der Access Provider unter das TMG fällt.[42] So heißt es in der Begründung zum Entwurf des TMG:[43]

> „Telekommunikationsdienste, die ganz in der Übertragung von Signalen über Telekommunikationsnetze bestehen, sind ebenfalls keine Telemediendienste, sondern beurteilen sich ausschließlich nach dem TKG. Davon zu unterscheiden sind die Telekommunikationsdienste, die überwiegend in der Übertragung von Signalen über Telekommunikationsnetze bestehen, also neben der Übertragungsdienstleistung noch eine inhaltliche Dienstleistung anbieten, wie der Internet-Zugang und die E-Mail-Übertragung."

§ 2 Satz 1 Nr. 1 TMG könnte insofern den Anwendungsbereich des TMG über § 1 Abs. 1 TMG hinaus erweitern.[44] Dem steht entgegen, dass Telemediendienste erst durch Access Providing erreichbar sind, Access Providing als Telekommunikationsleistung also Voraussetzung eines Teledienstes ist. Access Provider wären dementsprechend nicht gleichzeitig Telemediendienste- und Telekommunikationsanbieter.[45] Nach § 2 Satz 1 Nr. 1 TMG können Diensteanbieter im Sinne des TMG aber auch Personen sein, die selbst keine Telemediendienste anbieten, sondern eben nur den Zugang zu ihnen vermitteln.[46] Auch wenn § 1 Abs. 1 TMG den Anwendungsbereich regele, so sei diese Auslegung jedenfalls vor dem Hintergrund von Art. 12 ECRL geboten.[47] Ebenso sehe Art. 2 ECRL die Behandlung des Access Providers im Rahmen der dort erfassten Diensteanbieter vor.[48] Auch der Gesetzgeber hat sich dieser Argumentation angeschlossen.[49] §§ 1 Abs. 1 sowie 2 Satz 1 Nr. 1 TMG seien insofern richt-

---

[42]   Zum TDG a.F. BT-Drs. 13/7385, 19; zum TDG n.F. BT-Drs. 14/6098, 23; zum TMG, BR-Drs. 556/06, 17, 22.

[43]   BR-Drs. 556/06, S. 17.

[44]   *Spindler* in: Spindler/Schmitz/Geis, § 2 TDG Rn. 25.

[45]   *Volkmann*, Der Störer im Internet, 18; vgl. auch *Hoeren*, MMR 1999, 192, 194.

[46]   OVG Münster MMR 2003, 348, 350; *Heidrich*, c't 13/2004, 102; *Koenig/Loetz*, CR 1999, 438, 440; *Röhrborn/Katko*, CR 2002, 882, 887; *Satzger*, CR 2001, 109, 116 f.; *Zerres* in: Scheurle/Mayen, § 85 TKG Rn. 12; *Sieber*, Verantwortlichkeit im Internet, Rn. 263; *Sieber/Höfinger*, MMR 2004, 575, 582; *Spindler* in: Spindler/Schmitz/Geis, § 2 TDG Rn. 25; *Volkmann*, Der Störer im Internet, 19.

[47]   OVG Münster MMR 2003, 348, 350 f.; *Spindler* in: Spindler/Schmitz/Geis, § 2 TDG Rn. 25 f.; *Volkmann*, Der Störer im Internet, 19; ähnlich *Gersdorf* in: BeckTKG, Einl. C Rn. 18.

[48]   *Volkmann*, Der Störer im Internet, 20.

[49]   BR-Drs. 556/06, 17: „Dieser Regelungszusammenhang ist europarechtlich vorgegeben."

linienkonform auszulegen.[50] Dieses Ergebnis werde auch durch Erwägungsgrund 18 ECRL gestützt, der den Zugang zu Informationen ausdrücklich zu den Diensten der Informationsgesellschaft zählt.[51] Zudem lege die Verweisung in § 7 Abs. 2 S. 3 TMG auf § 85 TKG eine parallele Anwendung nahe.[52] Zwar weise die funktionsbezogene Abgrenzung darauf hin, dass Access Provider unter das TKG fallen, hinsichtlich des Zusammenhangs mit Inhalten, also als Inhaltsübermittler bzw. Zugangsvermittler seien Access Provider aber jedenfalls vom TMG erfasst.[53]

Dagegen wird eingewandt, dass § 1 Abs. 1 TMG den Anwendungsbereich des TMG nach seinem Wortlaut abschließend regele.[54] Eine Auslegung gegen den Wortlaut sei nicht möglich, es handele sich um eine „eklatante gesetzgeberische Fehlleistung",[55] die die Anwendung des TMG auf Access Provider vollständig ausschließe.

Mit § 11 Abs. 3 TMG hat der Gesetzgeber in der Neufassung des TMG deutlich gemacht, dass das TMG auf den Access Provider Anwendung findet.[56] Danach gelten bestimmte Regelungen des TMG-Datenschutzes nicht für Access Provider. Dieser Ausschluss ergibt nur dann Sinn, wenn der Anwendungsbereich des TMG auch den Access Provider erfassen würde. Im Umkehrschluss ist dementsprechend eine generelle Anwendbarkeit des TMG zu konstatieren. Darüber hinaus bezeichnet der Gesetzgeber in der Gesetzesbegründung den Anbieter des „Internet-Access" ausdrücklich als Telemediendiensteanbieter.[57]

c) Anwendbarkeit nur der Privilegierungsregeln des TMG

Als Alternative zur generellen Anwendbarkeit des TMG auf Access Provider könnte man daran denken, Access Provider zwar nicht vollständig den Regelungen des TMG zu unterwerfen, aber wenigstens die Haftungsprivilegierung des § 8 TMG auf sie anzuwenden.[58] Will man die

---

[50] *Köcher/Kaufmann*, DuD 2006, 360, 361.

[51] *Freytag*, CR 2000, 600, 603; *Spindler*, MMR Beil. 7/2000, 4, 5; mit eben dieser Anregung zum alten Entwurf der ECRL *Hoeren*, MMR 1999, 192, 194.

[52] *Sieber*, Verantwortlichkeit im Internet, Rn. 263 bezieht sich auf § 5 Nr. 4 TDG a.F., dessen Regelung sich jetzt in § 7 Abs. 2 S. TMG findet.

[53] OVG Münster MMR 2003, 348, 350; *Hobert*, 107; *Sieber/Höfinger*, MMR 2004, 575, 582; *Volkmann*, Der Störer im Internet, 19.

[54] *Stadler*, Haftung für Informationen im Internet, Rn. 35; *Stadler*, MMR 2002, 343, 344; i.E. *Koch*, CR 1997, 193, 199.

[55] *Stadler*, Haftung für Informationen im Internet, Rn. 39; ähnlich *Sieber*, Verantwortlichkeit im Internet, Rn. 267: „wenig glückliche Formulierung".

[56] BR-Drs. 556/06, 22; dazu *Hoeren*, NJW 2007, 801, 205; *Spindler*, CR 2007, 239, 242.

[57] BR-Drs. 556/06, 22.

[58] *Gersdorf* in: BeckTKG, Einl. C Rn. 18, 20, 24; *Kramer*, 106 f.; *Pankoke*, 204; *Schmitz/Dierking*, CR 2005, 420, 421.

richtlinienkonforme Auslegung der §§ 1 Abs. 1 und 2 Satz 1 Nr. 1 TMG nicht annehmen, so könnte sie wenigstens für § 8 TMG Anwendung finden. Dann würden zwar die anderen Regeln den Access Provider nicht treffen, er stünde aber wenigstens nicht schutzlos eventuellen Haftungsansprüchen gegenüber.

Auch hiergegen wendet sich *Stadler* und lehnt die richtlinienkonforme Auslegung ab.[59] Ihm ist zuzugeben, dass der Wortlaut des § 1 Abs. 1 TMG sehr deutlich ist. Zu fragen bleibt aber, ob nicht selbst ohne richtlinienkonforme Auslegung das TMG unter Bezug auf die ECRL auf Access Provider anzuwenden ist. Geht man mit *Stadler* davon aus, dass das TMG sowie seine Haftungsprivilegierungen keine Anwendung finden, so hätte eine Umsetzung der Richtlinie in diesem konkreten Punkt nicht stattgefunden.[60] Die ECRL wäre allerdings entsprechend Art. 22 ECRL bis zum 17. Januar 2002 umzusetzen gewesen. Mit der Feststellung, dass diese Umsetzung nicht erfolgt ist, stellt sich demnach sofort die Frage, ob nicht eine direkte Anwendbarkeit der Richtlinie in Betracht kommt. Voraussetzungen der unmittelbaren Anwendbarkeit einer Richtlinie sind die nicht frist- bzw. ordnungsgemäße Umsetzung der Richtlinie, ihre inhaltliche Bedingtheit und hinreichende Bestimmtheit.[61] Ferner darf die Richtlinie keine Verpflichtungen gegenüber Privaten enthalten.[62] Dies ist unter Einbeziehung der angenommenen Nichtumsetzung, des Ablaufs der Umsetzungsfrist und der Rechtsgewährung an Access Provider bzw. der Auferlegung von Pflichten für die Nationalstaaten durch Art. 12 ECRL ganz offensichtlich der Fall. Im Wege des Anwendungsvorrangs würde dementsprechend Art. 12 ECRL direkte Anwendung finden und somit zumindest im Bereich der Haftungsprivilegierungen greifen, wodurch in dieser Hinsicht keine Schutzlücke entstünde. Der Widerspruch würde unter Anwendung europarechtlicher Grundsätze selbst dann aufgelöst, wenn die richtlinienkonforme Auslegung abgelehnt wird. Im Ergebnis greift *Stadlers* Einwand folglich nicht.

d)   Fazit

Es sprechen viele gute Gründe dafür, das TMG auch auf Access Provider anzuwenden. Sie sind in den Kommunikationsvorgang beim Abruf von Inhalten voll eingebunden. Würde man ihnen die Privilegierung des TMG versagen, so entstünde die paradoxe Situation, dass derjenige, der als Host Provider zwar nicht eigene Inhalte verbreitet, aber jedenfalls Zugriffsmöglichkeiten besitzt, gegenüber dem Access Provider, der kaum Einflussmöglichkeiten hat, erheblich

---

[59]   *Stadler*, Haftung für Informationen im Internet, Rn. 35.
[60]   Ebenso *Stadler*, Haftung für Informationen im Internet, Rn. 39.
[61]   *Ruffert* in: Calliess/Ruffert, Art. 249 EGV Rn. 77 ff.; *Geiger*, Art. 249 EGV Rn. 15; *Schröder* in: Streinz, Art. 249 EGV Rn. 106 ff.
[62]   *Ruffert* in: Calliess/Ruffert, Art. 249 EGV Rn. 83; *Geiger*, Art. 249 EGV Rn. 15.

besser gestellt würde. Der über den Umfang des TKG hinausgehenden Schutz der Nutzer des Access Providers würde ebenfalls nicht gewährt. Damit wären gleichfalls die Nutzer schlechter gestellt. Sowohl der europäische als auch der deutsche Gesetzgeber gehen davon aus, dass der Access Provider vom TMG erfasst wird. Er ist zwar wie gezeigt nicht selbst Telemediendienstanbieter, sondern bietet Telekommunikationsdienste an, aber er vermittelt den Zugang zu den Telediensten. Seine Tätigkeit weist daher einen engen und wichtigen Bezug auch zu den Inhalten auf.[63] Die Systematik der Begrifflichkeiten von § 2 Satz 1 Nr. 1 TMG und § 8 TMG weist zusätzlich klar auf die Anwendung hin.[64] Hinzu kommt, dass der Gesetzgeber in § 11 Abs. 3 TMG für den Teledienstedatenschutz ausdrücklich Ausnahmen von den Datenschutzregelungen für Access Provider vorsieht.[65] Diese müsste er nicht formulieren, wenn das TMG in seiner Gesamtheit bzw. nur in den Privilegierungen auf den Access Provider keine Anwendung finden würde.

Der Access Provider ist somit vom Regelungsbereich des TMG erfasst. Als Folge unterliegen selbstverständlich auch die Betreiber von offenen Netzwerken dem TMG. Ausnahme hiervon bilden die durch § 11 Abs. 3 TMG ausgenommenen datenschutzrechtlichen Normen.

4. Rechtsfolgen

Der Access Provider ist demnach durch TKG und TMG erfasst. Eine Vorrangposition des einen oder anderen Gesetzes kann jedoch kaum begründet werden, weshalb die Normen parallel angewandt werden[66] und im Einzelfall Spezialität den Ausschlag geben kann. Im folgenden sollen kurz relevante Normen bzw. Normbereiche auf ihre Anwendbarkeit auf und die entsprechenden Folgen für offene Netze untersucht werden.

a) Meldepflicht

Mit Anwendung des TKG könnte die Betreiber von offenen Netzwerken auch die Meldepflicht nach § 6 TKG treffen. Gemäß § 6 Abs. 1 TKG unterliegt der Meldepflicht, wer „gewerblich öffentliche Telekommunikationsnetze betreibt oder gewerblich Telekommunikationsdienste für die Öffentlichkeit erbringt." Wie gezeigt, erbringen die Betreiber offener Netzwerke regelmäßig Telekommunikationsdienste.[67] Während allerdings für die Erbringung der Telekommunikationsdienste lediglich Geschäftsmäßigkeit im Sinne einer dauerhaften, nicht auf den

---

[63] Vgl. *Volkmann*, Der Störer im Internet, 20.

[64] *Spindler* in: Spindler/Schmitz/Geis, § 2 TDG Rn. 26; *Volkmann*, Der Störer im Internet, 21.

[65] S. auch BR-Drs. 556/06, 22.

[66] Ebenso *Sieber*, Verantwortlichkeit im Internet, Rn. 263; *Volkmann*, Der Störer im Internet, 21; ähnlich *Zerres* in: Scheurle/Mayen, § 85 TKG Rn. 12.

[67] S.o. S. 49.

Einzelfall angelegten, Tätigkeit erforderlich ist, besteht die Meldepflicht nur bei gewerblichem Handeln. Gewerblich gemäß § 6 TKG ist der Betrieb, wenn er auf Dauer anlegt ist und mit Gewinnerzielungsabsicht erfolgt.[68] Auch die Erhebung von Beiträgen, die lediglich auf Kostendeckung zielen, erfüllt die Voraussetzung der Gewinnerzielungsabsicht.[69] Eine Bagatellgrenze sieht das TKG nicht vor.[70] An die Öffentlichkeit sind Telekommunikationsdienste gerichtet, wenn sie einem unbestimmten Personenkreis zur Verfügung stehen.[71] Liegt demnach ein geschlossener Nutzerkreis vor, entfällt auch die Meldepflicht. Dies trifft z.B. auf Firmennetze zu.

Offene Netze richten sich grundsätzlich an die Öffentlichkeit und nicht an einen geschlossenen Nutzerkreis. Fraglich ist, ob der Begriff der Öffentlichkeit bei Vereinen, die eine Anbindung ihrer Nutzer zum Ziel haben, Anwendung findet.[72] Man könnte argumentieren, dass nur die Mitglieder des Vereins, mithin eine geschlossene Nutzergruppe, Zugang zum Netz haben. Andererseits kann der Verein beliebig viele Mitglieder aufnehmen und steht damit grundsätzlich jedem offen.[73] Das Angebot ist an die Öffentlichkeit gerichtet. Hinzu kommt, dass das Telekommunikationsangebot für die Benutzergruppe auf deren Bedarf hin entstanden sein muss.[74] Bei Vereinen, die offene Netzwerke anbieten ist aber die Kausalität in aller Regel eine andere. Der Verein wird nämlich gegründet, um die Infrastruktur für die Mitglieder zu stellen bzw. zu verwalten und neue Mitglieder aufzunehmen, die Infrastruktur wird nicht erst mit dem bereits vorhandenen Bedarf der Vereinsmitglieder aufgebaut. Die Zielrichtung solcher Vereine ist dementsprechend ein Angebot an die Öffentlichkeit, was sich auch mit der Begrifflichkeit der „offenen" bzw. „freien" Netzwerke deckt.

Werden also durch den Verein Beiträge gleich welcher Art, auch nur mit der Absicht der Kostendeckung erhoben, ist eine Meldung bei der Bundesnetzagentur zwingend. Offene Netzwerke hingegen, bei denen die Nutzer selbst auf eigene Kosten und ohne wirtschaftlich relevante Gegenleistung das Netz aufbauen, betreiben und Dritten bereitstellen, unterliegen der Meldepflicht nicht.

---

[68]   *Schütz* in: BeckTKG, § 6 TKG Rn. 59.
[69]   BT-Drs. 15/2316, 60; *Schütz* in: BeckTKG, § 6 TKG Rn. 59; Informationen der Bundesnetzagentur zur Anzeigepflicht der Anbieter von Telekommunikationsdienstleistungen, http://www.bundesnetzagentur.de/enid/Regulierung_Telekommunikation/Meldepflicht_9i.html (abgerufen am 28.2.2008); unentschlossen für Vereinsnetze *Gosse* in: BerlinTKG, § 6 TKG Rn. 27.
[70]   Vgl. dazu *Gosse* in: BerlinTKG, § 6 TKG Rn. 27.
[71]   BT-Drs. 15/2316, 60; *Schütz* in: BeckTKG, § 6 TKG Rn. 59; *Gosse* in: BerlinTKG, § 6 TKG Rn. 26.
[72]   Zu den Rechtsverhältnissen s.u. S. 157.
[73]   Ebenso *Gosse* in: BerlinTKG, § 6 TKG Rn. 28.
[74]   *Schütz* in: BeckTKG, § 6 TKG Rn. 52.

b) Datenschutz

Sowohl das TKG als auch das TMG enthalten Bestimmungen hinsichtlich des Datenschutzes. Datenschutz nach dem TKG ist geregelt in §§ 91 ff. TKG. Angewandt werden §§ 91 ff. TKG auf personenbezogene Daten von Teilnehmern und Nutzern von geschäftsmäßig erbrachten Telekommunikationsdiensten, wobei verarbeitende Stellen die Diensteanbieter bzw. daran beteiligte Personen sind. Mit §§ 91 ff. TKG wurde die frühere Telekommunikations-Datenschutzverordnung (TDSV) mit einigen Änderungen in das TKG inkorporiert.[75] Wesentlich für den Datenschutz ist dabei § 95 TKG. Danach darf der Diensteanbieter Bestandsdaten erheben und verwenden, sofern dies erforderlich ist. Damit wurde das Erforderlichkeitsprinzip aufrecht erhalten.[76] In dieser Hinsicht ähneln sich TKG und TMG. Im Umkehrschluss sieht § 95 TKG also durchaus vor, dass Bestandsdaten gar nicht erst erhoben und anschließend gespeichert werden. Vielmehr muss der Diensteanbieter die Erforderlichkeit der Erhebung und Verwendung begründen bzw. im Zweifelsfall beweisen.

Ein weiterer zu betrachtender Gesichtspunkt ist der Zweck von § 95 TKG. Dieser ist mit der amtlichen Überschrift „Vertragsverhältnisse" versehen. Zudem verweist er auf die Definition des Begriffs „Bestandsdaten" in § 3 Nr. 3 TKG. Danach sind Bestandsdaten Daten eines Teilnehmers, die für Vertragsverhältnisse erhoben werden. Im allgemeinen bezieht sich dies u.a. auf Namen und Adresse des Vertragspartners.[77] Folgerichtig findet § 95 TKG nur auf solche Telekommunikationsdienstleistungen Anwendung, die aufgrund von Verträgen über die Erbringung von Telekommunikationsdienstleistungen erbracht werden. Somit gilt für Daten, die als Bestandsdaten gekennzeichnet würden, ohne dass ein Vertrag besteht,[78] das BDSG bzw. dessen Erforderlichkeits- und Datensparsamkeits- bzw. Datenvermeidungsprinzip nach § 3a BDSG.[79] Auch sollte nicht übersehen werden, dass § 95 TKG im Grunde von einem Diensteanbieter-Nutzer-Verhältnis ausgeht. Ist die vertragliche Beziehung eine der Gleichordnung z.B. hinsichtlich der Aufgaben,[80] so könnte § 95 TKG aus diesem Grunde ebenfalls keine Anwendung finden.

§ 96 TKG wiederum regelt die Erhebung und Verwendung von Verkehrsdaten, die ebenfalls dem Erforderlichkeitsprinzip unterliegen. Nach § 96 Abs. 2 TKG sind sie jedoch unver-

---

[75] BT-Drs. 15/2316, 88; dazu *Koenig/Neumann*, ZRP 2003, 5; zur der Regelung vorhergegangenen Kritik *Strömer*, c't 10/1996, 50.

[76] BT-Drs. 15/2316, 88.

[77] *Büttgen* in: BeckTKG, § 3 TKG Rn. 13; *Köcher/Kaufmann*, DuD 2006, 360, 361; *Schmitz* in: Spindler/Schmitz/Geis, § 3 TDDSG Rn. 5; *Strömer*, c't 10/1996, 50.

[78] Zu den Vertragsbeziehungen bei offenen Netzen s. u. S. 91 ff.

[79] Vgl. *Wüstenberg*, VuR 2006, 49, 52.

[80] Vgl. u. S. 132 f.

züglich zu löschen, sofern sie nicht gemäß §§ 97, 99, 100 oder 101 TKG erforderlich sind.[81]
Für eine dauerhafte bzw. längerfristige Speicherung ist somit eine doppelte Erforderlichkeit
notwendig: Zunächst für die Erhebung und anschließend für das Unterlassen der Löschung.
§§ 97 und 99 TKG dürften für offene Netzwerke keine Bedeutung haben, da sie sich mit Ent-
gelten bzw. deren Abrechnung inklusive Einzelverbindungsnachweisen befassen.[82] Ähnliches
dürfte für § 101 TKG gelten, der im Grunde die Zulässigkeit der Speicherung im Rahmen einer
Fangschaltung regelt.[83] § 100 TKG wiederum erlaubt die Verwendung von Daten im Falle von
Störungen der Telekommunikationsanlagen oder ihres Missbrauchs. Mit Missbrauch ist entsprechend § 100 Abs. 3 TKG insbesondere die Leistungserschleichung, aber auch die „sonstige rechtswidrige Inanspruchnahme" Regelungsgegenstand. Zu den Daten, deren Verwendung
diesbezüglich erforderlich sein könnten, gehört auch die IP-Adresse des Teilnehmers.[84] Als
sonstige rechtswidrige Inanspruchnahme einer Telekommunikationsanlage kommen z.B. die
Versendung von Spam oder Viren, aber auch die Bedrohung oder Belästigung Dritter in Betracht.[85] Damit bezieht sich § 100 Abs. 3 TKG auch auf die Inhalte von Telekommunikation.
Die Verwendung der Daten im Rahmen einer solchen sogenannten Rasterauswertung muss
aber die Grundsätze der Anonymisierung sowie der Verhältnismäßigkeit berücksichtigen.[86]
Zudem legen § 100 Abs. 1 S. 1 sowie Abs. 3 S. 4 TKG eine insgesamt restriktive Anwendung der Ausnahmeregelung des § 100 TKG nahe, was sich auch bereits aus der Intensität des
Grundrechtseingriff bei Speicherung von Kommunikationsdaten ergibt.[87] Nach § 100 Abs.
3 S. 1 TKG müssen „tatsächliche Anhaltspunkte" vorliegen, um die Speicherung zu rechtfertigen, wobei ein auf Tatsachen beruhender Anfangsverdacht ausreicht.[88] Auch muss die
Inbetriebnahme sowie Änderung solcher Verfahren der Bundesnetzagentur angezeigt werden,
sowie jede Maßnahme beweissicher dokumentiert werden. Eine proaktive, vorsorgliche dauer-

---

[81]　Dazu BGH MMR 2007, 37; LG Darmstadt MMR 2006, 330; AG Darmstadt MMR 2005, 634.

[82]　Vgl. *Köcher/Kaufmann*, DuD 2006, 360, 362, die allgemein für Access Provider kaum Bedeutung der §§ 99,
　　　101 TKG sehen.

[83]　*Büning/Weißenfels* in: BeckTKG, § 101 TKG Rn. 2; zur Ausgestaltung einer solchen Fangschaltung *Strö-
　　　mer*, Online-Recht, 388 f.

[84]　BT-Drs. 15/2316, 89; *Wittern* in: BeckTKG, § 100 TKG Rn. 3.

[85]　Bei telefonischen Bedrohungen oder Belästigungen geht § 101 TKG allerdings vor, *Klesczewski* in: Ber-
　　　linTKG, § 100 TKG Rn. 14; zur wohl gegensätzlichen Auslegung der entsprechenden Regelungen des
　　　Art. 15 Abs. 1 der TK-Datenschutz-RL EuGH, Schlussantrag der Generalanwältin Juliane Kokott v.
　　　18.7.2007, Rs. 275/06 - Promusicae vs. Telefónica, Rn. 92.

[86]　*Wittern* in: BeckTKG, § 100 TKG Rn. 11.

[87]　*Breyer*, RDV 2004, 147.

[88]　*Klesczewski* in: BerlinTKG, § 100 TKG Rn. 16.

hafte Speicherung von Kommunikationsdaten erlaubt die Ausnahme des § 100 TKG jedenfalls nicht.[89]

Die Zielbestimmung des § 3 Abs. 4 TDSV, die Datenvermeidung und -sparsamkeit vorsah, wurde bei der Inkorporation ins TKG nicht übernommen. Die Aufrechterhaltung des Erforderlichkeitsprinzips sowie der Pflichten zur unverzüglichen Löschung sowie Anonymisierung in §§ 96 Abs. 3 S. 2 und 4 sowie 98 Abs. 1, 99 Abs. 2 TKG sind jedoch nur Ausdruck dieses Grundsatzes, der ansonsten durch das subsidiär geltende BDSG auch im Rahmen des TKG gilt. Der Verzicht auf die Übernahme bedeutet mithin keine Aufgabe der Grundsatzes der Datenvermeidung und -sparsamkeit.[90]

Der Telemediendienstedatenschutz ist geregelt in §§ 11 ff. TMG. Für die hier betrachteten Access Provider gelten nach § 11 Abs. 3 TMG allerdings nur kleine Teile des TMG-Datenschutzes.[91] Lediglich §§ 12 Abs. 3, 15 Abs. 8 und 16 Abs. 2 Nr. 2 und 5 TMG finden Anwendung. Ansonsten ist auf die Datenschutzregelungen des TKG zurückzugreifen. Wie sich allerdings nicht zuletzt aus § 15 Abs. 8 TMG ergibt, wird auf jeden Fall - zumindest hinsichtlich der Nutzungsdaten - der Grundsatz der Datenvermeidung aufrecht erhalten.

c) Anwendbarkeit der TKÜV

Es könnte darüber hinaus die Pflicht der Betreiber von offenen Netzen bestehen, die Vorgaben der Verordnung über die technische und organisatorische Umsetzung von Maßnahmen zur Überwachung der Telekommunikation (TKÜV)[92] zu erfüllen. Die TKÜV regelt entsprechend § 1 TKÜV u.a. die technische Gestaltung von Maßnahmen zur Überwachung von Telekommunikation nach der StPO, dem Artikel 10-Gesetz, dem Zollfahndungsgesetz sowie der Vorgaben des § 110 TKG.[93] Es besteht aus drei Teilen: Einem allgemeinen Teil 1, Teil 2 mit Maßnahmen nach den §§ 100a, 100b der Strafprozessordnung, § 3 des Artikel 10-Gesetzes, den §§ 23a bis 23c und 23e des Zollfahndungsdienstgesetzes oder Landesrecht und Teil 3 mit Maßnahmen nach den §§ 5 und 8 des Artikel 10-Gesetzes. Teile 2 und 3 beginnen jeweils mit der Regelung des Kreises der Verpflichteten, die somit im Grunde die Anwendbarkeit der TKÜV normieren.

---

[89]   Ebenso *Wittern* in: BeckTKG, § 100 TKG Rn. 11; *Klesczewski* in: BerlinTKG, § 100 TKG Rn. 8; *Hoeren*, Recht der Access Provider, Rn. 58; *Köcher/Kaufmann*, DuD 2006, 360, 363; a.A. wohl *Breyer*, RDV 2004, 147, 148, der aber die Verfassungswidrigkeit der Regelung annimmt und insofern zum gleichen Ergebnis gelangt; eingehend zu Speicherpflichten s.u. S. 268 ff.

[90]   Ausdrücklich BT-Drs. 15/2316, 88.

[91]   BR-Drs. 556/06, 22; *Hoeren*, NJW 2007, 801, 205; *Spindler*, CR 2007, 239, 242; s. auch *Jandt*, MMR 2006, 652.

[92]   Dazu *Pernice*, DuD 2002, 207.

[93]   Zur Praxis der TK-Überwachung *Bizer*, DuD 2002, 216.

Für die Anwendung von Teil 2 der TKÜV ist insbesondere § 3 Abs. 2 Nr. 5 TKÜV relevant. Danach gilt Teil 2 nur für Telekommunikationsanlagen, an die mehr als 1.000 Teilnehmer bzw. sonstige Nutzungsberechtigte angeschlossen sind. Die Erstreckung auf „sonstige Nutzungsberechtigte" löst jedenfalls das Problem, das die Definition des Teilnehmers in § 3 Nr. 20 TKG aufwerfen könnte, wonach Teilnehmer nur Vertragspartner eines Telekommunikationsdiensteanbieters sind.[94] Ein offenes vermaschtes Netzwerk kann nicht in seiner Gesamtheit als eine einheitliche Telekommunikationsanlage betrachtet werden. Die möglichen Verpflichteten sind vielmehr die Betreiber der Zugangsknoten als Telekommunikationsanlagen. An einen solchen müssten demnach mehr als 1.000 Nutzer angeschlossen sein. Die Anzahl der Nutzer eines Funknetzes sind jedoch aufgrund der Bandbreite sowie Hardwarebeschränkungen begrenzt, die maximale Zahl dürfte weit unter 1.000 liegen. Auch wenn man die Anzahl der Nutzer annimmt, für die ein Knoten direkt den Anschluss ans Netz oder auch nur die Weiterleitung übernimmt, wird die Zahl von 1.000 Nutzern nicht erreicht werden. Ein Großteil des Datenverkehrs dürfte an Übergangsknoten ins Internet oder in andere angebundene Netze[95] gebündelt werden, so dass hier auf Grundlage einer solchen Betrachtung die höchsten Nutzerzahlen erreicht werden. Sobald aber ein Knoten ein zu hohes Kommunikationsaufkommen verarbeiten muss, wird die Bearbeitungszeit der durch ihn vermittelten Kommunikation steigen, was automatisch dazu führt, dass die Routing-Algorithmen im Netzwerk einen anderen Weg zum Ziel als besser bewerten werden. Die Anzahl der Nutzer wird also auf mehrere solche Übergangsknoten verteilt, so dass dadurch auch die maximale Anzahl der Nutzer eines Knotens beschränkt ist. Von einem Knoten werden somit nie mehr als 1.000 Nutzer versorgt, so dass selbst bei größeren offenen Netzwerken der einzelne Betreiber nicht zum Kreis der Verpflichteten nach § 3 TKÜV gehört.

Teil 3 der TKÜV findet entsprechend § 26 TKÜV nur Anwendung auf Betreiber von Telekommunikationsanlagen, die der Bereitstellung von internationalen leitungsgebundenen Telekommunikationsbeziehungen dienen. Erfasst sind somit nur internationale Telefonate i.w.S., also leitungsgebundene länderübergreifene Kommunikation. Die paketorientierten Verbindungen z.B. ins Internet, auch zu ausländischen Servern fallen nicht unter diese Definition, ansonsten wäre jeder Rechner mit Verbindung ins Internet erfasst. Auch Teil 3 der TKÜV findet auf Betreiber von offenen Netzwerken somit keine Anwendung.

Für Betreiber von offenen Netzwerken enthält die TKÜV keine Verpflichtungen.

---

[94] Vgl. o. S. 59.
[95] S. dazu o. S. 17.

d) Pflicht zur Ergreifung von Schutzmaßnahmen

§ 109 TKG enthält weiter Pflichten, die die Ergreifung von Schutzmaßnahmen beinhalten. Der personale Anwendungsbereich ist bei § 109 TKG geteilt: § 109 Abs. 1 TKG konstatiert Pflichten für Telekommunikationsdiensteanbieter, § 109 Abs. 2 und 3 TKG für Betreiber von Telekommunikationsanlagen.

Nach § 109 Abs. 1 TKG müssen Diensteanbieter angemessene technische Vorkehrungen zum Schutz des Fernmeldegeheimnisses und personenbezogener Daten sowie der Systeme gegen unerlaubte Zugriffe treffen. § 109 Abs. 1 Nr. 1 TKG zielt dementsprechend auf den Schutz des Inhalts und der Umstände des Telekommunikationsverkehrs ab, während § 109 Abs. 1 Nr. 2 TKG den störungsfreien Betrieb gewährleisten soll.[96] Angemessen sind die Maßnahmen, wenn Schutzziel und Aufwand in einem ausgewogenen Verhältnis stehen.[97] Die Pflichten des § 109 Abs. 1 TKG treffen auch die Betreiber offener Netze und müssen dementsprechend beachtet werden. Zu beachten ist hinsichtlich Inhalt und Umständen der Kommunikation, dass der Datenverkehr in offenen Netzen fast immer unverschlüsselt erfolgt. Jedoch ist dieser Umstand den Nutzern durchaus bekannt. Die Identifikation der Kommunikationsteilnehmer ist Außenstehenden darüber hinaus nur mit großem Aufwand oder gar nicht möglich.[98] Insoweit ist eine Vergleichbarkeit mit Mobilfunkkommunikation gegeben. Personenbezogene Daten werden in aller Regel kaum erhoben, so dass im Hinblick auf den Datenschutz kaum Bedenken bestehen dürften. Gegenüber physischen Einwirkungen Dritter dürften sich die Eigentümer der Anlagen bereits aus Eigeninteresse ausreichend schützen.

Für Betreiber von Telekommunikationsanlagen, die Telekommunikationsdienste für die Öffentlichkeit erbringen, sehen § 109 Abs. 2 und 3 TKG weitere spezifische Pflichten zur Ergreifung von Schutzmaßnahmen, zur personalen Verantwortlichkeitsverteilung in Form der Benennung eines Sicherheitsbeauftragten sowie eine Meldepflicht bezüglich dieser Maßnahmen gegenüber der Bundesnetzagentur vor. Offene Funknetzknoten sind Telekommunikationsanlagen, die zudem auch der Öffentlichkeit zur Verfügung stehen. Als zusätzliches Merkmal ist jedenfalls ein geschäftsmäßiges Angebot erforderlich.[99] Dieses ist in der Regel bei offenen Netzen gegeben, so dass der personale Anwendungsbereich eröffnet ist. Teilweise wird darüber hinaus einschränkend verlangt, dass das Angebot als gewerblich einzustufen sein muss.[100]

---

[96] *Klesczewski* in: BerlinTKG, § 109 TKG Rn. 7.
[97] *Bock* in: BeckTKG, § 109 TKG Rn. 22; *Klesczewski* in: BerlinTKG, § 109 TKG Rn. 12.
[98] S.o. S. 34.
[99] *Ehmer* in: BeckTKG, 2. Aufl., § 87 TKG-1996 Rn. 17; *Zerres* in: Scheurle/Mayen, § 87 TKG-1996 Rn. 8.
[100] *Bock* in: BeckTKG, § 109 TKG Rn. 31.

Die in § 109 Abs. 2 und 3 TKG vorgesehenen Pflichten sind für den privaten Betreiber eines offenen Funknetzknotens, der aus altruistischen Motiven ein Angebot an die Öffentlichkeit unterhält, kaum zu leisten. Zudem widersprechen sich die Zielrichtung des § 109 TKG und die Grundkonzeption offener Netze bereits im Ansatz. Offene Netze sollen gerade nicht über Schutzmaßnahmen verfügen, sondern jedem offen stehen. Der Zugang zum Netz ist damit offen, während der Schutz der Anlagen den Eigentümern eines Knotens obliegt. Verschlüsselung der Kommunikation als mögliche Schutzmaßnahme gegen den offenen Zugang würde im Gegenzug den Zugang zum Netzwerk erheblich behindern und damit der Idee des offenen Netzes zuwiderlaufen. Fraglich ist, welche Konsequenzen aus diesem Befund zu ziehen sind.

Der Gesetzgeber selbst hatte bei der Neufassung des TKG in § 87 TKG-1996 „übermäßige Anforderungen" ersehen und als Konsequenz den Kreis der Verpflichteten geteilt und enger gezogen.[101] Als Folge richtet sich § 109 Abs. 1 TKG an alle Diensteanbieter während § 109 Abs. 2 und 3 TKG nur die Betreiber von Telekommunikationsanlagen, die dem Erbringen von Telekommunikationsdiensten für die Öffentlichkeit dienen, treffen. Der Gesetzgeber hatte allerdings nicht das unentgeltliche Angebot bzw. den Betrieb von Telekommunikationsanlagen durch nicht-kommerzielle Akteure vor Augen, sondern ging offensichtlich vom Bild eines kommerziellen Service Providers aus.[102] Die Aufteilung des Adressatenkreises hat insoweit für den Betrieb offener Netze keinerlei anforderungsmindernde Wirkung, als der Betreiber eines offenen Netzes sowohl Telekommunikationsdienste erbringt als auch Telekommunikationsanlagen betreibt. Nichtsdestotrotz hat der Gesetzgeber in § 109 Abs. 2 S. 4 TKG eine Angemessenheitsregelung vorgesehen. Danach ist der Aufwand zur Ergreifung der Schutzmaßnahmen in ein Verhältnis zu den schützenden Rechten und der Bedeutung der Einrichtung für die Allgemeinheit zu setzen.

Aus den genannten Gründen könnte zum einen die Anwendung der Angemessenheitsregelung im Rahmen des § 109 Abs. 2 TKG dazu führen, dass die entsprechenden Pflichten für die Betreiber offener Netze nicht greifen. Zum anderen könnte dieser Grundsatz auch auf § 109 Abs. 3 TKG angewandt werden.[103] Als Folge wären die Pflichten für den nicht-gewerblichen und nicht in einem gewerblichen Kontext stehenden Betrieb von Telekommunikationsanlagen aufgrund einer sozialen und altruistischen Motivation nicht anwendbar.[104]

---

[101] BT-Drs. 15/2316, 91 f.; BR-Drs. 755/03, 124.

[102] Vgl. BT-Drs. 15/2316, 93.

[103] Vgl. *Klesczewski* in: BerlinTKG, § 109 TKG Rn. 12: § 109 Abs. 2 S. 4 TKG ist „allgemeiner Rechtsgedanke".

[104] Vgl. auch *Ehmer* in: BeckTKG, 2. Aufl., § 87 TKG-1996 Rn. 19; *Zerres* in: Scheurle/Mayen, § 87 TKG-1996 Rn. 8.

Schutzziele des § 109 Abs. 2 TKG bilden die Verfügbarkeit und der Schutz vor Einwirkungen und Katastrophen.[105] Offene Netze haben für die Beteiligten hauptsächlich, wenn auch nicht nur, ideelle Bedeutung. Eine Alleinstellung des Angebots im Sinne einer absoluten Abhängigkeit der angeschlossenen Nutzer vom Zugang zum offenen Netz lässt sich im Regelfall verneinen.[106] Entsprechend ist die Bedeutung der Einrichtungen im Rahmen der Angemessenheit nach § 109 Abs. 2 S. 4 TKG zu bewerten. Weiter ist den Nutzern offener Netze bewusst, dass die Netzwerke labil sein können, und zumindest ein unverschlüsseltes Funknetz Unsicherheiten birgt.[107] Die Verfügbarkeit des Netzes ist insofern kein übergeordnetes Kriterium. Auch richten sich die Netze zwar an die Öffentlichkeit, erreichen aber lediglich einen kleinen Kreis von NutzeRn. Die Bedeutung für die Allgemeinheit soll dadurch zwar nicht negiert werden, sie beschränkt sich jedoch hauptsächlich auf den sozialen und kommunikativen Bereich, der nicht technisch im Sinne des § 109 TKG aufzufassen ist. Schutz vor Einwirkungen i.S.d. § 109 TKG hingegen bewirkt in aller Regel eine Beschränkung des Zugangs. Deshalb sollte hier für den Schutz vor Einwirkungen Dritter maximal auf den Schutz vor physischen Einwirkungen abgestellt werden, der bereits im Eigeninteresse der Betreiber steht. Deutlicher im Bezug auf andere Einwirkungen wird dies, wenn beispielhaft der Aufwand für die Einrichtung einer Notstromversorgung[108] in Relation zu den Kosten eines Knotens und dem nicht erzielten Einkommen gesetzt wird. Selbst günstige unterbrechungsfreie Stromversorgungsanlagen, die nur kurzzeitige Stromausfälle abzudecken vermögen, werden die Kosten der Funkanlage sowie deren Betrieb bereits um ein Vielfaches übersteigen. Zudem könnten die Aufwendungen für Schutzmaßnahmen durch den Betreiber des Knotens nicht kompensiert oder auf lange Sicht erwirtschaftet werden. Sicherheitsmaßnahmen steigern dementsprechend den Aufwand für den Betrieb in einem Ausmaß, das die Erbringung des Dienstes insgesamt bedroht. Sie sind somit beim Betrieb offener Netze in aller Regel unverhältnismäßig. In der Folge wären auch Sicherheitskonzepte i.S.d. § 109 Abs. 3 TKG nicht aufzustellen. Zudem kann die Benennung

---

[105] BT-Drs. 15/2316, 92; *Klesczewski* in: BerlinTKG, § 109 TKG Rn. 17; s. auch Leitfaden der Bundesnetzagentur zur Erstellung eines Sicherheitskonzepts gemäß § 109 Abs. 3 TKG, http://www.bundesnetzagentur.de/media/archive/4552.pdf, 7 f. (abgerufen am 28.2.2008).

[106] Eine Ausnahme hiervon können Regionen bilden, die über keinen Anschluss an andere Breitbandnetze verfügen.

[107] Vgl. LG Hamburg MMR 2007, 763, 764; LG Mannheim MMR 2007, 537; LG Frankfurt a.M. ZUM 2007, 406; *Gietl*, ZUM 2007, 407, 408; *Mantz*, MMR 2006, 764, 765; zum sog. „War-Driving" vgl. *Bär*, MMR 2005, 434; *Dornseif/Schumann/Klein*, DuD 2002, 226; *Heidrich*, c't 13/2004, 102; zu Urteilen im Ausland vgl. *Kagan*, Too Close for Comfort: Is it Legal to „Borrow" Wireless Internet from your Neighbors?.

[108] Vgl. Leitfaden der Bundesnetzagentur zur Erstellung eines Sicherheitskonzepts gemäß § 109 Abs. 3 TKG, http://www.bundesnetzagentur.de/media/archive/4552.pdf, 17 (abgerufen am 28.2.2008); allgemein „erheblicher Aufwand" *Peters*, CR 2000, 257, 258.

eines Sicherheitsbeauftragten meist bereits deshalb als unnötig bzw. erfüllt angesehen werden, dass häufig eine Einzelperson - der Eigentümer - für einen Knoten zuständig ist. Eine spezielle Verantwortlichkeitsverteilung i.S.d. § 109 Abs. 3 TKG erübrigt sich dementsprechend. § 109 Abs. 2 und 3 TKG stehen zudem in einem engen inhaltlichen Zusammenhang und sollten gemeinsam gelesen werden. § 109 Abs. 3 TKG stellt insofern teilweise eine Konkretisierung des zweiten Absatzes dar. Die Übertragung des Verhältnismäßigkeitsgrundsatzes aus § 109 TKG Abs. 2 S. 4 TKG ist demzufolge möglich. Darüber hinaus begrenzt die den § 110 TKG weiter spezifizierende TKÜV ihren Anwendungsbereich, indem lediglich Anlagen, an die mindestens 1000 Nutzer angeschlossen sind, verpflichtet werden. Eine ähnliche Beschränkung hätte der Gesetzgeber eventuell für § 109 Abs. 2 und 3 TKG vorgesehen, wenn ihm das Modell der unentgeltlich handelnden offenen Netzbetreiber neben dem des kommerziellen Anbieters bewusst gewesen wäre.

Der hier vorgeschlagene Ansatz begrenzt somit den Anwendungsbereich des § 109 TKG unter konsequenter Anwendung des Verhältnismäßigkeitsgrundsatzes. Gestützt wird diese Vorgehensweise zumindest für § 109 Abs. 3 TKG zwar nicht vom Wortlaut, aber zum einen durch den allgemeingültigen Grundsatz der Verhältnismäßigkeit und zum anderen systematisch durch die Möglichkeit einer Übertragung der Regelung von § 3 Abs. 2 Nr. 5 TKÜV. Rechtspolitisch ist die Einschränkung zudem sinnvoll. Offenen Netzen kann eine hohe Bedeutung für soziale Interaktion zukommen, was sich nicht zuletzt am Beispiel eines Lösungsansatz für den „Digital Divide" zeigt.[109] Förderung von Kommunikation ist ein auch politisch allgemein anerkanntes Ziel. Die Belastung der Betreiber offener Netze durch § 109 TKG bei wortgetreuer Auslegung bzw. deren Durchsetzung würde nicht nur eine Einschränkung offener Netze nach sich ziehen, sondern das Modell an sich gefährden.

e) Anwendbarkeit der TKV

Schließlich könnte auch die Telekommunikations-Kundenschutzverordnung (TKV) Anwendung finden. Nach § 1 Abs. 1 TKV regelt die TKV die Rechte und Pflichten der Anbieter von Telekommunikationsdienstleistungen an die Öffentlichkeit sowie ihrer Nutzer. Allerdings stellt § 1 Abs. 1 TKV erneut auf vorhandene oder anzubahnende Vertragsverhältnisse ab.[110] Grundsätzlich könnte die TKV also auch bei offenen Netzwerken angewandt werden, sofern Vertragsverhältnisse geschlossen bzw. angeboten werden. Der Großteil der Normen der TKV ist aber nicht für die Konstellation der offenen Netzwerke geeignet: Weder handelt es sich bei den Betreibern um marktbeherrschende Unternehmen (§§ 2, 3, 12, 25 TKV), noch wer-

---

[109] S.o. S. 17.
[110] Vgl. zur Problematik o. S. 59.

den Entgelte erhoben (§§ 5, 14 ff. TKV) oder besteht die Pflicht, Universaldienstleistungen anzubieten (§§ 6, 9, 11, 23 TKV). Auch Rufnummern werden nicht vergeben (§§ 20 ff. TKV). Anwendbar könnten, sofern überhaupt Verträge geschlossen werden, §§ 7 und 8 TKV sein, die eine Haftungsbegrenzung sowie die Verjährung der Ansprüche enthalten. Ferner könnten Informationspflichten nach §§ 27 ff. TKV bestehen, die aber in aller Regel bereits aus dem Eigeninteresse an der Werbung neuer Teilnehmer über die Internetseiten der offenen Netzprojekte erfüllt sein dürften.

Die TKV ist zwar möglicherweise teilweise anwendbar, hat aber praktisch keine Bedeutung für die Betreiber offener Netzwerke.

III. Das Grundrecht auf informationelle Selbstbestimmung und Anonymität

Die Betrachtung offener Netze ist auch eine Betrachtung verschiedener Rechtsverhältnisse. Betroffen sind auf der einen Seite die (internen) Beziehungen der unmittelbar Beteiligten, also der Betreiber und Nutzer eines offenen Netzes. Darin erschöpft sich der Kreis möglicher Rechtsbeziehungen und Ansprüche aber nicht. In den Rechtskreis einbezogen werden können vielmehr auch unbeteiligte Dritte. Es wird in diesem Zusammenhang zu untersuchen sein, inwiefern diese Dritten Ansprüche gegen Nutzer und Betreiber geltend machen können. Häufig wird der Betreiber aber einzig und allein in seiner Rolle als Vermittler einbezogen sein. Wenn Ansprüche gegen den Betreiber gerichtet werden, aber ebenfalls das Verhältnis zwischen Betreiber und Nutzer betreffen, stellt sich zwangsläufig die Frage, inwiefern der Betreiber berechtigt oder verpflichtet ist, aus seiner Beziehung heraus den Nutzer zu schützen. Dieser Zusammenhang zeigt sich insbesondere bei Auskunftsansprüchen Dritter.[111] Der Nutzer kann jedoch möglicherweise auch aufgrund eigener Rechte schützenswert sein. In der Folge könnte der Betreiber quasi in Ausübung bzw. Beachtung der Rechte des Nutzers zur Nichtkooperation gegenüber dem Dritten verpflichtet sein. Deutlich zeigt sich ein solches Phänomen anhand des Datenschutzes. Wer in rechtmäßiger Art und Weise Daten, die einen anderen betreffen, erhebt, ist daraus noch nicht berechtigt, diese Daten auch an Dritte zu übermitteln. Datenschutz in diesem Sinne ist ein Ausfluss aus dem Grundrecht auf informationelle Selbstbestimmung.[112] Er enthält kodifizierte Schutzvorkehrungen zu Gunsten des durch die Daten Betroffenen.

Das Grundrecht auf informationelle Selbstbestimmung kann aber auch in anderer Form in die Betrachtung der zu untersuchenden Rechtsfragen eingreifen. Wie sich zeigen wird, werden

---

[111] S.u. S. 295 ff.
[112] Näher dazu s.u. S. 72.

Entscheidungen über Ansprüche mehrfach eine Abwägung sich gegenüberstehender Interessen erfordern, teilweise verkleidet in eine einfache Rechtsabwägung, teilweise ganz offen als Merkmal der Verhältnismäßigkeit einer Maßnahme oder Pflicht. In diesen Situationen stehen sich grundrechtlich geschützte Rechtsinteressen gegenüber, von denen eines das Recht auf informationelle Selbstbestimmung sein kann.

Der Nutzer handelt durch die Eigenart der offenen Netze häufig quasi-anonym.[113] Wenn seine Identität nicht offengelegt ist, könnte ein grundrechtlich geschütztes Interesse daran bestehen, dass dieser Zustand so verbleibt. Es geht in diesem Zusammenhang aber nicht darum, einen verdächtigen oder beschuldigten Täter mutwillig zu decken. Datenschutz setzt vielmehr in seiner Grundkonzeption viel früher an: Wesentliches Element des Datenschutzes ist das Prinzip der Datenvermeidung, das in § 3a BDSG Niederschlag gefunden hat und als eine der größten Errungenschaften Grundpfeiler eines Datenschutzsystems ist.[114] In diesem Zusammenhang ist Datenschutz die Abwehr von Fremdaktivitäten im Persönlichkeitsbereich.[115] Das Datenschutzrecht ist allerdings nur die Konkretisierung des geltenden Verfassungsrechts.[116] In eine Abwägung einzubeziehen könnte also jeweils das Interesse aller Nutzer sein, dass der Betreiber, sofern es nicht für die Erbringung des Dienstes erforderlich oder vertraglich vereinbart ist, über die Identität des Nutzers in - wohlgemerkt auch freiwilliger - Unkenntnis verbleibt.[117] Schützenswert sind diesbezüglich die Interessen aller Nutzer, was im Einzelfall aber auch den faktischen Schutz eines speziellen, möglicherweise verdächtigten Nutzers nach sich ziehen kann.

Aus diesem Grunde sollen zunächst Vorliegen und Umfang eines aus dem Grundrecht auf informationelle Selbstbestimmung abgeleiteten Grundrechts auf Anonymität beleuchtet werden, um festzustellen, ob sich dieses später auf Ansprüche auswirken kann. Ist dies der Fall, so können möglicherweise bereits hier wichtige Erkenntnisse für die Behandlung im Rahmen einer Rechtsabwägung gewonnen werden. Anonymität ist aber auch als tatsächliches Problem zu behandeln, das sich vor allem in der Verfolgung von Rechtsverletzungen auswirken kann.

---

[113] Vgl. *Pichler* in: Hoeren/Sieber, Kap. 25 Rn. 8; *Lessig*, Code: Version 2.0, 45: „in cyberspace anonymity is the given"; *Rigby*, Anonymity on the Internet Must be Protected; darüber hinaus können in offenen Netzen auch spezielle Anonymisierungsmechanismen eingesetzt werden, s. z.B. http://global.freifunk.net/node/15544 (abgerufen am 28.2.2008).

[114] Zur Entwicklung ausführlich *Bizer* in: Simitis, Bundesdatenschutzgesetz, § 3a BDSG Rn. 3 ff.

[115] *Schmitt Glaeser* in: Isensee/Kirchhof, § 129 Rn. 42, 104.

[116] Vgl. BVerfGE 27, 1, 7 - Mikrozensus; BVerfGE 65, 1, 49 f. - Volkszählung.

[117] Zu Erhebungspflichten s.u. S. 268; zur Vorratsdatenspeicherung s.u. S. 270.

1. Anonymität

Zunächst ist der wesentliche Grundbegriff der Anonymität zu definieren. Anonymität bedeutet im wesentlichen Nichtidentifizierbarkeit einer Person in allen möglichen Bereichen zwischenmenschlicher Kommunikation.[118] Anonymität liegt demnach vor, wenn man im öffentlichen, nicht nur im abgeschotteten privaten Raum Freiheit von Identifikation und Überwachung suchen und finden kann.[119] Nichtidentifizierbarkeit ist hierbei objektiv zu bewerten und nicht auf einen bestimmten Personenkreis zu beschränken. Anonymität kann also nicht nur einzelnen Personen gegenüber bestehen, die nicht in der Lage sind, eine Identifizierung vorzunehmen, sondern gerade gegenüber jedermann. Das BDSG selbst definiert in § 3 Abs. 6 BDSG nur den Begriff des Anonymisierens. Um einen personenbezogenen Datensatz zu anonymisieren, muss danach die Bestimmbarkeit der Person aufgehoben werden. Allerdings lockert § 3 Abs. 6 BDSG die Anforderungen. Die faktische Anonymisierung reicht nach dieser Regelung aus. Faktisch anonymisiert ist ein Datum, wenn die Zuordnung zur Person einen unverhältnismäßigen Aufwand an Zeit, Kosten und Arbeitskraft erfordert. Wenn also mit vernünftigem Aufwand niemand den Betroffenen identifizieren kann, so liegt Anonymität i.S.d. BDSG vor.[120]

Vorliegend wird jedoch untersucht, inwiefern bereits die Erhebung von Daten mit Personenbezug ausgeschlossen werden kann. Es handelt sich folglich um absolute Anonymität, die irreversibel nicht mehr aufgehoben werden kann.[121]

Einen Unterfall der Anonymität stellt die Pseudonymität dar,[122] wie sie in § 3 Abs. 6a BDSG legal definiert ist. Das Pseudonym ist eine Art Deckname, unter dem eine Person in der Öffentlichkeit auftritt.[123] Es ist dementsprechend ein alternativ gewählter Name. Insbesondere bei der Nutzung von Telemediendiensten werden Pseudonyme häufig verwendet. Ziel ihrer Verwendung ist, die Bestimmung der zugehörigen Person zu verhindern oder zu erschweren.[124] Pseudonymität ist allerdings reversibel, sofern die entsprechenden Bezugsdaten vorliegen. Die Identität des unter Pseudonym handelnden Nutzers kann beispielsweise dem Te-

---

[118]   *Rössler*, in: Bäumler/v. Mutius, Anonymität im Internet, 27, 38; *Roßnagel/Scholz*, MMR 2000, 721, 723; *v. Mutius*, in: Bäumler/v. Mutius, Anonymität im Internet, 12, 15; *Westin*, 31.

[119]   *Westin*, 31 f.

[120]   Vgl. die Diskussionsdarstellung bei *Bökel*, in: Bäumler/v. Mutius, Anonymität im Internet, 191, 193 f.; *Dammann* in: Simitis, Bundesdatenschutzgesetz, § 3 BDSG Rn. 196; vgl. auch BVerfG NJW 1987, 2805; dazu *Albers*, 262 ff.

[121]   Vgl. *Dammann* in: Simitis, Bundesdatenschutzgesetz, § 3 BDSG Rn. 200.

[122]   *Denninger*, in: Bäumler/v. Mutius, Anonymität im Internet, 41, 44.

[123]   *Dammann* in: Simitis, Bundesdatenschutzgesetz, § 3 BDSG Rn. 214.

[124]   *Roßnagel/Scholz*, MMR 2000, 721, 724; *Dammann* in: Simitis, Bundesdatenschutzgesetz, § 3 BDSG Rn. 216.

lemediendiensteanbieter bekannt sein, den anderen Nutzern sowie Dritten hingegen nicht.[125] Insofern wird durch Pseudonymität der Konflikt zwischen gewünschter Nichtidentifizierbarkeit und eventuell notwendiger Identifizierung vermieden.[126]

2.   Relevanz von Verkehrsdaten

In der nachfolgenden Untersuchung wird u.a. die Erhebung und Speicherung von Verkehrsdaten eingehend behandelt werden. Ausgehend vom Begriff der Anonymität soll kurz auf die Relevanz von Verkehrsdaten ohne unmittelbaren Bezug zu Bestandsdaten eingegangen werden. Legitimiert wird der Vorgang der Erhebung und Speicherung auf unterschiedliche Weise. Meist wird mit der Notwendigkeit der Verhinderung bzw. Verfolgung von Straftaten oder anderen Rechtsverletzungen argumentiert.[127] Angeführt wird ferner, dass zwar ein Eingriff in die Rechte der Betroffenen vorliege, dieser aber keineswegs so wesentlich sei, dass eine Speicherung nicht aus guten Gründen wie u.a. der Kriminalitätsbekämpfung oder der Vereinfachung der Verwaltung erfolgen könne.[128] Verkehrsdaten seien vielmehr eine unübersichtliche Akkumulation von Daten, die nur im jeweiligen Kontext einzelner Daten interessanten Aufschluss über eine Person geben könnten.[129] Nur in diesem Zusammenhang, der meist eine konkrete Einzelmaßnahme darstellt und eventuell durch einen richterlichen Beschluss gedeckt ist, seien die Daten tatsächlich interessant. Der Eingriff stelle sich dementsprechend lediglich im Zeitpunkt der konkreten Maßnahme und sei in diesem Fall verhältnismäßig. Insgesamt wiege der Eingriff also weniger schwer als insbesondere der Zugriff auf den Inhalt der Kommunikation.[130]

Diese Annahme geht fehl. Wie sich durch Untersuchungen von nicht personenbezogenen Verkehrsdaten gezeigt hat, lassen sich aus Verkehrsdaten mit Methoden der Datenverarbeitungstechnik eine Vielzahl an Details über eine Person, ihre Lebensverhältnisse und insbe-

---

[125]   Vgl. *Bizer* in: Roßnagel, Recht der Multimedia-Dienste, § 3 TDDSG Rn. 176; *Dammann* in: Simitis, Bundesdatenschutzgesetz, § 3 BDSG Rn. 218.

[126]   *Roßnagel/Scholz*, MMR 2000, 721, 724.

[127]   Vgl. Ratsdokument 7764/04 v. 28.3.2004, erhältlich unter http://register.consilium.eu.int/pdf/en/04/st07/-st07764.en04.pdf (abgerufen am 28.2.2008); Arbeitsdokument Vorratsdatenspeicherung des Ausschuss für bürgerliche Freiheiten, Justiz und Inneres des Europäischen Parlaments, erhältlich unter http://www.europarl.europa.eu/meetdocs/2004_2009/documents/dt/553/553885/553885de.pdf (abgerufen am 28.2.2008); vgl. weiter *Alvaro*, RDV 2005, 47; *Garstka*, Neue Justiz 2002, 524; *Hohmann-Dennhardt*, NJW 2006, 545, 547.

[128]   Vgl. *Breyer*, Vorratsdatenspeicherung, 39 f. m.w.N.

[129]   Vgl. *Breyer*, Vorratsdatenspeicherung, 397.

[130]   BVerfGE 107, 299, 322 - Handy-Überwachung; BVerfGE 109, 279, 345 - Großer Lauschangriff; BT-Drs. 14/7008, 6; BT-Drs. 14/7258, 1.

sondere soziale Kontakte ziehen, worauf auch das *BVerfG* in der VOLKSZÄHLUNGS- und HANDY-ÜBERWACHUNGS-Entscheidung verweist.[131] Begünstigt wird dieser Umstand dadurch, dass sich Verkehrsdaten aufgrund ihrer digitalen Erhebung bereits gut für die automatisierte Verarbeitung eignen.[132] Der Rückschluss auf persönliche Umstände bzw. persönliches Verhalten kann besonders anschaulich anhand der Analyse von Standortdaten, z.B. von Handys, nachvollzogen werden. Nach Art. 5 Abs. 1 lit. f) Vorratsdatenspeicherungsrichtlinie[133] (VSRL) sind diese zukünftig zu speicheRn. Wenn eine Person regelmäßig abends an einer bestimmten Position verweilt, so lässt sich daraus mit hoher Wahrscheinlichkeit auf den Wohnsitz der Person schließen. Bereits damit ist eine Eingrenzung auf wenige Personen möglich. Verknüpft mit Daten darüber, wo eine Person sich während der üblichen Arbeitszeiten aufhält, ließe sich eine Identifizierung bereits erreichen. Verknüpft man Daten mehrerer Personen, so lassen sich Folgerungen über das Umfeld ziehen. Bei zwei beliebigen Personen, deren Standortdaten häufiger nachts übereinstimmen, kann mit einiger Sicherheit auf eine private Beziehung dieser Personen geschlossen werden.[134] Aus der Analyse von Verkehrsdaten über die Abrufe von Internetseiten einer Person können zudem ohne weiteres Rückschlüsse auf den Inhalt der Kommunikation gezogen werden. Eine Unterscheidung von Verkehrs- und Inhaltsdaten lässt sich in diesem Zusammenhang kaum aufrecht erhalten.[135] Durch Verkehrsdaten können allgemein Verhaltensprofile erstellt werden, deren Aussagekraft die von Inhaltsdaten teilweise sogar übertreffen kann.[136]

Nicht zu vergessen bleibt, dass für die Bemessung der Intensität eines Eingriffs in das Recht der informationellen Selbstbestimmung die Möglichkeiten ihrer Verarbeitung und Verknüpfung zu berücksichtigen sind.[137] Selbst wenn man also davon ausgeht, dass die Verkehrs-

---

[131] BVerfGE 65, 1, 42 - Volkszählung; BVerfGE 107, 299, 320 - Handy-Überwachung; BVerfG NJW 2007, 3055, 3056: „Auch eine nur kurzfristige Speicherung von Verkehrsdaten berührt das Interesse des Betroffenen an der Wahrung seines Fernmeldegeheimnisses in nicht ganz unerheblichem Ausmaß"; ebenso BT-Drs. 14/9801; *Breyer*, Vorratsdatenspeicherung, 216, 223; *Lessig*, Code: Version 2.0, 65; *Schaar*, 3; vgl. zur Videoüberwachung BVerfG NVwZ 2007, 688, 690; *Fetzer/Zöller*, NVwZ 2007, 775, 777.

[132] *Breyer*, Vorratsdatenspeicherung, 212.

[133] Richtlinie 2006/24/EG des Europäischen Parlaments und des Rates vom 15. März 2006 über die Vorratsspeicherung von Daten, die bei der Bereitstellung öffentlich zugänglicher elektronischer Kommunikationsdienste erzeugt oder verarbeitet werden, und zur Änderung der Richtlinie 2002/58/EG, ABl. v. 13.4.2006, L 105 S. 54.

[134] *Danezis*, Introducing Traffic Analysis - Attacks, Defences and Public Policy Issues, 8; weitere Beispiele bei *Breyer*, Vorratsdatenspeicherung, 224.

[135] Ebenso *Breyer*, Vorratsdatenspeicherung, 76 f., 216.

[136] *Breyer*, Vorratsdatenspeicherung, 3; zur Profilerstellung durch Videoüberwachung BVerfG NVwZ 2007, 688, 690 m. Anm. *Fetzer/Zöller*, NVwZ 2007, 775.

[137] BVerfGE 65, 1, 45 - Volkszählung.

daten für sich nicht personenbezogen seien, ließe sich mit einer ausreichenden Menge an Daten der Personenkreis derart eingrenzen, dass der Personenbezug herstellbar ist. Schon allein
daraus lässt sich auf einen schweren Eingriff schließen. Wenn aus den Daten selbst - also
ohne Verknüpfung mit vorhandenen Bestandsdaten - schon auf die Person selbst geschlossen
werden könnte, oder wenigstens eine Eingrenzung des Personenkreises auf wenige Personen
möglich ist, ist die Schwere des Eingriffs evident, wenn die Daten bereits personenbezogen
erhoben werden. Wenn nämlich durch die Daten ein Bild gezeichnet werden kann, das ausreichend genau ist, um eine Person zu identifizieren, dann enthält es eine Vielzahl von Daten, die die Person in ihrem sozialen Umfeld oder ihren sozialen Handlungen zu beschreiben
vermögen. Die Argumentation lässt sich dementsprechend erst recht auf personenbezogene
(Verkehrs-)Daten übertragen.

Es lässt sich demnach als vorläufiges Ergebnis festhalten, dass der Zugriff auf Verkehrsdaten grundrechtliche Relevanz haben kann und in unmittelbarer Folge anhand der entsprechenden Grundrechte zu bewerten bzw. an ihnen zu messen ist.

3.   Grundrecht auf informationelle Selbstbestimmung, Recht auf Anony-
mität

Anonymität bedeutet für den Einzelnen die Sicherheit vor Entdeckung und dauerhafter Be-
obachtbarkeit. Im Rahmen der Nutzung elektronischer Kommunikationsmedien ist sie Grundvoraussetzung für ein nicht-überwachtes bzw. nicht-überwachbares und damit freies Verhalten
des Einzelnen. Fraglich ist, ob das Individuum auch einen Anspruch darauf hat, sich anonym in
der Öffentlichkeit zu bewegen. Ist dies der Fall, so sind die Grenzen dieses Rechts auszuloten
sowie die entsprechenden Schlussfolgerungen für Eingriffe in ein solches Recht im Verhältnis
zwischen dem Access Provider und dem Internetnutzer darzustellen bzw. einzuleiten.

Ankerpunkt für die Herleitung eines Rechts auf Anonymität ist das Recht auf informationelle Selbstbestimmung aus Art. 2 Abs. 1 i.V.m. Art. 1 Abs. 1 GG, das allgemein anerkannt
ist.[138] Das Recht auf Anonymität ist im unmittelbaren Umfeld des allgemeinen Persönlichkeitsrechts aus Art. 2 Abs. 1 i.V.m. Art. 1 Abs. 1 GG bzw. in Art. 8 Abs. 1 EMRK angesie-

---

[138]   S. nur *Kunig* in: von Münch/Kunig, Art. 2 GG Rn. 38 m.w.N.

delt.[139] Allerdings ist in der höchstrichterlichen Rechtsprechung ein Recht auf Anonymität bisher noch nicht ausdrücklich benannt worden. Das *KG Berlin* hingegen hat in einem Urteil vom 16.3.2007 formuliert:[140] „Das allgemeine Persönlichkeitsrecht beinhaltet [...] auch das Recht, in gewählter Anonymität zu bleiben und die eigene Person nicht in der Öffentlichkeit dargestellt zu sehen." Nichtsdestotrotz hat das *BVerfG* mehrfach im Rahmen seiner Entscheidungen die Wichtigkeit der Anonymisierung herausgestellt.[141] Das Recht auf Anonymität ist demnach aus den bisherigen Überlegungen zum Recht auf informationelle Selbstbestimmung herzuleiten. Dazu lässt sich zunächst feststellen, dass Anonymität auch zum Komplex der Privatheit gehört,[142] und deshalb die diesbezüglichen Ausführungen nutzbar gemacht werden können.[143]

Das allgemeine Persönlichkeitsrecht basiert wesentlich auf dem Recht auf Menschenwürde aus Art. 1 Abs. 1 GG:[144]

„Um seiner Würde willen muss ihm [dem Menschen] eine möglichst weitgehende Entfaltung seiner Persönlichkeit gesichert werden."

Das Recht auf Entfaltung der Persönlichkeit ist demnach zentral für die Verwirklichung des Schutzes der Menschenwürde. Aus dieser Überlegung heraus ist in der verfassungsgerichtlichen Rechtsprechung sowie in der Literatur erarbeitet worden, welche Bedingungen für den Einzelnen herrschen müssen, um ihm eine freie Entfaltung der Persönlichkeit zu sicheRn. So heißt es in der LEBACH-Entscheidung:[145]

„Jedermann darf grundsätzlich selbst und allein bestimmen, ob und wieweit andere sein Lebensbild im Ganzen oder bestimmte Vorgänge aus seinem Leben öffentlich darstellen dürfen."

---

139 *Bäumler*, in: Bäumler/v. Mutius, Anonymität im Internet, 1, 6; *v. Mutius*, in: Bäumler/v. Mutius, Anonymität im Internet, 12, 13; allgemein zur Herleitung *Albers*, 242 ff.; zum Schutz des allgemeinen Persönlichkeitsrechts über Art. 8 EMRK vgl. EuGH, Urt. v. 20.5.2003 - Österreichischer Rundfunk, Rs. C-465/00, C-138/01, C-139/01, Slg. 2003 I-4989, Rn. 73 ff.; *Uerpmann* in: Ehlers, § 3 Rn. 3 ff.; *Uerpmann-Wittzack/Jankowska-Gilberg*, MMR 2008, 83, 86; zur Beziehung zwischen Art. 7 und 8 der Grundrechtecharta der EU und Art. 8 EMRK *Bernsdorff* in: Meyer, Art. 7 GRC Rn. 1, 4, 18 ff., Art. 8 GRC Rn. 2, 19; die Verortung des Rechts auf Anonymität in Art. 5 Abs. 1 GG ist nicht möglich, *Strömer/Grootz*, K&R 2006, 553, 556, die aber das allgemeine Persönlichkeitsrecht außer Acht lassen.

140 KG Berlin GRUR-RR 2007, 247.

141 BVerfGE 27, 1, 7 - Mikrozensus; BVerfGE 65, 1, 49 f. - Volkszählung; allgemeiner für Eingriffe in Art. 10 GG BVerfGE 100, 313, 381 - Telekommunikationsüberwachung.

142 Vgl. *Bökel*, in: Bäumler/v. Mutius, Anonymität im Internet, 191, 192.

143 Vgl. zur Übertragung der anhand von Art. 10 und 13 GG entwickelten Grundsätze BVerfG NJW 2006, 1939, 1942 - Rasterfahndung.

144 BVerfGE 5, 85, 204.

145 BVerfGE 35, 202, 220 - Lebach.

Damit weist das *BVerfG* dem Einzelnen ein Recht der Kontrolle darüber zu, was Dritte über ihn wissen, und gibt ihm damit die Möglichkeit, mittelbar auch zu beeinflussen, was Dritte über ihn denken. Das Recht auf informationelle Selbstbestimmung schützt demnach ohne Beschränkung auf die Privatsphäre die Entscheidung des Betroffenen darüber, wie er sich in der Öffentlichkeit darstellt sowie ob und inwieweit Dritte über seine Persönlichkeit verfügen können.[146] Insofern gesteht das *BVerfG* dem Einzelnen die Möglichkeit zu, in der Öffentlichkeit gewisse Rollen zu vertreten und auch aufrecht zu erhalten.[147] Darüber hinaus weist es diesen Rollen einen gewissen Schutz vor dem Eingriff Dritter zu. Die Darstellung in der Öffentlichkeit bezieht sich dabei selbstverständlich auch auf die Offenbarung von Informationen, nämlich gerade personenbezogener Informationen.[148]

Im VOLKSZÄHLUNGSURTEIL[149] sowie dem TELEKOMMUNIKATIONSÜBERWACHUNGS-URTEIL[150] hat das *BVerfG* weitere Begründungen für einen so weitreichenden Schutz aufgeführt, der nicht nur auf die Privatsphäre beschränkt ist, sondern vielmehr erst durch den Kontakt mit der Öffentlichkeit und damit dem Verlassen der ureigensten Privat- und Schutzsphäre greift:

„Wer unsicher ist, ob abweichende Verhaltensweisen jederzeit notiert und als Information dauerhaft gespeichert, verwendet oder weitergegeben werden, wird versuchen, nicht durch solche Verhaltensweisen aufzufallen."[151]

„Die Befürchtung einer Überwachung mit der Gefahr einer Aufzeichnung, späteren Auswertung, etwaigen Übermittlung und weiteren Verwendung durch andere Behörden kann schon im Vorfeld zu einer Befangenheit in der Kommunikation, zu Kommunikationsstörungen und zu Verhaltensanpassungen, hier insbesondere zur Vermeidung bestimmter Gesprächsinhalte oder Termini, führen."[152]

Das Recht auf informationelle Selbstbestimmung umfasst demnach auch einen grundsätzlichen Schutz vor Überwachung. Außerdem wird durch den umfassenden Schutz nicht nur der Einzelne in der Gesellschaft geschützt, sondern auch die Entwicklung der Gesellschaft an sich. Schutzgut ist demzufolge ebenfalls das Allgemeininteresse an freier Kommunikation.

---

[146] BVerfGE 54, 148, 155 - Eppler; BVerfG NVwZ 2007, 688, 690; eingehend *Fetzer/Zöller*, NVwZ 2007, 775, 777; *Rohlf*, 118.
[147] Vgl. auch *Sofsky*, 51 ff.; *Westin*, 31 ff.
[148] *Schmitt Glaeser* in: Isensee/Kirchhof, § 129 Rn. 42.
[149] BVerfGE 65, 1 - Volkszählung; dazu *Simitis*, NJW 1984, 398.
[150] BVerfGE 100, 313 - Telekommunikationsüberwachung.
[151] BVerfGE 65, 1, 43 - Volkszählung.
[152] BVerfGE 100, 313, 381 - Telekommunikationsüberwachung.

Die Überwachung von Kommunikation betrifft schließlich nicht nur das an der Kommunikation beteiligte Individuum, sondern vielmehr die Gesellschaft insgesamt.[153] Denn erst der Schutz der Privatheit ermöglicht die persönliche Entwicklung des Einzelnen, deren Förderung Charakteristikum einer lebendigen Demokratie ist.[154] Gute und sehr anschauliche Beispiele, die teilweise im Zusammenhang mit der Bekämpfung des Terrorismus stehen, hat *Mühlbauer* zusammengetragen:[155]

> „Auch der Effekt von Vorratsdatenspeicherung, Online-Durchsuchungen und von Anti-Terror-Datenbanken führt dazu, dass Menschen ihr Verhalten danach ausrichten: Lieber nicht mit dem arabischen Kommilitonen reden - man könnte in der Anti-Terror-Datenbank landen, lieber nichts über die Zustände am Arbeitsplatz schreiben - es könnte bei einer Online-Durchsuchung ans Licht kommen. Sich zu den Themen innere Sicherheit und Terrorgefahr lieber auf das verlassen, was im Fernsehen kommt, und bloß nicht in Fachbüchern oder im Internet nachsehen - weil das potentiell Verdacht erregen könnte."

Das Individuum wird also aufgrund der Angst vor Überwachung und Beobachtung beeinflusst.[156] Mindestens mittelbares Ergebnis einer Überwachung und damit eines Eingriffs in das Recht auf informationelle Selbstbestimmung kann der Verzicht sein, sich auf unmittelbare Quellen zu stützen, um sich bezüglich wichtigen gesellschaftspolitischen eine eigene und selbständige Meinung zu bilden.[157] Anstatt sich Seiten im Internet, die Anleitungen zum Bombenbau, Aufruf zu Straftaten oder anderes Propagandamaterial enthalten, anzusehen, beschränkt sich der vorsichtige Nutzer von Kommunikationsmedien aus der - nicht unbegründeten - Befürchtung vor der Aufnahme seiner Daten in entsprechende Datenbanken heraus auf Sekundärquellen.

Allerdings ist es noch nicht ausreichend, einen solchen Schutz vor Überwachung zu statuieren, um ein generelles Recht auf Anonymität herzuleiten. Das *BVerfG* hat die Befugnis

---

[153] BVerfGE 65, 1, 43 - Volkszählung; BVerfGE 100, 313, 381 - Telekommunikationsüberwachung.

[154] *Schmitt Glaeser* in: Isensee/Kirchhof, § 129 Rn. 2; vgl. auch *Breyer*, Vorratsdatenspeicherung, 398; *Denninger*, in: Hohmann, Freiheitssicherung durch Datenschutz, 127, 134; ähnlich zur Vorratsdatenspeicherung *Bizer*, DuD 2004, 588; *Schaar*, http://www.heise.de/newsticker/meldung/99512 (abgerufen am 28.2.2008); zum Verhältnis von Sicherheit und Freiheit *Sofsky*, 155.

[155] *Mühlbauer*, Telepolis v. 16.4.2007.

[156] Vgl. auch *Zypries*, FAZ v. 31.1.2008, 8.

[157] Konkrete Beispiele zur weiteren Begründung und Ergänzung der Verfassungsbeschwerde unter http://www.vorratsdatenspeicherung.de/images/schriftsatz_2008-01-31_anon.pdf (abgerufen am 28.2.2008); vgl. dazu auch http://netzpolitik.org/2007/verdaechtig-auffaellig-oft-auf-polizei-seiten-surfen (abgerufen am 28.2.2008).

jedes Einzelnen beschrieben, selbst zu bestimmen, welche Informationen er wann und bei welcher Gelegenheit offenbaren will. Informationelle Selbstbestimmung kann aber tatsächlich nur ausgeübt werden, wenn die Entscheidung, keinerlei Daten zu offenbaren, ebenfalls im Schutzbereich des Rechts enthalten ist.[158] Dieses Element ist konstitutiv.[159] Insofern ist das Recht auf Privatheit ein gewisses Kontrollinstrument dahingehend, einerseits zu bestimmen, wer über welche Informationen über die betroffene Person verfügt, und andererseits als Mittel, um abschätzen zu können, wieviel andere Personen jeweils über den Betroffenen wissen.[160] Die Kontrolle durch das Recht auf Privatsphäre kann aber erst dann erfolgreich sein, wenn auch die Information über die Identität - mithin die Anonymität - geschützt ist.[161] Schon über den Schutz des Namens kann man Anonymität begründen, als negative Komponente kann das Namensrecht schließlich auch das Recht auf Nichtnennung des eigenen Namens beinhalten.[162] Auch der Lebensbildschutz ist im Grunde ein Anonymitätsschutz.[163] Werden Daten erfasst, ist nach dem *BVerfG* das Gebot der frühestmöglichen Anonymisierung persönlicher Daten insbesondere bei Erhebung und Verarbeitung von Daten für statistische Zwecke zu beachten.[164] Anonymität ist in diesem Sinne eine Grundbedingung für vollkommene Autonomie.[165] Der Mensch braucht zu einem selbstbestimmten Leben die Möglichkeit, in bestimmten Situationen anonym aufzutreten.[166] Grund dafür ist, dass bewusste Autonomie nicht ohne Anonymität ausgelebt werden kann.[167] Wenn zum Recht auf informationelle Selbstbestimmung auch die Entscheidungsbefugnis darüber gehört, wie man Dritten gegenüber dargestellt wird,[168] dann eben auch, welche Interessen man hat, in welchen Kreisen man verkehrt usw. Die Beobachtung der Nutzungsgewohnheiten, z.B. im Online-Bereich, ist aber nichts anderes als die Beobachtung eines Teils dieser Selbstdarstellung. So kann z.B. die Speicherung des Besuchs einer Internetseite, die Hilfe für Suchtkranke bietet, Aufschluss darüber geben, ob der Betroffene

---

[158] *Bäumler*, in: Bäumler/v. Mutius, Anonymität im Internet, 1, 6.

[159] *Denninger*, in: Bäumler/v. Mutius, Anonymität im Internet, 41, 50; *Rössler*, in: Bäumler/v. Mutius, Anonymität im Internet, 27, 35.

[160] *Rössler*, in: Bäumler/v. Mutius, Anonymität im Internet, 27, 33.

[161] *Bäumler*, DuD 2003, 60; vgl. *Roßnagel/Pfitzmann/Garstka*, 148 f.

[162] *Bizer*, in: Bäumler/v. Mutius, Anonymität im Internet, 78, 81; vgl. auch *Blankenagel*, DÖV 1985, 953.

[163] *Rohlf*, 119 in Bezug auf das LEBACH-Urteil BVerfGE 35, 202 sowie die MIKROZENSUS-Entscheidung BVerfGE 27, 1.

[164] BVerfGE 27, 1, 7 - Mikrozensus; BVerfGE 65, 1, 49 f. - Volkszählung; allgemeiner für Eingriffe in Art. 10 GG BVerfGE 100, 313, 381 - Telekommunikationsüberwachung.

[165] Vgl. *Schaar*, Rn. 157.

[166] *Bäumler*, in: Bäumler/v. Mutius, Anonymität im Internet, 1, 1; *Denninger*, in: Bäumler/v. Mutius, Anonymität im Internet, 41, 50.

[167] *Rössler*, in: Bäumler/v. Mutius, Anonymität im Internet, 27, 30.

[168] BVerfGE 54, 148, 155 - Eppler.

selbst einer solchen Sucht verfallen sein könnte.[169] Daran zeigt sich zum einen die Intensität des Eingriffs bei der Speicherung und darüber hinaus die Wichtigkeit der Gewährung bzw. des Schutzes von Anonymität.

Ähnlich argumentiert das *BVerfG* auch in seiner RASTERFAHNDUNGS-Entscheidung:[170]

> „Individuelle Selbstbestimmung setzt - auch unter den Bedingungen moderner Informationsverarbeitung - voraus, dass dem Einzelnen Entscheidungsfreiheit über vorzunehmende oder zu unterlassende Handlungen einschließlich der Möglichkeit gegeben ist, sich entsprechend dieser Entscheidung tatsächlich zu verhalten. Wer nicht mit hinreichender Sicherheit überschauen kann, welche ihn betreffenden Informationen in bestimmten Bereichen seiner sozialen Umwelt bekannt sind, und wer das Wissen möglicher Kommunikationspartner nicht einigermaßen abzuschätzen vermag, kann in seiner Freiheit wesentlich gehemmt werden, aus eigener Selbstbestimmung zu planen oder zu entscheiden."

Ebenso können die Überlegungen des VOLKSZÄHLUNGSURTEILS beurteilt werden: Wenn die Gefahr besteht, dass die Speicherung von Nutzungsverhalten dazu führt, dass ein bestimmtes Verhalten vermieden wird,[171] dann gilt dies selbstverständlich auch für die Bewegungen des Einzelnen im Internet. Denn wer befürchten muss, dass der Besuch bestimmter Seiten oder schon die Nutzung des Internet zu bestimmten Zeiten oder in einem bestimmten Kontext aufgezeichnet wird, wird sein Verhalten danach einstellen.

Das allgemeine Persönlichkeitsrecht ist ein unbenanntes Freiheitsrecht.[172] Damit ist die weitere Ausprägung des Rechts auch Folge neuer Gefährdungslagen für dieses Recht.[173] Anders formuliert, sind mit neuen Gefährdungslagen für das allgemeine Persönlichkeitsrecht auch neue zusätzliche Abwehrrechte und Schutzpflichten zu entwickeln.[174] Je besser die Datenverarbeitungstechniken werden, desto größer ist auch die Gefahr der Fremdsteuerung bzw. des Unterlassens von freier Willensbetätigung. Durch die neuen Kommunikationsmethoden ist eine neue bzw. gesteigerte Gefährdungslage für die autonome Selbstbestimmung, Selbst-

---

[169] Zur Nutzung des Internet bei Unterstützungsleistungen für Suchtkranke *Barth*, 90 ff.; *Döring*, in: Batinic, Internet für Psychologen, 55, 425 ff.

[170] BVerfG NJW 2006, 1939, 1940 - Rasterfahndung.

[171] BVerfGE 65, 1, 43 - Volkszählung.

[172] BVerfGE 54, 148, 153 - Eppler; BVerfGE 72, 155, 170.

[173] BVerfGE 54, 148, 153 - Eppler; BVerfGE 65, 1, 42 - Volkszählung; vgl. auch *Schmitt Glaeser* in: Isensee/ Kirchhof, § 129 Rn. 11.

[174] *v. Mutius*, in: Bäumler/v. Mutius, Anonymität im Internet, 12, 14; ähnlich *Schmitt Glaeser* in: Isensee/ Kirchhof, § 129 Rn. 6.

bewahrung und Selbstkontrolle entstanden.[175] Folge daraus ist das Bedürfnis nach umfassenderem Datenschutz.[176] Die gesteigerte Gefährdungslage kann schließlich nur durch Anerkennung eines allgemeinen Rechts auf Anonymität kontrollierbar gemacht werden.[177] Des weiteren ist Privatsphärenschutz nur als lückenloser Schutz denkbar.[178] Lückenlos kann in diesem Zusammenhang aber nur bedeuten, dass auch das elementare Datum der Identität in den Schutzbereich fällt.

Die Anerkennung eines Rechts auf Anonymität zeigt sich sehr gut an einem Beispiel von *Schmitt Glaeser*: Das Anlegen von „schwarzen Listen" von Teilnehmenden an Veranstaltungen ist nach seiner Ansicht ein klarer Eingriff in das Grundrecht auf informationelle Selbstbestimmung,[179] denn der Einzelne könnte als Reaktion auf die Aufzeichnung auf die Teilnahme an Veranstaltungen verzichten. Solche Teilnahmelisten enthalten jedoch lediglich die Information, dass eine bestimmte Person zu einem bestimmten Zeitpunkt an einem bestimmten Ort anwesend war. Wichtigstes Datum ist demnach die Identität des Betroffenen. Die Abwehr des Anlegens solcher Listen ist somit eine klare Ausübung des Rechts auf Anonymität.

Das Recht auf Anonymität ist folglich verfassungsrechtlich verankert. Ob es nun Teil des allgemeinen Persönlichkeitsrechts ist, oder ein selbständiges Teilrecht darstellt, das als Grundlage der anderen daraus abgeleiteten Rechte dem allgemeinen Persönlichkeitsrecht vorgelagert ist,[180] stellt im Ergebnis keinen Unterschied dar. Jedenfalls ist es ein notwendiges und in Art. 2 Abs. 1 i.V.m. Art. 1 Abs. 1 GG begründetes Grundrecht.

Darüber hinaus findet es seine Basis auch im Europarecht. Das Recht auf Anonymität lässt sich ebenfalls über Art. 8 EMRK begründen. Dieser enthält einen umfassenden Schutz des Privatlebens,[181] der auch den sozialen Kontakt zur Außenwelt sowie den Schutz von Kommunikationsdaten beinhaltet.[182] Über Art. 6 Abs. 2 EUV schließlich beeinflusst es somit auch das

---

[175] Vgl. BVerfGE 65, 1, 42 - Volkszählung; BVerfGE 113, 29, 45 f. - Beschlagnahme von Datenträgern; BVerfG NJW 2006, 1939, 1940 - Rasterfahndung; *Hohmann-Dennhardt*, NJW 2006, 545, 547; *Schneider*, NJW 1984, 390, 394; *Schmitt Glaeser* in: Isensee/Kirchhof, § 129 Rn. 79.

[176] *Schmitt Glaeser* in: Isensee/Kirchhof, § 129 Rn. 79.

[177] *v. Mutius*, in: Bäumler/v. Mutius, Anonymität im Internet, 12, 21.

[178] *Schmitt Glaeser* in: Isensee/Kirchhof, § 129 Rn. 6; zur Notwendigkeit vgl. auch *Bökel*, in: Bäumler/v. Mutius, Anonymität im Internet, 191, 195.

[179] *Schmitt Glaeser* in: Isensee/Kirchhof, § 129 Rn. 86; ebenso *Denninger*, in: Hohmann, Freiheitssicherung durch Datenschutz, 127, 153; vgl. auch *Rohlf*, 188.

[180] So *v. Mutius*, in: Bäumler/v. Mutius, Anonymität im Internet, 12, 16 f.; ähnlich *Bull*, 1617, 1623.

[181] EGMR NJW 1993, 718; vgl. auch EuGH, Urt. v. 20.5.2003 - Österreichischer Rundfunk, Rs. C-465/00, C-138/01, C-139/01, Slg. 2003 I-4989, Rn. 73 ff.; *Uerpmann-Wittzack/Jankowska-Gilberg*, MMR 2008, 83, 86.

[182] EGMR MMR 2007, 431; *v. Mutius*, in: Bäumler/v. Mutius, Anonymität im Internet, 12, 17.

Recht der europäischen Gemeinschaften.[183] Ein Beleg dafür findet sich z.b. in Art. 6 Abs. 1 lit. e) der Datenschutzrichtlinie (DSRL),[184] nach dem eine frühestmögliche Anonymisierung von erhobenen Daten zu erfolgen hat.[185]

4. Eingriffe in das Recht auf Anonymität

Als Eingriff in das Recht auf Anonymität ist demnach jeder Vorgang der Identifizierung einzuordnen. Hierzu gehört bereits die Sammlung von Daten, die später der Identifizierung dienen können. Die Anerkennung eines Grundrechts auf Anonymität bedeutet jedoch nicht automatisch, dass Eingriffe in dieses Recht zwangsläufig zu unterlassen sind.

a) Legitimation

Vielmehr ist die Folge, dass Eingriffe einer Legitimation in Form eines Gesetzesvorbehalts bedürfen und gesondert zu begründen sind.[186] Die politische Diskussion führt jedoch zu einer Art „Beweislastumkehr" und damit in die entgegengesetzte Richtung. Durch die technischen Möglichkeiten hat ein Gewöhnungseffekt hinsichtlich der Verfügbarkeit von Daten eingesetzt, so dass in der Diskussion derjenige, der Anonymität verteidigt, in die Situation versetzt wird, die Verteidigungshandlung explizit zu begründen und zu beweisen.[187] Im Grunde wird bereits die Verteidigung eines Rechts auf Anonymität unter Verdacht gestellt.[188] Dagegen lässt sich einwenden, dass Anonymität in der Rechtsordnung eher die Regel denn die Ausnahme ist, was sich z.B. im Polizeirecht zeigt, in dem die Identitätsfeststellung in einem Regel-Ausnahme-Verhältnis nur unter bestimmten Voraussetzungen möglich ist.[189] Auch in tatsächlicher Hinsicht ist Anonymität ein allgemeines und bekanntes Phänomen.[190] Barzahlung erfolgt beispielsweise in der Regel anonym.[191] Ebenso ist die Versendung eines Briefes

---

[183] S. z.B. EuGH NJW 2006, 2029 - Übermittlung von Personendaten an die USA; m. Anm. *Geis/Geis*, MMR 2006, 530 und *Simitis*, NJW 2006, 2011.

[184] Richtlinie 95/46/EG des Europäischen Parlaments und des Rates vom 24. Oktober 1995 zum Schutz natürlicher Personen bei der Verarbeitung personenbezogener Daten und zum freien Datenverkehr, ABl. EG Nr. L 281 vom 23. November 1995, 31.

[185] S. auch *Dammann* in: Dammann/Simitis, Art. 6 DSRL Rn. 16 f.

[186] BVerfGE 65, 1, 44 - Volkszählung; BVerfG NJW 2006, 1939, 1941 - Rasterfahndung; *Leutheusser-Schnarrenberger*, ZRP 2007, 9, 11.

[187] *Bäumler*, in: Bäumler/v. Mutius, Anonymität im Internet, 1, 7; *Lohmann*, Telepolis v. 27.9.2006, 5; vgl. auch *Jürgens*, DSB 2002, Heft 9/2002, 10; *Schulzki-Haddouti*, in: Medosch/Röttgers, Netzpiraten, 177.

[188] *Lohmann*, Telepolis v. 27.9.2006, 5.

[189] *Bäumler*, in: Bäumler/v. Mutius, Anonymität im Internet, 1, 3; vgl. § 26 PolG-BW; § 18 HessSOG.

[190] Vgl. *Breyer*, Vorratsdatenspeicherung, 39 f.

[191] *Bäumler*, in: Bäumler/v. Mutius, Anonymität im Internet, 1, 4.

ohne Angabe von Daten über den Absender möglich.[192] Genausowenig wie die unmittelbare („offline") Kommunikation kann deshalb die Kommunikation über technische Mittel mit
einem generellen Vorverdacht belegt werden.[193] Ein Recht auf Anonymität unterliegt selbstverständlich rechtlichen Schranken. Es obliegt allerdings demjenigen, der diese Schranken bestimmt, ausformt oder anwendet, die Gründe hierfür darzulegen.[194] Insofern besteht wie bei
jedem Eingriff in Grundrechte, trotz der häufig unterschiedlichen Darstellung, eine Begrün-
dungslast für die Einschränkung.[195] Ganz im Gegenteil: Da sich aus Art. 2 Abs. 1 i.V.m. Art. 1
Abs. 1 GG sowie Art. 10 Abs. 1 GG nicht nur Abwehrrechte gegen den Staat sondern auch
Gewährleistungsrechte des Bürgers gegenüber dem Staat ergeben,[196] steht der Gesetzgeber in
der Pflicht, einen umfassenden und effektiven Schutz dieser Rechte zu gewährleisten.

b)   Verhältnismäßigkeit

Folge dieser Feststellung ist, dass der Verhältnismäßigkeitsgrundsatz auch bei Eingriffen in
das Recht auf Anonymität gewahrt sein muss. Die Einschränkung des Rechts auf Privatheit
sowie die Erhebung nicht anonymisierter personenbezogener Daten bedarf vielmehr besonders wichtiger Gründe.[197] Ist für den angestrebten Zweck die anonyme Erhebung von Daten
ausreichend, ist die individualisierte Erhebung nicht erforderlich und damit nicht verhältnismäßig.[198] Zudem wird teilweise ein allgemeines Interesse an der Erhebung von Daten verlangt.[199] Zur Schwere eines Eingriffs in das Grundrecht auf Anonymität hat das *LG Berlin*
ausgeführt:[200]

> „Die durch eine unberechtigte Namensnennung [...] hervorgerufene Persönlich-
> keitsrechtsverletzung kann [...] nicht mehr ausgeglichen werden. Ist der Betrof-
> fene durch öffentliche Wiedergabe seines Namens erst einmal gegen seinen Wil-
> len in das Scheinwerferlicht der Öffentlichkeit geraten, so verhilft ihm auch eine
> nachträgliche Richtigstellung nicht mehr zur Flucht in die Anonymität."

---

[192]   *Breyer*, Vorratsdatenspeicherung, 43.
[193]   *Bizer*, Recht auf Anonymität, 68.
[194]   *Bäumler*, in: Bäumler/v. Mutius, Anonymität im Internet, 1, 6; *Bizer*, in: Bäumler/v. Mutius, Anonymität
        im Internet, 78, 81; ebenso für die Informationsweitergabe als Amtshilfe *Denninger*, in: Hohmann, Frei-
        heitssicherung durch Datenschutz, 127, 141.
[195]   *Bäumler*, in: Bäumler/v. Mutius, Anonymität im Internet, 1, 6; *Leutheusser-Schnarrenberger*, ZRP 2007, 9,
        10 f.; *Roßnagel/Pfitzmann/Garstka*, 149.
[196]   *Albers*, 255, 262.
[197]   *Schmitt Glaeser* in: Isensee/Kirchhof, § 129 Rn. 39, 104 unter Hinweis auf BVerfGE 35, 202, 220 f. m.w.N.
[198]   BVerfGE 65, 1, 48 f. - Volkszählung; *Starck* in: von Mangoldt/Klein/Starck, Art. 2 GG Rn. 117.
[199]   *Schmitz*, 13.
[200]   LG Berlin ZUM-RD 2004, 312.

Es macht damit deutlich, dass Eingriffe in das Recht auf Anonymität bereits frühzeitig der Verhältnismäßigkeitsprüfung unterworfen werden müssen, da sich der Grundrechtseingriff final auswirkt und schwerlich rückgängig gemacht werden kann.

Verdächtige und Beschuldigte haben grundsätzlich keinen Anspruch auf Anonymität.[201] Die Frage ist jedoch, inwiefern die Überwachung von Nichtverdächtigen und Nichtbeschuldigten verhältnis- und damit rechtmäßig ist. In diesem Zusammenhang ist nicht nur das Recht auf informationelle Selbstbestimmung allein maßgeblich.

Eingriffe in Kommunikationsgrundrechte und das allgemeine Persönlichkeitsrecht werden meist über den Schutz der Rechte Dritter begründet. Das *BVerfG* selbst hat als mögliche Begründungen für einen Eingriff in die insofern verwandten Art. 10 GG z.B. die Bekämpfung der international organisierten Kriminalität anerkannt, insbesondere den Handel mit Kriegswaffen und Rauschgift oder die Geldwäsche.[202] Kriminalitätsbekämpfung im Zusammenhang mit Terrorismusabwehr ist ein wesentliches Anliegen bei der Planung von Eingriffen in das Recht auf informationelle Selbstbestimmung,[203] was sich am Beispiel der Rasterfahndung[204] oder der Datenübermittlung von Flugdaten an die USA[205] zeigt.

Gegenüber gestellt werden demnach das Recht auf Privatheit und Anonymität des Einzelnen und das sogenannte „Grundrecht auf Sicherheit",[206] also der Anspruch des Einzelnen gegen den Staat auf möglichst weitreichenden Schutz vor Gefahren für Leib und Leben.[207]

Konkurrieren Grundrechte, ist der Gesetzgeber gehalten, durch gesetzliches Handeln einen Ausgleich vorzusehen.[208] Er ist somit gehalten, die notwendige Grundrechtsabwägung durchzuführen bzw. entsprechende Leitlinien zu entwickeln und gesetzlich festzulegen.[209] Nichts anderes kann gelten, wenn der Gesetzgeber Eingriffe in das Recht auf informationelle Selbst-

---

[201] *Dix*, in: Bäumler/v. Mutius, Anonymität im Internet, 52, 57.

[202] BVerfGE 100, 313, 382 - Telekommunikationsüberwachung.

[203] Eingehend dazu *Garstka*, Neue Justiz 2002, 524; vgl. auch *Hohmann-Dennhardt*, NJW 2006, 545, 547; *Schäuble*, ZRP 2007, 210; dazu Entgegnung *Hirsch*, ZRP 2008, 24; zu Eingriffen in andere Rechte *Isensee*, 28 ff.

[204] BVerfG NJW 2006, 1939 - Rasterfahndung.

[205] EuGH, Urt. v. 30.5.2006 - C 317/04, NJW 2006, 2029, Rn. 22 (nicht abgedruckt) - Übermittlung von Personendaten an die USA.

[206] *Denninger*, in: Bäumler/v. Mutius, Anonymität im Internet, 41, 46 f.; *Isensee*, 33 ff.; vgl. auch *Breyer*, Vorratsdatenspeicherung, 29 ff.; *Mühlbauer*, Telepolis v. 16.4.2007; *Saurer*, NVwZ 2005, 275, 282; *Sofsky*, 83 f.

[207] Vgl. *Isensee*, 3 ff., 21 ff.; *Hetzer*, ZRP 2005, 132, 133: „Staatsaufgabe Sicherheit" .

[208] BVerfGE 30, 173, 195 - Mephisto; BVerfGE 67, 213, 228; *Duttge*, Der Staat 36 (1997), 281, 292 f.; *Sachs* in: Sachs, vor. Art. 1 GG Rn. 129; *v. Münch* in: von Münch/Kunig, vor. Art. 1-19 GG Rn. 47; EuGH, Schlussantrag der Generalanwältin Juliane Kokott v. 18.7.2007, Rs. 275/06 - Promusicae vs. Telefónica, Rn. 56.

[209] Vgl. BVerfGE 53, 30, 57 f. - Mülheim-Kärlich; *Isensee*, 38 f., 46; *Tinnefeld/Ehmann/Gerling*, 148 f.

bestimmung gegen den Sicherheitsanspruch der Bürger stellen will.[210] Auch Eingriffe in das Recht auf Anonymität können demnach grundsätzlich mit den berechtigten und durch andere Grundrechte geschützten Interessen gerechtfertigt werden.

Die Abwägung der widerstreitenden Interessen ist jedoch Ausdruck des Verhältnismäßigkeitsprinzips und gleichzeitig durch eben dieses begrenzt. Notwendig ist somit, dass der Eingriff einem legitimen Zweck dient, für die Zweckerreichung geeignet und erforderlich, sowie in seiner Intensität angemessen ist.[211] Der gesetzliche Ausgleich darf somit nicht einseitig zu Lasten des Rechts auf Anonymität ausfallen. Werden Freiheitsrechte gegenüber gestellt und soll durch eine weitgehende Überwachung das Recht auf Anonymität eingeschränkt werden, ist für die Einschränkung dieses Rechts ein gewichtiger Grund und zudem ein hohes Maß an Effektivität bei der Erreichung des Ziels zu fordern.[212] Art und Umfang der Datenverarbeitung müssen sich jedenfalls auf das zum Erreichen des Zwecks erforderliche Minimum beschränken.[213] Diesen Zielen hat sich der Gesetzgeber bisher auch verpflichtet gefühlt und sich bewusst mit dem TDDSG dafür entschieden, dem Nutzer das Recht einzuräumen, sich anonym im Netz zu bewegen.[214] Diese Position wurde erneut im Rahmen des Gesetzgebungsverfahrens zur Schaffung des TMG bestätigt. So hat der Bundesrat klar formuliert: „An den Errungenschaften [...] des TDDSG und des MDStV zum Schutz der personenbezogenen Daten [...] wird festgehalten. Der Telemediendatenschutz ist wegweisend für ein modernes Datenschutzrecht."[215]

Auf diese Bereiche beschränkt sich die Abwägung jedoch nicht. Als weiterer Gesichtspunkt ist in die Abwägung jedenfalls der Umfang der Maßnahme einzustellen. Das *BVerfG* hat in seiner TELEKOMMUNIKATIONSÜBERWACHUNGSENTSCHEIDUNG Überlegungen zur Überwachung von Kommunikation angestellt, die sich auf eine große Anzahl von Vorfällen beziehen:[216]

---

[210] *Hohmann-Dennhardt*, NJW 2006, 545, 548; *v. Mutius*, in: Bäumler/v. Mutius, Anonymität im Internet, 12, 23 f.

[211] Vgl. EuGH, Urt. v. 20.5.2003 - Österreichischer Rundfunk, Rs. C-465/00, C-138/01, C-139/01, Slg. 2003 I-4989, Rn. 73 ff.; BVerfGE 69, 1, 35 - Kriegsdienstverweigerer; *v. Münch* in: von Münch/Kunig, vor Art. 1-19 GG Rn. 55 m.w.N.; *Tinnefeld/Ehmann/Gerling*, 149 f.

[212] *Rössler*, in: Bäumler/v. Mutius, Anonymität im Internet, 27, 39; *Bizer*, in: Bäumler/v. Mutius, Anonymität im Internet, 78, 81.

[213] *Schmitt Glaeser* in: Isensee/Kirchhof, § 129 Rn. 105.

[214] BT-Drs. 13/7385, 55, 71; BT-Drs. 14/7008, 7; *Bäumler*, in: Bäumler/v. Mutius, Anonymität im Internet, 1, 7; *Golembiewski*, DuD 2003, 129, 132 f; s. auch *Schmitz*, 112 f.

[215] BR-Drs. 556/06, 15.

[216] BVerfGE 100, 313, 384 - Telekommunikationsüberwachung.

„Die Zahl der erfassten Telekommunikationsbeziehungen ist zwar nicht gering, verglichen mit der Gesamtzahl aller oder auch nur der internationalen Fernmeldekontakte aber vergleichsweise niedrig."

Das *BVerfG* erkennt also durchaus an, dass es wesentlich auch auf den Umfang einer Maßnahme ankommen kann, stellt aber heraus, dass im damals zu entscheidenden Fall der Auslandstelefonüberwachung relativ gesehen nur wenige Kommunikationsvorgänge überwacht wurden. Werden aber alle Verbindungen überwacht oder diesbezüglich Daten gespeichert und später ausgewertet, ist unter Anwendung der dargestellten Überlegungen jedenfalls genau zu überprüfen, ob nicht ein Verstoß gegen das Verhältnismäßigkeitsprinzip vorliegen kann. Zumindest die lückenlose Überwachung aller Menschen dürfte einen Verstoß gegen das Verhältnismäßigkeitsprinzip darstellen.[217] Diskutiert wird dies z.B. im Zusammenhang mit großflächigen Kameraüberwachungen.[218] Es ist aber jeweils im Einzelfall auch die Frage zu stellen, ob der Eingriff in das Recht auf Anonymität jeweils bereits bei Speicherung oder erst bei Auswertung besteht, wobei Zielrichtung und praktische Anwendung einzubeziehen sind.[219]

Schließlich hat der Gesetzgeber die Aufgabe der hinreichenden Zweckbestimmung einer Maßnahme. Nach dem VOLKSZÄHLUNGSURTEIL ist nämlich jedenfalls die „Sammlung nicht anonymisierter Daten auf Vorrat zu unbestimmten oder noch nicht bestimmten Zwecken" unzulässig.[220] Notwendig ist demzufolge, dass ein aktueller oder zukünftiger Bedarfsfall klar umschrieben ist.[221]

5. Gefahren durch Anonymität

Der Einzelne hat nach diesen Ausführungen ein grundrechtlich geschütztes Recht auf Anonymität. Dieses kann in verschiedenen Situationen zu rechtlich relevanten Problemen führen.[222] Gefahren aus der Gewährleistung von Anonymität können sich z.B. durch den Missbrauch oder allgemein illegale Handlungen, sprich Rechtsverletzungen, ergeben.[223] Handelt der

---

[217] *Bäumler*, in: Bäumler/v. Mutius, Anonymität im Internet, 1, 8.

[218] BVerfG NVwZ 2007, 688 m. Anm. *Fetzer/Zöller*, NVwZ 2007, 775; *Rössler*, in: Bäumler/v. Mutius, Anonymität im Internet, 27, 39; *Collin*, JuS 2006, 494, 497; *Henrichs*, BayVbl 2005, 289; *Lang*, BayVbl 2006, 522.

[219] Vgl. BVerfG NJW 2006, 1939, 1943 ff. - Rasterfahndung.

[220] BVerfGE 65, 1, 46 - Volkszählung; *Schmitt Glaeser* in: Isensee/Kirchhof, § 129 Rn. 105; *Denninger*, in: Hohmann, Freiheitssicherung durch Datenschutz, 127, 138 f; *Schmitz*, 14.

[221] BVerfG NVwZ 2007, 688, 691; *Denninger*, in: Hohmann, Freiheitssicherung durch Datenschutz, 127, 139.

[222] Vgl. *Gercke*, ZUM 2006, 593, 594, 599; s.u. S. 211 ff.

[223] *Gercke*, ZUM 2006, 593; *Heidrich*, in: Taeger/Wiebe, Rechtsfragen zu IT 2006, 3; *Rigby*, Anonymity on the Internet Must be Protected, 4; *Zombik*, ZUM 2006, 450, 450 f.

Rechtsverletzer tatsächlich vollständig anonym, ist also nicht identifizierbar, stellt sich insbesondere das Problem der Rechtsverfolgung. Ohne Kenntnis der Identität eines Rechtsverletzers kann schließlich auch nicht gegen diesen vorgegangen und Restitution auf der einen, sowie Verhinderung weiterer Rechtsverletzungen auf der anderen Seite erreicht werden. Werden also über das Internet und durch die Verwendung von anonymisierenden Diensten bzw. nicht-speichernden Access Providern Rechte Dritter verletzt, besteht durchaus ein Interesse an der Identifizierung. Ausdruck dieses Problems ist die weitgreifende Diskussion um die Anwendung von Auskunftsansprüchen gegen Internet Service Provider.[224]

Zu beachten ist in diesem Zusammenhang allerdings, dass die Gefahr der Begehung von Rechtsverletzungen durch die Bereitstellung von Internetzugängen gering ist.[225] Einen Generalverdacht der über Telekommunikationsmedien abgewickelten Handlungen zu statuieren, geht demnach zu weit.[226]

6. Fazit

Als Schlussfolgerung aus der Problematik um das Recht auf Anonymität ist somit folgendes festzustellen: Es besteht ein Recht auf Anonymität. Anonymität ist demnach grundrechtlich relevant.

Das Recht auf Anonymität konkurriert mit den berechtigten und auch grundrechtlich geschützten Interessen Dritter. Die Konkurrenz ist durch den Gesetzgeber bei Gesetzesvorhaben zu beachten und aufzulösen, wobei insbesondere der Grundsatz der Verhältnismäßigkeit eine Rolle spielt. Stehen also Maßnahmen gegen den Nutzer oder den Internet Service Provider in Frage, ist das Recht des Nutzers auf Anonymität zu beachten und in eine notwendige Abwägung bzw. Interpretation vorhandener Normen einzustellen. Dies gilt insbesondere für

---

[224]   Dazu eingehend s.u. S. 295 ff.
[225]   *Gercke*, ZUM 2006, 593, 598; *Golembiewski*, DuD 2003, 129, 132; *Köpsell/Miosga*, DuD 2005, 403, 403, 406; *Zarzer*, Telepolis v. 21.8.2002; zum in öffentlichen Bekanntmachungen wohl übertriebenen Einfluss von Filesharing auf Musikverkäufe vgl. *Oberholzer/Strumpf*, The Effect of File Sharing on Record Sales - An Empirical Analysis; Bericht DSTI/ICCP/IE/2004(12)/FINAL v. 13.12.2005 an die Arbeitsgruppe zur Informationswirtschaft der OECD, http://www.oecd.org/dataoecd/13/2/34995041.pdf, 76 ff. (abgerufen am 28.2.2008); *Andersen/Frenz*, The Impact of Music Downloads and P2P File-Sharing on the Purchase of Music: A Study for Industry Canada; dazu http://www.heise.de/newsticker/meldung/98469 (abgerufen am 28.2.2008); *Bhattacharjee* et al., Management Science Vol. 53, No. 9, 2007, 1359; *Rogers/Szamosszegi*; dazu *Scheuring*, Telepolis v. 17.09.2007; http://www.heise.de/newsticker/meldung/95957 (abgerufen am 28.2.2008); vgl. auch EuGH, Schlussantrag der Generalanwältin Juliane Kokott v. 18.7.2007, Rs. 275/06 - Promusicae vs. Telefónica, Rn. 106.
[226]   *Bizer*, Recht auf Anonymität, 68.

Weiterentwicklungen der bestehenden Rechtslage *de lege ferenda*.[227] Sie sind demnach am Maßstab der Grundrechte sowohl als auch der europäischen Grundfreiheiten und Grundrechte zu messen.

Selbst wenn man das Grundrecht auf Anonymität nicht anerkennt, sind dennoch die Vorgaben des *BVerfG* bei allen Maßnahmen zu beachten. Dies wirkt sich insbesondere aus, sofern es sich um Eingriffe in Rechte unbeteiligter oder nur mittelbar beteiligter Dritter handelt.

IV. Exkurs: Vertragsgestaltung bei Open Source und Open Content

Wie bereits angedeutet wurde, sollen Rechtsfragen im Hinblick auf offene Netze teilweise in einem Vergleich mit anderen Konzepten offener Ressourcen betrachtet werden. Aus diesem Grunde soll an dieser Stelle kurz erläutert werden, wie die vertragliche Gestaltung und die Rechtseinräumung im Rahmen einer Open Source- oder Open Content-Lizenzierung erfolgen.

Open Source, Open Content und Open Access beziehen sich auf die Herstellung von urheberrechtlich geschützten Werken. Die Rechtseinräumung an solchen Werken erfolgt über die Einräumung von Nutzungsrechten im Rahmen von Lizenzverträgen.[228] Der Urheber eines Werks kann grundsätzlich frei entscheiden, ob er sein Werk unter eine offene Lizenz stellen will. Entscheidet er sich dafür, so versieht er das Werk mit dem Hinweis auf den Lizenzvertrag und stellt es mitsamt dem Lizenzvertrag z.B. im Internet zum Download bereit. Mit dieser Handlung gibt er ein Angebot auf Abschluss des zu Grunde liegenden Lizenzvertrags an einen unbekannten Personenkreis ab.[229] Die Willenserklärung wird hierbei im Dokument bzw. der Verbindung von Dokument und Lizenzvertrag „gespeichert".[230]

Der Nutzer, der das Werk herunterlädt, kann durch eine einfache Annahmeerklärung den Vertrag schließen. Der Zugang der Annahmeerklärung beim Rechtsinhaber ist dabei entsprechend § 151 Satz 1 BGB nicht notwendig.[231] Mit Vertragsschluss räumt der Urheber dem Nutzer einfache Nutzungsrechte ein, die in aller Regel insbesondere die Rechte der Weiterverbreitung und der öffentlichen Zugänglichmachung umfassen. Die dem Nutzer eingeräumten

---

[227] EuGH, Urt. v. 29.1.2008 - C 275/06 - Promusicae/Telefónica de Espana, Rn. 68.

[228] Zu Open Source-Verträgen s. nur *Jaeger/Metzger*, Open Source Software; *Marly*, Rn. 396 ff.; *Spindler*, Rechtsfragen bei Open Source.

[229] *Marly*, Rn. 428.

[230] Grds. zur Abgabe von Willenserklärungen mittels Dokumenten *John*, AcP 184 (1984), 385.

[231] *Mantz*, MMR 2006, 784, 785; *Marly*, Rn. 428; *Sester*, CR 2000, 797, 804.

einfachen Nutzungsrechte sind quasi-dingliche Rechte,[232] die der Nutzer gegenüber jedermann verteidigen kann. Den dinglichen Charakter macht auch § 33 UrhG deutlich. Dabei erfolgt die Rechtserteilung immer durch den Urheber selbst, Unterlizenzen können bereits nach § 31 Abs. 3 UrhG nicht erteilt werden.[233] Zusätzlich weisen z.b. die bekanntesten Lizenzverträge GNU General Public License (GPL),[234] Creative Commons License[235] und Digital Peer Publishing License (DPPL)[236] ausdrücklich auf diesen Umstand hin.[237]

Die Einräumung der Nutzungsrechte steht jedoch regelmäßig - also zumindest bei Verträgen mit Copyleft-Klausel - unter einer auflösenden Bedingung, die bei lizenzvertragsverletzendem Verhaltens seitens des Nutzers greift. Über der dinglichen Rechtseinräumung hängt somit das Damoklesschwert des Heimfalls der Rechte.[238]

Nach § 147 Abs. 2 BGB kann der einem Abwesenden gemachte Antrag nur bis zu dem Zeitpunkt angenommen werden, bis zu dem der Antragende mit einer Annahme rechnen muss. Die Frist ist somit aus den Umständen zu ermitteln.[239] Da sich der Urheber der Willenserklärung in gespeicherter Form entäußert und Dritte ausdrücklich auffordert, das Werk mit der gespeicherten Willenserklärung auch nach längerer Zeit noch weiterzugeben, ist die Willenserklärung grundsätzlich unbefristet.[240] Durch das Angebot *ad incertas personas* können Lizenzverträge auch bis in die ferne Zukunft geschlossen werden, ohne dass der Urheber davon Kenntnis nehmen würde. Die Situation stellt sich somit grundsätzlich wie folgt dar: Gibt der Urheber sein Werk unter einer offenen Lizenz in den Verkehr, so können sich zukünftige Nutzer jederzeit durch einfache Annahme des vorliegenden Angebots die lizenzvertraglichen Nutzungsrechte einräumen lassen.

---

[232]   BT-Drs. 15/38, 23; *Loewenheim/Nordemann* in: Loewenheim, § 25 Rn. 1, 7; *Rehbinder*, Rn. 560; *Wandtke/Grunert* in: Wandtke/Bullinger, § 31 UrhG Rn. 31; *Schack*, Rn. 540; a.A. *Spautz* in: Möhring/Nicolini, § 31 UrhG Rn. 9; so auch noch BT-Drs. IV/270, 27, 56; differenzierend *Schricker* in: Schricker, vor §§ 28 ff. UrhG Rn. 49 m.w.N.

[233]   *Loewenheim/Nordemann* in: Loewenheim, § 25 Rn. 9; i.E. ebenso *Schricker* in: Schricker, vor §§ 28 ff. UrhG Rn. 23.

[234]   http://gplv3.fsf.org (abgerufen am 28.2.2008).

[235]   http://www.creativecommons.org (abgerufen am 28.2.2008).

[236]   http://www.dipp.nrw.de (abgerufen am 28.2.2008).

[237]   § 4 GPL, § 2 Abs. 5 DPPL, Ziff. 4 lit. a Satz 3 Creative Commons License; ebenso *Jaeger/Metzger*, MMR 2003, 431, 434.

[238]   *Mantz*, in: Spindler, Open Access Publikationen, 55, 66; *Mantz*, MMR 2006, 784, 785.

[239]   RGZ 97, 2, 3 f.; BGH NJW 1999, 2179, 2180; *Heinrichs* in: Palandt, §§ 147/148 BGB Rn. 4; *Armbrüster* in: Erman, § 147 BGB Rn. 18 f.

[240]   Vgl. BGH NJW 1999, 2179, 2180: Im Geltungsbereich des § 151 BGB bestimmt sich die Frist lediglich nach dem Willen des Antragenden.

V. Zusammenfassung

Im vorliegenden Abschnitt wurden verschiedene Fragen bearbeitet, die sich in unterschiedlicher Form auf die nachfolgenden Untersuchungen auswirken können bzw. für ein besseres Verständnis sorgen könnten. Zunächst ist deshalb festzuhalten, dass aufgrund der vermaschten und gemeinschaftsorientierten Struktur offener Netze das Rollenparadigma zwischen dem klassischen Betreiber und dem klassischen Nutzer aufgelöst wird. Dennoch ist die Betrachtung in diesen Rollen teilweise notwendig, um die rechtliche Abbildung zu ermöglichen. Der Inhaber eines Funkknotens in einem offenen Netz ist des weiteren als Access Provider anzusehen. Auf Access Provider finden die Regelungen des TKG und des TMG Anwendung. Grund hierfür ist ihre Stellung im Zwischenbereich von Telekommunikations- und Telemediendiensten. Anschließend wurde im Rahmen der Einleitung in das Grundrecht auf informationelle Selbstbestimmung die Wichtigkeit dieses Rechts für den Internet- und Netznutzer herausgearbeitet. Nicht zuletzt in Form eines Rechts auf Anonymität kann es für die folgende rechtliche Betrachtung im Rahmen von Abwägungsprozessen durchaus eine Rolle spielen. Schlussendlich wurde der Boden für Vergleiche von Open Source, Open Content und offenen Netzen teilweise bereitet, indem die rechtliche Gestaltung bei Open Source und Open Content dargestellt wurde.

Zweiter Teil:

Rechtsverhältnisse zwischen den Teilnehmern

§ 4 Rechtsverhältnisse

Durch den Betrieb von offenen Netzen werden Beziehungen zwischen einer Vielzahl von Personen etabliert. Dabei treffen verschiedenste Interessen aufeinander, die häufig im kommunikativen bzw. sozialen Bereich zu verorten sind. Dennoch können auch hier rechtliche Beziehungen entstehen, die über sozial oder sozialethisch gebotene Pflichten hinaus Rechtspflichten hervorrufen können. Ob solche Verbindungen be- bzw. entstehen und welche rechtlichen Implikationen diese bedingen, soll anhand der Untersuchung verschiedener Szenarien untersucht werden, wobei maßgeblich auf die Verwendung einer irgendwie gearteten Regelungsgrundlage abzustellen sein wird.

Die Vernetzung im Rahmen eines offenen Netzes ermöglicht dem Nutzer, auf Netzwerk- und häufig auch auf Internetdienste zuzugreifen. Im Regelfall erfolgen vergleichbare Angebote durch kommerzielle Anbieter, die neben einer eventuellen Anmeldung auch ein entsprechendes Entgelt verlangen. Derjenige, der Infrastruktur für offene Netze, also einen Netzwerkknoten und eventuell ein Gateway zum Internet bereitstellt, bietet aus freien Stücken eben diese Leistungen an, ohne kommerzielle Ziele zu verfolgen. Fraglich ist, wie das Verhältnis von Anbieter und Nutzer vor diesem Hintergrund rechtlich zu bewerten ist.

Es lässt sich eine Unterscheidung danach treffen, ob die beteiligten Parteien ihrem Verhältnis irgendeine Form der rechtlichen Regelung zugrunde legen. Tun sie dies nicht, so könnte mangels eines direkt artikulierten Bindungswillens ein Gefälligkeitsverhältnis gegeben sein. Andererseits könnte sich dies ändern, wenn die Parteien eine vorformulierte Vereinbarung verwenden. In diesem Zusammenhang könnten Peering Agreements, konkret das Pico Peering Agreement für offene Netzwerke, die Beurteilung des Rechtsverhältnisses beeinflussen. Teilweise werden auch Vereine gegründet, um dem freien und offenen Netz eine rechtliche Struktur zu geben, die die bisherige Organisation widerspiegelt und verfestigt. Diese Szenarien sind im folgenden zu untersuchen.

I. Rechtsverhältnisse ohne direkte Regelungsgrundlage

Als erste Konstellation ist der Fall zu untersuchen, dass Nutzer und Betreiber in einem Netzwerk außer Erbringung und Konsum der Leistung keine oder kaum unmittelbare Kommunikation unterhalten und insbesondere keine Regelungsgrundlage im Sinne einer Vertragsvorlage Anwendung findet. Wichtiger Ansatzpunkt für eine Beurteilung ist, dass die Zugangsgewährung und Vermittlung als erbrachte „Leistungen" unentgeltlich erfolgen. Im BGB sind verschiedene unentgeltliche Verträge ausdrücklich geregelt. Hierzu gehören Schenkung (§ 516 BGB), Leihe (§ 598 BGB), zinsloses Darlehen (§ 607 BGB), Auftrag (§ 662 BGB) und unentgeltliche Verwahrung (§§ 690, 688 BGB). Sie werden als Gefälligkeitsverträge bezeichnet.[1] Neben diesen gibt es aber auch einen Bereich von Verhältnissen, der einer strikten rechtlichen Regelung ferner steht, den der Gefälligkeitsverhältnisse i.w.S. Während bei den Gefälligkeitsverträgen Rechte und Pflichten der Beteiligten, also insbesondere Primär- und Sekundärpflichten, klar normiert sind, ist bei den Gefälligkeitsverhältnissen i.w.S. unklar, inwieweit sich die Parteien auf entsprechende Rechte und Pflichten berufen können.[2] Insoweit besteht insbesondere bei unentgeltlichen einfachen Dienst- und Werkleistungen eine rechtliche Regelungslücke.[3]

Dem zufolge muss auf jeden Fall genau abgegrenzt werden, ob ein Rechtsverhältnis vorliegt und womöglich welcher Art das Rechtsverhältnis zwischen den Beteiligten bei offenen Netzen ist. Zum Zwecke der Untersuchung soll das Verhältnis eines bestimmten Nutzers zu den anderen Beteiligten analysiert werden. Da für diesen Nutzer die übrigen Teilnehmer die Netzwerkleistungen, insbesondere den Internetzugang, bereitstellen, werden sie vorläufig als Betreiber bezeichnet.[4]

Mangels eines offen erklärten Willens und dem Fehlen eines konkreten Leistungsversprechens, aus dem sich auf eine vertragliche Bindung schließen ließe, ist zu prüfen ob ein Gefälligkeitsverhältnis vorliegt. Die Abgrenzung zwischen Gefälligkeitsverhältnissen und Gefälligkeitsverträgen ist bereits seit dem 19. Jahrhundert vielfach unterschiedlich diskutiert worden. Dabei haben sich drei mögliche Lösungsansätze gebildet:

- die Abgrenzung nach objektiven Kriterien,

- die Abgrenzung nach subjektiven Kriterien,

---

[1] *Gelhaar* in: BGB-RGRK, vor § 598 BGB Rn. 6; *Krückmann*, SeuffBl. 74, 113, 114; *Martinek* in: Staudinger, § 662 BGB Rn. 6.

[2] S. nur *Willoweit*, JuS 1984, 909; *Willoweit*, JuS 1986, 96 m.w.N.

[3] *Esser/Weyers*, 310.

[4] Zum Problem der Rollenverteilung s.o. S. 45.

• sowie die Abgrenzung nach Vertrauensschutzgesichtspunkten.

Um die Abgrenzung insgesamt zu erleichtern, bietet sich eine Aufarbeitung an, die der normalen Prüfungsreihenfolge nicht entspricht. So sollen vorliegend zunächst, ohne bereits die Frage nach dem Vorliegen eines rechtlich relevanten Schuldverhältnisses beantwortet zu haben, die *essentialia negotii* bei Leistungen in offenen Netzen untersucht werden.[5] Im Anschluss daran sollen möglicherweise abgegebene Erklärungen, ohne Untersuchung ihrer Rechtsverbindlichkeit, ermittelt werden. Auf dieser Basis kann dann eine Entscheidung über die rechtliche Qualität der Erklärungen erfolgen.

1. Essentialia negotii

Die *essentialia negotii* beinhalten nur diejenigen Vereinbarungen, die für einen eventuellen Vertragsschluss absolut notwendig sind.[6] Dazu gehören insbesondere Absprachen über Leistung, Gegenleistung sowie die beteiligten Parteien.[7]

a) Leistungen

Die Leistung, die der Betreiber in einem offenen Netzwerk regelmäßig erbringt, ist die eines Access oder Network Providers.[8] Er übernimmt demnach vom Zugangspunkt des Nutzers aus den Transport von IP-Paketen des Nutzers zum nächsten Knoten auf dem Weg der Pakete.[9] Bietet der Betreiber selbst ein Gateway zum Internet an, so kann die Weiterleitung in der Übergabe der Pakete an den eigenen Internet Access Provider bestehen. Ebenso werden Pakete, die von Dritten an den Nutzer adressiert sind, durch den Betreiber an den Nutzer weitergeleitet. Der Betreiber bietet insofern den vollständigen „Zugang zum Netz bzw. Internet", eventuell über weitere Zwischenstationen, an. Nähme man eine vereinbarte Pflicht an, so würde diese demzufolge in gerade dieser Transportleistung zu sehen sein.

Ob eine essentielle Pflicht des Nutzers besteht, ist nicht auszumachen. Eine solche ist aber auch in den gesetzlich geregelten vertraglichen Gefälligkeitsverhältnissen nicht notwendig. Idee der Bereitstellung ist nicht zuletzt, dass der Zugang zum Internet den Teilnehmern des Netzes offen steht. Bei Infrastrukturnetzen ist der Nutzer tatsächlich nur als reiner Nutzer zu qualifizieren, dem selbst keinerlei maßgebliche Pflichten obliegen. In diesem Fall wäre die

---

[5] Zu den Problemen des „normalen" Aufbaus *Willoweit*, JuS 1984, 909, 910.
[6] *Flume*, AT II, 635; *Larenz/Wolf*, § 29 Rn. 17.
[7] BGH NJW 2006, 1971, 1972; *Eckert* in: Bamberger/Roth, § 145 Rn. 34; *Armbrüster* in: Erman, vor § 145 BGB Rn. 4; *Jung*, JuS 1999, 28, 29; *Larenz/Wolf*, § 29 Rn. 18.
[8] Vgl. o. S. 47.
[9] *Schneider*, 96; *Stork*, 21.

„Leistung" des Nutzers nur die Teilnahme an einem Kommunikationsnetzwerk bzw. -prozess. Diese stellt jedoch keine rechtlich relevante Pflicht dar. Anders liegt der Fall bei den hier untersuchten vermaschten AdHoc-Netzwerken. Der Nutzer ist in diesen regelmäßig auch Betreiber in dem Sinne, dass er nicht nur die Leistung anderer, die seine Pakete weiterleiten, entgegennimmt, sondern zusätzlich selbst Pakete für andere annimmt und weiterreicht.[10] Fraglich ist, wem gegenüber eine solche Pflicht bestehen würde. Offene AdHoc-Netzwerke sind im Idealfall stark verknüpfte Netzwerke. Jeder Knotenpunkt dient als Routing-Station bzw. Network Provider. Es kommt somit darauf an, dass alle beteiligten Stationen die Netzstruktur unterstützen. Auf der technischen Ebene stellt diese Weiterleitung jedoch eine wichtige Komponente dar, die auch in den verwendeten Routing-Protokollen Niederschlag findet. Im Sinne des „Code is law" wird also jeder Nutzer gleichzeitig zum Betreiber. In AdHoc-Netzen ist die Paketübermittlung demnach Bestandteil der Netzwerkteilnahme.[11] Darin spiegelt sich die Auflösung des Rollenparadigmas zwischen Diensteanbieter und Nutzer als dem reinen Konsumenten einer Leistung wider.[12] Da vorliegend allerdings untersucht werden soll, ob ein Gefälligkeitsverhältnis vorliegt, das vertraglich geregelt sein könnte, wird im folgenden die Trennung auf einer logischen Ebene aufrecht erhalten, so dass zwischen Betreiber und Nutzer unterschieden werden kann. Dies widerspricht nicht den vorher getroffenen Aussagen, sondern erleichtert die rechtliche Behandlung im Sinne der Betrachtung eines den Gefälligkeitsverhältnissen immanenten nicht zwangsläufig synallagmatischen Verhältnisses. Wird festgestellt, dass unter dieser Annahme ein Vertragsverhältnis vorliegt, kann darüber hinaus auf ein gegenseitiges Vertragsverhältnis geschlossen werden. Sollte das Vorliegen einer vertraglichen Bindung ausgeschlossen sein, so handelt es sich um die gegenseitige Erbringung einer Gefälligkeit. Aus der Aufhebung einer konkreten Rollenverteilung hin zu einer Gegenseitigkeit der unentgeltlich hingegebenen Aufwendungen soll gerade nicht auf ein Vertragsverhältnis geschlossen werden.

b)   Parteien

Des weiteren sind die Parteien, die bei Betrieb oder Teilnahme an offenen Netzen involviert sind, zu bestimmen. Beteiligte sind Nutzer und Betreiber. Zu beachten ist allerdings, dass diese sich im Regelfall gerade nicht unmittelbar und persönlich gegenüber stehen. Es erfolgt nur teilweise überhaupt eine Anmeldung des Nutzers. Diese wird - wenn überhaupt - meist nicht gegenüber dem konkret in Anspruch genommenen Betreiber, also dem „Funknachbarn" vor-

---

[10]   S.o. S. 29.
[11]   S.o. S. 19.
[12]   S.o. S. 45.

genommen, sondern bei einer zentralen Stelle, die lediglich der Verwaltung der Gemeinschaft dienen soll. Die gegenseitige Identität der Parteien liegt demnach nicht zwangsläufig offen. Die Kenntnis der Identität fehlt in einem solchen Fall. Das ist aber unschädlich, sofern sich die Parteien für einen objektiven Betrachter identifizieren lassen, die Bestimmbarkeit der Parteien reicht insofern.[13] Im elektronischen Geschäftsverkehr ist der Schluss von Verträgen mit unbekannten oder nur unter Pseudonym bekannten Personen häufig anzutreffen.[14] Ein Beispiel dafür sind Vertragsschlüsse auf Auktionsplattformen mit privaten Anbietern.[15]

2. Erklärungen

Ob hier Erklärungen abgegeben werden, die tatsächlich auf Erzielung einer privatrechtlichen Rechtsfolge gerichtet sind, soll kurz hintan gestellt werden. Dennoch sind die, zumindest konkludenten, Erklärungen der Beteiligten möglicher Ansatzpunkt der Abgrenzung.

Die Handlung des Betreibers eines offenen Netzes besteht in der Aufstellung und Einrichtung eines Zugangspunktes bzw. -knotens, meist eines funkgestützten Access Points, zum Internet bzw. einer entsprechenden Zwischenstation und eventuell dem Einspielen einer erforderlichen Software. Der Betreiber richtet den Netzknoten dabei bewusst so ein, dass Dritte ihn nutzen können. Eventuelle Zugangshindernisse werden absichtlich so gestaltet, dass jeder Nutzer, der auf die ausgesandten Signale stößt, eine Verbindung herstellen kann oder zumindest sehr niedrige Hürden für den Verbindungsaufbau bestehen. Häufig wird die Wahl des Netzwerknamens zudem auf die Offenheit des Netzes hinweisen.[16] Aus Sicht eines objektiven Betrachters enthält diese Aufstellung damit konkludent die Erklärung, dass der auch zufällig vorbeikommende Dritte diesen Zugang nutzen darf, mithin das Angebot oder wenigstens eine *invitatio ad offerendum*,[17] für den Nutzer den Zugang zu vermitteln. Ob im vorliegenden Fall tatsächlich eine Erklärung oder lediglich eine *invitatio* vorliegt, ist insofern zunächst nicht entscheidend, als beide - den Rechtsbindungswillen erneut zurückgestellt - in Richtung eines Vertragsschlusses wirken können.

Eine Erklärung des Nutzers ist nicht so leicht zu ermitteln bzw. einzuordnen. Geht dieser nämlich davon aus, dass ihm der Zugang eigentlich gar nicht gewährt werden sollte, er

---

[13]   *Jung*, JuS 1999, 28, 29.

[14]   *Schneider*, 96; *Stork*, 21.

[15]   Dazu *Härting*, Internetrecht, Rn. 344 ff.; *Wiebe* in: Spindler/Wiebe, 59 ff. m.w.N.

[16]   S.o. S. 20.

[17]   Vgl. für den Vertragsschluss beim Access Provider *Ann*, in: Hohl/Leible/Sosnitza, Vernetztes Recht, 53, 66 f.; *Ernst*, Vertragsgestaltung im Internet, Rn. 11; *Hoeren*, MMR 1999, 192, 198; vgl. *Spindler* in: Spindler, Vertragsrecht der Internet-Provider, Kap. IV Rn. 87, 267.

den Access Point also eigentlich im Geheimen nutzen möchte,[18] so hat er gar kein Interesse daran, eine wie auch immer geartete Erklärung abzugeben. Im rechtsgeschäftlichen Verkehr werden aber auch Handlungen, die an sich nach dem Willen des Handelnden keinen oder einen anderen Erklärungsgehalt haben sollen, nach §§ 133, 157 BGB entsprechend des Empfängerhorizonts bewertet.[19] Dabei ist auch die Verkehrsanschauung zu berücksichtigen.[20] Aus Sicht eines objektiven Dritten bedeutet demnach die Herstellung der Verbindung mit dem Zugangspunkt und die anschließende Nutzung des Zugangs die Erklärung, dass der Nutzer diese Verbindung auch nutzen will. Die reine Herstellung der Verbindung zum Access Point ohne tatsächliche Inanspruchnahme der Verbindung kann hingegen noch nicht ausreichen, da das System des Nutzers auch so konfiguriert sein kann, dass automatisch eine Verbindung zum nächstbesten Access Point hergestellt wird.[21] Sobald allerdings eine Übertragung von Paketen erfolgt, muss man davon ausgehen, dass die Nutzung des Zugangs auch gewollt ist. Eine entsprechende Erklärung des Nutzers liegt mit Nutzung demnach vor. Die Erklärung wird regelmäßig nicht empfangsbedürftig sein. Die Empfangsbedürftigkeit einer Annahmeerklärung kann nach § 151 BGB entfallen, wenn die Erklärung gegenüber dem Anbietenden nach der Verkehrssitte nicht zu erwarten ist oder dieser auf die Erklärung verzichtet hat. Ausreichend für die Annahme ist in diesem Fall, das ein als Willensbetätigung zu wertendes, nach außen hervortretendes Verhalten des Annehmenden unzweideutig die Annahme ergibt.[22] Dies ist insbesondere dann der Fall, wenn der Antragende dem Angebotsempfänger eine ihn selbst beeinträchtigende Handlung für den Fall der Annahme anbietet und diese Handlung anschließend vornimmt.[23]

Der Betreiber eines Knotens kann normalerweise nur über ein Log und erst im Nachhinein erkennen, ob jemand und wer den Zugang genutzt hat. Falls ein solches Log überhaupt existiert, wird er es aber nicht ständig überprüfen. Nach den Umständen ist dementsprechend eine Annahmeerklärung nicht zu erwarten, weshalb bereits die Handlung der Zugangsnutzung als nicht empfangsbedürftige Erklärung ausreicht.

---

[18]   Zum sog. „War-Driving" vgl. *Bär*, MMR 2005, 434; *Dornseif/Schumann/Klein*, DuD 2002, 226; *Heidrich*, c't 13/2004, 102; zu Urteilen im Ausland vgl. *Kagan*, Too Close for Comfort: Is it Legal to „Borrow" Wireless Internet from your Neighbors?.

[19]   RGZ 96, 273, 276; RGZ 119, 21, 25; RGZ 131, 343, 351; BGHZ 36, 30, 33; BGH NJW 1984, 721; *Palm* in: Erman, § 133 BGB Rn. 1; *Larenz/Wolf*, § 28 Rn. 6.

[20]   *Larenz/Wolf*, § 28 Rn. 10.

[21]   Vgl. *Flickenger* et al., 148; *Gietl*, DuD 2006, 37, 40; *Sury*, Informatik Spektrum 2005, 504, 505.

[22]   BGHZ 74, 352, 356.

[23]   BGH NJW 1990, 1656, 1657.

3. Rechtliche Einordnung - Abgrenzung

Um die Rechtsfolgen dieser Erklärungen behandeln zu können, muss das Verhältnis zwischen Betreiber und Nutzer rechtlich eingeordnet werden. Der Dienst der Zugangsvermittlung zum Netzwerk bzw. zum Internet wird unentgeltlich erbracht. Dem folgend ist zu entscheiden, ob überhaupt ein Rechtsverhältnis oder nur ein reines Gefälligkeitsverhältnis vorliegt. Es sind verschiedene Ansätze für die Vornahme dieser Abgrenzung vertreten worden. Für eine Bewertung der Methoden können offene Netze zunächst als ein Exempel genutzt werden, die kritische Würdigung kann dann anhand der erzielten Ergebnisse erfolgen.

Ansatzpunkt der Abgrenzung ist die Willenserklärung. Mit zwei sich deckenden Willenserklärungen können die Parteien einen Vertrag schließen.[24] Eine Willenserklärung ist die Äußerung eines auf eine privatrechtliche Rechtsfolge gerichteten Willens.[25] Sie setzt sich aus mehreren Komponenten zusammen, wobei diese als unterschiedlich wichtig gewertet werden.[26] Entscheidend für die Betrachtung der Gefälligkeitsverhältnisse ist das Erklärungsbewusstsein, also das Bewusstsein des Erklärenden, dass seine vorgenommene Handlung rechtserheblich ist.[27] Allerdings ist das Erklärungsbewusstsein für sich nicht als konstitutives Merkmal der Willenserklärung anzusehen.[28] Vielmehr wird die Handlung des Erklärenden entsprechend §§ 133, 157 BGB nach dem Empfängerhorizont ausgelegt.[29] Die Frage, ob ein Gefälligkeitsverhältnis vorliegt, ist demnach zunächst eine des Tatbestandes des § 145 BGB, also des Antrags.

a) Objektive Kriterien

Man könnte zunächst versuchen, eine Abgrenzung aufgrund objektiver Kriterien zu treffen. Ziel dieser Auffassung ist, den Bereich des rechtlich Regelbaren positiv zu bestimmen, oder aber die rechtlich nicht fassbaren Verhältnisse negativ zu bestimmen.[30] So sollen insbesondere der Bereich der menschlichen Beziehungen Liebe, Freundschaft und Gesellschaft nicht Gegenstand von rechtlichen Vereinbarungen sein können.[31] Als Beispiele für gesellschaftli-

---

[24] *Brox/Walker*, Rn. 28; *Medicus*, Bürgerliches Recht, Rn. 46.

[25] *Larenz/Wolf*, § 22 Rn. 5; *Bork* in: Staudinger, § 145 BGB Rn. 2.

[26] Vgl. *Brox/Walker*, Rn. 83; *Schiemann* in: Staudinger, Eckpfeiler, 47.

[27] *Hepting*, Festschrift Köln, 209, 216; *Schiemann* in: Staudinger, Eckpfeiler, 53.

[28] Vgl. BGHZ 91, 324; BGHZ 109, 177; *Brox/Walker*, Rn. 83; *Schiemann* in: Staudinger, Eckpfeiler, 53 f.; vgl. auch *Wieacker*, JZ 1967, 385, 398.

[29] *Larenz/Wolf*, § 28 Rn. 18; *Schiemann* in: Staudinger, Eckpfeiler, 53.

[30] *Gonnermann*, 19; *v. Jhering*, JJ 18 (1880), 1, 92; *Willoweit*, JuS 1984, 909, 910; vgl. zu diesem Bereich auch *Comes*, 48 ff.

[31] RGZ 57, 250, 257; *Flume*, AT II, 82; *Gonnermann*, 19; *Hellwig*, AcP 86 (1896), 223, 226 f.; *v. Jhering*, JJ 18 (1880), 1, 92 f.

che Beziehungen werden die gemeinsame Reise, der Besuch einer Veranstaltung und eine Einladung genannt.[32] Bei diesen handelt es sich relativ eindeutig um gesellschaftliche Beziehungen.

Offen bleibt trotzdem die Frage, wie nun altruistische Handlungen einzuordnen sind, die nicht auf Basis eines bereits vorhandenen oder zumindest angebahnten gesellschaftlichen Verhältnisses i.S.v. Freundschaft oder Bekanntschaft erfolgen. Der Betreiber eines offenen Netzwerks stellt seine Geräte und die damit verbundenen Leistungen offen der Gemeinschaft zur Verfügung. Seine Handlungen sind vor allem sozial motiviert.[33] Bei der Entscheidung, ob man die Bereitstellung offener Netze in die vom *Reichsgericht* vorgezeichnete Kategorie der nicht rechtlich regelbaren Verhältnisse einordnen will, ist aber auch eine Folgenbetrachtung hilfreich:

Falls man bereits objektiv altruistische Verhältnisse wie das zwischen dem Betreiber des offenen Netzwerks und dem Nutzer als reine Gefälligkeit qualifiziert, wird den Beteiligten implizit die Möglichkeit genommen, sich bewusst für eine vertragliche Gestaltung zu entscheiden.[34] Die Zuwendung von Vermittlungsleistungen bzw. des Zugangs zum Netzwerk im Rahmen offener Netze könnte insofern in einer Parallele zu Open Source, Open Content etc. gesehen werden.[35] Bei diesen Konzepten handelt es sich ebenfalls um Angebote an die Öffentlichkeit, die zumindest in großen Teilen durch soziale Gesichtspunkte motiviert sind. Während Open Source und Open Content stark auf die Meinungsfreiheit nach Art. 5 Abs. 1 GG rekurrieren, basiert der Gedanke des Open Access wesentlich auf der Wissenschaftsfreiheit nach Art. 5 Abs. 3 GG. Vertreter offener Netzprojekte fühlen sich der Meinungsfreiheit und ihrer Ausübung stark verpflichtet. Zusätzlich spielen aber auch die allgemeine Handlungsfreiheit im Sinne der Freiheit, anderen Dienste anzubieten, sowie die Sozialbindung des Eigentums nach Art. 14 Abs. 2 GG eine wesentliche Rolle.[36] Aus der Nähe zu anderen offenen Konzepten lässt sich durchaus die Berechtigung für eine Vergleichbarkeit herleiten.

Open Source und Open Content basieren maßgeblich darauf, dass spezielle Lizenzverträge mit den Nutzern geschlossen werden.[37] Die Verträge dienen u.a. der Absicherung der Freiheit der geschaffenen Werke sowie der Rechtssicherheit.[38] Durch die Ersteller offener

---

[32] *Flume*, AT II, 82.

[33] S.o. S. 13 ff.

[34] Vgl. *Bork* in: Staudinger, § 145 BGB Rn. 80; *Comes*, 49.

[35] Zum Vergleich der Konzepte *Mantz*, in: Lutterbeck/Bärwolff/Gehring, Open Source Jahrbuch 2007, 413; s. auch schon o. S. 11.

[36] Ausführlich s.o. S. 13 ff.

[37] Meist auch bei Open Access, wobei darin eine Differenz zur sogenannten Berliner Erklärung liegen könnte, vgl. *Mantz*, in: Lutterbeck/Bärwolff/Gehring, Open Source Jahrbuch 2007, 413, 421.

[38] *Metzger/Jaeger*, GRURInt. 1999, 839, 840.

Werke wird unzweifelhaft der Schutz der Rechtsordnung in Anspruch genommen. Eine vollständige Rechtsaufgabe im Sinne eines Rechtsverzichts liegt gerade nicht im Interesse der
Werkschaffenden.[39] Zwischen Anbietern und Nutzern entsteht bei Open Source, Open Content etc. demzufolge eine vertragliche Sonderbeziehung, die gegenseitige Rechte und Pflichten
vorsieht und dem Schutz beider Parteien dient. Überträgt man diesen Umstand auf das Angebot offener Netze, so lässt sich jedenfalls nicht der Schluss ziehen, dass die unentgeltliche
Erbringung des Netzzugangs kategorisch die Annahme eines Vertragsschlusses verbietet. Sie
könnte eher als Indiz für einen Vertragsschluss dienen.

Das Mittel des Vertragsschlusses zur Regelung der Beziehung zu seinen Nutzern ist grundsätzlich auch dem Betreiber in einem offenen Netzwerk zu eröffnen.[40] Die Öffnung von offenen Netzen ist somit nicht als reine Gefälligkeit im Sinne der Theorie der objektiven Kriteren
einzuordnen. Die objektive Theorie wird durch seine starre Einordnung im Sinne einer Festlegung auf bestimmte Gruppen von Beziehungen einem flexiblen System wie den offenen
Netzen nicht gerecht.

b)   Subjektive Kriterien

Anstatt zu versuchen, über den Ausschluss bestimmter Rechtsverhältnisse zu einem Ergebnis
zu gelangen, könnte man die in der Rechtsgeschäftslehre verwendeten Methoden anwenden.
Abgrenzungskriterium ist nach dieser Auffassung, ob die Parteien eine Vereinbarung getroffen haben, der sie durch privatautonomen Rechtsbindungs- und Gestaltungswillen rechtliche
Wirkung zuweisen wollen.[41] Mittel zur Abgrenzung, die für jeden Einzelfall gesondert vorzunehmen ist, ist demzufolge die Auslegung der ausgetauschten Erklärungen, wobei für die
Beurteilung auf die Sicht eines objektiven Betrachters abzustellen ist.[42] Auf dieser Basis haben sich verschiedene objektive bzw. normative[43] Unterscheidungskriterien herausgebildet,

---

[39]   *Koch*, Computervertragsrecht, Rn. 2106; *Mantz*, MMR 2006, 784, 786; *Spindler*, Rechts-
       fragen bei Open Source, Kap. C Rn. 6; dies ist gerade die Idee des „Copyleft", dazu
       http://www.gnu.org/copyleft/copyleft.html (abgerufen am 28.2.2008).

[40]   Dass diese Möglichkeit auch von Betreibern offener Netze angedacht wurde, zeigt sich bereits an Nr. 4 und
       5 des Pico-Peering-Agreements, die Nutzungsbedingungen sowie Ergänzungen des Betreibers ausdrücklich
       vorsehen, s. ausführlich unten S. 119 ff.; *Comes*, 48 Bereiche Nr. 2 und 3, 57 nennt dies die Dispositivität des
       rechtsfreien Raums bzw. des „Ob" der Rechtsverbindlichkeit.

[41]   BGHZ 21, 102, 106; BGH NJW 1992, 498; *Bork*, Rn. 676; *Kramer* in: MünchKommBGB, vor §§ 241 BGB
       Rn. 30; *Oechsler*, Rn. 506; *Wolf* in: Soergel, vor § 145 BGB Rn. 88.

[42]   RG JW 1915, 18, 19; BGHZ 21, 102, 107; *Oechsler*, Rn. 506; *Alff* in: BGB-RGRK, vor § 241 BGB Rn. 8.

[43]   *Hepting*, Festschrift Köln, 209, 231; *Schmidt* in: Staudinger, Einl. zu §§ 241 ff. BGB Rn. 229.

die als Indizien für die Abgrenzung dienen sollen.[44] Unter diesen ist jedoch keines vorherrschend, die Abgrenzung erfolgt immer in einer Gesamtschau der vorliegenden Merkmale.[45] Wichtigstes Indiz, durch das die Abgrenzung meist überhaupt erst nötig wird, ist regelmäßig die Unentgeltlichkeit.[46] Dennoch sind Gefälligkeit und Unentgeltlichkeit grundsätzlich nicht voneinander abhängig.[47] Zusätzliche Kriterien sind Grund und Zweck, die wirtschaftliche und rechtliche Bedeutung der Handlung, insbesondere für den Empfänger, sowie das Risiko des Leistenden, Opfer einer völlig unverhältnismäßigen Haftung zu werden.[48] Zudem ist zu beachten, dass Gefälligkeiten des täglichen Lebens sowie solche, die im rein gesellschaftlichen Verkehr wurzeln, nicht in den rechtsgeschäftlichen Bereich einbezogen werden sollten.[49]

aa) Gesellschaftlicher Verkehr

Es ist demnach, ähnlich wie bereits bei der objektiven Abgrenzung,[50] zunächst zu untersuchen, ob das Angebot eines offenen Netzes im rein gesellschaftlichen Verkehr wurzelt und deshalb die Anforderungen an einen eventuell vorliegenden Rechtsbindungswillen erhöht sind. Im Gegensatz zu einer rein objektiven Beurteilung reicht hier nicht der Hinweis aus, dass es den Parteien vorbehalten sein soll, rechtsgeschäftliche Vereinbarungen zu treffen.[51] Vielmehr ist eine Einordnung und Gewichtung des gesellschaftlichen Charakters des Betriebs offener Netze in rechtlich bekannte Kategorien nötig, um die Auswirkungen auf die übrigen Indizien feststellen zu können.

Der Betreiber eines offenen Netzwerkknotens verfolgt in der Regel einen idealistischen Ansatz. Er bietet Vermittlungs- und Zugangsleistungen an die Allgemeinheit bzw. eine ihm unbekannte Menge und Anzahl Personen an. Ziel ist u.a. die gemeinschaftliche Vernetzung, aber auch die öffentliche Bereitstellung einer Ressource, die der Betreiber als essentiell für die Gemeinschaft erachtet.[52] Stellt man auf die nicht zuletzt auf Art. 5 Abs. 1, 2 Abs. 1, 14

---

[44] S. dazu im Einzelnen *Gernhuber*, 125; *Kramer* in: MünchKommBGB, vor §§ 241 ff. BGB Rn. 32; *Medicus*, BGB AT, Rn. 193; *Schmidt* in: Staudinger, Einl. zu §§ 241 ff. BGB Rn. 230 ff.; *Willoweit*, JuS 1984, 909, 910.

[45] BGHZ 21, 102; OLG Karlsruhe NJW 1961, 1866; *Balzereit*, 21; *Kramer* in: MünchKommBGB, vor §§ 241 ff. BGB Rn. 33; *Schröder*, 39.

[46] BGHZ 21, 102, 106; *Klünder*, 12; *Medicus*, Bürgerliches Recht, Rn. 365; *Wolf* in: Soergel, vor § 145 BGB Rn. 88.

[47] *Kost*, 74, 25.

[48] BGHZ 21, 102, 106; BGH NJW 1974, 1705, 1706 - Lottogemeinschaft; *Bork* in: Staudinger, vor § 145 BGB Rn. 81; *Wieacker*, JZ 1967, 385, 389.

[49] RGZ 128, 39, 42; BGHZ 21, 102, 107; hierin zeigt sich der Bezug auf objektive Kriterien.

[50] S.o. S. 97.

[51] S.o. S. 99.

[52] S.o. S. 13 ff.

Abs. 2 GG gestützte Motivation ab, handelt es sich somit um eine originär gesellschaftliche Handlung. Die Entwicklung von offenen Netzwerken beruht ganz besonders auf der gesellschaftlichen Vernetzung und der Erweiterung kommunikativer Freiheiten.[53] In der bisherigen rechtlichen Behandlung sind aber unter den Begriff des gesellschaftlichen Verkehrs vor allem soziale Kontakte gefasst worden. Die Einladung zu einem Abendessen oder einer Feier sowie das Angebot, die Kinder des Nachbarn zu hüten, beruhen hierbei auf einem bereits vorher bestehenden sozialen Kontakt.[54] Auch die Einladung von bisher unbekannten Personen dient demnach der Herstellung eines sozialen Kontakts. In offenen Netzen hingegen erfolgt zwar die Zuwendung des Netzes bzw. des Zugangs dazu auch an bekannte Personen, aber bereits von der Idee her wird auch völlig unbekannten Dritten der Zugang gewährt. Grundsätzlich bedingen offene Netze die Bildung von sozialen Gemeinschaften bzw. bezwecken diese. Der Zugang soll aber gerade offen sein und demzufolge auch unbekannten und anonymen oder pseudonymen Dritten zur Verfügung stehen.[55] Es muss kein direkter und persönlicher Kontakt zwischen dem Nutzer und dem konkret in Anspruch genommenen Betreiber bestehen. Der soziale Kontakt ist wünschenswert, und der Nutzer wird in aller Regel zur Kontaktaufnahme ermutigt. Ein Zwang dahingehend besteht allerdings nicht. Zudem ist die Situation denkbar, dass der Nutzer andere Mitglieder der Gemeinschaft kennt und sich aktiv in der Gemeinschaft engagiert, aber den Betreiber, über den er die Verbindung herstellt, nicht oder noch nicht kennt. Der Nutzer kann in diesem Fall unbekannt sein. Ein sozialer Kontakt muss nicht zwangsläufig bestehen oder entsteht eventuell erst später.

Es stehen sich somit die gesellschaftliche Motivation einerseits und die zumindest mögliche Unpersönlichkeit des Kontakts andererseits gegenüber. Während aus der Entwicklung und der Motivation die Bindung an den gesellschaftlichen Verkehr folgt, ist die tatsächliche Ausgestaltung nur schwer in die von der Rechtswissenschaft als gesellschaftlich zu qualifizierenden Tatbestände einzuordnen.

Soll unter diesen Voraussetzungen nun eine Folgerung für die rechtliche Behandlung im Sinne einer Gewichtung gezogen werden, so muss konsequenterweise konstatiert werden, dass eine solche nicht möglich ist. Wenn schon die Zuordnung zum gesellschaftlichen Verkehr nicht wenigstens überwiegend festgestellt werden kann, so dürfen hieraus keine Indizwirkungen gezogen werden.

Eine Entscheidung kann im vorliegenden Fall demzufolge nur auf die restlichen Indizien gestützt werden.

---

[53] S.o. S. 13; die kommunikativen Freiheiten stehen auch bei Open Source und Open Content im Vordergrund, vgl. *Mantz*, in: Lutterbeck/Bärwolff/Gehring, Open Source Jahrbuch 2007, 413.
[54] Vgl. BGH NJW 1968, 1574, 1575; *Gehrlein*, VersR 2000, 415; *Gernhuber*, § 7 I 2.
[55] S.o. die Aussage von *Jürgen Neumann*, S. 12.

bb) Unentgeltlichkeit

Das unentgeltliche Angebot einer ansonsten üblicherweise entgeltlichen Leistung spricht stark dafür, dass der vereinbarte Dienst aus Gefälligkeit erbracht wird. Dabei liegt Unentgeltlichkeit vor, wenn einer Leistung keine Gegenleistung gegenübersteht.[56] Allerdings weist das BGB auch unentgeltlichen Leistungsversprechen Rechtswirkung zu. So handelt es sich beim Auftrag nach § 662 BGB gerade um ein Schuldverhältnis, bei dem keine Gegenleistung zu erbringen ist. Für den Auftrag ist das Merkmal der Unentgeltlichkeit ein eindeutiges Abgrenzungskriterium zu Dienstleistungs-, Werk- und Maklerverträgen.[57] Während diese Differenzierung relativ einfach zu bewerkstelligen ist, führt sie gerade auf das Problem der Abgrenzung zwischen reinem Gefälligkeitsverhältnis ohne Rechtswirkung und dem Gefälligkeitsvertrag zurück.

Der Betreiber eines offenen Netzknotens nutzt die ihm zur Verfügung stehenden Kapazitäten, um Dritten den Zugang zum Internet zu gewähren. Er erwartet hierfür keine Gegenleistung in dem Sinne, dass sein Vermögen gemehrt wird. Die Förderung der Idee eines offenen, allgemein verfügbaren Netzes und die wachsende Bekanntheit und Nutzung seines Zugangspunkts könnten seine Anerkennung als „Entgelt" im nicht rechtlichen Sinn darstellen. Auch insofern besteht eine gewisse Paralle zum Hersteller von Open Source Software oder anderen offenen Werken.[58] Diese soziale Komponente kann jedoch nicht als Gegenleistung angesehen werden, zumal sie auch nicht vom Nutzer direkt herrührt, sondern vielmehr ein gesellschaftliches Phänomen darstellt. Auch beim Angebot von Funknetzen in Cafés oder anderen Lokalitäten wird aufgrund der Unentgeltlichkeit teilweise zumindest ein Gefälligkeitsverhältnis mit Rechtscharakter angenommen.[59]

Es handelt sich auch nicht um eine Leistung, für die ein Entgelt gar nicht verlangt werden könnte, und die nur aus diesem Grunde ohne Erwartung einer Gegenleistung angeboten wird. Der Zugang zum Internet sowie andere Vernetzungsleistungen sind im Normalfall Leistungen, die nur gegen Entgelt erbracht werden.[60]

Somit liegt die Erbringung einer unentgeltlichen Leistung vor. Diese spricht für ein Gefälligkeitsverhältnis.

---

[56] *Kallmeyer*, 10; *Kost*, 23.
[57] *Martinek* in: Staudinger, § 662 BGB Rn. 5.
[58] S.o. S. 11.
[59] So z.B. *Riehmer/Hessler*, CR 2000, 170, 172.
[60] *Schneider*, 157.

cc) Grund und Zweck

Weiteres Abgrenzungskriterium sind Grund und Zweck des Verhältnisses. Auch diese Merkmale bedingen eine Untersuchung der Motivation der Beteiligten. Dabei ist besonderes Augenmerk auf die Motivation des Leistenden zu richten, wobei auf die entsprechenden Erläuterungen verwiesen werden kann.[61] Dennoch ist eine weitergehende Untersuchung speziell einer weiteren Zweckverfolgung notwendig.

Auch die unentgeltliche Erbringung einer Dienstleistung kann dazu dienen, einen ferner in der Zukunft liegenden Zweck zu erfüllen.[62] Dieser kann z.b. in der Verpflichtung gegenüber einem Dritten bestehen. In §§ 812, 815 BGB hat der Fall gesetzlich Niederschlag gefunden, dass eine Leistung nur erbracht wird, um den anderen zu einem nicht geschuldeten Verhalten zu bewegen.[63] Läge eine solche Konstellation hier vor, würde dies gegen das Vorliegen einer Gefälligkeit sprechen.

Der Betreiber eines offenen Netzes verfolgt jedoch regelmäßig keine derart konkreten Ziele. Selbstverständlich ist das offene Angebot auch Werbung im weiteren Sinne. Nutzer des Netzes sollen animiert werden, im Rahmen ihrer Möglichkeiten selber feste bzw. dauerhafte Zugangspunkte zur Verfügung zu stellen, Dritte über das Projekt informieren und einbinden und so auf lange Sicht zu einer Vergrößerung und Stabilisierung der Gemeinschaft und des Netzwerks beitragen. Mit dem Versuch, Dritte aktiv in ein Pflichtverhältnis einzubinden, kann dies jedoch nicht verglichen werden. Die Teilnahme an offenen Netzen und die Bereitstellung des eigenen Knotens für das Routing von Paketen Dritter ist und bleibt eine originär freiwillige Entscheidung, zu der niemand gedrängt wird. Grund und Zweck des Verhältnisses deuten auf Seiten des Betreibers demnach auf ein Gefälligkeitsverhältnis hin.

Aus Sicht des Nutzers sind Grund und Zweck eventuell anders zu beurteilen. Möglicherweise stellt die Nutzung eine Unterstützung der Ziele des Betreibers dar. Andererseits könnte es auch lediglich die Nutzung eines kostenlosen Angebots sein, welches ansonsten nur gegen Entgelt oder, sofern kein Internetzugang durch kommerzielle Anbieter zur Verfügung steht, gar nicht erhältlich wäre. Eine eindeutige Auslegung ist kaum möglich. Die Betrachtung des Nutzers hilft insoweit im Hinblick auf Grund und Zweck der Gefälligkeit nicht weiter. Auch Grund und Zweck des Verhältnisses deuten demnach auf eine Gefälligkeit hin.

---

[61]   S.o. S. 13 ff.
[62]   RGZ 65, 17, 19.
[63]   *Condictio causa data causa non secuta*, vgl. *Westermann* in: Erman, § 812 BGB Rn. 50 ff.; *Sprau* in: Palandt, § 812 BGB Rn. 86 ff.

dd) Wirtschaftliche und rechtliche Bedeutung für die Beteiligten

Beim Austausch von Leistungen basieren die Entscheidungen der Beteiligten maßgeblich auf wirtschaftlichen und rechtlichen Beweggründen. Diese sind somit auch bei der Beurteilung eines Gefälligkeitsverhältnisses maßgeblich.[64] Beim Gefälligkeitsverhältnis treten die entsprechenden Interessen des Leistenden regelmäßig in den Hintergrund, besonderes Augenmerk ist demzufolge auf die wirtschaftliche und rechtliche Bedeutung des Verhältnisses für den Leistungsempfänger zu legen.[65] Auch zukünftige Umstände, die eventuell erst als Folge der Gefälligkeit eintreten, können auf die wirtschaftliche und rechtliche Bedeutung des Handelns hinweisen.[66] Beispiel dafür wäre, dass die Gefälligkeit zur Anbahnung weiterer Geschäfte dient.

Aus Sicht eines objektiven Betrachters ist demnach zu untersuchen, ob der Empfänger der Leistung sich erkennbar auf die Leistung verlassen hat bzw. verlassen durfte.[67] Für den Anbieter des Zugangs müsste dies zusätzlich erkennbar gewesen sein.

In Frage steht vorliegend die Nutzung des Netzzugangs. Sie beinhaltet den Zugriff auf Dienste des Netzwerks und häufig des Internet bzw. über das Internet sowie eventuell die externe Erreichbarkeit eigener angebotener Dienste.[68] Der Nutzer müsste demnach für den Betreiber erkennbar auf die Verfügbarkeit oder eine Mindestverfügbarkeit des Dienstes gebaut haben. Alternativ können auch weitergehende Interessen des Leistenden, hier also des Betreibers, in Betracht kommen.[69]

Um die wirtschaftliche und rechtliche Bedeutung des Angebots für den Nutzer konkret bestimmen zu können, ist zunächst eine abstrakte, vom Einzelfall losgelöste Einordnung sinnvoll. Die Nutzung des Internet ist an vielen Orten und unter verschiedenen Umständen möglich. Das spricht für eine eher geringere abstrakte Bedeutung. Häufig kommen jedoch Situationen vor, in denen ein Dienst akut benötigt wird, so dass der schnelle und unkomplizierte Zugang entscheidend ist. Gerade für solche Fälle ist die mobile und weitgehend ortsunabhängige Nutzung, z.B. durch Funknetze, konzipiert worden. Zudem ist es häufig von großem Interesse für den Nutzer, nicht nur irgend einen Zugang zum Internet, wie in einem Internet-Café zu erhalten, sondern vielmehr mit dem eigenen Endgerät eine Verbindung aufbauen zu können. Dies ermöglicht den Gebrauch spezieller Dienste, wie u.a. die Synchronisation oder

---

[64] BGHZ 21, 102, 107; OLGR Zweibrücken 2003, 242.
[65] BGHZ 21, 102, 107; OLGR Zweibrücken 2003, 242; *Gehrlein*, VersR 2000, 415.
[66] RGZ 65, 17, 19.
[67] BGH NJW-RR 1997, 1007; OLGR Zweibrücken 2003, 242; *Bork* in: Staudinger, vor § 145 BGB Rn. 81.
[68] Zu den diesbezüglichen Problemen der Erreichbarkeit von Serverdiensten s.o. S. 41.
[69] Vgl. RGZ 65, 17, 19; Planck, § 662 BGB Rn. 2; auch der BGH konzentriert sich nicht streng nur auf die Sicht des Leistungsempfängers, BGH NJW 1965, 2348, 2349; OLG München NJW-RR 1993, 215, 216; *Gehrlein*, VersR 2000, 415, 416.

Pflege von Daten von unterwegs aus. Grundsätzlich kann demnach der lokale Internetzugang durchaus große Bedeutung haben. Noch deutlicher zeigt sich dies, wenn speziell die Aufrechterhaltung des Dienstes betrachtet wird. Wird der Dienst plötzlich abgeschaltet oder gestört, so können dadurch wichtige Kommunikationsvorgänge gestört oder unterbrochen werden. Dies kann zur Folge haben, dass eine bedeutende Unterredung nicht fortgeführt oder nicht angebahnt werden kann, oder Daten in ihrer Integrität gestört werden. Schließlich kann die Nutzung des offenen Netzes die einzige Möglichkeit für den Nutzer darstellen, breitbandigen Internetzugang zu erhalten, weil kommerzielle Angebote in seinem Gebiet nicht existieren.

Verlässt sich der Nutzer also auf den Zugang und wickelt darüber Geschäfte ab, so kann durchaus von einer hohen Bedeutung des Netzzugangs für ihn persönlich ausgegangen werden. Zu beachten ist allerdings, ob sich der Nutzer überhaupt auf den Dienst verlassen darf und schließlich, ob der Anbieter erkennen konnte und musste, dass sich der Begünstigte auf das Angebot verlassen hat. Der Betreiber bietet den Zugang zum Internet kostenfrei an. Allerdings bedeutet auch die Nutzung eines unentgeltlichen Dienstes nicht, dass sich der Leistungsempfänger keinesfalls auf den angebotenen Dienst verlassen darf. Die Unentgeltlichkeit ist gerade auch zwingendes Tatbestandsmerkmal des verbindlichen Auftrags. Insofern kommt es weitgehend auf die Umstände des Einzelfalls an.

Auf der einen Seite könnte man der Ansicht sein, dass es auch auf die Beständigkeit des Angebots ankommt. Wird der Dienst über längere Zeit zuverlässig zur Verfügung gestellt, so dass ein gewisser Gewöhnungseffekt eintritt, so könnte es auch für den vorsichtigen Nutzer nahe liegen, sich nach Ablauf einer längeren Nutzungsperiode zunehmend auf den Dienst zu verlassen. Liegen für den Nutzer in einem solchen Fall keine Anhaltspunkte dafür vor, dass das offene Netz nicht dauerhaft bereit gestellt werden soll, so kann sich eine subjektive, also aus Sicht des Nutzers bestehende, Abhängigkeit bilden.

Dem könnte man aber entgegen halten, dass insofern eine Vergleichbarkeit der Funknetze zum Mobilfunk besteht. Bei der Mobiltelefonie wissen die Nutzer, dass das Angebot nicht überall besteht und durchaus durch externe Einflüsse gestört werden kann. Dieser Umstand schlägt sich teilweise in den Allgemeinen Geschäftsbedingungen (AGB) der Anbieter nieder.[70] Zusätzlich dürfte bekannt sein, dass offene Funknetze des WLAN-Standards grundsätz-

---

[70]   Vgl. Ziff. 1.9 Leistungsbeschreibung des E-Plus-Mobilfunkdienstes: „[...] Zeitweilige Störungen, Beschränkungen oder Unterbrechungen der Leistungen können sich auch in Not- und Katastrophenfällen, durch atmosphärische Bedingungen und geographische Gegebenheiten sowie funktechnische Hindernisse, Unterbrechung der Stromversorgung [...] ergeben", erhältlich unter http://www.eplus.de/agb/down/2006_-leistungsbeschreibung_laufzeit.pdf (abgerufen am 28.2.2008).

lich nicht als sicher einzustufen sind.[71] Über diesen Umstand wurde bereits mehrfach und ausführlich vor allem im Zusammenhang mit sogenanntem „War-Driving" berichtet.[72] Geht man in dieser Situation vom Empfängerhorizont des Nutzers aus, darf er sich nicht vollends auf die Verfügbarkeit und Sicherheit des Angebots verlassen. Auch wer nicht vom Phänomen offener Netze weiß, verlässt sich demnach in aller Regel nicht auf den Dienst und kann keine berechtigten Vertrauenserwartungen geltend machen. Zudem kann man argumentieren, dass das Angebot entgeltfrei erfolgt. Wenn keinerlei Gegenleistung erwartet wird, und keine anderweitige Finanzierungsart gewählt wird, so ist im Regelfall nicht davon auszugehen, dass der Anbieter das Risiko der dauerhaften Verpflichtung zur Aufrechterhaltung des Angebots auf sich nehmen will. Dazu kommt, dass häufig bereits die Bezeichnung des offenen Netzes, die durch das Funksignal publiziert wird, auf die Intention des Betreibers bezüglich der offenen Bereitstellung des Netzes hinweist. Der Nutzer kann daraus unschwer ersehen, dass es sich um ein privat und unentgeltlich, eben frei angebotenes Netzwerk handelt. Durch eine geeignete Wahl dieses Namens kann dementsprechend das möglich Entstehen von Vertrauen des Nutzers bereits hier verhindert werden. Ebenso wenig wie der Nachbar eines Cafés mit kostenlosem Hotspot auf den dauerhaften offenen und ungeschützten Betrieb des Knotens durch den Caféinhaber vertraut, kann eine wirtschaftliche Pflicht des Betreibers des offenen Netzwerks angenommen werden. Eine Vertrauensposition in dieser Hinsicht entsteht demzufolge nicht. Zudem ist selbst unter der Annahme, dass sich der Nutzer auf die Dauerhaftigkeit des Dienstes verlässt, nicht auf dessen subjektive Sicht, sondern gerade auf den Empfängerhorizont abzustellen.[73] Unter Beachtung der allgemeinen Erwartungen an Funknetze ist der Empfängerhorizont dementsprechend nicht dahingehend auszulegen, dass eine volle Verfügbarkeit und Sicherheit erwartet werden kann. Vielmehr muss aus Sicht eines objektiven Dritten der Betreiber die Einstellung des Nutzers erkennen können. Bei vertraglichen Vereinbarungen kann sich dies ebenso konkludent aus den Regelungen ergeben. Vernachlässigt man diese Gesichtspunkte, könnte der Betreiber ohne sein Wissen in eine rechtliche Pflicht gedrängt werden, die

---

[71]   Vgl. LG Hamburg MMR 2007, 763, 764; LG Mannheim MMR 2007, 537; LG Frankfurt a.M. ZUM 2007, 406; *Gietl*, ZUM 2007, 407, 408; *Mantz*, MMR 2006, 764, 765; allgemein zur Bekanntheit eines Sicherheitsproblem s.u. S. 224.

[72]   Vgl. u.a. *Bär*, MMR 2005, 434; *Dornseif/Schumann/Klein*, DuD 2002, 226; *Heidrich*, c't 13/2004, 102; Berichte beispielsweise WDR-Sendung vom 11.11.2004, dazu http://www.wdr.de/tv/service/technik/inhalt/20041111/b_2.phtml (abgerufen am 28.2.2008); *Reppesgaard*, DIE ZEIT v. 16.5.2002, 37; ARD-Ratgeber v. 10.4.2007 http://www.ard.de/ratgeber/multimedia/internet/wlan-kabelloser-traum/-/id=274506/nid=274506/did=146394/1cubkry/index.html (abgerufen am 28.2.2008).

[73]   Vgl. RGZ 96, 273, 276; BGHZ 36, 30, 33; BGH NJW 1984, 721; *Palm* in: Erman, § 133 BGB Rn. 1; *Larenz/Wolf*, § 28 Rn. 6.

er nicht beabsichtigt hat und auch nicht vorhersehen konnte. Ist hingegen für den Betreiber ersichtlich, dass sich seine Nutzer auf das Angebot eines offenen Netzes seinerseits verlassen könnten, so hat er die Möglichkeit, diesem von ihm eventuell nicht erstrebten Eindruck entgegen zu wirken.

Maßgeblich ist folglich die Erkennbarkeit des Vertrauenstatbestandes für den Betreiber. Problematisch ist allerdings, woraus sich diese Erkennbarkeit ergeben könnte. Hier stellen sich vor allem technische Probleme. Zum einen ist zunächst zu klären, wie der Betreiber die Einstellung der Nutzer überhaupt erkennen könnte, anschließend muss geprüft werden, ob dies für einen objektiven Dritten unter geringen Voraussetzungen erkennbar wäre.

aaa)   Methoden zur Erkennung der Motivation des Nutzers

Zu beachten ist, dass sich Nutzer und Betreiber nicht zwangsläufig direkt gegenüber stehen oder in eine unmittelbare Kommunikation eintreten. Manchmal fehlt sogar die Möglichkeit der Kontaktaufnahme, weil der Nutzer zwar die Verbindung über den Zugangspunkt des Betreibers herstellt, aber ansonsten keine Information zur Erreichbarkeit des Betreibers erhält. Anders liegt der Fall nur, wenn alle Nutzer zum Beispiel über eine Mailing-Liste kommunizieren, oder der Nutzer an regelmäßig stattfindenden Treffen teilnimmt und dadurch sowohl die Identität des Nutzers als auch des Betreibers offen gelegt wird.[74] Die Teilnahme an diesen Kommunikationsstrukturen ist zwar erwünscht, aber dennoch freiwillig. Vielmehr lässt sich bei Teilnahme des Nutzers an den Kommunikationsmöglichkeiten der Netzgemeinschaft in aller Regel der umgekehrte Schluss im Hinblick auf das Nichtvorliegen eines schützenswerten Vertrauens des Nutzers ziehen. Denn wer sich über die Gegebenheiten im offenen Netz informiert und darüber mit anderen austauscht, ist sich dessen bewusst, dass keiner der Betreiber eine Verfügbarkeitsgarantie anbieten will und anbieten kann.

Für den Betreiber stellt sich das Erkennungsproblem zusätzlich dadurch, dass ein Nutzer regelmäßig nicht dem Betreiber direkt mitteilt, dass er auf den Dienst angewiesen ist. In einem solchen Fall würde der Betreiber zudem entsprechende Verpflichtungen mit hoher Wahrscheinlichkeit zurückweisen. In diesem Zusammenhang ist nicht zu vergessen, dass die Betreiber von offenen Netzen diesen Dienst aus eigenen Mitteln, unter Aufwendung der eigenen Freizeit und ohne unmittelbare Gegenleistung erbringen. Da sich also ein möglicherweise bestehendes Vertrauen eines Nutzers auf die Verfügbarkeit des offenen Netzes nicht aus der unmittelbaren Kommunikation zwischen Betreiber und Nutzer ergeben wird bzw. ein entsprechendes Vertrauen nicht entstehen kann, könnte der Betreiber diesen Schluss lediglich aufgrund anderer Informationsquellen wie z.B. den Nutzungsgewohnheiten, die an seinem Kno-

---

[74]   Zu den Kommunikationsstrukturen offener Netze s.o. S. 20.

ten auftreten, ziehen. Zwischen den Anlagen des Betreiber und des Nutzers wird eine Funk-verbindung hergestellt. Als Informationen, die dem Betreiber über die Nutzung zur Verfügung stehen könnten, fallen mithin solche, die technisch gespeichert werden, also ein Log bzw. die Speicherung von Zugriffen. Theoretisch kann die Art der Nutzung, der Zeitpunkt und die Häufigkeit gespeichert werden. Problematisch ist, dass die Daten im Normalfall gar nicht oder maximal anonym und akkumuliert gespeichert werden.[75] Leicht abrufen lässt sich meist die Information, wie stark der Zugangspunkt ingesamt, also durch alle Nutzer gemeinsam, genutzt wurde, sprich Nutzeranzahl sowie verwendete Bandbreite über einen bestimmten Zeitraum. Aus diesen akkumulierten Daten lässt sich jedoch nicht auf die Motivation eines einzelnen Nutzers schließen, sondern eben nur auf die Nutzungsgewohnheiten der Gesamtheit der Nut-zer. Hinzu kommt, dass der Betreiber eventuell überhaupt keine Möglichkeit hat, auch diese Informationen einzusehen, weil sie nicht gespeichert werden. Nicht zuletzt ist die Speicherung von Daten, die dem Betreiber eine Identifikation des Nutzers ermöglichen, selbstverständlich datenschutzrechtlich relevant und nur unter relativ engen Voraussetzungen gestattet.[76] Bereits die technische Erkennbarkeit des Umstandes, dass sich der Nutzer auf den angebotenen Dienst verlässt, ist demzufolge kaum gegeben.

bbb)   Erkennbarkeit für den Betreiber bzw. den objektiven Dritten

Unabhängig von den technischen Schwierigkeiten hinsichtlich der Erkennung der Motivation des Nutzers ist die Erkennbarkeit aus Sicht eines objektiven Dritten zu beurteilen. Dafür ist auf den durchschnittlichen Dritten in der Rolle des Betreibers abzustellen.[77] Die Erkennbar-keit ist demnach objektiv auf der Basis der dem Betreiber zur Verfügung stehenden Daten zu ermitteln. Bereits die Verfügbarkeit der hierfür notwendigen Daten stellt wie gerade aufgezeigt wurde ein Problem dar. Selbst gesetzt den Fall, dass die Daten - eventuell unter Nichtbeach-tung der datenschutzrechtlichen Bestimmungen - gespeichert werden, ist zweifelhaft, ob den Betreiber eine Pflicht trifft, die Daten seines Log regelmäßig auf das Vorliegen bestimmter Auffälligkeiten zu untersuchen, die es für ihn erkenntlich machen könnten, dass sich einer seiner Nutzer auf seinen Dienst verlässt. Sofern nämlich zu untersuchen ist, ob überhaupt eine Rechtspflicht entsteht, kann nicht mit bereits vorher bestehenden Rechtspflichten argumen-tiert werden. Selbstverständlich darf sich der Betreiber nicht bewusst Tatsachen verschließen, die ihn im Umgang mit Dritten betreffen. Dies reicht jedoch nicht so weit, die Erkennbarkeit und damit die sich aus einem solchen entgegengebrachten Vertrauen ergebenden rechtlichen

---

75   Zur Identifizierung von Personen aufgrund von durch die Übertragung verfügbaren Daten s.o. S. 34 ff.
76   Zum Datenschutz s.u. S. 261 ff.
77   Vgl. RGZ 96, 273, 276; RGZ 119, 21, 25; RGZ 131, 343, 351; BGHZ 36, 30, 33; BGH NJW 1984, 721; *Palm* in: Erman, § 133 BGB Rn. 1; *Larenz/Wolf*, § 28 Rn. 6.

Pflichten anzunehmen, wenn der Betreiber nur durch die eingehende Untersuchung von zumeist nicht vorliegenden Log-Einträgen die für die Erkennbarkeit notwendigen Tatsachen einsehen kann. Besteht kein persönlicher Kontakt zwischen Nutzer und Betreiber, ist folglich für einen objektiven Dritten regelmäßig nicht erkennbar, ob sich der Nutzer auf das dauerhafte Angebot des offenen Netzes verlässt. Haben die Beteiligten von den Kommunikationsinfrastrukturen Gebrauch gemacht und kennen sich, ist ferner davon auszugehen, dass der Nutzer die Umstände des Betriebs des Knotens kennt und nicht auf den zuverlässigen und dauerhaften Betrieb vertraut.

ccc) Ergebnis

Das Kriterium der wirtschaftlichen und rechtlichen Bedeutung der angebotenen Leistung für den Leistungsempfänger spricht zumindest nicht gegen ein Gefälligkeitsverhältnis. Interessen des Betreibers, die gegen ein Gefälligkeitsverhältnis aufgrund von weitergehenden Interessen, z.b. durch Folgegeschäfte, sprechen, sind nicht ersichtlich. Ein Vertrauen des Nutzers in die dauerhafte Verfügbarkeit des Netzes kann im Zweifel durch entsprechende Wahl des Netzwerknamens oder Hinweise verhindert werden und dürfte in aller Regel nicht vorliegen.

ee) Wirtschaftliche Risiken des Leistenden

Als weiterer Gesichtspunkt wird durch die Rechtsprechung die Perspektive des Schuldners hervorgehoben. So soll es auch in Verhältnissen, die ohne weiteres durch Verträge, wie z.B. den Auftrag regelbar wären, für die Verbindlichkeit auch darauf ankommen, welchem wirtschaftlichen Risiko sich der Versprechende durch die rechtliche Bindung aussetzt.[78] Während das *Reichsgericht* noch vom hohen Wert einer aufbewahrten Sache, also der Sicht des Leistungsempfängers, auf ein vertragliches Übereinkommen schloss,[79] hat die Rechtsprechung mittlerweile den Blickpunkt auf die Schutzbedürftigkeit des Schuldners verlagert.[80]

Die Rechtsprechung stellt in diesem Fall die Interessen der Parteien einander gegenüber, wägt das wirtschaftliche Risiko und die Gegenleistung gegeneinander ab und schließt aus dieser objektiven Betrachtung auf die Motivationslage der Beteiligten. Im LOTTOGEMEINSCHAFTS-Fall, in dem der Beklagte unentgeltlich die wiederholte Tippabgabe besorgen sollte, wird gefolgt, dass ein Rechtsbindungswille von beiden Seiten nicht gewollt sein kann,

---

[78] BGH NJW 1974, 1705, 1706 - Lottogemeinschaft; OLG Köln OLGZ 1972, 213, 215; OLG München MDR 1999, 744.

[79] RG Das Recht 1923, Spalte 132.

[80] *Scheerer-Buchmeier*, 136.

und im Fall eines ausdrücklichen Übereinkommens die Risikoübernahme aufgrund des hohen Haftungsrisikos ausgeschlossen worden wäre.[81]

Für den Fall der Nutzung offener Netze ist somit herauszuarbeiten, ob wirtschaftliche Risiken einer bestimmten Größenordnung bestehen, weiter, ob sie maßgeblich einzubeziehen sind und schließlich, inwiefern die Risiken gegen eine rechtliche Bindung zwischen Betreiber und Nutzer sprechen.

Falls eine rechtliche Bindung angenommen wird, könnte der Nutzer vor allem wegen des Ausfalls der Verbindung und eines dadurch verursachten Schadens aufgrund entgangenen Gewinns Ansprüche stellen. Dies ist allerdings zumindest nicht hochwahrscheinlich und kann damit kaum die Parteien bei der Eingehung des Verhältnisses beeinträchtigen. Bei der Lottogemeinschaft war der Eintritt des Lottogewinns zwar ebenso sehr unwahrscheinlich, aber die Gemeinschaft hat sich insgesamt gerade wegen der Möglichkeit eines solchen Gewinns zusammengefunden. Die Teilnahme am Gewinnspiel und damit die Aussicht auf den Gewinn war das treibende Motiv der Beteiligten. Mindestens für den Betreiber eines offenen Netzes sind aber nicht die Geschäfte der Kunden, sondern die weitgehende Vernetzung für kommunikative und soziale Zwecke entscheidende Aspekte.[82] Dem *BGH* ist jedoch dahingehend zu folgen, dass der Betreiber die Verantwortungsübernahme ablehnen würde, wenn über Haftungsrisiko ausdrücklich gesprochen würde.

Allerdings könnte die Haftung des Betreibers gegenüber Dritten als wirtschaftliches Risiko anzusehen sein.[83] Möglich wäre, dass der Nutzer im Rahmen der Nutzung einen Dritten schädigt. Aufgrund der schwierigen Identifikation des Nutzers[84] wäre für diesen Fall der Betreiber der am ehesten greifbare Gegner des Verletzten. Je nach der Schwere des Eingriffs könnte sich der Betreiber auch Forderungen ausgesetzt sehen, die in der Höhe als wirtschaftliches Risiko im Sinne der Rechtsprechung anzusehen wären.

Dem ist allerdings in zweierlei Hinsicht entgegenzutreten. Zunächst handelt es sich für den Betreiber hauptsächlich um das Prozessrisiko, denn er steht in der Gefahr, beweisen zu müssen, dass nicht er, sondern der Nutzer für die Rechtsverletzung verantwortlich ist. Das Prozessrisiko trifft aber grundsätzlich jeden, es sollte demnach nicht für die Beurteilung dahingehend, ob ein Rechtsverhältnis vorliegt, herangezogen werden, solange sich dieses Risiko nicht bereits bei Eingehung des Verhältnisses abgezeichnet hat. Anders könnte dies nur zu beurteilen sein, wenn der Betreiber ein wesentlich erhöhtes „Sonderrisiko" zu tragen hätte. Zum anderen handelt es sich bei diesen Kostenrisiken um Risiken, die im Verhältnis des Be-

---

[81]   BGH NJW 1974, 1705, 1706 - Lottogemeinschaft.
[82]   Zu den Motiven s.o. S. 13 ff.
[83]   Zur Haftung des Betreibers gegenüber Dritten ausführlich s.u. S. 211 ff.
[84]   S.o. S. 34; zu Erhebungspflichten s.u. S. 268.

treibers zu (noch unbekannten) Dritten bestehen. Für die Frage eines Rechtsverhältnisses sind aber nur unmittelbare oder mindestens ersichtliche Ansprüche einzubeziehen. So wie die gegenseitigen Ansprüche nur *inter partes*, also zwischen den Beteiligten, Wirksamkeit entfalten, sollten unabsehbare außervertragliche Verhältnisse nicht auf dieser Ebene einbezogen werden. Aus der Betrachtung besonderer wirtschaftlicher Risiken des Betreibers lässt sich somit ein Rechtsverhältnis nicht vollends ausschließen. Aus dem Nichtvorliegen solcher Risiken kann jedoch nicht auf die Vereinbarung eines Rechtsgeschäfts geschlossen werden.

ff) Ergebnis

Im Rahmen der subjektiven Theorie sind im Wesentlichen fünf Indizien bzw. Merkmale geprüft worden. Keiner dieser fünf Punkte hat eindeutig für das Vorliegen eines rechtlich verbindlichen Verhältnisses gesprochen. Für das objektiv dominierte Kriterium der Einordnung des Verhältnisses in den gesellschaftlichen Verkehr lässt sich die Beziehung zwischen Betreiber und Nutzer in einem Netzwerk eher als eine gesellschaftliche ansehen. Aufgrund der Vielfältigkeit der Beziehungen soll jedoch in vorsichtiger Anwendung dieses Merkmals keine Aussage für oder gegen ein Gefälligkeitsverhältnis getroffen werden. Eindeutig für eine Gefälligkeitshandlungs spricht die unentgeltliche Erbringung der Leistung. Grund und Zweck der Erbringung der Leistung weisen unter Berücksichtigung der meist und überwiegend idealistischen und altruistischen Motivation des Betreibers ebenfalls auf eine Gefälligkeit hin. Eine beherrschende wirtschaftliche oder rechtliche Bedeutung der Leistung lässt sich ebensowenig ausmachen. Schlussendlich lassen sich die wirtschaftlichen Risiken für den Betreiber in diesem Stadium kaum ausmachen und deuten jedenfalls nicht essentiell auf die Notwendigkeit eines Rechtsverhältnisses hin.

Die Anwendung der subjektiven Theorie spricht demnach in der Summe seiner Kriterien in keinerlei Hinsicht gegen sondern vielmehr deutlich für das Vorliegen eines Gefälligkeitsverhältnisses zwischen Betreiber und Nutzer.

c) Vertrauensschutz

Zusätzlich zu den bisher aufgezeigten Ansätzen könnte man versuchen, die Abgrenzung zwischen einem Rechtsverhältnis und einem unverbindlichen Gefälligkeitsverhältnis auf der Basis von Vertrauensschutzgesichtspunkten zu treffen.[85] Anlass hierzu hat eine Entscheidung des *BGH* gegeben, die den Erklärungswillen als konstituierendes Element der Willenserklärung ablehnt und stark auf Vertrauensgesichtspunkte abstellt.[86] Während die durch den *BGH* in

---

[85] Dazu *Hepting*, Festschrift Köln, 209, 232 ff.
[86] BGHZ 91, 324.

BGHZ 21, 102 vorgezeichnete h.M. auf den Rechtsbindungswillen abstellt,[87] sei die Bedeutung des Rechtsbindungswillens zumindest nur die eines qualitativen Merkmals unter gleich-
wertigen anderen.[88] Die Abgrenzung zwischen Vertrag und Gefälligkeit beruhe nicht auf einem darauf gerichteten Willen, sondern einem Spruch der Rechtsordnung.[89] Jedem Versprechen, auch dem Gefälligkeitsversprechen sei der Wille, sich zu binden, immanent. Die Ab-
leitung einer rechtlichen Bindung sei daraus aber nicht möglich.[90] Kriterium für die Behandlung müsse vielmehr der Vertrauensschutz sein. Dieser führe in aller Regel zu mit der h.M.
identischen Ergebnissen.[91] Gerade für Fälle, in denen die Feststellung eines realen Rechtsbindungswillens schwierig ist, erleichtert die objektive Herangehensweise die Einordnung.
Demnach ist zunächst der Regelungsinhalt der Erklärungen durch Auslegung zu ermitteln,
dem schließt sich die Beurteilung an, welcher der beiden Beteiligten hiervon stärker in seinen
Interessen berührt ist. Ist dies der Versprechende, so liegt ein Gefälligkeitsverhältnis vor, bei
stärkeren Interessen des Versprechensempfängers muss der Versprechende die Erklärung als
rechtsverbindlich gegen sich gelten lassen.[92] Ohne dies so zu formulieren, geht auch der *BGH*
teilweise eben diesen Weg.[93] Die altruistische Zusage einer Leistung, also ohne Gegenleistung
oder Verfolgung eigennütziger Zwecke, spricht hierbei deutlich für den Vertrauensschutz des
Versprechenden,[94] wohingegen das Vorliegen einer Austauschbeziehung als „Seriösitätsindiz"
auf das Vertrauen des Leistungsempfängers hindeutet.[95]

Es sind demzufolge nach dieser Ansicht die betroffenen Interessen der Beteiligten an offenen Netzwerken gegeneinander abzuwägen: Der Betreiber eines offenen Netzes wendet seine
Infrastruktur offen und im hier untersuchten Fall unentgeltlich jedem zu, der daran Interes-

---

[87] S.o. S. 99.

[88] *Hepting*, Ehevereinbarungen, 266.

[89] *Hepting*, Festschrift Köln, 209, 231; ähnlich *Willoweit*, JuS 1984, 909, 916 und *Willoweit*, Abgrenzung,
102.

[90] *Hepting*, Festschrift Köln, 209, 231; *Hepting*, Ehevereinbarungen, 256 f.

[91] *Hepting*, Festschrift Köln, 209, 232; *v. Craushaar*, 36 ff.; kritisch *Canaris*, Die Vertrauenshaftung im deutschen Privatrecht, 412 ff.; insb. 416 ff.

[92] *Hepting*, Festschrift Köln, 209, 232; in bestimmten Fällen zumindest für Vertrauensschaden *Kallmeyer*,
119.

[93] So in BGH NJW 1974, 1705, 1706 - Lottogemeinschaft: „Würde man eine rechtliche Verbindlichkeit annehmen, so würde dies ein außerordentliches Schadensersatzrisiko mit sich bringen [...] jedenfalls würde
sie ihn [den Versprechenden] ungleich härter treffen [...]"; deutlich in BGH NJW 1979, 1595, 1597: „[...]
ein Vertragsverhältnis zustande gekommen, wenn ein potentieller Adressat auf die Auskunft vertraut [...]."

[94] *Hepting*, Festschrift Köln, 209, 233; a.A. zur Patronatserklärung an die Allgemeinheit *Habersack*, ZIP 1996,
257, 263.

[95] Ebenso die Erwägungsgründe in BGH WM 1977, 739, 740, wo die dauerhafte Beteiligung eines Oberarztes
an den Privateinkünften des Chefarztes für die „organisatorischen und medizinischen Leistungen" zu einem
schutzwürdigen Vertrauen des Klägers in eine Fortführung der geübten Praxis führte.

se hat. Dem Vertrauen des Betreibers, nicht auf die Aufrechterhaltung und Bereitstellung des Dienstes in Anspruch genommen zu werden, ist mithin Vorrang einzuräumen gegenüber einem eventuellen Vertrauen des Nutzers auf die dauerhafte Nutzung. Zudem kann regelmäßig davon ausgegangen werden, dass seitens des Nutzers gar kein Vertrauen in die zuverlässige und dauerhafte Bereitstellung des Netzwerks entsteht, da entweder der Netzwerkname bereits auf die private Bereitstellung hinweist oder über die Kommunikation mit dem Betreiber oder anderen Betreibern dieser Charakter deutlich wird.[96]

Auch aus Sicht eines Vertrauensschutzes liegt ein Gefälligkeitsverhältnis vor.

d) Erweiterung der subjektiven Theorie für altruistische Angebote an die Allgemeinheit?

Neben die aufgezeigten Ideen zur Einordnung von Gefälligkeitsverhältnissen könnte noch eine weitere Alternative treten, die sich aus den Besonderheiten des Ansatzes von offenen Netzen bzw. der großen Anzahl an Personen ergibt.

aa) Problemstellung

Alle bisher dargestellten Ansätze gehen, ebenso wie die Rechtsgeschäftslehre im allgemeinen, von personal klar umgrenzbaren Beziehungen aus. Das bedeutet, dass zumindest die Parteien des fraglichen Geschäfts, wenn auch nicht die rechtliche Qualität des Geschäfts, ohne weiteres ermittelbar sind. Bei offenen Netzen fehlt jedoch nicht nur die Klarheit und Offenlegung bezüglich des Rechtsbindungswillens der Parteien, zusätzlich ist die Verbindung teilweise eine anonyme, die eine Vielzahl von Personen einbezieht. Dies ist einerseits ähnlich den Beziehungen im Fernabsatz, andererseits erfolgt bei Geschäften im Fernabsatz[97] jedoch regelmäßig vor oder nach Vertragsschluss eine weitgehende Identitätsoffenlegung.[98]

In der Regel tauschen die Parteien spätestens nach Vertragsschluss entsprechende Daten zur Vertragserfüllung aus.[99] Ohne die Offenlegung der Identität wäre die Abwicklung der üblicherweise im Internet geschlossenen Verträge schließlich praktisch unmöglich. Bei offenen Netzen wird die Identität der beteiligten Personen nicht zwangsläufig offengelegt. Die Offenlegung ist ferner nicht notwendig, um die Leistung zu erbringen bzw. zu empfangen.[100]

---

[96] Vgl. o. S. 104 ff.
[97] Z.B. bei Internet-Auktionen OLG Oldenburg NJW 2004, 168.
[98] LG Osnabrück CR 2003, 293; *Spindler* in: Spindler/Wiebe, Kap. 6 Rn. 52.
[99] Zu Internet-Auktionen *Spindler* in: Spindler/Wiebe, Kap. 6 Rn. 52.
[100] Für den Fall der Anwaltshotline aufgrund der Anonymität für Vertrag mit dem Hotline-Betreiber *Metz*, MMR 1999, 447, 448 - vorliegend gibt es jedoch keinen solchen Mittler, der als alternativer Vertragspartner in Betracht käme.

Die Annahmeerklärung ist insofern nicht annahmebedürftig. Insofern ähnelt das Verhältnis bei offenen Netzen dem anonymen Verhältnis bei der Einräumung von Nutzungsrechten bei Open Source oder Open Content aufgrund von entsprechenden Lizenzverträgen. Der Anbieter weiß in diesen Fällen nicht genau, mit wem und des weiteren mit wie vielen Personen er ein Verhältnis eingeht. Wie oben dargestellt, werden bei Open Source etc. durchaus Verträge geschlossen.[101] Dafür wird das Angebot des Urhebers auf Abschluss des Lizenzvertrags im Werk bzw. in der Verbindung von Werk und Lizenzvertrag „gespeichert." Bereits diese Speicherung fehlt bei offenen Netzen. Von einer Perpetuierung der Willenserklärung kann insofern nicht die Rede sein. Ganz im Gegenteil würde das Abschalten des Netzknotens eine unmittelbare Rücknahme bzw. zumindest die Beendigung der Aufrechterhaltung der Erklärung bedeuten. Dennoch besteht eine Übereinstimmung darin, dass ein großer, teils unpersönlicher Adressatenkreis in eine Beziehung zum Anbieter tritt.

Dabei handelt es sich zunächst um ein rein faktisches Problem. Betrachtet man aber die Konsequenzen eines angenommenen Vertragsschlusses, so kommen auch rechtliche Schwierigkeiten hinzu. So könnte die Anfechtung eines solchen Vertrages problematisch für den Anfechtenden sein, weil sich der Anfechtungsgegner nicht oder nur schwer ermitteln lässt. Grund dafür ist, dass, wenn ein Vertrag vorliegt, die Anfechtung möglich sein muss.[102] In der Öffnung des Netzes durch den Betreiber kann eine Erklärung zu sehen sein,[103] wobei dadurch noch keine Aussage über ihren rechtlichen Charakter getroffen wurde. Diese kann der Nutzer, auch mit Rechtsbindungswillen, annehmen, wobei die Annahmeerklärung gerade nicht empfangsbedürftig ist.[104] Gemäß § 143 Abs. 2 BGB ist Anfechtungsgegner bei einem Vertrag der „andere Teil", also der Vertragspartner. Eine Ausnahme hiervon ist nur im Fall der arglistigen Täuschung nach § 123 Abs. 2 Satz 2 BGB vorgesehen.[105] Die Identität der Parteien liegt jedoch bei offenen Netzen nicht offen. Der Anfechtungsgegner ist somit in der Regel unbekannt. Eine Anfechtung wäre quasi nicht möglich. Allerdings sieht § 132 Abs. 2 Satz 1 BGB als Lösung für dieses Problem die öffentliche Zustellung der Anfechtungserklärung vor. Ist dem Anfechtenden die Identität oder der Aufenthaltsort des Anfechtungsgegner ohne eigene Fahrlässigkeit unbekannt, so soll die öffentliche Zustellung als Ausnahmefall möglich sein.[106] Es besteht zudem eine vorherige Nachforschungspflicht des Anfechtenden.[107] Nun könnte man es als fahrlässig ansehen, mit einem Unbekannten einen Vertrag einzugehen. Dies

---

[101] S.o. S. 85.

[102] *Balzereit*, 20.

[103] S.o. S. 95.

[104] S.o. S. 96.

[105] *Hefermehl* in: Soergel, § 143 BGB Rn. 9; *Wendtland* in: Bamberger/Roth, § 143 BGB Rn. 10.

[106] *Heinrichs* in: Palandt, § 132 BGB Rn. 3.

[107] *Hefermehl* in: Soergel, § 132 BGB Rn. 5.

geht jedoch zu weit. Sofern der Betreiber keine Kontaktmöglichkeit vorsieht, ist dem Nutzer kein Vorwurf zu machen. Direkte Folge wäre dann jedoch für alle ähnlich gelagerten Fälle bei Annahme eines Vertragsschlusses, dass die Anfechtung nur über § 132 Abs. 2 Satz 1 BGB vorgenommen werden kann. Die eigentlich als Ausnahme vorgesehene Regelung würde für eine Vielzahl von Verträgen zur Regel. Die Annahme eines Vertrages bei offenen Netzen würde demzufolge in einer Vielzahl rechtlicher Problemfälle resultieren.

bb) Lösungsansatz

Fraglich ist, ob sich aus diesen Umständen die Möglichkeit ergibt, die rechtliche Einordnung an andere oder weitere Voraussetzungen zu knüpfen, um Verhältnisse wie die hier vorgestellten besser fassen zu können. Zu bedenken ist, dass es sich hierbei nicht um die Schließung einer Gesetzeslücke über die Methoden der Analogie oder der teleologischen Reduktion handelt, da es sich lediglich um die Bestimmung der Voraussetzungen eines Tatbestandsmerkmals, hier der Willenserklärung, handelt.[108]

Denkbar wäre, eine rechtliche Bindung nur dann anzunehmen, wenn die Parteien deutlich, mindestens konkludent, zum Ausdruck gebracht haben, dass eine Rechtsbindung tatsächlich gewollt ist. Hierbei sollten allerdings an die konkludente Erklärung höhere Anforderungen zu stellen sein, als dies normalerweise der Fall ist. Während die Rechtsgeschäftslehre z.B. in der *protestatio*-Lehre[109] geringe Anforderungen stellt, und u.a. zum Schutz des Rechtsverkehrs unter bestimmten Voraussetzungen Erklärungen annimmt, sollte bei idealistischen bzw. altruistischen Angeboten an eine Vielzahl im Einzelfall häufig unbekannter Personen zunächst davon ausgegangen werden, dass keine rechtliche Bindung gewünscht ist. Zusätzlich zu den von der Rechtsprechung aufgestellten Indizien für oder gegen ein Rechtsverhältnis würde demnach das offene Angebot an die Allgemeinheit als starkes Indiz gegen einen Rechtsbindungswillen gewertet. Insofern enthält dieser Ansatz eine Modifikation der subjektiven, aber mit objektiven Komponenten angereicherten, Ansicht der h.M. Unter bestimmten objektiven Voraussetzungen sollen die subjektiven Bedingungen anders bewertet werden. Ziel der Modifikation ist eine erleichterte Behandlung der Verhältnisse in offenen Netzwerken, die durch das Fehlen unmittelbarer persönlicher Kommunikation bei Aufbau der Verbindung sowie einen unüberschaubaren Personenkreis gekennzeichnet sind.

Bevor eine Verbindlichkeit angenommen wird, sollte demnach das Gesamtbild über einzelne Indizien hinaus für einen Rechtsbindungswillen sprechen. Es müssten deutliche Indizien

---

[108] Vgl. *Schmidt* in: Staudinger, Einl. § 241 Rn. 215, 158.

[109] BGH NJW 2000, 3429; BGH NJW 2003, 3131; BAG ArbRB 2005, 232; *Armbrüster* in: Erman, vor § 145 BGB Rn. 43; *Medicus*, Bürgerliches Recht, Rn. 75; *Wolf* in: Soergel, vor § 145 BGB Rn. 104; *Schiemann* in: Staudinger, Eckpfeiler, 46.

für einen gewollten Vertragsschluss sprechen. Insofern handelt es sich bei diesem Vorschlag um eine strengere Anwendung der durch die subjektive Theorie aufgestellten Kriterien für den Fall, dass ein altruistisches Angebot an die Allgemeinheit vorliegt.

cc) Ergebnis

Die subjektive Theorie ist anhand von kleinen, relativ leicht eingrenzbaren Beziehungen entwickelt worden. Die Erweiterung für unübersehbare Verhältnisse zwischen einer Vielzahl von Personen, die aus idealistischen Motiven bestimmte Leistungen erbringen, kann die Einordnung erleichteRn. Vorliegend deckt sich das Ergebnis der Modifikation mit der konsequenten Anwendung der subjektiven Theorie. In offenen Netzen, in denen keine ausdrückliche Regelungsgrundlage oder Absprache getroffen wird, liegt ein Gefälligkeitsverhältnis vor.

e) Ergebnis

Die Motivation von Nutzer und Betreiber dominiert die Beurteilung des Verhältnisses zwischen ihnen. Für die Einordnung der Beziehung haben sich im wesentlichen drei Theorien entwickelt, namentlich die objektive und subjektive Theorie sowie die Beurteilung aus Vertrauensschutzgesichtspunkten. Vorliegend wurde zusätzlich eine Erweiterung der subjektiven Theorie für Fälle wie offene Netze vorgeschlagen. Während die objektive Theorie abgelehnt wurde, da sie für die Anwendung auf derart flexible Systeme schlicht zu starr ist und die freie Entscheidung der Beteiligten zu sehr einschränkt, ergab die Prüfung der übrigen Ansätze, dass jedenfalls ohne ausdrückliche Absprachen oder Regelungsgrundlagen zwischen dem Betreiber eines offenen Netzes und seinen Nutzern kein rechtlich zu qualifizierendes Rechtsverhältnis, sondern nur ein Gefälligkeitsverhältnis entsteht. Dieses Ergebnis wird der Intention der Beteiligten insofern gerecht, als nur eine soziale, aber keine rechtliche Verbindlichkeit entsteht.

4. Ergebnis

Der Betrieb eines offenen Netzes ohne entsprechende Regelungsgrundlage beruht in aller Regel auf einem reinen Gefälligkeitsverhältnis. Folge dieser Einordnung ist vor allem, dass seitens des Betreibers keine Pflicht zur Leistung besteht. Der gefällige Anbieter kann also sein Angebot jederzeit einstellen. Auch die Pflicht, einem einzelnen Nutzer unter vielen Nutzern den Zugang zu gewähren bzw. nicht zu verwehren, besteht nicht.

II. Verwendung von Peering Agreements

1. Einleitung

Eines der wichtigsten Charakteristika des Internet ist die starke „Verwebung" oder „Vermaschung" des Netzes, sprich die vielfache Verbindung von Computern und Netzen. Will ein Netzteilnehmer einen anderen erreichen, so werden die zur Kommunikation verwendeten Pakete über über eine Vielzahl von Zwischenstationen weitergeleitet, sofern ein Weg durch das Netz gefunden werden kann. Der Endnutzer selbst hat allerdings typischerweise nur eine Verbindung zu seinem Provider. Sollen Pakete auch die Kunden anderer Provider erreichen, so muss zunächst eine physische Datenverbindung zwischen den Providern hergestellt werden. Zusätzlich müssen die technischen Voraussetzungen getroffen werden, damit die Pakete auch tatsächlich angenommen und weitergeleitet werden, die eingesetzten Geräte müssen also dementsprechend eingestellt und konfiguriert werden.[110] Den Vorgang der Verbindungsherstellung und der Übernahme des Transports bezeichnet man als „Peering". Die rechtliche Grundlage dieser Übertragungen bilden vertragsrechtlich sogenannte „Peering Agreements".[111]

a) Grundlagen des Peering

Bei der Weiter- oder Durchleitung von Paketen anderer Anbieter in bzw. durch das eigene Netz wird unterschieden zwischen Peering und Transit. Während beim Peering in der Regel ungefähr gleich dimensionierte Anbieter ein solches Abkommen eingehen, erfolgt Transit verbunden mit Peering meist zwischen Providern unterschiedlicher Größe. Peering beinhaltet die Übernahme und Zustellung der Pakete eines fremden Providers zu den eigenen Kunden.[112] Bei Partnern, die von vergleichbarer Größe sind, wird der Datenverkehr erwartungsgemäß gleich hoch ausfallen. Die Parteien erheben deshalb gegenseitig kein Entgelt.[113] Es handelt sich i.d.R. um bilaterale oder multilaterale Abkommen von Providern.[114]

Im Gegensatz dazu können Provider auch bei anderen Anbietern den Zugang zu Netzen Dritter bzw. einem der großen Austauschpunkte zum Internet[115] einkaufen. Dadurch können

---

[110] *Petri/Göckel* in: Moritz/Dreier, Kap. B Rn. 156 f.; *Schneider*, 112.

[111] *Petri/Göckel* in: Moritz/Dreier, Kap. B Rn. 162.

[112] *Petri/Göckel*, CR 2002, 418, 420.

[113] *Petri/Göckel* in: Moritz/Dreier, Kap. B. Rn. 174.

[114] *Schneider*, 116; auch als „Netzwerkvertrag bezeichnet" *Jessen*, ZUM 1998, 282; auf den Unterschied zwischen Public und Private Peering wird hier nicht eingegangen, s. dazu näher *Petri/Göckel*, CR 2002, 418, 419; *Petri/Göckel* in: Moritz/Dreier, Kap. B Rn. 158 ff.

[115] In Deutschland z.B. DE-CIX in Frankfurt/a.M., http://www.decix.de (abgerufen am 28.2.2008).

sie alle ebenfalls an die internationalen Austauschpunkte angeschlossenen Adressaten erreichen, müssen allerdings für die Leistung ein Entgelt entrichten.[116] Dieser Vorgang wird als
„Transit" bezeichnet. Auf unentgeltlicher Gegenseitigkeit beruhendes Peering verringert somit das Datenaufkommen eines Providers, das auf der Grundlage von Transit-Vereinbarungen
übermittelt werden muss und reduziert in direkter Folge die Kosten für die beteiligten Partei-
en.[117] Als weiterer wichtiger Grund für den Aufbau solcher Verbindungen ist die Sicherheit
der Datenübertragung zu nennen. Sollte einer der Peering-Partner oder der direkte Anschluss
zum Austauschpunkt ausfallen, so kann über die (verbleibenden) Peering-Partner dennoch der
Datenverkehr bewältigt werden, so dass für den Provider Ausfallsicherheit besteht. Peering
Agreements dienen den Parteien folglich in mehrerlei Hinsicht. Die Betreiber sind auf dem
Markt zwar grundsätzlich als Wettbewerber vertreten, die durch die Verbindung realisierbaren
Vorteile bilden aber ausreichenden Anreiz für die Kooperation.[118]

Bestehen signifikante Unterschiede hinsichtlich der Kundenzahl bzw. der Größe der Netze, so wird der kleinere Anbieter aufgrund dieser geringeren Kundenzahl regelmäßig mehr
Datenverkehr in bzw. durch das Netz des Partners leiten müssen als umgekehrt. In diesen Fällen wird auch für das Peering ein Entgelt verlangt.[119] Es entsteht insofern eine Mischform
zwischen Peering und Transit.[120]

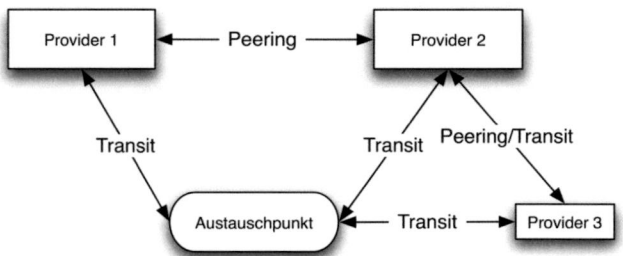

Abbildung 4.1: **Peering und Transit**

---

[116] *Petri/Göckel* in: Moritz/Dreier, Kap B. Rn. 173.
[117] Vgl. *Medosch*, in: Lutterbeck/Bärwolff/Gehring, Open Source Jahrbuch 2006, 389, 393.
[118] *Schneider*, 110.
[119] *Petri/Göckel* in: Moritz/Dreier, Kap B. Rn. 173; *Petri/Göckel*, CR 2002, 418, 422; *Schneider*, 116 f.
[120] *Petri/Göckel* in: Moritz/Dreier, Kap B. Rn. 176; s. insgesamt Abb. 4.1: Provider 1, 2 und 3 sind an den
       Austauschpunkt angeschlossen. Provider 1 und 2 haben in ungefähr die gleiche Größe und haben ein unent-
       geltliches Peering-Abkommen geschlossen. Provider 3 ist kleiner und ist mit Provider 2 über ein gemischtes
       Peering/Transit-Abkommen verbunden.

b) Das Pico Peering Agreement für freie Netze

Vor dem Hintergrund einer zunehmenden Anzahl von öffentlich zugänglichen offenen Netzwerkknoten sowie der Kenntnis des Konstrukts des kommerziellen Peerings wurde im Jahr
2002 für freie Netze das Pico Peering Agreement (PPA) entwickelt. Zwar existierten bereits
offen zugängliche Access Points, diese waren aber größtenteils nicht miteinander verbunden
und bildeten kein größeres bzw. flächendeckendes Netzwerk.[121] In dieser Situation entstand
der Bedarf nach einem Peering-Abkommen für freie Netze, das einerseits die Bedingungen
einer Zusammenfassung und andererseits die Definition offener Netze leisten sollte.[122]
Nr. 1 der Vereinbarung legt die wesentlichen Pflichten des Betreibers fest:

- Der Eigentümer bestätigt, freien Transit über seine freie Netzwerkinfrastruktur anzubieten.

- Der Eigentümer bestätigt, die Daten, die seine freie Netzwerkinfrastruktur
  passieren, weder störend zu beeinträchtigen noch zu verändern.

Das Pico Peering Agreement sollte demnach der Bildung von umfassenden und flächen-
deckenden offenen Netzen, aber auch der Vereinigung und Vergrößerung der Gemeinschaften
rund um offene Netze dienen, indem die Betreiber Peering anbieten. Die deutliche Formulierung von Punkten, über die grundsätzlich Einigkeit bestand, sollte den bisherigen Teilnehmern
die Situation erklären helfen und neuen Teilnehmern den Einstieg erleichteRn. Der Begriff „pico" soll dabei in Abgrenzung zu kommerziellen Peering Agreements den kleinen Maßstab des
Peering-Aufkommens verdeutlichen.

Das Pico Peering Agreement besteht aus drei Teilen: einer Präambel, der eigentlichen Vereinbarung und notwendigen Definitionen.[123] Es soll laut Satz 1 der Präambel die „minimale,
grundsätzliche Vorlage für ein Peering-Abkommen (Verbindungsabkommen, Bündnisabkommen) zwischen den Eigentümern individueller Netzwerkknoten" liefeRn. Satz 2 der Präambel
lautet:

„Das PPA ist eine formalisierte Beschreibung der Verbindung zwischen zwei
Netzwerk-Instanzen (peers). Eigentümer einer Netzwerkinfrastruktur machen von
ihrem Eigentumsrecht Gebrauch, indem sie ihr Einverständnis dafür geben, einen
Teil ihrer Infrastruktur für den freien Datenaustausch über ihr Netzwerk bereitzustellen."

---

[121]   *Medosch*, Freie Netze, 190.
[122]   Weiter zur Entstehung *Medosch*, Freie Netze, 190 ff.
[123]   Gesamttext s. Anhang S. 335.

c) Überlegungen zur Einbeziehung des Pico Peering Agreement

Durch die Verwendung des Pico Peering Agreement stellen sich einige Fragen bei der Bereitstellung von offenen Netzen neu. Nach den bisherigen Überlegungen ist der Betrieb von offenen Netzen, sofern er unentgeltlich und mit geringen Eintrittshürden erfolgt, in aller Regel als eine Gefälligkeit einzustufen.[124] Diese Einordnung hat starke Auswirkungen auf die rechtlichen Pflichten der Parteien. Durch den Einsatz des Pico Peering Agreement könnte eine Vertragsgrundlage bestehen, in die der Nutzer einwilligen kann bzw. muss. In der Folge könnten sowohl die Erklärungen des Betreibers als auch diejenigen des Nutzers verbindliche Willenserklärungen darstellen, die auf den Abschluss eines rechtswirksamen Vertrages mit entsprechenden Rechten und Pflichten gerichtet sind. Dies hätte eine deutliche Verschiebung der Verantwortlichkeiten zur Folge, die aber über vertragliche Beschränkungen seitens des Betreibers zumindest im Bereich der Haftung in die Richtung der entsprechenden Haftung bei Gefälligkeiten gerückt werden könnte.

Zu klären ist also, ob die Verwendung des Pico Peering Agreements auf einen Rechtsbindungswillen im Sinne der subjektiven Theorie[125] bzw. der modifizierten subjektiven Theorie[126] schließen lässt. Sollte dies der Fall sein, muss untersucht werden, ob und wie die Einbeziehung in den Vertrag gelöst wird bzw. werden kann sowie welche Rechtsfolgen die Einbeziehung hätte. Als Grundlage für die Beurteilung dienen die Fassungen des Pico Peering Agreement v1.0 in der deutschen und englischen Sprache.[127]

2. Rechtliche Bindung durch das Pico Peering Agreement

Der vertragsrechtlichen Einordnung von Verträgen auf Basis des Pico Peering Agreement voran stellt sich die Frage, ob durch die Verwender des Pico Peering Agreement eine rechtliche Bindung überhaupt gewollt ist. Hierfür sind grundsätzlich die gleichen Methoden anzuwenden, wie sie bereits bei der Beurteilung des Verhältnisses ohne jede Regelungsgrundlage genutzt wurden.[128] Vor diesem Hintergrund ist natürlich die Auslegung des Pico Peering Agreements unter Einbeziehung der Zielsetzung der Beteiligten wesentliche Argumentationsgrundlage.

Als ein wichtiger Gesichtspunkt zur Beurteilung der Intention des Betreibers, der das Pico Peering Agreement einsetzt, kann also die Auslegung des Pico Peering Agreement selbst die-

---

[124] S.o. S. 116.
[125] S.o. S. 99.
[126] S.o. S. 113.
[127] http://www.picopeer.net (abgerufen am 28.2.2008), Gesamttext im Anhang S. 335.
[128] S.o. S. 97 ff.

nen. Wer dieses nutzt und sich mit dessen Zielen identifiziert, wird auch mit den Regelungen und dessen Folgen einverstanden sein bzw. sie herbeiführen wollen. Deutet also der Inhalt des Pico Peering Agreement auf das Vorhandensein eines Rechtsbindungswillens hin, so ist dies ein starkes Indiz für einen entsprechenden Willen beim Betreiber. Im Einzelfall kann natürlich eine andere Beurteilung erforderlich sein, aber im Gegensatz zur Beurteilung des Betriebs von offenen Netzen ohne Regelungsgrundlage, wie er bisher vorgestellt wurde, würde ein solches Indiz eine Umkehrung der rechtlichen Einordnung bedeuten.

In Abs. 2 Satz 1 der Präambel des PPA wird klargestellt, dass es zwei Parteien gibt, die ein „Peering-Abkommen" oder Peering-Agreement schließen. Die Übersetzung als Abkommen lässt nicht unmittelbar auf einen Vertrag schließen. Auch der englische Begriff des „Agreement" kann nicht ohne weiteres zur Annahme eines Rechtsbindungswillens dienen, da es durchaus Peering Agreements gibt, die ausdrücklich nicht rechtsverbindlich sein sollen.[129] Grund dafür ist in aller Regel, dass die Parteien das Peering Agreement als lediglich technische Grundlage betrachten und ohnehin die Leistungseinstellung als einzige Sanktion für Zuwiderhandlungen ins Auge gefasst wird. Zu beachten ist aber, dass in einem solchen Fall der Rechtsunverbindlichkeit die Peering-Vereinbarung einen Verbindlichkeitsausschluss enthält,[130] den das Pico Peering Agreement im Gegensatz dazu nicht vorsieht. Abs. 2 Satz 2 der Präambel zeigt vielmehr, dass durchaus rechtliche Kategorien behandelt werden. So wird die Bereitstellung von Bandbreite auf das Einverständnis des Eigentümers und die Ausübung des Eigentumsrechts im Wege einer Einverständniserklärung gestützt. Dieses Einverständnis kann als Zustimmung i.S.v. § 858 BGB oder § 1004 BGB aufgefasst werden und schließt damit entsprechende Ansprüche des Besitzers bzw. Eigentümers aus.[131]

Nr. 1 PPA behandelt den freien Transit. Danach „bestätigt" der Eigentümer, dass er freien Transit durch sein Netz gewährt und die Daten weder verändert noch beeinträchtigt.[132] Er erklärt sich also bereit, Pakete, deren bester Weg zum Adressaten über seinen Netzwerkknoten verläuft, auch weiterzuleiten, also entsprechendes Routing anzubieten. In der englischen Fassung wird Nr. 1 PPA als „the owner agrees [...]" formuliert. Dies ist erheblich verbindlicher als die reine Bestätigung und verweist eher auf eine echte Vereinbarung.

Bedeutsam für das gesamte Werk ist insbesondere Nr. 3 PPA, die einen weitgehenden Haftungsausschluss enthält.[133] Danach ist jegliche Haftung ausgeschlossen, insbesondere kann

---

[129] Mit Beispielen *Schneider*, 111; a.A. wohl *Petri/Göckel* in: Moritz/Dreier, Kap. B Rn. 162 ff., 185.

[130] *Schneider*, 111.

[131] Eingehend dazu s.u. S. 190.

[132] Hierfür wird in der englischen Fassung „interfere" als Verb gewählt, das sehr umfassend Beeinträchtigungen bezeichnen dürfte.

[133] Dies wird bei kommerziellen Peering-Agreements grundsätzlich auch versucht. Peering erfolgt als „best effort", *Petri/Göckel* in: Moritz/Dreier, Kap. B Rn. 185.

der Dienst jederzeit eingeschränkt und eingestellt werden. Ob man allerdings von einem vollständigen Haftungsverzicht auf das Vorliegen eines Rechtsbindungswillens schließen darf, ist fraglich. So musste sich die Rechtsprechung meist damit beschäftigen, ob ein stillschweigender Haftungsverzicht anzunehmen ist.[134] Wenn allerdings stillschweigend bei einer Gefälligkeit ein Haftungsverzicht „vereinbart" sein kann, so kann die ausdrückliche Vereinbarung nicht Indiz für das Vorliegen eines Rechtsbindungswillens und damit des Ausschlusses eines Gefälligkeitsverhältnisses sein.

Nr. 4 PPA sieht vor, dass der Betreiber eine zusätzliche „akzeptierbare Use Policy" vorsehen kann. Wenn nun die Use Policy als rechtsverbindliche Vereinbarung oder Teil einer solchen anzusehen ist, so könnte sich dies dahingehend auswirken, dass das gesamte Pico Peering Agreement rechtsverbindliche Wirkung entfaltet. Eine „Policy" ist im allgemeinen eher eine Richtlinie, die also nicht per se verbindlich ist. Die „acceptable use policy" beinhaltet jedoch nicht nur Verhaltensrichtlinien, sondern sowohl das Element der Zustimmung sowie der Sanktionierung. Es wird dadurch klargestellt, dass der Dienst nur genutzt werden darf, wenn die Richtlinien anerkannt und befolgt werden. Viele Diensteanbieter behandeln solche Richtlinien als Teil der allgemeinen Geschäftsbedingungen.[135] Zudem geht ihre Wirkung klar über die Unverbindlichkeit einer Netiquette hinaus.[136] Als vorläufiges Ergebnis weist somit zum einen die Möglichkeit der Erweiterung mit AGB-ähnlichen Verpflichtungen auf den Vertragscharakter hin, zum anderen konkretisiert sich der Hinweis, sobald der Betreiber von dieser Möglichkeit Gebrauch macht.

In einer Gesamtschau wirkt das Pico Peering Agreement auch wie ein Vertrag bzw. wie eine Vorlage für allgemeine Geschäftsbedingungen. Eine Auslegung nach dem Empfängerhorizont entsprechend §§ 133, 157 BGB[137] geht folglich ebenfalls dahin, dass auf einen Rechtsbindungswillen geschlossen werden kann.

Als weitere Argumentationsgrundlage kann die Entstehungsgeschichte des Pico Peering Agreement dienen.[138] So war ein Ziel des Pico Peering Agreement die Schaffung von Rechtssicherheit im Sinne einer Realisierung der Verbindung von freien Netzen auch auf juristischer

---

[134] BGHZ 131, 288; BGH NJW 2003, 2018; BGH NJW-RR 1995, 857; BGH VersR 1978, 625; OLG Frankfurt NJW 2006, 1004; OLG Koblenz NJW-RR 2005, 1048; OLG Koblenz VersR 2003, 1184.
[135] *Jung*, in: Immenhäuser/Wichtermann, Vernetzte Welt - globales Recht, 153, 159; *Strömer*, Online-Recht, 42.
[136] Vgl. z.B. http://www.netplanet.org/netiquette/aup.shtml (abgerufen am 28.2.2008); zur Netiquette *Hoeren*, NJW 1998, 2849, 2852; *Jung*, GRURInt. 1998, 841, 587; „Verrechtlichung der Netiquette auf privatautonomer Basis" *Jung*, in: Immenhäuser/Wichtermann, Vernetzte Welt - globales Recht, 153, 159; *Strömer*, Online-Recht, 41.
[137] Eingehend s.o. S. 95.
[138] S. dazu insbesondere *Medosch*, Freie Netze, 190 ff.

Ebene.[139] Das Pico Peering Agreement wurde dementsprechend durchaus teilweise als Vertrag aufgefasst,[140] auch sollte ein rechtsgültiger Vertrag erstellt werden.[141] Es sollten allerdings mehrere Fassungen erstellt werden, wobei eine speziell auf die Bedürfnisse von Rechtsanwälten zugeschnitten werden sollte,[142] wodurch sich erneut die rechtliche Qualität des Pico Peering Agreement zeigt. Dieses Vorgehen ist ähnlich der Gestaltung bei Lizenzen im Rahmen von Open Content.[143] So werden z.b. bei Creative Commons-Lizenzen ebenfalls mehrere Versionen eines konkreten Lizenzvertrages angeboten, wobei diese sich insbesondere im Grad des Details unterscheiden. Während eine lediglich aus Bildern bestehende Version zusätzlich durch kurze erklärende Texte ergänzt wird, ist die rechtlich verbindliche Fassung als vollständiger Vertrag inklusive der Definition von Begriffen und der klaren Vereinbarung von Rechten und Pflichten gestaltet.[144] Aber nicht nur darin besteht eine Parallele zu Open Source oder Open Content. Bei der Gestaltung des Pico Peering Agreement wurde ausdrücklich diskutiert, dass das Pico Peering Agreement den Lizenzen bei Open Source und Open Content ähnlich ist und ähnliche Wirkungen entfalten soll.[145] Als Vorbilder sollten die GNU Documentation License sowie die Debian License dienen,[146] die als rechtswirksame Verträge einzuordnen sind.[147] Bereits bei der Schaffung des Pico Peering Agreement gingen die Beteiligten folglich davon aus, dass das Ergebnis ihrer Arbeit rechtsverbindlichen Charakter haben könnte.

Insgesamt ist das Pico Peering Agreement seiner Konzeption nach als eine Vertragsvorlage anzusehen. Zwar beinhaltet der Vertrag auch die jederzeitige Einstellung des Betriebs, dennoch werden rechtliche Grundfragen geklärt und festgelegt. Ein expliziter Ausschluss der Rechtsverbindlichkeit ist nicht vorhanden. Das Pico Peering Agreement soll in dieser Form insbesondere der Verbindung von Netzen dienen. Parteien können demnach zwei oder mehr Betreiber sein, die sich gegenseitig verpflichten, wobei ohne weiteres keine synallagmatischen

---

[139] *Medosch*, Freie Netze, 190; *Karabensch/Scheibe/Bühring*, Freie WLAN-Netze, 3.2.

[140] So z.B. *Medosch*, PicoPeering Vertrag - Grundsatzabkommen für globale Bürgernetzbewegung; ebenso *Jürgen Neumann* im Interview, http://www.politik-digital.de/edemocracy/netzkultur/wlan2.shtml (abgerufen am 28.2.2008); der Begriff „Vertrag" bzw. „Agreement" war den Gründern aber wohl teilweise zu formalistisch *Medosch*, Freie Netze, 191.

[141] *Medosch*, Freie Netze, 191.

[142] *Medosch*, Freie Netze, 192.

[143] Vgl. *Mantz*, in: Spindler, Open Access Publikationen, 55, 57.

[144] Eingehend *Mantz*, in: Spindler, Open Access Publikationen, 55, 57 ff.

[145] *Medosch*, Freie Netze, 192; *Medosch*, in: Lutterbeck/Bärwolff/Gehring, Open Source Jahrbuch 2006, 389, 400.

[146] *Medosch*, Freie Netze, 192.

[147] Vgl. zur GPL LG München I MMR 2004, 693 m. Anm. *Hoeren*, CR 2004, 776; *Kreutzer*, MMR 2004, 695; *Metzger*, CR 2004, 778; LG Frankfurt CR 2006, 729 m. Anm. *Grützmacher*, CR 2006, 733.

Pflichten bestehen,[148] sofern nicht spezielle Richtlinien im Sinne der „akzeptierbaren Use Policies" aufgenommen wurden. Die gegenseitige Anerkennung unter Betreibern wirkt jedoch unter anderem im Gegenseitigkeitsverhältnis,[149] so dass sich hieraus keine Bedenken gegen die Rechtsverbindlichkeit ableiten lassen. Das Pico Peering Agreement ist daneben auch für den reinen Nutzer relevant, der darin eine Grundlage seines Verhältnisses zum Betreiber findet. Durch Verwendung des Pico Peering Agreement wird demnach eine rechtliche Verbindung hergestellt.

3. Das Pico Peering Agreement als Auslobung nach § 657 BGB

An die Rechtsverbindlichkeit des Pico Peering Agreement schließt sich die Frage der Rechtsgestaltung an. So könnte das Pico Peering Agreement ein einseitiges und dennoch verbindliches Regelwerk darstellen, das als Auslobung im Sinne von § 657 BGB zu klassifizieren ist. Grund dafür könnte die Gestaltung der Vorlage als einseitiges Versprechen oder jedenfalls Versprechen ohne definitive Gegenleistung bzw. ohne Gegenseitigkeit der Leistung sein. Der Betreiber des offenen Netzes könnte durch die Öffnung seines Netzes ein Angebot an die Allgemeinheit abgeben, das einen Bezug zur Auslobung nahe legen könnte. Es ist also zu prüfen, ob durch das Pico Peering Agreement die Voraussetzungen der Auslobung erfüllt werden.

Die Auslobung wird durch eine Erklärung an die Allgemeinheit, nämlich die öffentliche Bekanntmachung, eingeleitet. Damit stellt sie eine Ausnahme im System des BGB dar, nach dem grundsätzlich Rechtsverhältnisse jeweils zwischen mindestens zwei Parteien durch entsprechende Willenserklärungen geschlossen werden.[150] Entsprechend § 657 BGB müsste der Betreiber mit Verwendung des Pico Peering Agreement also eine Belohnung für eine Handlung mittels einer öffentlichen Bekanntmachung aussetzen.

a) Folgerungen aus der Behandlung von Patronatserklärungen

Als erstes Merkmal einer Auslobung müsste also eine Partei eine entsprechende Verpflichtungserklärung abgeben. Diese könnte in der Verwendung des Pico Peering Agreement zu sehen sein, wobei dann die Freigabe des Pico Peering Agreement als Erklärung an die Allgemeinheit anzusehen wäre.

---

[148] Dies gilt aber auch für die sog. unvollkommen zweiseitigen Verträge wie z.B. die Leihe, *Wagner* in: Bamberger/Roth, § 598 BGB Rn. 2.
[149] Ebenso *Adam Burns* bei der Arbeit am Pico Peering Agreement: „wechselseitige Verantwortlichkeit", *Medosch*, Freie Netze, 193.
[150] Mot II, 519; *Gernhuber*, § 6 5; *Larenz*, Schuldrecht II/1, § 55; *Bergmann* in: Staudinger, § 657 BGB Rn. 15.

Ähnlich dieser Situation ist die Patronatserklärung eines Konzerns für eine Tochtergesellschaft, bei der ebenfalls diskutiert wird, ob es sich um eine Auslobung handeln könnte. Wenn die Patronatserklärung als eine bekannte Erklärung an einen größeren Personenkreis als Auslobung aufzufassen wäre, so könnten sich daraus Schlüsse auch für den Einsatz von Vertragsvorlagen wie des Pico Peering Agreement gegenüber der Allgemeinheit ergeben.

Eine Patronatserklärung ist allgemein ein Mittel der Kreditsicherung.[151] Dabei verspricht folglich die Konzernmutter gegenüber der Allgemeinheit, für die Verbindlichkeiten der Tochter einzustehen bzw. wenigstens dafür Sorge zu tragen, dass die Konzerntochter die Verbindlichkeiten wird bedienen können.[152] Auch hier ist die Verknüpfung von Handlung und Belohnung nicht so deutlich wie z.b. bei einem Preisausschreiben oder der Auslobung eines Finderlohns. Zudem werden auch diejenigen Gläubiger geschützt, die bereits Verbindlichkeiten bei der Konzerntochter haben, so dass von ihrer Seite keine weitere Handlung erforderlich ist. Vielmehr ist die Kreditvergabe an die Tochtergesellschaft zusätzlich abgesichert, eine Belohnung im engeren Sinne wird somit nicht versprochen. So könnte die Patronatserklärung an die Allgemeinheit als Auslobung einzuordnen sein, da sowohl die gegenwärtigen als auch die künftigen Gläubiger in den Schutzbereich der Erklärung einbezogen werden sollen.[153] Dafür könnte auch eine Entscheidung des *Bundesarbeitsgerichts* sprechen, nach der das Ruhegeldversprechen des Arbeitgebers auch gegenüber Arbeitnehmern Wirkung entfalten soll, die, wie im Falle des § 657 BGB, von diesem Versprechen keine Kenntnis haben.[154]

Dagegen spricht aber insbesondere, dass gegenüber gegenwärtigen Gläubigern eine Verpflichtung begründet wird, die ihrerseits keine weitere Handlung mehr erfordert.[155] Diese Gläubiger können gerade nicht die Schutzwürdigkeit ihrer Rechtsposition geltend machen, da sie die Verbindlichkeit nicht im Vertrauen auf die Patronatserklärung der Konzernmutter eingegangen sind.[156] Auch das *Bundesarbeitsgericht* hat seine entsprechende Ansicht aufgegeben und verlangt nunmehr ebenfalls das Vorliegen eines Einzelvertrages.[157] Die Haftung aufgrund einer Patronatserklärung kann demnach nicht als Begründung der Einordnung als Auslobung herangezogen werden. Für die Behandlung des Pico Peering Agreement lassen sich somit keine direkten Schlüsse ziehen.

---

[151] BGH, Urt. v. 25.11.1991 - III ZR 199/90, BGHR BGB § 305 Patronatserklärung 1; OLG Düsseldorf NJW-RR 1989, 1116; OLGR München 2003, 220; *Schnellecke*, 5.
[152] OLG Düsseldorf NJW-RR 1989, 1116; *Schnellecke*, 7.
[153] *Schneider*, ZIP 1989, 619, 624.
[154] *Schneider*, ZIP 1989, 619, 624 unter Verweis auf BAGE 14, 126 = NJW 1963, 1996; ebenso *Hilger*, 70.
[155] *Habersack*, ZIP 1996, 257, 261.
[156] *Habersack*, ZIP 1996, 257, 262.
[157] *Habersack*, ZIP 1996, 257, 262 unter Verweis auf BAG AP Nr. 17 zu § 77 BetrVG 1972, C II 1; ebenso *Richardi* in: Richardi/Wlotzke, § 12 Rn. 39 ff.; *Zöllner/Loritz*, 71.

b) Vergleich mit der Vertragsgestaltung bei Open Source und Open Content

Es bestehen auch weiter Zweifel, ob durch den Einsatz des Pico Peering Agreement überhaupt unmittelbar eine Verpflichtungserklärung abgegeben werden soll. Nachteil dieser Lösung wäre schließlich, dass der Anbieter mit jedem aus dem Kreise der Allgemeinheit ein entsprechendes Rechtsverhältnis eingehen würde, der die ausgelobte Handlung vornimmt.

In diesem Zusammenhang kann eine Betrachtung der Rechtsgestaltung bei Open Source- und Open Content-Lizenzen hilfreich sein, zumal diese auch als Vorbild bei der Entstehung des Pico Peering Agreement dienten.[158] Es besteht eine starke Ähnlichkeit zwischen diesen Ansätzen und offenen Netzen insofern, dass der Vertragsschluss in aller Regel zwischen Personen erfolgt, die sich nicht kennen. Bei Open Source und Open Content wird hierfür das Werk mit einem Lizenzvertrag derart verknüpft, dass derjenige, der das Werk erhält, ohne weiteres eine vertragliche Beziehung aufbauen kann. Es handelt sich jedoch nicht um eine Auslobung im Sinne von § 657 BGB,[159] sondern um einen Individualvertrag zwischen dem Rechteinhaber und dem Nutzer.[160] Hierfür gibt der Rechteinhaber ein entsprechendes Angebot auf Abschluss des Lizenzvertrages ab. Dieses Angebot wird in dem Dokument, sprich der Verbindung von Werk und Lizenzvertrag, „gespeichert".[161] Der Nutzer kann anschließend den Vertrag mittels einer ausdrücklich oder konkludent geäußerten Annahmeerklärung annehmen, wobei gemäß § 151 Satz 1 2. Alt. BGB auf den Zugang der Annahmeerklärung verzichtet wird.[162] Hierin besteht ein Unterschied zum Vertragsschluss bei vielen Verträgen, die mittels der Methoden der Telekommunikation geschlossen werden. Während üblicherweise nur eine *invitatio ad offerendum* vorliegt,[163] die also dem potentiellen Konsumenten die Abgabe des Angebots überlässt, verlagert sich dies bei Open Source- und Open Content-Lizenzen im Wege eines Angebots *ad incertas personas* hin zu einer Annahme direkt durch den Nutzer. Da bei Computerprogrammen und digitalen Werken eine unbeschränkte Vervielfältigung möglich ist, entfällt die Notwendigkeit der Überprüfung der Verfügbarkeit wie beim Vertrieb von Produkten seitens des Anbieters.[164] In dieser Konstellation, in der der Nutzer unmittelbar das

---

[158] S.o. S. 122.

[159] Zu Open Source *Metzger/Jaeger*, GRURInt. 1999, 839, 847.

[160] Vgl. o. S. 85.

[161] Zu Open Content *Mantz*, in: Spindler, Open Access Publikationen, 55, 73; grundsätzlich zur Abgabe von Willenserklärungen mittels Dokumenten *John*, AcP 184 (1984), 385, 401 ff.

[162] *Jaeger/Metzger*, Open Source Software, 148 f.

[163] BGH NJW 2005, 976, 977; AG Butzbach MMR 2002, 765; *Aigner/Hofmann*, Rn. 91; *Ann*, in: Hohl/Leible/Sosnitza, Vernetztes Recht, 53, 66 f.; *Ernst*, Vertragsgestaltung im Internet, Rn. 11; *Jessen*, ZUM 1998, 282, 290; *Kuhn*, 111 f.; *Säcker* in: MünchKommBGB, Einl. Rn. 176; *Muscheler*, Jura 2000, 565, 568.

[164] *Jaeger/Metzger*, Open Source Software, 148.

Angebot annehmen kann, besteht eine starke Ähnlichkeit zur öffentlichen Bekanntmachung bei der Auslobung.

Allerdings wird bei offenen Netzwerken im Gegensatz zu Open Source und Open Content nicht ein Werk angeboten, sondern vielmehr eine Dienstleistung im weiteren Sinne. Zwar liegen die Werke meist nur elektronisch vor, und Inhalt des Rechtsgeschäfts ist die Übertragung von unkörperlichen Rechten, dennoch lassen sich die Rechte eher fassen und beschreiben als die Zugangsberechtigung bzw. Nutzungsberechtigung zu einem Netzwerk. Problematisch ist demnach vor allem die Verbindung der abgegebenen Willenserklärung mit einem, wenn auch unkörperlichen, Erklärungsobjekt, also die Speicherung.

Zur Vereinfachung soll zeitweise angenommen werden, dass der Betreiber vor der Nutzung das Pico Peering Agreement einblendet. Darin liegt keine unzulässige Beschränkung des Sachverhalts. Die Ergebnisse, die sich daraus herleiten lassen, gelten vielmehr auch für den Fall, dass die Einblendung nicht erfolgt. Wie der Nutzer Kenntnis vom Pico Peering Agreement erhält, spielt in diesem Zusammenhang keine Rolle. Zusätzlich wird durch diese Annahme eine Vergleichbarkeit zu Open Source und Open Content hergestellt. Nun könnte bereits in der Einblendung der Vereinbarung das Angebot zu sehen sein. Eine Speicherung des Willens des Betreibers würde im Zugangsgerät, also beim Erklärenden, erfolgen und mit dem Aufruf des Nutzers diesem präsentiert. Nach *John* würde darin allerdings keine tatsächliche Speicherung liegen, da wesentliches Merkmal der Speicherung die dauerhafte Verfügbarkeit des Erklärungsinhalts beim Empfänger ist,[165] und die Erklärung gerade nur in der Konfiguration des Zugangsgeräts abgelegt wurde. Wenn aber keine entsprechende Speicherung vorliegt, ist diese Fallkonstellation ebenso zu behandeln wie ein entsprechender Abschluss eines Zugangsvertrages mit einem Access Provider. Beim Access Provider - zumindest bei Call-by-Call-Anbietern - handelt es sich bei der Bereitstellung des Zugangs, auch in Verbindung mit entsprechenden AGB, aber lediglich um eine *invitatio ad offerendum*.[166] Eine Vergleichbarkeit mit einem Call-by-Call-Anbieter ist insofern auch gegeben, da nach der hier vorgenommenen Annahme vor jeder Nutzung das Pico Peering Agreement eingeblendet würde. Ebenso wie beim Vertrieb von Produkten muss der Access Provider die Möglichkeit haben, zunächst zu überprüfen, ob er den gewünschten Dienst aktuell überhaupt anbieten kann.[167] Bei einer Vergleichbarkeit mit

---

[165] *John*, AcP 184 (1984), 385, 403; ebenso *Ann*, in: Hohl/Leible/Sosnitza, Vernetztes Recht, 53, 60.

[166] *Ann*, in: Hohl/Leible/Sosnitza, Vernetztes Recht, 53, 66 f.; *Ernst*, Vertragsgestaltung im Internet, Rn. 11; *Hoeren*, MMR 1999, 192, 198; vgl. *Spindler* in: Spindler, Vertragsrecht der Internet-Provider, Kap. IV Rn. 87, 267.

[167] Vgl. *Spindler* in: Spindler, Vertragsrecht der Internet-Provider, Kap. IV Rn. 87; *Thot/Gimny* in: Kröger/Gimny, 5 f.

einer *invitatio ad offerendum* ist von einer Erklärung an den konkreten Nutzer, nicht an die Allgemeinheit auszugehen.

Der Vergleich von Open Source bzw. Open Content spricht folglich eher gegen die Annahme einer Erklärung an die Allgemeinheit und für den Abschluss von Individualverträgen und gegen eine Auslobung nach § 657 BGB.

c) Weitere Gesichtspunkte

Während sich also aus der Betrachtung von Patronatserklärungen keine Schlüsse zugunsten des Vorliegens einer Auslobung ziehen lassen, legt der Vergleich zur Rechtsgestaltung bei Open Source und Open Content aufgrund der Unterschiedlichkeit eher die Ablehnung der Auslobung nahe. Abschließend sollen weitere Gesichtspunkte der Auslobung behandelt werden.

Als Problempunkt bleibt die Verknüpfung von Handlung und Belohnung bei der Auslobung. Beim Pico Peering Agreement wäre die Nutzung des Dienstes als Handlung i.S.d. § 657 BGB zu werten. Von dieser profitiert allerdings vornehmlich der Nutzer. Die Handlung ist sogar praktisch identisch mit der Belohnung und fällt zeitlich mit ihr zusammen.[168] Grund dafür ist, dass die Auslobung grundsätzlich kein unentgeltliches Geschäft ist.[169] Problematisch ist dies auch im Hinblick auf das Erfordernis der Bestimmtheit der Belohnung.[170] Der Betreiber hingegen kann daraus nur einen Nutzen ziehen, wenn der Nutzer seinerseits selbst als Betreiber das Pico Peering Agreement einsetzen würde. Zwar ist für die Auslobung nicht zwingend erforderlich, dass der Auslobende wirtschaftliche Vorteile verfolgt bzw. zieht,[171] aber die vollständige Aufgabe der Unterscheidung zwischen Handlung und Belohnung kann hier nicht gewollt sein. Geht man von einem Nutzen des Auslobenden aus, so kann dieser nur im beidseitigen Anerkenntnis des Pico Peering Agreement liegen. Das beiderseitige Anerkenntnis würde eine zumindest mittelbare Gegenseitigkeit darstellen, die sich deutlich von der Einseitigkeit der Leistung in Form der Belohnung bei der Auslobung unterscheiden würde. Anders formuliert ist die gegenseitige gleichartige Auslobung jedenfalls als Leistungsaustausch im Gegenseitigkeitsverhältnis und damit als zweiseitiges vertragliches Konstrukt mit Austausch von Leistungen, nicht aber als Auslobung zu bewerten.

Schließlich spricht auch die Möglichkeit, Nutzungsbedingungen in das Pico Peering Agreement aufzunehmen, gegen die Auslobung. Die Befolgung dieser Nutzungsbedingungen

---

[168] Vgl. *Oertmann*, vor § 657 BGB Rn. 2.
[169] *Seiler* in: MünchKommBGB, § 657 BGB Rn. 8; *Bergmann* in: Staudinger, § 657 BGB Rn. 18.
[170] Vgl. *Bergmann* in: Staudinger, § 657 BGB Rn. 60.
[171] *Bergmann* in: Staudinger, § 657 BGB Rn. 65.

beinhaltet in aller Regel das Unterlassen gewisser Verhaltensweisen bei der Nutzung, nicht aber die Vornahme oder das Unterlassen einer eigenen Handlung im Sinne der Auslobung.

d) Ergebnis

Die Verwendung des Pico Peering Agreement ist nicht als Auslobung im Sinne von § 657 BGB anzusehen.

4. Parteien eines Vertrages auf Grundlage des Pico Peering Agreement

Wenn für das Pico Peering Agreement die Annahme einer Auslobung nach § 657 BGB ausscheidet, so ist zu klären, ob es sich um einen zweiseitigen oder mehrseitigen Vertrag handeln könnte. Für das Verständnis dieses Vertrages soll zunächst dargestellt werden, welche Personen als Parteien in Betracht kommen.

a) Ersteller des Pico Peering Agreement und Betreiber bzw. Nutzer

So könnte ein Vertrag zwischen den Erstellern[172] und den Verwendern des Pico Peering Agreement bestehen. Es ist jedoch nicht zu ersehen, inwiefern diese von den Handlungen des Betreibers profitieren sollten oder wollten. Vielmehr soll der Vertrag nach Abs. 1 sowie Abs. 3 Satz 2 der Präambel nur als Vorlage dienen. Das Pico Peering Agreement soll hierbei nach Abs. 2 Satz 1 der Präambel der Regelung der Verhältnisse zwischen mehreren „Netzwerkinstanzen" oder „Peers" dienen.

Darin zeigt sich eine weitere Parallele zu Open Content- und Open Source-Lizenzen. Auch dort werden die Lizenzverträge von einer zentralen Instanz erstellt, wirken aber nur zwischen dem Rechtsinhaber und dem Nutzer.[173] Ob durch die Verwendung des Pico Peering Agreement eine entsprechende Nutzungsrechtserteilung zwischen dem Verwender und den Erstellern erfolgt, kann dahinstehen.[174] Das Pico Peering Agreement selbst gibt hierüber keinen Aufschluss. Es ist jedoch anzunehmen, dass eine freie Verwendung inklusive der Bearbeitung gewollt ist. Darauf deuten insbesondere die Vorbildfunktion von anderen Lizenzverträgen[175] sowie die Erklärung in der Präambel, dass es sich beim Vertrag lediglich um eine Vorlage handelt, hin.

---

[172] Oder Betreuer bzw. „Maintainer" nach der Präambel.
[173] So enthalten die Creative Commons Lizenzen am Ende jeweils ausdrücklich den Hinweis, dass die Creative Commons-Organisation nicht Vertragspartei ist bzw. wird; für die GPL *IfrOSS*, 9
[174] Vgl. für die DPPL *Mantz*, in: Spindler, Open Access Publikationen, 55, 88.
[175] *Medosch*, Freie Netze, 192.

b) Ersteller von notwendiger Software, die das Pico Peering Agreement verwenden, und Betreiber bzw. Nutzer

Als weitere Möglichkeit könnten bereits etablierte Betreiber, die eine spezielle Zugangssoftware einsetzen, bei Download dieser Software die Zustimmung zum Pico Peering Agreement verlangen. Teilweise werden offene Netze mit einer speziell angepassten Firmware betrieben, die auf den WLAN-Routern aufgespielt wird. In diesem Zusammenhang könnten die Betreiber das Pico Peering Agreement einblenden und darauf verweisen. Allerdings ist die Firmware nicht zwangsläufig notwendig, um am offenen Netz teilzunehmen. Dafür reicht teilweise bereits eine übliche OLSR-Routing-Software. Ganz im Gegenteil wird versucht, die Standards offenzulegen bzw. offene Standards zu verwenden, um auch andere Lösungen zuzulassen.[176]

Hinzu kommt, dass die modifizierte Firmware der Router unter der GNU Public License (GPL) steht.[177] Diese erlaubt die Bearbeitung der Firmware, allerdings müssen auch Veränderungen unter dieser Lizenz veröffentlicht werden. Die GPL enthält mehrere Elemente zur Fortwirkung der Lizenz. Eines davon ist das relativ weitgehende Verbot, weitere Pflichten zu vereinbaren.[178] Würde also bereits das Herunterladen der Software selbst tatsächlich mit dem Pico Peering Agreement zwangsweise verknüpft, so würde dies die Verletzung des Lizenzvertrages - der GPL - mit der Folge des Rückfalls der Rechte bedeuten.[179] Auch die Knüpfung der Bedingungen an die Nutzungen anstatt des Downloads würde eine Verletzung der GPL bedeuten. Da eine Verletzung der GPL durch die Ersteller nicht intendiert sein dürfte, ist davon auszugehen, dass eine solche Einbeziehung nicht beabsichtigt ist.

Es ist jedoch zu beachten, dass die Ersteller der Software gar nicht für die einzelnen Betreiber handeln können. Wie sich an Abs. 2 der Präambel zeigt, soll die Verbindung zweier Netzwerkinstanzen geregelt werden. Im Zeitpunkt des Downloads der Software könnte ein entsprechender Vertragsschluss also nur mit denjenigen Betreibern überhaupt geschlossen werden, die direkt an diesem Download mitgewirkt haben oder entsprechend durch diese vertreten werden. Eine solche Konstruktion wäre durchaus denkbar. Dann müssten die Anbieter der entsprechenden Software gemäß § 167 BGB durch die jeweiligen Betreiber ermächtigt

---

[176] Zu den verwendeten Routing-Algorithmen s.o. S. 27.

[177] Vgl. LG München I MMR 2004, 693; LG Frankfurt CR 2006, 729; dazu *Grützmacher*, CR 2006, 733; *Hoeren*, CR 2004, 776; *Kreutzer*, MMR 2004, 695; *Metzger*, CR 2004, 778; *Spindler*, K&R 2004, 528.

[178] *Jaeger/Metzger*, Open Source Software, Rn. 41, zu den in dieser Hinsicht relevanten möglichen Änderungen in GPL Version 3.0 *Jaeger/Metzger*, Open Source Software, Rn. 69; *Jaeger/Metzger*, c't 4/2006, 46; *Mantz*, CR 2006, R42; zur GPLv3 *Funk/Zeifang*, CR 2007, 617; *Koch*, ITRB 2007, 261.

[179] Zu den Folgen einer Vertragsverletzung für die Creative Commons-Lizenzen *Mantz*, in: Spindler, Open Access Publikationen, 55, 65; *Metzger/Jaeger*, GRURInt. 1999, 839, 843; *Spindler*, Rechtsfragen bei Open Source, Kap. C Rn. 35 jeweils m.w.N.; zu internationalen Urteilen im Hinblick auf Creative Commons-Lizenzen *Mantz*, GRURInt. 2008, 20.

werden, in ihrem Namen und für sie das entsprechende Vertragsangebot zu tätigen. Als Problemfall wird sich vermutlich die Offenlegungspflicht nach § 164 Abs. 1 BGB herausstellen. Erfolgt die Erklärung nicht erkennbar für einen anderen, so wird der Softwareanbieter selbst Vertragspartner. Er erbringt aber in aller Regel später gar nicht die vereinbarte Leistung bzw. ist nicht Leistungsempfänger.

Wenn man gedanklich lediglich den zukünftigen Verwender der Software in der Pflicht nach Nr. 1 PPA sieht und die Gegenseitigkeit ausblendet, so könnte es sich um einen Vertrag zugunsten Dritter entsprechend § 328 BGB handeln. Auch hier gilt aber, dass sich die Begünstigung eines Dritten mindestens konkludent aus dem Vertragsinhalt bzw. den -umständen ergeben muss. Das Pico Peering Agreement enthält in Nr. 1 PPA lediglich die Pflichten des Betreibers. Er „bestätigt", dass er Transit für Daten leistet. Darüber, von wem diese Pakete kommen, enthält das Pico Peering Agreement keine Angaben. Ausdrücklich werden Dritte also nicht als Nutznießer des Vertrages genannt. Jedenfalls ergibt sich hieraus nicht, dass die Ersteller von Software in dieser Funktion den Vertrag in der Form schließen, dass Dritte hiervon profitieren sollten. Damit scheidet auch ein Vertrag zugunsten Dritter aufgrund des Vertragsschlusses mit den Erstellern der Zugangssoftware aus.

Der Einsatz von spezieller Software und diesbezüglicher Einbeziehung des Pico Peering Agreement ist insgesamt nicht auszuschließen, sofern die Ersteller in einer Doppelrolle sowohl der Softwareersteller als auch der anschließenden Leistungserbringer bzw. -empfänger handeln und keine anderen Vorgaben der GPL zu beachten sind.

c) Betreiber und Nutzer bzw. Betreiber und Betreiber

Bereits das Pico Peering Agreement weist in Abs. 2 der Präambel darauf hin, dass es sich um eine Vorlage zur Regelung der Beziehung zwischen zwei Peers, also den Betreibern von Netzwerkknoten handelt. Parteien sind demnach zwei oder mehr Betreiber, nicht aber die Gesamtheit der schon vorher aktiven Betreiber. Ein Vertragsschluss kommt demnach zunächst zwischen zwei Teilnehmern des vorhandenen Netzes in Betracht. Das Pico Peering Agreement gilt gegenseitig. Wie sich aus der Präambel sowie Nr. 1 ergibt, leisten beide Teilnehmer Peering. Damit handelt es sich um eine Regelung für vermaschte Netzwerke, nicht aber für Netzwerke im Infrastrukturmodus.

Leistender ist folglich der Betreiber, an den andere Nutzer angeschlossen sind, sofern diese Daten über dessen Knoten transportieren. Allerdings verbleibt zu klären, wer Leistungsempfänger ist. Das Pico Peering Agreement dient dem gegenseitigen Übereinkommen *zweier* Betreiber. Das bedeutet, dass Pakete dieser beiden jedenfalls durch den jeweils anderen weitergeleitet werden. Im Verhältnis werden jedoch erheblich mehr Pakete Dritter das Netzwerk der Vertragsparteien passieren. Sinn und Zweck der Vermaschung von Netzen ist schließlich die Bildung möglichst großer Wolken, in denen jeder Teilnehmer alle anderen sowie das Internet erreichen können soll. Damit umfasst das Pico Peering Agreement zwischen zwei Parteien auch die Weiterleitung von Paketen, die der Vertragspartner von Dritten erhalten und aufgrund seiner Vereinbarungen mit diesen weitergeleitet hat.

Die Wirkung des Pico Peering Agreement bezieht also viel mehr Personen ein als lediglich die beiden Peers. Allerdings bestätigt der Betreiber in Nr. 1 PPA gerade den freien Transit aller Daten. Er bringt damit zum Ausdruck, dass es für ihn nicht entscheidend ist, wer die Daten gesendet hat oder deren Empfänger ist. Der Betreiber verspricht schlicht, alle Daten, die er vom mit ihm verbundenen Knoten erhält, ohne Beeinträchtigung oder Störung weiterzuleiten.

Das Pico Peering Agreement kann im Ergebnis durchaus der Vereinbarung von Pflichten zwischen den zwei Betreibern bzw. Betreiber und Nutzer dienen. Hierfür spricht insbesondere der Wortlaut der Präambel.

d)   Mehrere Betreiber

Das Pico Peering Agreement selbst weist darauf hin, dass lediglich zwei Parteien am Vertragsverhältnis beteiligt sind. Zu überlegen wäre jedoch, ob diese Begrenzung auf zwei Betreiber tatsächlich praktikabel ist oder nicht denkbar ist, dass mehrere Betreiber gemeinschaftlich auf der Basis des Pico Peering Agreement einen Vertrag schließen. Statt einer sternförmigen Vertragsstruktur, bei der jeder Betreiber mit allen angeschlossenen Peers jeweils zweiseitige Verträge schließt, könnten sich auch mehrere Betreiber in einem Vertrag jeweils gegenseitig verpflichten. Auch wenn der Wortlaut diesen Ansatz zunächst als aussichtslos erscheinen lässt, könnte sich dennoch die Netzwerkstruktur über die rechtliche Abbildung in mehrseitigen Verträgen niederschlagen.[180]

5.   Das Pico Peering Agreement als Gesellschaftsvertrag nach § 705 BGB

Eine weitere Alternative wäre, das Pico Peering Agreement als Grundlage eines Gesellschaftsvertrages zwischen allen beteiligten Personen zu betrachten. Dafür wäre zu klären, ob sich die Bildung von offenen Netzwerken allgemein als Gesellschaft bürgerlichen Rechts organisieren ließe, und ob das Pico Peering Agreement eine taugliche Grundlage hierfür bilden könnte. Als Voraussetzung müssen sich die Beteiligten zur Verfolgung eines gemeinsamen Zweckes und der gemeinschaftlichen Förderung dieses Zweckes verpflichten. Ein entsprechender Rechtsbindungswille müsste vorhanden sein.

---

[180]   S. sogleich u. S. 132.

Die Bildung von Gesellschaften wird insbesondere im Bereich von Open Source diskutiert, wobei speziell die Begründungsvoraussetzungen problematisiert werden. Bei Open Source stellt sich ebenfalls die Schwierigkeit, dass sich die Beteiligten selten kennen.[181] Zudem arbeiten sie häufig getrennt voneinander, die Zusammenarbeit erfolgt „unkonventionell und anarchisch".[182] Als verbindendes Element sind folglich die gemeinsamen Softwareprodukte anzusehen.[183] Als gemeinsamen Zweck könnte man also die gemeinsame Erstellung von Software unter Berücksichtigung des gemeinsamen Gedankens ansehen, der stark auch in der Ausübung der Redefreiheit wurzelt.[184] §§ 705 ff. BGB legen dem Begriff des gemeinsamen Zwecks kaum Schranken auf. Ausreichend ist bereits jeder erlaubte Zweck, eine wirtschaftliche Bindung ist nicht erforderlich.[185] Auch Gelegenheitsgesellschaften wie Fahrgemeinschaften, bei denen sich die Beteiligten der rechtlichen Bindung gar nicht bewusst sind, sind als Gesellschaft bürgerlichen Rechts anerkannt.[186] Dennoch wird bei Open Source die Annahme einer Gesellschaft überwiegend abgelehnt.[187] Als Gründe für die Ablehnung werden ein Widerspruch mit dem gesetzlichen Leitbild der Gesellschaft[188] sowie das Fehlen der personalen Verknüpfung, also kein auf die Personen gerichteter gemeinsamer Zweck,[189] angeführt. Zudem würden sich die Mitglieder nicht gegenseitig kennen und auch kaum bzw. keine Möglichkeiten zur Identifizierung der anderen Beteiligten haben.[190] Auch eine entsprechende Förderpflicht ließe sich nicht herleiten, da die entsprechenden Pflichten nach der GPL nicht durchsetzbar seien, als einzige Sanktionsmöglichkeit sei der Verlust der Rechte aus der Lizenz vorgesehen.[191]

---

[181] *Spindler*, in: Ohly, FS Schricker, 539, 542; zur Auslegung von Gesellschaftsverträgen s. auch *Habermeier* in: Staudinger, § 705 BGB Rn. 13.

[182] *Omsels*, in: Schertz/Omsels, FS Hertin, 141, 165; ähnlich die Aussagen in einem Interview mit *Richard Stallmann*, dazu *Grassmuck*, 238.

[183] *Heussen*, in: Taeger/Wiebe, FS Kilian, 323, 332.

[184] *Heussen*, in: Taeger/Wiebe, FS Kilian, 323, 332.

[185] BGH NJW 1982, 170, 171; BGHZ 135, 387, 389; *Timm/Schöne* in: Bamberger/Roth, § 705 BGB Rn. 64; *Sprau* in: Palandt, § 705 BGB Rn. 20.

[186] BGH WM 1962, 1086; BGH JZ 1972, 88; BGH NJW 19872, 170, 171; BGH ZIP 1999, 581, 582; *Timm/Schöne* in: Bamberger/Roth, § 705 BGB Rn. 27; *Westermann* in: Erman, vor § 705 BGB Rn. 29; *Hadding* in: Soergel, 11. Aufl. 1985, vor § 705 BGB Rn. 27.

[187] *Heussen*, in: Taeger/Wiebe, FS Kilian, 323, 332; *Jaeger/Metzger*, Open Source Software, 145; *Grützmacher*, ITRB 2006, 108, 109; in der Regel keine Gesellschaft *Koch*, CR 2000, 273, 277 f.; *Sujecki*, JurPC Web-Dok. 145/2005, Abs. 8; Tatbestandsvoraussetzungen erfüllt, aber im Ergebnis offen *Sester*, CR 2000, 797, 801; Entscheidung des Einzelfalls *Jaeger/Schulz*, 82, 85; *Spindler*, in: Ohly, FS Schricker, 539, 542.

[188] *Sester*, CR 2000, 797, 801; *Jaeger/Metzger*, Open Source Software, 145.

[189] *Heussen*, in: Taeger/Wiebe, FS Kilian, 323, 332.

[190] *Heussen*, in: Taeger/Wiebe, FS Kilian, 323, 332.

[191] *Jaeger/Metzger*, Open Source Software, 145 Fn. 610.

Als Schlussfolgerung könnte auch bei offenen Netzwerken die Annahme einer Gesellschaft bürgerlichen Rechts ausgeschlossen sein. Allerdings bestehen trotz der mehrfach gezogenen Parallelen in vielerlei Hinsicht Unterschiede zwischen Open Source und Open Content auf der einen und offenen Netzen auf der anderen Seite, die in diesem Zusammenhang eine differenzierte Untersuchung und möglicherweise eine andere rechtliche Behandlung erforderlich machen.

a) Gründung der Gesellschaft

Zunächst sind deshalb die Voraussetzungen der Gründung einer Gesellschaft nach § 705 BGB zu prüfen. Anschließend kann im Hinblick auf eine Übereinstimmung oder einen Widerspruch mit dem gesetzlichen Leitbild der Vergleich zu Open Source und Open Content gezogen werden.

aa) Gemeinsamer Zweck

Die Gesellschaft bürgerlichen Rechts wird mittels eines Gesellschaftsvertrages gegründet. Dieser kann auch durch schlüssiges Verhalten zustande kommen.[192] Zusätzliche Abreden können sich aus den Umständen, insbesondere der Durchführung des Vertrags, ergeben.[193] Als Grundlage eines Vertrages über die Gründung einer Gesellschaft für offene Netze kann das Pico Peering Agreement dienen. Die Parteien müssen einen gemeinsamen, „überindividuellen"[194] Zweck verfolgen. Ausreichend hierfür ist bereits eine insgesamt übereinstimmende Motivlage.[195] In diesen Zweck münden die Interessen der Gesellschafter.[196] Nicht notwendig ist die Verfolgung eines wirtschaftlichen Zwecks, auch ideelle Anliegen können im Gesellschaftsvertrag vereinbart werden.[197] Zudem muss es sich um ein Verhältnis von gewisser Dauer handeln,[198] der lediglich einmalige Austausch von Leistungen spricht gegen eine Gesellschaft.[199] Gemeinsamer Zweck der Beteiligten an offenen Netzwerken auf Basis einer AdHoc- oder Mischtechnik ist der Aufbau und Betrieb eines möglichst großen, offenen Netzes

---

[192] *Jaeger/Schulz*, 85; *Ulmer* in: MünchKommBGB, § 705 BGB Rn. 25 ff.; *Habermeier* in: Staudinger, § 705 BGB Rn. 4.

[193] RGZ 159, 272, 278; BGH WM 1957, 512 f.; BGH WM 1975, 662; BGH NJW 1995, 3313, 3314; *Ulmer* in: MünchKommBGB, § 705 BGB Rn. 144; *Habermeier* in: Staudinger, § 705 BGB Rn. 13.

[194] *Habermeier* in: Staudinger, § 705 BGB Rn. 17.

[195] *Habermeier* in: Staudinger, § 705 BGB Rn. 17.

[196] *Lenz*, 52.

[197] *Ulmer* in: MünchKommBGB, § 705 BGB Rn. 144.

[198] *Ulmer* in: MünchKommBGB, vor § 705 BGB Rn. 86, § 705 BGB Rn. 153; a.A. *Eisenhardt*, Rn. 34 unter Verweis auf BGH WM 1977, 840, 841.

[199] RGZ 77, 223, 237; BGH NJW-RR 1991, 1186, 1187.

unter Beteiligung vieler unterschiedlicher Person. Als zusätzliche Motive kommen die Ausübung entsprechender Kommunikationsgrundrechte, die Förderung der Kommunikation und des sozialen und gesellschaftlichen Austausches hinzu. Gerade die Vermaschung und gegenseitige Verbindung unter Überwindung technischer und sozialer Schwierigkeiten stellt einen legitimen Zweck für die Gesellschaftsgründung dar.

bb) Förderungspflicht

Als weiterer Punkt müssten die Parteien eine gegenseitige Förderungspflicht vereinbart haben, wobei es ebenfalls auf ein dauerhaftes Verhältnis ankommt.[200] Gegenstand der Förderungspflicht kann jede Art von Handlung sein.[201] Dabei muss es sich auch nicht zwangsläufig um die Einbringung von Gütern oder wirtschaftlich verwertbaren Gegenständen bzw. Rechten handeln. Nach § 706 Abs. 3 BGB ist vielmehr auch die Erbringung von Dienstleistungen möglich. Die Art und Weise der Förderung unterliegt demnach keinen Begrenzungen.[202] Auch reine Nutzungsüberlassungen können als Förderungspflicht vereinbart werden.[203] Insgesamt ist der Begriff des Beitrages zur Gesellschaft sehr weit zu verstehen.[204] Die Förderungspflicht muss nicht ausdrücklich und detailliert bestimmt sein, sie kann sich durchaus aus den Gesamtumständen ergeben.[205]

Nach Nr. 1 PPA willigt der Betreiber ein, Transit von Daten vorzunehmen. Hierfür stellt er eigene Hardware bzw. Rechenleistung zur Verfügung, über die er, wie in der Präambel anerkannt, aufgrund seines Eigentumsrechts oder aufgrund anderer Rechte anderweitig verfügen könnte. Diese Pflicht ist auch auf Dauer angelegt. Viele Beteiligte investieren zusätzlich Zeit, in der sie Software weiterentwickeln, Hardware zusammenbauen, reparieren oder an verschiedenen Standorten aufbauen. Im Rahmen des Pico Peering Agreement ist lediglich die Transitleistung geregelt, alle anderen Tätigkeiten sind nach diesem Verständnis freiwillige Zusatzleistungen. Selbstverständlich erfolgen sie auch im Hinblick auf die Förderung des vereinbarten Ziels, aber ohne eine mindestens konkludente entsprechende Regelung können sie nicht als Förderungspflichten anerkannt werden. Hinzu kommt, dass zwar hauptsächlich tech-

---

[200] *Timm/Schöne* in: Bamberger/Roth, § 705 BGB Rn. 65; allgemein zur Förderungspflicht *Lutter*, AcP 180 (1980), 84, 102 ff.

[201] *Timm/Schöne* in: Bamberger/Roth, § 705 BGB Rn. 65; *Flume*, AT I/1, § 3 I; *Habermeier* in: Staudinger, § 705 BGB Rn. 19.

[202] *Teichmann*, 166.

[203] *Goette*, MedR 2002, 1, 2; *Ulmer* in: MünchKommBGB, § 706 BGB Rn. 12.

[204] *Kübler*, § 6 II 2.

[205] Häufig der Fall bei sogenannten Gelegenheitsgesellschaften *Ulmer* in: MünchKommBGB, § 706 BGB Rn. 26.

nisch versierte bzw. „technikaffine"[206] Teilnehmer die Hardware selbst aufbauen. Der Betrieb selbst ist aber ohne weiteres auch ohne tiefer greifendes technisches Verständnis möglich. Im Sinne einer für alle allgemeingültigen Förderungshandlung ist demnach die Aufrechterhaltung des Betriebs als Minimalhandlung zu verstehen.

cc) Dauerhaftigkeit der Förderungspflicht und Kündigung durch Einstellung des Betriebes

Problematisch könnte allerdings sein, dass der Betreiber den Dienst nach Nr. 3 Abs. 3 PPA jederzeit beschränken und einstellen kann. Erschwerend kommt hinzu, dass dafür keine Erklärung notwendig sein soll. Gegen das Vorliegen einer Förderpflicht könnte also sprechen, dass jeder Gesellschafter die Förderung in Form der Nutzungsüberlassung bzw. Diensterbringung jederzeit aufgeben kann. Damit könnte das Merkmal der Dauerhaftigkeit der Förderungspflicht fehlen. Die Förderungspflicht ist aber eines der konstitutiven Merkmale der Gesellschaftsgründung.[207]

Zunächst ist festzustellen, dass tatsächlich viele der Knotenpunkte mit dem Ziel einer dauerhaften Erbringung aufgebaut werden und aus diesem Grunde nicht nur für kurze Zeit Teil des Netzwerks werden. Dennoch kommt auch die lediglich kurzzeitige Nutzung des Netzes durchaus vor.

Lösung dieses Problems könnte die Deutung der Einstellung des Dienstes als Kündigung sein. Dies hätte zur Folge, dass eine Förderungspflicht sehr wohl vorläge, aber aufgrund der konkludent vereinbarten jederzeitigen Kündigungsmöglichkeit nachträglich entfallen könnte. Bereits entsprechend § 723 Abs. 1 Satz 1 BGB ist die Kündigung der nicht befristet eingegangenen Gesellschaft jederzeit möglich. Die Einstellung des Dienstes könnte demnach der Kündigung gleichgestellt bzw. als demgemäße Erklärung gedeutet werden.

Gegen diese Interpretation könnte eine Folgenbetrachtung der Kündigung sprechen. Die Kündigung führt nach § 723 BGB im Zweifel zur Auflösung der Gesellschaft.[208] Dieser Umstand könnte der Deutung der Einstellung als Kündigungserklärung entgegenstehen. Durch eine Fortsetzungsklausel nach § 736 Abs. 1 BGB kann die automatische Auflösung abbedungen werden,[209] wobei die Fortsetzungsklausel sich durchaus aus den Umständen ergeben und

---

[206] *Grassmuck*, 16.

[207] *Flume*, AT I/1, § 3 I; *Lenz*, 61 f.; *Ulmer* in: MünchKommBGB, vor § 705 BGB Rn. 104, § 705 BGB Rn. 142; *Habermeier* in: Staudinger, § 705 BGB Rn. 1, 12, 19; gemeinsamer Zweck und Beschreibung der Art und Weise der Verfolgung ausreichend *Eisenhardt*, Rn. 45.

[208] *Habermeier* in: Staudinger, § 723 BGB Rn. 2, 4.

[209] *Habermeier* in: Staudinger, § 705 BGB Rn. 13, § 723 BGB Rn. 4, § 736 BGB Rn. 5.

durch Auslegung ermittelt werden kann.[210] Es ist kaum anzunehmen, dass die Beteiligten die Auflösung aufgrund der Kündigung eines Mitglieds zulassen wollten. Vielmehr ergibt sich klar aus den Umständen, dass das Recht zur Einstellung des Dienstes jedem Beteiligten zusteht. Wenn man nun von einer Gesellschaft ausgeht, so lässt sich konstatieren, dass sich alle Gesellschafter bereits bei Eintritt in die Gesellschaft dieser Tatsache bewusst waren. Die Auflösung der gesamten Gesellschaft ist demnach nicht bezweckt, zumal die Kündigung eines Gesellschafters häufiger vorkommen wird. Zudem gibt es keine eingebrachten Wertgegenstände, über die eine Auseinandersetzung zu erfolgen hätte.[211] Da auch keine wirtschaftlichen Ziele verfolgt wurden, und demzufolge keine gemeinschaftlich verwalteten Gewinne zu verteilen wären, steht dem Ausstieg eines Gesellschafters nichts im Wege. Die Umdeutung der Einstellung des Dienstes in eine Kündigung scheitert somit nicht an § 723 BGB.

Allerdings ist die Kündigung eine empfangsbedürftige Willenserklärung, die allen Gesellschaftern zugehen muss.[212] Da sich die Gesellschafter möglicherweise nicht alle kennen, ist dieses Erfordernis unpraktikabel. Nr. 3 Abs. 3 PPA hält zusätzlich fest, dass gerade keine Erklärung bei Einstellung des Dienstes notwendig sein soll. Der Einstellung des Dienstes kann jedoch bereits Erklärungscharakter zugewiesen werden, sofern der Dienst über den normalerweise bei einer technischen Störung üblichen Rahmen nicht zur Verfügung stehen sollte. Davon ließe sich beispielsweise ausgehen, wenn der Knoten mehr als ein bis zwei Tage nicht mehr im Netz verfügbar ist. In diesem Fall ist von einer konkludenten Kündigung auszugehen. Wenn weiter auf den Zugang dieser Erklärung rechtswirksam verzichtet wurde, so kann eine konkludente Kündigung der Gesellschaftsmitgliedschaft durchaus vorliegen. Darin, dass jeder Beteiligte jederzeit den Dienst einstellen kann, ist auch das Anerkenntnis, dass andere dies tun können, zu ersehen. Solange die Routing-Funktionalität weiter durch andere Knoten kompensiert werden kann, werden die übrigen Gesellschafter diesen Umstand häufig gar nicht bemerken und ihm auch keine weitere Bedeutung zumessen. Auf den Zugang der Kündigungserklärung wird folglich konkludent nach § 151 Satz 1 2. Alt. BGB verzichtet. Das hat zur Folge, dass die Gesellschafter sich nicht zwangsläufig gegenseitig kennen.

Frage ist, ob sich in einer Gesellschaft die Gesellschafter zwingend kennen müssen. Wäre dies der Fall, wäre die hier dargestellte Gründung nicht möglich und die konkludente Kündigung wäre als zu intensiver Eingriff in die Interessen der anderen Gesellschafter zu werten. In der Folge wäre die konkludente Kündigung ausgeschlossen. Zu beachten ist, dass es sich bei der so entstehenden Gesellschaft es sich um eine reine Innengesellschaft handeln dürfte. Eine Innengesellschaft zeichnet sich dadurch aus, dass nicht die Gesellschaft an sich am

---

[210] BGH NJW 1977, 1339, 1341; BGH BB 1973, 166; *Habermeier* in: Staudinger, § 705 BGB Rn. 13.
[211] Näher dazu s.u. S. 149.
[212] *Ulmer* in: MünchKommBGB, § 723 BGB Rn. 11.

Rechtsverkehr teilnimmt, sondern vielmehr die Außenbeziehungen nur durch das Handeln der Einzelpersonen gekennzeichnet sind.[213] Zudem verfügt die Innengesellschaft über keine die schuldrechtlichen Beziehungen der Gesellschafter überlagernde Organisation.[214] Selbst das Vorhandensein von Gesellschaftsorganen ist insofern nicht zwingendes Merkmal einer Gesellschaft.[215] Innengesellschaften können weiter auch stillschweigend gegründet werden.[216] Häufig bilden Gelegenheitsgesellschaften an der Grenze zum Gefälligkeitsverhältnis Innengesellschaften.[217] Ein gemeinsames Auftreten der Teilnehmer am offenen Netz wird durch das Pico Peering Agreement nicht vereinbart und ist wohl, abgesehen vom Zweck der Werbung neuer Teilnehmer, auch nicht beabsichtigt. Es handelt sich demnach um eine Innengesellschaft. Dadurch, dass keine schuldrechtlichen Beziehungen bestehen, und die Haftung auf die Einzelpersonen beschränkt ist, besteht für die Gesellschafter durch die Mitgliedschaft in der Gesellschaft kein erhöhtes Risiko, das eine Kenntnis aller Gesellschafter wie in der Außengesellschaft erzwingen würde. Daraus lässt sich ableiten, dass der Verzicht auf den Zugang der Kündigungserklärung, wohl ebenso wie der Beitrittserklärung, die Gründung der Gesellschaft nicht ausschließt.

Schließlich könnte die Möglichkeit der jederzeitigen Einstellung des Dienstes in Bezug auf § 138 Abs. 1 BGB problematisch sein. Sie führt aber nicht zu einer Nichtigkeit des Gesellschaftsvertrages nach § 138 Abs. 1 BGB. Die Sittenwidrigkeit nach § 138 Abs. 1 BGB stellt eine der wenigen Schranken der für den Abschluss des Gesellschaftsvertrags sehr weiten Vertragsfreiheit dar.[218] Neben der Verhinderung von Gesellschaften, die einen sittenwidrigen Zweck verfolgen, dient § 138 Abs. 1 BGB der Sicherstellung, dass keine grobe Ungleichbehandlung der Gesellschafter erfolgt.[219] Nach dem Pico Peering Agreement geht jeder Gesellschafter die gleichen Pflichten ein. Jedem Betreiber steht das Recht zum jederzeitigen Ausstieg zu. Insofern wird keiner der Gesellschafter grob ungleich behandelt, so dass § 138 Abs. 1 BGB nicht als Hinderungsgrund angesehen werden kann.

---

[213] BGHZ 10, 44, 48; BGH NJW 1954, 1159; BGH NJW 1994, 2536; BGH WM 1965, 793; BGH NJW 1960, 1851; *Westermann* in: Erman, vor § 705 BGB Rn. 28; *Flume*, AT I/1, § 3 IV; *Grunewald*, 1.A Rn. 105; *Hadding* in: Soergel, 11. Aufl. 1985, vor § 705 BGB Rn. 28 f.; *Habermeier* in: Staudinger, § 705 BGB Rn. 58; auf den Streit, ob die Bildung von Gemeinschaftsvermögen gegen eine Innengesellschaft spricht, kommt es hier nicht an, s. dazu *Ulmer* in: MünchKommBGB, § 705 BGB Rn. 280 m.w.N.; zur Abgrenzung zwischen Außen- und Innengesellschaft in Bezug auf die Rechtsfähigkeit *Elsing*, BB 2003, 909, 913 m.w.N.

[214] *Timm/Schöne* in: Bamberger/Roth, § 705 BGB Rn. 150; *Ulmer* in: MünchKommBGB, § 705 BGB Rn. 275.

[215] *Ulmer* in: MünchKommBGB, vor § 705 BGB Rn. 8.

[216] OLG Koblenz NJW-RR 2004, 668; *Sprau* in: Palandt, § 705 BGB Rn. 33.

[217] *Timm/Schöne* in: Bamberger/Roth, § 705 BGB Rn. 151; *Ulmer* in: MünchKommBGB, § 705 BGB Rn. 283.

[218] *Flume*, AT I/1, § 13 I; *Hey*, 204 ff.; *Ulmer* in: MünchKommBGB, § 705 BGB Rn. 132 ff.

[219] Vgl. BGHZ 44, 158, 161; BGH NJW 1985, 2421; *Goette*, MedR 2002, 1, 2; *Ulmer* in: MünchKommBGB, § 705 BGB Rn. 134.

Alternativ könnte man statt an eine Kündigung auch an eine Herabstufung der Gesellschaftereigenschaft zu einer Art passiven Mitgliedschaft denken, wie sie z.b. im Verein bekannt ist.[220] Ist ein Knoten über längere Zeit nicht erreichbar, so würde der Gesellschafter zum passiven Gesellschafter, dessen Förderungspflicht ruht, bis er wieder als Teilnehmer des Netzes die Förderungspflicht aufnimmt. Diese Deutung ließe sich ebenfalls mit dem Pico Peering Agreement vereinbaren. Die Umdeutung ginge dementsprechend nicht in Richtung einer Kündigung sondern eines Ruhens der Förderungspflicht. Auf diese Weise könnte eine gewisse Dauerhaftigkeit im Hinblick auf die Gesellschafter erreicht werden. § 138 Abs. 1 BGB würde dieser Konstruktion ebenso wenig entgegenstehen wie einer Kündigung. Problematisch wäre diese Deutung allerdings mit Blick darauf, dass auf lange Sicht kaum entschieden werden kann, wer zu einem bestimmten Zeitpunkt überhaupt Gesellschafter ist. Die Kündigungslösung ist in dieser Hinsicht besser.

Durch das Pico Peering Agreement könnten somit die wesentlichen Merkmale des Gesellschaftsvertrages vereinbart werden. Fehlende Regelungen können aus den Umständen sowie der allgemeinen Motivationslage beim Betrieb von offenen Netzen abgeleitet werden.

dd) Ablehnung der Gesellschaftsgründung unter Hinweis auf Open Source-Gesellschaften?

Während bei Open Source darauf verwiesen werden kann, dass es sich beim gemeinsamen Zweck nicht um einen personenorientierten, sondern rein auf das Produkt Software bezogenen handelt,[221] ist dies bei offenen Netzwerken grundsätzlich anders. Der gemeinsame Zweck ist die soziale und technische Verbindung sowie die Kommunikation. Mittel hierfür sind Aufbau und Betrieb eines offenen Netzes. Zwar besteht auch bei offenen Netzen das Problem, dass sich die Parteien teilweise untereinander nicht kennen. Auch ist es leicht, anonym zu bleiben. Allerdings sind viele dieser Netzwerke zusätzlich über Homepages, Foren oder Mailing-Listen vernetzt. Handelt es sich um stationäre Nutzer, ist sogar theoretisch die Lokalisierung mittels der Funksignale möglich.[222] Auch bezieht sich die Kritik an der Annahme einer Gesellschaft bei der Entwicklung von Open Source hauptsächlich auf das Fehlen eines gemeinsamen bzw. tauglichen Zweckes. Die Förderungspflicht wird dabei vernachlässigt, vermutlich weil sich diese meist direkt aus dem Zweck ergibt. Auch kann derjenige, der ein Programm verändert, den Vorgang der Modifikation jederzeit einstellen, ohne gegen eine Pflicht aus der GPL zu verstoßen. Dass keiner der Beteiligten dauerhaft zur Erbringung der Leistung verpflichtet wird

---

[220] *Schwarz/Schöpflin* in: Bamberger/Roth, § 38 BGB Rn. 8; *Reuter* in: MünchKommBGB, § 38 BGB Rn. 8; *Reichert*, Rn. 700.
[221] *Heussen*, in: Taeger/Wiebe, FS Kilian, 323, 332.
[222] Vgl. *Li* et al., Hybrid Method for Localization Using WLAN.

bzw. werden soll, ist nicht Gegenstand der Erörterungen bezüglich Open Source. Bei offenen Netzen liegt ein entsprechender gemeinsamer Zweck vor. Die Pflichten werden ebenso wie in der GPL eindeutig formuliert, können aber ebenfalls jederzeit eingeschränkt bzw. eingestellt werden. Somit stellt die Übertragung der Ergebnisse der Diskussion um Open Source auf offene Netze der Annahme einer Gesellschaft bei offenen Netzwerken nicht entgegen. Ganz im Gegenteil greifen die Kritikpunkte gegen die Gründung von Gesellschaften für Open Source in tatsächlicher Hinsicht nicht bei offenen Netzen.

ee)   Konstruktion mehrseitiger Beziehungen

Weiteres Problem ist die Formulierung des Pico Peering Agreement, wonach grundsätzlich *zwei* Netzwerkinstanzen miteinander verbunden werden sollen. Damit zeigt sich, dass zunächst nur an die Verbindung einzelner Knoten gedacht wurde. Allerdings steht gedanklich hinter dieser Konstruktion die Bildung von größeren Gemeinschaften und größeren vermaschten Wolken. Dazu gehört natürlich auch, dass die Beteiligten eine Vielzahl der Rechtsverhältnisse auf Basis des Pico Peering Agreement eingehen, also mit allen direkt mit ihnen verbundenen NutzeRn. Dadurch wird eine Sternstruktur aufgebaut, sofern man nur die Rechtsverhältnisse eines Betreibers betrachtet.[223]

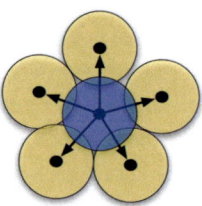

Abbildung 4.2: **Sternstruktur der Beziehungen zwischen Betreiber und Nutzern**

Bezieht man mehrere Betreiber ein, so zeigt sich deutlich die vermaschte Struktur der Beziehungen, die nicht mehr sternförmig ist, sondern gerade ein Netzwerk bildet.[224]

Diese Netzwerkstruktur lässt sich in den Kategorien des bürgerlichen Rechts am ehesten mit einer Gesellschaft abbilden. Daraus, dass im Pico Peering Agreement auf zwei Betreiber abgestellt wird, ließe sich auch schließen, dass zwei Netzwerkknoten als „Kern" der Verma-

---

[223]   S. Abb. 4.2; im folgenden werden die Netzknoten stilisiert dargestellt: Der schwarze Punkt im Zentrum stellt jeweils den Knoten selbst, der äußere schattierte Kreis die Funkabdeckung des Knotens dar.
[224]   S. Abb. 4.3.

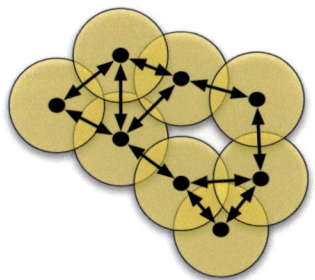

Abbildung 4.3: **Eine vermaschte Struktur, jeder ist Betreiber und Nutzer**

schung gemeint sind. Bilden sich mehrere solche Kerne bzw. Cluster, und werden sie anschließend verbunden, erhält man erneut ein Netzwerk von Verbindungen. Das Pico Peering Agreement zielt darauf ab, dass alle Beteiligten sowohl die Rolle des Betreibers als auch des Nutzers
einnehmen. Im Ergebnis sollen die Pflichten also für alle gelten. Die Auslegung entsprechend
dieses Ziels ergibt demnach auch den Willen bezüglich einer Vielfachbeziehung.

Allerdings muss auch geklärt werden, ob diese Konstruktion rechtlich mit dem Leitbild
der Gesellschaft bürgerlichen Rechts in Einklang zu bringen ist, oder ob eine andere Modellierung besser passen würde. Die Begründung einer Gesellschaft erzeugt ein Rechtsverhältnis
zwischen vielen Personen. Auch die Verbindung zwischen den Netzwerkknoten nach dem Pico Peering Agreement ist eine solche Mehrfachbeziehung. Im Zusammenhang mit dem Beitritt
und der Kündigung der Gesellschafterstellung kann der Frage nach der Übereinstimmung mit
der Gesellschaftsbeziehung nachgegangen werden.[225]

ff)   Ergebnis

Das Pico Peering Agreement ist grundsätzlich eine taugliche Grundlage für die Gründung von
Gesellschaften in offenen Netzen. Die Annahme einer Gesellschaft löst zudem das Problem
der Gegenseitigkeit der Leistungen. Während im Verhältnis zweier Parteien die Formulierun-
gen des Pico Peering Agreement darauf hindeuten, dass nur eine Seite die entsprechenden
Verpflichtungen erfüllen will bzw. muss, kann über den Gesellschaftsvertrag die allseitige
Verpflichtung auf den gemeinsamen Zweck und die entsprechenden Förderungspflichten ohne
weiteres vertragsrechtlich erfolgen.

---

[225]   S. sogleich u. S. 142 und S. 151.

b) Beitritt zur Gesellschaft

An die Gründung einer Gesellschaft schließt sich die Frage an, ob und wie der Gesellschaft weitere Mitglieder beitreten können. Des weiteren kann anhand des Beitritts die rechtliche Prüfung und Konstruktion der Gesellschaft vertieft werden. Offene Netze sind darauf ausgerichtet, neue Mitglieder zu gewinnen und einzubinden. Die Willensbildung der Gesellschaft erfolgt nach § 709 Abs. 1 BGB gemeinschaftlich, soweit nicht im Gesellschaftsvertrag eine andere Form der Entscheidungsfindung vereinbart worden ist. Daraus ergibt sich zwangsläufig, dass auch die Aufnahme neuer Gesellschafter nur mit Zustimmung aller Gesellschafter erfolgen kann.[226]

Im Idealfall würde demnach ein neues Mitglied die Anbindung unter Akzeptanz des Pico Peering Agreement derart gestalten, dass es rein technisch eine Datenverbindung mit allen Gesellschaftern herstellt. Der Aufbau der Verbindung wäre dann als Beitrittsangebot zu werten, während die Übernahme und Durchführung der Verpflichtungen aus dem Pico Peering Agreement durch die Altgesellschafter, sprich Transit des Datenaufkommens des neuen Mitglieds, die Zustimmung darstellen würde.[227]

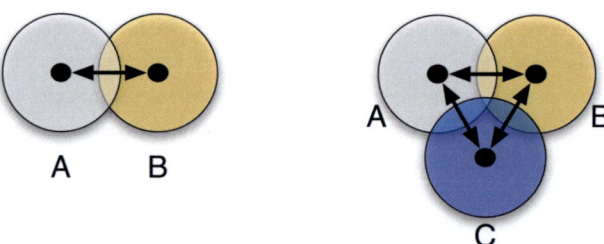

Abbildung 4.4: **Beitritt eines Mitglieds zu einer Gesellschaft**

aa) Problem: Verschmelzung von Gesellschaften

Nach der Grundidee von offenen Netzen und der Anlage des Pico Peering Agreement sollen möglichst große und weitflächige Netzwolken entstehen. Wenn man nun davon ausgeht, dass zwei Betreiber den Kern einer Gesellschaft bilden, und anschließend ein weiterer Knoten die Verbindung mit allen Gesellschaftern herstellen muss, damit diese die Möglichkeit zur Zustimmung haben, so wären überhaupt nur sehr kleinflächige Gruppen möglich. Die maximale

---

[226] *Ulmer* in: MünchKommBGB, § 705 BGB Rn. 55.
[227] S. Abb. 4.4.

Ausdehnung des Netzes einer Gesellschaft entspräche dann der minimalen Funkreichweite aller Mitglieder. Deshalb könnte man versuchen, eine rechtliche Verbindung auch dann herzustellen, wenn ein neues Mitglied nicht zu allen anderen Gesellschaftern Kontakt aufnimmt. Dennoch müssten alle bisherigen Gesellschafter zustimmen, obwohl sie keine unmittelbare technische Verbindung zum Neumitglied aufbauen (können).[228]

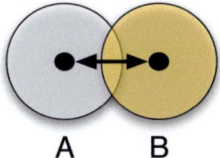 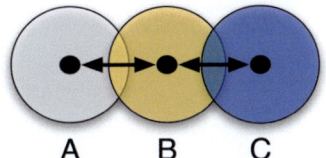

Abbildung 4.5: **Beitritt eines Mitglieds zu einer Gesellschaft ohne Verbindung zu allen bisherigen Mitgliedern**

Eine dementsprechende Kommunikation ohne technische Verbindung findet meist nicht statt. Das Pico Peering Agreement legt aber genau diese Struktur, also die Verbindung von Knoten, die keine unmittelbare sondern nur durch Transit vermittelte Verbindung haben, nahe. Die Präambel nimmt Bezug auf „viele Community-Netzwerke" bzw. „Inseln". Diese Inseln sollen unter Zuhilfenahme des Pico Peering Agreement miteinander verbunden werden. Bereits das Pico Peering Agreement geht also von der Verbindung mehrerer Gruppen aus. Übertragen in die rechtliche Terminologie der Gesellschaft könnte sich darin eine im Vorhinein erteilte Zustimmung zum Beitritt neuer Mitglieder ersehen lassen. Neue Mitglieder, die ihrerseits auch das Pico Peering Agreement anerkennen, könnten so durch die Verbindung mit nur einem Mitglied der Gesellschaft selbst beitreten. Dessen Zustimmung, die im Wege der Verbindung kundgetan wird, würde dann ausreichen, um den Beitritt des neuen Gesellschafters zur gesamten Gesellschaft zu konstituieren.

Da es sich um eine Innengesellschaft handelt, handelt es sich bei der Beziehung der Gesellschafter zueinander nicht zwangsläufig um eine enge Bindung. Aus diesem Grund wäre ein Beitritt auch unbekannter Mitglieder mit entsprechender vorheriger Zustimmung durchaus denkbar. Die Fortentwicklung dieses Modells könnte allerdings Probleme aufwerfen. Wenn nämlich Mitglieder beitreten können, ohne eine direkte Verbindung zu allen anderen Gesellschaftern zu haben, so findet die technische Realisierung eine direkte Abbildung in der recht-

---

[228] S. Abb. 4.5.

lichen Konstruktion. So können bereits vorhandene aber getrennte Netze durch ein Bindeglied zu einem großen Netz verschmelzen.[229]

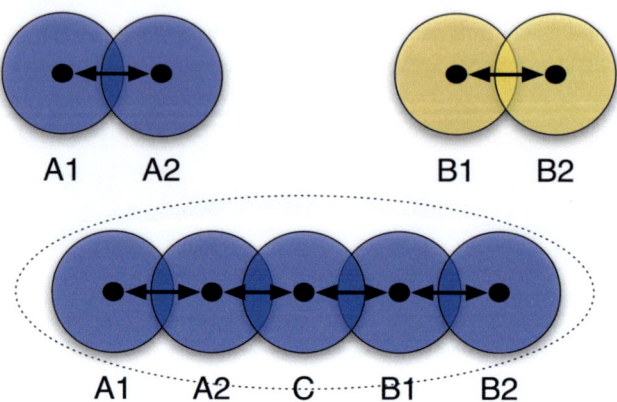

Abbildung 4.6: **Zwei getrennte Gesellschaften verschmelzen durch ein Bindeglied**

Tatsächlich entspricht dies der Funktionsweise von AdHoc-Netzwerken. Bezogen auf die Gesellschaft würde dies allerdings bedeuten, dass nicht nur die Anzahl der Mitglieder der Gesellschaft, sondern auch deren Zusammensetzung ständig schwanken könnten. Stellt eines der Mitglieder die Weiterleitung des Datenverkehrs ein und kündigt so die Mitgliedschaft, so führen die übrigen Mitglieder die Gesellschaft fort. Wenn das ausscheidende Mitglied am Rand des Netzes stand, so ist diese Modellierung praktikabel. Anders gestaltet es sich, wenn ein Mitglied den Dienst beendet, das selbst einziges Bindeglied zwischen anderen Teilnehmern war. Solange über weitere Knoten Wege gefunden werden können, verhält sich das Ausscheiden so, als hätte es sich um einen Gesellschafter gehandelt, der nur am Rand der Wolke betätigt war.[230] Die Gesellschaft würde ihren Bestand bis auf das ausscheidende Mitglied erhalten.

Wenn allerdings die entsprechenden Routen durch den Austritt nicht mehr bestehen, hätte dies zwangsläufig eine Trennung der Gesellschaften zur Folge. Für die übrigen Gesellschafter ist nämlich nicht unterscheidbar, ob nun nur das Bindeglied gekündigt hat, oder sogar alle Knoten, die nicht mehr erreichbar sind. Zudem könnte der Fall auftreten, dass durch den Austritt ein anderes Mitglied der Gesellschaft technisch isoliert würde.[231] Ohne selbst gekündigt

---

[229] S. Abb. 4.6.
[230] S. Abb. 4.7.
[231] S. Abb. 4.8.

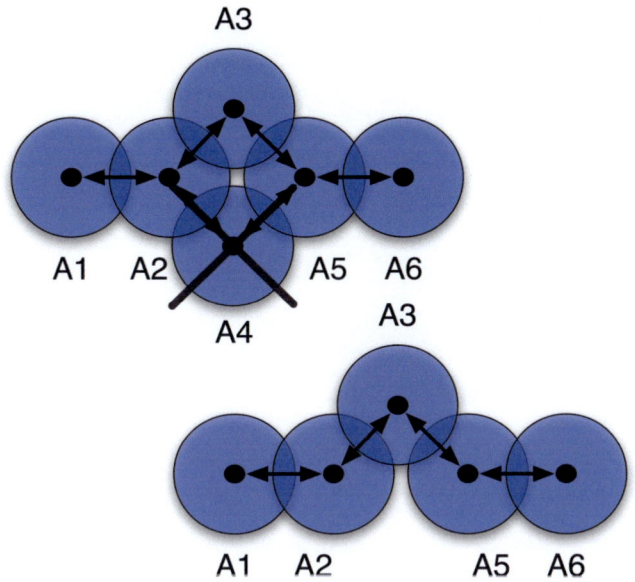

Abbildung 4.7: **Ein Mitglied, das ersetzt werden kann, scheidet aus**

zu haben, würde dieser Gesellschafter seine Mitgliedschaft nicht nur in dieser einen Gesellschaft, sondern auch in möglichen Teil- bzw. Folgegesellschaften verlieren.

Bereits die Verschmelzung zu großen Gruppen ohne jegliche Kenntnis der Mitgesellschafter ist rechtlich bedenklich und ließe sich mit dem Leitbild auch der Innengesellschaft nur schwer vereinbaren. Die dargestellte Trennung der Gesellschaft in mehrere Teilgesellschaften bzw. sogar der Ausschluss von Mitgliedern findet jedoch keine Grundlage mehr im Gesetz. Der Ausschluss eines Gesellschafters ist nach § 737 Satz 1 BGB möglich, sofern eine Fortsetzungsklausel vereinbart wurde. Diese kann aus dem Wesen der Vereinbarung als konkludent erklärt entnommen werden.[232] Zusätzlich müsste aber ein zum Ausschluss des Gesellschafters berechtigender wichtiger Grund nach § 723 Abs. 1 Satz 2 BGB eingetreten sein. An diesen sind strenge Anforderungen zu stellen.[233] Unter einer Gesamtwürdigung der Umstände dürfte den übrigen Gesellschaftern die Fortsetzung des Gesellschaftsverhältnisses nicht mehr zumut-

---

[232] S.o. S. 136.
[233] BGHZ 4, 108, 110; BGH WM 1961, 32, 33; BGH NJW 1998, 3771; BGH DStR 2007, 1216, 1217; *Stürner* in: Jauernig, § 737 BGB Rn. 7; a.A. *Timm/Schöne* in: Bamberger/Roth, § 737 BGB Rn. 5 m.w.N.

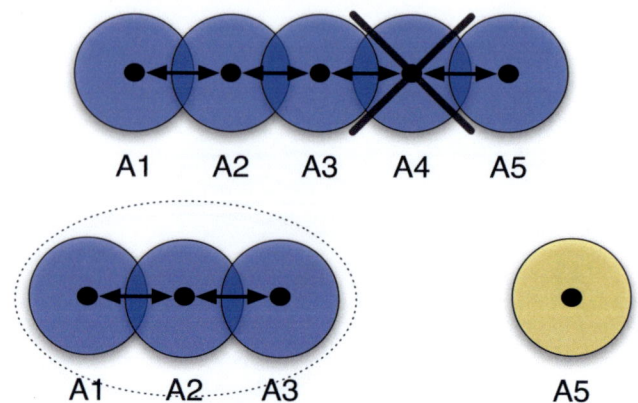

Abbildung 4.8: **Eine Gesellschaft zerfällt, A5 verliert jegliche Mitgliedschaft**

bar sein.[234] Der wichtige Grund muss zudem in der Person des Gesellschafters begründet sein.[235] Die durch den Auszuschließenden hervorgerufene Störung der gemeinsamen Zweckverfolgung muss also eine für die übrigen Gesellschafter unzumutbare Beeinträchtigung darstellen.[236] Wird ein Mitglied wegen des Austritts eines anderen Mitglieds von der Gesellschaft getrennt, kommt als einziger Grund für den Ausschluss aus der Gesellschaft aber in Betracht, dass technisch keine Verbindung mehr zum Mitgesellschafter besteht. Grundsätzlich wäre der Auszuschließende regelmäßig sogar bereit, weiterhin die versprochenen Transitdienste zu erbringen. Mangels einer Verbindung ist er dazu aber nicht mehr in der Lage. Diesbezüglich ist der Betreiber des nicht erreichbaren Knotens aber vollkommen schuldlos. Zwar kommt es auf das Verschulden nicht primär an,[237] aber auch dauerhafte objektive Gründe zum Ausschluss ohne Einflussmöglichkeit des Betroffenen lassen sich nur schwer belegen. Lediglich daraus, dass sich alle bewusst waren, dass die anderen jeweils den Transit jederzeit einstellen können, könnte man ein entsprechendes Bewusstsein auch des Ausscheidenden dahingehend herleiten, dass er durch die Teilung des Netzes aus der Gesellschaft ausscheiden könnte. Zudem müssten aber die anderen Gesellschafter nach § 737 Satz 2 BGB gemeinschaftlich über den Ausschluss entscheiden. Da sie aber nicht unterscheiden können, ob nun der nicht mehr

---

[234] BGHZ 4, 110, 112.

[235] *Timm/Schöne* in: Bamberger/Roth, § 737 BGB Rn. 5; *Ulmer* in: MünchKommBGB, § 737 BGB Rn. 8.

[236] *Timm/Schöne* in: Bamberger/Roth, § 737 BGB Rn. 6; *Schöne*, 18.

[237] *Ulmer* in: MünchKommBGB, § 737 BGB Rn. 8.

erreichbare Knoten gekündigt hat oder nur nicht mehr erreichbar ist, weil ein bisheriger Zwi-schenknoten ausgetreten ist, fehlt bereits ein notwendiges Entscheidungsbewusstsein. Die Er-klärung des Ausschlusses gegenüber dem auszuschließenden Gesellschafter nach § 737 Satz 3 BGB wird in aller Regel ebenfalls fehlen bzw. nicht möglich sein. Ein Ausschluss eines Gesellschafters lediglich aufgrund der technischen Trennung widerspricht damit § 737 BGB.

Hinzu käme die Frage, ob die jetzt getrennten Mitglieder die Gesellschaft weiterführen oder eine neue gründen müssten. Zerfällt nämlich die Gesellschaft in zwei Teile, so würde zunächst die Fortsetzungsklausel greifen. Allerdings ist dann unklar, welcher der beiden Teile die Ursprungsgesellschaft weiterführt. Der andere Teil müsste im Grunde konkludent eine neue Gesellschaft gründen.

Das Auseinanderfallen von Gesellschaften widerspricht folglich deutlich den gesetzlichen Grundanforderungen an eine Gesellschaft. Die vorgestellte Modellierung ist damit rechtlich nicht möglich.

bb) Direkte Sichtbarkeit als Abgrenzungskriterium

Dies bedeutet allerdings nicht, dass offene Netzwerke überhaupt nicht als Gesellschaft nach §§ 705 ff. BGB konstruiert werden können. Natürlich ist eine explizite Einigung immer mög-lich. Aber auch auf Grundlage des Pico Peering Agreement und ohne ausdrückliche zusätzli-che Einigung können Gesellschaften gebildet werden.

Alternativ zu dem oben vorgestellten Ansatz, bei dem häufiges Verschmelzen und Zer-fallen der Gesellschaft die Folge wäre, könnte man statt weniger sehr großer viele kleinere Gesellschaften annehmen. Dafür wäre die Mitgliedschaft in einer Gesellschaft lediglich auf diejenigen Personen begrenzt, die man auch tatsächlich technisch direkt erreichen kann. Die Verbindung zwischen unterschiedlichen Gruppen wäre dann nicht mehr in der Gesellschaft an sich zu sehen, sondern in der Person desjenigen Gesellschafters, der das Bindeglied darstellt. Er könnte Mitglied sowohl in der einen als auch der anderen Gesellschaft sein.[238]

Das verbindende Mitglied stellt nun die Transitverbindung zwischen den zwei Gesell-schaften dar. Rechtlich wird mit den angrenzenden, sichtbaren Netzwerkknotenbetreibern je eine neue Gesellschaft gegründet. In Abb. 4.9 sind sowohl A3, C als auch B2 Gesellschafter in zwei verschiedenen Gesellschaften. Grund dafür ist, dass zwischen A3 und B2 keine direk-te Sichtbarkeit besteht. Im Ergebnis wird durch den Knotenbetreiber C die Pflicht begründet, für beide Gesellschaften Transitdienst zu leisten, also ein- und ausgehenden Verkehr. Diese Konstellation deckt sich weitgehend mit der Idee der Innengesellschaft: Die einzelnen Ge-sellschafter sind zwar eingebunden, handeln aber dennoch als einzelne Individuen. Derjenige

---

[238] S. Abb. 4.9.

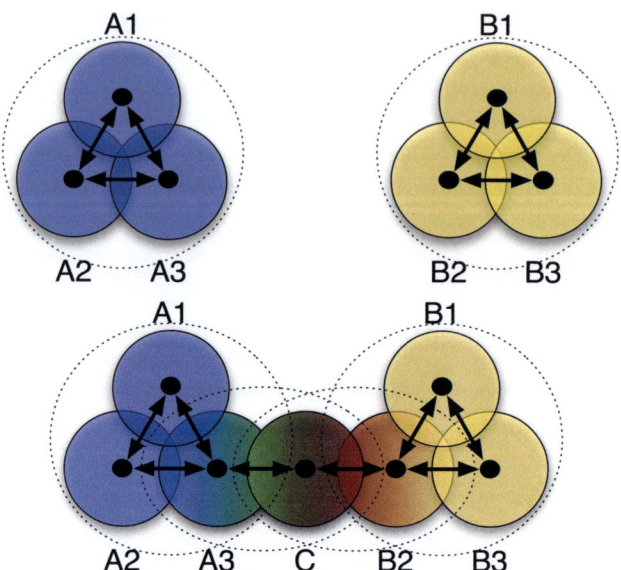

Abbildung 4.9: **Direkte Sichtbarkeit: Zwei unabhängige Gesellschaften werden durch ein gemeinsames neues Mitglied verbunden, es entstehen zwei neue Gesellschaften**

der die Verbindung schafft, ist also nicht aufgrund der rechtlichen Vorbedingungen Bindeglied. Vielmehr entschließt er sich persönlich, sich mit den beiden sichtbaren Netzwerkknoten zu verbinden und die entsprechenden Pflichten zu übernehmen.[239] Über diese Modellierung lassen sich zwar grundsätzlich auch VPN-Verbindungen zwischen weiter entfernten Netzen darstellen,[240] allerdings liegt in diesen Fällen bereits aus technischen Gründen eine rein zweiseitige Beziehung der beiden Gateway-Betreiber vor, die sich nur schwer gesellschaftsrechtlich bewerten lässt. Falls man eine Gesellschaft annehmen wollte, würde diese jedenfalls nur aus den beiden VPN-Gateways bestehen, da nur diese jeweils unmittelbar „sichtbar" sind.[241]

Die Beitrittserklärungen gehen nach diesem Modell folglich nur an diejenigen Personen, mit denen man eine direkte technische Verbindung aufbaut. Damit wird auch das Problem

[239] Nur bei Außengesellschaften ist es möglich, dass die Gesellschaft an sich Mitglied einer anderen Gesellschaft wird, vgl. BGH BB 1997, 2498; auch die Rechtsfähigkeit der GbR gilt selbstverständlich nur für die Außengesellschaft BGHZ 146, 341; dazu *Elsing*, BB 2003, 909, 913.
[240] S.o. S. 31.
[241] Eingehend s.u. S. 153.

der Identifizierbarkeit besser gelöst. Die Mitglieder sind nämlich zumindest in Reichweite, im Zweifelsfall technisch lokalisierbar und nicht nur durch Mittelsmänner ansprechbar.

Kündigt nun in dieser Konstruktion das Bindeglied zwischen zwei Gesellschaften, so treffen die Folgen nur die neu gegründete Gesellschaft allein. Die übrigen Gesellschaften bleiben vollständig erhalten. Die Frage nach Ausschlussmodalitäten stellt sich nicht mehr. Auch mit dem Modell des Pico Peering Agreement stimmt diese Konzeption überein. Nach dem Pico Peering Agreement sollen große Netze aufgebaut. Ziel ist also die Verbindung von „Inseln" zu einem großen, möglichst allumfassenden Netz. Bildlich gesprochen handelt es sich bei dem Modell der Mitgliedschaft durch direkte Sichtbarkeit um „Brücken", die als Bindeglieder die Inseln verbinden, wohingegen die Verschmelzung die Inseln zu einer „Landmasse" zusammenzufassen versuchte. Damit sollten die entsprechenden Bedenken, die gegen die Verschmelzungslösung bestanden, für das Sichtbarkeitsmodell ausgeräumt sein.

cc) Fazit

Auch der Beitritt zur Gesellschaft lässt sich anhand des Pico Peering Agreement im Rahmen der §§ 705 ff. BGB lösen.

c) Kündigung

Da die Gesellschaft nach dem Pico Peering Agreement nicht auf eine befristete Zeitspanne eingegangen wird, ist nach § 723 BGB die jederzeitige Kündigung möglich. Die jederzeitige Kündigung kann dabei auch als Sicherungsinstrument der Selbstbestimmung des Gesellschafters bezeichnet werden.[242] Das Pico Peering Agreement enthält zwar keine ausdrückliche Fortsetzungsklausel nach § 736 Abs. 1 BGB, diese kann aber ohne weiteres durch Auslegung der Umstände festgestellt werden.[243]

d) Auseinandersetzung

Bei Kündigung eines Gesellschafters und Auflösung der Gesellschaft erfolgt eine Auseinandersetzung. Scheidet ein Gesellschafter aus, so richtet sich diese nach § 738 BGB. Entsprechend § 738 Abs. 1 Satz 1 BGB wächst der Anteil am Vermögen der Gesellschaft des ausscheidenden Gesellschafters den übrigen Gesellschaftern zu. Da die Gesellschaft, die beim Betrieb von offenen Netzen auf Grundlage des Pico Peering Agreement gegründet wird, keine vermögenswerten Gegenstände hat, und keine Gewinne oder ähnliches erwirtschaftet werden,

---

[242] *Hey*, 256 ff.
[243] Ausführlich s.o. S. 134.

ist die Verteilung problemlos möglich. Alle Gesellschafter bringen lediglich Dienstleistungen bzw. Nutzungsüberlassungen ein. Alle relevanten Rechte wie z.b. das Eigentum, verbleiben bei ihnen und gehen zu keinem Zeitpunkt auf die Gesellschaft über.

Da es sich um eine reine Innengesellschaft handelt, werden Schulden auch nicht zur Gesamthand begründet,[244] sondern betreffen immer den insoweit persönlich haftenden Gesellschafter. Mangels eines Auftretens der Gesellschaft nach außen kommen schuldrechtliche Verbindlichkeiten nicht in Betracht. Andere, z.b. deliktische Ansprüche oder Ansprüche aufgrund Störerhaftung treffen ebenfalls nur die Person, nicht aber die Gesellschaft. Verbindlichkeiten, die einer Auseinandersetzung bedürften, liegen nicht vor. Die Auseinandersetzung entfällt dementsprechend bei der Innengesellschaft.[245]

e) Haftung der Gesellschafter

Interessant für die Mitglieder der Gesellschaft ist insbesondere die Haftungsverteilung. Das Pico Peering Agreement enthält einen absoluten Haftungsausschluss, der unter der Überschrift „Keine Garantie (Haftungsausschluss)" Gewährleistung und auch alle weiteren Verpflichtungen abbedingt. Der Haftungsausschluss stellt somit eine Abweichung von der nach § 708 BGB geltenden Haftungsregelung dar, nach der der Gesellschafter nur für die Sorgfalt in eigenen Angelegenheiten einzustehen hat (*diligentia quam in suis*). Gesellschaftsverträge unterliegen grundsätzlich nicht der Beurteilung nach §§ 305 ff. BGB. Zwischen den Gesellschaftern besteht weitgehende Vertragsfreiheit.[246] Dies gilt auch dann, wenn der Gesellschaftsvertrag die Voraussetzungen des § 305 Abs. 1 Satz 1 BGB erfüllt, also für eine Vielzahl von Geschäften, in diesem Fall Gründungen bzw. Beitritten, vorformuliert ist.[247] Eine Inhaltskontrolle kann aber über § 242 BGB[248] und § 138 BGB erfolgen. Eine Einschränkung über § 138 BGB scheidet aufgrund einer fehlenden groben Ungleichbehandlung aus.[249] Insbesondere der Beitretende ist dabei als schutzwürdig anzusehen.[250] Aber auch der gegenüber § 138 BGB flexiblere[251] Schutz über § 242 BGB dient vor allem dazu, einzelne Gesellschafter zu schützen, denen

---

[244] *Timm/Schöne* in: Bamberger/Roth, § 705 BGB Rn. 152; *Ulmer* in: MünchKommBGB, § 705 BGB Rn. 284; vgl. zur Partnerschaftsgesellschaft, bei der nur die „mit einem Mandat" befassten Gesellschafter haften *Noack* in: Staudinger, § 427 BGB Rn. 59.

[245] BGH NJW 1982, 99, 100; BGH WM 1986, 1143; BGH NJW 1990, 573; *Lange/Ritter* in: Hoeren/Sieber, Kap. 21.1 Rn. 22; *Sprau* in: Palandt, § 705 BGB Rn. 35; *Habermeier* in: Staudinger, § 730 BGB Rn. 6.

[246] *Timm/Schöne* in: Bamberger/Roth, § 705 BGB Rn. 75.

[247] *Ulmer* in: MünchKommBGB, § 705 BGB Rn. 139.

[248] BGH NJW 1975, 1318; BGH NJW 1982, 877, 879; BGH NJW 1982, 2303; BGH WM 1983, 1407; *Hille*, 40 ff.

[249] S.o. S. 138.

[250] BGH NJW 1975, 1318, 1319.

[251] So *Ulmer* in: MünchKommBGB, § 705 BGB Rn. 140.

durch den Gesellschaftsvertrag gegenüber anderen eine merklich schlechtere Rechtsposition zugebilligt wird.[252] Die Haftungsverteilung nach dem Pico Peering Agreement ist aber für alle Gesellschafter gleich geregelt. Eine Benachteiligung, die einer Korrektur im Wege der Anwendung des § 242 BGB bedürfte, ist mithin nicht vorhanden.

Auch hieran zeigt sich, dass die Form der Gesellschaft den durch die Beteiligten verfolgten Zwecken am ehesten gerecht zu werden vermag.

f) Nutzungsbestimmungen

Ein weiteres Problem könnten die Nutzungsbestimmungen nach Nr. 4 PPA darstellen. Das Pico Peering Agreement sieht vor, dass Betreiber spezielle Bestimmungen zur Nutzung, sog. Acceptable Use Policies, vorsehen können. Sie können als Vertragsbedingungen aufgefasst werden. Dies gilt selbstverständlich auch für den Gesellschaftsvertrag. Sofern sich die Parteien des Vertrages auf die entsprechenden Bestimmungen einigen, können sie diese problemlos aufnehmen. Durchaus möglich ist auch, dass nur ein Teil der Parteien diese Bestimmungen vorsieht, sofern die anderen zustimmen. Notwendig ist also, dass ihnen die Bestimmungen jedenfalls zur Kenntnis gelangen und eine entsprechende Einigung erzielt wird. Als Begrenzung der Nutzungsbestimmungen kommt hier erneut § 138 BGB in Betracht. Ein weiteres Ziel bei der Erstellung des Pico Peering Agreement war auch, dass automatisch solche Bestimmungen übermittelt und in den Vertrag einbezogen werden können.[253] Bisher waren diese Bemühungen allerdings noch nicht erfolgreich.

Insofern kommt es für die Wirksamkeit und Einbeziehung solcher Bestimmungen maßgeblich auf die Auslegung im Einzelfall an. Grundsätzlich gegen die Annahme eines Gesellschaftsvertrages spricht die Möglichkeit solcher Nutzungsbestimmungen nicht.

g) Vereinbarkeit mit dem Wesen der Gesellschaft des BGB?

Wie sich gezeigt hat, lassen sich die für die Gesellschaft notwendigen Vorbedingungen über das Pico Peering Agreement und eine entsprechende Auslegung vor dem Hintergrund des Ziels vermaschter Netzwerke treffen. Wenn man davon ausgeht, dass die Teilnehmer an einem offenen Netz, die das Pico Peering Agreement zur Regelung ihrer Verhältnisse verwenden, diesbezüglich mit einem Rechtsbindungswillen handeln, so stellt die Form der Gesellschaft ein sehr gutes rechtliches Instrumentarium bereit. Es stellt sich zuletzt die Frage, ob nicht

---

[252] So z.B. für eine „Hinauskündigungsklausel" BGH NJW 1981, 2565 mit kritischer Anmerkung *Krämer*, NJW 1981, 2553; BGH NJW 2005, 3641.

[253] *Medosch*, Freie Netze, 192.

eine solch offene und dynamische Gesellschaft dem „Wesen der Gesellschaft"[254] fremd sein könnte. In den Ausführungen wurde die Vereinbarkeit mit dem Recht an der Grenze der Sittenwidrigkeit nach § 138 Abs. 1 BGB gemessen, wobei der Maßstab die ungerechtfertigte Ungleichbehandlung der Gesellschafter war.[255]

Besondere Bedenken könnten bei der Kündigung durch die Einstellung des Betriebs bestehen. Darin könnte man einen Verstoß gegen die Förderungs- oder allgemeiner Treuepflicht sehen, die durch den Gesellschaftsvertrag allgemein statuiert wird. In der Vereinbarung liegt diesbezüglich eine Art von Schlechtbehandlung der Gesellschafter. Aus dem Grundsatz von Treu und Glauben lässt sich aber nicht die Pflicht herleiten, Verträge nur günstig für das Gegenüber zu gestalten. Vielmehr besteht lediglich die Pflicht, das Gegenüber über alle relevanten Fakten vor Vertragsschluss zu informieren.[256] Daraus folgt aber wiederum, dass § 138 Abs. 1 BGB als Bewertungsmaßstab verbleibt.[257] Zudem legt § 723 Abs. 1 S. 1 BGB unmissverständlich fest, dass die ordentliche Kündigung ohne spezielle Regelung jederzeit möglich ist. Diesem Grundsatz verschreibt sich auch das Pico Peering Agreement in Nr. 3. Weder werden einzelne Gesellschafter speziell benachteiligt, noch befinden sie sich bei Eintritt in die Gesellschaft im Unklaren über die Einstellungsmöglichkeit. Die Grenze bildet § 723 Abs. 2 BGB, der die Kündigung zur Unzeit ausschließt. Nach den Bestimmungen des Pico Peering Agreement gibt es eine solche Unzeit aber schlicht nicht. Auf § 723 Abs. 2 BGB wird demzufolge in Übereinstimmung aller Gesellschaftsmitglieder ausdrücklich und wirksam verzichtet.

Dynamische und offene Gesellschaften wie diese sind dem Rechtsverkehr zudem nicht vollkommen fremd. So zeichnen sich z.B. Publikumsgesellschaften ebenfalls dadurch aus, dass sich die Gesellschafter untereinander zumeist nicht kennen.[258] Publikumsgesellschaften bedienen sich hierfür einer anderen, stärker organisierten Struktur, die die Annäherung der rechtlichen Behandlung an den Verein rechtfertigen kann.[259] Dennoch zeigt sich die Aufgeschlossenheit des Rechtsverkehrs gegenüber neuartigen Formen des „weiten Gefäßes" der Gesellschaft. Das Gesellschaftsrecht muss vielmehr Veränderungen auch durch atypische Ge-

---

[254] Vgl. *Teichmann*, 3 ff.; kritisch zum Wesensargument *Scheuerle*, AcP 163 (1964), 429.

[255] S.o. S. 138.

[256] *Teichmann*, 169.

[257] Vgl. mit einem Beispiel *Teichmann*, 170 f., 173.

[258] Keine persönliche Verbundenheit BGH NJW 1978, 755, 755 f.; *Ulmer* in: MünchKommBGB, vor § 705 BGB Rn. 4.

[259] *Ulmer* in: MünchKommBGB, vor § 705 BGB Rn. 4, § 705 BGB Rn. 175; *Habermeier* in: Staudinger, vor § 705 BGB Rn. 69, § 705 BGB Rn. 21.

sellschaften im Wege der Auslegung oder Rechtsanalogien offen stehen.[260] So hat der *BGH* im Jahre 1979 deutlich formuliert:[261]

> „[...] im Bereich der bürgerlichrechtlichen Gesellschaft steht ein beträchtlicher Freiraum zur beliebigen Gestaltung der Rechtsverhältnisse offen [...]. Es sind daher Vereinigungen [...] mit fließenden Übergängen [...] möglich."

Selbst wenn die Annahme einer Gesellschaft zunächst wenig einleuchtend klingt, so zeigen sich doch bei der Untersuchung zwei wesentliche und beachtenswerte Merkmale: Zum einen kommt die Gesellschaft als rechtliches Konstrukt den flexiblen und gegenüber Dritten jederzeit geöffneten offenen Netze am nächsten. Die Aufspaltung auf eine Vielzahl von einzelnen Verträgen lässt sich zwar durchaus begründen und formulieren, sie erklärt aber nicht das Phänomen der kommunikativen Vielfalt und trotzdem Einheit der beteiligten Personen. Auch die Konstruktion über große Netze lässt sich durch eine personelle Verbindung in Form von Brücken lösen. Zum anderen können im Grunde alle konstitutionellen Merkmale der Gesellschaft gefunden und gelöst werden. Privatautonomie und die zweckgerichtete, also anhand der gemeinschaftlichen Ausrichtung orientierte, Auslegung lassen diese Lösung zu. Problematisch könnte lediglich der Verzicht auf den Zugang einer nur konkludent abgegebenen Kündigungserklärung sein. Aber mit der weiten und offenen Gesellschaftsform[262] lässt sich auch dieses begründen.

h) Fazit

Der Gründung einer Gesellschaft auf Grundlage des Pico Peering Agreement stehen keine durchgreifenden Bedenken entgegen. Vielmehr ist die Gesellschaft geradezu der einzige rechtliche Prototyp, der die gemeinsamen Ziele und Wünsche der Betreiber offener Netzwerke, die gegenseitigen Verpflichtungen und auch die Freiheit von einer allzu festen Bindung ermöglicht.

6. Exkurs: Das Pico Peering Agreement als zweiseitiger Vertrag bei VPN-Verbindungen

Nach den hier dargestellten Überlegungen ist das Pico Peering Agreement grundsätzlich als ein mehrseitiger Vertrag anzusehen, mit dem zwar auch Gesellschaften mit nur zwei Mit-

---

[260] *Ulmer* in: MünchKommBGB, vor § 705 BGB Rn. 3; vgl. für soziale Netzwerke *Druey*, KritV 2006, 163, 166 ff.

[261] BGH NJW 1979, 2304, 2305.

[262] Vgl. *Hadding* in: Soergel, 11. Aufl. 1985, vor § 705 BGB Rn. 26.

gliedern gegründet werden können, die aber grundsätzlich auch dem Beitritt Dritter zu dieser Gesellschaft - unter Anwendung des Kriteriums der unmittelbaren Sichtbarkeit - offen stehen und offen stehen sollen. Darin spiegelt sich gerade die Idee offener und vermaschter Netzwerke wider: Gruppen finden zusammen, schließen sich zusammen und bilden möglichst eng vermaschte Netzwerke, in denen kurze, stabile, sichere und schnelle Routen - und auch Parallelrouten - ermöglicht werden. Für Situationen, in denen eine Gesellschaft auf dieser Basis prinzipiell gar nicht denkbar ist, kann natürlich eine Auslegung des Pico Peering Agreements in diese Richtung nur schwer vorgenommen werden. Eine solche Konstellation findet sich z.B. bei reinen VPN-Verbindungen, durch die einzelne, teilweise weit entfernte Gemeinschaften bzw. Wolken über zwei sog. Gateways und das Internet verbunden werden.[263] Bei VPN-Verbindungen besteht zwischen den Gateway-Betreibern eine typische zweiseitige und auch nur zweiseitige Beziehung. Damit ist die Rechtsbeziehung ebenfalls nur eine zweiseitige. Auf diese lassen sich die gesellschaftsrechtlichen Überlegungen nicht unmittelbar übertragen, da die Verbindung aufgrund der Abgrenzung anhand der Sichtbarkeit exklusiv ist und das Hinzutreten Dritter nicht erlaubt. Dementsprechend ist in diesem Fall das Pico Peering Agreement ein zweiseitiger Vertrag und muss auch als solcher rechtlich bewertet werden.

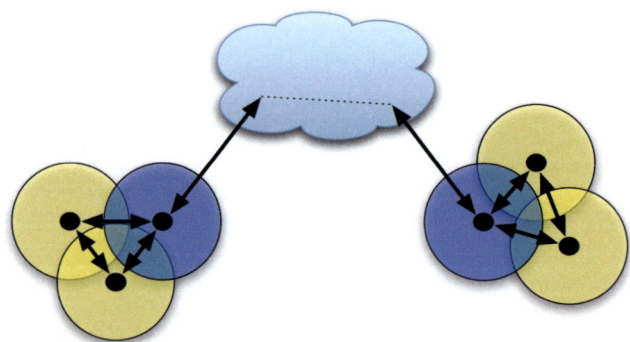

Abbildung 4.10: **Zwei Wolken werden mittels VPN über das Internet verbunden**

Das Pico Peering Agreement ist für solch ein zweiseitiges Verhältnis geeignet und war ursprünglich wohl auch dafür vorgesehen.[264] Im Gegensatz zur Betrachtung im Gesellschaftsverhältnis ist jedoch eine Prüfung der Wirksamkeit anhand der Regeln zu allgemeinen Ge-

---

[263]   Zu VPN-Verbindungen s.o. S. 31; s. auch Abb. 4.10.
[264]   S.o. S. 120.

schäftsbedingungen nach §§ 305 ff. BGB notwendig. Die Anwendungsschranke des § 310 Abs. 4 BGB greift in diesem Zusammenhang nicht. Grenze der Wirksamkeit bilden demnach nicht § 138 Abs. 1 BGB bzw. § 242 BGB. Sie findet sich vielmehr in §§ 307 ff. BGB. An diesem Maßstab sind auch eventuelle Nutzungsbestimmungen nach Nr. 4 PPA sowie lokale und indivuelle Zusätze nach Nr. 5 PPA zu messen.

Da es sich um eine Ausnahmekonstellation handelt, soll hier nur kurz auf die entsprechenden, möglicherweise kritischen Bedingungen eingegangen werden. Eine vollständige Betrachtung aller Klauseln des Pico Peering Agreement unterbleibt. Problematisch könnte der Haftungsausschluss in Nr. 3 PPA sein. Die Formulierung lautet: „Der Dienst (Betrieb, Service) wird ohne Gewähr bereitgestellt, ohne Garantie oder Verpflichtung jedweder Art." Versteht man die Klausel als möglichst weitgehenden Haftungsausschluss, so wäre sie im Zweifel unwirksam, da jede Gewähr und jede Haftung ausgeschlossen wird. Hinzu kommt, dass sie schlicht nicht konkret genug ist und deshalb gegen das Transparenzgebot verstößt.[265] Haftungsmaßstab innerhalb dieses Vertrages ist demnach § 276 BGB, beginnend mit leichter Fahrlässigkeit. Es empfiehlt sich für diese Situationen deshalb eine ausdrückliche und genauere Regelung.

7. Exkurs: Netzwerke und Netzwerkverträge

Die rechtliche Einordnung von Mehrpersonenverhältnissen und Netzwerken wird teilweise über die Erfassung in einem „Netzwerkvertrag" oder „Vertragsnetz" versucht. Kennzeichnendes Merkmal dieser komplexen Vertragsverbindung ist die Lösung vom rein zweiseitigen Vertrag, des *do ut des*, also „Ich gebe, damit Du gibst." hin zu einem *do ut des ut det* - „Ich gebe, damit Du (ihm) gibst, damit er (mir) gibt".[266] Mit anderen Worten entsteht eine Verflechtung von mehreren Personen, die nicht in einem unmittelbaren synallagmatischen Leistungsaustausch stehen, sondern im Netzwerk Leistungen in Verbindung mit einem gemeinsamen Ziel erbringen. Ergebnis ist ein tri- bzw. multilateraler Vertrag.[267]

Wie für die Behandlung der rechtlichen Verbindung bei offenen Netzen, ist bei solchen Netzwerkverträgen oder Vertragsnetzen problematisch, ob sie sich in den Kategorien des bürgerlichen Rechts effektiv fassen lassen.[268] Vergleichen lässt sich diese Art der Betrachtung ferner mit den Versuchen der rechtlichen Einordnung von virtuellen Netzwerken, bei denen

---

[265] Vgl. BGH NJW 1989, 582, 583; BGH NJW 1997, 1068; *Schmidt* in: Bamberger/Roth, § 307 BGB Rn. 42 ff.; *Basedow* in: MünchKommBGB, § 307 BGB Rn. 48.

[266] *Gernhuber*, § 13 V 1; *Heermann*, AcP 200 (2000), 1, 22; *Heermann*, KritV 2006, 173, 174.

[267] *Heermann*, KritV 2006, 173.

[268] *Wellenhofer*, KritV 2006, 189, 188.

sich Unternehmen lose zu einem gemeinsamen Zweck, für ein einzelnes Projekt und häufig unter Verwendung technischer Kommunikationsmittel verbinden.[269]

Es stellt sich in diesem Zusammenhang also die Frage, ob sich die wandelbaren und spontanen offenen Netze mit dem Netzwerkvertrag bzw. den Vertragsnetzen und dem virtuellen Netzwerk vergleichen lassen. Wenn dies der Fall sein sollte, könnten daraus weitere Schlussfolgerungen für die rechtliche Behandlung der offenen Netze ziehen lassen. Ebenso wie bei virtuellen Netzwerken und Vertragsnetzen schließen sich die Betreiber von offenen Netzen zur Verfolgung eines gemeinsamen Zwecks zusammen. Als Regelungsgrundlage verwenden sie dafür teilweise das Pico Peering Agreement. Hier endet aber bereits die Ähnlichkeit. Betreiber offener Netze können Gesellschaften und damit eine vertragliche Verbindung zwischen einer Vielzahl von Parteien begründen. Wirtschaftliche Überlegungen stehen aber nicht im Vordergrund, sondern spielen in aller Regel praktisch keine Rolle. Ein Betreiber verbindet sich also nicht mit einem anderen Betreiber, damit dieser später an ihn leistet, sondern damit dieser überhaupt in das Netzwerk eintritt. Darüber hinaus sind offene Netze geprägt durch eine Betonung der Freiwilligkeit der Verbindung. Eine strenge finale Verknüpfung der eigenen Handlung im Hinblick auf Dritte, ein sogenannter „Finalnexus",[270] besteht gerade nicht. Die eigene Leistung erfolgt zwar nicht unabhängig davon, ob Dritte teilnehmen, die Teilnahme Dritter am Netzwerk wird hingegen ausdrücklich gewünscht, sie ist aber nicht unbedingter Zweck einer Verbindung. Damit lassen sich die Überlegungen zu *do ut des ut det* keinesfalls übertragen. Genauso lässt sich die Übertragbarkeit der Grundsätze virtueller Netzwerke ablehnen. Bei virtuellen Netzwerken steht nämlich ebenfalls die wirtschaftliche Verbindung klar im Vordergrund. Mehrere ansonsten weitgehend unabhängige Unternehmen schließen sich zusammen, um wirtschaftlich schlagkräftiger zu werden und Projekte, die sie nicht allein schultern können, gemeinsam zu bestreiten.

Mangels des wirtschaftlichen Hintergrundes offener Netze fehlt es an der notwendigen Ähnlichkeit zu virtuellen Netzwerken. Offene Netze können zwar als Gesellschaften angesehen werden, die einen gemeinsamen Zweck verfolgen, Netzwerkverträge, Vertragsnetze oder virtuelle Netzwerke entstehen jedoch nicht.

8. Ergebnis

Das Pico Peering Agreement ist zwar ursprünglich nicht für die Gründung von Gesellschaften erstellt worden, ist aber im Hinblick auf die Mindeststandards der Gründung jedenfalls ausreichend. Darüber hinaus ermöglicht es eine weitgehende Übertragung des Willens und der

---

[269] Dazu *Berwanger*, 1 ff.; *Bieniek*, 23 ff; *Lange/Ritter* in: Hoeren/Sieber, Kap. 21.1 Rn. 8 ff.; *Teubner*, 1 ff.
[270] *Gernhuber*, § 13 V 1.

Prinzipien der Beteiligten in eine rechtliche Konstruktion sowie die rechtliche Abbildung der technischen Gegebenheiten. Einzelne Probleme lassen sich durch entsprechende Auslegung des Pico Peering Agreement und Beachtung der Teilnehmermotivation lösen. Die Gesellschaft stellt damit eine potentielle Gestaltungsmethode für die Organisation offener Netze dar.

III. Die Nutzung von Vereinsstrukturen

Offene Netze werden teilweise auch im Rahmen der Tätigkeit eines Vereins aufgebaut und betrieben. Neben den rechtlich nicht explizit geregelten und auf der Basis des Pico Peering Agreements erfolgenden Aufbau von offenen Netzen tritt dadurch noch eine weitere Alternative, wobei der Verein als verbindende Basis des Netzes gewählt wird. Durch diese Regelungsform könnten allerdings auch die Rechtsverhältnisse einer differenzierten Betrachtung bedürfen. Zum einen tritt zumindest bei der Wahl der Rechtsform des eingetragenen Vereins eine juristische Person hinzu, deren Rechte und Pflichten sowohl im Netzwerk als auch gegenüber Dritten zu beleuchten sein wird. Andererseits muss geklärt werden, inwiefern die Schaffung eines Vereins auch das Verhältnis der Mitglieder untereinander zu modifizieren vermag.

1. Einführung

Offene Netze verbinden eine Vielzahl von Personen. Neben die rein technische Verknüpfung tritt meist auch der soziale, direkte Kontakt, der schließlich auch Förderungsziel offener Netze ist. Realisiert wird dieser z.b. über Mailing-Listen oder feste Treffpunkte.[271] Wenn solche Treffen regelmäßig erfolgen und dem Aufbau und Betrieb des Netzes eine gewisse Organisation bzw. Struktur geben sollen, so liegt es nahe, diese Organisation zu verselbständigen. Dadurch kann nicht nur die rechtliche Fixierung von Rechten und Pflichten erfolgen, vielmehr kann auf diese Art und Weise insgesamt eine stärkere Einbindung der aktiven Teilnehmer erreicht werden. Organe und terminierte Versammlungen erleichtern zudem die Steuerung eines Projekts, das maßgeblich von der Arbeit ihrer Teilnehmer abhängt.

a) Der Verein als Rechtsform

Ein Verein ist ein auf Dauer angelegter und körperschaftlich organisierter Zusammenschluss von Personen, die einen gemeinsamen Zweck verfolgen.[272] Im Gegensatz zu einer Gesellschaft bürgerlichen Rechts hat ein Verein somit immer einen Namen und ist vom konkreten

---

[271] Zu den Kommunikationsstrukturen s.o. S. 20.
[272] RGZ 143, 212, 213; *Reuter* in: MünchKommBGB, § 22 BGB Rn. 1.

Mitgliederbestand grundsätzlich unabhängig.[273] Ein weiteres Kennzeichen ist die auf der Vereinssatzung beruhende körperschaftliche Verfassung. Der Verein handelt durch seine Organe und wird durch seinen Vorstand vertreten.[274]

aa) Nicht-Wirtschaftlichkeit der Vereine

Nach §§ 21, 22 BGB wird zwischen wirtschaftlichen und nicht-wirtschaftlichen Vereinen unterschieden, wobei letztere auch „Idealvereine" genannt werden.[275] Die Folge der Unterscheidung ist insbesondere, wann dem Verein als juristischer Person die Rechtsfähigkeit zuerkannt wird. Während der wirtschaftliche Verein nach § 22 BGB erst durch staatliche Verleihung rechtsfähig wird, genügt beim Idealverein die Eintragung in das bei den Amtsgerichten geführte Vereinsregister.[276] Abgrenzungskriterium der §§ 21 und 22 BGB ist nach dem Wortlaut, ob der Verein „auf einen wirtschaftlichen Geschäftsbetrieb gerichtet" ist. Nach der h.M.[277] ist hierfür von einem typologischen Ansatz auszugehen, der letztendlich auf einer teleologischen Auslegung der §§ 21, 22 BGB beruht.[278] Ein Idealverein soll demnach zunächst ausgeschlossen sein, sofern der Verein auf einem äußeren oder auch inneren, also auf die Mitglieder beschränkten Markt planmäßig und auf Dauer Leistungen anbietet.[279] Als dritter Typus eines wirtschaftlich tätigen Vereins gilt die genossenschaftsähnliche Kooperation, bei der die Mitglieder des Vereins einen Teil ihrer eigenen Unternehmertätigkeit auf den Verein auslagern.[280] Auch wenn die Tätigkeit des Vereins in eine dieser Kategorien fällt, so soll nach dem sogenannten Nebenzweckprivileg dennoch ein nicht-wirtschaftlicher Verein vorliegen, sofern die unternehmerische Tätigkeit des Vereins im Rahmen der auf ideelle Zwecke gerichteten Gesamttätigkeit von untergeordneter Bedeutung ist.[281]

Ein Idealverein soll nach den Motiven des BGB vorliegen, wenn die Personenvereinigung einen gemeinnützigen, wohltätigen, ideellen, wissenschaftlichen oder künstlerischen Zweck

---

[273] RGZ 60, 94, 96; RGZ 143, 212, 213; RGZ 165, 140, 143; *Reuter* in: MünchKommBGB, § 22 BGB Rn. 1; *Hadding* in: Soergel, vor § 21 BGB Rn. 44.

[274] *Reuter* in: MünchKommBGB, § 22 BGB Rn. 1; *Reichert*, Rn. 6; *Hadding* in: Soergel, vor § 21 BGB Rn. 44.

[275] *Larenz/Wolf*, § 10 Rn. 25; *Reichert*, Rn. 111; *Hadding* in: Soergel, §§ 21, 22 BGB Rn. 19.

[276] *Larenz/Wolf*, § 10 Rn. 25; *Reuter* in: MünchKommBGB, § 22 BGB Rn. 4.

[277] Zur Entwicklung *Larenz/Wolf*, § 10 Rn. 27 ff.; *Reuter* in: MünchKommBGB, § 22 BGB Rn. 4 ff.; *Hadding* in: Soergel, §§ 21, 22 BGB Rn. 19 ff.; *Stöber*, Rn. 49 jeweils m.w.N.

[278] BGHZ 45, 395; *Larenz/Wolf*, § 10 Rn. 31; grundlegend *Schmidt*, RPfleger 1972, 286; *Schmidt*, ZGR 1975, 477; *Schmidt*, AcP 182 (1982), 1.

[279] *Larenz/Wolf*, § 10 Rn. 32 f.; *Märkle/Alber*, 22; *Reuter* in: MünchKommBGB, § 22 BGB Rn. 7; *Heinrichs* in: Palandt, § 21 Rn. 3 f.

[280] BGHZ 45, 395; *Larenz/Wolf*, § 10 Rn. 35; *Reichert*, Rn. 119.

[281] *Larenz/Wolf*, § 10 Rn. 35; *Heinrichs* in: Palandt, § 21 Rn. 5; *Hadding* in: Soergel, §§ 21, 22 BGB Rn. 33.

erfüllt.[282] Die Vereine, die zur Förderung von Aufbau und Betrieb von offenen Netzen gegründet werden, zielen darauf ab, ein der Gemeinschaft zur Verfügung stehendes Netz zu errichten und den Betrieb zu erleichteRn. Der Verein dient dabei hauptsächlich als Organisationselement, der Aufbau erfolgt weitgehend durch Einzelpersonen, während der Verein lediglich koordinatorische Aufgaben übernimmt. Zwar erhebt er Mitgliedsbeiträge und finanziert dadurch eventuell auch notwendige Hardware, er bietet aber kein Produkt an, weder auf einem äußeren oder inneren Markt. Meist enthält auch die Satzung eindeutige Hinweise auf die nicht-wirtschaftliche Betätigung und Zielrichtung des Vereins,[283] was nach § 57 Abs. 1 BGB zwingende Voraussetzung der Eintragung eines nicht-wirtschaftlichen Vereins ist.[284] Grundsätzlich handelt es sich folglich um Idealvereine, die erst mit Eintragung Rechtsfähigkeit erlangen.

bb) Zweck, Satzung und Organe

Ein Verein definiert sich durch seine Verfassung, deren maßgeblicher Bestandteil der Vereinszweck ist. An diesem richtet sich die Tätigkeit des Vereins aus. Er ist die gemeinsame Grundlage des Zusammenschlusses der Vereinsmitglieder.[285] Soll der Verein eingetragen werden, so ist der Zweck nach § 57 Abs. 1 BGB zwingend in die Satzung aufzunehmen. Als Beispiel für den Vereinszweck eines Vereins, der offene Netze fördert, kann § 2 der Vereinssatzung des Freifunk Potsdam e.V. dienen:[286]

1. Zweck des Vereins ist der Aufbau eines freien Bürgernetzes, das allen Potsdamern einen uneingeschränkten und freien Zugang zum Internet ermöglicht.

2. Weiterhin fördert der Verein ideell, materiell und/oder finanziell:

    (a) den Zugang der Informationstechnologie für sozial benachteiligte Personen

    (b) die Erforschung, Verbreitung und Anwendung freier Netzwerktechnologien sowie die Verbreitung, Anwendung und Vermittlung von Wissen über Netzwerke sowie kultureller Inhalte mittels elektronischer Medien.

---

[282] *Reichert*, Rn. 111.
[283] So z.B. Freifunk Potsdam, § 1 der Vereinssatzung, dazu s.u. S. 162.
[284] *Reuter* in: MünchKommBGB, § 57 BGB Rn. 1; *Hadding* in: Soergel, § 57 BGB Rn. 2.
[285] *Larenz/Wolf*, § 10 Rn. 14.
[286] http://www.freifunk-potsdam.de (abgerufen am 28.2.2008); Satzung unter http://wiki.freifunk-potsdam.de/index.php/Satzung (abgerufen am 28.2.2008).

(c) die Schaffung experimenteller Kommunikations- und Infrastrukturen unabhängiger Netzwerke

(d) kulturelle, technologische und soziale Bildungs- und Forschungsprojekte

(e) private Datenkommunikation, kulturelles Leben sowie fachbezogene Wissensvermittlung

(f) die Veranstaltung regionaler, nationaler und internationaler Kongresse, Treffen, Konferenzen und Seminare, sowie die Teilnahme der Mitglieder.

3. ...

Die Satzung eines Vereins ist das Grundelement der vereinsinternen Rechtsgestaltung und muss sämtliche das Vereinsleben bestimmenden Leitprinzipien enthalten.[287] Für den eingetragenen Verein sind hierfür nach § 57 Abs. 1 BGB zusätzlich zum Zweck Name und Sitz des Vereins sowie die Tatsache, dass der Verein eingetragen werden soll, niederzulegen.

Der Verein handelt durch seine Organe. Zwingend notwendig sind nach dem Gesetz Mitgliederversammlung sowie Vorstand, was sich aus § 32 BGB ergibt. Die Mitgliederversammlung dient insbesondere der internen Willensbildung, während der Vorstand den Verein nach außen vertritt und die laufenden Geschäfte führt.[288] Grundsätzlich kann der Verein in Wahrnehmung seiner Organisationsautonomie weitere, fakultative Organe in seiner Satzung vorsehen.[289]

Sofern ein Verein diese Mindestvoraussetzungen erfüllt, ist kein Grund ersichtlich, warum offene Netze nicht unter Verwendung der Rechtsfigur des Vereins aufgebaut und betrieben werden können.

cc) Vereine auf Basis des Pico Peering Agreement?

Das Pico Peering Agreement ist eine Möglichkeit der Rechtsgestaltung für offene Netzwerke. Bisher wurde es allerdings nur als Regelung des Verhältnisses unter den Teilnehmern betrachtet,[290] wobei sich herausgestellt hat, dass durchaus Gesellschaften bürgerlichen Rechts mithilfe des Pico Peering Agreement gegründet werden können. Der Verein ist eine Gesellschaft im weiteren Sinne.[291] Denkbar wäre also durchaus, das Pico Peering Agreement auch

---

[287] *Märkle/Alber*, 41.
[288] *Larenz/Wolf*, § 10 Rn. 55; *Reichert*, Rn. 1092, 1094.
[289] *Reichert*, Rn. 1095 ff.
[290] S.o. S. 132 ff.
[291] *Hadding* in: Soergel, vor § 21 BGB Rn. 45.

als Grundlage einer solchen Gesellschaft anzusehen, wodurch sich ein Abgrenzungsproblem zwischen der Gesellschaft und dem Verein ergeben würde.

Dem Pico Peering Agreement fehlen allerdings wesentliche Merkmale des Vereins, deren Fehlen auch nicht durch Auslegung kompensiert werden kann. So sieht das Pico Peering Agreement keine Organe vor, sondern vielmehr eine Verbindung von selbständigen und gleichberechtigten Teilnehmern bzw. VertragspartneRn. Weder das Vorliegen noch die Pflichten von Vorstand und Mitgliederversammlung regelt das Pico Peering Agreement. Es fehlt somit bereits die notwendige körperschaftliche Organisation. Zudem zielt das Pico Peering Agreement unter anderem zunächst auf die Verbindung von lediglich zwei gleichrangigen Personen ab. Für die Gründung eines Vereins und die Satzungsfeststellung sind aber mindestens drei Personen erforderlich, da nur dann eine Mehrheit gebildet werden kann.[292] Außerdem müssen sich die Parteien einer Vereinbarung zur Gründung eines Vereins darüber einig sein, dass überhaupt ein Verein gegründet werden soll.[293] Dem Wortlaut des Pico Peering Agreement lässt sich dieses Ziel gerade nicht entnehmen.

Dennoch schließen sich der Verein bzw. die Mitgliedschaft in einem Verein und die Gesellschaft bürgerlichen Rechts auf Basis des Pico Peering Agreements nicht kategorisch aus. Denkbar ist, dass die Teilnehmer eines offenen Netzes, das vereinsrechtlich organisiert ist, die von ihnen angebotenen Dienste den jeweils anderen Mitgliedern zusätzlich unter Verwendung des Pico Peering Agreement anbieten. Damit könnte das Pico Peering Agreement durchaus der Regelung des Verhältnisses unter den Mitgliedern dienen, wobei sich dann zwar eine personelle Identität, aber keine rechtliche Kongruenz ergeben könnte. Für das Verhältnis unter den Beteiligten wäre folglich je nach Anforderung streng zwischen den rechtlichen Grundlagen zu unterscheiden.

Als weitere Alternative könnte durchaus auch der Verein als juristische Person Vertragspartei des Pico Peering Agreement und damit Mitglied einer daraus entstehenden Gesellschaft sein.[294] Die sich daraus ergebenden Rechte und Pflichten sind aber deutlich von den Mitgliedschaftsrechten zu trennen.[295]

b) Beispiele

Zur Verdeutlichung sollen beispielhaft einige dergestalt organisierte Vereine vorgestellt werden.

---

[292] *Reichert*, Rn. 4.
[293] *Reichert*, Rn. 75.
[294] Vgl. *Stöber*, Rn. 318.
[295] *Larenz/Wolf*, § 10 Rn. 105.

aa) Freifunk Potsdam e.V.

Als Prototyp eines Vereins zum Aufbau und Betrieb eines offenen Netzes könnte man Freifunk Potsdam e.V. bezeichnen. In der Selbstbeschreibung[296] heißt es:

„Freifunk Potsdam sieht sich als nicht kommerzielle, und für jeden offene Initiative zur Förderung und Verbreitung von offenen Funknetzen in Potsdam. Unser Hauptanliegen dabei ist, dass jeder Bürger freien Zugang zum Internet hat. Außerdem bieten freie Netze die Möglichkeit zur Bildung lokaler Sozialstrukturen: lizenzfreies Community-Radio, die Übertragung lokaler Events und private Tauschbörsen sind damit machbar."

Wesentliche Merkmale sind demnach, dass offene Funknetze nicht-kommerziell sind und vor allem für jeden offen bereit stehen sollen. Zudem wird der Aufbau bzw. die Vertiefung von Sozialstrukturen in den Vordergrund gestellt. Ziel ist eine möglichst flächendeckende Versorgung des Potsdamer Gebiets, wobei hierfür natürlich entsprechend viele Mitglieder bzw. Teilnehmer benötigt werden. Bemerkenswert ist, dass die Mitgliedschaft im Verein nicht zwingend notwendig ist, um Zugang zum offenen Netz zu erhalten.[297] Der Verein dient somit hauptsächlich als Rahmenstruktur, um den Aufbau möglichst effektiv zu koordinieren. Er stellt Informationen über den aktuellen Aufbau des Netzes, über die Möglichkeiten der Teilnahme am Netz etc. bereit. Außerdem wird ein sogenanntes „Notfalltelefon" betrieben, bei dem ein Anrufbeantworter zentral Störungsmeldungen bezüglich des Netzes entgegennimmt.[298] Weiteres Merkmal des Vereinszweckes ist nach § 2 Nr. 1 der Vereinssatzung nicht nur der freie, sondern auch uneingeschränkte Zugang zum Internet. Nach dieser Formulierung nimmt der Verein also, sofern er die Kontrolle darüber hat, Abstand von jeglichen Filterungsmaßnahmen oder Beschränkungen des Datenflusses und kann dahingehend als mit Nr. 1 PPA vergleichbar angesehen werden. Ein deutliches Augenmerk legt Freifunk Potsdam auf die kulturelle und soziale Bedeutung bzw. Zielrichtung des Netzes. So soll sozial benachteiligten Personen der Zugang zur Informationstechnologie erleichtert werden, kulturelle und soziale Bildungs- und Forschungsprojekte können unterstützt werden und das kulturelle Leben ist zu fördern.

§ 9 Nr. 2 der Vereinssatzung verdeutlicht die stark technologische Verankerung des Vereins weiter. Dort wird vorgesehen, dass die Einladung zur Mitgliederversammlung über die nach § 4 Nr. 1 Satz 3 der Vereinssatzung anzugebende Email-Adresse erfolgen kann. Damit kommt

---

[296] http://www.freifunk-potsdam.de/uber-freifunk-potsdam (abgerufen am 28.2.2008).

[297] http://wiki.freifunk-potsdam.de/index.php/FAQ#Muss_ich_Mitglied_sein.2C_um_Euren_Internetzugang_-benutzen_zu_k.C3.B6nnen.3F (abgerufen am 28.2.2008).

[298] http://www.freifunk-potsdam.de/notfalltelefon (abgerufen am 28.2.2008).

die Satzung dem Erfordernis der eindeutigen Regelung der Form der Einberufung nach,[299] wobei gemäß § 126 Abs. 3 BGB ohne weiteres auch die elektronische Form zulässig ist.[300] Insbesondere da es sich um einen Verein handelt, dessen Ziele auf Informationstechnik bzw. ihrer Förderung beruhen, ist diese Art der Benachrichtigung nicht nur die zweckmäßigste, sondern dürfte auch den Interessen der Mitglieder am ehesten gerecht werden.

Am Freifunk Potsdam e.V. zeigt sich die starke soziale Verzahnung. Die Vernetzung wird als Mittel angesehen, lokales kulturelles Leben und soziale Gemeinschaften aufzubauen und zu fördeRn. Damit offenbart insbesondere die Vereinssatzung von Freifunk Potsdam e.V., dass sich diese Ziele auch in rechtlichen Strukturen erfassen lassen, die der Förderung des Ansinnens der Offene-Netze-Aktivisten dienen können.

bb) Weimarnetz e.V.

Ähnlich Freifunk Potsdam e.V. hat sich in Weimar mit Weimarnetz e.V. ein Projekt gebildet, das seit dem Jahr 2005 auch als Verein organisiert ist.[301]

> „Das Projekt wireless weimar, auch bekannt als das weimarnetz, hat zum Ziel, ein freies, unabhängiges und nichtkommerzielles Computer-Funknetz in Weimar zu etablieren. Es bildet eine Plattform für Menschen, die an einer offenen Netzwerk-Infrastruktur interessiert sind, um Erfahrungen und Ideen auszutauschen und den Aufbau und die Entwicklung des gemeinsamen Netzes zu koordinieren."

Auch bei Weimarnetz e.V. ist festzuhalten, dass die Mitgliedschaft im Verein fakultativ ist. Die Teilnahme am Netz hängt maßgeblich von einer Registrierung, nicht aber von der Mitgliedschaft im Verein ab. Auch hier fungiert somit der Verein hauptsächlich zur Vereinfachung der Organisaton.[302]

Das Netz in Weimar ist mittlerweile über eine VPN-Verbindung mit den offenen Netzen in Berlin und Leipzig verbunden.[303] Die gemeinschaftlichen Ressourcen dieser verschiedenen Projekte können demnach auch gemeinsam genutzt werden, was das soziale Netzwerk sowohl in räumlicher als auch personeller Hinsicht erweitert.

---

[299] *Hadding* in: Soergel, § 58 BGB Rn. 6; *Stöber*, Rn. 442 f.
[300] *Stöber*, Rn. 447a.
[301] http://www.weimarnetz.de (abgerufen am 28.2.2008).
[302] S. z.B. http://wireless.subsignal.org/index.php?title=Verein#1.2_Allgemeines, wo ausdrücklich auf die kürzeren Entscheidungswege hingewiesen wird (abgerufen am 28.2.2008).
[303] *Behling*, Auf dem Weg zum überregionalen Freifunk-Netz.

cc) Opennet Initiative e.V. Rostock

Anders strukturiert ist die Opennet Initiative e.V. aus Rostock.[304] Auch dieser Verein hat sich den Aufbau eines offenen Netzwerks zum Ziel gemacht:

> „Unser Ziel ist es, ein nicht-kommerzielles Netz mit eigenen Mittel und freier Infrastruktur zu bauen. Dabei geht es vor allem um die Auseinandersetzung mit den technischen, organisatorischen und sozialen Aspekten."

Ebenso wie bei den anderen Vereinen werden die Geräte hauptsächlich von den Mitgliedern angeschafft und betrieben. Während in Potsdam und Weimar der Zugang zum Funknetz und dadurch auch zum Internet jederzeit möglich ist, sieht die Opennet Initiative e.V. eine zwingende nicht-anonyme Registrierung vor. Der Zugang zum Internet ist von der Mitgliedschaft im Verein als aktives Mitglied abhängig. Zudem erfolgt der Internet-Zugang nur VPN-verschlüsselt und -gesichert über vereinseigene Infrastruktur.[305] Zugangsserver bilden ein sogenanntes Backbone, über das jeder Zugriff auf das Internet geleitet wird. Selbst wenn keine direkte Anbindung an diesen Backbone besteht, also ein anderer Nutzer seinen Internet-Zugang bereit stellt,[306] wird der Kommunikationsverkehr immer über das Backbone geleitet.

Im Rahmen dieser Untersuchung fällt die Opennet Initiative e.V. demnach aus dem Rahmen.[307] Es handelt sich zwar grundsätzlich um ein offenes Netz, allerdings entfällt aufgrund der Organisation das starke dezentralisierende Element, so dass der Zugang zum Internet eher dem bei einem normalen Internet-Service-Provider vergleichbar ist. Lediglich die internen Abhängigkeiten unter den Mitgliedern sind denen in anderen offenen Netzen vergleichbar. Dennoch ist die soziale Motivation ähnlich derjenigen bei den anderen vorgestellten Projekten.

2. Vereine als Betreiber - Das Verhältnis der Mitglieder zum Verein

Die vorgestellten Vereine[308] sind jeweils als nicht-wirtschaftliche eingetragene Vereine organisiert. Sie sind juristische Personen, die folglich eigene Rechte und Pflichten begründen

---

[304] http://www.opennet-initiative.de (abgerufen am 28.2.2008).
[305] http://wiki.opennet-initiative.de/index.php/Faq#Wie_funktioniert_das_Opennet_in_-Rostock_denn_technisch.3F (abgerufen am 28.2.2008); http://wiki.opennet-initiative.de/index.php/Netzwerkdokumentation (abgerufen am 28.2.2008).
[306] Sogenanntes User-Gateway, http://wiki.opennet-initiative.de/index.php/Faq#Wie_funktioniert_das_-Opennet_in_Rostock_denn_technisch.3F (abgerufen am 28.2.2008); http://wiki.opennet-initiative.de/-index.php/Netzwerkdokumentation (abgerufen am 28.2.2008).
[307] Vgl. auch *Autengruber*, Freie Netze, 70.
[308] S.o. S. 161 ff.

können.[309] Grundsätzlich sind die betrachteten Vereine nicht Eigentümer des offenen Netzwerks bzw. der entsprechenden Anlagen. Nur in Ausnahmefällen werden durch den Verein Geräte angeschafft. Für diese kann der Verein, vertreten durch seine Organe, die entsprechenden Eigentümerrechte ausüben.[310] Er kann also auch Verträge bezüglich der Nutzung dieser Anlagen schließen. Der eingetragene Verein ist folglich in jeder Hinsicht als Betreiber seiner eigenen Netzwerkanlagen anzusehen. Dies betrifft sowohl die vertraglichen als auch die außervertraglichen Rechtsfolgen. Er kann somit ebenso wie jeder andere Betreiber entsprechend in Haftung genommen werden. In dieser Eigenschaft ist demnach das Rechtsverhältnis der Mitglieder zum Verein von entscheidender Bedeutung, da es als Regelungsgrundlage über ein Gefälligkeitsverhältnis hinaus auch die Benutzung der entsprechenden Anlagen umfassen kann.

Grundsätzlich besteht zwischen dem Verein und seinem Mitglied ein Rechtsverhältnis,[311] dessen Inhalt durch die Satzung sowie die gesetzlichen Vorschriften des Vereinsrechts bestimmt wird.[312]

a) Mitgliedschaftsrechte

Aus dem durch die Mitgliedschaft begründeten Rechtsverhältnis ergeben sich für das Mitglied Mitgliedschaftsrechte, die sich in Mitverwaltungs- oder Organschaftsrechte sowie Vorteils- bzw. Genussrechte einteilen lassen.[313]

Zu diesen Vorteilsrechten gehört auch das Recht auf Teilhabe an den Vorteilen der Verfolgung des Vereinszwecks, also insbesondere das Recht, Vereinseinrichtungen und -gegenstände mitbenutzen zu können.[314] Mitgliedschaftsrechte können durch die Satzung auch anhand einer Unterscheidung verschiedener Mitgliedschaftsklassen unterschiedlich ausgestaltet werden, z.B. was die Mitbenutzung der Vereinseinrichtungen angeht.[315]

Der Verein kann demnach die Benutzung eigener Anlagen in der Satzung regeln und nach der Art der Mitgliedschaft abgestufte Berechtigungen vorsehen. Sofern keine diesbezüglichen Regelungen getroffen wurden, ist somit zu überprüfen, ob die Benutzung sich mit der Förde-

---

[309] *Larenz/Wolf*, § 9 Rn. 1; *Reichert*, Rn. 313.

[310] Vgl. *Reichert*, Rn. 324; dazu näher s. S. 187.

[311] *Flume*, AT I/1, 258 f.; *Larenz/Wolf*, § 10 Rn. 95; *Reichert*, Rn. 650; *Hadding* in: Soergel, § 38 BGB Rn. 2, 15.

[312] *Sauter/Schweyer/Waldner*, Rn. 335a; *Hadding* in: Soergel, § 38 BGB Rn. 2; *Stöber*, Rn. 126.

[313] *Habersack*, Mitgliedschaft, 271; *Larenz/Wolf*, § 10 Rn. 102 f.; *Reuter* in: MünchKommBGB, § 38 BGB Rn. 25; *Hadding* in: Soergel, § 38 BGB Rn. 16.

[314] BGH NJW-RR 1992, 507; *Habersack*, Mitgliedschaft, 271; *Larenz/Wolf*, § 10 Rn. 103; *Müller-Erzbach*, 256; *Reichert*, Rn. 737; *Sauter/Schweyer/Waldner*, Rn. 340; *Hadding* in: Soergel, § 38 BGB Rn. 8.

[315] BAG NJW 1996, 143,151; *Reichert*, Rn. 652; *Sauter/Schweyer/Waldner*, Rn. 333; *Stöber*, Rn. 129.

rung des Vereinszwecks deckt, ob also die Einrichtungen für den Vereinszweck maßgeblich sind. Sofern ein Verein mithin den Aufbau und die Förderung von offenen Netzwerken verfolgt und zusätzlich eigene entsprechende Anlagen betreibt, so ergibt sich aus dem durch die Mitgliedschaft vermittelten Rechtsverhältnis das Recht des Mitglieds auf Mitbenutzung dieser Anlagen, soweit dieser möglich ist. Bezogen auf Funknetzwerke müsste also die Nutzung von Netzwerkknoten in der Reichweite des Mitglieds vom Recht auf Mitbenutzung erfasst sein, so dass nicht nur hinsichtlich der reinen Mitgliedschaft sondern auch der Nutzung der Knoten bzw. des Internetzugangs ein Rechtsverhältnis besteht.

Bei den vorgestellten Vereinen Freifunk Potsdam e.V. und Weimarnetz e.V. enthält die Satzung keine Aussagen über die Nutzung vereinseigener Funkanlagen. Es ist damit, bei bestehender Reichweite und bereits erfolgter Einbindung eventueller Anlagen in das Netzwerk jedenfalls ein Mitbenutzungsrecht gegeben. Dieses kann auch dadurch realisiert werden, dass zwar nicht direkt auf die Netzwerkknoten zugegriffen werden kann, diese aber Transit- und Routingfunktionalität bereitstellen, also auch die Pakete des Mitglieds auf ihrem Weg zum Bestimmungsort weiterleiten.

Die Opennet Initiative e.V. in Rostock hingegen sieht klare Abgrenzungen hinsichtlich der Rechte der Mitglieder vor. So können im Gegensatz zu den ordentlichen Mitgliedern des Vereins nach § 4 Nr. 4 der Vereinssatzung[316] i.V.m. § 2 Satz 2 Nr. 2 der Leistungsordnung[317] nur aktive Mitglieder den Zugang zum Internet nutzen. Zudem sind in § 4 der Leistungsordnung Nutzungsbedingungen festgelegt.

b) Mitgliedschaftspflichten

Aus dem Verhältnis zwischen Verein und Mitgliedern ergeben sich selbstverständlich auch Pflichten des Mitglieds. Diese umfassen Beitrags-, Mitverwaltungs- und Treuepflichten.[318] Für die Beitrags- und Mitverwaltungspflichten ergeben sich bei Vereinen für offene Netze keine Besonderheiten. Die generelle Treuepflicht gegenüber dem Verein könnte jedoch Folgen für das Nutzungsverhalten der Mitglieder nach sich ziehen. Durch die Teilnahme an der Gründung des Vereins oder den Beitritt zum Verein erklärt das Mitglied, dass es sich dem Vereinszweck verpflichtet fühlt, also insbesondere das eigene Verhalten fördernd oder zumindest nicht schädigend im Hinblick auf den Vereinszweck gestalten will.[319] Der Inhalt der Treue-

---

[316] http://www.opennet-initiative.de/download/satzung-v5.pdf (abgerufen am 28.2.2008).

[317] http://www.opennet-initiative.de/download/leistungsordnung.pdf (abgerufen am 28.2.2008).

[318] *Larenz/Wolf*, § 10 Rn. 96 ff.; *Sauter/Schweyer/Waldner*, Rn. 347; *Hadding* in: Soergel, § 38 BGB Rn. 21; *Stöber*, Rn. 128.

[319] *Dütz*, in: Hanau, FS Herschel, 55, 63; *Larenz/Wolf*, § 10 Rn. 99; *Reichert*, Rn. 890 f.; *Hadding* in: Soergel, § 38 BGB Rn. 23.

bzw. Loyalitätspflicht richtet sich folglich nach dem Vereinszweck sowie den Umständen des Einzelfalls.[320]

Problematisch bei der Nutzung von Vereinseinrichtungen durch die Mitglieder bei offenen Netzwerken sind insbesondere diejenigen Fälle, bei denen der Nutzer das Netz in einer Art und Weise verwendet, die Dritte schädigt.[321] Fraglich ist, ob sich aus der Treuepflicht gegenüber dem Verein auch die Pflicht ergibt, das Netzwerk nicht in rechtsverletzender Art und Weise zu verwenden und damit den Verein nicht einem Haftungs- bzw. Prozessrisiko auszusetzen. Dazu wäre jedoch zunächst zu klären, ob sich die Verletzung der Rechte Dritter überhaupt als Verletzung auch gegenüber dem Verein auswirken kann bzw. eine Gefährdung von Rechtspositionen des Vereins möglich ist. In diesem Fall könnten sich Regressansprüche des Vereins ergeben. Auf diese soll vorliegend allerdings nicht eingegangen werden.

c) Zwischenergebnis

Die Mitgliedschaft im Verein begründet ein Rechtsverhältnis, aus dem sich Rechte und Pflichten sowohl des Vereins als auch des Mitglieds ergeben können. Das Rechtsverhältnis zwischen Verein und Mitglied ist schließlich auch Anknüpfungspunkt für eine eventuelle Haftung bei Verletzung von Pflichten aus diesem.[322]

3. Das Verhältnis zwischen den Mitgliedern

Für die Betrachtung der gegenseitigen Rechte und Pflichten ist nicht nur das Verhältnis zwischen dem Verein als juristischer Person und seinen Mitgliedern maßgeblich. Von besonderem Interesse ist ebenfalls, ob nicht durch die Mitgliedschaft im selben Verein auch ein direktes Verhältnis zwischen den Mitgliedern besteht. Während ohne jede Regelung ein Gefälligkeitsverhältnis angenommen werden kann, hat sich herausgestellt, dass mit Verwendung des Pico Peering Agreement durchaus rechtliche Sonderverbindungen entstehen, die sowohl für Primär- als auch Sekundäransprüche[323] Anknüpfungspunkte bieten können. Eben diese Funktion, also eine direkte bzw. unmittelbare Sonderverbindung zwischen den Mitgliedern, könnte auch durch den Beitritt zu einem Verein und die Selbstverpflichtung auf den Vereinszweck erfüllt werden.

---

[320] *Dütz*, in: Hanau, FS Herschel, 55, 63; *Reichert*, Rn. 895; *Hadding* in: Soergel, § 38 BGB Rn. 23.
[321] Zu Einzelheiten s.u. S. 211 ff.
[322] Eingehend dazu s.u. S. 185 ff.
[323] S.u. S. 180 ff.

Bei Kapitalgesellschaften besteht ein Verhältnis der Mitglieder untereinander, es begründet zumindest Treuepflichten.[324] Diese ergeben sich aus dem Verhältnis zwischen Mitgliedern und der Gesellschaft.[325] Bei Vereinen mit einer den Kapitalgesellschaften ähnlichen Struktur könnte die Annahme entsprechender Treuepflichten auf den Verein übertragen werden.[326] Dagegen spricht, dass Rechtsbeziehungen zwischen den Mitgliedern grundsätzlich nur durch die Satzung einer Körperschaft begründet werden können.[327] Mit der Anerkennung der Satzung könnten so praktisch über den Umweg des Vereins auch Rechte und Pflichten zwischen den die Satzung anerkennenden Mitgliedern entstehen. Die Beziehung der Mitglieder untereinander wird vielmehr lediglich durch den Verein vermittelt, ist demnach gerade keine direkte Verbindung.[328]

Vereine, die offene Netzprojekte fördern bzw. zum Vereinszweck haben, sind nicht-wirtschaftlich organisiert und damit den Kapitalgesellschaften nicht vergleichbar. Die Übertragung der Eigenschaften einer kapitalgesellschaftlich oder ähnlich organisierten Körperschaft ist demnach nicht möglich. Es besteht folglich kein quasi „abgeleitetes" Rechtsverhältnis der Mitglieder untereinander.[329] Denkbar wäre allenfalls, auf die Kategorien zurückzugreifen, die auch den Inhalt der Treuepflichten zwischen Verein und Mitgliedern bestimmen.[330] So könnte eine über das normale Maß hinausgehende soziale Bindung der Mitglieder untereinander durchaus weitergehende Treuepflichten entstehen lassen. Allerdings ist das Vereinsleben im allgemeinen bereits durch sozialen Kontakt geprägt, so dass im Einzelfall hohe Anforderungen zu stellen wären. Ein Rechtsverhältnis unter den Mitgliedern lediglich aufgrund der Mitgliedschaft im Verein wird dementsprechend nicht begründet.

Dieses Ergebnis lässt selbstverständlich weiterhin privatautonom begründete Verpflichtungen auch zwischen den Vereinsmitgliedern zu. Wenn der Verein den Mitgliedern den Aufbau des Netzes überträgt bzw. selbst nur Organisations- und Strukturaufgaben wahrnimmt ohne das Netz gänzlich oder in großen Teilen selbst zu betreiben, so sind die Betreiber der einzelnen Knoten als Vereinsmitglieder diesem gegenüber auf den Vereinszweck im Sinne des Bestehens von Treuepflichten verpflichtet. Sie können aber ohne weiteres darüber hinausgehende vertragliche Verpflichtungen eingehen. Das Pico Peering Agreement könnte also als zu-

---

[324] BGH NJW 1976, 191; BGH NJW 1988, 1579, 1581; *Reichert*, Rn. 657, 919; ebenso *Hennrichs*, AcP 195 (1995), 221, 242; a.A. noch RGZ 100, 274, 278; RGZ 158, 248, 255.

[325] *Reichert*, Rn. 657.

[326] So *Reichert*, Rn. 657.

[327] *Flume*, AT I/1, 259 f.

[328] *Hadding* in: Soergel, vor § 21 BGB Rn. 44.

[329] So auch RG JW 1929, 1373.

[330] S.o. S. 166.

sätzliche Gestaltungsgrundlage für Zwei-Personenverhältnisse oder gesellschaftlich geprägte Mehrpersonenverhältnisse auch unter Vereinsmitgliedern verwendet werden.

4. Ergebnis

Als Ergebnis lässt sich festhalten, dass die Rechtsverhältnisse bei offenen Netzwerken nicht per se keiner rechtlichen Grundlage zugänglich sind. Besteht zwischen den Teilnehmern keine Basis für eine Einigung sowie kein Kontakt, so dürfte es sich um ein Gefälligkeitsverhältnis handeln. Mit zunehmend stärkerer Organisation sowie Kontakt unter den Teilnehmern und der Verwendung von vertragsähnlichen Vorlagen wie dem Pico Peering Agreement kann aber auch ein rechtliches Verhältnis mit gegenseitigen Rechten und Pflichten entstehen. Im Regelfall werden die Pflichten durch die Parteien weitestgehend abbedungen werden, so dass in mancherlei Hinsicht eine Ähnlichkeit zu den Gefälligkeitsverhältnissen besteht. Die Verwendung des Pico Peering Agreement deutet insgesamt darauf hin, dass die Gemeinschaften auch eine gemeinsame rechtliche Basis für das Netzwerk anstreben. Zwar steht auch hier eine Begrenzung der Pflichten im Vordergrund, aber es entsteht jedenfalls eine Sonderverbindung zwischen den Beteiligten, die z.B. durch die Gründung von Gesellschaften gut auch rechtlich abgebildet werden kann.

Zudem greifen die Beteiligten an den Projekten mittlerweile auch zu stärker institutionalisierten Rechtsfiguren wie dem Verein, um eine verlässliche Basis für Aufbau und Betrieb des Netzes zu erreichen. Die Vereine können dabei als integrierendes und steuerndes Element begriffen werden, das die Rechtsverhältnisse maßgeblich beeinflussen kann. Insbesondere im Verhältnis zwischen dem Verein und seinen Mitgliedern entsteht ein auf den Vereinszweck bezogenes Rechtsverhältnis, das nicht zuletzt Treuepflichten mit sich bringt. Dennoch schließt die Gründung eines Vereins nicht die weitergehende Regulierung der Verhältnisse zwischen den Mitgliedern z.B. auf Basis des Pico Peering Agreement aus, so dass jeweils im Einzelfall zu untersuchen verbleibt, aus welchem Verhältnis die Parteien bzw. Dritte Rechte und Pflichten ableiten können.

§ 5   Störungen im Rechtsverhältnis

Nachdem die Rechtsverhältnisse der beteiligten Parteien grundsätzlich eingeordnet worden sind, ist im Anschluss daran zu untersuchen, welche Ansprüche sich bei Störungen im Innenverhältnis, also zwischen den Parteien des jeweiligen Rechtsverhältnisses ergeben. Zu betrachten sind dafür Ansprüche bei Leistungsstörungen, also die Sekundärhaftung. Ferner werden dingliche, bereicherungsrechtliche und deliktische Ansprüche geprüft.

I.   Ansprüche bei Leistungsstörungen - Sekundärhaftung

Für die Sekundäransprüche ist zunächst für die jeweiligen Rechtsverhältnisse zu klären, ob die Sekundärhaftung überhaupt in Betracht kommt, oder sie aufgrund der Art des Rechtsverhältnisses oder wirksamer Haftungsausschlüsse (weitgehend) ausgeschlossen ist bzw. unter welchen Voraussetzungen sie gegeben sein kann.

1.   Sekundäransprüche im Gefälligkeitsverhältnis

Im Gefälligkeitsverhältnis stellt sich die Frage nach der grundsätzlichen Möglichkeit von Sekundäransprüchen in besonderem Maße. Grund dafür ist, dass von den Beteiligten eine vertragliche Bindung und damit eventuell eben auch mit einem Vertrag einhergehende gegenseitige Pflichten nicht gewünscht bzw. nicht bezweckt werden.

Eine vertragliche oder vertragsähnliche Haftung des Nutzers gegenüber dem Betreiber ist aus dem Grunde problematisch, dass das die beiden Beteiligten verbindende Verhältnis ein Gefälligkeitsverhältnis ist. Primäransprüche scheiden damit aus.[1] Aus dem Gefälligkeitsverhältnis können sich aber dennoch gegenseitige Pflichten ergeben, die zwar nicht auf Erfüllung, aber auf eine gegenseitige Rücksichtnahme auf die Interessen des jeweils Anderen gerichtet sind. Diese Schutzpflichten ergeben sich grundsätzlich aus § 241 Abs. 2 BGB und umfassen die Pflicht zur Rücksicht auf die Rechte, Rechtsgüter und Interessen des anderen Teils.

---

[1]   S.o. S. 116.

Geschützt wird das Integritätsinteresse der Parteien.[2] Als konkrete Pflichten haben sich Aufklärungspflichten und andere Schutzpflichten herausgebildet, die dem Erhalt des status quo beim anderen Teil dienen.[3]

a)   Fallkonstellationen für Sekundäransprüche

Im offenen Netz könnten diese Pflichten beispielsweise dadurch verletzt werden, dass der Betreiber eines Netzwerkknotens oder eines Gateways den Betrieb des Knotens unangekündigt bzw. überraschend einstellt oder ändert. Folge kann für an diesen Knoten angeschlossene Teilnehmer der Abbruch einer bestehenden Verbindung sein. Diese Störung könnte Kommunikation des Teilnehmers mit einem Dritten unterbrechen. Solche Kommunikationsschwierigkeiten können grundsätzlich wirtschaftliche Bedeutung haben. So könnte durch den Verbindungsabbruch der Abschluss eines bereits angebahnten Vertrages zwischen dem Teilnehmer und einem Dritten gestört werden. Alternativ ist ein Verbindungsabbruch geeignet, einen Zahlungsvorgang zu unterbinden, der insofern zeitkritisch war, als eine dringende Frist für die Zahlung bestand. Als abschließendes Beispiel sei die Verteilung von Schadprogrammen wie z.B. Viren durch den Betreiber eines Knotens genannt, durch die Daten des Teilnehmers zerstört werden.[4]

Zu klären ist, ob im Verhältnis zwischen dem Betreiber eines offenen Netzwerkes und seinen Nutzern gegenseitige Pflichten entstehen, und wie weit sie im Einzelfall reichen. Betrachtungsgegenstand sind also Vorliegen und Umfang eines Pflichtenprogramms zwischen den Beteiligten aufgrund des Gefälligkeitsverhältnisses. Für vertragliche und vorvertragliche Verhältnisse können sich solche Pflichten aus § 311 Abs. 2 BGB ergeben. § 311 Abs. 2 BGB begründet Pflichten nach § 241 Abs. 2 BGB nämlich auch für bestimmte Fälle nichtvertraglicher Beziehungen zweier Parteien. Wenn das hier betrachtete Gefälligkeitsverhältnis ein solches nicht-vertragliches Rechtsverhältnis darstellt, würden dementsprechend gegenseitige Pflichten von Betreiber und Nutzer bestehen.

§ 311 BGB wurde durch das Gesetz zur Modernisierung des Schuldrechts vom 26.11.2001 im Rahmen der Schuldrechtsreform 2002 neu gefasst.[5] Anerkannte vorvertragliche Schuldverhältnisse, wie die *culpa in contrahendo* oder die positive Forderungsverletzung wurden damit erstmals gesetzlich geregelt.[6] Nun könnte man die Gefälligkeitsverhältnisse allgemein auch

---

2   *Heinrichs* in: Palandt, § 241 BGB Rn. 6.

3   *Kramer* in: MünchKommBGB, vor § 241 BGB Rn. 80; *Heinrichs* in: Palandt, § 241 BGB Rn. 6; *Blenske* in: Schimmel/Buhlmann, HdBuch SchuldR, Rn. 30.

4   Zu dieser Problematik allgemein s.u. S. 219 ff.

5   BGBl. I, 3138; Gesetzesbegründung BT-Drs. 14/6040; dazu *Canaris*, JZ 2001, 499; *Dauner-Lieb*, JZ 2001, 8; *Dauner-Lieb* et al., Das neue Schuldrecht; *Schimmel/Buhlmann*, Fehlerquellen, 39 ff.; *Schwab*, JZ 2001, 311.

6   *Grüneberg* in: Palandt, vor § 311 Rn. 1; *Krebs* in: Dauner-Lieb et al., Das neue Schuldrecht, § 3 Rn. 3.

als Unterfall der *culpa in contrahendo* betrachten, womit eine gesetzliche Normierung mit der Folge der Regelung von Sekundärpflichten nach § 311 Abs. 2, 241 Abs. 2 BGB einherginge. Ob diese Einordnung aber sinnvoll und dogmatisch richtig ist, ist klärungsbedürftig. Es ist somit zunächst zu untersuchen, ob die Gefälligkeit nach alter Gesetzeslage unter die *culpa in contrahendo* oder die positive Forderungsverletzung zu fassen war bzw. welche Pflichten in einem Gefälligkeitsverhältnis bestanden. Daran schließt sich die Frage an, ob sich durch die Schuldrechtsreform eine Änderung ergeben hat. Schließlich ist zu erläutern, ob sich im hier behandelten speziellen Verhältnis zwischen Betreiber und Nutzer Besonderheiten ergeben, die eine andere Behandlung rechtfertigen.

b) Die Begründung von Sekundärpflichten im Gefälligkeitsverhältnis vor der Schuldrechtsreform 2002

Vor der Schuldrechtsreform bestand *de lege lata* das Problem, dass sehr strikt zwischen vertraglichen und nicht-vertraglichen Gefälligkeitsverhältnissen getrennt wurde, was sich auch auf die Pflichten im Gefälligkeitsverhältnis auswirkte. Während bei vertraglichen Rechtsverhältnissen die umfassende vertragliche Haftung zur Verfügung stand, konnte der Geschädigte bei Fehlen eines Vertrages nur deliktische Ansprüche geltend machen.[7] Diese Trennung hielt die Rechtsprechung durch die Abgrenzung zwischen Vertrags- und Gefälligkeitsverhältnis anhand des Rechtsbindungswillens aufrecht. Deshalb wurde schon früh versucht, die strenge Differenzierung abzumildern.[8] Indem man ein gesetzliches Schuldverhältnis annahm, wurde eine Zwischenlösung zwischen der vertraglichen und der deliktisch begründeten Haftung erreicht. Dieses Ergebnis wurde anhand von Parallelen zu den gewohnheitsrechtlich anerkannten Figuren der *culpa in contrahendo*[9] (cic) oder der positiven Forderungsverletzung[10] (pFV) hergeleitet. Cic und pFV beruhen beide auf einem nicht-vertraglichen Vertrauensverhältnis, werden aber dennoch unter den Schutz des Gesetzes gestellt.[11] Eine der Tatbestandsvoraussetzungen sollte das Vorliegen eines gewissen Vertrauensverhältnisses sein, das „kraft Gesetz" ein vertragsähnliches Schuldverhältnis begründete.[12] Auf dieser Basis sollten auch Gefällig-

---

7   Zu den Nachteilen der deliktischen Haftung *Gernhuber*, 127.

8   Grundsätzlich *Picker*, AcP 183 (1983), 369; *Schwarz*, 8 ff.; *Gernhuber*, 127; *Schmidt* in: Staudinger, vor §§ 241 ff. BGB Rn. 247.

9   Zur Entwicklung *Gastroph*, JA 2000, 803.

10   *Canaris*, JZ 1965, 475; *Olzen* in: Staudinger, vor §§ 241 ff. BGB Rn. 211; *Zschoche*, VersR 1978, 1089; zum Verhältnis zur cic *Gernhuber*, § 8 I 5.

11   BGH NJW 2001, 2875, 2876; BGH NJW-RR 2002, 308, 309.

12   *Seetzen*, VersR 1970, 1, 10 f.; *Wolf* in: Soergel, vor § 145 BGB Rn. 87; noch *Reuter* in: Staudinger, 12. Aufl. 1989, vor §§ 598 ff. BGB Rn. 9; ähnlich *Canaris*, JZ 1965, 475, 479.

keitsverhältnisse einem gesetzlichen Schutz, sprich der Haftung für Sekundärpflichten, unterworfen werden.

Gefälligkeitsverhältnisse beruhen regelmäßig auf einem intensiven sozialen Kontakt. Durch diese gezielte soziale Beziehung sollte das Gefälligkeitsverhältnis im Vollzugsstadium ein gesetzliches Schuldverhältnis begründen, das ähnlich der cic oder der pFV einzuordnen war.[13] Dies galt auch bei reinen Gefälligkeiten, die ein gesetzliches „Obhutsverhältnis" begründen.[14] Erfasst wäre demnach auch der Fall, dass jemand einen Freund als Gast zu sich einlädt.[15] Grund dafür, dass die Sekundärhaftung greife, sei, dass objektives Recht im Hinblick auf den typischen Willen der Vertragspartner und der Abwägung der beiderseitigen Interessen die Regelung des Verhältnisses ergänze.[16] Insofern handelt es sich um eine entsprechende Wertung des Gesetzes, die unabhängig vom Willen der Parteien sei.[17] Einschränkend könnte das gesetzliche Schuldverhältnis aber nur greifen, wenn die in Frage stehende Handlung objektiv zum Geschäftskreis des Handelnden gehört.[18]

Die Annahme eines gesetzlichen Schuldverhältnisses könnte damit das Problem der Haftung im Sekundärbereich beim Gefälligkeitsverhältnis zufriedenstellend lösen. Zunächst ist festzuhalten, dass bei der Realisierung offener Netze ein sozialer Kontakt besteht. Es handelt sich um ein altruistisches Angebot an die Allgemeinheit,[19] das originär dem sozialen Bereich entspringt.[20] Ob man diesen Kontakt als „intensiv" einzustufen hätte, ist eine Frage des Einzelfalls, könnte aber bei engen gemeinschaftlichen Bindungen in der Regel angenommen werden. Die Lösung über ein gesetzliches Schuldverhältnis hätte insbesondere den Vorteil, dass eine Grundlage für eine Sekundärhaftung auf beiden Seiten bestünde: Durch ein gegenseitiges Schuldverhältnis müsste nicht mehr untersucht werden, ob nur der Leistende oder auch der Leistungsempfänger unter Androhung von rechtlichen Konsequenzen auf die Rücksichtnahme der Interessen des jeweils anderen verpflichtet wäre.[21]

---

[13]   *Dölle*, ZStW 103 (1943), 67, 74; *Kramer* in: MünchKommBGB, vor § 241 BGB Rn. 37 f.; *Schmidt* in: Staudinger, vor §§ 241 ff. BGB Rn. 252; *Hoffmann*, AcP 167 (1967), 394, 399 f.: Haftung nur bei sehr intensivem Konkakt, sonst nur § 823 BGB; *Fikentscher*, Schuldrecht, Rn. 25; *Schwerdtner*, NJW 1971, 1673, 1675 f.; *Seetzen*, VersR 1970, 1, 10 f.; *Esser/Schmidt*, BGB AT 1, § 10 I 3; ebenso *Zschoche*, VersR 1978, 1089, 1091.

[14]   *Blomeyer*, 114.

[15]   *Enneccerus/Lehmann*, § 27 Nr. 6; *Blomeyer*, 114; *Esser/Schmidt*, BGB AT 1, § 10 I 3; *Fikentscher*, Schuldrecht, Rn. 25.

[16]   *Plander*, AcP 176 (1976), 425, 442.

[17]   *Schmidt* in: Staudinger, vor §§ 241 ff. Rn. 252.

[18]   So für die objektivierte Ansicht *Flume*, AT II, § 7 Rn. 7; *Müller-Graff*, JZ 1976, 153, 155.

[19]   S.o. S. 113.

[20]   S.o. S. 13.

[21]   Wechselseitige Schutzpflichten *Reuter* in: Staudinger, vor §§ 598 ff. BGB Rn. 9.

Es ist jedoch in die Betrachtung einzubeziehen, welche Rechtsfolgen dieses allgemeine Schuldverhältnis auf das Haftungsregime des BGB hätte. Das gesetzliche Schuldverhältnis würde schließlich eine weite Haftung ermöglichen, die zwischen dem allgemeinen Vertragsrecht und dem Deliktsrecht zu verorten wäre. Ergebnis wäre eine sehr weitgreifende Generalklausel als „tatsächlicher Haftungsgrund".[22] Durch die tatsächliche Anknüpfung würden nicht nur soziale Kontakte, die eigentlich nicht zum Bereich der Gefälligkeit gehören, in den Haftungsbereich einbezogen. Vielmehr würden auch ungewollte Kontakte, die bisher eindeutig § 823 BGB zuzuordnen sind, über das gesetzliche Schuldverhältnis der erheblich stärkeren vertragsrechtlichen Haftung unterfallen.[23] Dies würde demnach eine „fundamentale Verschiebung des Haftungssystems" nach sich ziehen.[24] Deshalb sei ein gesetzliches Schuldverhältnis abzulehnen.[25] Außerdem sei die Einbeziehung der rein sozialen Kontakte als Vertrauensverhältnis widersprüchlich bzw. nicht zielführend, da eben auch in Situationen wie im Straßenverkehr die vertrauensvolle Gewährung des Eingriffs auf die eigenen Rechtsgüter stattfindet.[26] Es ist somit mindestens ein geschäftlicher Kontakt zu fordern, der die Nähe zum Vertragsverhältnis begründet. Reine Gefälligkeitsverhältnisse fallen nicht darunter.[27]

Wie gezeigt, ist die rein objektive Betrachtung des Gefälligkeitsverhältnisses nicht für eine Einordnung geeignet.[28] Die Begründung eines gesetzlichen Schuldverhältnisses ohne Beachtung des Rechtsbindungswillen geht allerdings in eine ähnliche Richtung. Während die cic sich gerade auf das Vorliegen einer Beziehung stützt, die zumindest in Richtung eines Vertragsverhältnisses zielt,[29] würde die Übertragung dieser Grundsätze auf die reinen Gefälligkeitsverhältnisse eine vollständige Ablösung vom Willen der Parteien darstellen. Selbst ein konkludenter Haftungsaussschluss ließe sich damit umgehen. Dazu kommt, dass die konsequente Anwendung der Idee des sozialen Kontakts tatsächlich alle Kontake dieser Art erfassen würde, also eben auch die ungewollten bzw. unangenehmen.[30] Dadurch würde die Haftung

---

22 *Willoweit*, JuS 1984, 909, 911; *Maier*, JuS 2001, 746, 749.
23 *Willoweit*, JuS 1984, 909, 915; *Maier*, JuS 2001, 746, 749; diesen Fall beschreibt *Dölle* explizit, indem er das „Hineingelangen" in die fremde Rechtsphäre auch gegen den Willen aber unter Billigung der Rechtsordnung beschreibt, *Dölle*, ZStW 103 (1943), 67, 75.
24 *Willoweit*, JuS 1984, 909, 915.
25 „Nur eine Fiktion" *Eckstein-Puhl* in: JurisPK-BGB, § 598 BGB Rn. 16; *Gernhuber*, 127 f.; ähnlich *v. Westphalen* in: Erman, vor § 598 BGB Rn. 2; *Reuter* in: Staudinger, vor §§ 598 ff. BGB Rn. 9.
26 *Larenz*, MDR 1954, 515, 518; *Canaris*, JZ 1965, 475, 478 Fn. 26, 479 Fn. 40.
27 OLG Hamm NJW-RR 1987, 1109; *Larenz*, MDR 1954, 515, 518; ähnlich *Busche* in: Staudinger, Eckpfeiler, Kap. C II.
28 S.o. S. 97.
29 Vgl. RGZ 95, 58; BGH NJW 1952, 1130; BGH NJW 1976, 712; *Fikentscher*, Schuldrecht, Rn. 86; *Grüneberg* in: Palandt, § 311 BGB Rn. 11.
30 So *Willoweit*, JuS 1984, 909, 915.

aber unzulässig in den Bereich des § 823 BGB ausgedehnt,[31] wodurch das Haftungsgefüge mehr als ungünstig beeinflusst würde. Die Rechtsprechung hat sich dieser Argumentation
deshalb nicht angeschlossen.[32]

Jedenfalls vor der Schuldrechtreform von 2002 konnten reine Gefälligkeitsverhältnisse im
allgemeinen und offene Netze im speziellen nicht als Grundlage für ein gesetzliches Schuldverhältnis mit gegenseitigen Fürsorge- und Obhutspflichten eingeordnet werden.

c)   Sekundärpflichten nach der Schuldrechtsreform

Diese Situation könnte sich allerdings durch das Gesetz zur Modernisierung des Schuldrechts
vom 26.11.2001[33] geändert haben. Der neu gefasste § 311 Abs. 2 BGB betrifft bereits nach der
Gesetzesbegründung diejenigen Fälle, die vorher unter die *culpa in contrahendo* zu fassen waren.[34] Durch die Neuregelung entsteht somit unter den Tatbestandsvoraussetzungen des § 311
Abs. 2 BGB ein vom Vertrag unabhängiges eigenständiges gesetzliches Schuldverhältnis.[35]
Fraglich ist demnach, ob die Gesetzesänderung nicht auch dazu führt, dass alle Gefälligkeitsverhältnisse ebenfalls unter § 311 Abs. 2 BGB zu fassen sind.

Nach § 311 Abs. 2 Nr. 1 BGB wird ein Schuldverhältnis bereits durch die Aufnahme von
Vertragsverhandlungen begründet. Bei Vertragsverhandlungen in diesem Sinne handelt es sich
um den Vorgang der Einigung über den Inhalt eines Vertrages.[36] Bei reinen Gefälligkeitsverhältnissen zielt der Wille der Parteien gerade nicht auf einen Vertragsschluss,[37] so dass sie
nicht unter diese Regelung fallen.

Durch § 311 Abs. 2 Nr. 2 BGB werden des weiteren Vertragsanbahnungen einbezogen, bei
denen die eine Partei der anderen die Möglichkeit der Einwirkung auf ihre „Rechte, Rechtsgüter und Interessen" gewährt. Diese Formulierung bewirkt einen Schutz insbesondere der
Rechtsgüter des § 823 Abs. 1 BGB.[38] Durch den Schutz auch der „Interessen" ist allerdings ein
weiter gehender Schutzbereich gegeben, der über die in § 823 Abs. 1 BGB erfassten Rechtsgüter hinaus sowohl das Vermögen als auch die Entscheidungsfreiheit mit einbezieht.[39] Die

---

[31]   Ähnlich *Krebber*, VersR 2004, 150, 153.
[32]   *Gernhuber*, 127; *Mersson*, ZAP 1995 Fach 2, 147, 148; *Reuter* in: Staudinger, vor §§ 598 ff. BGB Rn. 9.
[33]   BGBl. I, 3138.
[34]   BT-Drs. 14/6040, 163.
[35]   *Blenske* in: Schimmel/Buhlmann, HdBuch SchuldR, Kap. C Rn. 15.
[36]   *Blenske* in: Schimmel/Buhlmann, HdBuch SchuldR, Kap. C Rn. 20.
[37]   S.o. S. 99.
[38]   BT-Drs. 14/6040, 163.
[39]   BT-Drs. 14/6040, 125 f.; *Canaris*, JZ 2001, 499, 519; *Faust* in: Huber/Faust, 68; ebenso *Blenske* in: Schim-
mel/Buhlmann, HdBuch SchuldR, Kap. C Rn. 40.

Eröffnung der Einwirkungsmöglichkeit ist in diesem Zusammenhang als eine tatsächliche gewillkürte Handlung mit dem Ziel der Freigabe der eigenen Rechtsgüter zu verstehen.[40]

Die hier untersuchten und allgemein reine Gefälligkeitsverhältnisse zeichnen sich dadurch aus, dass ein Vertragsverhältnis gerade nicht angestrebt wird,[41] so dass auch von einer Anbahnung eines Vertrags nicht gesprochen werden kann. Zwar kann sich auch im Rahmen von Gefälligkeiten die eine Partei der anderen dahingehend öffnen, dass Einwirkungsmöglichkeiten und damit Schadenspotentiale bestehen, z.b. durch das Betreten eines Raumes oder die Zugänglichmachung eines Gegenstandes,[42] der Gesetzeswortlaut zielt aber eindeutig nur darauf ab, dass die risikoreiche Handlung, nämlich die Eröffnung des eigenen Rechtskreises gegenüber Dritten, den Schluss eines Rechtsgeschäfts herbeiführen soll bzw. könnte. Da ein Vertragsschluss bei der Gefälligkeit im Bereich von offenen Netzen regelmäßig bereits von Anfang an ausgeschlossen ist, greifen weder § 311 Abs. 2 Nr. 1 noch Nr. 2 BGB.

§ 311 Abs. 2 Nr. 3 BGB enthält allerdings eine „generalklauselartige Formulierung",[43] nach der auch „ähnliche geschäftliche Kontakte" ein Schuldverhältnis mit Schutzpflichten nach § 241 Abs. 2 BGB begründen können. Aufgrund der weiten und für Rechtsentwicklungen offenen[44] Formulierung ist fraglich, ob Gefälligkeitsverhältnisse nicht generell unter § 311 Abs. 2 Nr. 3 BGB fallen. Während § 311 Abs. 2 Nr. 1 und 2 BGB eindeutig mit einem Vertrag zusammenhängende Verhältnisse betreffen, bliebe für § 311 Abs. 2 Nr. 3 BGB nur Raum, wenn hierunter auch Beziehungen zu fassen wären, die gerade nicht auf eine vertragliche Basis gestellt werden bzw. nach dem Parteiwillen auf eine solche gestellt werden sollen.[45] Durch den gesteigerten sozialen Kontakt entstünde eine vertragsähnliche Sonderbeziehung im Sinne von § 311 Abs. 2 BGB, die ein Vertrauen der jeweils anderen Partei auf sorgfältiges Handeln begründet.[46] Es handelt sich insofern um ein gesetzlich begründetes Verhältnis auf der Basis von § 311 Abs. 2 BGB.[47] Dieser Auffassung nach würden durch die Schuldrechtsreform 2002 auch die reinen Gefälligkeitsverhältnisse in den Anwendungsbereich des § 311 Abs. 2 BGB einbezogen. Dies hätte zur Folge, dass die Verletzung von Sekundärpflichten auch im reinen Gefälligkeitsverhältnis nach §§ 311 Abs. 2 Nr. 3, 241 Abs. 2, 280 Abs. 1 BGB sanktioniert werden könnte.

---

[40] Ein „Anvertrauen" ist hierfür nicht nötig *Lieb* in: Dauner-Lieb et al., Das neue Schuldrecht, § 3 Rn. 38; a.A. *Canaris*, JZ 2001, 499, 520.

[41] S.o. S. 99.

[42] *Blenske* in: Schimmel/Buhlmann, HdBuch SchuldR, Kap. C Rn. 39.

[43] *Canaris*, JZ 2001, 499, 519; *Schimmel/Buhlmann*, Fehlerquellen, 41.

[44] BT-Drs. 14/6040, 162.

[45] *Schwab*, JuS 2002, 773, 777; *Faust* in: Huber/Faust, Kap. 3 Rn. 11.

[46] *Bork* in: Staudinger, vor §§ 145 ff. BGB Rn. 85, der allerdings jeweils eine Einzelfallbegründung fordert.

[47] *Fikentscher*, Schuldrecht, Rn. 88.

Für das Verhältnis von Betreibern und Nutzern offener Netzwerke würde dies demnach bedeuten, dass zwischen ihnen ein als rechtlich zu qualifizierendes Verhältnis bestünde. Zwar könnte der Nutzer nicht die Leistung im Sinne der Netzwerkbereitstellung inklusive Routing verlangen, beide Parteien müssten jedoch entsprechende Rücksicht auf die Rechtsgüter und Interessen des jeweils anderen üben. Als Anschlussfragen wären demnach zu erörtern, wie weit die Rücksichtnahmepflichten gehen,[48] wie im einzelnen die Schuldfrage, insbesondere mit Blick auf die mögliche Unkenntnis des Betreibers von der konkreten Nutzung, zu klären ist, und des weiteren welche Vertrauenstatbestände tatsächlich welche Schäden zu erfassen vermögen. Dass diese Einordnung den Interessen der Beteiligten sogar entgegen stehen kann, hätte aufgrund der gesetzlichen Anordnung keinerlei Auswirkung.

Diese Meinung greift zu weit. Ohne tiefer gehende Begründung wird aus der Neufassung des Gesetzes eine Aufgabe der bisherigen Rechtsprechung angenommen, die sich insbesondere aus den Gesetzesmaterialien nicht entnehmen lässt.[49] Lediglich unter Hinweis auf einen verbleibenden Raum für die dritte Alternative des § 311 Abs. 2 BGB können aber nicht gegen den insofern eindeutigen Wortlaut nicht-geschäftliche Verhältnisse einbezogen werden.[50] Vielmehr wird davon auszugehen sein, dass auch § 311 Abs. 2 Nr. 3 BGB an die Nr. 1 und 2 anknüpft und folglich eine gewisse Vertragsnähe erfordert. Ansonsten würde die Haftung über § 311 Abs. 2 BGB zu einer „inadäquaten Haftung bei Beweislosigkeit" führen.[51] Auch eine weitgehend unkonkrete Vorbereitung eines Vertrags wäre hierfür ausreichend.[52] Gegen den vermutlichen Willen der Beteiligten, der unter Beachtung der durch die Rechtsprechung entwickelten Kriterien zu ermitteln ist, und entgegen der im rein gesellschaftlichen Bereich begründeten Kontaktaufnahme kann kein Schuldverhältnis angenommen werden, dessen Rechtsfolgen die Parteien unvorbereitet treffen würden.

Teilweise wird die Anwendung jedoch auf Gefälligkeitsverhältnisse mit rechtsgeschäftlichem Charakter beschränkt.[53] Worin dieser rechtsgeschäftliche Charakter zum Ausdruck

---

48   Dazu *Blenske* in: Schimmel/Buhlmann, HdBuch SchuldR, Kap. C Rn. 51.

49   Ganz im Gegenteil wird immer wieder zustimmend auf die Rechtsprechung verwiesen, BT-Drs. 14/6040, 161 ff.

50   Ebenso *Fikentscher*, Schuldrecht, Rn. 87; *Keilmann*, JA 2005, 500, 503; *Grüneberg* in: Palandt, § 311 BGB Rn. 24.

51   *Keilmann*, JA 2005, 500, 503; *Roth* in: MünchKommBGB, § 241 BGB Rn. 110.

52   BT-Drs. 14/6040, 163.

53   *Gehrlein/Grüneberg/Sutschet* in: Bamberger/Roth, § 311 BGB Rn. 50; *Arnold* in: Dauner-Lieb et al., Fälle zum neuen Schuldrecht, 206 f.; *Schulze* in: HK-BGB, § 311 BGB Rn. 17; *Emmerich* in: MünchKommBGB, § 311 BGB Rn. 73; *Blenske* in: Schimmel/Buhlmann, HdBuch SchuldR, Kap. C Rn. 50; nicht der bloße soziale Kontakt *Canaris*, JZ 2001, 499, 520; *Lieb* in: Dauner-Lieb et al., Das neue Schuldrecht, § 3 Rn. 38; *Jauernig* in: Jauernig, § 311 BGB Rn. 45; wohl auch *Reischl*, JuS 2003, 40, 44.

kommt, bleibt meist offen.[54] Vermutlich wird damit auf die Trennung zwischen reinen Gefälligkeitsverhältnissen und solchen unter Ausschluss der Primärpflicht Bezug genommen.[55]
Unklar bleibt dennoch, ob sich der Gesetzgeber dementsprechend der bereits früher vertretenen Lehre angeschlossen hat, die Sekundärpflichten bei bestimmten Gefälligkeitsverhältnissen annahm. Ist dies nicht der Fall, so geht auch der Bezug auf Gefälligkeitsverhältnisse ohne
Primärpflicht fehl.

Als Merkmal der Konkretisierung könnte auch eine Abgrenzung zwischen geschäftlichen
und sozialen Kontakten, wie sie der Wortlaut nahe legt, dienen. Rein soziale Kontakte würden
dann auch bei der Eröffnung sehr intensiver Einwirkungsmöglichkeiten im Sinne von § 311
Abs. 2 Nr. 2 BGB kein Schuldverhältnis begründen, wenn das Verhältnis nicht in irgendeiner Form auf den Austausch von Willenserklärungen mit rechtlichem Bezug und Leistungen
irgendeiner Art gerichtet ist.[56]

Offene Netze stellen einen sozialen Einbindungsprozess dar, der maßgeblich auf der wech-
selseitigen Freiheit beruht. Die „Leistungen" erfolgen aus altruistischen Motiven, die einen
Gemeinschaftsbildungsprozess fördern sollen,[57] und häufig gerade Freiheit im weiteren Sinn
vermitteln sollen bzw. die Ausübung von Freiheitsrechten darstellt.[58] Eine rechtliche bzw.
vertragliche Komponente wird hierbei grundsätzlich gar nicht in Betracht gezogen. Auch
ein rechtsgeschäftlicher Charakter ist demnach nicht gegeben. Folglich lassen sich auch über
§ 311 Abs. 2 Nr. 3 BGB nach dieser Auffassung keine gegenseitigen Pflichten herleiten.

Ob § 311 Abs. 2 Nr. 3 BGB eine Abkehr von der „Vertragslösung" der Rechtsprechung
darstellt,[59] kann offen bleiben, dürfte aber aufgrund der Gesetzesbegründung eher zweifelhaft
sein.[60] Festzuhalten bleibt, dass bei reinen Gefälligkeitsverhältnissen jedenfalls auch nach der
Schuldrechtsreform kein Schuldverhältnis mit entsprechenden Sekundärpflichten entsteht.[61]

Der Nutzer hat dementsprechend gegen den Betreiber weder einen Anspruch auf Erfüllung
aus einem geschlossenen Vertrag, noch entstehen Sekundärpflichten, die er über §§ 311 Abs.
2, 241 Abs. 2, 280 ff. BGB geltend machen könnte. Er ist allerdings aufgrund der selbstver-

---

[54]   Dazu *Krebber*, VersR 2004, 150, 156.
[55]   In diesem Sinne *Kramer* in: MünchKommBGB, vor § 241 BGB Rn. 37 f.
[56]   *Blenske* in: Schimmel/Buhlmann, HdBuch SchuldR, Kap. C Rn. 48.
[57]   S.o. S. 13.
[58]   *Autengruber*, Freie Netze, 66 f., 144; *Maxwell*, innovations 2006, 119, 154; *Medosch*, Freie Netze, 41;
       Medosch, in: Lutterbeck/Bärwolff/Gehring, Open Source Jahrbuch 2006, 389, 400; *Medosch*, Die Kon-
       struktion der Netzwerk-Allmende; im Vergleich zu Open Source und Open Content; für Open Source und
       Open Content *Mantz*, in: Lutterbeck/Bärwolff/Gehring, Open Source Jahrbuch 2007, 413.
[59]   So *Reischl*, JuS 2003, 40, 44.
[60]   Vgl. BT-Drs. 14/6040, 161 ff.
[61]   Ebenso *Krebber*, VersR 2004, 150, 156; *Looschelders*, Rn. 98; *Busche* in: Staudinger, Eckpfeiler, Kap. C
       II.

ständlich unter bestimmten Voraussetzungen greifenden deliktischen Haftung nicht vollkommen schutzlos gestellt.

d) Ergebnis

Die Sekundärhaftung ist beim Betrieb offener Netzwerke ohne konkrete Rechtsgrundlage unter Annahme eines Gefälligkeitsverhältnisses ebenso ausgeschlossen wie der Primäranspruch. Dieses Ergebnis deckt sich zudem in aller Regel mit den Wünschen und Bedürfnissen der Beteiligten.

2. Sekundäransprüche bei Verwendung des Pico Peering Agreement

Bei Verwendung des Pico Peering Agreements besteht jedenfalls ein rechtliches Verhältnis. Allerdings sieht das Pico Peering Agreement einen weitgehenden Ausschluss der Haftung vor. Hinzu kommt, dass das Pico Peering Agreement in vermaschten Netzwerken als Grundlage der Gründung einer Gesellschaft bürgerlichen Rechts dienen kann. Grundsätzlich sind Sekundäransprüche der Gesellschafter untereinander denkbar. Die Verletzung von Gesellschafterpflichten kann also zu einer Haftung nach § 280 Abs. 1 BGB führen.[62] Mit dem Pico Peering Agreement liegt eine Grundlage für die Sekundärhaftung vor. Zu klären verbleibt allerdings noch, welcher Haftungsmaßstab anzulegen ist und inwiefern das Pico Peering Agreement diese Ansprüche wirksam auszuschließen vermag. Zu beachten ist, dass nur die Ansprüche unter den Gesellschaftern von Interesse sind. Die Gesellschaft an sich dagegen hat keinerlei Gesamthandsvermögen und dient im Grunde lediglich als rechtliches Dach der Aktivitäten der einzelnen Gesellschafter. Eine Schädigung des Gesellschafters durch die Gesellschaft selbst ist deshalb kaum denkbar.

a) Grundsatz: Sorgfalt in eigenen Angelegenheiten

Die Haftung der Gesellschafter wird bereits auf gesetzlicher Grundlage nach § 708 BGB weitgehend eingeschränkt. Entsprechend § 708 BGB haften die Gesellschafter nur für die Sorgfalt, die sie in eigenen Angelegenheiten üben müssen (*diligentia quam in suis*). Voraussetzung für diese Haftungserleichterung ist, dass die schädigende Handlung bei der Erfüllung der dem Gesellschafter obliegenden und durch den Gesellschaftsvertrag begründeten Verpflichtungen oder der Erfüllung von Neben- und Schutzpflichten begangen wurde.[63] Grund für die Erleich-

---

[62]   BGH NJW 1962, 859; *Heinrichs* in: Palandt, § 280 BGB Rn. 16; *Sprau* in: Palandt, § 705 BGB Rn. 27, 32, § 280 BGB Rn. 16.

[63]   *Westermann* in: Erman, § 705 BGB Rn. 63; *Ulmer* in: MünchKommBGB, § 705 BGB Rn. 7; *Sprau* in: Palandt, § 708 BGB Rn. 2.

terung ist das der Gesellschaft zugrunde liegende persönliche Verhältnis, in das man mit den anderen Gesellschaftern so eintritt, wie diese sich üblicherweise verhalten. Welche Sorgfalt in eigenen Angelegenheiten zu üben ist, konkretisiert § 277 BGB. Insbesondere ist die Haftung für grobe Fahrlässigkeit weiterhin gegeben.

b)   Inhaltskontrolle, §§ 307 ff. BGB

Der Haftungsausschluss des Pico Peering Agreement könnte, sofern er über die Haftung für die Sorgfalt in eigenen Angelegenheiten nach § 708 BGB hinausgeht, nach §§ 305 ff. BGB einer Inhaltskontrolle unterworfen und aus diesem Grunde unwirksam sein. Das Pico Peering Agreement enthält unzweifelhaft für eine Vielzahl von Fällen vorformulierte Vertragsbedingungen nach § 305 Abs. 1 BGB und damit allgemeine Geschäftsbedingungen. In Gesellschaftsverträgen ist aber die Inhaltskontrolle gemäß § 310 Abs. 4 S. 1 BGB ausgeschlossen. Eine Prüfung der §§ 307 ff. BGB kommt dementsprechend bei Gesellschaftsverträgen dem klaren Wortlaut des § 310 Abs. 4 S. 1 BGB zufolge nicht in Betracht. Dennoch wird teilweise vertreten, dass § 310 Abs. 4 S. 1 BGB bei zweiseitigen Innengesellschaften und Gesellschaften, die einer Vielzahl von Personen offen stehen, teleologisch zu reduzieren sei.[64] Bei zweiseitigen Innengesellschaften sei eine dem gegenseitigen Leistungsaustausch ähnliche Situation gegeben, was eine Anwendung der darauf ausgerichteten §§ 307 ff. BGB rechtfertige. Gesellschaften wie Publikumsgesellschaften, die einer Vielzahl von Personen offen stehen, bürgen zudem die Gefahr, dass sich die ursprünglichen Gründer gegenüber den später hinzutretenden Gesellschaftern begünstigte Stellungen verschaffen würden.[65] Die h.M. lehnt dies u.a. unter Hinweis auf den Gesetzeswortlaut ab.[66] Bei Publikumsgesellschaften wird allerdings abseits von §§ 307 ff. BGB eine Kontrolle der Bedingungen über § 242 BGB vorgenommen.[67] Vorliegend kommt hinzu, dass diejenigen Gefahren, die die teleologische Reduktion des § 310 Abs. 4 BGB ausschließen soll, bei Verwendung des Pico Peering Agreement gar nicht vorliegen. Zwar handelt es sich bei den für offene Netze gegründeten Gesellschaften um vielen Personen offene Gesellschaften, aber die Haftungsausschlüsse gelten für jeden Gesellschafter unabhängig davon, ob er Gründungsmitglied oder später hinzutretender Gesellschafter ist. Der diesbezügliche Schutz der Gesellschafter ist demzufolge gar nicht notwendig. Zweiseitige Gesellschaften können zwar entstehen, aber auch jederzeit weiter wachsen. Ergebnis einer Inhaltskontrolle in Gesellschaften, die mit zwei Mitgliedern beginnen, wäre, dass die Inhalts-

---

[64]   *Ulmer* in: MünchKommBGB, § 705 BGB Rn. 139 ff. m.w.N.

[65]   BGH NJW 1975, 1318; *Ulmer* in: MünchKommBGB, § 705 BGB Rn. 140.

[66]   BGH NJW 1995, 192 m.w.N.; OLG Köln ZIP 1982, 1424, 1428; *Hey*, 315; *Grüneberg* in: Palandt, § 310 BGB Rn. 50; a.A. *Ulmer* in: MünchKommBGB, § 705 BGB Rn. 140 m.w.N.

[67]   BGH NJW 1975, 1318; *Hey*, 294 f.; vgl. *Coester* in: Staudinger, Eckpfeiler, 158.

kontrolle nur zu Lasten der Gründungsmitglieder ginge. Durch die teleologische Reduktion käme es käme zu einer Haftungsdiskrepanz der Gesellschafter je nach Zeitpunkt ihres Hinzutretens. Das Pico Peering Agreement ist somit entsprechend § 310 Abs. 4 S. 1 BGB keiner Inhaltskontrolle zu unterziehen.

c)   Haftungsausschluss durch das Pico Peering Agreement

Das Pico Peering Agreement enthält unter Nr. 3 einen Punkt mit dem Titel „Keine Garantie (Haftungsausschluss)". Dort heißt es:

- Es wird keinerlei garantierter Dienst (Betrieb, Service) vereinbart. (Es gibt keine Garantie für die Verfügbarkeit / Qualität des Dienstes.)

- Der Dienst (Betrieb, Service) wird ohne Gewähr bereitgestellt, ohne Garantie oder Verpflichtung jedweder Art.

- Der Dienst (Betrieb, Service) kann jeder Zeit ohne weitere Erklärung beschränkt oder eingestellt werden.

Offensichtlich ist, dass jede Form von Gewährleistung ausgeschlossen werden soll. Eine bestimmte Dienstgüte, -verfügbarkeit und -qualität soll durch den an den Knoten angeschlossenen Gesellschafter nicht erwartet werden dürfen. Diese Beschränkung hinsichtlich des Leistungsinhalts stellt im Kern zunächst nur eine Klarstellung der technischen Gegebenheiten dar. Die durch offene Netze betriebenen vermaschten Netze sollen zwar möglichst stabil, schnell und mit hoher Bandbreite funktionieren, nichtsdestotrotz sind sich die Betreiber darüber im klaren, dass bereits kleine Veränderungen in der Umgebung oder an den Geräten die Stabilität des Netzes stark beeinflussen können. So kann insbesondere bei der Überbrückung von langen Strecken mittels WLAN die Sichtverbindung der Knoten einen wesentlichen Gesichtspunkt darstellen.[68] Beispielsweise kann bereits dadurch, dass ein Baum während eines Sturms durch seine Neigung die Sichtverbindung stört, die Verbindung der Knoten zusammenbrechen. Selbst die Stellung bzw. Ausrichtung der Antenne, oder der Betrieb eines anderen Knotens im gleichen oder einem nahe gelegenen Frequenzbereich kann wesentlichen Einfluss auf Qualität und Stabilität einer Verbindung haben. Der Dienst unterliegt also vielfältigen äußeren Einflüssen, für die der Betreiber verständlicherweise keine Verantwortung übernehmen möchte.

---

[68]   S.o. S. 22; vgl. auch Ziff. 1.9 Leistungsbeschreibung des E-Plus-Mobilfunkdienstes: „[...] Zeitweilige Störungen, Beschränkungen oder Unterbrechungen der Leistungen können sich auch [...] durch atmosphärische Bedingungen und geographische Gegebenheiten sowie funktechnische Hindernisse [...] ergeben", erhältlich unter http://www.eplus.de/agb/down/2006_leistungsbeschreibung_laufzeit.pdf (abgerufen am 28.2.2008).

Dennoch weist der dritte Absatz deutlich darauf hin, dass auch durch den Betreiber selbst vorgenommene Maßnahmen den Betrieb stören können. Darunter fallen beispielsweise Bandbreiten- oder Zugangsbeschränkungen. Diese müssen andererseits immer den anderen Voraussetzungen des Pico Peering Agreement entsprechen. Freier Transit muss also immer gewährleistet sein, sofern der Betrieb insgesamt aufrecht erhalten wird. Der zweite Absatz wiederum weist darauf hin, dass der Dienst „ohne Verpflichtung jedweder" Art zur Verfügung gestellt wird. Dabei ist unklar, worauf sich dies bezieht und wie weit der Ausschluss geht. Grundsätzlich sind die Haftungsausschlüsse allesamt auf den Dienst an sich bezogen. Sie enthalten also zunächst nur einen weitgehenden Gewährleistungsausschluss. Der Ausschluss von Verpflichtungen „jedweder Art" sowie die Überschrift von Nr. 3 legen dennoch einen Haftungsausschluss nahe. Dessen Inhalt ist nach §§ 133, 157 BGB auszulegen.[69] Die Auslegung erfolgt dabei hauptsächlich anhand der subjektiven Sicht der Gesellschafter.[70] Ein Auslegungskriterium kann die einverständliche Handhabung des Gesellschaftsvertrags sein.[71] Unter diesem Gesichtspunkt sind demnach die übergreifenden, allen Beteiligten gemeinsamen Interessen in die Auslegung einzubeziehen. Bei der Erstellung des Pico Peering Agreement wurden viele verschiedene - technische wie soziale - Punkte in die Überlegung einbezogen.[72] Der Haftungsausschluss wurde aber hauptsächlich im Hinblick auf die Nichtgewährung eines „Quality of Service" betrachtet.[73] Insofern dürfte bezüglich des Haftungsausschlusses eine Haftung mindestens für jede Form der Fahrlässigkeit bis auf die grobe Fahrlässigkeit, wenn nicht sogar bis hin zum Ausschluss bis auf die vorsätzliche Haftung gemeint sein. Anders gesagt sollten die Beteiligten frei entscheiden können, wann und ob sie den Dienst anbieten[74] und dementsprechend möglichst wenig haften.

Während ein solcher Haftungsausschluss nach §§ 305 ff. BGB ohne weiteres unwirksam wäre, ist diese Folge bei Gesellschaftsverträgen nicht unmittelbar anzunehmen. Die Auslegung des Vertragswerks nach dem subjektiven Willen der Gesellschafter erlaubt die Ausweitung in dem Maße, wie dies rechtlich möglich ist. So kann die Haftung der Gesellschafter untereinander durchaus auf die Verantwortlichkeit für vorsätzliches Handeln beschränkt werden.[75] Grundlage dafür ist der gemeinschaftliche und übereinstimmende Wille. Die Grenze

---

[69] Vgl. *Westermann* in: Erman, § 705 BGB Rn. 34 ff.; *Flume*, AT I/1, § 2 V; *Ulmer* in: MünchKommBGB, § 705 BGB Rn. 171.
[70] Vgl. BGH NJW 1995, 3313, 3314; *Westermann* in: Erman, § 705 BGB Rn. 34.
[71] *Westermann* in: Erman, § 705 BGB Rn. 35; *Ulmer* in: MünchKommBGB, § 705 BGB Rn. 172.
[72] Vgl. *Medosch*, Freie Netze, 191 ff.
[73] *Medosch*, Freie Netze, 193.
[74] *Medosch*, Freie Netze, 193.
[75] *Ulmer* in: MünchKommBGB, § 708 BGB Rn. 3.

bildet die Auslegungsschranke des § 138 BGB.[76] An vorderster Stelle bei der Auslegung steht dementsprechend der Gleichbehandlungsgrundsatz.[77]

Die Teilnehmer, die sich am Aufbau eines offenen Netzes beteiligen, sind sich dessen bewusst, dass sie alle den Dienst freiwillig und mit möglichst geringen rechtlichen und tatsächlichen Konsequenzen für den Einzelnen betreiben. Im Vordergrund steht die Gemeinschaftsbildung, die möglichst einfach, unkompliziert und offen gestaltet werden soll. Jede Zugangshürde, auch rechtlicher Art, ist geeignet, neue Mitglieder abzuschrecken bzw. an der Teilnahme zu hindeRn. Dies zeigt sich nicht zuletzt an der Diskussion um die Urteile des *LG Hamburg*.[78] Zu beachten ist weiter, dass gerade auch Mitglieder einbezogen werden sollen, die technisch nicht so versiert sind wie die einstigen „Kernzellen" der Netzwerke. Was also dem technik-affinen Teilnehmer klar ist und wofür ihm bei Verletzung eine grobe Fahrlässigkeit vorwerfbar sein könnte, soll für den technisch nicht Begabten nicht zwangsläufig gelten. Vielmehr wird erwartet, dass sich jeder der Beteiligten soweit wie möglich selbst vor eventuellen Gefahren aus der Nutzung des Dienstes schützt.[79] Ein weiter und umfassender Haftungsausschluss ist dementsprechend im Interesse aller Teilnehmer des offenen Netzes und findet seinen Ausdruck in Nr. 3 des Pico Peering Agreement. Eine Ungleichbehandlung erfolgt in keiner Weise. Es werden keinerlei Ausnahmen für einzelne Gesellschafter gemacht. Dieser Umstand gilt unabhängig vom Zeitpunkt des Beitritts zur Gesellschaft. Die „akzeptierbare Benutzungsrichtlinie" nach Nr. 4 oder die „lokalen Zusätze" nach Nr. 5 des Pico Peering Agreement ändern an dieser Beurteilung nichts, da sie nach Nr. 4 Abs. 3 des Pico Peering Agreement, der ausdrücklich auch auf Nr. 5 verweist, nicht den in Nr. 1 bis 3 niedergelegten Grundsätzen widersprechen dürfen.

d) Ergebnis

Die Sekundärhaftung ist bei der Gründung von Gesellschaften auf Basis des Pico Peering Agreement in sehr weitem Umfang beschränkt. Lediglich die Haftung für vorsätzliches Handeln muss noch gelten. Dieses Ergebnis entspricht den Interessen der Gesellschaft sowie der Gesellschafter.

---

[76]   Dazu s. schon o. S. 138.

[77]   *Westermann* in: Erman, § 705 BGB Rn. 39; *Hey*, 219 ff.

[78]   LG Hamburg MMR 2006, 763; m. Anm. *Gercke*, CR 2007, 55; *Mantz*, MMR 2006, 764, 766; *Trautmann*, Unverschlüsseltes WLAN und Störerhaftung: LG Hamburg öffnet die Büchse der Pandora; LG Hamburg CR 2007, 121 m. Anm. *Grosskopf*, CR 2007, 122; vgl. auch *Hornung*, CR 2007, 88, 94.

[79]   Vgl. *Autengruber*, Freie Netze, 59.

3. Sekundäransprüche bei der Nutzung von Vereinsstrukturen

Auch bei der Nutzung von Vereinsstrukturen sind die gegenseitigen Ansprüche bei Verletzungen einer Leistungspflicht zu betrachten. Dabei ist allerdings zwischen Ansprüchen gegenüber dem Verein und Ansprüchen der Vereinsmitglieder untereinander zu unterscheiden. Grund dafür ist die Konzeption der Vereine bzw. der technischen Infrastruktur im Verein. Teilweise kann nämlich der Verein Infrastruktur bereit halten, für deren Betrieb er dann auch einzustehen hätte. Andererseits kann es sich auch nur um die rechtliche Komponente eines Vereins handeln, bei dem die Mitglieder ebenso wie bei den anderen vorgestellten Konstellationen die Hardware in Eigenregie bereitstellen und betreiben, und der Verein lediglich als Dach der Aktivitäten dient.

a) Haftung unter den Mitgliedern

Eine Sekundärhaftung zwischen den beteiligten Mitgliedern bei Verletzung von Leistungspflichten nach §§ 280 ff. BGB ist überhaupt nur denkbar, wenn eine Rechtsbeziehung i.S.d. § 311 Abs. 2 BGB zwischen den Vereinsmitgliedern besteht. Ohne jegliche Rechtsgrundlage wäre auch hier von einem Gefälligkeitsverhältnis auszugehen, was die Sekundärhaftung ausschließen würde.[80] Nicht zu vergessen bleibt aber, dass alle an einer solchen möglichen Sekundärhaftung Beteiligten Mitglieder eines Vereins sind. Bereits durch die Mitgliedschaft könnte eine Bindung nach § 311 Abs. 2 BGB entstanden sein, die den Betreibern Rücksicht auf die Rechtsgüter und Interessen der Nutzer abverlangt.

Grundsätzlich ist die Beziehung der Mitglieder aber lediglich eine über den Verein „vermittelte". Die Rechtsbeziehung besteht vielmehr zwischen dem einzelnen Vereinsmitglied und dem Verein an sich. Auch eine Übertragung der Rechte und Pflichten des Vereins auf seine Mitglieder kommt nicht in Betracht.[81] Ausnahmsweise wird eine Rechtsbeziehung zwischen den Mitgliedern anerkannt, wenn im Verein eine der Kapitalgesellschaft ähnliche Struktur vorherrscht.[82] Eine den Kapitalgesellschaften ähnliche Struktur weisen Vereine, die offene Netzprojekte betreiben und fördern, nicht auf.[83] Unmittelbar lässt sich § 311 BGB ebenfalls nicht anwenden, da rein durch die Mitgliedschaft zwischen den Mitgliedern weder vertragliche Beziehungen aufgenommen oder angebahnt werden, noch geschäftsähnliche Kontakte gemäß § 311 Abs. 2 Nr. 3 BGB bestehen. Im Einzelfall kann selbstverständlich unabhängig vom Verein eine entsprechende Vereinbarung bzw. Rechtsbeziehung entstehen.[84]

---

[80] S.o. S. 180.
[81] *Heinrichs* in: Palandt, vor § 21 BGB Rn. 12.
[82] Vgl. BGH NJW 1976, 191; BGH NJW 1988, 1579; *Reichert*, 132.
[83] S. schon o. S. 167.
[84] Vgl. o. S. 167 f.

Eine Haftung unter den Mitgliedern im Sinne einer Sekundärhaftung lässt sich aus der Beziehung zum Verein dementsprechend nicht herleiten.

b)   Haftung des Vereins

Denkbar ist eine Haftung des Vereins als Rechtsperson für Störungen bei der Erbringung der Netzwerkleistungen. Zwischen den Mitgliedern des Vereins und dem Verein als Rechtsperson besteht ein Rechtsverhältnis i.S.d. § 311 BGB,[85] über das gemäß §§ 280 ff. BGB entsprechende Leistungsstörungen schadensersatzrechtlich erfasst werden können.[86] Eine solche Haftung ist aber nur möglich, wenn tatsächlich der Verein an sich die entsprechende Infrastruktur betreibt. Der Verein haftet hierbei als juristische Person für das Handeln seiner Organe.[87] Die Haftung greift allerdings nur, wenn das Organ in Ausführung der ihm zustehenden bzw. obliegenden Verrichtungen gehandelt hat.[88] Dabei handelt es sich nicht nur um einen Anspruch, den Dritte gegenüber dem Verein erheben können, die Haftung auf Schadensersatz besteht vielmehr auch dem Vereinsmitglied gegenüber.[89]

Haftungsausschlüsse sind über die Satzung zwar grundsätzlich möglich, der Ausschluss für grobe Fahrlässigkeit ist allerdings unwirksam.[90] Beim nicht eingetragenen Idealverein, der also keinerlei wirtschaftliche Betätigung ausübt, kann zumindest ein Haftungsausschluss der Mitglieder wirksam sein.[91] Zu beachten sind in diesem Zusammenhang Struktur und Zweck des Netzwerks. Insbesondere bei AdHoc-Netzwerken, aber auch in den sonstigen Fällen, sind den Mitgliedern des Vereins die Schwächen der technischen Nutzung in aller Regel bekannt. Denkbar und auch zielführend ist dementsprechend eine Beschränkung der Haftung aufgrund konkludenten Verhaltens.[92]

c)   Ergebnis

Ein Rechtsverhältnis zwischen den Vereinsmitgliedern, das unmittelbar durch die Vereinsmitgliedschaft entsteht und Rechte und Pflichten i.S.d. §§ 241 Abs. 2, 280 ff. BGB begründet,

---

85   *Flume*, AT I/1, 258 f.; *Larenz/Wolf*, § 10 Rn. 95; *Reichert*, Rn. 650; *Hadding* in: Soergel, § 38 BGB Rn. 2, 15.

86   *Reuter* in: MünchKommBGB, § 31 BGB Rn. 30; *Heinrichs* in: Palandt, § 31 BGB Rn. 2.

87   *Heinrichs* in: Palandt, § 31 BGB Rn. 2; *Stöber*, Rn. 392.

88   *Heinrichs* in: Palandt, § 31 BGB Rn. 10 f.; *Stöber*, Rn. 397.

89   BGHZ 90, 92; BGHZ 110, 323; *Reuter* in: MünchKommBGB, § 31 BGB Rn. 41; *Hadding* in: Soergel, § 31 BGB Rn. 26.

90   AG Bückeburg NJW-RR 1991, 1107; *Heinrichs* in: Palandt, § 31 BGB Rn. 12; insgesamt strittig, s. *Schwarz/Schöpflin* in: Bamberger/Roth, § 31 BGB Rn. 26 m.w.N.

91   *Stöber*, Rn. 1271.

92   Vgl. *Schwarz/Schöpflin* in: Bamberger/Roth, § 31 BGB Rn. 26.

besteht nicht. Insofern erfolgen Leistungen zwischen den Vereinsmitgliedern ohne direkte Regelungsgrundlage.[93] Es bleibt den Betreibern allerdings unbenommen, das Rechtsverhältnis auf eine andere Rechtsgrundlage zu stellen, indem z.b. das Pico Peering Agreement verwendet wird.[94] Insbesondere für Mitglieder von Vereinen, deren Aufgabe nicht Beschaffung und Betrieb von Anlagen ist, sondern die nur als eine Formalisierungsstruktur für Entscheidungen bzw. Entscheidungsprozesse angelegt sind, kommt ein solches Vorgehen in Betracht. Die Sekundärhaftung der Vereinsmitglieder untereinander liegt demzufolge voll und ganz in den Händen der Beteiligten.

Der Verein hingegen, der selbst auch Anlagen betreibt, muss für den Betrieb auch im Sinne einer Sekundärhaftung gegenüber seinen Mitgliedern einstehen. Er tritt für diese praktisch als Access- oder Network-Provider auf.

4. Ergebnis

Die Sekundärhaftung der Beteiligten hängt maßgeblich vom zugrundeliegenden Rechtsverhältnis ab. Fehlt ein solches, also speziell bei Gefälligkeitsverhältnissen, scheidet neben der Primär- auch die Sekundärhaftung aus. Gesellschaften aufgrund des Pico Peering Agreement hingegen zeichnen sich zwar dadurch aus, dass ein Rechtsverhältnis besteht, das vertragliche Pflichten begründet, die Haftung ist allerdings in weitem Umfang beschränkt. Vereine wiederum können die Haftung nicht ähnlich effektiv beschränken und sehen sich dem Risiko der Sekundärhaftung ausgesetzt.

II. Dingliche Haftung

Unabhängig von einer vertraglichen Rechtsgrundlage können jedenfalls dingliche Ansprüche zwischen Betreiber und Nutzer bestehen. Begründet werden diese Ansprüche insbesondere aufgrund der Ausübung von Eigentums- und Besitzrechten bezüglich der eingesetzten Anlagen.

Eine direkte, sachenrechtlich relevante Einflussnahme auf die dinglich geschützten Rechtsgüter des Nutzers liegt nicht vor. Vielmehr ist es der Nutzer, der die Anlagen des Betreibers nutzt und damit in rechtlich geschützte Positionen des Betreibers einzugreifen vermag. Nicht zu vergessen bleibt aber auch hier die Doppelrolle der Beteiligten. Wer logisch gesehen als Betreiber auftritt, kann im selben Augenblick selbst Nutzer sein, auch dann, wenn er nur für

---

[93] S.o. S. 92 ff.
[94] S.o. S. 117 ff.

andere Teilnehmer Peering betreibt bzw. selbst in Anspruch nimmt. Um die sachenrechtliche Haftung untersuchen zu können, ist aber erneut eine strenge Rollentrennung zwischen Nutzer und Betreiber notwendig: Der Nutzer greift auf Anlagen des Betreibers zu, so dass dessen dingliche Rechte beeinträchtigt werden können. Die hier dargestellte einseitige dingliche Haftung des Nutzers gegenüber dem Betreiber stellt dementsprechend nur eine logische Vereinfachung in der Hinsicht dar, dass die dingliche Rechtsbeziehung, die vorliegen kann, nur in einer „Richtung" betrachtet wird.

Im Rahmen der dinglichen Haftung sollen zudem nur Ansprüche zwischen Betreiber und Nutzer untersucht werden, die unmittelbar auf dem Nutzungsvorgang beruhen. Anderen Eingriffen in das Eigentum oder eigentumsähnliche Rechte, beispielsweise durch Verbreitung von Viren oder der Durchführung anderer Angriffe,[95] fehlt in aller Regel der direkte Bezug zum offenen Netz. Es stellt sich in diesen Fällen kein Unterschied zur Haftung eingreifender Dritter dar. Zusätzlich werden bei solchen Vorfällen in der Regel keine dinglichen, sondern Schadensersatzansprüche geltend gemacht.

1. Der possessorische Anspruch aus § 862 BGB

Der Betreiber eines offenen Netzwerks stellt seine Hardware den Nutzern zur Verfügung. Sie nutzen einen Teil der verfügbaren Sendezeit bzw. Bandbreite, indem sie auf die Anlagen zugreifen. Sofern man davon ausgeht, dass der Betreiber im unmittelbaren Besitz der genutzten Hardware steht, wäre ein Anspruch aus § 862 BGB auf Unterlassung der Nutzung denkbar. Voraussetzung des Anspruchs ist eine in verbotener Eigenmacht vorgenommene Besitzstörung.

a) Besitzstörung

Zunächst müsste demnach eine Besitzstörung seitens des Nutzers vorliegen. Eine Besitzstörung stellt nach § 858 Abs. 1 BGB jede Beeinträchtigung des Besitzes dar, die in Bezug auf die betroffene Sache in ihrer Gesamtheit nicht als Entziehung einzustufen ist.[96] Dem Besitzer einer Sache steht grundsätzlich die Nutzungsbefugnis zu. Grund dafür ist, dass sich das im Besitzbegriff niederschlagende Kontinuitätsinteresse auch darauf richtet, nicht in Gebrauch und Nutzung gestört zu werden.[97] Dem Besitzer werden also durch die Besitzstörung Ausschnitte der sich aus dem Besitz ergebenden Gebrauchs- und Nutzungsmöglichkeiten genommen.

---

[95] S.o. S. 37 ff.
[96] *Bund* in: Staudinger, § 858 BGB Rn. 14; *Westermann* et al., § 22 II.
[97] *Bund* in: Staudinger, § 858 BGB Rn. 14.

Funknetze zeichnen sich dadurch aus, dass eine gemeinsame Frequenz geteilt wird. Das bedeutet, dass mehrere gleichzeitig sendende Funkeinheiten „Kollisionen" hervorrufen können, die die Übertragung beeinflussen.[98] Beim WLAN-Standard 802.11 findet für die Kollisionsvermeidung das „Carrier Sense Multiple Access / Collision Avoidance (CSMA/CA)"-Verfahren Anwendung. Dies bedeutet, dass die an der Kommunikation beteiligten Parteien den gemeinsamen Kanal überwachen und ihr Verhalten an den jeweiligen Zustand des Kanals anpassen.[99] Erkennt eine Station, die Daten senden will, dass der Kanal belegt ist, so stellt sie nach einem „Backoff" genannten Verfahren die zu sendenden Daten zunächst zurück und wartet eine zufällig gewählte Zeitspanne ab.[100] Hierbei handelt es sich zwar nicht um ein Zeitfrequenzmultiplexverfahren im eigentlichen Sinne, bei dem den Sende- und Empfangseinheiten jeweils Zeitschlitze („Slots") zugewiesen werden,[101] allerdings bedeutet auch das „Backoff"-Verfahren zwangsläufig, dass jeder an einer WLAN-Einheit angemeldete und aktive Nutzer die verfügbare Übertragungskapazität aller anderen Nutzer beschränkt. Dies schlägt sich in einer Begrenzung der maximal erreichbaren Übertragungsrate nieder. Resultat sind eine geringere vorhandene Bandbreite und verlängerte Antwortzeiten.

Anerkannt als Besitzstörung im Zusammenhang mit Funk ist der Betrieb eines Rundfunkstörsenders.[102] Auch die Störung des Empfangs durch Amateurfunker, also andere Funkquellen, kann eine Besitz- und Eigentumsstörung darstellen.[103] Bereits die deutliche Verschlechterung des Empfangs ist als Störung in diesem Sinne anzusehen. Beeinträchtigt wird durch den Störsender oder andere Funkgeräte die Benutzung der Funkanlage und in der Folge der Besitz. Zwar wird durch die Mitnutzung eines Funknetzes grundsätzlich der Empfang im Gegensatz zum Betrieb eines Rundfunkstörsenders nicht vollständig unterbunden, dennoch kann der Besitzer nicht mehr in der üblichen Weise, sprich unter Ausschluss Dritter, vollständig die Möglichkeiten des Funknetzes bzw. seines Gerätes ausnutzen.[104] Darin findet sich eine Einschränkung der Nutzung. In dieser drückt sich gerade der Unterschied zwischen Besitzentziehung und -störung aus.

---

[98] *Nett/Mock/Gergeleit*, 90.
[99] *Sikora*, 85.
[100] *Nett/Mock/Gergeleit*, 92 f.; *Sikora*, 86 f.; *Walke*, 881.
[101] *Sikora*, 59.
[102] *Bund* in: Staudinger, § 858 BGB Rn. 52 m.w.N.; *Roth* in: Staudinger, § 906 BGB Rn. 173; *Westermann* et al., § 22 II.
[103] AG Unna, Urt. v. 13.5.2004 - 16 C 31/04; ältere Rechtsprechungsübersicht zu nachbarrechtlichen Unterlassungsansprüchen wegen des Betriebs von Funkanlagen durch Funkamateure *Simon*, ZMR 1986, 1; vgl. auch VG Karlsruhe ZUM-RD 2005, 358.
[104] Ebenso zu § 903 BGB und zur Nutzungsbeeinträchtigung im Rahmen von § 823 Abs. 1 BGB *Gietl*, DuD 2006, 37, 37 f.; *Malpricht*, ITRB 2008, 42, 44.

Der Besitzer wird durch die Mitnutzung in seinen Nutzungsmöglichkeiten eingeschränkt, eine Besitzstörung liegt vor.

b) Verbotene Eigenmacht

Den Tatbestand erfüllt jedoch nicht jede Besitzstörung. Weiteres Merkmal des Anspruchs aus § 862 Abs. 1 BGB ist die Besitzstörung durch verbotene Eigenmacht. Diese wird in § 858 Abs. 1 BGB legaldefiniert. Derjenige, der den Besitzer ohne dessen Willen in der Ausübung der tatsächlichen Gewalt stört, handelt danach widerrechtlich, sofern nicht die Beeinträchtigung gesetzlich gestattet ist oder die Zustimmung des Besitzers vorliegt.[105] Die Beurteilung der verbotenen Eigenmacht erfolgt demzufolge ausschließlich objektiv, auf die subjektive Komponente beim Störer kommt es nicht an.[106]

aa) Besitzstörung ohne bzw. gegen den Willen des Anspruchstellers

Wesentlich ist folglich, ob die Zustimmung des Besitzers vorliegt.[107] Die Zustimmung kann auch stillschweigend kundgegeben werden, also etwa der Gleichgültigkeit seitens des Besitzers hinsichtlich des Schicksals der Sache zu entnehmen sein.[108] Beim Betrieb von offenen Netzen dürfte diese Zustimmung jedenfalls vorliegen, denn die gemeinsame Nutzung ist schließlich das prägende Merkmal offener Netze.

Problematisch könnte allerdings sein, dass die Zustimmung auch bedingt erteilt werden kann.[109] Eine Bedingung in diesem Sinne könnten beispielsweise Nutzungsbedingungen verschiedenster Art sein. In diesem Rahmen stellen sich zwei Fragen: Zunächst ist zu klären, inwiefern die Nutzung seitens des Betreibers überhaupt durch eine Bedingung reglementierbar ist. Daran schließt sich die Frage an, ob sich diese Interpretation auch halten lässt, wenn das Rechtsverhältnis zwischen Nutzer und Betreiber auf einem Gefälligkeitsverhältnis beruht.[110]

aaa) Die Bedingbarkeit der Zustimmung nach § 858 BGB

Die Bedingbarkeit der Zustimmung ist jedoch nicht unumstritten, wobei es vornehmlich um die Notwendigkeit der analogen Anwendung der Bedingung nach § 158 BGB geht.

---

[105] RGZ 55, 55, 57; *Bund* in: Staudinger, § 858 BGB Rn. 4.
[106] RGZ 67, 387, 389; RG WarnR 1925 Nr. 24; *Bassenge* in: Palandt, § 858 BGB Rn. 1; *Wieling*, § 5 II 1a.
[107] RG JW 1928, 497; *Joost* in: MünchKommBGB, § 858 BGB Rn. 7; *Bassenge* in: Palandt, § 858 BGB Rn. 5; *Westermann* et al., § 22 II.
[108] RGZ 72, 192, 198 f.; *Bassenge* in: Palandt, § 858 BGB Rn. 2; *Bund* in: Staudinger, § 858 BGB Rn. 17.
[109] RGZ 67, 387, 388; *Bassenge* in: Palandt, § 858 BGB Rn. 5; *Bund* in: Staudinger, § 858 BGB Rn. 20; a.A. *Joost* in: MünchKommBGB, § 858 BGB Rn. 7.
[110] Dazu eingehend s.o. S. 97 ff.

So lehnt *Joost* diese ab.[111] Er verweist dafür auf eine Entscheidung des *RG*,[112] in der das Gericht entschieden hat, dass die sachenrechtliche Zustimmung auch von der Voraussetzung der Bezahlung einer Forderung abhängig gemacht werden kann.[113] Ähnlich hierzu ist ein Fall des *OLG Schleswig*,[114] in dem bestimmte „Umstände" relativ unspezifisch vereinbart wurden, unter denen eine Sache entfernt werden durfte.[115] Zwar geht das *OLG Schleswig* nicht explizit auf eine Bedingung ein, es handelte sich in diesem Fall jedoch um die Auslegung eines Sicherungsvertrages. Dieser wird in der Regel über eine Bedingung nach § 158 BGB gestaltet, indem die Eigentumsübertragung von der vollständigen Kaufpreiszahlung abhängig gemacht wird.[116] Tatsächlich stellten aber weder das *RG* noch das *OLG Schleswig* fest, dass die Zustimmung nur unter bestimmten Voraussetzungen erteilt werden könne, die nicht als Bedingung zu klassifizieren seien und hier nicht vorlagen. Das *OLG Schleswig* kritisiert vielmehr lediglich, dass die im Sicherungsvertrag getroffene Regelung nicht eindeutig genug sei. Sie könne vielmehr auch dahin gehend ausgelegt werden, dass die Wegnahme nach der Parteienvereinbarung nur über den Gerichtsweg erfolgen würde. Weder aus diesen Auslegungsschwierigkeiten noch aus der Tatsache, dass das Reichsgericht nicht explizit die Bedingung erwähnt hat, lässt sich zwingend die Nichtanwendbarkeit der Bedingungsregeln folgeRn.

Sofern man die Zustimmung als rechtsrelevantes Handeln betrachtet, ergibt es vielmehr durchaus einen Sinn, hierfür vorhandene Regelungsinstrumente des bürgerlichen Rechts anzuwenden. Ob man nun Voraussetzungen vereinbaren kann, oder diese Voraussetzungen in das rechtliche Gewand der Bedingung nach § 158 BGB kleidet,[117] stellt für die Beurteilung eines konkreten Falles maximal einen marginalen Unterschied dar.[118] Die Zustimmung im Rahmen des § 858 BGB ist demnach bedingbar.

bbb) Reglementierung des Verhältnisses zwischen Betreiber und Nutzer, Peering Agreements

Anschließend ist die Anwendung der Bedingbarkeit auf das Verhältnis zwischen Netzwerk-Betreiber und -Nutzer zu überprüfen. Es ist also zu klären, ob überhaupt Bedingungen in die-

---

[111] *Joost* in: MünchKommBGB, § 858 BGB Rn. 7.
[112] RGZ 67, 387.
[113] RGZ 67, 387, 389.
[114] OLG Schleswig SchlHA 1975, 47.
[115] OLG Schleswig SchlHA 1975, 47, 48.
[116] Vgl. § 449 BGB.
[117] So RGZ 67, 387, 388; *Lorenz* in: Erman, § 858 BGB Rn. 6; *Bassenge* in: Palandt, § 858 BGB Rn. 2; *Stadler* in: Soergel, § 858 BGB Rn. 10; *Bund* in: Staudinger, § 858 BGB Rn. 20.
[118] Ebenso *Stadler* in: Soergel, § 858 BGB Rn. 10, der bei *Joost* in: MünchKommBGB, § 858 BGB Rn. 7 nur einen anderen Begründungsweg sieht.

sem Verhältnis vereinbart werden könnten und wie diese aussehen könnten. Als ein Anwendungsbeispiel können hier das Pico Peering Agreement sowie das Freenetworks.org Peering Agreement dienen.[119]

Außerhalb eines rechtlich verbindlichen Verhältnisses zwischen Betreiber und Nutzer könnte die Bedingung im Zusammenhang mit der sachenrechtlichen Zustimmung insbesondere der Absicherung des Betreibers gegenüber Handlungen des Nutzers dienen. Um dies zu verdeutlichen, seien als Beispiele für solcherlei Bedingungen genannt:

- Die Bedingung, dass der Nutzer keine urheberrechtlich geschützten Werke abruft oder anbietet, ohne entsprechend dazu berechtigt zu sein.

- Die Bedingung, dass der Nutzer allgemein keine Rechtsverletzungen mittels des Netzwerks begeht, die auf den Betreiber zurückfallen könnten.

- Die Bedingung, dass der Nutzer keine Filesharing-Programme nutzt, um neben oder statt einer technischen Sperre, auch rechtlich deren Verwendung zu sanktionieren.

- Die Bedingung, dass der Nutzer bestimmte Inhalte, beispielsweise pornographische oder volksverhetzende, aber eventuell auch einer bestimmten politischen Meinung zuzuordnende, nicht abruft oder anbietet.

Problematisch dürfte hierbei insbesondere sein, dass Bedingungen deutlich formuliert sein müssen.[120] Notwendig ist also, dass eine Bedingung bereits als solche und für sich verständlich und eindeutig ist. Hinzu tritt die Problematik der Abgrenzung gegenüber anderen Gestaltungsformen. Ebenso wie sprachlich unter dem Begriff der Bedingung Unterschiedliches verstanden wird,[121] muss insbesondere gegenüber dem Vertragsrecht für die Parteien klar sein, dass eine vereinbarte auflösende Bedingung bei Zuwiderhandlung bzw. Eintritt der Bedingung nicht eine Vertragsverletzung mit der Folge des Eintritts von Schadensersatzansprüchen, sondern eben die Auflösung des geschlossenen Vertrages bewirkt.[122]

Zunächst wirken die als Beispiele genannten Punkte primär wie Vertragsvereinbarungen. An die Befolgung von solchen Verhaltensvoraussetzungen werden in der Regel Konsequenzen im Sinne von Schadensersatz geknüpft. Es kommt damit ganz klar darauf an, dass zwischen den Parteien deutlich gemacht wurde, dass hier die Beendigung des Verhältnisses im Raume

---

[119] Dazu s. schon o. S. 132 ff.; beide Werke sind sich sehr ähnlich, so dass für die Zitierung hier nur auf das Pico Peering Agreement zurückgegriffen wird; Gesamttext s.u. S. 335.

[120] OLG Schleswig SchlHA 1975, 47, 48; *Joost* in: MünchKommBGB, § 858 BGB Rn. 7.

[121] Dazu *Larenz/Wolf*, § 50 Rn. 8 ff.; *Flume*, AT II, 677, wonach „Bedingung" sowohl als Vertragsbestandteil als auch als geltungseinschränkende Voraussetzung i.S.d. Rechtsgeschäftslehre verstanden werden kann.

[122] *Bork*, Rn. 1253.

steht, was meist nicht der Fall sein wird. Zudem sind die Beispiele größtenteils relativ unbestimmt. Bereits die Frage, was eigentlich als File-Sharing-Programm einzustufen ist, könnte Probleme aufwerfen. Schwerwiegender wäre allerdings das Erfordernis, Werke nur abzurufen oder anzubieten, sofern die Berechtigung dafür vorliegt. Die Einordnung der rechtlichen Situation an urheberrechtlich geschützten Werken ist häufig komplex, so dass hier eine Diskrepanz zwischen der subjektiven und der objektiven Komponente beim Nutzer vorliegen kann, was zusätzliche Probleme aufwerfen könnte.

Deutlich wird, dass die Vereinbarung von Bedingungen meist praxisfern wäre. Dennoch kann eine solche Vereinbarung nicht vollständig ausgeschlossen werden. Als eines der in größerem Kreise anerkannten „Regelwerke" für den Betrieb von Netzwerken kann in diesem Zusammenhang das Pico Peering Agreement betrachtet werden.[123] Dabei ist zu klären, ob sich nach Wortlaut und Sinn dieses Werks Bedingungen, die entsprechend § 158 BGB über Vertragsbedingungen hinaus wirken, seitens des Betreibers entnehmen lassen.

Bereits die Präambel enthält einen Hinweis darauf, dass auch die sachenrechtliche Zustimmung gemeint sein kann. In Absatz 2 Satz 2 der Präambel heißt es:

> „Eigentümer einer Netzwerkinfrastruktur machen von ihrem Eigentumsrecht Gebrauch, indem sie ihr Einverständnis dafür geben, einen Teil ihrer Infrastruktur für den freien Datenaustausch über ihr Netzwerk bereitzustellen."

Der Verweis auf den Gebrauch des Eigentumsrechts und ein entsprechendes Einverständnis legen also nahe, dass das Pico Peering Agreement auch für sachenrechtliche Verhältnisse relevant ist.[124] Wenn man davon ausgeht, dass die sachenrechtliche Zustimmung bedingt erteilt werden kann, so können die übrigen Vorgaben des Pico Peering Agreement durchaus eine Modifikation der Zustimmung darstellen.

Das Pico Peering Agreement selbst behandelt zunächst nur den als „basic access" bezeichneten Zugang.[125] Gemeint ist hiermit, dass der Betreiber erklärt, dass er Pakete durch sein Netz hindurchleitet sowie weitere Voraussetzungen zu erfüllen bereit ist. Erklärungen des Nutzers werden grundsätzlich nicht verlangt. Anders ist dies natürlich, wenn man davon ausgeht, dass in einem Mesh-Netz auch der Nutzer gleichzeitig Betreiber ist und aus diesem Grunde die gleiche Erklärung abgegeben hat. Durch solche gegenseitigen bzw. mehrseiten Erklärungen

---

[123] Ausführlich zur rechtlichen Einordnung s.o. S. 117 ff.

[124] Ebenso wohl *Jürgen Neumann* im Interview, http://www.politik-digital.de/edemocracy/netzkultur/-wlan2.shtml (abgerufen am 28.2.2008).

[125] Dies ergibt sich aus Nr. 4 Abs. 2 PPA. In der deutschen Übersetzung wird es als „grundsätzlicher" Dienst formuliert.

kann gerade eine Gesellschaft auf Basis des Pico Peering Agreement entstehen.[126] Diese Gegenseitigkeit bzw. Mehrseitigkeit, die als das wesentliche Ziel des Pico Peering Agreement anzusehen ist, könnte gerade eine solche Bedingung darstellen. Wenn also ein Betreiber aufhört, Pakete weiterzuleiten, so könnten sich andere Betreiber entscheiden, von ihm keine Pakete mehr anzunehmen bzw. weiterzugeben. Damit würden sie allerdings unmittelbar gegen Nr. 1 Abs. 1 und 2 PPA verstoßen, indem sie selbst Filterungen und Blockaden vornehmen. Zwar ist die Einstellung des Betriebes im Sinne einer Kündigung erlaubt, nicht aber die Verweigerung der Weiterleitung bestimmter Pakete von bestimmten Personen. Zudem würde ein solches Vorgehen meist nicht direkt den blockierenden Betreiber treffen, sondern hauptsächlich die an ihn angeschlossenen Nutzer. Damit widerspräche diese Auslegung klar dem Sinn und Zweck des Pico Peering Agreement. Transit wäre nicht mehr gewährleistet.

Dazu kommt, dass Nr. 3 Abs. 3 PPA vorsieht, dass der Betrieb jederzeit und ohne Erklärung eingeschränkt und eingestellt werden kann. Durch eine einfache Handlung des Betreibers, die aber im Endeffekt als Kündigungserklärung gedeutet werden kann,[127] kann der Betreiber also das Verhältnis beenden. Einer weiteren Bedingung, die ihm die Einstellung des Betriebes ermöglicht, bedarf es demnach bereits nicht. Unabhängig davon, ob hier vertragliche Nutzungsbestimmungen vereinbart werden, wird jedenfalls in Nr. 3 Abs. 3 PPA nicht auf die für eine Bedingung nach § 158 BGB notwendige Kausalität verwiesen. Die Kündigung ist ohne weiteres möglich, ein Fehlverhalten eines Nutzers ist hierfür nicht erforderlich. Anders formuliert, wird die Nichtbefolgung von Nutzungsvoraussetzungen mit keinerlei Konsequenzen verknüpft. Demnach kann es sich nicht um Bedingungen handeln.

Allerdings darf der Betreiber im Einzelfall nach Nr. 4 Abs. 1 PPA eine „akzeptierbare use policy" in das Pico Peering Agreement aufnehmen, durch die auch weiter gehende Anforderungen an die Nutzer gestellt werden könnten. Zudem enthält Nr. 5 PPA einen Platzhalter für weitere individuelle Zusätze. Hier könnten durchaus entsprechend deutliche Bedingungen aufgenommen werden. Diese müssten allerdings auch der Anforderung der notwendigen Verständlichkeit und Deutlichkeit genügen, Inhalt und Wesen des Pico Peering Agreement nicht widersprechen und einer Inhaltskontrolle vor dem Hintergrund von § 138 Abs. 1 BGB standhalten.[128] Mangels vorhandener Vorlagen kann hier nur auf die allgemeinen Grundsätze verwiesen werden.

Es lässt sich also festhalten, dass in vertraglichen Verhältnissen Bedingungen als Gestaltungsmittel für die sachenrechtliche Zustimmung verwendet werden können, wobei die übli-

---

[126]   Dazu s.o. S. 132 ff.
[127]   S.o. S. 136.
[128]   Dazu s.o. S. 138.

chen Restriktionen der Rechtsgeschäftslehre zu beachten sind. Folge dessen ist, dass in aller Regel keine Bedingungen sondern vielmehr Vertragskonditionen vereinbart werden.

ccc) Vereinbarkeit mit Gefälligkeitsverhältnissen

Als weitere Schwierigkeit besteht die Anwendung von Bedingungen im Verhältnis der Parteien, wenn es sich um ein Gefälligkeitsverhältnis handelt. Beim Abschluss von Gesellschaftsverträgen stellt sich dieses Problem hingegen nicht.

Die Idee der Anwendung von Bedingungen auf Gefälligkeitsverhältnisse ist durchaus zweifelhaft. § 158 BGB spricht ausdrücklich von einem Rechtsgeschäft, das mit einer Bedingung versehen werden kann. Dennoch lässt sich nicht ausblenden, dass die sachenrechtlich relevante Zustimmung im Rahmen der verbotenen Eigenmacht mit einer Bedingung versehen werden kann, obwohl es sich gerade nicht um ein Rechtsgeschäft handelt.

Beim Gefälligkeitsverhältnis besteht grundsätzlich kein Rechtsbindungswille. Die Vereinbarung von Bedingungen muss demnach in einer Art und Weise erfolgen, bei der zu jeder Zeit zwischen den Beteiligten fest steht, dass auch die Anerkennung von Bedingungen nicht zu einem Rechtsverhältnis führen soll. Fraglich ist diesbezüglich, ob Bedingungen überhaupt auf diese Art und Weise eine Beziehung beeinflussen können, ohne auch in rechtlicher Hinsicht auf das Verhältnis zurückzuwirken.

Im Rahmen von § 858 Abs. 1 BGB relevant ist für diese Frage der Streit, ob der Zustimmungswille zwangsweise als rechtsgeschäftlicher Wille oder als natürlicher Wille einzustufen ist. Wenn nämlich bereits die Zustimmung rechtsgeschäftlich wirkt, dann kann bereits unter diesem Gesichtspunkt keine Bedingung der Zustimmung nach § 858 Abs. 1 BGB in Gefälligkeitsverhältnissen wirken, da es schlicht an rechtsgeschäftlichem Handeln fehlt.

Teilweise wird hier eine rechtsgeschäftliche Willenserklärung verlangt.[129] Dafür wird insbesondere der Minderjährigenschutz bei einem solchen Rechtsverzicht angeführt.[130]

Im Zusammenhang mit unmittelbarem Besitz wird jedoch meist nur auf den natürlichen Willen abgestellt.[131] Würde man im Rahmen des § 858 BGB einen rechtsgeschäftlichen Willen fordern, so würde sich auch bei Minderjährigen eine Diskrepanz zwischen der Besitzaufgabe, für die nach allgemeiner Auffassung nur der natürliche Wille erforderlich ist,[132] und

---

[129] *Baur/Stürner*, § 9 Rn. 5; *Mittenzwei*, MDR 1987, 883, 884; *Schwab/Prütting*, Rn. 109; *Wilhelm*, Rn. 469.

[130] *Baur/Stürner*, § 9 Rn. 5; *Wilhelm*, Rn. 469; mit Fallbeispiel *Mittenzwei*, MDR 1987, 883, 884; höchstens vorsichtige analoge Anwendung der rechtsgeschäftlichen Regelungen *Strecker* in: Planck, § 858 BGB Anm. 1a.

[131] *Bund* in: Staudinger, § 858 BGB Rn. 18.

[132] *Baur/Stürner*, § 7 Rn. 26; *Wieling*, § 4 III 2a.

der Zustimmung bei verbotener Eigenmacht ergeben.[133] Die Unterscheidung würde demnach Ungereimtheiten aufwerfen und dem System des Besitzrechts widersprechen. Insofern ist nur der natürliche Zustimmungswille des unmittelbaren Besitzers zu verlangen.[134] Grundsätzlich könnte also auch im Gefälligkeitsverhältnis eine Zustimmung im Sinne eines natürlichen Handlungswillens ohne Hervorrufen von Rechtswirkungen erteilt werden.

Als anschließender offener Punkt bleibt, welche Wirkung eine Bedingung im Gefälligkeitsverhältnis überhaupt entfalten kann. Bei Rechtsgeschäften bewirkt der Eintritt einer auflösenden Bedingung die Beendigung der Wirkungen des Rechtsgeschäfts,[135] während bei der aufschiebenden Bedingung die Wirkungen überhaupt erst mit Erfüllung der Bedingung eintreten.[136] Bei Gefälligkeitsverhältnissen bestehen zwar Wirkungen des Gefälligkeitsverhältnisses, sie basieren jedoch nicht auf einer rechtlichen sondern einer gesellschaftlichen Grundlage. Diese Basis erlaubt dem Leistenden ohnehin, seine Leistungen jederzeit und auch ohne Ankündigung einzustellen bzw. erst zu einem späteren Zeitpunkt nach seinem Belieben aufzunehmen. Die Rückforderung der Leistung ist in der Regel ebenfalls ausgeschlossen, so dass auch diesbezüglich das Schutzbedürfnis, das eine Bedingung bedienen könnte,[137] fehlt.

Es fehlt insofern an einer Pflicht, die mit einer Bedingung versehen werden müsste. Mangels eines Wirkungsobjekts ist demnach die Anwendung von Bedingungen auf Gefälligkeitsverhältnisse nicht möglich.

ddd)   Vereinbarkeit mit Gesellschaftsvertrag und Vereinsstruktur

Diese Schlussfolgerung gilt, wie bereits oben aufgezeigt, nicht für den Gesellschaftsvertrag auf Basis des Pico Peering Agreement. Bedingungen können dort durchaus rechtswirksam eingesetzt werden. Zu beachten ist aber, dass im Rahmen des Pico Peering Agreement kein Bedarf für die Vereinbarung von Bedingungen besteht. Die jederzeitige Kündigung ist bereits ohne ein vorhergehendes Ereignis und ohne entsprechende ausdrückliche Erklärung möglich. Auch enthält das Pico Peering Agreement in seiner aktuellen Fassung, also ohne Zusätze, keine Bedingungen. Die zu vereinbarenden Dienstbeschränkungen können im Zweifel auch

---

[133] *Bund* in: Staudinger, § 858 BGB Rn. 18; *Wieling*, § 5 II 1b.
[134] Ebenso *Lorenz* in: Erman, § 858 BGB Rn. 6; *Joost* in: MünchKommBGB, § 858 BGB Rn. 7; *Bassenge* in: Palandt, § 858 BGB Rn. 2; *Kregel* in: BGB-RGRK, § 858 BGB Rn. 3; *Stadler* in: Soergel, § 858 BGB Rn. 9; *Westermann* et al., § 22 II; *Wolff/Raiser*, § 17 I 4; der Erklärung eines Volltrunkenen fehlt bereits der natürliche Handlungswille, sie ist damit unwirksam, RG WarnR 1925 Nr. 24.
[135] BGH NJW 1997, 1706, 1707; *Larenz/Wolf*, § 50 Rn. 8.
[136] *Rövekamp* in: Bamberger/Roth, § 158 BGB Rn. 4; *Jauernig* in: Jauernig, § 158 BGB Rn. 2; *Larenz/Wolf*, § 50 Rn. 8.
[137] Dazu *Westermann* in: MünchKommBGB, § 158 BGB Rn. 2 ff.

leichter und verständlicher durch inhaltliche Beschränkungen mit der Folge einer Vertragsverletzung als mit der Auflösung des Vertrages begründet werden.

Die Vereinbarung von auflösenden Bedingungen in der Satzung eines Vereins, die in der Folge unmittelbar das Mitgliedsverhältnis im Verein beeinträchtigen, ist grundsätzlich möglich, sofern sie ausdrücklich in der Satzung verankert sind.[138] Notwendig ist allerdings eine hinreichende Bestimmtheit der Bedingung,[139] die zudem an persönliche Eigenschaften des Mitglieds anknüpft.[140] Die Knüpfung an einmalige Handlungen oder einen einmaligen Verstoß, würde dementsprechend einen tiefen Eingriff in die Mitgliedschaftsrechte und eine Umgehung vereinsrechtlicher Erfordernisse zur Kündigung bedeuten.[141] Hierfür ist statt einer auflösenden Bedingung das Ausschlussverfahren anzuwenden. Das Aufstellen von Bedingungen im Sinne von Handlungsvorschriften, die mit einer einzigen Handlung bereits zur Beendigung der Mitgliedschaft führen können, wäre demzufolge unwirksam.

eee) Ergebnis

Die Zustimmung im Rahmen der verbotenen Eigenmacht kann bei offenen Netzwerken zwar grundsätzlich auch mit Bedingungen nach § 158 BGB versehen werden, dies widerspricht der Rechtslage aber jedenfalls dann, wenn nur ein Gefälligkeitsverhältnis vorliegt. Das Pico Peering Agreement selbst enthält keine solchen Bedingungen, könnte aber durchaus durch solche erweitert werden, sofern die Bedingungen deutlich und verständlich formuliert werden. Für Gesellschaftsverhältnisse wäre die Vereinbarung von sachenrechtlich wirkenden Bedingungen zwar denkbar und konstruierbar, es besteht aber kein Bedarf dafür. Im Verein legt die Satzung Rechte und Pflichten der Mitglieder fest. Für eine mitgliedschaftsauflösende Bedingung für bestimmten Handlungen des Mitglieds verbleibt hier kein Raum.

Zusätzlich wird bei offenen Netzen die Zustimmung in aller Regel vorliegen, so dass keine verbotene Eigenmacht i.S.d. § 858 Abs. 1 BGB vorliegt und der Anspruch aus § 862 BGB bereits aus diesem Grund ausscheidet. Auch bei vertraglichen Verhältnissen liegt die Zustimmung vor. Der Bedingbarkeit sind hierbei zusätzlich Grenzen gesetzt, so dass von einer vorhandenen, den Anspruch nach § 862 BGB ausschließenden, Zustimmung auszugehen ist.

bb) Ergebnis

Der Anspruch ist bei offenen Netzen wegen der vorliegenden Zustimmung ausgeschlossen.

---

[138]   BVerfG FamRZ 1989, 1047; BGH NJW 1967, 1657; OLG Celle NJW-RR 1989, 313; *Reichert*, Rn. 1060.

[139]   LG Braunschweig MDR 1995, 754; *Reichert*, Rn. 1061; *Steffen* in: BGB-RGRK, § 38 BGB Rn. 7.

[140]   *Reuter* in: MünchKommBGB, § 38 BGB Rn. 61; *Steffen* in: BGB-RGRK, § 38 BGB Rn. 7.

[141]   LG Braunschweig MDR 1995, 754; vgl. *Reuter* in: MünchKommBGB, § 38 BGB Rn. 61; *Reichert*, Rn. 1061; *Steffen* in: BGB-RGRK, § 38 BGB Rn. 7.

c)   Ergebnis

Unterlassensbegehren des Betreibers offener Netzwerke lassen sich, selbst bei pflichtwidrigem Verhalten des Nutzers, nicht auf den possessorischen Anspruch aus § 862 BGB stützen.

2.   Exkurs: Untersagung der gleichzeitigen Nutzung eines anderen parallelen Netzes aus § 862 BGB

Schwieriger zu beurteilen ist die Situation, wenn der Dritte gar nicht aktiv die Hardware des Besitzers in Anspruch nimmt, sondern in einem anderen Funknetz auf der gleichen oder einer nahe gelegenen Frequenz funkt. Diese Situation kommt durch die immer stärkere und weit verbreitete Verwendung von Funknetzen praktisch ständig vor. Durch die vielfache Nutzung finden Beeinträchtigungen der Netze statt, die vor dem Hintergrund von § 862 BGB relevant sein könnten.

a)   Besitzstörung

Die Besitzstörung kann hier nicht durch die unmittelbare Mitnutzung der Hardware des Betreibers begründet werden. Es besteht aber ebenfalls eine Beeinträchtigung dadurch, dass sich die Signale gegenseitig stören können. Bei Funknetzen, insbesondere nach dem WLAN Standard 802.11, werden meist Kanäle gewählt, die bestimmten Ausschnitten des möglichen Frequenzbereichs entsprechen. Dabei überlappen sich die Frequenzen teilweise. Wählen also mehrere Betreiber unabhängig voneinander den selben Kanal, oder liegen die Kanäle dicht beieinander, so sind Beeinträchtigungen wahrscheinlich.

   Zu beachten ist hierbei, dass die Hardware des Betreibers gerade nicht direkt genutzt wird. Die Beeinträchtigung findet nur durch die gleichzeitige Verwendung des selben Frequenzbereichs statt. Auch hier schränken sich also konkurrierende Nutzer gegenseitig ein, da Kanäle belegt sind oder gleichzeitiges Senden Kollisionen hervorruft.[142] Indem nicht der volle Frequenzbereich zur Verfügung steht, kann der Besitzer das Gerät nicht in vollem Umfang nutzen und ist dementsprechend in seiner Nutzung beeinträchtigt. Zwar bezieht sich die Beeinträchtigung nicht unmittelbar auf das Gerät, aber doch stark auf die notwendigen Umgebungsparameter. Es muss allerdings auch keine Beeinflussung des dinglichen Gegenstands an sich stattfinden. Ausreichend ist eine Veränderung tatsächlicher Verhältnisse, durch die der ungestörte Gebrauch der Sache beeinträchtigt wird.[143] Eine lediglich negative Einwirkung im Sinne eines Abhaltens von Funkwellen, z.B. durch die Abschattung durch ein Hochhaus reicht allerdings

---

[142]   Vgl. auch o. S. 189.
[143]   *Stadler* in: Soergel, § 858 BGB Rn. 8.

nicht aus.[144] Die Nutzung der selben oder eine parallelen Frequenz ist jedoch ein Vorgang des aktiven Aussendens von Signalen. Unter Anwendung der Beurteilung der Beeinträchtigung durch einen Rundfunkstörsender[145] und den damit verbundenen Folgen für die Nutzung durch den Besitzer ist auch bei der parallelen Nutzung der selben Frequenzen eine Besitzbeeinträchtigung anzunehmen. Entscheidend ist demnach, ob die Nutzung hier überhaupt unbefugt sein kann.[146]

b) Verbotene Eigenmacht

Der Anspruch ist nur begründet, sofern die Beeinträchtigung mit verbotener Eigenmacht, also ohne Zustimmung oder gesetzliche Erlaubnis, vorgenommen wird. Von einer Zustimmung kann nicht ohne weiteres ausgegangen werden. Es kommt somit wesentlich darauf an, ob die Beeinträchtigung nicht widerrechtlich erfolgt. Widerrechtlichkeit nach § 858 Abs. 1 BGB ist gegeben, wenn nicht ein Gesetz die eigenmächtige und ohne den Willen des Besitzers erfolgende Besitzstörung gestattet.[147] Im Bereich des Telekommunikationsrechts ist § 76 TKG eine solche Erlaubnisnorm.[148] Allerdings regelt § 76 TKG die Duldungspflicht bei der Nutzung privater Grundstücke für die Zwecke von Telekommunikationslinien.[149] Unter den Begriff der Telekommunikationslinien fallen nach § 3 Nr. 26 TKG nur kabelgebundene Telekommunikationsanlagen, so dass § 76 TKG als Aufhebungsgrund für die Widerrechtlichkeit entfällt. Zu denken wäre allerdings daran, dass die durch WLAN verwendeten Frequenzen im Wege der Allgemeinzuteilung nach § 55 Abs. 2 TKG für jeden in gewissen Grenzen nutzbar sind.[150] Vorgegeben ist die Allgemeinzuteilung durch Art. 5 Abs. 1 der Genehmigungsrichtlinie.[151] Danach sollen Funkfrequenzen der Öffentlichkeit im Wege der Allgemeinzuteilung zur Verfügung gestellt werden. Vor diesem Hintergrund hatte das österreichische *LG Eisenstadt* einen hier relevanten Fall zu beurteilen:[152] Ein Betreiber eines Funknetzes im Frequenzbereich 2,4 GHz hatte ein kostenpflichtiges Funknetz aufgebaut. Ein Konkurrent errichtete nun seinerseits entsprechende Anlagen. Der Antragssteller als derjenige, der als erster die Funkfrequenz

---

[144] BGH NJW 1984, 729; AG Frankfurt NJW 1977, 1782; vgl. auch *Kerbusch*, BlGBW 1981, 228.
[145] S.o. S. 188.
[146] S. sogleich u.
[147] *Fritzsche* in: Bamberger/Roth, § 858 BGB Rn. 19.
[148] BGH NJW 2000, 3206; OLG Frankfurt NJW 1997, 3030.
[149] *Dörr* in: BerlinTKG, § 76 TKG Rn. 1.
[150] Dazu *Röhrborn/Katko*, CR 2002, 882, 888; *Zimmer*, CR 2003, 893, 895.
[151] Richtlinie 2002/20/EG des Europäischen Parlaments und des Rates vom 7. März 2002 über die Genehmigung elektronischer Kommunikationsnetze und -dienste (Genehmigungsrichtlinie), ABl. EG Nr. L 108 S. 21.
[152] LG Eisenstadt, JurPC Web-Dok. 65/2004.

benutzte, beantragte, dass dem Konkurrenten dieses Verhalten untersagt werde. Das *LG Ei-senstadt* betrachtete den Fall vor allem im Hinblick auf das österreichische UWG. Dennoch lassen sich die Überlegungen ohne weiteres übertragen. Das Gericht führte dazu aus:[153]

> „Die Intention sämtlicher hier anzuwendenden Gesetze bzw. der entsprechenden europarechtlichen Richtlinien zielt darauf ab, eine Monopolstellung eines Betreibers eines Telekommunikationsnetzes zu verhindeRn. Ausgehend von der Aufhebung der öffentlichen Monopole in Österreich ist nach dem EU-Recht und darauf basierend nach dem Telekommunikationsgesetz als Ziel grundsätzlich die Mitbenutzung von Leitungen und der offene Netzzugang festgelegt [...]. Die begehrte einstweilige Verfügung zielt aber de facto darauf ab, die beklagte Partei vom Markt zu verdrängen. Dies obwohl sowohl klagende Partei als auch beklagte Partei einwandfreie Technologien verwenden. Die EU-Richtlinien und das Telekommunikationsgesetz, das auf den Abbau der staatlichen Monopolstellungen abzielt, können nicht so ausgelegt werden, dass jener Bewerber, der zuerst eine Sendeanlage aufstellt, de facto ein Monopolrecht über den entsprechenden Funkbereich genießt. Es kann somit ein Vorrecht desjenigen Netzbetreibers in einem speziellen Frequenzbereich, der zuerst den Betrieb aufnimmt, in dieser Allgemeinheit nicht abgeleitet werden. Bei der Erlassung der einstweiligen Verfügung würde dies aber de facto geschehen, weil dann die beklagte Partei über Monate ihren Betrieb einstellen müsste."

Dieser Ansatz muss auch für die nachbarschaftsrechtlichen Ansprüche gelten. Sofern also eine rechtmäßige Nutzung einer der Allgemeinheit zugeteilten Ressource, hier des Frequenzbereichs, vorliegt, kann die Nutzung nicht durch die nachbarschaftsrechtlichen Ansprüche untersagt werden. Selbstverständlich ist als absolute Grenze hierfür die komplette Einvernehmung des Frequenzbereichs oder der Betrieb eines Störsenders anzusehen. Dieses Ergebnis ist auch von daher interessengerecht, dass im Grunde auch derjenige, der als „Erstes" die Nutzung der Frequenz aufgenommen hat, eine Besitzbeeinträchtigung beim „Zweiten" hervorruft. Selbst bei gleichzeitiger Nutzungsaufnahme entsteht also kein „Anspruchswettlauf" in dem Sinne, dass der erste, der den Anspruch gerichtlich geltend macht, sich durchsetzt. Die gleichzeitige und rechtmäßige Nutzung von parallelen Funkfrequenzen ist folglich vor dem Hintergrund der europäischen Richtlinien und des § 55 Abs. 2 TKG nicht als widerrechtlich einzustufen, sie erfolgt damit nicht in verbotener Eigenmacht.

---

[153] LG Eisenstadt, JurPC Web-Dok. 65/2004, Abs. 4.

c) Ergebnis

Die parallele Verwendung selbst der selben Frequenz kann demzufolge nicht mittels § 862 BGB unterbunden werden.

3. Der Unterlassungsanspruch aus § 1004 BGB

Ähnlich dem den Besitz schützenden § 862 BGB schützt § 1004 BGB das Eigentum vor Beeinträchtigungen Dritter. Die Schutzrichtung ist insofern vergleichbar. Ein Eingriff in das Eigentum i.S.d. § 1004 BGB liegt ebenfalls vor, wenn die Nutzung, also die Ausübung des Eigentumsrechts, mehr als nur unerheblich beeinträchtigt wird.[154] Insofern wird auf die ebenfalls anwendbaren Ausführungen zu § 862 BGB verwiesen,[155] eine Eigentumsbeeinträchtigung durch die Nutzung der Anlage liegt dementsprechend vor.

Im Gegensatz zum Anspruch aus § 862 BGB muss keine verbotene Eigenmacht vorliegen. Allerdings ist auch der Anspruch aus § 1004 BGB ausgeschlossen, sofern der hervorgerufene Zustand nicht rechtswidrig ist, oder gemäß § 1004 Abs. 2 BGB eine Duldungspflicht vorliegt.[156] Eine Duldungspflicht liegt insbesondere vor, wenn der Eigentümer seine Einwilligung erteilt hat. Die Einwilligung dürfte, wie die Zustimmung nach § 858 BGB, beim Betrieb eines offenen Netzes immer vorliegen. Der Anspruch nach § 1004 BGB ist folglich ebenfalls ausgeschlossen.

4. Ergebnis

Dingliche Ansprüche des Betreibers liegen demzufolge in aller Regel aufgrund einer erteilten Zustimmung bzw. Einwilligung nicht vor. Selbst ohne diese kann die parallele Nutzung des Funkfrequenzbereichs nicht untersagt werden.

III. Deliktische Haftung

Schließlich ist noch zu untersuchen, ob sich im Rahmen der deliktischen Ansprüche Änderungen durch den Betrieb von offenen Netzen gegenüber der üblichen Haftung ergeben. Die deliktische Haftung ist auch einschlägig, wenn keine vertragliche oder vertragsähnliche Beziehung besteht. Sie ist von solchen Umständen grundsätzlich unabhängig. Schon aus diesem

---

[154] BGH NJW 2005, 1366, 1369; *Bassenge* in: Palandt, § 1004 BGB Rn. 6.
[155] S.o. S. 188 ff.
[156] *Bassenge* in: Palandt, § 1004 BGB Rn. 34.

Grund wird vorliegend auf eine ausführliche Darstellung der deliktischen Haftung verzichtet. Allerdings können sich aus einem eventuell bestehenden Verhältnis zwischen den Parteien Änderungen der Haftungssituation z.B. in der Form von Privilegierungen ergeben. Vorhandensein und Auswirkungen solcher Privilegierungen zwischen den Beteiligten bei offenen Netzen sind hier dazustellen.

1.   Deliktische Haftung in Gefälligkeitsverhältnissen

Privilegierungen können sich insbesondere im Gefälligkeitsverhältnis ergeben. Mangels vertraglicher Primär- oder Sekundärpflichten können Privilegierungen demnach überhaupt nur bei der deliktischen Haftung tatsächlich greifen. Als Maßstab für den Umfang der Haftung dient grundsätzlich § 276 BGB.[157] Die spezielle Situation des Gefälligkeitsverhältnisses könnte jedoch Verschiebungen im Haftungsgefüge nach sich ziehen. Hierfür könnte ein Vergleich zum System der Haftungsprivilegierungen in vertraglichen Gefälligkeitsverhältnissen hilfreich sein. Die Feststellung von Privilegierungen, die in der vertraglichen Haftung wirken würden, könnte dann als Basis einer Privilegierung im Rahmen der deliktischen Haftung dienen.

a)   Privilegierungen in vertraglichen Gefälligkeitsverhältnissen

Ausgangspunkt einer Betrachtung möglicher Privilegien ist die Haftungssituation in gesetzlich geregelten Gefälligkeitsverträgen. Bei den vertraglichen Gefälligkeitsverhältnissen gilt grundsätzlich die vertragliche Haftung, wobei der Haftungsmaßstab des § 276 BGB bzw. die Haftungsvoraussetzungen zugunsten des Leistenden reduziert werden. So haften der Schenkende nach § 521 BGB und der Verleiher gemäß § 599 BGB nur für Vorsatz und grobe Fahrlässigkeit. Der Verwahrer ist nach § 690 BGB nur auf die Sorgfalt in eigenen Angelegenheiten (*diligentia quam in suis*) verpflichtet.

Diese Vergünstigungen treffen jedoch nur den Leistenden, vorliegend somit den Betreiber, nicht aber den Nutzer. Zugunsten des Leistungsempfängers bei der Leihe enthält lediglich § 602 BGB die Privilegierung, dass der Entleiher diejenigen Abnutzungen der Sache, die durch den vertragsmäßigen Gebrauch entstehen, nicht zu vertreten hat. Der Gedanke des § 602 BGB ist jedoch bereits faktisch nicht auf das Verhältnis von Betreiber und Nutzer übertragbar, da durch die Nutzung eines Funknetzes, das der Betreiber frei zur Verfügung stellt, eine Abnutzung des Gegenstandes nicht denkbar ist. Während bei der Verwahrung ebenso nur Privilegierungen für den Verwahrenden geregelt sind, enthält § 694 BGB eine spezielle Haf-

---

[157]   *Bork* in: Staudinger, vor §§ 145 ff. BGB Rn. 86.

tungsregelung für den Hinterleger. Dieser haftet für Schäden, die sich aus der Beschaffenheit der verwahrten Sache ergeben, nur dann nicht, wenn er die bestehende Gefahr weder kannte noch kennen musste.

Aus den Haftungsnormen für die vertraglichen Gefälligkeitsverhältnisse ergibt sich somit eine klare Verteilung: Während der unentgeltlich Leistende Haftungsprivilegierungen in Anspruch nehmen kann, soll der Leistungsempfänger, mit Ausnahme des § 694 BGB, dem üblichen Haftungsmaßstab nach § 276 BGB unterworfen werden.

b) Übertragung der Grundsätze auf nicht-vertragliche Gefälligkeitsverhältnisse

Nun ist zu klären, ob diese Behandlung auf die nicht-vertraglichen Gefälligkeitsverhältnisse übertragbar ist, oder ob für solche Verhältnisse ein spezielles Haftungsregime für den Leistungsempfänger gilt. Wie sich aus §§ 521, 599 und 690 BGB ergibt, wird hinsichtlich der Privilegierung eine Differenzierung zwischen Leistendem und Leistungsempfänger vorgenommen. Diese soll hier - wenigstens logisch - aufrecht erhalten werden.

Es ist somit zunächst zu untersuchen, inwiefern sich die Privilegierungen des Leistenden aus den Gefälligkeitsverträgen auf die nicht-vertraglichen Gefälligkeitsverhältnisse übertragen lassen. Grund für die Notwendigkeit einer Übertragung auf Gefälligkeitsverhältnisse ist das völlige Fehlen einer vertraglichen Vereinbarung und damit eben auch eines wie auch immer gearteten Haftungsausschlusses. Dies hätte zur Folge, dass derjenige, der eine vertragliche Bindung eingeht, aber - wenn auch nur konkludent - einen weitgehenden Haftungsausschluss vereinbart, besser steht als derjenige, der aus reiner Gefälligkeit handelt. Teilweise wird deshalb eine solche analoge Übertragbarkeit der Haftungsprivilegierungen befürwortet.[158] Begründet wird dies u.a. mit einem Erst-Recht-Schluss: Wenn die Haftungsbeschränkungen schon für unentgeltliche Rechtsgeschäfte gälten, so müssten sie erst recht auf unentgeltliche Geschäfte Anwendung finden, die nicht einmal Rechtsgeschäfte seien.[159] Die Rechtsprechung hat die analoge Anwendung allerdings wiederholt abgelehnt.[160] Als Begründung hat der *BGH* angeführt, dass es sich bei den gesetzlich ausgeformten Vertragsverhältnissen um Rechtsverhältnisse handle, die eines beiderseitigen Rechtsbindungswillens erforderten. Die Haftungs-

---

[158] *Enneccerus/Lehmann*, § 27 Nr. 6; *Hoffmann*, AcP 167 (1967), 394, 396, 406 f.; *Maier*, JuS 2001, 746, 750; *Medicus*, Bürgerliches Recht, Rn. 369; *Bork* in: Staudinger, vor §§ 145 ff. BGB Rn. 86; *Schiemann* in: Staudinger, Eckpfeiler, 40; differenzierend *Schwerdtner*, NJW 1971, 1673, 1675 f.

[159] *Flume*, AT II, § 7 6; *Medicus*, Bürgerliches Recht, Rn. 367.

[160] BGHZ 21, 102, 110; BGH NJW 1979, 414; BGH NJW 1992, 2474, 2475; ebenso *Looschelders*, Rn. 100 f.; *v. Westphalen* in: Erman, vor § 598 BGB Rn. 2; *Kramer* in: MünchKommBGB, vor §§ 241 ff. BGB Rn. 43; *Kollhosser* in: MünchKommBGB, § 521 BGB Rn. 13, § 599 BGB Rn. 6; *Gelhaar* in: BGB-RGRK, vor § 598 BGB Rn. 7, § 599 BGB Rn. 1.

einschränkung könne deshalb nicht isoliert auf die deliktische Haftung übertragen werden.[161] Als Alternative zu einer analogen Anwendung von Haftungsprivilegierungen wird durch die Rechtsprechung häufig eine gesonderte konkludent vereinbarte Haftungsausschlussabrede angenommen.[162]

Ein eventueller, konkludent vorgenommener Haftungsausschluss begünstigt die Parteien mangels jeglicher Vereinbarung vorliegend nicht. Mit der Rechtsprechung bliebe es demnach beim Haftungsmaßstab des § 276 BGB. Eine Privilegierung wäre ausgeschlossen. Dieses Ergebnis ist nicht interessengerecht. Tatsächlich wird eine Leistung unentgeltlich und darüber hinaus aus sozialen und altruistischen Motiven erbracht. Würde irgend eine Form von Vereinbarung getroffen, so wäre mit der Rechtsprechung mit großer Wahrscheinlichkeit jeweils von einem konkludent vereinbarten Haftungsausschluss, also der Haftung nur für grobe Fahrlässigkeit und Vorsatz, auszugehen. Insofern besteht eine gesetzliche Lücke, die sich durch Vertragsauslegung mangels eines Vertrages nicht schließen lässt. Zusätzlich ist die Interessenlage der Beteiligten dem vorliegenden Gefälligkeitsverhältnis und den gesetzlich geregelten Gefälligkeitsverhältnissen Schenkung, Leihe und Verwahrung weitgehend vergleichbar. Die von Teilen der Literatur für möglich gehaltene analoge Anwendung der gesetzlich geregelten Haftungsbegrenzungen ist demzufolge möglich und angebracht. Die deliktische Haftung des Netzbetreibers ist folglich auf grobe Fahrlässigkeit und Vorsatz beschränkt.

Die Übertragung dieser Privilegierungen auf den Leistungsempfänger, also den Nutzer bzw. den Netzbetreiber in seiner Rolle als Benutzer, ist vor diesem Hintergrund allerdings fraglich. Abgesehen von § 602 BGB, der vorliegend nicht anwendbar ist,[163] gibt es keine gesetzlichen Anknüpfungspunkte für eine Privilegierung des Leistungsempfängers.[164] Eine analoge Herleitung von Haftungsvergünstigungen ist deshalb nicht möglich. Ansatzpunkt einer wie auch immer gearteten Haftungserleichterung könnte demnach nur eine interessengerechte Verteilung von Risiken sein, die bereits in der Anlage des Gefälligkeitsverhältnisses auszumachen sein müsste. Solche Risiken sind aber gerade nicht ersichtlich. Der Empfänger einer unentgeltlichen Leistung erhält bereits durch die Gewährung der Leistung einen Vorteil. Der Zugang zu Netzleistungen oder sogar ins Internet stellt hiervon keine Ausnahme dar. Für Schäden, die der Empfänger einer gefälligkeitshalber erbrachten Leistung hervorruft, muss er dementsprechend in vollem Umfange nach den üblichen Haftungsregeln einstehen. Während bereits für die Haftung des Leistenden ein stillschweigender Haftungsausschluss auch

---

[161]   BGH NJW 1992, 2474, 2475.
[162]   BGH NJW 1979, 414; BGH NJW 1980, 1681; BGH VersR 1980, 384; v. Westphalen in: Erman, vor § 598 BGB Rn. 2.
[163]   S.o. S. 202.
[164]   I.E. ähnlich LSG Thüringen, Beschl. v. 3.1.2006 - L 2 U 297/05.

bei reinen Gefälligkeitsverhältnissen nicht angenommen werden kann, lässt sich ein solcher zugunsten des Begünstigten noch weniger herleiten. Den Leistungsempfänger trifft demnach die volle deliktische Haftung. Es ist jedoch auch in diesem Zusammenhang im Einzelfall die Rollenverteilung, namentlich die Aufgabe des Betreiber/Nutzer-Paradigmas,[165] zu beachten. Wenn der Nutzer gleichzeitig Betreiber ist, dann ist der Leistungsempfänger logischerweise auch gleichzeitig Leistender. Noch deutlicher wird dies, wenn man sich vergegenwärtigt, dass auch derjenige, der die Transportleistungen eines Betreibers nutzt, eventuell selbst gar nicht die Nutzerrolle einnimmt, sondern lediglich Kommunikation eines Dritten als Transit weiterleitet.[166] Selbstverständlich ist er damit aus Sicht des Leistenden ein Nutzer, tatsächlich agiert er jedoch als Network-Provider. Vor dem Hintergrund des Pico Peering Agreement wäre es hier selbstverständlich, einen gegenseitigen Haftungsausschluss anzunehmen und als Folge die analoge Anwendung der Haftungsbegrenzung auch auf den Leistungsempfänger als ebenfalls Leistenden auszudehnen. Wie bereits ausgeführt, lässt sich ein konkludenter Haftungsausschluss aber nicht gesetzlich begründen bzw. herleiten. Vielmehr verzichten die Parteien auf die Verwendung einer Regelungsgrundlage wie des Pico Peering Agreement. Es handelt sich lediglich um ein Gefälligkeitsverhältnis. In diesem kann der Leistende noch weniger zwischen einem reinen Nutzer und einem quasi gleichrangigen Betreiber/Nutzer unterscheiden. Zugunsten des Leistenden ist deshalb hier ausnahmsweise von einer deutlicheren Rollenverteilung auszugehen, so dass es bei dem festgestellten Ergebnis bleibt: Der Leistungsempfänger profitiert nicht von einer analogen Anwendung der Privilegierungen im Gefälligkeitsverhältnis.

c) Ergebnis

Im Gefälligkeitsverhältnis besteht eine Haftungsprivilegierung im Sinne einer Senkung des Sorgfaltsmaßstabs auf Vorsatz und grobe Fahrlässigkeit. Die Privilegierung gilt jedoch nur für den Leistenden, also den Betreiber.

2. Deliktische Haftung in Gesellschaftsverhältnissen nach dem Pico Peering Agreement

Bei der deliktischen Haftung in den dargestellten Gesellschaftsverhältnissen nach dem Pico Peering Agreement ergeben sich kaum Unterschiede zur Sekundärhaftung. Nach § 708 BGB haften die Gesellschafter nur für die Sorgfalt in eigenen Angelegenheiten. Dieser Haftungs-

---

[165] S.o. S. 45.
[166] S.o. S. 117.

maßstab gilt ebenfalls für deliktische Ansprüche.[167] Die vereinbarten Haftungsausschlüsse wirken darüber hinaus auch im Rahmen der deliktischen Haftung.[168]

3. Deliktische Haftung im Verein

Bei der deliktischen Haftung im Verein ergeben sich keine Besonderheiten gegenüber dem normalen Haftungsmaßstab.[169]

4. Ergebnis

Wendet man die gesetzlichen Regelung strikt an, ergeben sich lediglich im Gesellschaftsverhältnis aufgrund des Pico Peering Agreement und des darin enthaltenen weitgehenden Haftungsausschlusses Veränderungen im Haftungsregime der deliktischen Haftung. In Gefälligkeitsverhältnissen können die Intentionen der Beteiligten jedoch kaum außer Acht gelassen werden. Dementsprechend ist eine analoge Übertragung der gesetzlichen Privilegierungstatbestände auf das Gefälligkeitsverhältnis geboten und vertretbar. Dies dürfte auch dem vermuteten Willen der Beteiligten entsprechen. Die gesetzliche Regelung hält allerdings nur für den Leistenden eine Verbesserung der Haftungssituation bereit. Im Rahmen der strengen logischen Trennung wäre also nur der Betreiber tatsächlich privilegiert. Dadurch, dass eine solche Trennung praktisch kaum realisiert bzw. im Einzelfall festgestellt werden kann, da hierfür Datenströme zu einem bestimmten Zeitpunkt nachvollzogen werden müssten, werden vielfach alle an der Kommunikation Beteiligten als Betreiber zu qualifizieren sein. Dies hat zur Folge, dass im Ergebnis, nicht aber in der gesetzlichen Herleitung, meist alle Teilnehmer von der analogen Anwendung der Privilegierung profitieren dürften.

IV. Bereicherungsrechtliche Ansprüche

Denkbar wäre in offenen Netzen, dass ein Anspruch nach §§ 812 Abs. 1 S. 1, 818 Abs. 2 BGB, also der Leistungskondiktion besteht. Diesen könnte der Betreiber gegenüber dem Nutzer geltend machen. Zu beachten ist jedoch, dass der Nutzer zwar eine Leistung, also ein vermögenswertes Etwas, erlangt, der Anspruch jedoch von vornherein ausgeschlossen ist, da

---

[167] BGH NJW 1998, 2282; *Ulmer* in: MünchKommBGB, § 708 BGB Rn. 4; *Sprau* in: Palandt, § 708 BGB Rn. 2.

[168] RGZ 66, 363; BGHZ 46, 140, 145; BGHZ 46, 313, 316; BGHZ 55, 392, 396; BGHZ 93, 23, 29; BGH NJW 1992, 2474, 2475.

[169] *Reichert*, Rn. 3489; vgl. *Stöber*, Rn. 401; für die Besonderheiten der Haftung der Mitglieder untereinander bei Schädigungen im sportlichen Betrieb *Reichert*, Rn. 5361 ff.

die Leistung durch den Betreiber bewusst freiwillig erbracht wurde. Selbst im Gefälligkeitsverhältnis besteht in jedem Fall ein Rechtsgrund zum Behalten der Leistung.[170] Zusätzlich
wäre die Durchsetzung der Ansprüche, so man diesen Ansatz verfolgen wollte, aufgrund der
nicht eindeutigen Rollenverteilung praktisch unmöglich bzw. die Höhe des Anspruchs nicht
bemessbar. Der als Nutzer in Anspruch Genommene könnte schließlich mit entsprechenden
Gegenansprüchen für eventuellen Transitverkehr des Betreibers - also dem gleichen Anspruch
unter umgekehrten Vorzeichen - aufrechnen.

Eine ausführliche Darstellung bereicherungsrechtlicher Ansprüche ist deshalb entbehr-
lich.[171]

V. Ergebnis

Mit wenigen Ausnahmen zeigt sich bei der Betrachtung der jeweiligen Haftung zwischen
Betreiber und Nutzer bzw. mehreren Betreibern folgendes Bild: Im Gefälligkeitsverhältnis,
und damit meist auch im Verhältnis von Vereinsmitgliedern untereinander, sind die Ansprüche weitgehend nicht begründet oder ausgeschlossen. Im Gesellschaftsverhältnis dominiert
ein weitgehender Haftungsausschluss. Im Verhältnis des Vereins zum Mitglied greift die übliche Haftung, sofern keine wirksamen Haftungsbeschränkungen in die Satzung aufgenommen
wurden.

---

[170] *Bork* in: Staudinger, vor § 145 Rn. 83.
[171] Zum Anspruch aus Bereicherungsrecht aufgrund der Nutzung ohne oder gegen den Willen des Betreibers
s. *Gietl*, DuD 2006, 37.

Dritter Teil:

Ansprüche geschädigter Dritter

§ 6   Ansprüche gegen den Nutzer bzw. Teilnehmer

I. Einführung

Im Anschluss an die Erläuterungen zu den Folgen von Störungen im Verhältnis der beteiligten Parteien ist schließlich zu erläutern, inwiefern sich Ansprüche bei Einbeziehung Dritter ergeben können. Dabei sind grundsätzlich zwei Fragen zu unterscheiden. In einem ersten Schritt ist zu untersuchen, inwiefern ein geschädigter Dritter gegen den schädigenden Nutzer vorgehen kann. Anschließend muss geklärt werden, inwieweit der Betreiber, der den Dritten nicht selbst unmittelbar geschädigt hat, haftbar gemacht werden kann bzw. welche Möglichkeiten dem Dritten zur Verfügung stehen, um gegen ihn vorzugehen. In diesem Rahmen ist auch zu überprüfen, ob und inwieweit das Verhältnis zwischen Betreiber und Nutzer, speziell die Unterscheidung zwischen Gefälligkeits- und Vertragsverhältnis, Einfluss auf die Ansprüche des Dritten bzw. deren Durchsetzbarkeit haben kann.

Als Einstieg in die Betrachtung dient die Schädigung des Dritten, der nicht mit dem Betreiber identisch ist. Die Schädigung erfolgt dabei über das offene Netzwerk oder das Internet. Vordringlicher Anknüpfungspunkt sind demnach die Ansprüche des Dritten gegen den Schädiger. Hierfür kann zwischen zwei Szenarien unterschieden werden: Zum einen kann eine direkte Beeinträchtigung von Rechtspositionen des Dritten beim Dritten durch den Schädiger unter Zuhilfenahme des Netzwerks bzw. des Internet erfolgen.[1] Als Beispiel könnte der Schädiger dem Dritten ein Virus zusenden oder unerwünschte Emails verschicken. Dieses Virus würde beim Dritten einen Schaden hervorrufen. Zum anderen ist auch eine quasi mittelbare Beeinträchtigung möglich, indem der Schädiger durch die Kommunikation mit anderen Personen in Rechtspositionen des Dritten eingreift.[2] Hierfür wäre die Verletzung von Urheberrechten

---

[1]   S.u. Abb. 6.1.
[2]   S.u. Abb. 6.2.

durch die Verbreitung von urheberrechtlich geschützten Werken des Dritten als typischer Fall zu nennen.

Zu beachten ist weiter, dass zwar typischerweise die Rechtsverletzung über das Internet erfolgt, dies aber durchaus nicht immer der Fall sein muss. So kann die Rechtsverletzung bereits durch Übertragungen nur innerhalb des offenen Netzes erfolgen, z.B. die öffentliche Zugänglichmachung eines urheberrechtlich geschützten Werks innerhalb des offenen Netzes ohne einen Internetzugang oder nur an Nutzer des offenen Netzes. Folge daraus ist, dass das Internet als Gefahrenraum nicht die tatsächliche Gefahr ausmacht, sondern nur als Multiplikator zum offenen Netzwerk hinzutritt.[3] Insofern gelten die folgenden Betrachtungen häufig bereits für lokale Netzwerke (LANs).

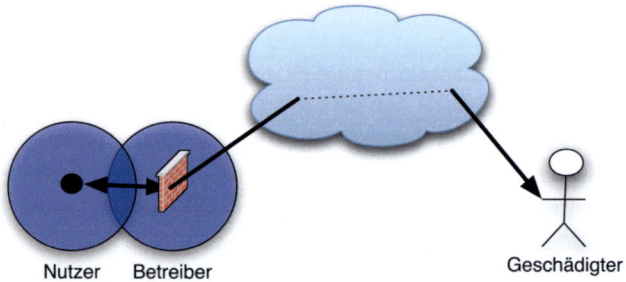

Abbildung 6.1: **Der Nutzer schädigt den Dritten direkt**

Bevor also auf die Haftung der Betreiber eines offenen Netzwerkes eingegangen werden kann, sind zunächst Haftungssituationen zwischen dem schädigenden Nutzer eines offenen Netzwerkes und dem geschädigten Dritten aufzuzeigen. Exemplarisch sollen hier typische Konstellationen beschrieben werden, die auch bei offenen Netzen ohne weiteres auftreten können. Zudem erfolgt jeweils eine kurze rechtliche Betrachtung bzw. Einleitung unter Einbeziehung von Rechtsprechung und Literatur.

Für Rechtsverletzungen im Internet spielen vor allem das Urheberrecht, Kennzeichenrecht, Wettbewerbsrecht, Verletzungen des Persönlichkeitsrechts sowie allgemeine deliktsrechtliche Ansprüche eine Rolle. Da Ansprüche nach Kennzeichen- und Wettbewerbsrecht ein gewerbliches Handeln voraussetzen,[4] was meist auch das eigene Angebot von Waren oder Dienstleistungen beinhaltet, also regelmäßig Serverdienste erfordert, sollen diese hier nicht näher

---

[3] Vgl. zur Multiplikatorwirkung des Internet *Gounalakis/Rhode*, 1; *Mankowski* in: Ernst, Hacker, Cracker & Computerviren, Rn. 516; *Mönkemöller*, GRUR 2000, 663, 665; *Spindler/Volkmann*, WRP 2003, 1, 11.

[4] Vgl. *Köhler* in: Hefermehl/Köhler/Bornkamm, § 2 UWG Rn. 4, 8; *Piper* in: Piper/Ohly, § 2 UWG Rn. 5.

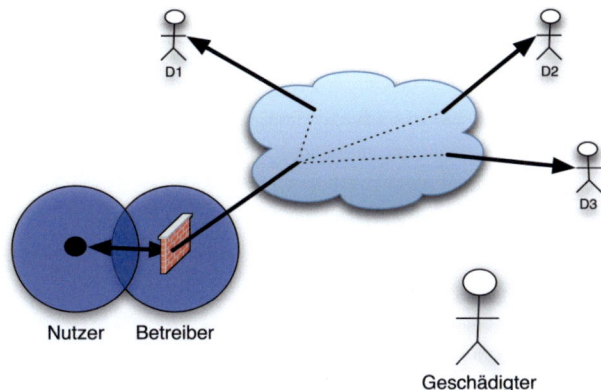

Abbildung 6.2: **Der Nutzer schädigt durch die Kommunikation mit Dritten**

dargestellt werden. Anstatt dessen werden nur die Grundlagen und Schädigungshandlungen für Urheberrechtsverletzungen, Verletzungen des allgemeinen Persönlichkeitsrechts sowie andere deliktsrechtlich relevante Handlungen kurz behandelt, um mögliche Rechtsverletzungen durch den unmittelbaren Schädiger darzustellen. Nicht zu vergessen bleibt selbstverständlich, dass die Teilnehmer im Netz jeweils eine Doppelrolle wahrnehmen. Die Darstellung des Schädigers ist demnach die Darstellung für einen Netzknotenbetreiber, der insoweit die Nutzerrolle ausfüllt. Ziel ist letztendlich, im Anschluss die Haftung der Betreiber des offenen Netzwerks zu bestimmen, während die Haftung des Nutzers regelmäßig außer Frage stehen dürfte.

II.   Urheberrechtsverletzungen

Die zentralen Anspruchsnormen, die dem beeinträchtigten Urheberrechts- oder Leistungsschutzrechtsinhaber zur Verfügung stehen, sind §§ 97 ff. UrhG. Wird der Rechtsinhaber in seinen Rechten verletzt, so gewähren sie ihm eine Fülle von Ansprüchen gegen den Verletzer und unter Umständen auch gegen beteiligte Personen.

Das Urheberrecht ist ein absolutes Ausschließlichkeitsrecht.[5] Es entsteht durch die Schöpfung eines Werkes und verbindet den Urheber und sein Werk.[6] Die wirtschaftliche Verwertung des Urheberrechts erfolgt nicht über die Übertragung des Rechts, sondern durch die Einräu-

---

[5]   *Schricker* in: Schricker, Einl. Rn. 18.

[6]   *Rehbinder*, Rn. 97; *Schack*, Rn. 41, 267; *Schricker* in: Schricker, Einl. Rn. 18 f.

mung von Nutzungsrechten, die praktisch vom Urheberrecht abgespalten werden.[7] Nutzungsrechte wiederum werden für verschiedene Nutzungsarten erteilt. Der Urheber kann solche
Nutzungsarten getrennt einräumen und so eine effektive Verwertung seiner geistigen Schöpfung erreichen.[8] Die nicht von einem solchen Nutzungsrecht oder einer gesetzlichen Schranke
gedeckte Nutzungshandlung stellt eine Verletzung des Rechts dar. Insofern besteht zunächst
eine Ausschließlichkeitssituation beim Urheber. So lange er keine Nutzungsrechte erteilt, ist
jegliche nicht von einer Schranke erfasste Nutzung des Werks ein Eingriff, der über §§ 97 ff.
UrhG zivilrechtlich sanktioniert werden kann. Dem Urheber stehen damit Möglichkeiten zur
Durchsetzung seiner Rechte zur Verfügung.[9]

Berechtigter nach §§ 97 ff. UrhG ist aber nicht nur der Urheber. Während grundsätzlich
nur er bei Eingriffen in das Urheberpersönlichkeitsrecht aktivlegitimiert ist,[10] kann z.B. bei
Erteilung ausschließlicher Nutzungsrechte nach § 31 Abs. 3 UrhG auch der Inhaber des aus-
schließlichen Nutzungsrechts die Ansprüche geltend machen.[11] Daneben können schließlich
die Inhaber von Leistungsschutzrechten bei entsprechender Verletzung über §§ 97 ff. gegen
den Schädiger vorgehen.[12]

1. Urheber-, Leistungsschutz- und Nutzungsrechte

Zum Verständnis der Verletzung sind einige Rechtspositionen und Verwertungshandlungen
näher einzuführen. Das Urheberpersönlichkeitsrecht schützt den Urheber in seiner Beziehung
zum Werk.[13] Es umfasst das Veröffentlichungsrecht nach § 12 UrhG, das Recht auf Anerkennung der Urheberschaft entsprechend § 13 UrhG, den Schutz vor Entstellung aus § 14 UrhG
sowie Rückrufsrechte nach §§ 41, 42 UrhG.[14]

Der Urheber hat zunächst die Verwertung allein in der Hand. Durch die Erteilung von Nutzungsrechten kann er anschließend die wirtschaftliche Verwertung des Werks steueRn. Dabei
ist er grundsätzlich an jeder wirtschaftlichen Nutzung seines Werkes angemessen zu beteili-

---

[7]   *Loewenheim* in: Loewenheim, § 19 Rn. 1; *Schack*, Rn. 529; *Schricker* in: Schricker, Einl. Rn. 24, §§ 28 ff.
      UrhG Rn. 17 ff.
[8]   Vgl. BGH GRUR 1999, 707, 712 - Kopienversanddienst; *Loewenheim* in: Loewenheim, § 19 Rn. 2.
[9]   *Wild* in: Schricker, §§ 98/99 Rn. 11 ff.
[10] *Vinck* in: Loewenheim, § 81 Rn. 11; *v. Wolff* in: Wandtke/Bullinger, § 97 UrhG Rn. 6.
[11] BGH GRUR 1999, 984 - Laras Tochter; *Vinck* in: Loewenheim, § 81 Rn. 11; *Schricker* in: Schricker, § 31
      UrhG Rn. 6.
[12] *Vinck* in: Loewenheim, § 81 Rn. 12; *Wild* in: Schricker, § 97 UrhG Rn. 5.
[13] *Rehbinder*, Rn. 89; *v. Wolff* in: Wandtke/Bullinger, § 97 UrhG Rn. 5.
[14] *Dietz* in: Loewenheim, § 16 Rn. 1 ff.

gen.[15] § 15 UrhG zählt die möglichen Verwertungsrechte beispielhaft und nicht abschließend auf. Von besonderem Interesse für die Vorgänge in Netzwerken sind das Vervielfältigungsrecht nach § 16 UrhG sowie das Recht der öffentlichen Zugänglichmachung nach § 19a UrhG.

Eine Vervielfältigung ist jede körperliche Festlegung eines Werks, die geeignet ist, das Werk den menschlichen Sinnen auf irgendeine Weise unmittelbar oder mittelbar wahrnehmbar zu machen.[16] Das Werk wird folglich dupliziert, wobei eine körperliche Fixierung stattfindet.[17] Die Speicherung auf einem digitalen Datenträger wie einer Festplatte, CD-ROM, aber auch im flüchtigen Hauptspeicher, ist als Vervielfältigungshandlung anzusehen.[18] Die Vervielfältigung von Computerprogrammen unterfällt in Abgrenzung zu anderen Werken nicht § 16 UrhG sondern § 69c Abs. 1 Nr. 1 UrhG.

Das Recht der öffentlichen Zugänglichmachung nach § 19a UrhG gibt dem Inhaber das Recht, ein Werk in digitalen Netzen zum Abruf bereit zu halten und zu übermitteln.[19] So umfasst das Recht der öffentlichen Zugänglichmachung die Bereitstellung eines Werkes auf einem Server bzw. das allgemeine Angebot von Serverdiensten mit urheberrechtlich geschützten Werken. Dazu gehört z.b. der Betrieb eines FTP-Servers,[20] aber auch das Bereithalten von Daten über einen Webserver und das WWW-Protokoll.[21] Filesharing, bei dem Nutzer sowohl Daten herunterladen als auch zum Upload bereit halten, wird ebenfalls vom Recht der öffentlichen Zugänglichmachung erfasst.[22]

Ähnliche Rechte können auch die Inhaber von Leistungsschutzrechten nach §§ 70 ff. UrhG, bei denen die geistige Leistung ohne Schöpfung eines neuen Werks Schutzgegenstand ist, geltend machen.

2. Verletzungshandlung

Die Verletzungshandlung des Schädigers, der Nutzer in einem offenen Netz ist, unterscheidet sich grundsätzlich nicht von der Schädigung durch normale Nutzer des Internet. Dies bedeu-

---

[15] BGH GRUR 1999, 707, 712 - Kopienversanddienst; BGH GRUR 2002, 246, 248 - Scanner; BGH GRUR 2002, 605 f. - Verhüllter Reichstag; *Dietz* in: Loewenheim, § 19 Rn. 2 m.w.N.

[16] BT-Drucks. IV/270, 47; BGH GRUR 1991, 449, 453 - Betriebssystem; BGH GRUR 2001, 51, 52 - Parfumflakon.

[17] *Loewenheim* in: Loewenheim, § 20 Rn. 4; *Loewenheim* in: Schricker, § 16 UrhG Rn. 5.

[18] BGH CR 2007, 75, 76; *Loewenheim* in: Loewenheim, § 20 Rn. 11; *Schack*, Rn. 417; *Loewenheim* in: Schricker, § 16 UrhG Rn. 17; *Heerma* in: Wandtke/Bullinger, § 16 UrhG Rn. 13.

[19] *Hoeren* in: Loewenheim, § 21 Rn. 50.

[20] *Hoeren* in: Loewenheim, § 21 Rn. 50.

[21] Lehmann, CR 2003, 554 f.; *Bullinger* in: Wandtke/Bullinger, § 19a UrhG Rn. 22.

[22] *Heghmanns*, MMR 2004, 14, 15; *Nordemann/Dustmann*, CR 2004, 380; *Sommer/Brinkel*, CR 2006, 68; *Heerma* in: Wandtke/Bullinger, § 16 Rn. 14.

tet, dass auch der Nutzer eines offenen Netzwerks durch das Angebot von Serverdiensten wie eines FTP-Servers das Recht des Berechtigten auf öffentliche Zugänglichmachung nach § 19a UrhG beeinträchtigen kann. Zudem ist die Verwendung von Filesharing-Programmen und damit sowohl der eigene Download urheberrechtlich geschützter Werke als Verwirklichung der Verletzung des Vervielfältigungsrechts, als auch das Angebot der Werke als Verletzung von § 19a UrhG möglich.[23]

Durchaus denkbar ist auch, dass der Nutzer auf seinem System nur die Plattform anbietet und damit selbst als sogenannter Host-Provider[24] nur Daten von Dritten bereithält, so dass die Privilegierung des § 10 TMG durchaus bereits hier greifen kann. Im Rahmen der vorliegenden Untersuchung wird diese Problematik allerdings nicht behandelt,[25] sondern von der unmittelbaren Schädigung durch den Nutzer ausgegangen.

3. Rechtswidrigkeit

Die Verletzungshandlung muss darüber hinaus auch rechtswidrig sein, wobei bei Vorliegen des Tatbestands die Rechtswidrigkeit indiziert ist.[26] Der Schädiger muss demnach das Vorliegen eines Rechtfertigungsgrundes vortragen und im Einzelfall beweisen.[27] Der Verletzer wird in der Regel nicht Inhaber entsprechender Nutzungsrechte sein. Von der Rechtswidrigkeit seines Handelns ist auszugehen.

4. Verschulden

Grundsätzlich erfordern die Ansprüche nach §§ 97 ff. UrhG kein Verschulden. Eine Ausnahme hiervon bildet der Schadensersatzanspruch.[28] Als zusätzliches Erfordernis muss der Schädiger die Verletzungshandlung fahrlässig oder vorsätzlich vorgenommen haben, wobei die Beurteilung nach den üblichen zivilrechtlichen Maßstäben erfolgt, also keine urheberrechtlichen Besonderheiten zu beachten sind.[29] Der Anbieter von urheberrechtlich geschützten Werken auf einem eigenen Server oder unter Verwendung von Filesharing-Diensten handelt in aller Regel vorsätzlich. Sofern er sich in einem Irrtum darüber befunden hat, ob er die Werke an-

---

[23]   Dazu LG Hamburg MMR 2006, 763.
[24]   Zum Begriff s.o. S. 47.
[25]   Dazu s. *Stadler*, Haftung für Informationen im Internet, Rn. 256 ff.; *Spindler* in: Spindler/Schmitz/Geis, § 11 TDG Rn. 1 ff.; *Volkmann*, Der Störer im Internet, 72 ff. jeweils m.w.N.
[26]   *Vinck* in: Loewenheim, § 81 Rn. 7; *v. Wolff* in: Wandtke/Bullinger, § 97 UrhG Rn. 30.
[27]   *Lütje* in: Möhring/Nicolini, § 97 UrhG Rn. 67.
[28]   *Vinck* in: Loewenheim, § 81 Rn. 35; *Lütje* in: Möhring/Nicolini, § 97 UrhG Rn. 67; *Wild* in: Schricker, § 97 UrhG Rn. 51.
[29]   *Vinck* in: Loewenheim, § 81 Rn. 35.

bieten durfte, so dürfte dieser Irrtum meist vermeidbar gewesen sein, so dass zumindest der Fahrlässigkeitsvorwurf aufrecht erhalten werden kann.[30] Durch entsprechende Werbekampagnen und Berichte in den allgemeinen Medien ist von einer entsprechenden Sensibilisierung auszugehen, so dass das Angebot von Werken ohne entsprechende Ausfüllung von Schrankenbestimmungen oder nutzungsrechtliche Erlaubnis schuldhaft erfolgt.

5. Rechtsfolgen

§§ 97 ff. UrhG geben dem Verletzten eine Reihe von unterschiedlichen Anspruchszielen an die Hand. Bei vorliegendem Verschulden besteht der bereits erwähnte Anspruch auf Schadensersatz nach § 97 Abs. 1 UrhG. Zusätzlich ermöglicht § 97 Abs. 1 UrhG aber auch die Durchsetzung der Beseitigung der Rechtsverletzung sowie der Unterlassung zukünftiger Rechtsverletzungen.[31]

§§ 98, 99 UrhG ermöglichen dem Geschädigten zusätzlich, auch künftige Verbreitungs- und Vervielfältigungshandlungen durch Zerstörung oder Überlassung der Vervielfältigungsstücke und Vervielfältigungsvorrichtungen zu unterbinden. Vervielfältigungsstücke sind körperliche Festlegungen eines Werks.[32] Bei der Verbreitung über Netzwerke befinden sich die Vervielfältigungsstücke demnach als digitale Daten auf der Festplatte oder im Hauptspeicher des betroffenen Computers.[33] Der Anspruch geht somit auf Vernichtung respektive Löschung der Daten auf der Festplatte,[34] wenn nicht sogar Vernichtung der Festplatte an sich. Es ist allerdings die schonendste Maßnahme zu wählen, die zur Beseitigung der Rechtsverletzung führt.[35] Insofern dürfte die effektive Löschung ausreichen.[36] Auch bei der Vervielfältigungsvorrichtung handelt es sich um den Computer des Schädigers. Dieser wird nur von § 99 UrhG erfasst, sofern er ausschließlich oder nahezu ausschließlich zur rechtswidrigen Herstellung von Vervielfältigungsstücken genutzt oder bestimmt ist. Insbesondere beim Angebot von Serverdiensten oder dem Betrieb von Filesharing-Programmen findet allerdings keine weitere lokale Vervielfältigung statt. Vielmehr handelt es sich um eine Verletzung des Rechts der öffentlichen Zugänglichmachung,[37] die Vervielfältigungshandlung nimmt vielmehr der abrufende Nutzer

---

[30]   Vgl. *Vinck* in: Loewenheim, § 81 Rn. 36 f.; *Schack*, Rn. 747.
[31]   Zu Einzelheiten s. *Wild* in: Schricker, §§ 98/99 Rn. 11 ff. m.w.N.
[32]   S.o. S. 215.
[33]   Ebenso *Rehbinder*, Rn. 951, der für das Besitz- bzw. Eigentumsverhältnis eine Paralle zur entsprechenden Regelung für Computerprogramme in § 69f UrhG zieht.
[34]   *Gergen*, Jura 2006, 473, 475.
[35]   *Wild* in: Schricker, §§ 98/99 UrhG Rn. 1.
[36]   Zum effektiven Löschen eingehend *Bundesamt für Sicherheit in der Informationstechnik*, 1225 M 2.167.
[37]   *Heerma* in: Wandtke/Bullinger, § 16 Rn. 14.

vor,[38] so dass § 99 UrhG ausscheidet. Jedenfalls würde wohl auch hier im Wege der Anwendung des Verhältnismäßigkeitsgrundsatzes die effektive Löschung der Vorlage als schonendste Maßnahme genügen.

III. Persönlichkeitsrechtsverletzungen

Nicht nur die Verbreitung von urheberrechtlich geschützten Werken kann Dritte in ihren Rechten verletzen. Auch die Verbreitung eigener Äußerungen, der Meinungen anderer oder von Daten oder Dokumenten über Dritte kann diese in ihren rechtlich schützenswerten Interessen betreffen. Beispiel für einen solchen Vorgang in offenen Netzen könnte die Verbreitung von Fotos eines Dritten per Email oder über Filesharing-Programme sein.

1. Schutzbereich

Das Persönlichkeitsrecht, das aus Art. 1 Abs. 1 i.V.m. 2 Abs. 1 GG hergeleitet wird,[39] schützt den Einzelnen umfassend vor Eingriffen, die geeignet sind, ihn in seiner Persönlichkeit zu treffen.[40] Spezialgesetzlich ausgeprägt sind u.a. das Recht am eigenen Bild nach §§ 22 f. KUG,[41] sowie der Schutz vor ehrverletzenden Äußerungen nach §§ 185 ff. und 201 ff. StGB. Aber selbst darüber hinaus wird der Betroffene vor Äußerungen oder der Verbreitung von Informationen über seine Person geschützt. Der Schutzbereich umfasst beispielsweise persönliche Aufzeichnungen, das nicht-öffentlich gesprochene Wort, das Recht auf informationelle Selbstbestimmung sowie den Schutz des Privatlebens.

Zivilrechtlich stehen dem Betroffenen Ansprüche aus §§ 823 Abs. 1 BGB, § 823 Abs. 2 BGB i.V.m. Schutzgesetzen wie §§ 185 ff. und 201 ff. StGB, §§ 824 sowie 826 BGB[42] aber auch Unterlassungs- und Berichtigungsansprüche nach § 1004 BGB analog zur Verfügung. Im Rahmen des § 823 BGB ist bei verhaltensbezogenen Delikten die Rechtswidrigkeit der Rechtsverletzung allerdings nicht indiziert, sondern muss gesondert, meist im Rahmen einer Abwägung der erforderlichen Sorgfaltspflichten, betrachtet werden.[43]

---

[38] *Schack*, Rn. 419.

[39] BVerfGE 34, 269, 292 - Soraya; BGHZ 128, 1, 15; BGH NJW 1996, 984, 985 - Caroline von Monaco; BGH NJW 1996, 985, 987 - Kumulationsgedanke; BGH NJW 2000, 2195 - Marlene Dietrich; *Schwerdtner* in: MünchKommBGB, Anh. zu § 12 BGB Rn. 3.

[40] Zur Entwicklung *Kristin*, 14 ff. m.w.N.

[41] BGHZ 30, 7, 11 - Caterina Valente; *Kristin*, 21 ff.; *Schertz* in: Loewenheim, § 18 Rn. 2 jeweils m.w.N.

[42] RGZ 94, 1, 2; RGZ 115, 416, 416 f.; *Kristin*, 24

[43] BGHZ 13, 334, 338 - Leserbrief; BGHZ 24, 72, 77 - Krankenpapiere; BGHZ 27, 284, 286 - Tonbandaufnahme I; *Schwerdtner* in: MünchKommBGB, Anh. zu § 12 BGB Rn. 7.

Selbstverständlich verwirklicht auch die Verbreitung von Bildern über das Internet einen Eingriff, sie ist als öffentliches Zurschaustellen i.S.d. § 22 KUG einzuordnen.[44]

2. Rechtsfolgen

Die Rechtsfolgen hängen maßgeblich von der Zielrichtung des Anspruchstellers ab. Zum einen kann er bei Wiederholungsgefahr Unterlassung der weiteren Verbreitung nach § 1004 BGB analog verlangen.[45] Über §§ 823 ff. BGB kann im Rahmen der Naturalrestitution der Widerruf oder die Berichtigung der verletzenden Äußerungen erreicht werden.[46] Schließlich ist mittlerweile auch der Anspruch auf Entschädigung anerkannt.[47]

IV. Weitere - deliktische - Eingriffe

Während die Verletzung von Urheberrechten sowie des Persönlichkeitsrechts meist im Verhältnis zwischen dem Nutzer und dem Empfänger von Daten erfolgt, und der betroffene Dritte an diesem Verhältnis nicht unmittelbar beteiligt ist,[48] sind durchaus auch Eingriffe direkt beim Betroffenen möglich. In Verbindung mit dem Internet ist hier insbesondere auf die Verbreitung von Schadprogrammen hinzuweisen. So könnte der Nutzer im offenen Netz dem Dritten eine Mail mit einem Virus oder Trojaner schicken, wodurch beim Dritten Schäden eintreten, die er über § 823 Abs. 1 BGB geltend macht. Auch die Verbreitung von Spam-Mails könnte man hierunter fassen, da dadurch der Schaden ebenfalls unmittelbar eintritt. Schließlich kommen auch noch sogenannte „Denial-of-Service"-Angriffe hinzu, bei denen Rechenanlagen über das Internet angegriffen und im Betrieb gestört werden.

Grundsätzlich sind hierfür erneut zwei Konstellationen zu unterscheiden: Relativ unproblematisch ist die Situation, in der der Nutzer selbst die schädigende Handlung vornimmt, also z.B. bewusst Viren versendet. Allerdings erfolgt mit der fortschreitenden Aufdeckung von Sicherheitslücken in Betriebssystemen und Programmen und der Weiterentwicklung von

---

44   OLG Köln NJW-RR 2004, 692; OLG Karlsruhe NJW-RR 2006, 1198; *Schertz* in: Loewenheim, § 18 Rn. 7; zur Einwilligung s. *Schertz* in: Loewenheim, § 18 Rn. 8 ff. m.w.N.; *Götting* in: Schricker, § 60 UrhG/§22 KUG Rn. 38 ff.

45   RGZ 60, 4, 7; BGH NJW 1984, 1886, 1887; *Schwerdtner* in: MünchKommBGB, Anh. zu § 12 BGB Rn. 179 ff. m.w.N.

46   RGZ 148, 114, 122 m.w.N.; BGHZ 10, 104, 105; *Kristin*, 26; *Schwerdtner* in: MünchKommBGB, Anh. zu § 12 BGB Rn. 183 ff. m.w.N.

47   BGHZ 26, 349 - Herrenreiter, Begründungsweg aber aufgegeben; BGHZ 35, 363 - Ginseng; BVerfGE 34, 269 - Soraya; BGHZ 128, 1 - Caroline von Monaco; *Kristin*, 26 f. m.w.N.

48   S.o. Abb. 6.2.

Schadprogrammen mittlerweile der Angriff auf das System eines Dritten häufig ohne Wissen des Nutzers. Fraglich ist, ob und inwiefern den unwissenden Nutzer die deliktsrechtliche Haftung aufgrund der Verletzung von Verkehrssicherungspflichten treffen kann. Schließlich ist im Rahmen der Schadensregulierung ein eventuelles Mitverschulden des Geschädigten nach § 254 BGB einzubeziehen, falls er seinerseits durch entsprechende Vorkehrungen die Schädigung hätte verhindern können und müssen.

1. Bewusste Schädigung durch den Nutzer

Die dargestellten Schädigungshandlungen können direkt von einem Nutzer im offenen Netz ausgehen. Fraglich ist, inwiefern er hierfür haftet. Primäre Haftungsnorm ist § 823 Abs. 1 BGB.

a) Rechtsgutverletzung

Zunächst ist festzustellen, ob überhaupt eine Rechtsgutverletzung vorliegt bzw. vorliegen kann. In aller Regel wird die Hardware des Betroffenen nicht physisch beschädigt, vielmehr treten lediglich Datenverluste bzw. -veränderungen sowie eventuell Funktionsstörungen des Systems auf. § 823 Abs. 1 BGB schützt Leben, Gesundheit, Freiheit und sonstige absolute Rechte. Eine unmittelbare Schädigung von Leben, Körper und Gesundheit tritt bei Angriffen auf Computersysteme üblicherweise nicht auf.[49]

Demnach sind auf Seiten des Geschädigten hauptsächlich Daten durch den Eingriff betroffen. Aufgrund des unbefugten Zugriffs auf das System des Opfers liegt bereits dann eine Datenveränderung vor, wenn sich ein Virus oder Trojaner im System verankert. Allerdings müssten Daten auch unter den Schutz des § 823 Abs. 1 BGB fallen. Daten können bei Verkörperung auf einem Datenträger als Sache nach § 90 BGB dem Eigentumsschutz unterfallen,[50] oder wenigstens als eigentumsähnliches sonstiges Recht vom Schutzbereich erfasst sein.[51] Sind die Daten irgendwie verkörpert, also z.B. auf der Festplatte gespeichert und damit fi-

---

[49]   Unmittelbar könnte die Schädigung beispielsweise sein, wenn ein angegriffenes System im Bereich des Gesundheitswesens eingesetzt wird und eine hohe Betriebszuverlässigkeit erforderlich ist. Vgl. *Redeker*, Rn. 824; *Schneider/Günther*, CR 1997, 389, 392; *Sonntag*, 61 ff.; ähnlich *Hoeren/Pichler* in: Loewenheim/ Koch, 406.

[50]   BGH NJW 1988, 406, 408; 1993, 2436, 2438; BGH CR 2007, 75, 75 f.; OLG Karlsruhe NJW 1996, 200, 201; *Mankowski* in: Ernst, Hacker, Cracker & Computerviren, Rn. 440; *Schneider/Günther*, CR 1997, 389, 392 f.; *Koch*, NJW 2004, 801, 802; *Leible/Sosnitza*, K&R 2002, 51, 52; *Taeger*, 191, 261; a.A. LG Konstanz NJW 1996, 2662.

[51]   *Spindler/Klöhn*, VersR 2003, 410, 411; *Spindler* in: Bamberger/Roth, § 823 BGB Rn. 93; *Meier/Wehlau*, NJW 1998, 1585, 1588 f.

xiert,[52] so kommt es nicht darauf an, ob sie dem Eigentum oder als eigentumsähnliches Recht dem Begriff „sonstiges Recht" in § 823 Abs. 1 BGB zugewiesen werden. Aber auch in einem von Strom abhängigen - damit flüchtigen - Speichermedium sieht der *BGH* Software und damit in der Folge wohl auch Daten als verkörpert und damit als Sache an.[53] Mit dieser Auffassung lassen sich auch Datenverluste erfassen, die durch erfolgreiche Denial-of-Service-Attacken (DoS)[54] verloren gehen. Stürzt also ein Computer in Folge eines DoS-Angriffes ab oder kann Daten nicht verarbeiten, und gehen dabei Daten verloren, so greift § 823 Abs. 1 BGB entgegen früherer Auffassungen ebenfalls.[55]

Daten können zusätzlich über das allgemeine Persönlichkeitsrecht oder den urheberrechtlichen Schutz von Datenbanken nach §§ 87a ff. UrhG geschützt sein. Dieser Schutz greift aber gerade nur in diesen speziellen Fällen. Ihn auf jedes beliebige Datum auszudehnen und damit die Laufzeitdaten des gerade laufenden Programms zu erfassen, also die nur temporäre Funktionsunfähigkeit,[56] z.B. bis zum Neustart des abgestürzten Systems, zu erfassen, ginge jedoch über das in § 823 Abs. 1 BGB geschützte Integritätsinteresse hinaus.[57]

Ist ein gewerbliches Unternehmen Opfer des Denial-of-Service-Angriffs kommt abgesehen von den genannten Rechten die Beeinträchtigung des Rechts am eingerichteten und ausgeübten Gewerbebetrieb als Auffangrecht in Betracht.[58] Probleme bereitet dann aber häufig die notwendige Betriebsbezogenheit des Angriffs bzw. Schadens.[59]

---

[52] Vgl. o. S. 215.

[53] BGH CR 2007, 75, 76; „extrem weite Auffassung der Verkörperung" *Lejeune*, CR 2007, 77, 78; s. auch *Müller-Hengstenberg/Kirn*, NJW 2007, 2370, 2372; *Pohle/Schmeding*, K&R 2007, 385, 387.

[54] Dazu *Möller/Kelm*, DuD 2000, 292; zur Risikoverteilung AG Gelnhausen, CR 2006, 209; s. auch o. S. 39.

[55] Vgl. BGH NJW 1983, 2313; *Schiemann* in: Erman, § 823 BGB Rn. 31; *Spindler*, NJW 2004, 3145, 3146; *Spindler*, CR 2005, 741, 742; *Hager* in: Staudinger, § 823 BGB Rn. B 89.

[56] Vgl. BGH NJW 1983, 2313; *Schiemann* in: Erman, § 823 BGB Rn. 31; *Hager* in: Staudinger, § 823 BGB Rn. B 89.

[57] *Spindler*, NJW 2004, 3145, 3146; *Spindler*, CR 2005, 741, 742.

[58] *Koch*, NJW 2004, 801, 803 m.w.N.

[59] Vgl. BGHZ 29, 65, 74; BGHZ 90, 113, 123; näher dazu *Spindler* in: Bamberger/Roth, § 823 BGB Rn. 108; *Bartsch*, 159; *Wagner* in: MünchKommBGB, § 823 BGB Rn. 185; *Spickhoff* in: Soergel, § 823 BGB Anh. V Rn. 34 ff. m.w.N.; s. dagegen für Virenfall *Koch*, NJW 2004, 801, 803.

b)   Weitere tatbestandliche Voraussetzungen

Unter der Annahme, dass die Schädigungshandlung bewusst und damit vorsätzlich begangen wird, ist der weitere haftungsbegründende Tatbestand, also Verantwortlichkeit, Rechtswidrigkeit und Verschulden der Rechtsgutverletzung unproblematisch gegeben.[60]

c)   Haftungsbegrenzendes Mitverschulden, § 254 BGB

In Betracht kommt allerdings, dass sich das Opfer vor den Angriffen hätte schützen können und müssen und ihm in diesem Rahmen ein maßgebliches Mitverschulden anzulasten ist. Das Mitverschulden ist hierbei spiegelbildlich zu einer eventuellen Verpflichtung eines Computernutzers zu sehen, im Rahmen seiner Verkehrssicherungspflichten sein Computersystem zu schützen, um Schädigungen von Rechtsgütern Dritter, die von seinem Computer ausgehen könnten, zu verhindeRn. Es besteht also ein Zusammenhang zwischen dem Mitverschulden und einer eventuellen Verkehrssicherungspflicht zur Sicherung des eigenen Systems, um unbewusste Schädigungen Dritter zu vermeiden. Aus diesem Grund werden die hier einzubeziehenden Pflichten eingehend im Rahmen der unbewussten Schädigung Dritter betrachtet.[61] Gegenüber einer bewussten und vorsätzlichen Schädigung ist eventuelles Mitverschulden des Geschädigten hingegen nicht einzubeziehen. Der Eingriff durch den Schädiger stellt in diesem Zusammenhang schließlich die bewusste Ausnutzung der Unachtsamkeit des Opfers dar, die dementsprechend dem Geschädigten nicht angelastet werden soll.

2.   Unbewusste Schädigung

Erheblich schwieriger zu begründen ist die deliktische Haftung des Schädigers, wenn er selbst von der Schädigung gar nicht wusste. Ist ein Computersystem einmal erfolgreich korrumpiert worden, so kann es teilweise auch von außen gesteuert werden bzw. eigenständig Schädigungshandlungen vornehmen. Eine haftungsrechtliche Zuordnung kann aber nur zu Personen erfolgen, denen schuldhaftes Handeln oder schuldhaftes Unterlassen gebotener Handlungen vorzuwerfen ist. Grundlage der deliktischen Haftung ist allerdings nur menschliches Verhalten, also willensgesteuertes, bewusstes und beherrschbares Verhalten.[62] Da das Computersy-

---

[60]   Auf die mögliche Rechtfertigung von DoS-Angriffen wegen der Einordnung als Online-Demonstration wird hier nicht eingegangen, s. dazu AG Frankfurt a.M. MMR 2005, 863; OLG Frankfurt a.M. MMR 2006, 547; *Gercke*, MMR 2005, 868; *Kitz*, ZUM 2006, 730; *Klutzny*, RDV 2006, 50; *Kraft/Meister*, MMR 2003, 366; *Kraft/Meister*, K&R 2005, 458.

[61]   S.u. S. 223.

[62]   BGHZ 39, 103, 106; BGHZ 98, 137, 137; *Wagner* in: MünchKommBGB, § 823 BGB Rn. 297; *Spickhoff* in: Soergel, § 823 BGB Rn. 3.

stem nach erfolgreichem Angriff selbst „handelt", kommt als Anknüpfungspunkt der Haftung des Computerbesitzers nur die unterlassene Verhinderung des Angriffs auf das eigene Computersystem in Betracht.

a) Rechtsgutverletzung

Das einmal betroffene System kann zu Schäden bei den Systemen Dritter führen oder zur Verbreitung von Daten dienen, die in die Rechte Dritter eingreifen.[63]

b) Verletzung von Verkehrssicherungspflichten

Dem Nutzer eines kompromittierten Systems müsste nun eine Verletzung seiner ihm obliegenden Verkehrssicherungspflichten vorzuwerfen sein. Verkehrssicherungspflichten sind allgemein Gefahrsteuerungsgebote, die dem über eine Sache Verfügenden zum Schutze der Rechtsgüter Dritter auferlegt werden.[64]

aa) Gefahrbeherrschung als Anknüpfungspunkt von Verkehrssicherungspflichten

Eine haftungsbegründende Zurechnung kommt grundsätzlich bei der Beherrschung einer besonderen Gefahrenquelle sowie bei der Schaffung einer besonderen Gefahrenlage aus vorangegangenem Tun in Betracht.[65] Es sind dabei die notwendigen und zumutbaren Vorkehrungen zu treffen, um eine Schädigung anderer zu vermeiden.[66] Eine solche Handlungs- bzw. Verkehrssicherungspflicht obliegt aber nur demjenigen, dem eine besondere Gefährdung der geschützten Rechtsgüter des § 823 Abs. 1 BGB zugerechnet werden kann. Die Konkretisierung dieser Pflichten erfolgt unter Betrachtung der berechtigten Sicherheitserwartungen der betroffenen Verkehrskreise,[67] sowie der Möglichkeit und Zumutbarkeit der Gefahrenvermeidung, die auf Seiten des Schädigers sowie des Geschädigten gegeneinander abzuwägen sind.[68]

---

[63] Eingehend dazu s.o. S. 220.

[64] v. Bar, 45.

[65] Larenz/Canaris, § 76 III 4 b; Koch, NJW 2004, 801, 803; v. Bar, 92; ähnlich Libertus, MMR 2005, 507, 508.

[66] BGHZ 9, 373; BGHZ 14, 83, 85; BGHZ 16, 95, 98; BGH NJW-RR 2003, 1459; BGH NJW 1990, 1236; BGH NJW-RR 2002, 525 m.w.N.; Larenz/Canaris, § 76 III 4 a; v. Bar, 113.

[67] BGH NJW 1978, 1629; NJW 1990, 906, 907; BGH NJW-RR 2002, 525, 526; Spindler in: Bamberger/Roth, § 823 BGB Rn. 234; Schwerdtfeger/Gottschalck in: Schwarz/Peschel-Mehner, Kap. 2 Rn. 246; Hager in: Staudinger, Eckpfeiler, 857.

[68] Spindler in: Bamberger/Roth, § 823 BGB Rn. 234; Koch, NJW 2004, 801, 804; Libertus, MMR 2005, 507, 509.

Bei Computernutzern kommt insbesondere die Herrschaft über eine Gefahrenquelle in Betracht, um spezifische Verkehrspflichten zu begründen. Die Verfügungsgewalt über ein Computersystem hat schließlich der Nutzer als sein Besitzer. Von einer Computeranlage geht jedenfalls dann eine Gefährdung für die Computer Dritter aus, wenn sie durch einen vorhergegangenen Angriff kompromittiert wurde und in der Folge Angriffe auf fremde Computersysteme ausführt. Beispielhaft seien hier die Versendung von Viren, die Ausnutzung von Sicherheitslücken auf entfernen Rechnern oder die Mitwirkung an Denial-of-Service-Attacken genannt. Anknüpfungspunkt für Verkehrssicherungspflichten ist also die Beherrschung dieser Gefahrenquelle.[69]

bb) Pflicht zur Ergreifung der zur Verfügung stehenden Sicherungsmaßnahmen

Aber auch, wenn der Nutzer als derjenige identifiziert ist, der eine Gefahrenquelle beherrscht, muss ihn dennoch nicht automatisch die Pflicht treffen, entsprechende zur Verfügung stehende Gegenmaßnahmen zu ergreifen. Vielmehr muss es ihm auch zumutbar sein, eine konkrete Sicherungsmaßnahme auszuwählen und durchzuführen. Über die zumutbaren Erwartungen hinaus gehen jedenfalls Lösungen, die für einen normalen Nutzer nicht durchführbar wären oder aber zu hohe Aufwendungen erfordern würden. Als Bewertungsmaßstab sind in diesem Zusammenhang aber nicht die Fähigkeiten des einzelnen Nutzers heranzuziehen. Es erfolgt vielmehr eine objektivierte Betrachtung unter Zugrundelegung einer bestimmten Nutzergruppe. Fraglich ist demzufolge, wie die Bewertung der Pflichten zu erfolgen hat.

aaa) Die Bekanntheit des Sicherheitsproblems

Erstes Merkmal für die Bewertung hinsichtlich der Ergreifung von Sicherheitsmaßnahmen ist die Bekanntheit des Sicherheitsproblems. Die für den IT-Bereich erste höchstrichterliche Entscheidung, die sich ausdrücklich mit den Pflichten des Computernutzers hinsichtlich der Absicherung seines Systems befasst, ist die DIALER-Entscheidung.[70] In dieser hatte ein Computernutzer ein Programm heruntergeladen, von dem er sich eine schnellere Bilddarstellung bzw. Internetverbindung versprochen hatte. Tatsächlich handelte es sich dabei aber um einen Dialer, der für alle zukünftig über den ISDN-Anschluss hergestellten Verbindungen des Nutzers eine teure Mehrwertdienstenummer anwählte. Als der Nutzer bemerkte, dass das heruntergeladene Programm ihn nur auf Erotikseiten leitete, löschte er die Datei. Damit änderte er allerdings

---

[69] Ebenso *Koch*, NJW 2004, 801, 803; *Libertus*, MMR 2005, 507, 509; implizit auch *Schmidbauer*, Schadensersatz wegen Viren.

[70] BGH NJW 2004, 1590; allgemein zur Haftung für die Nutzung von TK-Anschlüssen *Pohle/Dorschel*, CR 2007, 628.

nicht die Voreinstellung für die Internetanwahlnummer. Im Klageverfahren verlangte nun die Klägerin, die für den Mehrwertdiensteanbieter in ihrer Eigenschaft als Telekommunikations-anbieterin das Inkasso übernommen hatte, die Zahlung der über die Mehrwertdiensterufnummer angefallenen Entgelte. Der *BGH* lehnte die Klage als unbegründet ab. Die entscheidende Frage des Verfahrens war, ob der Telefonnetzbetreiber oder der Anschlussinhaber das Risiko der heimlichen Installation eines Dialers zu tragen habe.[71] Während die Vorinstanz haupt-sächlich darauf abstellte, dass der Klägerin aufgrund eigener wirtschaftlicher Interessen die insoweit fehlerhafte Werbung des Mehrwertdienstebetreibers zurechenbar sei, der Entgeltforderung deshalb einen Gegenanspruch des Beklagten aus *culpa in contrahendo*, also §§ 280 Abs. 1, 311 Abs. 2, 241 Abs. 2 BGB i.V.m. § 278 BGB entgegenstellte und über diesen Weg die Reduzierung des Entgelts auf das üblicherweise Geschuldete erreichte,[72] nahm der *BGH* eine Auslegung des Vertrags zwischen dem Anschlussinhaber und dem Telekommunikations-betreiber vor dem Hintergrund des § 16 Abs. 3 Satz 3 TKV vor.[73] Dieser lautet:

> „Ist der Nachweis erbracht, daß der Netzzugang in vom Kunden nicht zu vertretendem Umfang genutzt wurde, oder rechtfertigen Tatsachen die Annahme, daß die Höhe der Verbindungsentgelte auf Manipulationen Dritter an öffentlichen Telekommunikationsnetzen zurückzuführen ist, ist der Anbieter nicht berechtigt, die betreffenden Verbindungsentgelte vom Kunden zu fordern."

Der *BGH* wendet hierbei § 16 Abs. 3 Satz 3 TKV nicht unmittelbar an. Er stellt im Gegenteil fest, dass der zu entscheidende Fall von der Norm nicht erfasst wäre, da nur die Rechtsfolgen von physischen Zugriffen auf den Netzzugang unter diese Regelung fielen.[74] So begründet der *BGH* zunächst, dass der Vertrag in Bezug auf die Risikozuweisung lückenhaft sei und durch den Grundgedanken des § 16 Abs. 3 Satz 3 TKV geschlossen werden könne.[75] Danach grenze § 16 Abs. 3 Satz 3 TKV die Risikosphäre zwischen dem Netzanbieter und dem Kunden dahingehend ab, dass Manipulationen, die der Kunde nicht zu vertreten habe, in den Risikobereich des Netzanbieters fielen. In dieser Abwägung schließt sich der *BGH* der Auffassung des *LG Kiel*[76] an, das in einem ähnlich gelagerten Fall teurer Interneteinwahl einen gewollten Vertragsschluss als lebensfremd kategorisch ablehnte.[77] Das *LG Kiel*

---

71 BGH NJW 2004, 1590.
72 KG Berlin NJW-RR 2003, 637.
73 BGH NJW 2004, 1590, 1591 f.
74 BGH NJW 2004, 1590, 1591 unter Verweis auf BR-Drucks. 551/97, 36.
75 Zustimmend *Buchinger/Pfeiffer*, JA 2004, 589, 590; *Mankowski*, MMR 2004, 312; *Spindler*, JZ 2004, 1128, 1129; a.A. *Schlegel*, MDR 2004, 620, 621 f.
76 LG Kiel MMR 2003, 422.
77 LG Kiel MMR 2003, 422, 423; ebenso AG Freiburg NJW 2002, 2959; zustimmend *Leible/Wildemann*, K&R 2004, 288; *Spindler*, JZ 2004, 1128, 1130.

hatte dem Telekommunikationsdienstleister zusätzlich vorgeworfen, zwar das Inkasso für den Mehrwertdiensteanbieter vorzunehmen, aber dennoch nicht in der Lage zu sein, seinem Kunden den Namen des Mehrwertdiensteanbieters zu nennen.[78] Er nehme dem Kunden damit die Möglichkeit, Einwendungen direkt gegen den Mehrwertdiensteanbieter zu erheben.

Zusätzlich stellte der *BGH* in der DIALER-Entscheidung ausdrücklich fest, dass den Nutzer keine Pflicht zur Überwachung des eigenen Computersystems trifft, solange kein konkreter Hinweis auf einen Missbrauch besteht.[79] Damit wendet er sich in der Begründung gegen die vorangegangenen unterinstanzlichen Entscheidungen.[80] Das Gericht stellt also maßgeblich darauf ab, ob die Kenntnis oder wenigstens ein entsprechender Hinweis auf den konkreten Missbrauch bestand. Wesentlicher Ankerpunkt ist demzufolge die Bekanntheit eines Problems.[81] In die Abwägung bei der Risikoverteilung stellt der *BGH* explizit ein, ob der Nutzer die Manipulation zu vertreten habe. Verallgemeinert man diesen Gesichtspunkt, so kommt es grundsätzlich darauf an, ob ein verständiger objektiver Nutzer von einer entsprechenden Gefahr wusste oder zumindest damit rechnen musste.[82] Bezieht man die Grundsätze der Zurechnung von Verkehrssicherungspflichten in diese Überlegung mit ein, lässt sich konstatieren, dass der Bekanntheitsgrad eines Problems die Verkehrserwartung der betroffenen Kreise dahingehend zu beeinflussen vermag, von Nutzern auch Sicherungsmaßnahmen gegen bereits allgemein bekannte Gefährdungen zu verlangen. Im zu entscheidenden Fall war für den Nutzer erstens nicht erkennbar, dass eine Beeinträchtigung des Systems stattgefunden hatte und diese zudem auch nicht einfach beseitigt werden konnte.[83] So hatte der Nutzer sogar einen Löschungsversuch unternommen,[84] ohne allerdings zu wissen, dass es dazu eines komplizierteren Verfahrens als des von ihm ergriffenen bedurfte.[85] Weiter hat der *BGH* festgestellt, dass der Nutzer nicht grundsätzlich misstrauisch sein musste.[86] Als Folge dessen traf ihn auch keine Pflicht zur Ergreifung von entsprechenden Sicherungsmaßnahmen.

---

[78]   LG Kiel MMR 2003, 422, 423.
[79]   BGH NJW 2004, 1590; ebenso AG Freiburg NJW 2002, 2959; *Mankowski*, MMR 2004, 312; a.A. AG Wiesbaden, CR 2003, 754; AG München, NJW 2002, 2960; AG Torgau, MMR 2003, 759; *Burg/Gimnich*, DRiZ 2003, 381, 384 f.; *Schlegel*, MDR 2004, 620, 621.
[80]   LG Berlin ZAP 2002, 565; KG Berlin, NJW-RR 2003, 637; dazu *Feser*, MMR 2003, 402 und im Ergebnis zustimmend *Klees*, CR 2003, 372, der aber die Arglistanfechtung nach § 123 BGB als einschlägig ansieht; s. auch AG München JurPC Web-Dok. 391/2002; AG Dillenburg CR 2003, 686.
[81]   Ebenso allgemein *Steiner*, 49.
[82]   Vgl. LG Köln NJW 1999, 3206 für Viren.
[83]   BGH NJW 2004, 1590, 1592.
[84]   BGH NJW 2004, 1590; genauere Tatsachenausführungen bei KG Berlin NJW-RR 2003, 637.
[85]   Nämlich der Umstellung der Standardrufnummer für Internetverbindungen KG Berlin NJW-RR 2003, 637.
[86]   BGH NJW 2004, 1590, 1592.

Zwei Punkte sind indes an der DIALER-Entscheidung zu kritisieren, obwohl der gewählte Weg durchaus nachvollziehbar ist:[87] Zum einen löst er nicht die Beweislastproblematik, der sich das Opfer ausgesetzt sieht. Während unterinstanzliche Entscheidungen zum Schutz des Kunden eine Beweislastumkehr nicht nur hinsichtlich der Nutzung des Mehrwertdienstes, sondern auch bezüglich des bewussten Vertragsschlusses vorsahen,[88] konnte der *BGH* in seiner Entscheidung anhand des seltenen Falles des bereits durch den Kunden erbrachten Beweises urteilen.[89] Der Beweis kann bei Schadprogrammen wie Dialern und Trojanern allerdings sehr schwer fallen, zumal sich die Programme teilweise effektiv vor einer Entdeckung verbergen oder selber nach einiger Zeit löschen,[90] um den entsprechenden Beweis unmöglich zu machen. Zum anderen zieht sich der *BGH* auf eine ergänzende Vertragsauslegung zurück. Es besteht deshalb die Gefahr, dass die Telekommunikationsanbieter die Lücke, die erst die Auslegung ermöglicht, vertraglich in ihrem Sinne schließen.[91] In der Folge dürfte darüber gestritten werden, ob dies einer Prüfung nach §§ 305 ff. BGB standhält.

Die Entscheidung des *BGH* ist mitnichten auf Dialer beschränkt. Vielmehr lässt sich an ihr die allgemeine Risikoverteilung im Bereich der Gefahren beim Einsatz von Computersystemen ableiten. So hat das *LG Stralsund* die Grundsätze auf installierte Trojaner übertragen.[92] Im behandelten Fall aus dem Jahre 2001 war auf dem Computersystem des Beklagten nachweislich ein Trojaner installiert gewesen. Dieser hat nach Auffassung des Gerichts die Nutzerdaten des Beklagten ausgespäht und es so einem Dritten ermöglicht, vom Computer des Beklagten kostenpflichtige Verbindungen zu Mehrwertdiensterufnummern aufzubauen. Zwar verkennt das Gericht, dass diese Nutzerdaten gar nicht notwendig sind, sondern Mehrwertdienste in der Regel unmittelbar über den Anschluss abgerechnet werden,[93] allerdings ist der Trojaner trotzdem einem Dialer vergleichbar oder hat sich selbst eines solchen bedient. Unter Verweis auf die DIALER-Entscheidung des *BGH* führt das *LG Stralsund* aus, dass sich der Nutzer auch gegen Trojaner nicht habe absichern müssen.[94]

---

87   *Mankowski*, MMR 2004, 312, 313 spricht von „Eleganz und Charme".

88   LG Memmingen NJW-RR 2002, 996; AG Berlin-Tiergarten NJW-RR 2002, 997; AG Bünde MMR 2003, 803 f.; *Mankowski*, MMR 2004, 312, 313 m.w.N.; differenzierend *Spindler*, JZ 2004, 1128, 1130 f.

89   Ähnlich *Schlegel*, MDR 2004, 620.

90   S. z.B. http://www.trojaner-info.de/news/dialer_qdial.shtml (abgerufen am 28.2.2008); vgl. auch *Strömer*, Online-Recht, 381 f.

91   *Spindler*, JZ 2004, 1128.

92   LG Stralsund MMR 2006, 487; aufgehoben durch BGH MMR 2007, 178. Die Aufhebung wird allerdings nicht mit einer fehlerhaften rechtlichen Würdigung, sondern mit den tatsächlichen Feststellungen bzw. den daraus gezogenen Schlussfolgerungen begründet.

93   So u.a. auch die Kritik in BGH MMR 2007, 178.

94   LG Stralsund MMR 2006, 487, 489.

Als tatsächliche Frage ist demnach bei einem Sicherheitsproblem jeweils zu entscheiden, ob dieses konkrete Sicherheitsproblem als allseits bekannt angesehen werden kann. Die Behandlung dieser Frage ist bisher noch ungeklärt. Man kann jedoch davon ausgehen, dass ein Problem erst weithin bekannt ist, wenn eine ausführliche und mehrfache Berichterstattung in Massenmedien erfolgt ist. Ist das Sicherheitsproblem lediglich in Fachzeitzeitschriften aufgegriffen worden, so kann gerade noch nicht festgestellt werden, dass auch der weniger interessierte Nutzer, und damit die Mitglieder der für die Pflichtenbestimmung wesentlichen Gruppe der Mehrheit der Nutzer die Problematik aufgenommen hat. Auch wer IT-spezifische Informationskanäle nicht nutzt, muss zumindest die klare Möglichkeit gehabt haben, vom Sicherheitsproblem in seinen Grundzügen erfahren zu haben.

Ob angesichts der weiteren Entwicklung und Information über Dialer heute noch davon ausgegangen werden kann, dass die Allgemeinheit bzw. ein verständiger Nutzer keine Kenntnis von dem Problem des Dialers und von möglichen Schutzmechanismen hat, erscheint zweifelhaft.[95] Schließlich sollte man nicht aus den Augen verlieren, dass die Bekanntheit durchaus auch wieder schwinden kann, z.B. wenn mehrere allgemein rezipierte Berichte nahe legen, dass das Sicherheitsproblem nicht mehr besteht bzw. gelöst wurde, und der Nutzer keine Maßnahmen ergreifen muss.

bbb)   Bekanntheit auch der Sicherungs- bzw. Gegenmaßnahmen

Während der *BGH* in der DIALER-Entscheidung noch maßgeblich auf die Kenntnis des Nutzers von der möglichen Beeinträchtigung seines Systems als Voraussetzung für entsprechende Handlungspflichten ausging, kann dies alleine noch nicht für die Begründung entsprechender Obliegenheiten ausreichen. Die mögliche Kenntnis eines Sicherheitsproblems besagt nämlich zunächst nichts darüber, ob der Handlungspflichtige auch dazu in der Lage ist, Sicherungsmaßnahmen zu ergreifen. Im Rahmen der Zumutbarkeitsprüfung muss dieser Punkt ebenfalls beachtet werden.

Um aber überhaupt Sicherungsmaßnahmen ergreifen zu können, benötigt der Pflichtige die Kenntnis vom Vorhandensein dieser Sicherungsmöglichkeiten.[96] Im dem dem DIALER-Urteil zugrunde liegenden Fall hatte der Sohn der Beklagten versucht, die Einwahl über die Mehrwertdiensterufnummer zu unterbinden, indem er das heruntergeladene Programm löschte. Da aber das Programm bereits die Standardverbindung modifiziert hatte, reichte dieses Vorgehen

---

[95]   Ebenso *Buchinger/Pfeiffer*, JA 2004, 589, 591; *Leible/Wildemann*, K&R 2004, 288, 289; *Schlegel*, MDR 2004, 620, 621; wohl mittlerweile auch *Spindler*, JZ 2004, 1128, 1129.
[96]   Ebenso AG Völklingen MMR 2005, 482, 483.

nicht aus. In der Folge sah der *BGH* keine Pflicht des Sohnes, die geeigneten Maßnahmen zu ergreifen, weil dieser offensichtlich von ihnen keine Kenntnis hatte.

Mit dem Urteil zur Haftung für die Telefonkosten aus R-Gesprächen Dritter[97] hat der *BGH* dieses ohne expliziten Hinweis auch bereits in der DIALER-Entscheidung mitschwingende Merkmal deutlich herausgestellt. R-Gespräche, also Reverse-Charge bzw. rückwärts berechnete Gespräche, sind solche, bei denen nicht der Anrufer die Gesprächskosten trägt, sondern der Angerufene. Dazu ruft der Anrufer kostenlos bei einem R-Gesprächs-Anbieter an. Dieser kontaktiert anschließend den gewünschten Empfänger und erfragt, meist automatisiert und durch Eingabe einer Tastenkombination im Telefon zu bestätigen, ob der Angerufene die Kosten für das Gespräch übernehmen will, und stellt anschließend die Verbindung her.[98] Im zu entscheidenden Fall hatte der Freund der Tochter der Beklagten mehrfach mit der Tochter solche R-Gespräche geführt. Die Beklagte weigerte sich, die aufgelaufenen Kosten zu zahlen. Während sich der *BGH* intensiv mit der Frage zu beschäftigen hatte, ob ein wirksamer Vertragsschluss erfolgt war, hat er zudem, erneut unter Anwendung von § 16 Abs. 3 Satz 3 TKV, festgestellt, dass der Telefonanschlussinhaber nicht verpflichtet ist, technische Vorkehrungen gegen die Annahme von R-Gesprächen zu ergreifen.[99] Dafür stellte er auch darauf ab, dass die Beklagte bis zur ersten Rechnung R-Gesprächs-Anbieters keine Kenntnis von den R-Gesprächen hatte.[100] Anschließend verweist der *BGH* zudem deutlich darauf, dass es bisher keine technisch zumutbaren Möglichkeiten zur Verhinderung von R-Gesprächen gebe.[101] Technisch zumutbar seien diese nämlich nur, wenn sie auch bekannt seien.[102] Ebenso hatte bereits das *AG Völklingen* entschieden[103] und ausdrücklich formuliert: „Selbst dem Gericht ist es nicht bekannt, dass eine derartige technische Möglichkeit überhaupt besteht."[104] Das *LG Flensburg* hat ebenfalls deutlich auf die Bekanntheit des Problems sowie der Sicherungsmaßnahmen abgestellt.[105] So weist es darauf hin, dass zum Zeitpunkt der Annahme des im dort behandelten Fall des Jahres 2003 noch keine Warnungen von Verbraucherzentralen vor R-Gesprächen herausgegeben worden waren.[106] Auch Gerichtsentscheidungen, die Bekannt-

---

[97] BGH NJW 2006, 1971.
[98] Eingehend zu den unterschiedlichen Varianten *Janal*, K&R 2006, 272.
[99] BGH NJW 2006, 1971; zustimmend *Janal*, K&R 2006, 272, 279; *Zagouras*, NJW 2006, 2368, 2369; a.A. *Schütz/Gostomzyk*, MMR 2006, 11 aber unter Hinweis auf in den Tageszeitungen verbreitete Informationen.
[100] BGH NJW 2006, 1971, 1972.
[101] BGH NJW 2006, 1971, 1973; zustimmend *Böttcher*, VuR 2006, 256, 259.
[102] BGH NJW 2006, 1971, 1973 unter Hinweis auf *Grabe*, MMR 2005, 483, 484; zustimmend *Mankowski*, MMR 2006, 458, 459.
[103] AG Völklingen MMR 2005, 482; zustimmend *Grabe*, MMR 2005, 483
[104] AG Völklingen MMR 2005, 482, 483.
[105] LG Flensburg MMR 2006, 47.
[106] LG Flensburg MMR 2006, 47, 48; ähnlich *Schütz/Gostomzyk*, MMR 2006, 11.

heit hätten erlangt haben können, habe es noch nicht gegeben.[107] Anders könnte sich nach den Ausführungen des *BGH* die Lage darstellen, wenn es ein Register gebe, in das sich Anschlussinhaber eintragen könnten, um R-Gespräche zu verhindern.[108] Dem *BGH* ist in diesem Zusammenhang nur bedingt zuzustimmen. Die Auferlegung von Pflichten muss sich jeweils an der Zumutbarkeit ausrichten. Notwendig ist nämlich zusätzlich zum Vorhandensein dieser kostenlosen Datenbank schließlich auch das allgemeine Bewusstsein, dass sie existiert und eine effektive Möglichkeit zur Verhinderung von R-Gesprächen bietet. Davon bereits mit Einrichtung der Datenbank bei der Bundesnetzagentur auszugehen, ist zu weit gegriffen.[109]

In der Zusammenschau des DIALER-Urteils und der R-GESPRÄCHS-Entscheidung muss, um eine Pflicht des Nutzers zum Ergreifen von Sicherungsmaßnahmen zu begründen, nicht nur das Sicherheitsproblem, sondern auch die generelle Lösungsmöglichkeit bekannt sein. An die Bekanntheit dürften indes die selben Maßstäbe anzulegen sein. Ist also einem hinreichend großen Kreis von Durchschnittsnutzern durch entsprechende wiederholte Berichterstattung in allgemein zugänglichen und nicht auf Fachkreise beschränkten, sondern vielmehr an die Allgemeinheit der Computernutzer gerichteten, Medien bekannt, dass ein Problem besteht und wie es zu lösen ist, kann eine Pflicht zum Ergreifen der Maßnahmen durchaus bestehen.[110]

ccc) Technische Zumutbarkeit

Wenn davon ausgegangen werden kann, dass sowohl die Sicherheitslücke als auch die Möglichkeiten zu ihrer Behebung bekannt sind, so liegen darin bereits die wichtigsten Voraussetzungen für eine Handlungsverpflichtung des Nutzers. Hinzu kommt allerdings noch die Prüfung, ob dem Nutzer denn das Ergreifen der Sicherungshandlung auch technisch zumutbar war. Die Ermittlung der Zumutbarkeit ist ein Prozess der Abwägung zwischen Ausmaß der Pflichten und drohendem Schaden am Rechtsgut bei Nichtergreifung der Maßnahmen.[111] Daraus ergibt sich, dass zumindest Maßnahmen, die ein hohes Maß an Expertise erfordern und damit technisch aufwändig und zeitintensiv sind, durch den Durchschnittsnutzer nicht geleistet werden können und müssen. Im Fall der R-Gespräche hat das *AG Völklingen* nicht nur festgestellt, dass ihm keine technisch möglichen Gegenmaßnahmen bekannt seien. Zusätzlich hat es zum Ausdruck gebracht, dass es sich, gesetzt den Fall, eine Möglichkeit durch Einstel-

---

[107]   LG Flensburg MMR 2006, 47, 48.

[108]   BGH NJW 2006, 1971, 1974; kritisch *Böttcher*, VuR 2006, 256, 259; mittlerweile wurde eine solche Datenbank aufgrund von § 66i Abs. 2 TKG eingerichtet, vgl. *Mayer/Möller*, MMR 2007, 559; *Schlotter*, JurPC Web-Dok. 148/2007, Rn. 19; *Zagouras*, NJW 2007, 1914, 1916.

[109]   Ebenso *Mankowski*, MMR 2006, 458, 460; offen *Zagouras*, NJW 2007, 1914, 1916.

[110]   Vgl. o. S. 227.

[111]   BGHZ 58, 149, 158; BGHZ 104, 323, 329; BGHZ 112, 74, 75 f.; BGH NJW 1990, 1236, 1237.

lung an der Telefonanlage des Nutzers bestünde, nicht in der Lage sähe, diese zu ergreifen.[112] Auch der *BGH* hat sich dieser Schlussfolgerung angeschlossen.[113] Wenn allerdings andere, technisch zumutbare Lösungen bestehen, so sind diese selbstverständlich zu ergreifen.[114]

Schließlich ist noch festzustellen, dass die technische Zumutbarkeit nur bei privaten Nutzern eine maßgebliche Rolle spielen kann. Grundsätzlich könnte man auch verlangen, für technisch anspruchsvolle Aufgaben einen Experten heranzuziehen.[115] Bei privaten Nutzern dürfte dies allerdings regelmäßig im Rahmen der Abwägung einen zu hohen Aufwand bedeuten, so dass die Prüfung einer technischen Zumutbarkeit hier eher angebracht ist. Differenzierter ist dies bei kommerziell handelnden Nutzern zu beurteilen, bei denen schließlich auch die wirtschaftlichen Nutzenziehung aus der gefährdenden Handlung eine wesentliche Rolle in der Abwägung spielt.[116]

ddd) Wirtschaftliche Zumutbarkeit

Konkret muss die Ergreifung der Maßnahme auch wirtschaftlich zumutbar sein. Während viele Lösungen kostenlos und nur unter Erbringung eines gewissen Zeitaufwands genutzt werden können, sind viele Vorsorgemaßnahmen maßgeblich davon abhängig, dass Leistungen Dritter in Anspruch genommen und auch vergütet werden.

Das Ergreifen einer Sicherungsmaßnahme ist zumutbar, wenn es nicht außerhalb eines angemessenen Verhältnisses steht.[117] Zu beachten sind in diesem Zusammenhang insbesondere die Wahrscheinlichkeit des Gefahreneintritts sowie die Intensität und Höhe des möglichen Schadens. Als ein Beispiel für kostenpflichtige Lösungen, die auch von Privatnutzern ergriffen werden sollten, sind Virenscanner zu nennen, bei denen zusätzlich zum Erwerb der Software[118] ein regelmäßiges Update erforderlich ist. Für diese Dauerleistung müssen sowohl Telekommunikationskosten, als auch häufig die Gebühren des Anbieters eingerechnet werden. Zusätzlich kann auch eine Rolle spielen, inwieweit der Nutzer selbst einen Vorteil aus der Ergreifung der Sicherungsmaßnahme zieht.[119] Wenn der Inhaber eines Rechnersystems

---

[112] AG Völklingen MMR 2005, 482, 483; *Grabe*, MMR 2005, 483, 485.

[113] BGH NJW 2006, 1971, 1973.

[114] BGH NJW 2006, 1971, 1974.

[115] Ebenso aber auch bei privaten Nutzern LG Hamburg MMR 2006, 763, 764; LG Hamburg CR 2006, 780, 782; LG Mannheim MMR 2007, 267; kritisch zu einem ähnlichen Fall *Solmecke*, K&R 2007, 138, 143.

[116] *Spindler* in: Bamberger/Roth, § 823 BGB Rn. 240; vgl. auch *Wagner* in: MünchKommBGB, § 823 BGB Rn. 250 m.w.N.

[117] Vgl. *Lang*, JurPC 2001, Web-Dok. 205/2001, Rn. 8 ff.

[118] Es gibt allerdings auch effektive kostenfreie Lösungen.

[119] Ähnlich *Spindler* in: Bamberger/Roth, § 823 BGB Rn. 240 m.w.N.

auf diesem wirtschaftlich bedeutsame Daten gespeichert hat, so besteht bereits ein relativ hohes Eigeninteresse am Selbstschutz, das zu berücksichtigen sein könnte.

eee) Aktualität

Schließlich spielt in diesem Rahmen auch die Aktualität der eingesetzten Software eine wesentliche Rolle. Virenscanner bieten nur dann einen adäquaten Schutz, wenn sie regelmäßig auf neue Viren eingestellt werden.[120] Ebenso verhält es sich mit Updates von Software, um bestimmte Sicherheitslücken zu schließen. Die Bemessung der notwendigen Aktualität gehört demnach zur Bestimmung des Pflichtenprogramms des Nutzers. Aufgrund der Vielzahl der Gefahrensituationen und der ständigen Veränderlichkeit der Anforderungen wird vorliegend auf eine eingehende aktuelle Untersuchung und Darstellung der Aktualisierungszeiträume verzichtet.[121]

fff) Das allgemeine Lebensrisiko als Begrenzung

Fraglich ist, ob eine Begrenzung der Haftung nicht erst im haftungsausfüllenden Tatbestand über das Mitverschulden nach § 254 BGB,[122] sondern bereits in der Haftungsbegründung aufgrund der Verwirklichung eines allgemeinen Lebensrisikos zu erfolgen hat.[123] Anders formuliert, könnte der Anspruch des Geschädigten ausgeschlossen sein, weil die Schädigung des eigenen Computersystems durch Computerschadprogramme Dritter heutzutage als allgemeines Lebensrisiko angesehen wird.

Ein Schaden fällt nicht unter den Schutzzweck einer Norm, wenn er sich gerade nur als Verwirklichung eines allgemeinen Lebensrisikos darstellt.[124] Ein allgemeines Lebensrisiko kann vor allem dann vorliegen, wenn die von einem Nachteil betroffene Person den Gefahren unabhängig vom Eintritt der haftungsrelevanten Handlung, also meist dem Hinzutreten Dritter, latent ausgesetzt war.[125] Diese latente Gefahr soll bestehen, wenn sich der Geschädigte ohne weiteres und aus freien Stücken in diejenige Situation begeben hat, die dem konkreten Schadensfall zugrunde lag.[126] Gekennzeichnet sind solche Situationen auch durch ein günstiges

---

[120] *Heibey* in: Roßnagel, Handbuch Datenschutzrecht, Kap. 4.5 Rn. 131.

[121] Beispielhaft für Virenscanner-Update: keine ständige Pflicht *Schmidbauer*, Schadensersatz wegen Viren; wöchentlich oder kürzer *Koch*, NJW 2004, 801, 807; ebenso IT-Grundschutzhandbuch 2005, M 4.3.

[122] S.u. S. 236.

[123] Zur Einordnung des Merkmals bei der Prüfung *Mädrich*, 96 f.

[124] BGHZ 27, 137, 141; BGHZ 75, 230; *Heinrichs* in: Palandt, vor § 249 Rn. 88; vgl. auch *Schiemann* in: Erman, § 823 BGB Rn. 20; *Hager* in: Staudinger, § 823 BGB Rn. B 33 f.; BGH NVwZ-RR 1994, 400, 401; BGH NJW 1996, 1533.

[125] *Mädrich*, 43; *Deutsch*, VersR 1993, 1041, 1042.

[126] *Mädrich*, 43.

Verhältnis von dem Nutzen der gefährdenden Lage und der Wahrscheinlichkeit und Schwere der Gefahr, also durch ein günstiges Kosten-Nutzen-Verhältnis.[127]

Hilfreich für die Entscheidung kann die vorläufige Begrenzung der Problematik sein: Es soll zunächst nur die Verteilung von Viren und Trojanern betrachtet werden. Grund hierfür ist zum einen, dass sie bereits Eingang in die rechtswissenschaftliche Literatur gefunden hat.[128] Diese Konstellation lässt sich zudem schon begrifflich besonders gut mit der Situation vergleichen, dass ein von einer Krankheit, zum Beispiel der Grippe Betroffener - möglicherweise sogar bewusst - mit anderen in Kontakt tritt und diese ansteckt. Es wird sich konstatieren lassen, dass derjenige, der mit einer so üblichen Krankheit wie einer Erkältung oder Grippe normalen Verkehr zu Dritten pflegt, sich sozial adäquat verhält.[129] Als sozial adäquat werden Einschränkungen bezeichnet, die im Rahmen des Soziallebens allgemein hingenommen und nicht mehr als Verletzung der allgemeinen Rechtssphäre empfunden werden.[130] Ein gewisses Maß an geschaffener Gefährdung wird nämlich von der Rechtsordnung geduldet.[131] Wer angesteckt wird, kann regelmäßig keinen Schadensersatz verlangen. Dies gilt vor allem dann, wenn es dem Kranken nicht bewusst war, dass er selbst erkrankt ist und andere anstecken könnte. Die Erkrankung an der Grippe ist folglich grundsätzlich dem allgemeinen Lebensrisiko zuzuordnen.[132] Anders hatte das *RG* in einem Fall entschieden, in dem jemand aufgrund deliktischen Vorverhaltens ins Krankenhaus eingeliefert worden war, sich dort die Grippe zuzog und verstarb.[133] Im Krankenhaus besteht allerdings auch eine gesteigerte Gefahr, Opfer von ansteckenden Krankheiten zu werden,[134] so dass dies nicht mit dem üblichen Sozialverkehr gleichzusetzen ist. Insofern könnte man durchaus auf die Idee kommen, die Verbreitung von digitalen Viren mit der von tatsächlichen Krankheitserregern gleichzusetzen und das Betreiben eines mit Viren verseuchten Computers als sozial adäquat, die Infektion des Dritten also als dessen allgemeines Lebensrisiko anzusehen.

---

[127] *Mädrich*, 44.

[128] *Ernst*, NJW 2003, 3233; *Mankowski* in: Ernst, Hacker, Cracker & Computerviren, Rn. 419 ff. *Koch*, NJW 2004, 801; *Libertus*, MMR 2005, 507; *Spindler*, CR 2005, 741, 744; *Spindler*, NJW 2004, 3145, 3146 f.; *Schmidbauer*, Schadensersatz wegen Viren.

[129] *Esser/Schmidt*, BGB AT 2, 63; „Ausgesetztheit gegenüber den modernen Umweltgefahren" *Schiemann* in: Staudinger, § 249 BGB Rn. 89; ähnlich zur Teilnahme am Straßenverkehr *Huber*, in: Müller/Soell, FS Wahl, 301, 323.

[130] *Deutsch*, Allgemeines Haftungsrecht, Rn. 600; *Esser/Schmidt*, BGB AT 2, 63.

[131] *Heinrichs* in: Palandt, § 276 BGB Rn. 21; *Huber*, in: Müller/Soell, FS Wahl, 301, 304; *Esser/Schmidt*, BGB AT 2, 63.

[132] *Lange*, Haftungsbegrenzung, 52; anders RGZ 105, 264.

[133] RGZ 105, 264.

[134] Vgl. BGH VersR 1960, 416, 418: „Die Einsicht in die [Ansteckungsgefahr] lag [...] im Bereich der allgemeinen Erfahrung".

Allerdings unterscheiden sich die beiden Fälle signifikant. Gegen eine Erkältung oder Grippe kann man sich nur unzureichend schützen. Entsprechende Impfungen senken die Gefahr der Infektion und häufig auch nur die Schwere der Erkrankung, ansonsten kommt es aber wesentlich auf ein gut ausgebildetes Immunsystem an. Dieses kann man zwar fördern, aber nicht tatsächlich und sicher mit vertretbarem Aufwand aufbauen oder an- bzw. ausschalten. Anders ist dies beim Computervirus. Durch die Installation eines Antiviren-Programms kann man sich tatsächlich schützen. Um in dem beschriebenen Bild zu bleiben, hätte derjenige, der die Krankheit verbreitet, durchaus seine eigene Infektion effektiv und mit vertretbarem Aufwand verhindern können. Zudem kann der durch eine Grippe oder Erkältung Betroffene die Infektion Dritter regelmäßig nur durch Vermeidung von - ansonsten sozial gewolltem - Kontakt zu Dritten erreichen, wohingegen der Inhaber eines infizierten Computers mit der - zugegebenermaßen nicht immer leichten - Entfernung des Schadprogramms die künftige Fremdgefährdung selbst nach Infektion des Computers ausschließen kann.

Des weiteren ist ein Zusammenhang zwischen der Bekanntheit eines Problems[135] und der Einordnung dieses Problems unter das allgemeine Lebensrisiko herzustellen. Dazu lässt sich festhalten, dass nicht jede allgemein bekannte Gefahr auch gleich unter das allgemeine Lebensrisiko fällt. Betrachtet man, ob die Problematik der Computerviren allgemein hingenommen wird und aus diesem Grunde als ein allgemeines Lebensrisiko aufgefasst werden sollte, so lässt sich konstatieren, dass die Infektion mit Viren, die meist den Betrieb des eigenen Computers stören, bei weitem nicht allgemein hingenommen wird. Vielmehr ist sie ein eindeutiges Ärgernis. Sie wird folglich gerade nicht allgemein akzeptiert. Die Infektion mit einem Trojaner wird ebenfalls nicht lediglich als notwendiges Übel betrachtet, sondern regelmäßig unter dem Gesichtspunkt der Datenspionage und dem Entzug der Kontrolle über das eigene Computersystem als wesentliche Einschränkung empfunden. Als Ergebnis ist die Vireninfektion des Computersystems nicht dem allgemeinen Lebensrisiko zuzuordnen.

Die Reduktion auf das relativ deutliche Szenario des Vergleichs von Krankheitsviren und Computerviren, also die weitgehende Bekanntheit des Problems, zeigt demnach, dass bereits hier eine Einordnung unter das allgemeine Lebensrisiko fehlschlägt. Diese Schlussfolgerung muss demnach erst recht für andere, eher unbekanntere Gefährdungen gelten.

Ob man nun dem allgemeinen Lebensrisiko überhaupt eine Bedeutung für den Tatbestand zuweist oder nicht,[136] spielt keine Rolle. Es greift vorliegend jedenfalls regelmäßig nicht ein. Für eine Beurteilung des Einzelfalls kann aber dennoch Raum bleiben.

---

[135] S.o. S. 224.
[136] Kritisch *Esser/Schmidt*, BGB AT 2, 63 f; *Lorenz-Meyer*, 25.

ggg)   Zwischenergebnis

Die Beurteilung, ob den Nutzer einer Computeranlage Verkehrssicherungspflichten zum Einsatz von Sicherungsmaßnahmen treffen, erfordert demnach mehrere Schritte, die jeweils in Abwägung des Aufwands und der Gefährdungslage zu beurteilen sind:

- Bekanntheit des Problems

- Bekanntheit der Problemlösung

- Technische Zumutbarkeit

- Wirtschaftliche Zumutbarkeit

- Beurteilung der notwendigen Aktualität

cc)   Zwischenergebnis

Die Betrachtung dieser Punkte kann somit durchaus zum Ergebnis führen, dass auch derjenige, der selbst nicht bewusst gehandelt hat, dessen Computersystem aber nicht ausreichend gegen Gefahren gesichert war, für Schaden einzustehen hat, die bedingt durch die nicht ausreichende Absicherung entstanden sind. Grund hierfür ist, dass ihn entsprechende Vorsorgepflichten treffen.

c)   Rechtswidrigkeit und Verschulden

Anschließend sind noch Rechtswidrigkeit und Verschulden des Pflichtigen festzustellen. Die Rechtswidrigkeit ist im Rahmen des § 823 Abs. 1 BGB bei erfolgsbezogenen Handlungen indiziert.[137] Sie entfällt dann nur bei Vorliegen eines Rechtfertigungsgrundes.[138] Bei verhaltensbezogenen Handlungen hingegen muss gegen die im Verkehr erforderliche Sorgfalt verstoßen worden sein.[139] Die Beurteilung, ob Verkehrs- und Sorgfaltspflichten verletzt wurden, erfolgt nach den dargelegten Grundsätzen.

Schuldhaft ist das Unterlassen der Verkehrssicherungssicherungspflichten, wenn sie ohne Eingreifen eines Entschuldigungsgrundes nicht erfüllt wurden.[140]

---

[137] *Sprau* in: Palandt, § 823 BGB Rn. 24.
[138] BGHZ 24, 21, 27 f.; BGHZ 90, 255, 257 f.; BGHZ 118, 201, 207; *Larenz/Canaris*, § 75 II 2c; anders bei Rahmenrechten, sowie mittelbaren Beeinträchtigungen, bei denen die Verkehrssicherungspflichten ordnungsgemäß erfüllt waren *Hager* in: Staudinger, § 823 BGB Rn. A 3.
[139] *Sprau* in: Palandt, § 823 BGB Rn. 24.
[140] *Hager* in: Staudinger, § 823 BGB Rn. A 4 m.w.N.

d) Mitverschulden des Geschädigten, § 254 BGB

Der Anspruch könnte jedoch zumindest teilweise deshalb ausgeschlossen sein, weil der Geschädigte die ihm obliegende Pflicht zum Selbstschutz nicht beachtet hat. Ein Mitverschulden bei der Entstehung eines Schadens liegt u.a. vor, wenn der Geschädigte eine vorhandene Gefahrenquelle nicht abgestellt bzw. nicht überwacht hat, ob sie sich konkretisiert, oder wenn er Hinweise auf das Vorhandensein einer Gefahr nicht beachtet hat.[141] Der Geschädigte hat also diejenige Sorgfalt anzuwenden, die ein verständiger Mensch im eigenen Interesse aufwendet, um sich vor Schaden zu bewahren.[142] Diese Pflichten gelten auch gegenüber dem seine Verkehrssicherungspflicht verletzenden Schädiger,[143] sofern die Gefahr erkennbar und vermeidbar war.[144]

Insoweit ist zu beachten, dass das Mitverschulden nach § 254 BGB in diesem Bereich im Grunde spiegelbildlich zu den Verkehrssicherungspflichten nach § 823 Abs. 1 BGB steht. Denn den Geschädigten trifft gegenüber denjenigen, die eventuell in Folge seiner Pflichtversäumnis durch ihn bzw. durch Angriffe von seinem Computersystem geschädigt werden, selbstverständlich die selbe Pflicht, deren Nichterfüllung er seinem Schädiger richtigerweise vorwerfen kann. Zu klären ist also, ob diese Pflicht nicht nur seinen potentiellen Opfern, sondern auch seinem Schädiger gegenüber besteht. Knüpft man an das zeitliche Element der Haftungszurechnung an, so zeigt sich, dass beim Schädiger gegenüber Dritten auf den Moment abgestellt wird, in dem sein eigenes System betroffen wird. In diesem Augenblick hat sich die Vernachlässigung seiner Verkehrssicherungspflichten realisiert. Beim Geschädigten wiederum verwirklicht sich in genau diesem Moment bzw. durch die unmittelbar bzw. kausal folgende schädigende Einwirkung die Gefahr zum Schaden. Schadenseintritt und „Schädigungshandlung"[145] decken sich folglich zeitlich, was die Bewertung als spiegelbildliche bzw. zusammenhängende Ereignisse bestätigt.

Dieser Befund deckt sich mit der gesetzgeberischen Wertung, Schädiger und Geschädigten bei der Behandlung ihres Verschuldens grundsätzlich gleich zu behandeln.[146] Ein Verhalten, das bei Eingriffen in fremde Rechtsgüter eine Ersatzpflicht zu begründen vermag, muss bei einem Eingriff in die eigenen Güter durch einen Dritten einbezogen werden und kann nicht zu

---

[141] *Looschelders*, Rn. 1018; *Oetker* in: MünchKommBGB, § 254 BGB Rn. 29.
[142] RGZ 105, 115, 119; BGH NJW 2001, 149, 150; *Lange*, Schadensersatz, § 10 VI 1d; *Oetker* in: MünchKommBGB, § 254 BGB Rn. 30; *Schiemann* in: Staudinger, § 254 BGB Rn. 38.
[143] *Heinrichs* in: Palandt, § 254 BGB Rn. 25 ff.; *Schiemann* in: Staudinger, § 254 BGB Rn. 53.
[144] *Schiemann* in: Staudinger, § 254 BGB Rn. 53, 55.
[145] Im Sinne eines Unterlassens der Ergreifung von Sicherungsmaßnahmen als Begründung der späteren Haftung.
[146] *Deutsch*, Allgemeines Haftungsrecht, Rn. 571; *Looschelders*, Rn. 1014.

Lasten des Schädigers geltend gemacht werden.[147] Zusätzlich kann vom Geschädigten kann grundsätzlich genausoviel verlangt werden wie vom Schädiger.[148] Schließlich ist dem Geschädigten eventuelles Spezialwissen bzw. Spezialfähigkeiten, also möglicherweise sogar ein Vorsprung in der Fähigkeit, Gefahren abzuwenden, anzurechnen, so dass der ihn treffende Sorgfaltsmaßstab sogar höher sein kann als beim Schädiger.[149]

Im Ergebnis kann der Schädiger dem Geschädigten, der ebensowenig die notwendigen Sicherungsmaßnahmen ergriffen hat, dieses Fehlverhalten im Rahmen des Mitverschuldensvorwurfs nach § 254 BGB vorhalten. Folge ist eine Reduzierung bzw. Teilung der Höhe des Schadensersatzanspruchs nach dem jeweiligen Grad des Verschuldens.[150]

3. Ergebnis

Der Geschädigte kann aufgrund deliktischen Verhaltens Ansprüche gegen den Teilnehmer eines offenen Netzes erheben, der in vorwerfbarer Weise in seine Rechtsgüter eingegriffen hat. Hierunter fallen selbstverständlich die bewussten, also vorsätzlichen Angriffe. Aber auch derjenige, der selbst als Teilnehmer am Internetverkehr Opfer eines Angriffs geworden ist und in der Folge unbewusst Dritte schädigt, kann aufgrund der Verletzung seiner Pflicht zur Ergreifung von Sicherungsmaßnahmen in Anspruch genommen werden. Dafür ist in einer wertenden Betrachtung das Vorliegen sowie das Maß der Verpflichtung zu ermitteln. Eventuelles Mitverschulden kann dem Geschädigten entgegen gehalten werden.

V. Ergebnis

Dem Geschädigten stehen gegenüber dem ihn unmittelbar schädigenden Nutzer Rechtsmittel zur Verfügung. Durch die verschiedenen Rechtsinstitute wird er gegen Eingriffe in ihm zustehende Rechtsgüter umfassend geschützt, wobei hier beispielhaft Eingriffe in urheberrechtliche Befugnisse, in das Persönlichkeitsrecht sowie in die über § 823 Abs. 1 BGB geschützten Rechtsgüter wie Eigentum bzw. eigentumsähnliche sonstige Rechte dargestellt wurden.

---

[147] *Lange*, Schadensersatz, § 10 VI 1d.
[148] *Lange*, Schadensersatz, § 10 VI 2.
[149] *Deutsch*, Allgemeines Haftungsrecht, Rn. 573; *Lange*, Schadensersatz, § 10 VI 2.
[150] *Looschelders*, Rn. 1015, 1037; *Oetker* in: MünchKommBGB, § 254 BGB Rn. 105 ff., 113; *Heinrichs* in: Palandt, § 254 BGB Rn. 59.

§ 7   Ansprüche gegen den Betreiber

Im Anschluss an die direkten Ansprüche gegen den Schädiger, sind insbesondere Ansprüche gegen den oder die Betreiber des offenen Netzwerks zu prüfen, die unwissentlich an der Schädigung mitgewirkt haben könnten.

I.   Anonymität als Problem der Rechtsverfolgung

Den Ansprüchen gegen die Betreiber kommt erhebliche Bedeutung zu. Grund dafür ist insbesondere ein Rechtsverfolgungsproblem. Der Geschädigte hat ohne Zweifel Ansprüche gegen den jeweiligen Schädiger. Problematisch ist dabei weniger der Nachweis von eigenen Rechtspositionen oder konkreten Rechtsverletzungen, als vielmehr die eindeutige Feststellung der Identität des Verantwortlichen. Das Internet ist allerdings mitnichten ein anonymer Handlungsraum.[1] Internetnutzer haben mit ihren Internet Service Providern regelmäßig vertragliche Beziehungen, die natürlich auch die Identifizierung ermöglichen. Grundsätzlich sind auch offene Netzwerke keine anonymen Räume. Durch die technischen Schwierigkeiten und die Konzeption offener Netzwerke lässt sich Anonymität allerdings leicht realisieren und ist auch häufig anzutreffen. Diese Feststellung gilt schließlich nicht nur für offene Netzwerke: Auch Hotspots z.B. in Cafés benötigen meist keine Anmeldung oder definitive Identifikation. Die Betreiber dort treffen demnach die gleichen Risiken. Aufgrund der möglichen Anonymität und damit der Unmöglichkeit der Identifizierung des Schädigers können die Ansprüche des Geschädigten häufig ins Leere laufen. Dem Geschädigten verbleibt grundsätzlich als einzige Ansprechperson der Betreiber. Da gegen diesen der Beweis der direkten Rechtsverletzung aber in aller Regel scheitern wird, muss auf mittelbare Instrumente zurückgegriffen werden. Hierzu gehören Schadensersatzansprüche aufgrund der möglichen Verletzung von Verkehrssicherungspflichten beim Betrieb des Netzes, eine Inanspruchnahme nach den Grundlagen der

---

[1]   Dazu und zu Identifizierungstechniken eingehend s.o. S. 34.

Störerhaftung sowie Auskunftsansprüche auf Auskunft bezüglich der Identität oder der die Identifizierung ermöglichenden Merkmale, sofern solche vorhanden oder gespeichert sind.[2]

II. Betreiberbegriff und Schädigungshandlungen

Bisher wurde die Unterscheidung zwischen Nutzer und Betreiber hauptsächlich verwendet, um die Pflichten der Teilnehmer in offenen Netzwerken zu bestimmen oder zu untersuchen. Durch die Sicht von außen, also aus der Position des geschädigten Dritten, ändert sich diese Einordnung allerdings nicht. Betreiber aus dem Blickwinkel des Dritten ist derjenige Teilnehmer eines offenen Netzwerkes, der den Zugang zum Geschädigten vermittelt. Da das Internet aus vielen vernetzten Rechnern besteht, die alle zunächst neutral nur den Verkehr weiterleiten, ist Angriffspunkt der Teilnehmer, der dem Schädiger den Zugang zum Internet ermöglicht hat.[3] Meist lässt sich auch nur dieser direkt feststellen, indem beim Internet Service Provider die Herausgabe der Kundendaten zur gespeicherten IP-Adresse zum Schädigungszeitpunkt erwirkt wird.[4] Der festgestellte Teilnehmer ist demnach der Betreiber, in der hier vorgestellten Konstellation aber nicht selbst der Schädiger.

Die Schädigungshandlung des Betreibers bzw. seine Mitwirkung an der Schädigung ist im Normalfall immer die Gleiche: Sie besteht in der Weiterleitung von Daten des Schädigers. Aufgrund der Neutralität des Netzwerks gegenüber den transportierten Daten[5] liegt demzufolge immer darin die Handlung, unabhängig davon, ob es sich bei der Rechtsverletzung durch den Nutzer um urheberrechtliche oder andere Verletzungen handelt. Das dargestellte Szenario ist noch relativ leicht. Bei offenen Netzwerken wird Datenverkehr allerdings häufig bereits vielfach vermittelt, bevor er die Schwelle zum Internet überschreitet. So können bereits innerhalb des Funknetzwerks mehrere Zwischenstationen und damit auch weitere Betreiber an der Kommunikation beteiligt sein.[6] Für den Geschädigten ist dennoch meist nur derjenige ermittelbar, der direkt mit dem Internet verbunden ist. Die anderen Vermittler wären nur bei einer Speicherung der durch den Datenverkehr zum jeweiligen Zeitpunkt gewählten Route überhaupt feststellbar. Dennoch sollen sie bei der Betrachtung nicht außer Acht gelassen werden.

---

[2]   Eingehend zum Recht auf Anonymität und den allgemeinen Folgen s.o. S. 69 ff.
[3]   S. Abb. 7.1.
[4]   Zur Rechtmäßigkeit der Speicherung und Herausgabe s.u. 267 ff.
[5]   *Büschenfeldt*, in: Lutterbeck/Bärwolff/Gehring, Open Source Jahrbuch 2007, 481, 485; *Lessig*, Code: Version 2.0, 54 f.; *Lutterbeck*, in: Lutterbeck/Bärwolff/Gehring, Open Source Jahrbuch 2005, 329, 340 f.; *van Schewick*, in: Drossou/Krempl/Poltermann, 48, 49 ff.
[6]   Als Beispiel für zwei Vermittlungsstationen s. Abb. 7.2.

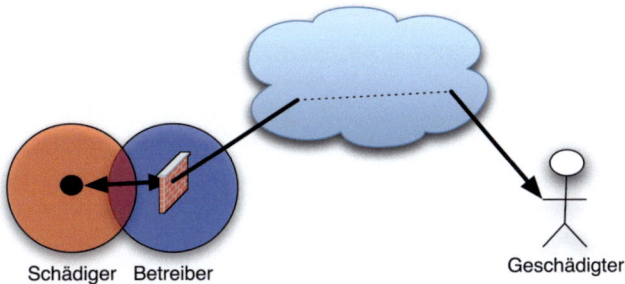

Abbildung 7.1: **Nur ein zwischengeschalteter Betreiber**

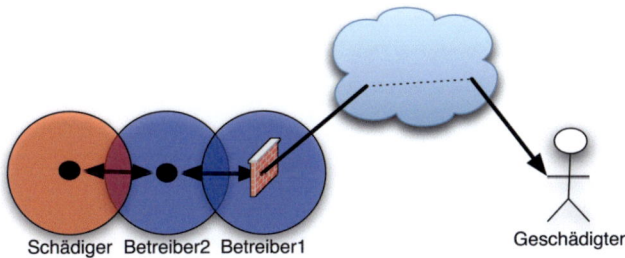

Abbildung 7.2: **Mehrere zwischengeschaltete Betreiber**

III.   Deliktsrechtlicher Anspruch, § 823 Abs. 1 BGB

Zunächst kommt ein Anspruch des Geschädigten gegen den Betreiber nach § 823 Abs. 1 BGB in Betracht. Problematisch daran ist bereits das vorwerfbare Verhalten. Deliktisch vorwerfbares Verhalten ist nur menschliches Verhalten. Der Betreiber eines Knotens begeht allerdings nicht selbst die Rechtsverletzung. Diese erfolgt durch den unmittelbaren Täter über den Netzwerkknoten des Betreibers. Er leitet die Daten nicht unmittelbar selbst weiter, sondern stellt nur den Knotenpunkt für die Kommunikation bereit. Die Daten werden zudem in aller Regel unbesehen weitergeleitet. Der Betreiber nimmt folglich keinerlei Kenntnis von deren Inhalt. Eine Untersuchung oder Bewertung auf eine Rechtswidrigkeit hin erfolgt nicht. Hat man festgestellt, dass die Rechtssschädigung nur mittelbar erfolgte,[7] so muss überprüft werden, ob der

---

[7]   Vgl. *Krause* in: Soergel, § 823 BGB Anh. II Rn. 2.

Betreiber nicht in vorwerfbarer Weise das Ergreifen von Verkehrssicherungspflichten unterlassen hat.

Unabhängig davon, ob dies der Fall ist, scheidet eine Haftung aber auf jeden Fall aus. Grund dafür sind die Privilegierungsregeln der §§ 7 ff. TMG. Nach § 8 Abs. 1 TMG entfällt nämlich die Haftung für deliktisches Verhalten, sofern der Access Provider die Übermittlung der Daten nicht veranlasst und den Adressaten der Information oder die Informationen nicht ausgewählt oder verändert hat. Lediglich vorsätzliches und kollusives Zusammenwirken mit dem Rechtsverletzer ist selbstverständlich nicht von der Privilegierung erfasst. Beim Access- und Network-Provider liegen diese Voraussetzungen vor. Eine Haftung nach § 823 Abs. 1 BGB wird somit - unabhängig vom Vorliegen der Tatbestandsvoraussetzungen - nicht durchgreifen.

Die relevanten Überlegungen zur Verletzung von Verkehrssicherungspflichten finden sich allerdings in abgewandelter Form bei der Prüfung der Prüfungs- und Überwachungspflichten im Rahmen der Störerhaftung nach § 1004 BGB.[8] Aus diesen Gründen wird an dieser Stelle auf eine deliktsrechtliche Prüfung verzichtet.

IV.   Störerhaftung, § 1004 BGB (analog)

1.   Einführung

Scheiden Schadensersatzansprüche aus oder sind im konkreten Fall nicht erfolgversprechend oder schnell genug durchsetzbar, steht dem Geschädigten noch der Unterlassungsanspruch aus § 1004 BGB (analog) zur Verfügung. Seinem Wortlaut nach wird § 1004 BGB grundsätzlich nur auf Eigentumsbeeinträchtigungen angewandt. Liegt eine Eigentumsbeeinträchtigung vor, die nicht Entziehung oder Vorenthaltung ist, so kann der Eigentümer vom Störer die Beseitigung der Beeinträchtigung verlangen. Zusätzlich gibt es allerdings Spezialnormen, die auf § 1004 BGB Bezug nehmen und bei der Beeinträchtigung anderer Rechte den Unterlassungsanspruch ermöglichen. Im BGB finden sich solche Bezüge in §§ 1027, 1029, 1065, 1090, 1134 und 1227 BGB. Hinzu kommen der Schutz des Namens nach § 12 BGB, des Besitzes nach § 862 BGB, des Urheberrechts über § 97 UrhG, markenrechtlicher Positionen entsprechend §§ 14 f. MarkenG sowie wettbewerbsrechtlicher Ansprüche nach §§ 3 ff. UWG.[9]

Bereits damit lässt sich konstatieren, dass § 1004 BGB Bedeutung weit über den reinen Eigentumsschutz hinaus hat.[10] Zusätzlich ist für weitere Rechtsbeeinträchtigungen die analoge

---

[8]   Eingehend s.u. S. 254 ff.
[9]   Zu weiteren Normen s. *Medicus* in: MünchKommBGB, § 1004 BGB Rn. 5 f.
[10] Zur Entwicklung *Köhler*, GRUR 2008, 1, 2; *Leistner*, GRUR 2006, 801, 802 ff.

Anwendung der Störerhaftung anerkannt. Hierzu gehören insbesondere Beeinträchtigungen des allgemeinen Persönlichkeitsrechts,[11] aber auch der eigentumsähnlichen absoluten Rechte[12] sowie der Eingriff in den eingerichteten und ausgeübten Gewerbebetrieb.[13] Der Unterlassungsanspruch aus § 1004 BGB greift folglich nicht nur bei Eingriffen in das Eigentum, sondern vielmehr allgemein bei Beeinträchtigungen absoluter Rechte.[14]

2. Rechtsbeeinträchtigung

Erstes Tatbestandsmerkmal des § 1004 BGB ist das Vorliegen einer Rechtsbeeinträchtigung. Wie gezeigt, erfasst der Schutz des § 1004 BGB absolute Rechte bzw. Rechtspositionen. In Frage stehen Rechtsbeeinträchtigungen, die ein Nutzer des offenen Netzwerks verursacht hat. Solche liegen im hier beschriebenen Fall vor.[15] Betroffen sind meist urheberrechtliche Rechtspositionen, aber auch das allgemeine Persönlichkeitsrecht sowie der Schutz der eigentumsähnlichen Rechte, z.B. von Daten.[16]

3. Willentliche und adäquat-kausale Verursachung

Liegt eine Rechtsbeeinträchtigung vor, so ist festzustellen, ob der Anspruchsgegner passivlegitimiert ist, also Störer im Sinne des § 1004 BGB ist.

a) Zustands- oder Handlungsstörer

Grundsätzlich wird hierfür zwischen dem Zustands- und dem Handlungsstörer unterschieden. Die Abgrenzung ist jedoch schwierig und zudem in der Literatur umstritten.[17] Nach wohl h.M. ist als Handlungsstörer derjenige anzusehen, der die Rechtsbeeinträchtigung durch sein Verhalten, also durch aktives Tun oder auch pflichtwidriges Unterlassen, adäquat kausal verur-

---

[11] BGHZ 13, 334, 338; BGHZ 24, 72, 76; BGHZ 24, 284, 286; BGH NJW 1982, 2246; BGH GRUR 1984, 688, 690; BGH NJW 2006, 601, 602; *Medicus* in: MünchKommBGB, § 1004 BGB Rn. 6.

[12] RGZ 60, 6; RGZ 116, 153; RGZ 148, 163; BGHZ 14, 163, 173; BGH GRUR 1958, 448 - Blanko-Verordnungen; st. Rspr.

[13] RGZ 117, 412; RGZ 132, 314; BGHZ 3, 270, 279; BGHZ 23, 157, 162; BGH GRUR 1960, 550; *Wagner* in: MünchKommBGB, § 823 BGB Rn. 179 ff. m.w.N.

[14] *Fritzsche* in: Bamberger/Roth, § 1004 BGB Rn. 4; *Pikart* in: BGB-RGRK, § 1004 BGB Rn. 137, 170 ff.; *Volkmann*, Der Störer im Internet, 53 f.

[15] S.o. S. 215, 218, 220.

[16] Im Einzelnen s.o. S. 211 ff.

[17] Ausführlich dazu *Herrmann*, 58 ff.; *Fritzsche* in: Bamberger/Roth, § 1004 BGB Rn. 14; *Fritzsche*, 427 ff.; *Mühl* in: Soergel, 12. Aufl. 1990, § 1004 BGB Rn. 86 jeweils m.w.N.

sacht hat.[18] Im Gegensatz dazu ist Zustandsstörer, wer die Herrschaft über die gefahrbringende Sache ausübt, durch die die Störung verursacht wird.[19]

Relevant ist die Einordnung insbesondere für die Pflichtenbestimmung, speziell für die Frage, ob der Betroffene Kenntnis von der Störungsursache haben muss. Bei der Zustandshaftung ist jedenfalls entsprechende Kenntnis notwendig,[20] wohingegen dies beim Handlungsstörer fraglich ist.[21]

Zu klären ist also, ob der Access Provider im allgemeinen und der Funknetzbetreiber im speziellen Handlungs- oder Zustandsstörer ist. Man könnte daran denken, eine Störerhaftung aus dem Eigentum des Funknetzknotens als Zustandshaftung abzuleiten. Dies würde allerdings fehlgehen, denn die eigentliche Gefahr geht nicht vom Netzwerkknoten selbst aus. Dieser stellt lediglich eine Vermittlungsstation dar. Vielmehr geht die Gefahr unmittelbar auf den Schädiger zurück, dessen Kommunikation über den Knoten vermittelt wird. Die Gefahr liegt also nicht schon in der Sache selbst begründet. Die haftungsbegründende Handlung könnte wiederum in Aufbau und Betrieb des Netzwerkknotens liegen. Schaltet man nämlich den Knoten ab, ist das Eigentum an der Sache noch immer vorhanden, die Gefahr aber grundsätzlich behoben.[22] Nur durch den fortdauernden Betrieb, also den Anschluss ans Netz und die Aufrechterhaltung der Vermittlungsfunktion erwächst eine Gefahr für die Rechtsgüter Dritter, an deren Eintritt bzw. Entstehen der Betreiber beteiligt ist. Der Access Provider und speziell ebenfalls der Funknetzbetreiber könnte folglich allenfalls als Handlungsstörer anzusehen sein.

b) Willensbetätigung und Kenntnis des Störers

Die Störung muss in jedem Fall kausal auf eine Willensbetätigung des Störers zurückzuführen sein.[23] Verbunden mit der Einordnung bzw. Ausübung der Willensbetätigung ist die Frage, ob

---

[18] BGH NJW 1982, 440; BGH NJW 1983, 751; BGH GRUR 1986, 248, 250 - Sporthosen; BGH NJW 1986, 2503, 2504; BGH GRUR 2002, 618, 619 - Meißner Dekor; *Köhler* in: Hefermehl/Köhler/Bornkamm, § 8 UWG Rn. 2.11; *Pikart* in: BGB-RGRK, § 1004 BGB Rn. 58; anders *Medicus* in: MünchKommBGB, § 1004 BGB Rn. 38 ff.

[19] BGH NJW 1993, 925, 928 f.; BGH NJW 1995, 2633; BGH NJW-RR 1996, 659; *Baur/Stürner*, § 12 III 2; *Freytag*, Haftung im Netz, 50; *Fritzsche*, 427, 437 ff.; *Pikart* in: BGB-RGRK, § 1004 BGB Rn. 71 f.

[20] So *Pikart* in: BGB-RGRK, § 1004 BGB Rn. 73; *Freytag*, Haftung im Netz, 98; *Volkmann*, Der Störer im Internet, 62.

[21] Im einzelnen dazu s.u. S. 244.

[22] Zu eventuellen Problemen dieser Feststellung s. die Ausführungen zur Abhilfemöglichkeit u. S. 252 ff.

[23] *Pikart* in: BGB-RGRK, § 1004 BGB Rn. 58 f.; *Mühl* in: Soergel, 12. Aufl. 1990, § 1004 BGB Rn. 80; *Volkmann*, Der Störer im Internet, 61.

sie nur bei Vorliegen positiver Kenntnis von der Störungsursache denkbar ist,[24] oder bereits die Wahrscheinlichkeit der Rechtsbeeinträchtigung ausreichend ist.[25] Ferner ist der Bezugspunkt der Willentlichkeit offen. So könnte notwendig sein, dass sich die Willentlichkeit auf die Mitwirkung an einer Rechtsverletzung bezieht,[26] oder die bewusste Vornahme der Vermittlungshandlung ausreicht.[27] Die bewusste Förderung der Rechtsverletzung dürfte so gut wie nie gegeben sein und stellt eine zu hohe Hürde für den Anspruch der mittelbaren Störerhaftung dar. Die Störerhaftung kann vielmehr auch begründet sein, wenn der potentielle Störer nicht als Teilnehmer oder Täter zu qualifizieren ist.[28] Eine willentliche Handlung dürfte dementsprechend unter Bezug auf die tatsächlich Vermittlungsleistung des Access Providers gegeben sein.

Anders könnte die Frage nach der notwendigen Kenntnis von der Rechtsverletzung zu beurteilen sein. Während beim Zustandsstörer jedenfalls die Kenntnis von der Störungsursache vorliegen muss und damit als haftungsbegrenzendes Merkmal wirkt, könnte beim Handlungsstörer bereits die Wahrscheinlichkeit der Rechtsbeeinträchtigung ausreichen. Stellt man auf die Kenntnis von der konkreten Störung ab, so dürfte die Störerhaftung bei Access Providern kaum noch greifen. Nur das kollusive Zusammenwirken wäre dann - abgesehen von einer entsprechenden Mitteilung des Rechtsinhabers bezüglich der Rechtsverletzung[29] - kenntnisbegründend. Geht man von der Notwendigkeit der positiven Kenntnis aus, würde es sogar bereits ausreichen, vor einer evidenten Rechtsverletzung die Augen zu verschließen, um die eigene Störerrolle auszuschließen.[30] Dadurch würde ein wirkungsvoller Schutz vor rechtswid-

---

[24] So BGH MMR 2007, 507 - Internetversteigerung II; OLG Köln MMR 2002, 110, 112 - ROLEX; *Piper* in: Köhler/Piper, Einf. UWG Rn. 251; *Stadler*, Auskunftsansprüche gegen Internet Service Provider bei Urheberrechtsverletzungen.

[25] BGH GRUR 1976, 256, 258 - Rechenscheibe; BGH GRUR 1977, 114, 116 - VUS; OLG Köln MMR 2002, 548, 549 - Steffi Graf - mit Anmerkung Spindler; noch offen gelassen BGH GRUR 1955, 97, 100 - Constanze II; BGH NJW 1966, 1360, 1361; *Freytag*, Haftung im Netz, 98; *Spindler*, K&R 2002, 83, 84; *Wiebe*, CR 2002, 53, 54; *Wiebe* in: Ernst/Vassilaki/Wiebe, Rn. 42.

[26] *Stadler*, Auskunftsansprüche gegen Internet Service Provider bei Urheberrechtsverletzungen.

[27] So wohl LG Hamburg MMR 2006, 763, 764.

[28] BGH NJW 3102, 3105 - Internet-Versteigerung I; BGH NJW 2001, 3265 - ambiente.de; OLG München MMR 2006, 739, 740.

[29] Vgl. *Nordemann/Dustmann*, CR 2004, 380, 385; *Spindler/Volkmann*, WRP 2003, 1, 4; *Teplitzky*, Wettbewerbsrechtliche Ansprüche und Verfahren, Kap. 5 Rn. 17.

[30] Dem wirkt die Rechtsprechung allerdings klar entgegen, vgl. BGH GRUR 1955, 411, 414 - Zahl 55; BGH GRUR 1991, 914, 915 - Kastanienmuster; BGH GRUR 2002, 795, 798 - Titelexklusivität; *Piper* in: Köhler/Piper, Einf. UWG Rn. 251.

rigen Verletzungshandlungen effektiv verhindert.[31] Die Willensbetätigung muss sich demnach lediglich auf die eigene Handlung beziehen, nicht aber auch darauf, dass eine - von positiver Kenntnis gedeckte - Rechtsverletzung gefördert wird.[32] Notwendig ist aber, dass Kenntnis von den maßgebenden Tatumständen besteht.[33] Darüber hinaus darf die Rechtsbeeinträchtigung aber nicht vollkommen unwahrscheinlich sein.[34]

Im Ergebnis dürfte darauf abzustellen sein, ob willentliches Handeln des Störers vorliegt und des Weiteren, ob die Rechtsgefährdung nicht vollkommen außerhalb jeder Wahrscheinlichkeit stand.[35]

c) Mittelbare Verursachung

Erschwerend kommt hinzu, dass der Access Provider die Rechtsverletzung nie unmittelbar begeht, sondern nur mittelbar zu deren Verursachung beiträgt.[36] Er ist also weiter vom Geschehen entfernt als der unmittelbare Störer.[37] Zusätzlich dazu, dass er keine konkrete Kenntnis von der Rechtsverletzung hat, lässt sich feststellen, dass der Dritte als Störer voll verantwortlich für die Rechtsverletzung einzustehen hat.[38]

Für das Vorliegen der Störerhaftung ist aber kein unmittelbares Handeln erforderlich.[39] Die bloß mittelbare Verursachung schließt das Eingreifen von § 1004 BGB (analog) nicht aus. Der Access Provider und damit auch der Funknetzbetreiber ermöglicht erst die Rechtsverletzung

---

[31] *Volkmann*, Der Störer im Internet, 62; a.A. *Teplitzky*, Wettbewerbsrechtliche Ansprüche und Verfahren, Kap. 5 Rn. 17, der darauf hinweist, dass der Unterlassungsanspruch in die Zukunft gerichtet sei und deshalb die positive Kenntnis auch durch Mitteilung bzw. Abmahnung herbeigeführt werden könne - mit der Folge, dass die weitere Begehung zu unterlassen ist; kritisch zur Ausdehnung des Störerbegriffs vor dem Hintergrund des effektiven Rechtsschutzes auch *Fritzsche*, 441 f.; *Schünemann*, WRP 1998, 120.

[32] Ebenso *Herrmann*, 38 f., die allerdings folgert, dass sich die Situation mit den allgemeinen Grundsätzen deckt, weshalb das Element der Willensbetätigung lediglich störend und Unsicherheit stiftend sei; a.A. *Stadler*, Auskunftsansprüche gegen Internet Service Provider bei Urheberrechtsverletzungen.

[33] *Piper* in: Köhler/Piper, Einf. UWG Rn. 251, selbst bei grober Fahrlässigkeit keine Haftung; ebenso *Strömer/ Grootz*, K&R 2006, 553, 554; Kenntnis oder Vermutenmüssen auf Grund konkreter Erkenntnisse *Ernst/ Seichter*, WRP 2006, 810, 814; *Ernst/Seichter*, ZUM 2007, 513, 518.

[34] LG Hamburg MMR 2006, 763, 764; *Spindler*, K&R 2002, 83, 84; *Wiebe*, CR 2002, 53, 54.

[35] LG Hamburg MMR 2006, 763, 764; ähnlich OLG Köln MMR 2002, 548, 549.

[36] *Dustmann*, 175; *Lütje* in: Hoeren/Sieber, Kap. 7.2. Rn. 173; *Hoeren/Pichler* in: Loewenheim/Koch, 441, 450; *Spindler/Volkmann*, WRP 2003, 1, 2; zur Figur der mittelbaren Störerhandlung als Verursachung des Handelns des Dritten eingehend *Herrmann*, 479 ff.

[37] Vgl. *Fritzsche*, 427.

[38] S.o. die Ergebnisse in § 6.

[39] BGHZ 17, 266, 291; BGH NJW 1982, 440; OLG Hamburg MMR 2006, 398 - Cybersky; *Medicus* in: MünchKommBGB, § 1004 BGB Rn. 44; *Pikart* in: BGB-RGRK, § 1004 BGB Rn. 52; *Teplitzky*, Wettbewerbsrechtliche Ansprüche und Verfahren, Kap. 14 Rn. 5.

durch den Schädiger. Der *BGH* hat zu ähnlichen Konstellationen bereits mehrfach Stellung genommen. In der PERSONALAUSWEISE-Entscheidung[40] stand in Frage, ob ein Tonbandgeräthersteller als Störer für die von den Käufern seiner Geräte begangenen Urheberrechtsverletzungen einzustehen hat.[41] Für die Frage, ob auch die mittelbare Handlung des Tonbandgeräteherstellers ausreichend sei, hat der *BGH* nur darauf abgestellt, ob das Inverkehrbringen der Tonbandgeräte adäquat-kausal für die später durch die eigenverantwortlich handelnden Kunden begangenen Rechtsverletzungen geworden ist.[42] Mit der RECHENSCHEIBE-[43], und der KOPIERLÄDEN-Entscheidung,[44] in der es um die Störerhaftung des Kopierladenbetreibers für die von seinen Kunden mittels seiner Kopiergeräte begangenen Urheberrechtsverletzungen ging, sowie der MÖBELKLASSIKER-Entscheidung hat das Gericht[45]diese Auffassung erneut bekräftigt.[46] In jüngerer Zeit sind weitere ähnliche Konstellationen entschieden worden. So ist als verantwortlich anzusehen, wer einem Dritten seinen Telefonanschluss zur Verfügung stellt, über den wettbewerbswidrige Handlungen vorgenommen werden.[47] Genauso wurde konsequenterweise die Bereitstellung von Faxgeräten beurteilt.[48] Schließlich ist diese Behandlung nicht nur auf die Bereitstellung von Geräten oder Materialien anzuwenden. Auch wer einem Dritten einen Zugang zu Internetdiensten bietet, also eine Dienstleistung anbietet, über die in der Folge Rechtsverletzungen begangen werden, kann sich nicht auf die lediglich mittelbare Verursachung berufen.[49] Nicht zuletzt ist auch der Vertrieb von Peer-to-Peer-Software, mittels derer anschließend urheberrechtlich geschützte Werke durch die Nutzer vervielfältigt und verbreitet werden, als mittelbare Verursachung anzusehen.[50]

Für die Beurteilung der Haftung des in Anspruch Genommenen ist also lediglich zu fragen, ob die willentliche Handlung des potentiellen Störers adäquat-kausal für die Rechtsverletzung

---

[40] BGHZ 42, 118 - Personalausweise.
[41] BGHZ 42, 118 - Personalausweise.
[42] Schon RGZ 155, 316, 319; BGHZ 14, 163, 174 - Constanze II; BGHZ 42, 118, 126 - Personalausweise; BGH GRUR 1990, 373, 374 - Schönheitschirurgie; BGH GRUR 1997, 313, 315 - Architektenwettbewerb; BGH GRUR 1999, 418, 419 - Möbelklassiker; BGH WRP 1999, 1145, 1146 - Tierheilpraktiker; *Teplitzky*, Wettbewerbsrechtliche Ansprüche und Verfahren, Kap. 14 Rn. 4.
[43] BGH GRUR 1976, 256 - Rechenscheibe.
[44] BGH GRUR 1984, 54 - Kopierläden.
[45] BGH GRUR 1999, 418 - Möbelklassiker; dazu *Haedicke*, GRUR 1999, 397.
[46] BGH GRUR 1976, 256, 258 - Rechenscheibe; BGH GRUR 1984, 54, 55 - Kopierläden.
[47] OLG Frankfurt a.M. GRUR 1987, 380; OLG Hamm GRUR 1992, 126; OLG Stuttgart ZIP 1993, 1494; KG Berlin BB 1997, 2348; *Köhler* in: Hefermehl/Köhler/Bornkamm, § 8 UWG Rn. 2.18; *Teplitzky*, Wettbewerbsrechtliche Ansprüche und Verfahren, Kap. 14 Rn. 8.
[48] LG Berlin MMR 2002, 259; Bereitstellung eines Fax-Abrufdienstes LG Hamburg CR 2005, 496; AG Nidda NJW-RR 2002, 469, 470; s. auch *Kuntz*, JurPC Web-Dok. 70/2004.
[49] So bei einem Ebay-Account OLG Frankfurt a.M. NJW-RR 2005, 1204; LG Bonn CR 2005, 602.
[50] Vgl. OLG Hamburg MMR 2006, 398 - Cybersky; *Nordemann/Dustmann*, CR 2004, 380.

ist. Ausreichend ist bereits die Mitwirkung an der Rechtsverletzung in Form der Veranlassung, Förderung oder auch Ausnutzung.[51] Zudem kommt es nicht darauf an, ob der in Störerhaftung Genommene Überwachungs- oder Einflussmöglichkeiten gehabt hat.[52] Adäquat-kausal ist eine Handlung, wenn das Ereignis im Allgemeinen und nicht nur unter besonders eigenartigen, unwahrscheinlichen und nach dem gewöhnlichen Verlauf der Dinge außer Betracht zu lassenden Umständen geeignet ist, einen Erfolg herbeizuführen.[53]

Der Betrieb eines Knotens in einem offenen Netzwerk bedingt, dass andere Nutzer diesen Knoten zur internen Kommunikation aber auch zur Kommunikation mit Rechnern im Internet gebrauchen. Genau darin besteht das Ziel der großflächigen Vermaschung von vielen Netzwerkknoten. Das Internet als Medium ist grundsätzlich zunächst inhaltsneutral. Dennoch kann die Kommunikation auch dafür verwendet werden, Rechtsverletzungen zu begehen. Es muss sich nicht zwangsläufig um urheberrechtsrelevante Verletzungen handeln. Dass solche Rechtsverletzungen möglich sind, liegt gerade nicht vollkommen außerhalb jeglicher Lebenserfahrung und ist damit adäquat-kausal.[54] Nun könnte man argumentieren, dass es auch dem Zufall überlassen sei, welche Stationen des Netzwerks ein Kommunikationsvorgang im konkreten Fall nutzt, dass also im Zweifelsfall auch ein anderer Knoten im Netz diese - potentiell rechtsverletzende - Funktion hätte übernehmen können. Dabei handelt es sich jedoch bloß um einen nicht beachtlichen hypothetischen alternativen Kausalverlauf.[55] Der Betrieb eines Funkknotens hat zur Folge, dass er auch genutzt werden kann, dazu gehören auch potentiell rechtsverletzende Vorgänge. Schon diese lediglich mittelbare Mitverursachung ist adäquat-kausal.

d)   Ergebnis

Wenn über den Knoten eines Netzbetreibers Rechtsverletzungen begangen werden, so liegt eine mittelbare willentliche und adäquat-kausale Mitverursachung auf Seiten des Betreibers vor.

---

[51]   *Volkmann*, Der Störer im Internet, 63.
[52]   BGHZ 42, 118, 129 - Personalausweise; BGH GRUR 1976, 256, 258 - Rechenscheibe; KG Berlin BB 1997, 2348.
[53]   BGHZ 57, 137, 141; BGH NJW 1995, 126, 127 st. Rspr.; *Herrmann*, 36.
[54]   Ebenso LG Hamburg MMR 2006, 763, 764; wohl ebenso OLG Düsseldorf, Urt. v. 27.12.2007 - I-20 W 157/07, http://medien-internet-und-recht.de/dok/1520.html (abgerufen am 28.2.2008).
[55]   Vgl. BGH NJW 1967, 551; *Medicus*, Bürgerliches Recht, Rn. 848.

4. Abhilfemöglichkeit

Zusätzlich ist notwendig, dass der potentielle Störer überhaupt die Möglichkeit hat, dem störenden Zustand abzuhelfen.[56] Provider haben grundsätzlich verschiedene Möglichkeiten, eine Störung zu beenden. Darzustellen sind die Möglichkeiten, die ein Access Provider oder speziell Funknetzbetreiber hat, um Störungen, die unter Nutzung seiner Vermittlungsleistung hervorgerufen werden, zu beenden. Im Gegensatz zu bisher diskutierten Sperrungsverfügungen gegen Access Provider, bei denen Access Provider verpflichtet wurden, ihren Kunden den Zugang zu Inhalten *im Internet* zu sperren,[57] also eine Sperre auf Seiten der Adressaten von Information, handelt es sich hierbei um die Behandlung der Quelle von Inhalten bzw. Kommunikationsvorgängen.

Zu unterscheiden sind hierfür zwei Ansätze: Zum einen kann der Access Provider versuchen, dem Geschädigten ein Vorgehen gegen den unmittelbaren Störer zu ermöglichen. Zum anderen kann er versuchen, die Verbreitung der Inhalte bzw. den Aufbau der Kommunikation selbst zu verhindern bzw. sich nicht mehr daran zu beteiligen.

a) Erhebung von Daten zur Identifizierung

Der Betreiber könnte Daten speichern, bevor er die Kommunikation ermöglicht. Im Ergebnis wäre für den Zugang eine Anmeldung erforderlich. Die dabei erhobenen Daten könnte er im Falle einer Rechtsverletzung an den berechtigten Geschädigten herausgeben. Problematisch ist nur, welche Daten hierfür zu erheben sind. So könnten Identifikationsmerkmale wie Name, Adresse etc. aufgenommen und gespeichert werden. Zusätzlich wäre eine Verifikation der Daten z.b. über das Post-Ident-Verfahren[58] möglich. Ob dies als Pflicht jedoch zumutbar wäre, ist mehr als fraglich. Bei stark auf interne Kommunikation abgestimmten Netzen wird teilweise der Zugang erst gewährt, wenn man andere Mitglieder kennt, die sich für die Aufnahme aussprechen.[59] Ein Weniger an Information wäre das Erfordernis lediglich einer gültigen Email-Adresse oder eines Pseudonyms, wie dies auch § 13 Abs. 6 TMG vorsieht. Allerdings könnte

[56] BGH GRUR 1955, 97, 100 - Constanze II; BGH GRUR 1976, 256, 258 - Rechenscheibe; BGH GRUR 1977, 114, 116 - VUS; BGH GRUR 1991, 769, 770 - Honoraranfrage; BGH GRUR 1994, 441, 443 - Kosmetikstudio; *Ebbing* in: Erman, § 1004 BGB Rn. 120; *Fritzsche*, 51, 134 f., 437; *Medicus* in: MünchKommBGB, § 1004 BGB Rn. 56.
[57] OVG Münster MMR 2003, 348 m. Anm. *Spindler/Volkmann*, MMR 2003, 353; VG Köln MMR 2005, 399 m. Anm. *Kazemi*, MMR 2005, 404; VG Gelsenkirchen, Urt. v. 28.07.2006 - 15 K 4205/02; *Schöttle*, K&R 2007, 366 jeweils m.w.N.
[58] Dieses Verfahren kommt z.B. zur Altersverifikation für Internetangebote, die dem Jugendschutz unterliegen, bereits zur Anwendung, vgl. OLG Düsseldorf MMR 2005, 611; LG Saarbrücken MMR 2006, 250.
[59] So bei Weimar Wireless, s. http://entoro.homelinux.net/cgi-bin-registrator.html (abgerufen am 28.2.2008).

dadurch bereits die Identifikation des Nutzers erheblich erschwert sein. Email-Adressen können auch ohne Angabe des echten Namens erlangt und genutzt werden,[60] Pseudonyme geben in der Regel keinen Aufschluss über die dahinter stehende Person. Insofern fehlt es im Grunde bereits an der Geeignetheit.

Dennoch wird die Pflicht zur Erhebung von Daten durchaus diskutiert und als eine Möglichkeit, den eigenen Pflichten zu genügen, betrachtet.[61]

b) Verhinderung der Verbreitung

Eine Alternative zur Abhilfe könnte die Verhinderung der Kommunikation einzelner Knoten sein, die dann z.b. auf Aufforderung durch den Geschädigten erfolgen könnte. Sofern die interne IP-Adresse des Nutzers, die grundsätzlich nach außen gerade nicht sichtbar ist,[62] bekannt ist, könnte der Betreiber den eigenen Knoten so einstellen, dass Pakete dieses Nutzers nicht mehr weitergeleitet werden. Diese Vorgehensweise ist jedoch in mehrerlei Hinsicht problematisch. Zunächst ist die IP-Adresse des Nutzers vermutlich unbekannt. Der Rechtsinhaber kennt nur die nach außen, also im Internet sichtbare IP-Adresse des Betreibers. Da der Betreiber keine Kommunikation speichert, wird er kaum feststellen können, welcher Nutzer intern die beanstandete Kommunikation abgewickelt hat. Selbst wenn dies möglich wäre, ist weiter unsicher, ob die Sperrung der IP-Adresse überhaupt Erfolg verspricht, da diese durch den Nutzer vermutlich leicht geändert werden kann. Ist eine interne IP-Adresse jedoch einer Person zugeordnet, und wurde sie festgestellt, so können eventuell bekannte Daten herausgegeben werden.[63]

Als Alternative könnte man die MAC-Adresse des Nutzers sperren. Auch hier muss jedoch bekannt sein, welcher Nutzer die Rechtsverletzung begangen hat. Zudem kann auch die MAC-Adresse verändert werden,[64] so dass eine Sperrung zumindest nicht absolut Erfolg versprechend sein dürfte.

Beide Methoden bergen das Problem, dass in offenen Funknetzen oft mehrere Zugänge ins Internet bereitstehen. Ist der Zugriff über den einen Zugangspunkt nicht mehr möglich, so sehen die Routing-Protokolle vor, dass, sofern zu einem anderen Knotenpunkt eine Verbindung besteht, ein anderer Weg gesucht bzw. bereitgestellt wird. Damit wird die Kommunikation

---

[60]   *Strömer/Grootz*, K&R 2006, 553, 555 verlangen von Forenbetreibern die Verifikation der Email-Adresse durch „Double-Opt-In"-Verfahren, Zielsetzung ist aber die Speicherung von Realnamen und ladungsfähiger Adresse, die effektiv wohl nur über alternative Verfahren möglich wäre; zur Zulässigkeit von „Double-Opt-In" s. AG München K&R 2007, 228.

[61]   Dazu s. u. S. 261 ff. m.w.N.

[62]   Vgl. o. S. 26.

[63]   Teil der „Betreiberpflichten" *Strömer/Grootz*, K&R 2006, 553, 555 f; dazu eingehend s.u. S. 269.

[64]   S.o. S. 35.

nicht mehr über diesen Betreiber, sondern eventuell über einen anderen abgewickelt. Dadurch würde verhindert, dass der gewünschte Erfolg erreicht wird. Dennoch ist der jeweilige Betreiber anschließend nicht mehr Störer, da die Rechtsverletzung nicht mehr adäquat-kausal durch ihn, sondern durch einen Dritten verwirklicht wird. In diesem Fall würde die Abhilfe lediglich in der Abwendung der persönlichen Störereigenschaft des konkreten Betreibers resultieren.

Gegen bestimmte Kommunikation kann als Maßnahme die Sperrung von hierfür reservierten Ports ergriffen werden.[65] Dies betrifft vor allem Peer-to-Peer-Programme, bei denen es sogenannte Standardports gibt. Aber auch diese lassen sich grundsätzlich verändern, so dass eine sichere Sperrung praktisch unmöglich ist.[66] Alternativ könnten alle Ports außer denen z.b. für den WWW-Zugriff, Email, Telnet, SSH etc. gesperrt werden, wobei auch hier keine absolute Sicherheit erreicht werden kann. Zu beachten ist zusätzlich immer, dass auch die anderen Nutzer davon betroffen werden. Es werden folglich auch legitime Interessen sich rechtskonform verhaltender Dritter beeinträchtigt.[67] Selbst die Sperrung von Peer-to-Peer-Diensten betrifft auch Verteildienste wie Bittorrent,[68] die ebenfalls für die effiziente Verteilung z.b. von Open Source-Programmen oder Verkaufsangeboten wie Videostreaming verwendet werden.[69] Die Verwendung von Peer-to-Peer-Diensten ist folglich nicht zwangsläufig mit der Verletzung von Rechten Dritter verbunden, vielmehr werden auch „freie" Werke darüber verteilt.[70]

Schließlich bestünde die technische Möglichkeit, Kommunikation durch eine Software zu filteRn. Installiert auf den Routern müsste sie die durchgehenden Pakete analysieren und im Zweifelsfall verwerfen. Unabhängig von der Zumutbarkeit von Installation und Betrieb einer solchen Software, die erhebliche Ressourcen benötigen würde, stehen technische Schwierig-

---

[65]   *Ernst/Seichter*, ZUM 2007, 513, 517; *Mantz*, MMR 2006, 764, 765.

[66]   *Ernst/Seichter*, ZUM 2007, 513, 517 f.; *Gietl*, MMR 2007, 630, 632; vgl. zur Umgehung von Firewalls durch VoIP-Programme *Schmidt*, c't 17/2006, 142.

[67]   Ebenso *Backu/Hertneck*, ITRB 2008, 35, 38; *Gietl*, ZUM 2007, 407, 409; ähnlich für die Störerhaftung des Admin-C OLG Hamburg CR 2007, 797, 798; *Wimmers/Schulz*, CR 2006, 754, 761; für die Haftung des Gästebuch-Betreibers LG Trier MMR 2002, 694, 695.

[68]   http://www.bittorrent.com (abgerufen am 28.2.2008).

[69]   Z.B. die Linux-Distributionen Debian, Ubuntu und Gentoo, s. http://www.debian.org/CD/torrent-cd, http://www.ubuntu.com/products/GetUbuntu/download, http://www.gentoo.org/main/en/where.xml; die Office-Suite OpenOffice.org, s. http://distribution.openoffice.org/p2p (abgerufen am 28.2.2008); vgl. weiter *Gietl*, ZUM 2007, 407, 409; *Grosskopf*, CR 2007, 122; *Sieber* in: Hoeren/Sieber, Kap. 1 Rn. 141; *Raabe/Dinger/Hartenstein*, K&R Beilage 1/2007, 1, 11; sowie heise-online-Meldungen http://www.heise.de/newsticker/meldung/64352, http://www.heise.de/newsticker/meldung/69485 (abgerufen am 28.2.2008).

[70]   Ebenso unter Hinweis auf die Verteilung von unter Creative Commons-Lizenzen oder Copyleft-ähnlichen Lizenzen stehende Werke *Grosskopf*, CR 2007, 122.

keiten und Umgehungsmöglichkeiten dieser Alternative entgegen.[71] Zwar ist die Analyse von Kommunikationsströmen möglich, aber eben sehr aufwändig und auch datenschutzrechtlich bedenklich. Zusätzlich ist sie unmöglich, sobald die Kommunikation verschlüsselt erfolgt.

Solche Vermeidungsstrategien versprechen nichtsdestotrotz keinen Erfolg, sofern es um die Verhinderung von Kommunikationsinhalten geht, die nicht über Verteildienste etc. verbreitet werden, sondern als Email oder über das WWW. Ehrverletzende Äußerungen der Teilnehmer können praktisch nicht durch diese technischen Maßnahmen unterbunden werden.

c) Einstellung des (offenen) Betriebs

Schließlich bleibt die Einstellung des Betriebs, zumindest insofern, als nicht mehr Dritte das Netz nutzen könnten, z.B. durch Einrichtung einer Verschlüsselung.[72] Folge ist, dass durch den jeweiligen Betreiber überhaupt keine Dienste mehr angeboten werden. Dadurch kann der störende Rechtszustand jedenfalls dann beendet werden, wenn sein Netzzugang dem Nutzer als einziger zur Verfügung stand. Die Einstellung des Betriebs ist demnach grundsätzlich Erfolg versprechend.

Problematisch ist die Abhilfemöglichkeit aber, wenn der unmittelbare Störer in einem Netz agiert, das eine starke Vermaschung mit mehreren voneinander unabhängigen Schnittstellen zum Internet aufweist. Die Einstellung des Betriebs durch den mittelbaren Störer führt dann nämlich lediglich dazu, dass das Routing-Protokoll einen alternativen, aber vorher als schlechter bewerteten Weg durch das Netz wählt. In der Folge würde die Störung weiter andauern, sofern die Kommunikation des unmittelbaren Störers weiterhin einen Weg zum Geschädigten bzw. an die Öffentlichkeit findet. Die technische Realisierung des Meshing durch die Routing-Protokolle stellt demnach in einer solchen, vom technischen Standpunkt her idealen, Konstellation die Abhilfemöglichkeit des Betreibers in Frage.[73] Eine finale Abhilfemöglichkeit würde dann selbst die Einstellung des Betriebs nicht mehr bieten. Nur die Einstellung aller Schnittstellenbetreiber könnte demnach abhelfen. Zwar reicht es für die Annahme der Beendigungsmöglichkeit bereits aus, wenn der potentielle mittelbare Störer Einfluss auf Dritte nehmen kann, um der Beeinträchtigung abzuhelfen,[74] auf die anderen Betreiber hat aber der einzelne Betreiber in aller Regel keinen Einfluss.

---

[71] Ebenso *Sieber/Höfinger*, MMR 2004, 575, 580; *Spindler/Dorschel*, CR 2005, 38, 42 f.; *Stadler*, Haftung für Informationen im Internet, Rn. 30c; vgl. für Einträge in Meinungsforen *Strömer/Grootz*, K&R 2006, 553, 556; für Auktionsplattformen *Rachlock*, MMR 2005, 328, 329; vgl. auch *Rössel/Kruse*, CR 2008, 35.

[72] So LG Hamburg MMR 2006, 763, 764; OLG Düsseldorf, Urt. v. 27.12.2007 - I-20 W 157/07, http://medien-internet-und-recht.de/dok/1520.html (abgerufen am 28.2.2008); vgl. auch LG Hamburg CR 2006, 780, 782.

[73] Vgl. zum Admin-C *Hoeren/Eustergerling*, MMR 2006, 132, 137.

[74] *Ebbing* in: Erman, § 1004 BGB Rn. 120.

Demzufolge würde die Annahme des Merkmals der Abhilfemöglichkeit in diesem Fall dessen Umfang deutlich sprengen: Wenn die Handlung des Betreibers, also die Einstellung des Betriebs, die Rechtsverletzung nicht zu beenden vermag, so ist die Rechtsfolge der Abschaltung einzig und allein, dass *in der Person des Betreibers* die mittelbare Störereigenschaft verhindert wird. Mit dem objektiven Merkmal der Abhilfemöglichkeit hätte diese Betrachtung aber nichts gemein. Der *BGH* hat in einem ähnlichen Fall jedoch festgestellt, dass die Störerhaftung nicht über den Einwand der Alternativmethoden des unmittelbaren Störers ausgehebelt werden dürfe.[75] Im betrachteten Fall, in dem ein inländischer Unternehmer Werbedrucksachen für ein im Ausland ansässiges Unternehmen verschickt hatte, hatte die Vorinstanz noch argumentiert, dass die Abhilfemöglichkeit nicht gegeben sei, weil das ausländische Unternehmen ebenso gut selbst die Werbung verschicken könnte. Dieses Argument hat der *BGH* jedoch mit der Begründung zurückgewiesen, dass sich auf diese Weise die mittelbare Störerhaftung vollends verhindern ließe, und nur noch der unmittelbare Störer für den Geschädigten greifbar sei. Umgehungsmöglichkeiten des unmittelbaren Störers sollen den Anspruch dementsprechend nicht verhindeRn. Eine Rolle könnte in diesem Zusammenhang spielen, dass in einem offenen und gut vermaschten Netzwerk der unmittelbare Störer sein Verhalten mitnichten ändern muss. Die „Umgehung" der geforderten Maßnahme erfolgt vielmehr, ohne dass der unmittelbare Störer als Versender der Information handeln müsste. Das veränderte Routing funktioniert vollautomatisch und ohne Eingriffsmöglichkeiten weder des mittelbaren noch des unmittelbaren Störers. Wenn also derjenige Knoten, über den die Kommunikation bisher erfolgte, den Betrieb einstellt, passt sich das Netzwerk automatisch so an, dass die Kommunikation über einen anderen Knoten geleitet und so die Abhilfemaßnahme umgangen wird. Der *BGH* argumentiert mit der „praktischen Notwendigkeit" der Möglichkeit des Zugriffs auf den mittelbaren Störer. Damit löst er das Merkmal der Abhilfemöglichkeit zumindest teilweise aus dem objektiven Tatbestand, verlagert die Entscheidung in den Bereich der späteren Abwägung und stellt für dieses Merkmal lediglich auf die objektive Beteiligung an der Störungshandlung ab.[76] Insofern kann die Frage hier offen bleiben und in der Zumutbarkeitsabwägung erneut aufgegriffen werden.[77] Bei Einbeziehung der Zumutbarkeit sind dann auch bei Einstellung des Betriebs die legitimen Interessen Dritter zu beachten, die durch die Einstellung beeinträchtigt werden.[78]

---

[75] BGH GRUR 1976, 256, 258 f. - Rechenscheibe; ebenso für den Admin-C *Hoeren/Eustergerling*, MMR 2006, 132, 137; anders vgl. OLG München MMR 2000, 617.

[76] BGH GRUR 1976, 256, 259 - Rechenscheibe; ebenso LG München I MMR 2007, 453; *Mantz*, MMR 2007, 456, 457; *Rössel*, ITRB 2007, 130, 131.

[77] S.u. S. 267.

[78] Ähnlich *Wimmers/Schulz*, CR 2006, 754, 761; eingehend dazu s.u. S. 254 ff.

d) Konkurrierende Rechtspflichten

Schließlich könnte der Knotenbetreiber auch einwenden, dass er durch vertragliche Verpflichtungen gehindert ist, den Betrieb zu beschränken oder einzustellen bzw. allgemein der Rechtsbeeinträchtigung abzuhelfen.[79] Er könnte sich z.b. Schadensersatzansprüchen ausgesetzt sehen, weil Nutzer durch die von ihm gewünschte Handlung beeinträchtigt werden.[80] Tatsächlich könnte er auf seine im Rahmen des Pico Peering Agreement oder eines Gesellschaftsvertrages auf Grundlage des PPA eingegangen Verpflichtung zur Nichtbehandlung von Kommunikationsdaten hinweisen. Dem Einwand stehen dennoch zwei gravierende Argumente entgegen: Zum einen geht der Betreiber mit dem PPA gerade keine Verpflichtung zur Leistung ein oder behält sich das jederzeitige Kündigungsrecht sowie die Einschränkung seiner Leistungen vor. Der Verweis auf das PPA ist somit nicht geeignet, die Abhilfemöglichkeit auszuschließen. Zum anderen darf es nicht in das Belieben eines an einer Rechtsverletzung mittelbar Beteiligten gestellt werden, durch vertragliche Verpflichtungen die objektiven Merkmale des Anspruchs auszuschließen. Er darf sich folglich nicht selbst der Abhilfemöglichkeit begeben.[81] Dem mittelbar Beteiligten kann dementsprechend im Rahmen der Zumutbarkeit selbst die Kündigung eines Rechtsverhältnisses auferlegt werden.[82]

5. Überwachungs- und Prüfungspflichten

Die Haftung als Störer ist verschuldensunabhängig.[83] Voraussetzungen für die Haftung auch des mittelbaren Verursachers sind demnach die vorliegende Rechtsbeeinträchtigung, die willentliche und adäquat-kausale Verursachung sowie zuletzt die Möglichkeit der Abhilfe. Diese geringen Voraussetzungen bedingen eine extrem weite Haftung. Die Rechtsprechung hat des-

---

[79] Vgl. *Fritzsche*, 139.

[80] Zur Problematik bei der Kündigung der Domain durch den Admin-C OLG Hamburg CR 2007, 797; *Wimmers/Schulz*, CR 2006, 754, 761.

[81] Für die Gestattung der Handlung des unmittelbaren Störers durch den mittelbaren Störer *Medicus* in: MünchKommBGB, § 1004 BGB Rn. 56; ebenso AG Nidda NJW-RR 2002, 769, 770; *Volkmann*, Der Störer im Internet, 64.

[82] *Medicus* in: MünchKommBGB, § 1004 BGB Rn. 56; vgl. auch *Wimmers/Schulz*, CR 2006, 754, 761 f.

[83] Mot. III, 424; BGHZ 8, 387, 393; BGHZ 37, 30, 37; vgl. BVerfG NJW 1996, 2567; *Fritzsche* in: Bamberger/Roth, § 1004 BGB Rn. 6; *Medicus* in: MünchKommBGB, § 1004 BGB Rn. 58; *Gursky* in: Staudinger, § 1004 BGB Rn. 128.

halb versucht, die Voraussetzungen mittels eines weiteren Tatbestandsmerkmals einzuschränken:[84] den Überwachungs- und Prüfungspflichten. Für den Bereich der offenen Netze sind somit die einschlägigen Überwachungs- und Prüfungspflichten zu ermitteln. Problematisch hierbei ist, dass einerseits weder die dogmatische Grundlage der Überwachungs- und Prüfungspflichten feststeht,[85] noch andererseits die bisherige kasuistische Entwicklung zu einer gefestigten Beurteilung der Pflichten von potentiellen Störern im allgemeinen und Diensteanbietern nach dem TMG im speziellen geführt hat.[86] Auch ist unklar, ab welchem Zeitpunkt Überwachungs- und Prüfungspflichten überhaupt greifen können. So könnte, bevor überhaupt eine Überprüfung vorgenommen wird, ob die Pflichten verletzt wurden, die Kenntnis von der Rechtsbeeinträchtigung als Tatbestandsmerkmal erforderlich sein.

Aus diesem Grunde soll anhand der bisherigen Ausführungen der Rechtsprechung sowie der Literatur zunächst das Erfordernis der Kenntnis von der Rechtsverletzung dargestellt werden. Daraufhin werden die allgemeinen Grundsätze zur Einordnung von Überwachungs- und Prüfungspflichten sowie spezielle Abwägungskriterien aufgezeigt und vorläufig bewertet. Zu beachten ist dabei insbesondere, dass die Pflichten bisher hauptsächlich für Host- und Content-Provider diskutiert wurden. Nur vereinzelt sind Urteile zu den Pflichten des Access Providers bzw. bei der Bereitstellung eines Internetzugangs ergangen. Durch diese Vorgehensweise sollen Grundlagen gelegt werden, um in der Folge eine umfassende Beurteilung und Abwägung eventuell widerstreitender Interessen vornehmen und so das Pflichtenprogramm der Betreiber offener Netzwerke umfänglich bestimmen zu können.

a) Kenntnis als Voraussetzung für Überwachungs- und Prüfungspflichten

Bereits im Rahmen der Kausalität bezüglich der Rechtsverletzung war zu klären, ob der mittelbare Störer Kenntnis von der Rechtsverletzung oder den Umständen haben muss.[87] Grund dafür war insbesondere, dass die Störerhaftung im hier dargestellten Fall eine Haftung für - wenn auch unverschuldetes - Verhaltensunrecht im weiteren Sinne vorsieht. Davon klar zu trennen ist die Frage, inwiefern Kenntnis für Prüfungs- und Überwachungspflichten notwen-

---

[84] *Köhler* in: Hefermehl/Köhler/Bornkamm, § 8 UWG Rn. 2.13; *Mühl* in: Soergel, 12. Aufl. 1990, § 1004 BGB Rn. 158; *Teplitzky*, Wettbewerbsrechtliche Ansprüche und Verfahren, Kap. 14 Rn. 10b; Rechtsprechungsübersicht *Jergolla*, WRP 2004, 655; vgl. weiter *Gercke*, ZUM 2006, 593, 597; *Medicus* in: MünchKommBGB, § 1004 BGB Rn. 11; *Spindler/Leistner*, GRURInt. 2005, 773, 788; *Spindler/Volkmann*, WRP 2003, 1, 4; *Weber*, WRP 2005, 961, 965.

[85] Vgl. *Freytag*, Haftung im Netz, 104; *Medicus* in: MünchKommBGB, § 1004 BGB Rn. 13 f.

[86] Vgl. *Mantz*, MMR 2007, 456, 458.

[87] S.o. S. 244.

dig ist. Denn während einerseits das Tatbestandsmerkmal der adäquaten Kausalität auch ohne Kenntnis der Umstände der Rechtsverletzung vorliegen kann, kann sie für ein einschränkendes Merkmal durchaus erforderlich sein. Gerade darin könnte sich die von der Rechtsprechung verfolgte Einschränkung der Störerhaftung auswirken.[88]

Unabhängig davon, ob die Privilegierungen der §§ 7 ff. TMG einschlägig sind,[89] lassen sich insbesondere aus der Haftungsverteilung des TMG Rückschlüsse auf die Begründung von Überwachungs- und Prüfungspflichten ziehen. § 7 Abs. 2 Satz 1 TMG verbietet grundsätzlich allgemeine Überwachungspflichten. Ausgeschlossen dadurch sind jedenfalls, erneut unabhängig von der speziellen Privilegierung, Pflichten ohne entsprechende Kenntnis, wie sich aus der Gesetzesbegründung noch zum TDG deutlich ergibt: „Dementsprechend ordnet § 8 Abs. 2 Satz 2 TDG an, dass Verpflichtungen [...] unberührt bleiben, wenn der Diensteanbieter Kenntnis von ihnen erlangt."[90] Richtig ist allerdings, dass die Notwendigkeit positiver Kenntnis vermutlich eine zu starke Einschränkung darstellt. Um einen Gleichlauf mit der deliktischen Haftung zu erreichen, könnte man bereits die grob fahrlässige Unkenntnis ausreichen lassen.[91] Grob fahrlässig wäre die Unkenntnis, wenn Tatsachen oder Umstände bekannt sind, die eine Rechtswidrigkeit als offensichtlich erscheinen lassen.[92]

Fraglich ist jedoch, ob ein solcher Gleichlauf der Haftungssysteme des § 823 Abs. 1 sowie § 1004 BGB tatsächlich geboten ist. Denn dadurch würde der Sinn der Privilegierung der §§ 7 ff. TMG gerade konterkariert. Der Provider würde vielmehr gegenüber § 1004 BGB in allgemeiner Anwendung benachteiligt, da dieser jedenfalls positive Kenntnis voraussetzt.[93] Folge wäre ein Wertungswiderspruch zu Sinn und Zweck von §§ 8-10 TMG sowie Art. 14 Abs. 1 lit. a) ECRL.

Notwendig ist dementsprechend in jedem Fall die Kenntnis des Providers zumindest von den konkreten Umständen der rechtswidrigen Information oder Handlung.[94] Diese wird in aller Regel durch den Rechtsinhaber in Form einer Benachrichtigung des Providers herbei-

---

[88]   Vgl. *Spindler/Volkmann*, WRP 2003, 1, 3 f.
[89]   Dazu s.u. S. 285.
[90]   BT-Drs. 14/6098, 23.
[91]   *Gietl*, ZUM 2007, 407, 409; *Spindler/Volkmann*, WRP 2003, 1, 4; *Spindler* in: Spindler/Wiebe, Kap. 6 Rn. 39*Volkmann*, Der Störer im Internet, 107; *Volkmann*, CR 2004, 767, 769; allgemein dazu *Leistner*, GRUR 2006, 801, 807 f.
[92]   *Pankoke*, 179; *Spindler*, NJW 2002, 921, 923 f.
[93]   *Sessinghaus*, WRP 2005, 697, 699 Fn. 26; vgl. *Teplitzky*, Wettbewerbsrechtliche Ansprüche und Verfahren, Kap. 5 Rn. 5; i.E. OLG München MMR 2006, 739, 740; LG München I MMR 2007, 453, 455 f. m. Anm. *Mantz*, MMR 2007, 456.
[94]   *Spindler/Volkmann*, WRP 2003, 1, 4; *Spindler*, MMR 2007, 511, 512.

geführt werden.[95] Erst ab diesem Zeitpunkt können Überwachungs- und Prüfungspflichten überhaupt greifen.[96]

b) Allgemeine Grundsätze

Überwachungs- und Prüfungspflichten sind besonders ausgeformte Verkehrspflichten.[97] Ursprung der Pflichten ist dementsprechend die Schaffung oder Beherrschung einer Gefahrenquelle. Internet-Provider bewirken durch ihre Mittlertätigkeit, also die Verbreitung fremder Inhalte oder die Zugangsvermittlung zu ihnen, eine solche Gefahr.[98] Ebenso wie bei den Verkehrspflichten richtet sich die Pflichtenbestimmung demzufolge nach der Zumutbarkeit.[99] Die Beurteilung, ob und inwieweit eine Prüfung zuzumuten war oder ist, richtet sich nach den jeweiligen Umständen des Einzelfalls.[100] Insofern erfolgt die Abwägung nach dem Grundsatz der Verhältnismäßigkeit bzw. § 242 BGB.[101] Als Punkte, die in die Abwägung einzubeziehen sind, kommen jedenfalls die Funktion und die Aufgabenstellung des als Störer in Anspruch Genommenen sowie die Eigenverantwortung desjenigen in Betracht, der die rechtswidrige Beeinträchtigung selbst unmittelbar vornimmt oder vorgenommen hat.[102] Die Prüfungspflicht kann insbesondere eingeschränkt sein, wenn der Störungszustand für den potentiellen Störer nicht ohne weiteres oder nur mit unverhältnismäßigem Aufwand erkennbar ist.[103] Weitere Gesichtspunkte sind der zu betreibende Aufwand, der zu erwartende Erfolg und die technische

---

[95] OLG München MMR 2006, 739, 740; LG München I MMR 2007, 453, 455 f. m. Anm. *Mantz*, MMR 2007, 456.

[96] OLG München MMR 2006, 739, 740; OLG Koblenz MMR 2008, 54; OLG Düsseldorf, Urt. v. 15.01.2008 - I-20 U 95/07, http://medien-internet-und-recht.de/dok/1495.html (abgerufen am 28.2.2008); LG München I MMR 2007, 453, 456; LG Köln, Urt. v. 12.9.2007 - 28 O 339/07, JurPC Web-Dok. 164/2007 (abgerufen am 28.2.2008); LG Berlin CR 2007, 742; *Gietl*, MMR 2007, 630, 631; *Hütten*, K&R 2007, 554, 557 f.; *Mantz*, MMR 2007, 728; *Spindler/Volkmann*, WRP 2003, 1, 8; *Spindler*, MMR 2007, 511, 512; *Volkmann*, Der Störer im Internet, 106.

[97] *Freytag*, Haftung im Netz, 105 f.; *Spindler/Volkmann*, WRP 2003, 1, 7; *Volkmann*, Der Störer im Internet, 142; ähnlich *Herrmann*, 45 f.

[98] *Haedicke*, CR 1999, 309, 312; *Spindler*, ZUM 1996, 533, 536; *Spindler/Volkmann*, WRP 2003, 1, 8; *Volkmann*, Der Störer im Internet, 143; *Waldenberger*, ZUM 1997, 176, 184.

[99] BGH GRUR 1977, 114, 116 - VUS; BGH NJW 2004, 2158, 2159 - Schöner Wetten; BGH MMR 2004, 668, 671 - Internetversteigerung I.

[100] BGH GRUR 1994, 94, 96 - Tonbandgeräte-Händler; BGH NJW 2004, 2158, 2159 - Schöner Wetten; OLG Düsseldorf MMR 2006, 618, 620.

[101] BGHZ 42, 118, 129 - Personalausweise; *Büscher* in: Fezer, § 8 UWG Rn. 102.

[102] BGH NJW 2001, 3265, 3267 - ambiente.de; BGH GRUR 2003, 969, 970 f.; vgl. BGH NJW 1997, 2180, 2181 - Architektenwettbewerb; BGH GRUR 1997, 909, 911- Branchenbuch-Nomenklatur; BGH GRUR 1999, 418, 429 - Möbelklassiker, jeweils m.w.N.

[103] BGH NJW 2001, 3265, 3267 - ambiente.de m.w.N.

und auch wirtschaftliche Möglichkeit und Zumutbarkeit einer Maßnahme.[104] Teilweise werden die Pflichten auch bei familiären Beziehungen besonders bewertet.[105] Ein besonders wichtiges Kriterium im Rahmen der Bewertung von Prüfungspflichten, das insbesondere bei der Feststellung der Störerhaftung von Internet Service Providern gerichtlich konkretisiert wurde, ist der Aufwand für die verlangten Maßnahmen. Der *BGH* hat in der Entscheidung INTERNET-VERSTEIGERUNG I die Überwachung von neu eingestellten Angeboten in einer Auktionsplattform auf bestimmte, eng eingeschränkte und relativ leicht zu erkennende Rechtsverletzungen als zumutbar angesehen.[106] Diese Überwachungspflicht ist im Rahmen der Überwachung von Forenbeiträgen weiterhin - auch in tatsächlicher Hinsicht - in der Diskussion. Besonders deutlich hat das *LG München I* den Aufwand einer Überwachungsmaßnahme und die Schwierigkeit für die Betroffenen einbezogen, mögliche Umgehungsmaßnahmen zu ergreifen.[107] Wenn der Aufwand also relativ hoch ist und zusätzlich durch Umgehungsmaßnahmen die Effektivität der verlangten Maßnahmen - hier die Überwachung von Usenet-Einträgen - reduziert wird, dann soll auch die Ergreifung der Umgehungsmaßnahmen unzumutbar sein.

Hinzu kommt die frühe Feststellung des *BGH*, dass der Rechtsinhaber sich wirksam gegen Verletzungen seiner Rechte schützen können muss: „Der Schutzrechtsinhaber muss die Möglichkeit haben, sich gegen jede Beeinträchtigung seines Rechts wirksam zu schützen und gegen jeden vorzugehen, dessen Verhalten zu einer Störung oder Beeinträchtigung seines Rechts führt oder führen kann."[108] Bezüglich dieser effektiven Rechtsdurchsetzung ist jedoch zu beachten, dass der *BGH* selbst dieses Merkmal und damit auch die Störerhaftung gerade durch die Statuierung von Prüfungs- und Überwachungspflichten einzuschränken versucht und sie

---

[104]   OLG Düsseldorf MMR 2006, 618, 620; *Spindler* in: Spindler/Wiebe, Kap. 6 Rn. 45 m.w.N.

[105]   Vgl. LG Mannheim MMR 2007, 267 im Gegensatz zum sehr offenen Urteil des LG Hamburg CR 2006, 780, 782; ferner LG Frankfurt a.M. MMR 2007, 804; OLG Frankfurt a.M. K&R 2008, 113.

[106]   BGH MMR 2004, 668 - Internet-Versteigerung I.

[107]   OLG München MMR 2000, 617, 619 - CD-Bench; LG München I MMR 2007, 453; dazu *Mantz*, MMR 2007, 456, 458; *Rössel*, ITRB 2007, 130, 131; vgl. auch LG München I CR 2008, 49, 51 m. zust. Anm. *Mantz*, CR 2008, 52.

[108]   BGH GRUR 1957, 352, 353 - Pertussin II; vgl. auch BGH GRUR 1990, 373, 374 - Schönheitschirurgie; BGH GRUR 1990, 463, 464 - Firmenrufnummer; BGH MMR 2007, 507, 511 - Internetversteigerung II; EuGH, Schlussantrag der Generalanwältin Juliane Kokott v. 18.7.2007, Rs. 275/06 - Promusicae vs. Telefónica, Rn. 55.

teilweise ausdrücklich abgelehnt hat,[109] so dass das Rechtsschutzinteresse zwar in die Abwägung einzubeziehen ist, aber andere Faktoren unter Umständen stärker zu gewichten sind.[110]

c) Spezielle Abwägungskriterien

Während die genannten Kriterien für Fälle entwickelt wurden, die hauptsächlich nicht spezifisch mit dem Internet zu tun haben, gibt es weitere Gesichtspunkte, die entweder einen deutlichen Bezug dazu aufweisen oder im Rahmen der Diskussion um die Haftung von Providern aufgeworfen wurden. Konkret handelt es sich dabei um die Frage, inwieweit der Provider von der gefährdenden Aktivität profitiert sowie inwieweit Anonymität und Datenschutzgesichtspunkte die Haftung verschärfen oder beschränken.

aa) Wirtschaftliche Nutzenziehung aus dem Handeln des Störers

Ein vor allem von den Gerichten aufgeworfener Gesichtspunkt ist, ob der Provider, der als mittelbarer Störer in Betracht kommt, wirtschaftlich davon profitiert, dass er potentielle Rechtsverletzungen ermöglicht.[111] Insofern zeichnet sich erneut eine Parallele zu den Verkehrssicherungspflichten im Rahmen des § 823 Abs. 1 BGB ab, bei deren Begründung ebenfalls der wirtschaftliche Nutzen aus der Gefährdung eine Rolle spielen kann.[112] Es ist in diesem Zusammenhang nur logisch, auch bei den Prüfungspflichten die Zumutbarkeit in wirtschaftlicher Hinsicht zu betrachten. Wer aus einer Gefährdung Dritter, selbst wenn sie unerwünscht ist, aber quasi zwingend mit der Tätigkeit zusammenhängt, wirtschaftliche Vorteile erlangt, dem sind Maßnahmen, die eine Verletzung Dritter ausschließen oder zumindestens mindern, jedenfalls eher zuzumuten als demjenigen, der lediglich private Interessen verfolgt und die verlangte Prüfung dementsprechend auf eigene Kosten und unter Aufbringung eigener Mittel und Frei-

---

[109] So BGH GRUR 1993, 53, 55 - Ausländischer Inserent.

[110] Vgl. EuGH, Schlussantrag der Generalanwältin Juliane Kokott v. 18.7.2007, Rs. 275/06 - Promusicae vs. Telefónica, Rn. 121; vgl. weiter AG Offenburg MMR 2007, 809; *Ernst/Seichter*, ZUM 2007, 513, 518; *Weber*, WRP 2005, 961, 965, der diese Entwicklung allerdings für die Haftung des Spediteurs bzw. Lagerhalters bei der Grenzbeschlagnahme umkehrt; a.A. wohl *Spindler/Volkmann*, WRP 2003, 1, 10 f., die aber dennoch die Kenntnis des Providers von den Inhalten verlangen.

[111] BGH MMR 2004, 668, 671 - Internetversteigerung I; BGH GRUR 2007, 890 - Jugendgefährdende Medien bei eBay; OLG München MMR 2006, 739, 740; OLG Hamburg, MMR 2006, 744, 745; OLG Düsseldorf MMR 2006, 618, 620; LG Düsseldorf, Urt. v. 23.1.2008 - 12 O 246/07; *Spindler* in: Spindler/Schmitz/Geis, § 8 TDG Rn. 23; ähnlich *Freytag*, Haftung im Netz, 93; vgl. zur Bewerbung von Produkten OLG Hamburg MMR 2006, 398 - Cybersky; LG Hamburg MMR 2007, 333 m. krit. Anm. *Hoeren*, MMR 2007, 334; LG München I MMR 2007, 453, 456 m. Anm. *Mantz*, MMR 2007, 456.

[112] *Spindler* in: Bamberger/Roth, § 823 BGB Rn. 240; *Mantz*, MMR 2007, 456, 457; vgl. auch *Wagner* in: MünchKommBGB, § 823 BGB Rn. 250 m.w.N.; *Spindler/Volkmann*, WRP 2003, 1, 7.

zeit leisten müsste.[113] Insofern lässt sich aus den Ausführungen des *BGH* im Umkehrschluss eine Privilegierung privater Anbieter gegenüber wirtschaftlich tätigen Betreibern im Hinblick auf die Prüfungspflichten folgern.[114] Aus diesem Grunde stellte das *OLG Düsseldorf* auch deutlich fest, dass es einem privaten Betreiber wirtschaftlich unzumutbar sei, Mitarbeiter, die für eine ständige Überwachung sorgen, in ausreichender Zahl zu beschäftigen.[115] Bei privaten Betreibern dürfte es nämlich regelmäßig an den notwendigen Mitteln zu proaktiven Kontrollen fehlen.[116]

Das kostenlose und vor allem nicht profit-orientierte Angebot von Telemediendiensten hat somit die Minderung von Prüfungspflichten zur Folge. Damit stellen sich die Gerichte deutlich gegen die PERTUSSIN II-Entscheidung, nach der dem effektiven Schutz des Rechtsguts hohes Gewicht beizumessen ist.[117] Diesbezüglich besteht aber trotzdem in aller Regel der Löschungsanspruch des Betroffenen gegen den Störer ab Kenntnis der Rechtsverletzung, so dass die Beschränkung der Prüfungspflichten selbstverständlich eine Beeinträchtigung der Effektivität der Rechtsdurchsetzung zur Folge hätte, aber mitnichten den Rechtsinhaber vollständig schutzlos stellen würde.

Man könnte das Argument der Nutzenziehung sogar weiter zugunsten von speziellen privaten Anbietern nutzen, indem man nach der Sozialadäquanz des Handelns des Anspruchsgegners sowie dem Nutzen für die Allgemeinheit fragt. Wer also nicht nur selbst keinen Profit aus einer Tätigkeit zieht, sondern vielmehr eine sozial nützliche Tätigkeit erfüllt, dem könnte ein noch niedrigerer Maßstab bei den Prüfungspflichten zu Gute kommen.[118] Dafür müsste der Nutzen der Tätigkeit die mit ihr verbundene Gefährdungssituation mehr als ausgleichen.[119] Diese Problematik kann jedenfalls nicht allgemein für alle Provider und alle Anbieter gelöst werden, sondern bedarf einer intensiven Betrachtung des Einzelfalls.

---

[113] *Spindler/Volkmann*, WRP 2003, 1, 9 f; ähnlich LG Trier MMR 2002, 694, 695; LG München I MMR 2007, 453, 456.

[114] Ebenso OLG München K&R 2007, 104, Bestätigung von LG München I MMR 2006, 179; LG Trier MMR 2002, 694, 695.

[115] OLG Düsseldorf MMR 2006, 618, 620.

[116] *Eichelberger*, MMR 2006, 621.

[117] BGH GRUR 1957, 352, 353 - Pertussin II.

[118] Ähnlich *Spindler/Volkmann*, WRP 2003, 1, 8.

[119] *Spindler/Volkmann*, WRP 2003, 1, 8 insbesondere für Provider, deren Tätigkeit einen engen Bezug zu Art. 5 Abs. 1 GG aufweist.

bb) Datenschutz und Anonymität

Ein weiterer Punkt, der insbesondere im Bereich der Haftung im Bereich Internet eine Rolle spielt, ist die Anonymität des unmittelbaren Störers.[120] Die Störerhaftung spielt bei Rechtsverletzungen über das Internet nicht zuletzt deshalb eine so wichtige Rolle, weil der originäre Rechtsverletzer häufig nicht ermittelbar ist, wohingegen es vergleichsweise leicht ist, den Provider als Intermediär eindeutig zu identifizieren. Nimmt man die Anonymität des unmittelbaren Störers hin,[121] so ist selbstverständlich der Mittler für den Geschädigten derjenige, gegen den sich Bemühungen zur Verhinderung weiterer Verletzungen richten. Allerdings ist die Frage, welche Konsequenz man aus der Anonymität des unmittelbaren Störers für den Intermediär ziehen will, also ob sie eine Verschärfung der Störerhaftung bedingt oder sie als Realisierung eines Grundrechts auf informationelle Selbstbestimmung und entsprechend der Datenschutzdoktrin der Datenvermeidung sogar eher zu weiteren Privilegierungen führen sollte.

Auf der Seite des Rechtsinhabers steht das Interesse an der effektiven Durchsetzung bzw. des effektiven Schutzes seiner Rechte in ihrer Gesamtheit.[122] Das Recht auf effektiven Rechtsschutz lässt sich aus Art. 19 Abs. 4 GG auch für das Zivilrecht begründen.[123] Auf der anderen Seite hingegen steht der Intermediär, der aufgrund der Struktur des Internets und der offenen Netze die Anonymität des unmittelbaren Störers bewirkt. Der Intermediär ist allerdings hinsichtlich Schadensersatzansprüchen privilegiert[124] und stellt damit ein Hindernis in der Rechtsdurchsetzung dar.[125] Festgestellt wurde bereits, dass der Provider eine Gefahrenquelle beherrscht. Nicht zuletzt über diesen Gesichtspunkt lassen sich die entsprechenden Prüfungs- und Überwachungspflichten begründen. Nun könnte man anführen, dass die Anonymisierung als Ergebnis der Tätigkeit des Providers eine Steigerung der Gefährlichkeit seines Handelns bedeute.[126] Konsequenterweise würde dies eine Verschärfung der Prüfungspflichten nach sich ziehen, der sich der Betreiber nur durch eine Speicherung von Daten über seine Nutzer entzie-

---

[120] Ausführlich zur Anonymität als Rechtsproblem sowie dem Recht auf Anonymität s. S. 69.

[121] Zu Auskunftsansprüchen, die der Identifizierung des Störers dienen s.u. S. 295 ff.

[122] Vgl. OLG Hamburg, MMR 2006, 744, 746; *Piper* in: Köhler/Piper, Einf. UWG Rn. 248a; *Feldmann*, MMR 2006, 746, 747.

[123] *Fritzsche*, 41.

[124] S.o. S. 241.

[125] Der Gläubiger würde rechtsschutzlos gestellt *Spindler/Volkmann*, WRP 2003, 1, 10; a.A. *Ernst/Seichter*, ZUM 2007, 513, 518.

[126] Im Ergebnis OLG Düsseldorf MMR 2006, 618, 620; OLG Düsseldorf MMR 2006, 553, 556 m. Anm. *Jürgens/Köster*, AfP 2006, 219; LG Leipzig MMR 2004, 263, 264 f.; LG Trier MMR 2002, 694, 695.

hen kann. Diese könnte er dann auf Anfrage an den Rechtsinhaber herausgeben.[127] Das *LG Leipzig* hatte diesbezüglich einen Fall zu entscheiden, der einen Subdomain-Anbieter als Access Provider behandelte.[128] Das Gericht betrachtete die Nichtspeicherung von Informationen über die Identität der Nutzer als die Verletzung von „netzbezogenen Prüfungspflichten" als Verkehrssicherungspflichten und erlegte dem Subdomain-Inhaber über die Verpflichtung zur Deaktivierung der Subdomain auf Verlangen des Geschädigten hinaus die zukünftige Abfrage und Speicherung einer ladungsfähigen Anschrift auf.[129] Damit statuiert das *LG Leipzig* eine Erhebungspflicht für Bestandsdaten auf Grundlage der Störerhaftung. Teilweise wird diese Pflicht auch unter Hinweis auf § 10 Satz 2 TMG begründet.[130] Nach § 10 Satz 2 TMG ist die Haftungsprivilegierung für fremde Inhalte ausgeschlossen, wenn der Nutzer dem Diensteanbieter untersteht oder von ihm beaufsichtigt wird. Der Fall, dass der Provider nicht die Daten seiner Nutzer erhebe und damit im Störungsfalle keine Auskunft über die Identität geben könne, sei dem Haftungsausschluss des § 10 Satz 2 TMG gleichzustellen, weil der Provider seine Verkehrssicherungspflichten verletze und damit dem „Rechtsbruch im Netz völlig freie Hand" lasse.[131] Dies ist jedoch in mehrerlei Hinsicht vom gewünschten Ergebnis her gedacht. Zum einen ist der Subdomain-Anbieter nicht als Host Provider zu qualifizieren, sondern vielmehr als Access Provider.[132] Damit findet § 10 TMG schon gar keine Anwendung, vielmehr ist § 8 TMG die einschlägige Norm der Haftungsprivilegierung. Zum anderen besteht keine Ähnlichkeit zu einem Unterordnungs- oder Aufsichtsverhältnis. Ein Aufsichtsverhältnis in diesem Sinne kann angenommen werden, wenn der Provider Einfluss auf die Inhalte nehmen konnte.[133] Der Subdomain-Anbieter kann aber gerade nur den vereinfachten Zugang zu den Inhalten des Nutzers vermitteln, seine Einflussmöglichkeiten beschränken sich darauf, den Zugang für die Zukunft nicht mehr zu vermitteln, ein Bezug zu den Inhalten fehlt völlig. Zudem zeigt die Tatsache, dass er den Nutzer nicht benennen kann gerade, dass kein Aufsichtsverhältnis besteht. Auch ein Unterordnungsverhältnis kann man in keiner Weise annehmen. Einziger Begründungsweg hierfür wäre das Verhältnis zwischen Anbieter und Nutzer. Dann wäre aber jedes Provider-Nutzer-Verhältnis als Über- und Unterordnungsverhältnis anzusehen, § 10 Satz

---

[127] OLG Düsseldorf MMR 2006, 553, 556; OLG Düsseldorf MMR 2006, 618, 620; ebenso *Strömer/Grootz*, K&R 2006, 553, 556.

[128] LG Leipzig MMR 2004, 263; Subdomain Anbieter ist Access Provider, vgl. *Spindler* in: Spindler/Schmitz/ Geis, § 9 TDG Rn. 19.

[129] LG Leipzig MMR 2004, 263, 264 f. unter Hinweis auf *Flechsig*, MMR 2002, 347, 349; ähnlich für Forenbetreiber, die zumindest zur Verifizierung der Email-Adresse verpflichtet sein sollen *Strömer/Grootz*, K&R 2006, 553, 555; wohl auch OLG Düsseldorf MMR 2006, 618, 620.

[130] So *Flechsig*, MMR 2002, 347, 349.

[131] *Flechsig*, MMR 2002, 347, 349.

[132] *Spindler* in: Spindler/Schmitz/Geis, § 2 TDG Rn. 29.

[133] *Spindler* in: Spindler/Schmitz/Geis, § 11 TDG Rn. 38 ff.

2 Alt. 1 TMG würde lediglich eine Selbstverständlichkeit beschreiben und die Privilegierung nach § 10 Satz 1 TMG würde stets versagt werden.

Weiter könnte man aber darauf abstellen, dass die Anonymität des Nutzers zu „nicht hinnehmbaren Widersprüchen in der Haftung" führen würde.[134] So könnte der anonyme Schädiger jeweils erneut die Rechtsverletzungen begehen, ohne dass der Rechtsinhaber diese effektiv verhindern könnte.[135] Daraus würde für die Zukunft, also nach Kenntniserlangung von der Rechtsverletzung, eine Prüfungspflicht resultieren.[136] Obwohl diese Überlegungen durchaus ihre Berechtigung haben, ist zu fragen, ob die Erweiterung der Passivlegitimation im Sinne einer Erweiterung des Störerbegriffs allein auf den Gedanken der effektiven Rechtsdurchsetzung gestützt werden kann. Sofern nämlich keine gesetzlichen Anknüpfungspunkte für diese Begründung vorhanden sind, ist dieser unbedingte Schluss zumindest fragwürdig[137] und verhindert jegliche ausgewogene Abwägung der widerstreitenden Interessen, indem ein Argument allein priorisiert wird.

Als weiterer wichtiger Gesichtspunkt in diesem Zusammenhang könnten die Datenschutzvorschriften ein Hindernis gegenüber dieser Konkretisierung der Überwachungs- und Prüfungspflichten darstellen. Interessant ist insbesondere § 13 Abs. 6 TMG, nach dem der Diensteanbieter sogar verpflichtet ist, dem Nutzer die Nutzung des Dienstes und auch dessen Bezahlung anonym oder pseudonym zu ermöglichen. Darin findet der Grundsatz der Datenvermeidung seinen Ausdruck: Ziel ist, „keine oder so wenige personenbezogene Daten wie möglich zu erheben, zu verarbeiten und zu nutzen."[138] Wenn man diese Pflicht in die Abwägung einbezieht, so zeigt sich sofort ein Widerspruch der vorgestellten Überlegungen: Verhält sich der Provider gesetzestreu nach § 13 Abs. 6 TMG und ermöglicht nicht die Identifizierung des Nutzers, so begibt er sich in ein Haftungsrisiko, das er nur vermeiden kann, indem er Rechtsbruch begeht. Anders formuliert verpflichtet ihn diese Meinung unmittelbar zum Rechtsbruch. Zwar könnte es sich bei § 13 Abs. 6 TMG lediglich um einen „Programmsatz" handeln,[139] nichtsdestotrotz enthält er eine klare und deutliche Aufforderung an den Diensteanbieter. Für

134 So *Spindler/Volkmann*, WRP 2003, 1, 10.
135 *Spindler/Volkmann*, WRP 2003, 1, 10; ähnlich OLG Hamburg MMR 2006, 744, 745.
136 *Spindler/Volkmann*, WRP 2003, 1, 10; ähnlich *Strömer/Grootz*, K&R 2006, 553, 555 f.
137 So *Fritzsche*, 441, Fn. 92; ähnlich *Schünemann*, WRP 1998, 120, 124; vgl. auch *Wimmers/Schulz*, CR 2006, 754.
138 BT-Drs. 13/7385, 22.
139 *Schmitz* in: Spindler/Schmitz/Geis, § 4 TDDSG Rn. 27 f., 40 m.w.N.; ebenso zu § 3a BDSG *Gola/Schomerus*, § 3a BDSG Rn. 2; a.A. *Gundermann*, K&R 2000, 225, 231; *Mankowski*, MMR Beil. 7/2000, 22, 27 f.; *Roßnagel* in: Roßnagel, Handbuch Datenschutzrecht, Kap. 7.9 Rn. 113, 115; *Dix* in: Roßnagel, Recht der Multimedia-Dienste, § 5 TDDSG Rn. 39; *Schaar*, Rn. 156 ff., Rn. 411; *Schaar/Schulz* in: Roßnagel, Recht der Multimedia-Dienste, § 4 TDDSG Rn. 63; *Scholz*, in: Roßnagel, Datenschutz beim Online-Einkauf, 41, 55 f.

die tatsächliche Realisierung könnte hingegen jeweils mit der IP-Adresse ein personenbezogenes Datum notwendig sein, so dass während der Nutzung Anonymität kaum gewährleistet werden könnte.[140] Diese Feststellung sagt jedoch noch nichts über die Befugnis zur Speicherung aus.[141] Zudem ist die IP-Adresse nur dann personenbezogen, wenn vorher Daten über die Identität des Nutzers erhoben wurden oder sie aus anderen Umständen herleitbar sind, so dass mittels einer Verknüpfung der Daten IP-Adresse und Nutzerdaten eine Identifikation möglich ist.[142] Der Anbieter muss vielmehr versuchen, die erhobenen personenbezogenen Daten zu anonymisieren,[143] oder dafür sorgen, dass erst gar keine solchen Daten anfallen.[144] Das *AG Berlin Mitte* und das *LG Berlin* vertreten diese Auffassung ebenfalls und statuieren darüber hinaus sogar einen Anspruch des Betroffenen auf Unterlassung der Speicherung, den sie aus § 15 Abs. 4 TMG i.V.m. § 1004 BGB und dem Recht auf informationelle Selbstbestimmung herleiten.[145]

Problematisch könnte in diesem Zusammenhang sein, dass § 13 Abs. 6 TMG - entgegen der vorherigen Rechtslage nach § 4 Abs. 6 TDDSG - gemäß § 11 Abs. 3 TMG auf Access Provider keine Anwendung mehr findet.[146] Allerdings stellt § 13 Abs. 6 TMG im Grunde nur eine gesetzliche Konkretisierung des allgemeinen Grundsatzes der Datenvermeidung dar, der unmittelbar aus den Anforderungen des Rechts auf informationelle Selbstbestimmung und EG-Recht folgt.[147] Zudem gilt dieser Grundsatz selbstverständlich auch für den TKG-

---

[140] *Schmitz*, 115.

[141] Zur Speicherpflicht s.u. im Rahmen der Abwägung S. 267.

[142] Damit kann der Nutzer auch gegenüber einem Access Provider anonym sein, sofern sich die Identität nicht über die zur Verfügung gestellte Leitung oder ähnliche Zusatzinformationen feststellen lässt. Dies verkennt *Schmitz* in: Spindler/Schmitz/Geis, § 4 TDDSG Rn. 7, ebenso in *Schmitz*, 115, 117. Allerdings ist die Nichtkenntnis der Identität bei Access Providern ein neues Phänomen, das nicht zuletzt erst durch Funknetzwerke oder alternativ effektive Anonymisierungsmechanismen realisiert wurde, bei wirtschaftlich orientierten Angeboten derzeit aber häufig über die zusätzliche Erhebung der Bestandsdaten umgangen wird.

[143] Dazu *Schmitz* in: Spindler/Schmitz/Geis, § 4 TDDSG Rn. 31.

[144] *Schmitz* in: Spindler/Schmitz/Geis, § 4 TDDSG Rn. 42; a.A. offensichtlich *Strömer/Grootz*, K&R 2006, 553, 556, allerdings lediglich mit der Begründung, dass Art. 5 Abs. 1 GG kein Recht auf Anonymität garantiere. Darauf kommt es aber nach § 13 Abs. 6 TMG gar nicht an.

[145] AG Berlin Mitte K&R 2007, 600; LG Berlin, K&R 2007, 601 m. Anm. *Eckhardt*, K&R 2007, 602.

[146] BR-Drs. 556/06, 22.

[147] Vgl. BVerfGE 27, 1, 7 - Mikrozensus; BVerfGE 65, 1, 49 f. - Volkszählung; EuGH, Urt. v. 20.5.2003 - Österreichischer Rundfunk, Rs. C-465/00, C-138/01, C-139/01, Slg. 2003 I-4989, Rn. 73 ff.; *Schmitt Glaeser* in: Isensee/Kirchhof, § 129 Rn. 78; *Helfrich* in: Hoeren/Sieber, Kap. 16.1 Rn. 81; *Hülsmann*, DuD 2004, 734, 735; *Bizer* in: Roßnagel, Recht der Multimedia-Dienste, § 4 TDDSG Rn. 55; *Dix* in: Roßnagel, Handbuch Datenschutzrecht, Kap. 3.5 Rn. 19; *Roßnagel* in: Roßnagel, Handbuch Datenschutzrecht, Kap. 1 Rn. 64; 3.4 Rn. 1 ff.; *Bizer* in: Simitis, Bundesdatenschutzgesetz, § 3a BDSG Rn. 6; vgl. BT-Drs. 14/4329, 33; für die EG-Datenschutzrichtlinie 95/46/EG *Dammann* in: Dammann/Simitis, Art. 6 DSRL Rn. 17.

Datenschutz: Nach § 95 Abs. 1 TKG dürfen Daten nämlich nur dann erhoben werden, wenn sie erforderlich sind. §§ 95, 96 TKG sind insofern Ausweis der strengen Zweckbindung der erhobenen bzw. zu erhebenden Daten.[148] Die Neufassung des Telemediendienstedatenschutzes durch das TMG bewirkt in dieser Hinsicht dementsprechend keine Veränderung.

Sind Daten für die Erbringung eines Dienstes nicht erforderlich, z.b. weil gar kein Vertragsverhältnis vorliegt,[149] so besteht nicht die Pflicht, die Daten zu erheben, sondern vielmehr die Pflicht, die Erhebung zu unterlassen. Damit ergibt sich also ein doppelter Widerspruch im Haftungssystem. Wenn keine Identifizierung erfolgt, wird der Rechtsinhaber rechtsschutzlos gestellt. Erfolgt die Identifizierung, kann der Rechtsinhaber seine Rechte effektiv verfolgen, indem er gegen den unmittelbaren Störer vorgeht oder zumindest die zukünftige Rechtsverletzung durch den mittelbaren Störer unterbinden lässt. Der mittelbare Störer muss sich aber die Verletzung der datenschutzrechtlichen Vorschriften des TMG und TKG vorhalten lassen. Ein Dilemma, das sich kaum lösen lässt. Das *OLG Düsseldorf* hat diesbezüglich ausgeführt:[150]

> „Dieser Möglichkeit steht zwar nicht § 4 Abs. 6 TDDSG [jetzt § 13 Abs. 6 TMG] entgegen, da nach dieser Vorschrift nur die anonyme oder pseudonyme Inanspruchnahme und Bezahlung von Telediensten sicherzustellen ist, die Pflicht sich aber nicht darauf bezieht, ein anonymes oder pseudonymes Vertragsverhältnis zu ermöglichen [...]. Der Verfügungsbeklagte hätte mithin die Möglichkeit gehabt, im internen Verhältnis zu den potenziellen Usern die Nutzung der Foren von einer Registrierung abhängig zu machen, solange die Nutzung in anonymisierter Form hätte erfolgen können. Auch wäre es hierdurch möglich, Personen, die sich rechtswidrig verhalten, von der Nutzung des Forums auszuschließen bzw. sie zu identifizieren, sodass die in ihren Rechten verletzte Person unmittelbar gegen den eigentlichen Schädiger vorgehen könnte."

Das *OLG Düsseldorf* sieht also nach § 13 Abs. 6 TMG eine Unterscheidung zwischen dem internen Verhältnis des Diensteanbieters und des Nutzers sowie dem externen Verhältnis der Nutzer untereinander. Diese Betrachtung überrascht, da die Pflicht zur Anonymisierung bzw. Pseudonymisierung ja gerade den Diensteanbieter und demzufolge das interne Verhältnis trifft. Nur er kann Adressat der Pflicht sein. Ihm gegenüber soll die Anonymität gewährleistet sein. Darauf weist auch ganz deutlich der Bezug auf die anonyme Bezahlung hin. Denn die Bezahlung eines Dienstes hat mit dem Verhältnis der Nutzer untereinander nichts zu tun, sondern spielt sich ganz allein im internen Bereich ab. Dennoch soll die Bezahlung anonym

---

[148] *Sieber/Höfinger*, MMR 2004, 575, 583.
[149] Vgl o. S. 59.
[150] OLG Düsseldorf MMR 2006, 618, 620.

oder unter Pseudonym möglich sein. Realisiert werden kann dies z.b. durch die Bezahlung über sogenannte Prepaid-Dienste.[151] Diese Unkenntnis der Identität kann also nur und allein den Informationsstand des Diensteanbieters betreffen.[152] Darüber hinaus trägt der Diensteanbieter sogar die Beweislast dafür, dass sein Dienst nicht auch anonym hätte genutzt werden können.[153] In der Folge verpflichtet auch das Urteil des *OLG Düsseldorf* zu rechtsuntreuem Verhalten.

Man könnte also durchaus auch vor dem Hintergrund der Entscheidung des Gesetzgebers hinsichtlich des Datenschutzes verlangen, dass Anonymität keine Auswirkungen, wenn nicht sogar die Wirkung einer Minderung hinsichtlich der Zuweisung der Prüfungspflichten hat.

In diesem Zusammenhang spielt als weiteres Kriterium der Rang der bedrohten Rechtsgüter in die Abwägung hinein.[154] Dafür ist auf der einen Seite das verletzte Rechtsgut zu betrachten. Auf der anderen Seite stehen einerseits die Interessen des Providers, aber auch diejenigen seiner Nutzer. Bei ihnen könnte eine Beeinträchtigung des Grundrechts auf informationelle Selbstbestimmung nach Art. 2 Abs. 1 i.V.m. 1 Abs. 1 GG speziell durch die teilweise verlangten Maßnahmen zur Speicherung von Bestands- und Nutzungsdaten vorliegen. Nicht zu vergessen bleibt, dass Maßnahmen gegenüber dem unmittelbaren Störer regelmäßig nicht durch das Grundrecht auf informationelle Selbstbestimmung verhindert werden.[155] Insofern dürfte jederzeit eine Abwägung zugunsten des Rechtsinhabers sprechen. Das Ergebnis ist also eindeutig, sofern eine Betroffenheit nur des Rechtsverletzers gesichert ist. Werden aber auch unschuldige Dritte durch Maßnahmen in ihren grundrechtlichen Positionen beeinträchtigt, ist tatsächlich eine differenzierte Abwägung notwendig.

Als vorläufiges Ergebnis lässt sich festhalten, dass nicht ohne weiteres davon ausgegangen werden kann, dass Prüfungs- und Überwachungspflichten verletzt sind, wenn der Betreiber keine Bestandsdaten erhebt und dadurch die Anonymität seiner Nutzer gewährleistet, oder diese automatische Folge der Nutzung seines Angebots ist. Datenschutzrechliche Erwägungen, ebenso wie die Rechte der anderen eventuell betroffenen aber gerade unschuldigen Nutzer, verbieten eine so pauschale Beurteilung.

---

[151] So BT-Drs. 13/7385, 23.

[152] I.E. ebenso *Wimmer/Michael*, 107; a.A. *Schmitz* in: Spindler/Schmitz/Geis, § 4 TDDSG Rn. 39 f., der aber u.a. auf die vertragliche Einwilligung abstellt.

[153] *Roßnagel* in: Roßnagel, Handbuch Datenschutzrecht, Kap. 7.9 Rn. 114; *Schaar*, Rn. 365; vgl. *Dix* in: Roßnagel, Recht der Multimedia-Dienste, § 5 TDDSG Rn. 39.

[154] Vgl. BT-Drs. 14/6098, 23; *Spindler/Volkmann*, WRP 2003, 1, 8.

[155] Vgl. *Dix*, in: Bäumler/v. Mutius, Anonymität im Internet, 52, 57.

Durchaus denkbar ist aber, dass ein gewisser Mindeststandard im Sinne eines Mindest-schutzes des Rechtsinhabers gewahrt werden muss.[156] Der *BGH* hat diese Mindestanforde-rung allerdings anhand der Frage aufgeworfen, ob die individuelle Leistungsfähigkeit des Pflichtigen das Entfallen der Verkehrssicherungspflicht ermöglicht.[157] Ob dieses Argument also wirklich auch zum Tragen kommt, wenn gegensätzliche Rechtspositionen zu betrachten sind, ist unsicher.[158] Außerdem ist die rechtliche Grundlage dieser Argumentation zwar unter Zuhilfenahme von Art. 19 Abs. 4 GG durchaus verständlich, schlägt sich aber in der Gesetzes-lage, namentlich § 1004 BGB, mitnichten nieder.[159] Zudem bleibt weiter unklar, ob und wie der Mindeststandard ohne die Aufgabe der entgegenstehenden Positionen und unter Berück-sichtigung der technischen Lösungsmöglichkeiten realisiert werden kann. Zudem lässt sich nicht von der Hand weisen, dass dieses Rechtsschutzinteresse zwar durchaus vorhanden ist, aber hauptsächlich aus der „praktischen Notwendigkeit" aus § 1004 BGB begründet wird[160] und in § 1004 BGB kaum eine Grundlage findet.[161]

d) Pflichten der Betreiber von offenen Netzwerken - Abwägung

Nachdem Abwägungskriterien ebenso wie miteinander streitende Interessen und Rechtsposi-tionen dargestellt wurden, kann auf dieser Grundlage die konkrete Abwägung für Betreiber von offenen Netzwerken erfolgen. Da jedenfalls Kenntnis von der Rechtsverletzung bzw. des-sen Umständen erforderlich ist, wird für die Abwägung auf die verschiedenen vorgestellten Abhilfemöglichkeiten zurückgegriffen, für die jeweils die Rechtsgüterabwägung zu erfolgen hat. Insgesamt können dadurch die dem Betreiber obliegenden Pflichten als „Pflichtenbündel" bestimmt werden.

---

[156] So *Spindler/Volkmann*, WRP 2003, 1, 9 unter Hinweis auf den Mindeststandard, der bei den Verkehrssiche-rungspflichten nach § 823 Abs. 1 BGB einzuhalten ist, s. dazu *Spindler* in: Bamberger/Roth, § 823 BGB Rn. 241; *Hager* in: Staudinger, § 823 BGB Rn. E 31.

[157] BGH VersR 1960, 416, 418; dazu *Spindler* in: Bamberger/Roth, § 823 BGB Rn. 241; *Hager* in: Staudinger, § 823 BGB Rn. E 31.

[158] Ähnlich differenzierend auch *Wagner* in: MünchKommBGB, § 823 BGB Rn. 251.

[159] Ähnlich *Fritzsche*, 441, Fn. 92; zur Kritik s. auch *Köhler* in: Hefermehl/Köhler/Bornkamm, § 8 UWG Rn. 2.17; *Schünemann*, WRP 1998, 120, 121 f.

[160] Vgl. BGH GRUR 1976, 256, 259 - Rechenscheibe; *Schünemann*, WRP 1998, 120, 120 ff.; *Wimmers/Schulz*, CR 2006, 754; ähnlich *Wiebe*, jurisPR-ITR 10/2006 Anm. 4: „Die Probleme, die sich in zunehmenden Maße bei der Störerhaftung zeigen, werfen die grundsätzliche Frage nach deren Angemessenheit auf.".

[161] *Köhler* in: Hefermehl/Köhler/Bornkamm, § 8 UWG Rn. 2.17; *Schünemann*, WRP 1998, 120, 120 f.; einge-hend dazu *Teplitzky*, Wettbewerbsrechtliche Ansprüche und Verfahren, Kap. 14 Rn. 10c m.w.N.

aa) Pflicht zur Erhebung von Bestands- und Verkehrsdaten

Wie bereits gezeigt wurde, wird teilweise vertreten, dass der potentielle mittelbare Störer seinen Prüfungs- und Überwachungspflichten dadurch gerecht werden kann, dass er es dem Geschädigten durch Herausgabe von Daten über den unmittelbaren Störer ermöglicht, gegen diesen vorzugehen.[162] Damit sind zwei Problemkomplexe zu erörtern: Zum einen die Pflicht zur Erhebung von Bestandsdaten - also Daten, die der Identifizierung des Nutzers dienen, wie Name und Adresse. Zum anderen die Pflicht zur Erhebung und Speicherung von Daten, die im konkreten Fall den Rückschluss zulassen, ob eine bestimmte Rechtsverletzung von diesem Nutzer begangen worden sein könnte.

Hilfreich für die Pflicht ist zunächst die Feststellung, ob die Daten überhaupt erforderlich sind und auch anfielen. Bestandsdaten sind u.a. Daten über Name und Anschrift. Diese sind in einem Vertragsverhältnis über die Leistung von Kommunikations- oder Telediensten jedenfalls erforderlich, sofern es sich um entgeltliche Angebote handelt, oder Nebenleistungspflichten beeinträchtigt sein können. Beim Angebot der offenen Netzwerke wird allerdings in der Regel kein synallagmatischer Vertrag im eigentlichen Sinne geschlossen.[163] Ein Interesse an der Identität auf rechtlicher Ebene besteht in diesem Fall nicht, die Erbringung der Leistung hängt in keiner Weise von der Offenlegung der Identität der Beteiligten ab. Sie ist zwar durchaus wünschenswert und teilweise aufgrund der kommunikativen Ziele der Gemeinschaften auch hilfreich, jedoch nicht für die Abwicklung des Vertrages notwendig. Selbst Zugangsbarrieren können ohne Kenntnis von Name und Anschrift geregelt sein, sei es durch Zuweisung einer IP-Adresse an den Inhaber einer Email-Adresse, wobei dann in dieser Email-Adresse das einzige erforderlicher Bestandsdatum zu ersehen wäre, oder durch Verwendung von Pseudonymen. Insofern sind die Bestandsdaten nicht erforderlich im Sinne von § 95 TKG, § 14 TMG oder § 3a BDSG. Teilweise liegen die Daten, die für eine Zugangsbarriere notwendig sind, auch auf einem anderen, zentralen Server, so dass der Betreiber eines speziellen Knotens selbst gar nicht auf die Bestandsdaten an sich, sondern nur auf die für den Zugang wesentlichen Daten Zugriff hat. Im Falle von Whitelists kann es sich dabei z.B. um registrierte IP-Adressen handeln.[164] Zu wem diese IP-Adressen gehören, kann der Betreiber des Knotens dann nicht feststellen, da er die Daten selbst gar nicht vorliegen hat. Die Nutzer sind ihm gegenüber anonym.

Verkehrsdaten hingegen fallen im Betrieb praktisch ohne Zutun an. Für die Routingprotokolle sind z.B. IP-Adressen der angeschlossenen Nutzer notwendig, um Wege zu berechnen

---

[162] S.o. S. 261 ff.
[163] S.o. S. 94, 123.
[164] S.o. S. 32.

und anderen Stationen mitzuteilen, dass Pakete an diese Adressen zu diesem Knoten zu leiten sind. Verkehrsdaten sind somit für die Abwicklung jedenfalls temporär notwendig und damit erforderlich. Diskutiert wurde für die Störerhaftung allerdings bisher lediglich eine Pflicht zur Erhebung von Bestandsdaten. Beim Subdomaininhaber, so der Fall des *LG Leipzig*,[165] sind jedoch auch die Daten vorhanden, die eine Verknüpfung mit den Bestandsdaten erlauben und damit die Identifikation ermöglichen. Beim Betreiben eines offenen Netzwerks ist jedenfalls auch die Speicherung der Verkehrsdaten notwendig. Wer also beim Subdomain-Provider die Speicherung von Bestandsdaten verlangt, muss konsequenterweise bei offenen Netzwerken die Erhebung von Bestands- und Verkehrsdaten fordern.

aaa) Bestandsdaten

Prüfungs- und Überwachungspflichten können im Rahmen der Störerhaftung durchaus auch zu Handlungspflichten führen.[166] Für die Erhebung und Speicherung von Bestandsdaten und Verkehrsdaten spricht zunächst der erwartete Erfolg, der ebenfalls in die Abwägung einzustellen ist.[167] Ist der eigentliche Schädiger ermittelt, so kann der Geschädigte effektiv rechtlich gegen diesen vorgehen und damit sowohl zukünftige Rechtsverletzungen wirksam verhindern, als auch Schadensersatz geltend machen. Im Sinne einer effektiven Rechtsdurchsetzung ist die Herausgabe dementsprechend wünschenswert.[168] Dieser Befund deckt sich mit den Wertungen der Enforcement-RL[169] bezüglich Verletzungen im Urheber-, Marken- und Namensrecht.[170] Erwägungsgrund 3 der Enforcement-RL hebt die wirksame Durchsetzung von Rechten des geistigen Eigentums hervor. Verwiesen wird aber in Erwägungsgründen 2 und 16 auch auf die Bedeutung des Datenschutzes.[171]

Betrachtet man die einzelnen verletzten Rechtsgüter, so lassen sich aus dem allgemeinen Schutz diesbezüglich ebenfalls Tendenzen ersehen: Insbesondere der Schutz der Person sowie der Persönlichkeit genießen einen hohen Rang. Dies zeigt sich nicht nur an §§ 185 ff. StGB, sondern findet ganz konkret auch im TKG Niederschlag. § 101 TKG erlaubt die sogenannte Fangschaltung. Erhält ein Netzteilnehmer belästigende oder bedrohende Anrufe, so ist der Diensteanbieter nach § 101 Abs. 1 S. 3 TKG berechtigt, zu diesem Zweck auch Name und An-

165 LG Leipzig MMR 2004, 263; vgl. OLG Düsseldorf MMR 2006, 553, 556; OLG Düsseldorf MMR 2006, 618, 620; *Strömer/Grootz*, K&R 2006, 553, 556.
166 BGH GRUR 1984, 54, 55 - Kopierläden; LG Hamburg MMR 2006, 763, 764.
167 S.o. S. 257.
168 Vgl. *Hager* in: Staudinger, § 823 BGB Rn. E 31; *Spindler/Volkmann*, WRP 2003, 1, 9.
169 Richtlinie 2004/48/EG des europäischen Parlaments und des Rates vom 29. April 2004 zur Durchsetzung der Rechte des geistigen Eigentums, ABl. EG v. 2.6.2004, L 195/16.
170 Dazu *Frey/Rudolph*, ZUM 2004, 522; *Haedicke*, in: Ohly, FS Schricker, 19; *Seichter*, WRP 2006, 391.
171 Das heben auch *Lehmann/Rein*, CR 2008, 97, 99 hervor.

schrift des Anrufers zu erheben, verwenden und dem Opfer der Anrufe mitzuteilen. Das Recht zur Erhebung von Bestandsdaten außerhalb von Vertragsverhältnissen ist folglich zum Schutz von hochrangigen Rechtsgütern teilweise gegeben. § 101 TKG stellt aber eine Ausnahme dar, die ausdrücklich nur für Anrufe, also telefonische Kommunikation, geschaffen wurde. Auch der zugrundeliegende Art. 10 Abs. 1 TK-Datenschutz-RL[172] sieht nur die Herausgabe von Daten bei „Anrufen" nach Art. 2 Abs. 2 lit. e) Datenschutz-RL, also Telefonkommunikation vor. Danach ist ein Anruf „eine über einen öffentlich zugänglichen Telefondienst aufgebaute Verbindung, die eine zweiseitige Echtzeit-Kommunikation ermöglicht." Erfasst sind dementsprechend auch Voice-over-IP-Gespräche (VoIP), die über das Internet erfolgen.[173] Emails, SMS[174] und wohl auch Internet-Chats fallen jedenfalls nicht unter § 101 TKG. Für die Speicherung hinsichtlich Internetkommunikation mit Ausnahme von VoIP-Gespräche kann die Ausnahme des § 101 TKG mithin nicht verwendet werden, wobei nicht zu vergessen ist, dass Grundrechtseingriffe gestattende Ausnahmen grundsätzlich einschränkend auszulegen sind.

Weiter schreibt § 110 TKG eine Überwachung von Kommunikation vor, die auch die Speicherung enthalten könnte. Dessen ungeachtet findet diese Regelung keine Anwendung auf Betreiber von offenen Netzwerken.[175]

Schließlich sieht auch die Vorratsdatenspeicherungs-RL[176] (VSRL) in Art. 5 Abs. 1 lit. a Ziff. 1 iii) ausdrücklich vor, dass Name und Anschrift des Teilnehmers an Internet-Kommunikation über einen bestimmten Zeitraum gespeichert werden.[177] Die VSRL ist nicht wie § 101 TKG lediglich auf Anrufe beschränkt, sondern erfasst in Art. 3 Abs. 1 VSRL ausdrücklich öffentlich zugängliche elektronische Kommunikationsdienste, unter die gemäß Art. 3 Abs. 3 VSRL auch Internetdaten fallen. Damit ist der Anwendungsbereich nach Art. 1 VSRL eröffnet, und die Vorgaben sind zu beachten. Die VSRL ist zum 1.1.2008 in deutsches

---

[172] Richtlinie 2002/58/EG des Europäischen Parlaments und des Rates vom 12. Juli 2002 über die Verarbeitung personenbezogener Daten und den Schutz der Privatsphäre in der elektronischen Kommunikation (Datenschutzrichtlinie für elektronische Kommunikation), ABl. EG Nr. L 201 v. 31/07/2002, S. 37-47; dazu *Eckhardt*, CR 2003, 805, 805 ff.

[173] *Büning/Weißenfels* in: BeckTKG, § 101 TKG Rn. 14.

[174] *Büning/Weißenfels* in: BeckTKG, § 101 TKG Rn. 14.

[175] S.o. S. 61.

[176] Richtlinie 2006/24/EG des Europäischen Parlaments und des Rates vom 15. März 2006 über die Vorratsspeicherung von Daten, die bei der Bereitstellung öffentlich zugänglicher elektronischer Kommunikationsdienste erzeugt oder verarbeitet werden, und zur Änderung der Richtlinie 2002/58/EG, ABl. v. 13.4.2006, L 105 S. 54.

[177] Zur VSRL *Gitter/Schnabel*, MMR 2007, 411; *Westphal*, EuZW 2006, 555; zur Umsetzung *Gitter/Schnabel*, MMR 2007, 411.

Recht umgesetzt worden[178] und damit unmittelbar zu beachten. Nach § 150 Abs. 12b S. 2 TKG sind die Regelungen allerdings für Anbieter von Internetzugangsdiensten, Diensten der elektronischen Post oder Internettelefondiensten erst ab dem 1.1.2009 zu beachten. Für die Abwägung können die Regelungen der Richtlinie und des Gesetzes dennoch bereits jetzt herangezogen werden.

Ein weiter wesentlicher Gesichtspunkt ist der Aufwand für die Erhebung von Daten. Die Speicherung von Bestandsdaten hingegen kann aufgrund des relativ geringen Datenaufkommens nicht ins Gewicht fallen. Denkbar wäre die Verwendung von sogenannten Splash-Screens oder Login-Methoden, bevor die Nutzung eines Knotens gestattet wird. Auch diese Maßnahme ist nicht als zu aufwändig anzusehen. Der Aufwand eines Anmeldungserfordernisses für den Knoten spricht somit zumindest nicht gegen die Erhebungs- und Speicherungspflicht. Zu beachten ist aber, dass nur die direkt angeschlossenen Nutzer überhaupt so erfasst würden. Nutzer hingegen, die an anderen Knoten angemeldet sind und die Anlage des Betreibers nur für Transitverkehr nutzen, können auf diese Weise nicht identifiziert werden.

Dennoch ist einer so begründeten Pflicht zur Erhebung und Speicherung von Bestandsdaten einiges entgegenzuhalten. So enthält § 95 TKG, der die Erhebung von Bestandsdaten regelt, ebenfalls das Erforderlichkeitsprinzip. Sofern also die Bestandsdaten für die Erbringung des Dienstes nicht erforderlich sind, dürfen sie auch nicht erhoben werden.[179] Die Ausnahmen des § 96 TKG entfalten Wirkung nur für Verkehrsdaten, für die Missbrauchsbekämpfung dürfen dementsprechend Bestandsdaten nicht auf dieser Grundlage erhoben werden.

Außerdem stellen sich Probleme, die unmittelbar mit der Störerhaftung und seinen speziellen Tatbestandsmerkmalen zusammenhängen. So sehen sowohl ECRL als auch TMG vor, dass Provider keine allgemeine Überwachungspflicht treffen darf. Ausdruck dieser Forderung ist, dass der Provider vor Eingreifen einer eventuellen Überwachungs- oder Prüfungspflicht Kenntnis von der Rechtsverletzung haben muss.[180] Eine Mitwirkung des Betreibers kann somit erst verlangt werden, nachdem er entsprechende Kenntnis von der Rechtsverletzung hat. Wird ihm nun aber vorgeworfen, dass er den Störer nicht benennen kann,[181] so gründet dieser Vorwurf auf einem Unterlassen zu einer Zeit, zu der tatsächlich noch keine Kenntnis des Betreibers bestand. Alternativ könnte man eine Speicherungspflicht ab dem Zeitpunkt der ersten Kenntnis einer entsprechenden Rechtsverletzung annehmen. Diese Erhebungs- und Spei-

---

[178] Gesetz zur Neuregelung der Telekommunikationsüberwachung und anderer verdeckter Ermittlungsmaß-
       nahmen sowie zur Umsetzung der Richtlinie 2006/24/EG, BGBl. I 2007, 3198; RegE BT-Drs. 16/5846;
       dazu *Gietl*, K&R 2007, 545; *Gola/Klug/Reif*, NJW 2007, 2599; *Puschke/Singelnstein*, NJW 2008, 113.
[179] *Schaar*, Rn. 368.
[180] S.o. S. 244 ff.
[181] S.o. S. 261 ff.

cherpflicht würde selbstverständlich die Daten aller angeschlossenen Teilnehmer betreffen. So hat der *BGH* in der INTERNETVERSTEIGERUNGS-Entscheidung[182] dem Internetauktionshaus ab Kenntnis von der ersten Rechtsverletzung auferlegt, Sorge dafür zu tragen, dass ähnliche Rechtsverletzungen ab diesem Zeitpunkt nicht mehr erfolgen, z.b. indem eine spezielle Software eine Filterung neu eingestellter Angebote auf einzelne Eigenschaften vornimmt.[183] Ob sich aber diese Pflicht auch auf die Speicherung von Daten übertragen lässt, ist mehr als fraglich. Beachtet man nämlich den Erforderlichkeitsgrundsatz, so müsste der Anbieter die erhobenen Daten mangels Erfordernis der Speicherung sofort nach Herausgabe wieder löschen.[184] Anders formuliert, wäre der Betreiber, selbst wenn er die Daten erhoben hätte und sie an den Geschädigten herausgeben könnte, verpflichtet, die Daten unverzüglich wieder zu löschen. Löschungs- und Erhebungspflicht kollidieren also ebenfalls hinsichtlich einer in die Zukunft gerichteten Pflicht. Außerdem würde sich mit der Pflicht zur Erhebung und Speicherung aller Daten die in Frage stehende Pflicht ab dem Zeitpunkt der Kenntnis von einer Rechtsverletzung für alle folgenden, späteren Rechtsverletzungen in eine Pflicht vor Kenntnis der konkreten Rechtsverletzung wandeln. Für spezielle, substantiierte Fälle hat der *BGH* auch solche vorbeugenden Unterlassungsklagen als möglich angesehen.[185] Dagegen könnte man argumentieren, dass mit Kenntnis von einer Rechtsverletzung auch eine Kenntnis bezüglich der Möglichkeit anderer, eventuell ähnlicher Rechtsverletzungen gegeben ist. Im INTERNET-VERSTEIGERUNGS-Urteil hat der *BGH* aber eine Pflicht der Überwachung nur hinsichtlich von tatsächlich ähnlichen Rechtsverletzungen angenommen.[186] Im konkreten Fall ging es um die Pflicht der Vorbeugung von Markenrechtsverletzungen der Marke Rolex, nicht aber um jede mögliche Rechtsverletzung, die über die Plattform begangen wird. Die Schlussfolgerung von einer bestimmten Rechtsverletzung auf alle - nicht typ- bzw. kerngleichen - anderen ist somit zu weit und ginge deutlich über die im INTERNETVERSTEIGERUNGS-Urteil aufgestell-

---

[182] BGH MMR 2004, 668 - Internetversteigerung I.

[183] BGH MMR 2004, 668, 672 - Internetversteigerung I; ebenso BGH MMR 2007, 507, 511 - Internetversteigerung II; OLG München MMR 2006, 739, 741; LG Hamburg, Urt. v. 28.4.2006 - 324 O 993/05, http://medien-internet-und-recht.de/dok/547.html (abgerufen am 28.2.2008); aufgehoben durch OLG Hamburg MMR 2007, 315.

[184] I.E. LG Flensburg MMR 2006, 181.

[185] BGH MMR 2007, 507 - Internetversteigerung II m. krit. Anm. *Leible/Sosnitza*, NJW 2007; *Spindler*, MMR 2007, 511.

[186] BGH MMR 2004, 668 - Internetversteigerung I; BGH MMR 2007, 507 - Internetversteigerung II; „kerngleich" LG Hamburg MMR 2005, 326 m. Anm. *Rachlock*, MMR 2005, 328; *Spindler* in: Spindler/Wiebe, Kap. 6 Rn. 43e; Erweiterung durch andere dogmatische Grundlage BGH GRUR 2007, 890 - Jugendgefährdende Medien bei eBay; dazu *Köhler*, GRUR 2008, 1; *Rössel/Kruse*, CR 2008, 35; kritisch *Härting*, CR 2007, 734; *Lehmann/Rein*, CR 2008, 97, 102; s. auch s. auch *Ahrens*, WRP 2007, 1281; diese Änderung der Rechtsprechung ist aber nicht auf offene Netze übertragbar, vgl. *Köhler*, GRUR 2008, 1, 5 ff..

ten Verpflichtungen hinaus. Folge wäre eine allgemeine Überwachungspflicht im Sinne einer Erhebungs- und Speicherpflicht, die dem Provider gerade nicht auferlegt werden darf.[187]

Darüber hinaus begründen die Gerichte Pflichten der Provider regelmäßig auch damit, dass der Provider von der rechtsverletzenden Handlung des unmittelbaren Störers wirtschaftlich profitiert.[188] Dieses Merkmal lässt sich nicht auf den Betreiber eines offenen Netzwerks anwenden. Seine Motivation ist keinesfalls finanzieller Natur.[189] Er finanziert im Gegenteil Aufbau und Betrieb der Infrastruktur aus eigenen Mitteln ohne wirtschaftliche Gegenleistung. Aus der rechtsverletzenden Handlung des unmittelbaren Störers zieht er somit keinerlei Nutzen.

Die Statuierung einer Erhebungspflicht für Bestandsdaten ist aber auch aus einem weiteren Grund rechtlich nicht haltbar. Das *LG Leipzig* und Teile der Literatur sehen eine mögliche Störerhaftung des Betreibers vor, sofern er nicht der Pflicht zur Erhebung von Bestandsdaten genügt.[190] Begründet wird diese Pflicht auf der einen Seite mit dem Interesse an einem effektiven Rechtsschutz sowie den diesbezüglichen Interessen des Rechtsinhabers. Auf der anderen Seite könne nur so ein Leerlaufen eines Auskunftsanspruchs verhindert werden. Während das Interesse des effektiven Rechtsschutzes schwer wiegt, aber eben nicht jede Pflicht im Rahmen der Störerhaftung plausibel und rechtstreu zu begründen vermag, führt der Herleitungsansatz über den potentiell leerlaufenden Auskunftsanspruch fehl: Für den Auskunftsanspruch nach § 242 BGB i.V.m. der verletzten Rechtsnorm ist Voraussetzung, dass zwischen dem Rechtsinhaber und dem Auskunftspflichtigen eine besondere Rechtsbeziehung besteht.[191] Die Rechtsbeziehung kann in einem vertraglichen oder gesetzlichen Schuldverhältnis bestehen, also z.B. durch das Vorliegen der mittelbaren Störerhaftung legitimiert sein.[192] Beim Auskunftsanspruch nach § 101a UrhG a.F. war sogar eine stärkere Rechtsbeziehung erforderlich,

---

[187] Ebenso LG Flensburg MMR 2006, 181, 182 m. zust. Anm. *Kazemi*, MMR 2006, 182; LG Berlin CR 2007, 742; *Lehmann/Rein*, CR 2008, 97, 102; vgl. *Rachlock*, MMR 2005, 328, 329 f.

[188] BGH MMR 2004, 668, 671 - Internetversteigerung I; „geschäftlicher Verkehr" BGH GRUR 2007, 890, 894 - Jugendgefährdende Medien bei eBay; OLG München MMR 2006, 739, 749; OLG Hamburg MMR 2006, 744, 745; OLG Düsseldorf MMR 2006, 618, 620; LG Hamburg MMR 2007, 333, 334; LG München I MMR 2007, 453; eingehend s.o. S. 259.

[189] Zur Motivation s.o. S. 13 ff.

[190] LG Leipzig MMR 2004, 263; ebenso OLG Düsseldorf MMR 2006, 553, 556; OLG Düsseldorf MMR 2006, 618, 620; *Strömer/Grootz*, K&R 2006, 553, 556.

[191] S.u. S. 322.

[192] BGH NJW 1978, 1002; BGH GRUR 1986, 62, 64 - GEMA-Vermutung I; BGH GRUR 1988, 604, 605 - Kopierwerk; BGH GRUR 2001, 841, 842 f. - Entfernung der Herstellungsnummer II; *Köhler* in: Köhler/ Piper, vor § 13 UWG Rn. 116.

der Auskunftspflichtige selbst musste danach Verletzer, nicht nur mittelbarer Störer sein.[193] Mit anderen Worten entsteht durch die Verletzung der angenommenen Erhebungspflicht ein gesetzliches Schuldverhältnis, das den Auskunftsanspruch materiell zu begründen vermag. Damit zeigt sich aber bereits ein offenkundiger Widerspruch. So wird die Störerhaftung unter Verweis auf die faktische Durchführbarkeit des Auskunftsanspruchs angenommen, während der allgemeine Auskunftsanspruch gerade erst ach Feststellung der Störereigenschaft rechtlich greifen kann. Richtigerweise kann das Argument im Rahmen der Störerhaftung - wenn überhaupt - einzig und allein dann verfangen, wenn der Auskunftsanspruch materiell bereits begründet ist, und die Erhebungspflicht nur der tatsächlichen Durchsetzung dient. Ansonsten entsteht ein Zirkelschluss, dem diese Forderung offensichtlich erlegen ist, und über den sich Pflichten beliebig errichten lassen würden.

Diese Argumente können allerdings nicht verfangen, sofern eine gesetzliche Grundlage besteht, die die Pflicht zur Erhebung und Speicherung ohnehin vorsieht. Eine solche könnte die VSRL bzw. ihre Umsetzung in deutsches Recht darstellen. Hinsichtlich Bestandsdaten enthält die VSRL indes eine relevante Ausnahme. Art. 3 Abs. 1 VSRL lautet:

> „[... die Mitgliedsstaaten tragen dafür Sorge, dass ...] Daten, soweit sie [...] im Zuge der Bereitstellung der betreffenden Kommunikationsdienste von Anbietern öffentlich zugänglicher elektronischer Kommunikationsdienste oder Betreibern eines öffentlichen Kommunikationsnetzes erzeugt oder verarbeitet werden, [...] auf Vorrat gespeichert werden."

Die Speicherungspflicht bezieht sich folglich nur auf Daten, die auch tatsächlich erhoben wurden, also bereits vorhanden sind.[194] In Erwägungsgrund 23 VSRL wird die Regelung ausdrücklich und unmissverständlich dahingehend erläutert, dass die Speicherung von Daten, die gar nicht anfallen, nicht verhältnismäßig - und damit zwangsläufig europarechtswidrig - sei. Die VSRL und ihre Umsetzung begründen demnach nicht die Pflicht zur Erhebung sondern lediglich und ausschließlich die Pflicht zur Speicherung vorhandener, bereits angefallener Daten. Die VSRL kann somit ebenso wenig wie ihre Umsetzung in diesem Rahmen zur Herleitung einer Pflicht zum Erheben und Speichern von Bestandsdaten angeführt werden. Gleiches gilt auch für die Umsetzung und mögliche zukünftige Verschärfungen. Ganz im Gegenteil: Wenn die Umsetzung der VSRL eine Erhebungspflicht vorsähe, dann wäre diese Regelung zwangsläufig europarechtswidrig. Konsequenterweise sieht die Neufassung des

---

[193] *Kitz*, GRUR 2003, 1014, 1016; *Lütje* in: Möhring/Nicolini, § 97 UrhG Rn. 230; *Bohne* in: Wandtke/Bullinger, § 101a UrhG Rn. 4.

[194] Ebenso für die Umsetzung Begr. RefE, 161; *Gietl*, K&R 2007, 545, 547; *Gitter/Schnabel*, MMR 2007, 411, 415.

TKG bezüglich Verkehrsdaten eine Umsetzung auch dieser Beschränkung vor.[195] In § 113a Abs. 1 S. 1 TKG werden von der Speicherpflicht nur „von ihm [dem Kommunikationsanbieter] erzeugte oder verarbeitete Verkehrsdaten" erfasst. Für Bestandsdaten gilt die Ausnahme allerdings nicht, diese werden in § 111 Abs. 1 TKG behandelt. Danach sollen Kommunikationsanbieter, die geschäftsmäßig Kommunikationsdienste erbringen und dabei Telefonnummern oder Email-Adressen vergeben, verpflichtet werden, ebenfalls u.a. Name und Anschrift zu erheben und zu speicheRn. Mit dem Erfordernis der Vergabe von Telefonnummern oder Email-Adressen fallen jedoch klassische Access Provider und damit auch Betreiber von offenen Netzwerken nicht in den Anwendungsbereich der Norm. Eine Erhebungspflicht von Bestandsdaten lässt sich auch auf § 111 Abs. 1 TKG nicht stützen. Jedenfalls für offene und kostenlose Netze besteht die Erhebungspflicht also keinesfalls.[196] Die Argumentation, dass eine Speicherung von IP-Adressen ohne Kenntnis des Teilnehmers nicht möglich sei,[197] ist ebenfalls nicht richtig. Natürlich können wie von der VSRL sowie § 113a Abs. 1 S. 1 TKG verlangt, die IP-Adressen als Daten an sich gespeichert werden. Der Bezug zu einer Person ist dann nicht möglich, dieser wird aber auch durch die Regelungen nicht verlangt. Eine analoge Anwendung aufgrund der Unbrauchbarkeit der Daten und der Intention des Gesetzgebers lässt sich nach den unzweifelhaften Feststellungen des Gesetzgebers in Erwägungsgrund 23 sowie dem Wortlaut der Regelungen nicht annehmen.[198]

Als Folge daraus lässt sich zweierlei festhalten: Erstens übernimmt die VSRL keineswegs die durch Teile der Rechtsprechung und Literatur entwickelte Erhebungspflicht und zweitens bestehen bei einer solchen erhebliche verfassungsrechtliche Bedenken. Eine unmittelbare gesetzliche Pflicht zur Erhebung und Speicherung der Daten ist somit nicht ersichtlich. Eine Erhebungspflicht würde somit lediglich auf der Grundlage der Störerhaftung nach § 1004 BGB begründet werden müssen.

Der Annahme einer Erhebungspflicht für Bestandsdaten stehen allerdings klare datenschutzrechtliche Pflichten des Betreibers entgegen: Sofern die Bestandsdaten nicht erforderlich sind, dürfen sie auch nicht erhoben werden. Unter Anwendung des § 13 Abs. 6 TMG ist sogar bei Erhebung oder frühestmöglich eine Anonymisierung vorzunehmen. Darin findet der Grundsatz der Datenvermeidung, der sich auch aus § 3a BDSG ergibt, seinen Ausdruck: Ziel ist, "keine oder so wenige personenbezogene Daten wie möglich zu erheben, zu verarbeiten

---

[195] Ebenso *Gietl*, K&R 2007, 545, 547; *Gitter/Schnabel*, MMR 2007, 411, 415.
[196] Ebenso *Gietl*, K&R 2007, 545, 547; a.A. *Hornung*, MMR 2007, Heft 12, XIII.
[197] So *Hornung*, CR 2007, 88, 93.
[198] Vgl. auch *Gietl*, K&R 2007, 545, 547.

und zu nutzen."[199] Die gesetzliche Wertung ist insoweit eindeutig. Sind Daten erforderlich, so müssen sie auch gespeichert werden, eine Erhebungspflicht gibt es aber nicht.

Gegen diese datenschutzrechtliche Betrachtung könnte jedoch das Interesse der Rechtsinhaber an einer effektiven Rechtsdurchsetzung stehen. Mangels vorhandener Daten ist ein Vorgehen gegen den unmittelbaren Störer nur mit erheblich höherem Aufwand - wenn überhaupt - möglich. Dem Rechtsdurchsetzungsinteresse ist grundsätzlich hohes Gewicht beizumessen. Allerdings ist die Erhebung von Daten durchaus grundrechtsrelevant.[200] So bewirkt die Erhebung und Speicherung von Daten jedenfalls einen Eingriff in das Recht auf informationelle Selbstbestimmung aus Art. 2 Abs. 1 i.V.m. 1 Abs. 1 GG sowie das Recht auf Privatheit aus Art. 8 EMRK.[201] Die Verknüpfung von Verkehrsdaten mit Bestandsdaten wiederum kann einen Eingriff in das Fernmeldegeheimnis nach Art. 10 GG darstellen.[202] Erwägungsgrund 23 VSRL deutet zudem darauf hin, dass auch der europäische Gesetzgeber eine Erhebungspflicht als einen unverhältnismäßigen Eingriff ansieht, der nicht einmal durch die auch mit der Vorratsdatenspeicherungsrichtlinie verfolgten Ziele der Terrorismusbekämpfung[203] oder Verhinderung von schweren Straftaten zu rechtfertigen wäre. Gegenüber dem unmittelbaren Schädiger wäre dieser Eingriff durchaus gerechtfertigt. Die nicht einzelfallabhängige Erhebung und Speicherung der Daten von Unbeteiligten, also Nichtstörern, lässt sich damit aber nicht legitimieren.

Unabhängig davon kommt unterstützend hinzu, dass die gesellschaftliche Funktion der Handlung des Providers ebenfalls in die Abwägung einzubeziehen ist.[204] Wie gezeigt, ist der Aufbau von offenen Netzwerken eine gesellschaftlich durchaus erwünschte Aufgabe, die zum einen der Verbreitung von Kommunikationsinfrastruktur, nicht zuletzt von Internetzugangsmöglichkeiten, dient, zum anderen aber auch als Kommunikationsplattform und -anlass schützenswert ist.[205] Internet Service Provider allgemein und Betreiber eines offenen Netzes speziell handeln also mitnichten entgegen der gesellschaftlichen Wertung, sondern unterstützen vielmehr Pluralität und Meinungsfreiheit durch die Einbindung verschiedenster Personen

---

[199] BT-Drs. 13/7385, 22; vgl. BT-Drs. 14/4329, 33.

[200] Ebenso *Gitter/Schnabel*, MMR 2007, 411, 413 f.

[201] Ausführlich dazu s.o. S. 69 ff.

[202] *Gnirck/Lichtenberg*, DuD 2004, 598, 600; *Sieber/Höfinger*, MMR 2004, 575, 583; *Spindler/Dorschel*, CR 2005, 38, 46.

[203] Ratsdokument 7764/04 v. 28.3.2004, erhältlich unter http://register.consilium.eu.int/pdf/en/04/st07/-st07764.en04.pdf (abgerufen am 28.2.2008); Arbeitsdokument Vorratsdatenspeicherung des Ausschuss für bürgerliche Freiheiten, Justiz und Inneres des Europäischen Parlaments, erhältlich unter http://www.europarl.europa.eu/meetdocs/2004_2009/documents/dt/553/553885/553885de.pdf (abgerufen am 28.2.2008); vgl. dazu *Alvaro*, RDV 2005, 47.

[204] S.o. S. 257.

[205] Ähnlich für Diskussionsforen *Eichelberger*, MMR 2006, 621.

in einen kommunikativen und teilweise auch politischen Prozess. Ausweis dafür sind nicht zuletzt angebotene Inhalte, auf offene Netzwerke bezogene Mailinglisten, Foren und regelmäßige Treffen der Beteiligten. Diese Funktion spricht deutlich für eine Reduzierung von Pflichten auch im Rahmen der Störerhaftung.

Eine Erhebungspflicht für Bestandsdaten zur Identifizierung lässt sich jedenfalls aus den Grundsätzen der Störerhaftung nach § 1004 BGB nicht begründen.

bbb) Verkehrsdaten

Ohne das Vorhandensein von Bestandsdaten nützt die mögliche Herausgabe von Verkehrsdaten nichts. Zudem ist die Speicherung von Verkehrsdaten im Rahmen der Störerhaftung bisher noch nicht gefordert worden, sondern eben nur eine Erhebung und Speicherung der Bestandsdaten. Dieser Umstand dürfte allerdings dem Fakt zu verdanken sein, dass bisher immer diejenigen Daten vorhanden waren, die eine Verknüpfung mit den Bestandsdaten ermöglichten. Beim Subdomain-Anbieter war dies beispielsweise bereits der Name der Subdomain,[206] beim Forumsbetreiber die Namensangabe oder das Pseudonym.[207] Ermöglicht der Forumsbetreiber die Erstellung von Beiträgen als Gast, also ohne Pseudonym, so kann auch nur mit Speicherung der Verkehrsdaten die Identifizierung erfolgen.

Wenn aber die Erhebung von Bestandsdaten schon gar nicht möglich ist, und der europäische Gesetzgeber diese zweifelsohne als nicht verhältnismäßig und damit wohl auch EG-Vertrags- bzw. verfassungswidrig ansieht,[208] ist die Pflicht zur Speicherung von Verkehrsdaten im Rahmen der Störerhaftung nicht zielführend. Des weiteren ist sie nicht geeignet, der Störung abzuhelfen, sofern nicht auf andere Datenbestände zurückgegriffen werden kann, die die Identifizierung erlauben. Die Zumutbarkeit von Pflichten im Rahmen der Störerhaftung unterliegt dem Verhältnismäßigkeitsgrundsatz.[209] Wenn also eine Maßnahme schlicht nicht geeignet ist, die Rechtsverletzung zu verhindern oder ihr anderweitig abzuhelfen, so kann sie auch im Rahmen der Störerhaftung nicht als Handlungspflicht statuiert werden.

Die Speicherung von anfallenden Verkehrsdaten mag dem Betreiber eines Knotens in einem offenen Netzwerk durchaus nach der VSRL bzw. ihrer Umsetzung in § 113a TKG obliegen, allerdings steht dies nicht im direkten Zusammenhang mit der Störerhaftung nach § 1004 BGB und vermag eine solche weder zu begründen noch abzuwenden.

---

[206] LG Leipzig MMR 2004, 263.
[207] OLG Düsseldorf MMR 2006, 553, 556; OLG Düsseldorf MMR 2006, 618, 620.
[208] So Erwägungsgrund 23 VSRL.
[209] *Büscher* in: Fezer, § 8 Rn. 102.

bb) Verhinderung der Verbreitung

Eine weitere mögliche Pflicht wäre die Ergreifung von Maßnahmen zur Verhinderung der Verbreitung von Inhalten entweder des unmittelbaren Störers oder aller Nutzer, namentlich die Sperrung von Nutzern mittels IP- oder MAC-Adresse, Portsperren oder die Filterung von Inhalten.[210]

Die Sperrung von IP- oder MAC-Adresse eines Nutzers dürfte, zumindest was den Zugang zum Netz angeht, leicht zu realisieren sein. Während die Anmeldung an einem Knoten mittels einer Blacklist[211] verhindert werden kann, kann die Sperrung von Kommunikationsverkehr durch eine Konfiguration der Firewall beim Betreiber erfolgen. Dies gilt natürlich nur, sofern der Anspruchsteller den unmittelbaren Störer zu identifizieren vermag und dem Betreiber des Knotens die entsprechenden Daten mitteilen kann. Die Identifikation dürfte ihm zwar in den wenigsten Fällen möglich sein, stellt aber eine durchaus effektive Möglichkeit der Abhilfe dar. Zu beachten bleibt, dass der Nutzer eventuell IP-Adresse und auch MAC-Adresse verändern kann, so dass die Effektivität nur von begrenzter Dauer sein kann. Umgehungsmöglichkeiten für die Sperrungsmaßnahme können aber jedenfalls dann, wenn sie für den Betroffenen eine gewisse Hürde darstellen, nicht als ungeeignet angesehen werden. Ein weiterer Gesichtspunkt ist, dass durch die Sperrung anhand der IP-Adresse mehrere Benutzer betroffen sein könnten. Wenn nämlich hinter einer netzinternen IP-Adresse aufgrund einer weiteren Zwischenschaltung eines Routers[212] wiederum mehrere Rechensysteme stehen, wird für alle unter dieser IP-Adresse auftretenden Systeme der Kommunikationsverkehr unterbunden.[213] Da es sich um den dauerhaften Ausschluss eines Nutzers handelt, sollten jedenfalls an die Pflicht zur Sperrung höhere Anforderungen gestellt werden: Der Anspruchsteller sollte wenigstens schlüssig darzulegen haben, dass die Sperrung notwendig ist und den richtigen Adressaten trifft.[214] Grundsätzlich ist jedoch die Sperre eine zulässige Pflicht im Rahmen der Handlungspflichten. Nichtsdestotrotz greift die Pflicht jedenfalls erst mit Kenntnis des Betreibers von der Rechtsverletzung sowie der zur Sperrung notwendigen Daten.

Auch die Sperrung von Ports bestimmter typischerweise für Rechtsverletzungen begangenen Anwendungen wie z.B. Peer-to-Peer-Systemen kann eine Abhilfe der Rechtsverletzung bewirken. Jedoch ist zu beachten, dass die Umgehung dieser Maßnahme vergleichsweise

---

[210] S.o. S. 250.
[211] Zum Begriff s.o. S. 32.
[212] Vgl. o. S. 26.
[213] Ebenso *Schöttle*, K&R 2007, 366, 367.
[214] Ähnlich *Ernst/Seichter*, ZUM 2007, 513, 518; *Nordemann/Dustmann*, CR 2004, 380, 385; vgl. BGH MMR 2003, 719 - Paperboy; *Spindler* in: Spindler/Wiebe, Kap. 6 Rn. 43e.

leicht ist.[215] Hinzu kommt, dass auch gewollte Kommunikation ausgefiltert wird, und Nutzer betroffen sein können, die gerade nicht unmittelbare Störer sind, sondern lediglich die gleichen Anwendungen verwenden.[216] Eine Pflicht zur allgemeinen Begrenzung einer Datenanwendung greift somit auch in die Rechte unbeteiligter Dritter ein. Dennoch kann sie in Ausnahmefällen z.b. bei Beschränkung auf einen gewissen Zeitraum eine valide und auch zumutbare Abhilfemöglichkeit darstellen. Die Handlungspflicht nach Kenntnis der Rechtsverletzung könnte also beispielsweise durch die Sperrung von Daten eines bestimmten Dienstes für einen Zeitraum von zwei Wochen erfüllt werden. Sofern die schwerwiegende Rechtsverletzung anschließend wieder auftritt, könnte eine Verlängerung des Zeitraums oder eine dauerhafte Sperrung des Datenverkehrs dieses speziellen Dienstes geboten sein. Es ist jedenfalls eine einzelfallbezogene Abwägung der widerstreitenden Interessen vorzunehmen.[217] Die generelle, verdachtsunabhängige und ständige Begrenzung ist aber keinesfalls notwendig und damit unzumutbar.[218]

Weiter ist entgegen den Ausführungen des *LG Hamburg*[219] nicht aus der bloßen Möglichkeit einer Rechtsverletzung auf Überwachungspflichten des Internetanschlussinhabers zu schließen. Das OLG Frankfurt hat hierzu ausgeführt:[220]

„Auch wenn Urheberrechtsverletzungen im Internet häufig vorkommen und darüber in den Medien umfangreich berichtet wird, hat ein Anschlussinhaber nicht bereits deshalb einen Anlass, ihm nahe stehende Personen wie enge Familienangehörige bei der Benutzung seines Anschlusses zu überwachen."

Schließlich wäre die Überwachung und Analyse des Datenverkehrs sowie die zielgenaue Verhinderung der Übertragung bestimmter Inhalte eine technische Möglichkeit der Verhinderung von ungewollten bzw. rechtsverletzenden Datenströmen. Notwendig dafür ist aber einer Software, die in Realzeit Datenströme untersucht, bewertet und filtert. Der Einsatz einer solchen Software ist jedoch - sofern sie überhaupt realisierbar wäre - zum einen extrem aufwändig, so dass er nicht zuletzt unter Berücksichtigung des Fehlens einer wirtschaftlichen

---

[215] Ebenso *Ernst/Seichter*, ZUM 2007, 513, 517 f.; *Gietl*, ZUM 2007, 407, 409.

[216] S.o. S. 250.

[217] Ebenso *Gietl*, MMR 2007, 630, 632.

[218] Vgl. auch *Ernst/Seichter*, ZUM 2007, 513, 517; *Gercke*, ZUM 2006, 593, 600; *Gietl*, ZUM 2007, 407, 409; *Gietl*, MMR 2007, 630.

[219] LG Hamburg MMR 2006, 763.

[220] OLG Frankfurt a.M. K&R 2008, 113; ebenso LG Mannheim MMR 2007, 267, 268; anders noch LG Frankfurt a.M. MMR 2007, 804.

Nutzenziehung bereits unzumutbar sein dürfte.[221] Zudem wäre die Filterung durch rein technische Lösungen praktisch nicht zu bewerkstelligen. Zum anderen griffe sie stark in die Rechte der die Kommunikation betreibenden Nutzer ein, namentlich in Art. 10 Abs. 1 GG.[222] Die inhaltliche Analyse und Filterung ist deshalb in jedem Fall unzumutbar.

Im Ergebnis sind die Pflichten des Access Provider auch im allgemeinen begrenzt, da er weder rechtlich noch tatsächlich die Möglichkeit hat, effektive Maßnahmen zu treffen, um solche Inhalte zu unterbinden.[223] Überwachungs- und Prüfungspflichten obliegen ihm nicht.

cc) Einstellung des (offenen) Betriebs

Schließlich bleibt die Auflage einer Einstellung des Betriebs als Lösungsmöglichkeit. Für eine Pflicht zur Einstellung des Betriebs spricht zunächst, dass der Aufwand denkbar gering ist. Lediglich die Abschaltung oder die Abschottung des Funkknotens ist erforderlich. Dadurch wird dem Interesse an einer effektiven Rechtsdurchsetzung Rechnung getragen, indem künftige Rechtsverletzungen tatsächlich verhindert werden, sofern nicht ein anderer Knoten im Netzwerk die Kommunikation übernimmt.[224] Solche Fälle hatten das *LG Hamburg* sowie das *LG Frankfurt a.M.* zu entscheiden:[225] Der Betreiber eines normalen Funknetzes hatte dieses genutzt, um mit den familieneigenen Rechensystemen ins Internet zu gehen. Er hatte es jedoch versäumt Sicherheitsvorkehrungen vorzusehen. Vielmehr beließ er den Funkrouter in der Standardeinstellung, die jedem - auch Dritten - die Mitnutzung erlaubte. Aus Sicht des Rechtsinhabers von bestimmten Musikstücken wurden nun über den Internetanschluss des Betreibers Musikdateien zum Download angeboten, woraufhin der Rechtsinhaber den Inhaber des Funkknotens abmahnte. Dieser wandte ein, dass ein Dritter den Anschluss mitgenutzt haben müsse. Aufgrunddessen wurde der Schadensersatzanspruch durch den Rechtsinhaber offensichtlich, trotz der Erhebung des Einwands einer Schutzbehauptung, nicht weiter verfolgt, da die Privilegierung des § 8 TMG gegriffen hätte. Das *LG Hamburg* untersuchte nun die Haftung des

---

[221]   Ebenso LG München I MMR 2007, 453, 456 m. Anm. *Mantz*, MMR 2007, 456; *Ernst/Seichter*, ZUM 2007, 513, 517; *Grosskopf*, CR 2007, 122, 122 f.; *Stadler*, Auskunftsansprüche gegen Internet Service Provider bei Urheberrechtsverletzungen; vgl. auch OLG Hamburg MMR 2007, 315, 316.

[222]   Ebenso OLG Karlsruhe MMR 2005, 178, 180; *Gercke*, CR 2006, 210, 215; *Splittgerber/Klytta*, K&R 2007, 78, 80; *Stadler*, Auskunftsansprüche gegen Internet Service Provider bei Urheberrechtsverletzungen.

[223]   LG Kiel MMR 2008, 123; LG Frankfurt a.M., Beschl. v. 5.12.2007 - 2-03 O 526/07, http://medien-internet-und-recht.de/dok/1454.html (abgerufen am 28.2.2008).

[224]   Vgl. o. S. 250.

[225]   LG Hamburg MMR 2006, 763; dazu *Gercke*, CR 2007, 55; *Mantz*, MMR 2006, 764; *Rössel*, ITRB 2006, 247; ähnlich LG Frankfurt a.M. MMR 2007, 675 m. krit. Anm. *Gietl*, ZUM 2007, 407; dazu auch *Ernst/Seichter*, ZUM 2007, 513, 516; s. auch LG Mannheim MMR 2007, 537 m. krit. Anm. *Ernst*, MMR 2007, 538.

Betreibers als mittelbarer Störer nach § 1004 BGB analog. Es stellte dabei zu Recht fest, dass der Betreiber adäquat-kausal an der Rechtsverletzung mitgewirkt hatte.[226] Weiter untersuchte es die Prüfungs- und Überwachungspflichten vor dem Hintergrund der KOPIERLÄDEN- sowie der INTERNETVERSTEIGERUNG I-Entscheidung.[227] Nach der KOPIERLÄDEN-Entscheidung sind nämlich auch geeignete Vorkehrungen zu treffen, um die Rechtsverletzung so weit wie möglich zu verhindern.[228] Als mögliche Vorkehrung sah es die mögliche Verschlüsselung der Funkkommunikation an, die zwangsläufig die Einstellung des offenen Betriebs zur Folge hat. Die Zumutbarkeit nahm das Gericht ebenfalls an und führte aus, dass die Unkenntnis von der Gefährlichkeit oder die Unfähigkeit, selbst die Verschlüsselung einzustellen, dem Anspruch nicht entgegen stünden. Den Betreibern habe die Pflicht oblegen, sich über mögliche Rechtsverletzungen durch Mitnutzung von offenen Funknetzen durch Dritte zu informieren und im Zweifel durch die Herbeiziehung eines Experten die nötigen Maßnahmen zu ergreifen.[229]

Diese Entscheidungen reihen sich in andere Entscheidungen bezüglich der Haftung von Computernutzern ein.[230] Die Gerichte verfolgen eindeutig die Linie einer deutlichen Ausweitung der Störerhaftung durch eine hohe Bereitschaft, die Zumutbarkeit von Prüfungs- und Überwachungspflichten bereits sehr früh anzunehmen.[231] Während man bei einem Privatmann unter bestimmten Voraussetzungen noch vertreten könnte, dass er Sicherungsmaßnahmen ergreift - wobei auch dies an den selben Zumutbarkeitskriterien zu messen ist -,[232] da dies nicht in seine wirtschaftliche Betätigung eingreift, wird dies bei anderen Betreibern bereits kritisch, weil es eine Beeinträchtigung des Dienstes nach sich zieht.[233] Gewerbliche Anbieter haben unmittelbar das Problem, dass für sie die wirtschaftliche Nutzenziehung als Kriterium wirkt. Daraus lässt sich aber keinesfalls der Schluss ziehen, dass auch gleich die Einstellung des Betriebs

---

[226] LG Hamburg MMR 2006, 763, 764; ebenso LG Frankfurt a.M. ZUM 2007, 406, 407; LG Mannheim MMR 2007, 537; für einen ähnlichen Fall LG Mannheim MMR 2007, 267.

[227] BGH GRUR 1984, 54 - Kopierläden; BGH MMR 2004, 668 - Internetversteigerung I.

[228] BGH GRUR 1984, 54, 55 - Kopierläden.

[229] Ebenso LG Frankfurt a.M. MMR 2007, 675, 676; anders wohl allerdings OLG Frankfurt a.M. K&R 2008, 113; LG Frankfurt a.M., Beschl. v. 5.12.2007 - 2-03 O 526/07, http://medien-internet-und-recht.de/dok/1454.html (abgerufen am 28.2.2008).

[230] LG Hamburg CR 2005, 496: Haftung des Faxabrufdienstbetreibers; LG Hamburg CR 2006, 780; LG Hamburg MMR 2007, 450; LG Hamburg MMR 2007, 726; LG Hamburg, Urt. v. 4.12.2007 - 324 O 794/07, JurPC Web-Dok. 30/2008: Haftung des Forenbetreibers; LG Hamburg CR 2007, 121: Haftung des Internetanschlussinhabers für Handlungen von Kindern.

[231] *Hoeren*, MMR 2007, 334; *Mantz*, MMR 2007, 456; *Mantz*, MMR 2007, 728; „Nord-Süd-Gefälle": *Lischka*, Lischka, Spiegel Online v. 21.6.2007; *Mantz*, CR 2008, 52, 53; ähnlich zur Tendenz der Rechtsprechung allgemein *Martens*, ITRB 2006, 268; *Meckbach/Weber*, MMR 2007, 451.

[232] Wohl ebenso OLG Düsseldorf MMR 2006, 618, 620.

[233] Beispielsweise in Cafés, Flughäfen etc., ebenso *Malpricht*, ITRB 2008, 42, 44; *Mantz*, MMR 2006, 764, 765; *Trautmann*, Unverschlüsseltes WLAN und Störerhaftung: LG Hamburg öffnet die Büchse der Pandora.

verlangt werden kann. Ganz im Gegenteil. Es müssen andere Alternativen verlangt werden.
Als Ausfluss des Verhältnismäßigkeitsprinzips kann die Beseitigung einer Störung nämlich
stets nur im Umfang der Beeinträchtigung verlangt werden, also z.b. nicht die Einstellung des
störenden Betriebs, wenn schon eine Einschränkung oder das Ergreifen von Schutzmaßnahmen genügen.[234] Zudem hat der Störer die Wahl zwischen mehreren bestehenden Möglichkeiten.[235] Der *BGH* hat schließlich dem Betreiber eines Internetversteigerungsportals auch nicht
die Einstellung des Dienstes, die ohne Zweifel einen starken Eingriff in Art. 12 GG bedeutet
hätte, sondern nur die Verhinderung von Rechtsverletzungen auf anderem Wege auferlegt.[236]
Der Betreiber eines offenen Netzwerks zieht zudem gerade keinen wirtschaftlichen Nutzen aus
dem Betrieb und erfüllt ebenso die sozial gewollte Bereitstellung von Kommunikationsinfrastruktur, eingebettet in eine soziale Motivationslage. Der offene Betrieb des Netzes stellt Sinn
und Zweck des Aufbaus dar. Dieser würde somit durch eine Einstellungspflicht negiert. Über-
dies betrifft die Einstellung des Betriebs unmittelbar auch unbeteiligte Dritte.[237] Sofern der
abgeschaltete Knoten für die Nutzer den Internetzugang bereit stellt, wäre dieser nicht mehr
gewährleistet, soweit es keinen anderen Weg ins Internet im Netzwerk gibt. Selbst wenn andere Zugangspunkte zur Verfügung stehen, wird selbstverständlich die Qualität und Bandbreite
des Zugangs vermindert, da der Alternativweg in jedem Fall vorher durch den Routingalgo-
rithmus als schlechter erkannt bzw. bewertet wurde, und der Alternativknoten in der Folge die
Kommunikationslast des ausgefallenen Knotens übernehmen und kompensieren müsste. Hinzu kommt, dass eventuell einzelne Nutzer gar keinen Zugang mehr zum internen Netz finden,
wenn der abgeschaltete Knoten ihre einzig mögliche bzw. sichtbare Verbindung darstellte.
Sogar das Zerfallen des Netzes in Teilnetze ist denkbar, wenn der Knoten eine zentrale Rolle
gespielt hat.[238] Konsistenz und Qualität des Netzes können demnach durch diese Maßnahme
erheblich beeinträchtigt werden.

Schließlich ist noch anzuführen, dass die Effektivität einer Maßnahme und der zu betreibende Aufwand für ihre Ergreifung in Beziehung zu setzen sind.[239] Wenn also der Aufwand
für die Überwachungs- und Prüfungspflicht sehr hoch ist, aber die erwartete Effektivität der
Maßnahme gering zu bewerten ist, spricht dies ebenfalls für eine Unzumutbarkeit der Maßnahme. Im vermaschten Netz ist es nicht nur denkbar, sondern sogar als Idealfall zu bewerten, dass

---

[234] BGHZ 59, 205, 208; BGH NJW 1960, 2335; *Medicus* in: MünchKommBGB, § 1004 BGB Rn. 75; *Pikart* in:
BGB-RGRK, § 1004 BGB Rn. 91; *Rössel*, ITRB 2006, 247, 248; *Gursky* in: Staudinger, § 1004 BGB
Rn. 143.
[235] *Medicus* in: MünchKommBGB, § 1004 BGB Rn. 75.
[236] BGH MMR 2004, 668 - Internetversteigerung I; BGH MMR 2007, 507 - Internetversteigerung II.
[237] Ähnlich zu Beiträgen in Diskussionsforen *Eichelberger*, MMR 2006, 621.
[238] Zur Verdeutlichung s. Abb. 4.7, S. 145 und Abb. 4.8, S. 146.
[239] LG München I MMR 2007, 453, 456; *Mantz*, MMR 2007, 456, 458.

der Ausfall eines Netzknotens durch die übrigen Knoten des Netzwerks kompensiert wird. In der Folge würde durch die Einstellung des Betriebs eines Knotens die Rechtsverletzung nicht verhindert. Zwar hat der BGH festgestellt, dass die Störerhaftung nicht über den Einwand der fehlenden Effektivität vollständig ausgehebelt werden dürfe,[240] im Rahmen der Zumutbarkeit kann er jedoch ohne weiteres als unterstützendes Argument eingebracht werden.[241]

Aus diesen Gründen ist die Einstellung des offenen Betriebs - und das beinhaltet auch die Pflicht zur Einrichtung einer Verschlüsselung - nicht zumutbar.[242]

dd) Ergebnis

Die Überwachungs- und Prüfungspflichten der Betreiber von Knoten eines offenen Netzwerks sind vorhanden, aber grundsätzlich in relativ beschränktem Umfang gegeben. Eine Identifikation der Nutzer im Sinne einer Erhebungspflicht von Bestandsdaten besteht jedenfalls nicht. Auch die vollständige Einstellung des offenen Betriebs kann aufgrund der Störerhaftung in der Regel nicht verlangt werden. Denkbar wäre eine solche Pflicht lediglich als ultima ratio bei schwerwiegendsten, andauernden und nicht anders verhinderbaren Rechtsverletzungen. Verlangt werden kann allerdings, soweit wie möglich rechtsverletzende Kommunikationsströme durch Portsperren oder Sperrung des Zugangs einzelner Nutzer zu verhindeRn. Dabei handelt es sich jedoch keineswegs um eine dauerhafte und nicht einzelfallbezogene Maßnahme. Vielmehr muss die Kenntnis von der konkreten Rechtsverletzung beim Betreiber gegeben sein. Mangels einer dauerhaften Überwachungsmöglichkeit und -pflicht kann die entsprechende Kenntnis meist nur dadurch gewonnen werden, dass der Rechtsinhaber den Knotenbetreiber unterrichtet.

e) Ergebnis

Die Prüfungs- und Überwachungspflichten sind ein Instrument zur Begrenzung der lediglich eine adäquat-kausale Mitwirkung an der Rechtsverletzung voraussetzenden Störerhaftung. Die Gerichte haben in zahlreichen Entscheidungen auch zu Sachverhalten mit Rechtsfragen des Internet verschiedene Gesichtspunkte aufgeworfen und im Einzelfall unterschiedlich gewichtet zur Anwendung gebracht. Eine stringente Linie lässt sich bisher noch nicht nachweisen. Im

---

[240] BGH GRUR 1976, 256, 258 f. - Rechenscheibe.

[241] Vgl.OLG München MMR 2000, 617, 619 - CD-Bench; LG München I MMR 2007, 453, 456; *Mantz*, MMR 2007, 456, 458.

[242] Ebenso *Rössel*, ITRB 2006, 247, 248; *Gietl*, MMR 2007, 630, 632; ähnlich für die Sperrung eines Familienanschlusses *Grosskopf*, CR 2007, 122 unter Hinweis auf die R-Gesprächs-Entscheidung BGH NJW 2006, 1971.

Ergebnis erfolgt lediglich eine Abwägung der widerstreitenden Interessen.[243] Die Prüfungs-
und Überwachungspflichten von Internet-Providern sind allerdings schon durch das Erfordernis der positiven Kenntnis der Rechtsverletzung oder kerngleicher Rechtsverletzungen eingeschränkt. Dabei handelt es sich um einen Gesichtspunkt, den viele Gerichte nicht ausreichend berücksichtigen.[244] Zudem wird die Anonymität von Teilnehmern immer mehr als eine
zu bekämpfende Gefahr betrachtet, obwohl das Grundrecht auf informationelle Selbstbestimmung, nicht zuletzt auch mit Niederschlag in den einschlägigen Datenschutzgesetzen, eine
vom *BVerfG* als extrem wichtig eingeschätzte Schutzgrundlage auch und gerade für Identifi-
kationsdaten darstellt.

   Entgegen der Tendenzen in der Rechtsprechung, die einseitig und zumeist ohne gesetzliche Grundlage das Rechtsschutzinteresse als ausschlaggebenden Maßstab nehmen, sind die
Pflichten unter Einbeziehung verschiedener Gesichtspunkte mit der Möglichkeit unterschiedlicher Gewichtung zu bestimmen. Für die Betreiber von sozialen und offenen Netzwerken
sprechen wesentliche Allgemeininteressen sowie der strikte Verzicht auf jegliche wirtschaftliche Nutzenziehung. Das Pflichtenprogramm dieser Betreiber ist demzufolge von geringem
Umfang.

   Die sehr weite Rechtsprechung des *BGH* zur Störerhaftung im Bereich der Internet Service
Provider ist insgesamt auf heftige Kritik gestoßen.[245] Vor allem ein Verstoß gegen das Verbot
proaktiver Prüfungspflichten aus Art. 15 ECRL wird beklagt. Die Urteile INTERNETVERSTEI-
GERUNG I und II sind aus diesem Grunde durch die Bundesregierung der EU-Kommission zur
Prüfung vorgelegt worden.[246] Auf die hier angestellten Überlegungen hätte eine Änderung
allerdings nur geringe Auswirkungen. Bereits unter Zugrundelegung der aktuellen Rechtsprechung des *BGH* lässt sich unter konsequenter Einbringung und Anwendung aller Abwägungskriterien eine interessengerechte Lösung für die Betreiber offener Netze finden.

6. Rechtswidrigkeit

Der Störer muss zudem auch in rechtswidriger Weise die Rechtsverletzung herbeigeführt bzw.
daran mitgewirkt haben.[247] Die Rechtswidrigkeit ist ausgeschlossen, sofern eine Duldungspflicht des Geschädigten besteht, wobei sich eine solche aus rechtsgeschäftlichen Vereinba-

---

[243] Ebenso *Rücker*, CR 2005, 347, 348.
[244] Ähnlich für den Admin-C *Wimmers/Schulz*, CR 2006, 754.
[245] Nachweise s.o. S. 257 ff.; s.u. 301 ff.
[246] *Backu/Hertneck*, ITRB 2008, 35, 38; *Spindler*, MMR 2007, 511, 512; heise-online, Meldung vom
       15.6.2007, http://www.heise.de/newsticker/meldung/91188 (abgerufen am 28.2.2008).
[247] *Fritzsche* in: Bamberger/Roth, § 823 BGB Rn. 53; *Fritzsche*, 139; *Teplitzky*, Wettbewerbsrechtliche Ansprü-
       che und Verfahren, Kap. 5 Rn. 12.

rungen oder gesetzlichen Vorschriften wie § 906 BGB ergeben kann. Eine Duldungspflicht besteht in den hier vorgestellten Konstellationen in aller Regel nicht. Die Rechtswidrigkeit stellt somit kein Problem der Haftung dar.

7. Ausschluss der Haftung durch Privilegierung, § 8 TMG

Für Access Provider stellt § 8 TMG eine Privilegierung bereit, die jegliche Haftung auch bei Vorliegen der Verletzung von Prüfungs- und Überwachungspflichten ausschließen könnte. Vor dem Hintergrund der Fassung des § 5 Abs. 4 TDG a.F. war ein Streit darum entbrannt, ob diese Privilegierung auch für Unterlassungsansprüche, speziell die zivilrechtliche Störerhaftung gilt. Grund dafür war, dass § 5 Abs. 4 TDG a.F. Haftungsbeschränkungen auch für Störer aufstellte, woraus teilweise die Anwendbarkeit der Privilegierungen der §§ 8-10 TMG auf die Störerhaftung gefolgert wurde.[248] § 7 Abs. 2 S. 2 TMG verweist nunmehr aber deutlich für „Verpflichtungen zur Entfernung oder Sperrung" auf die „allgemeinen Gesetze" ohne dies weiter einzuschränken. In der INTERNETVERSTEIGERUNGS-Entscheidung hat der *BGH* festgestellt, dass schon nach dem Wortlaut, nämlich „Verantwortlichkeit", lediglich die strafrechtliche Verantwortlichkeit sowie die Schadensersatzhaftung ausgeschlossen würde.[249] Die Haftung auf Unterlassen ist somit nicht erfasst.[250] Eine Privilegierung scheidet aus.

8. Haftung weiterer zwischengeschalteter Betreiber

Wie gezeigt, ist für den Geschädigten meist nur derjenige Knoten sicht- und über die IP-Adresse identifizierbar, der unmittelbar den Übergang ins Internet bereitstellt. In einem größeren vermaschten Netz muss der unmittelbare Störer allerdings gar nicht direkt an diesen Zugangsknoten angeschlossen sein. Der Kommunikationsverkehr des Störers kann vielmehr

---

[248] *Ehret*, CR 2003, 754, 759 f.; *Hoeren/Pichler* in: Loewenheim/Koch, 446 ff.

[249] BGH MMR 2004, 668, 670 - Internetversteigerung I; bestätigt durch BGH MMR 2007, 507 - Internetversteigerung II; *Volkmann*, Der Störer im Internet, 101.

[250] BGH MMR 2004, 668 - Internetversteigerung I; BGH MMR 2007, 507 - Internetversteigerung II; *Bleisteiner*, 207; *Köhler* in: Hefermehl/Köhler/Bornkamm, § 8 UWG Rn. 2.28; *Gercke*, CR 2006, 210, 214; *Lotze* in: Hasselblatt, § 31 Rn. 307 f.; *Hoffmann*, MMR 2002, 284, 286; *Spindler* in: Roßnagel, Recht der Multimedia-Dienste, § 5 TDG Rn. 140 ff.; *Sessinghaus*, WRP 2005, 697, 702; *Spindler*, NJW 2002, 921, 922; *Stadler*, Haftung für Informationen im Internet, Rn. 26; *Teplitzky*, Wettbewerbsrechtliche Ansprüche und Verfahren, Kap. 14. Rn. 9a; *Volkmann*, Der Störer im Internet, 101; *Volkmann*, CR 2004, 767, 769; a.A. OLG Düsseldorf MMR 2004, 315, 316 - Rolex/ebay; LG Düsseldorf MMR 2003, 120, 123; *Hoeren*, Recht der Access Provider, Rn. 613; *Köcher/Kaufmann*, MMR 2005, 61; wohl auch *Rücker*, CR 2005, 347, 354 f.; zumindest für § 10 TMG (früher § 11 TDG) LG Potsdam MMR 2002, 829; LG Berlin CR 2003, 773; *Leible/Sosnitza*, NJW 2004, 3225, 3226; *Burkhardt* in: Wenzel, Kap. 10 Rn. 237.

über weitere Zwischenstationen vermittelt sein. Die Störerhaftung auch für ein mittelbares Mitwirken an der Rechtsverletzung hängt ungeachtet dessen nicht davon ab, ob andere an der Schädigungshandlung mitwirken. Insofern ist jeder der Mitwirkenden als mittelbarer Störer anzusehen, sofern er die ihm obliegenden Pflichten verletzt hat. Wenn also der in ein Recht eingreifende Kommunikationsverkehr über eine ganze Kette von Knoten läuft, so treffen jeden der Betreiber dieser Knoten die exakt selben Pflichten. Auch die Betreiber der Zwischenknoten können dementsprechend als Network Provider durchaus passivlegitimiert sein.

Zu beachten bleibt allerdings, dass der Geschädigte in der Regel gerade nur den den Internetzugang vermittelnden Knoten identifizieren kann, so dass ein Vorgehen gegen die weiteren Betreiber der Kette praktisch ausgeschlossen ist. Zudem kann auch der Weg für jedes Paket z.B. aufgrund von Witterungseinflüssen unterschiedliche Wege nehmen und damit eine variierende Anzahl und Gruppe von Knoten nutzen, was ebenso eine Variation der potentiellen mittelbaren Störer nach sich zieht.

9. Haftung des Whitelist-Betreuers

Insbesondere Betreiber von Gateways nutzen teilweise sogenannte Whitelists.[251] Hintergrund ist, dass Nutzer des offenen Netzes ihre IP-Adresse zentral registrieren. Die IP-Adressen werden dann zentral in einer Datei hinterlegt, der Netzknoten des Gateway-Betreibers so eingerichtet, dass er regelmäßig diese Liste abruft. Der Zugang ins Internet wird durch den Gatewayknoten nur gewährt, wenn die IP-Adresse des Nutzers, von dem der ins Internet gerichtete Datenverkehr ausgeht, in dieser Liste aufgeführt ist. Zu beachten ist, dass der Vorgang der Aufnahme in die Whitelist vollkommen automatisch und regelmäßig ohne eine Kontrolle der angegebenen Daten erfolgt. Lediglich die Bestätigung der Email-Adresse wird regelmäßig vorgenommen. Durch Whitelists ist eine gewisse Kontrolle über die Nutzer möglich, da der Zugang theoretisch gesperrt werden kann.[252] Dazu können zusätzliche Blacklists dienen, also Listen mit IP-Adressen des internen Netzes, die nicht ins Internet weitergeleitet werden.[253]

Im Rahmen der Störerhaftung könnte nun versucht werden, gegen den Betreiber dieser zentralen Whitelist vorzugehen, um bestimmten Nutzern den Zugang ins Internet zu verweigeRn. Dazu müsste der Whitelist-Betreuer zunächst Störer i.S.d. § 1004 BGB analog sein, und die genannten Privilegierungen des TMG dürften nicht greifen. Problematisch ist dies, weil der Whitelist-Betreuer von der eigenlichen Verletzungshandlung sehr „weit entfernt" ist. Dennoch ist zu prüfen, ob er adäquat-kausal an einer Rechtsverletzung mitgewirkt haben

---

[251] S.o. S. 33.
[252] Zu Kontrollstrukturen s.o. S. 32.
[253] S. Abb. 7.3.

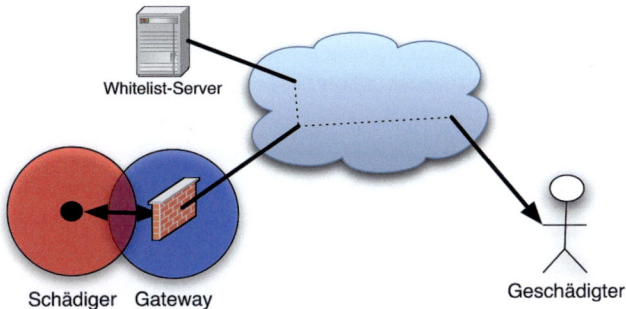

Abbildung 7.3: **Whitelist-Betreiber und Gateway**

könnte. Für diese Beurteilung wird davon ausgegangen, dass der Netzknotenbetreiber, über den der rechtsverletzende Datenverkehr abgewickelt wurde, die Whitelist-Option nutzt, der Einfachheit halber sei dies auch der einzige Gateway-Knoten im gesamten Netz.

Würde der Whitelist-Betreuer einem zukünftigen Rechtsverletzer die Aufnahme in die Whitelist verweigern oder aus der Liste löschen, wäre der rechtsverletzende Datenverkehr dementsprechend verhindert worden, die Handlung des Whitelist-Betreuers ist äquivalent kausal. Auch wenn nicht der Dienst des Whitelist-Betreibers unmittelbar für die Rechtsverletzung genutzt wird, ist es nicht vollkommen außerhalb jeder Wahrscheinlichkeit, dass der Datenverkehr eines Nutzers, der in der Whitelist verzeichnet ist, rechtsverletzend ist. Es ist somit auch von einer adäquaten Kausalität auszugehen. Die notwendige Kenntnis von der Rechtsverletzung wird der Whitelist-Betreuer mit der Benachrichtigung des Rechtsinhabers für die Zukunft aufweisen.

Der Whitelist-Betreiber ist allerdings hinsichtlich des Datenverkehrs, auf dem die Rechtsverletzung basiert, keinesfalls Diensteanbieter für den rechtsverletzenden Nutzer, sondern für den Betreiber des Gateway-Netzknotens. Dies schließt die mittelbare Störereigenschaft aber nicht aus. Der Whitelist-Betreuer ist nicht Access Provider nach § 8 TMG, da er keinerlei Zugang zum Netz selbst vermittelt. Er könnte allerdings für den Verletzer als Host Provider gemäß § 10 TMG angesehen werden. Das zur Verfügung gestellte Datum wäre die IP-Adresse des Nutzers. Auf diese nimmt der Whitelist-Betreuer in der Regel kaum Einfluss. Selbst wenn die IP-Adresse zentral vergeben wird, ist sie doch eindeutig dem Nutzer zugewiesen und ist deshalb nicht als eigener Inhalt anzusehen. Wesentlich kommt es darauf an, ob die Speicherung auf Veranlassung des Nutzers erfolgt ist.[254] Sie wird einzig und allein auf

---

[254] *Spindler* in: Spindler/Schmitz/Geis, § 11 TDG Rn. 8.

Anforderung des Nutzers vergeben, er kann das Datum jederzeit ändern oder löschen. Die Kontrolle ist insofern vom Whitelist-Betreuer auf den Nutzer verlagert. Nach § 10 Nr. 1 TMG sind Diensteanbieter nicht für Informationen ihrer Nutzer verantwortlich, sofern „sie keine Kenntnis von der rechtswidrigen Handlung oder der Information haben und ihnen im Falle von Schadensersatzansprüchen auch keine Tatsachen oder Umstände bekannt sind, aus denen die rechtswidrige Handlung oder die Information offensichtlich wird." Der Whitelist-Betreuer hat keinerlei Kenntnis von, noch Zugang zu, den durch den Nutzer ausgetauschten Informationen. Es ist ihm vollständig unmöglich, den Datenverkehr in irgendeiner Hinsicht einzusehen. Er hat dementsprechend keine Kenntnis von rechtswidrigen Handlungen. Seine Kenntnis beschränkt sich einzig und allein auf die IP-Adresse. Notwendig für § 10 Nr. 1 Alt. 2 TMG ist allerdings, dass die Information selbst rechtswidrigen Inhalts ist.[255] Art. 14 Abs. 1 ECRL spricht ebenfalls von „der rechtswidrigen Tätigkeit oder Information". Dieses Merkmal ist allerdings gerade nicht gegeben. Eine Adresse kann schlicht nicht rechtswidrig sein. Aus diesem Grunde kann auch die Löschung nach § 10 Nr. 2 TMG nicht verlangt werden. Aber selbst wenn sich das Merkmal der Rechtswidrigkeit nur auf die Handlung beziehen sollte,[256] kann als rechtswidrige Handlung nur die Handlung gegenüber dem Diensteanbieter selbst gemeint sein, also die Einstellung einer IP-Adresse. Dies ergibt sich auch aus der Gesetzesbegründung, die offensichtlich auf das Einstellen urheber- oder markenrechtsverletzender Inhalte abstellt.[257] Das Einstellen der IP-Adresse ist aber per se nicht rechtswidrig.

Ein Vergleich mit der Verbreitung von Informationen auf Papier kann diesen Umstand weiter verdeutlichen: Der Zugriff auf den Whitelist-Betreuer wäre ähnlich dem Zugriff auf den Adressverwalter eines Zeitungsverlegers, wobei dieser lediglich die Adressen der Inseratskunden verwaltet und weder mit den Inhalten noch dem sonstigen Ablauf der Zeitung unmittelbar in Kontakt kommt. Insofern greift § 10 TMG. Auch das Einstellen der Adresse in die Datenbank des Adressverwalters durch den Inserenten ist keinesfalls als rechtswidrige Handlung anzusehen.

Allerdings kann sich der Whitelist-Betreuer im Rahmen der Störerhaftung nicht auf § 10 TMG berufen, da §§ 8-10 TMG keine Anwendung finden.[258] Verfolgt man diesen Ansatz im Rahmen der Störerhaftung weiter, ist zu fragen, worin die Prüfungs- und Überwachungs-

---

[255] *Leible/Sosnitza*, WRP 2004, 592, 496; *Sobola/Kohl*, CR 2005, 443, 447; *Spindler* in: Spindler/Schmitz/ Geis, § 11 TDG Rn. 3; *Spindler*, NJW 2002, 921, 924; *Schmitz/Dierking*, CR 2005, 420, 426; vgl. auch BGH NJW 1986, 2503, 2505.

[256] BT-Drs. 14/6098, 25; a.A. *Leible/Sosnitza*, WRP 2004, 592, 496; *Sobola/Kohl*, CR 2005, 443, 447; *Spindler* in: Spindler/Schmitz/Geis, § 11 TDG Rn. 3; *Spindler*, NJW 2002, 921, 924; *Schmitz/Dierking*, CR 2005, 420, 426.

[257] BT-Drucks. 14/6098, 25; *Sobola/Kohl*, CR 2005, 443, 446.

[258] S.o. S. 285.

pflicht des Whitelist-Betreuers überhaupt bestehen könnten. Grund dafür ist, dass er keinerlei Einfluss auf die Rechtsverletzungen hat, und die IP-Adresse an sich keinen Hinweis auf eine solche liefert. Anhand der IP-Adresse kann er jedenfalls keine Rechtsverletzung erkennen. Auch der Bezug zu einer konkreten Person ist ihm in aller Regel unmöglich. Maximal die Entfernung einer IP-Adresse aus der Liste könnte also im Nachhinein verlangt werden. Vorbeugende Pflichten sind ausgeschlossen, zumal „kerngleiche" Rechtsverletzungen i.S.d. Terminologie der Rechtsprechung in der Anmeldung einer IP-Adresse nicht ersehen werden können. Hierbei sind in die Gewichtung der Interessen die selben Gesichtspunkte einzustellen wie bei den Gateway-BetreibeRn. Zudem kann die Entfernung der IP-Adresse eines Nutzers wiederum daran angeschlossene Nutzer ebenfalls beeinträchtigen, obwohl diese an der Rechtsverletzung in keiner Weise mitgewirkt haben. Schließlich ist nicht gewährleistet, dass die Entfernung der IP-Adresse den Nutzer dauerhaft auszuschließen vermag. Die Pflicht zur Erhebung und Kontrolle von Bestandsdaten ist in jedem Fall unzumutbar.[259]

Eine Haftung des Whitelist-Betreuers scheidet insofern meist aus. Lediglich die nachträgliche Entfernung einer IP-Adresse kann erreicht werden.

10. Haftung der Gesellschaft

Wenn mehrere Betreiber auf einer vertraglichen Grundlage eine gesellschaftsähnliche Gemeinschaft gebildet haben,[260] so könnte neben die Haftung des Knotenbetreibers auch eine solche der Gesellschaft treten. Die in diesem Fall gebildete Gesellschaft zeichnet sich allerdings wesentlich dadurch aus, dass es sich um eine reine Innengesellschaft handelt, bei der eine Außenhaftung gerade nicht gegeben ist. Vielmehr treten die Mitglieder der Gesellschaft nach außen in eigenem Namen auf und handeln vollständig eigenverantwortlich.[261] Eine Haftung der Gesellschaft scheidet somit aus.

11. Haftung des Vereins

Ist das offene Netzwerk in der Struktur eines Vereins organisiert,[262] so können sich verschiedene Modifikationen gegenüber den vorgestellten Pflichten ergeben. Dabei sind zwei wesentliche Punkte zu unterscheiden: Zum einen kann der Verein haften, sofern er selbst über ihm zugeordnete Anlagen den Datenverkehr vermittelt, zum anderen können Vereinsmitglieder als mittelbare Störer in Anspruch genommen werden, sofern sie in Eigenverantwortung und nur

---

[259] S.o. S. 268.
[260] S.o. S. 134 ff.
[261] S.o. S. 137.
[262] S.o. S. 157 ff.

in Erfüllung der Ziele des Vereins handeln. Im Anschluss stellt sich dann die Frage, ob sich der Verein nicht die Handlungen seiner Mitglieder zurechnen lassen muss und insofern gegen das Vereinsmitglied vorzugehen verpflichtet sein könnte.

a) Haftung des Vereins für vereinseigene Anlagen

Zu bestimmen sind Art und Umfang der Überwachungs- und Prüfungspflichten des Vereins für vereinseigene Anlagen und Systeme, also solche, die Mitgliedern den Zugang zum aufgebauten Netz oder dem Internet ermöglichen. Problematisch ist bereits der Gesichtspunkt der wirtschaftlichen Nutzenziehung. Bei den hier betrachteten Vereinen handelt es sich um Idealvereine, die nicht-wirtschaftlich handeln.[263] Für die Anwendung des TKG wurde auf ein geschäftsmäßiges sowie an die Öffentlichkeit gerichtetes Angebot abgestellt. Beide Merkmale sind bei Vereinen erfüllt. Aus der Geschäftsmäßigkeit, also dem auf Dauer angelegten Angebot, lässt sich aber nicht darauf schließen, dass der Verein einen wirtschaftlichen Nutzen aus seinem Handeln zieht. Dennoch erhebt der Verein Mitgliedsbeiträge und finanziert sich zumindest teilweise aus diesen. Je größer die Mitgliederbasis, desto höher sind auch die Einnahmen und damit auch die Möglichkeit, das Netz auszubauen. Zwar handelt es sich noch immer weitgehend um die Erfüllung sozialer und kommunikativer Aufgaben durch den Idealverein, dennoch lässt sich ein Zusammenhang zwischen Beiträgen und Handlungsfähigkeit des Vereins nicht bestreiten. Der Verein kann demnach bei der Abwägung der Pflichten nicht einwenden, dass er keinen wirtschaftlichen Nutzen aus dem Handeln seiner Mitglieder zieht, auch wenn für ihn natürlich nicht die verletzende Handlung, sondern die Mitgliedschaft das wesentliche Kriterium darstellt.

Hinzu kommt, dass der Verein natürlich durch die Mitgliedschaft Zugriff auf Bestandsdaten seiner Mitglieder hat. Ihn treffen somit die Pflichten der VSRL bzw. ihrer Umsetzung. Der Verein kann dann aber auch durch die Befolgung dieser Pflichten seinen Überwachungs- und Prüfungspflichten damit Genüge tun, dass er auf entsprechende Anfrage die Bestandsdaten herausgibt.[264] Die Identifizierungspflicht ist ihm dementsprechend zumutbar. Wenn aber diese Pflicht im Rahmen der Störerhaftung besteht und das insofern mildeste Mittel darstellt, so indiziert dies bereits die Unzumutbarkeit anderer Pflichten. Dennoch kann auch der Verein durchaus bei Kenntnis von einer Rechtsverletzung den Datenverkehr teilweise beschränken. Mit der Erhebung und Speicherung von Daten kommt er aber jedenfalls seinen aus der Störerhaftung begründeten Pflichten nach.

---

[263] Dazu eingehend s.o. S. 158.
[264] Vgl. OLG Düsseldorf MMR 2006, 553, 556; OLG Düsseldorf MMR 2006, 618, 620; *Strömer/Grootz*, K&R 2006, 553, 556; zu Auskunftsansprüchen und der Rechtmäßigkeit der Herausgabe von Daten s.u. S. 295 ff.

b) Haftung des Vereins für Handlungen der Vereinsmitglieder

Nach § 31 BGB haftet der Verein jedenfalls für die für ihn handelnden Organe. Wenn ein „einfaches" Vereinsmitglied eine Handlung im Rahmen des Vereinszwecks ausübt und dabei in die Rechtssphäre eines Dritten eigenverantwortlich eingreift, so greift diese Zurechnungsregel nicht. Würde man eine solche Haftung annehmen, so wäre die Haftung des Vereins praktisch unbegrenzt. Zwar wird der Kreis der in die Haftung einbezogenen Personen und der durch sie Vertretenen analog § 31 BGB ausgeweitet.[265] Dies gilt aber nur für Personen, die eine juristische Person tatsächlich nach außen in irgendeiner Weise repräsentieren. Eine Haftung des Vereins für Handlungen des Mitglieds kann also nur angenommen werden, wenn eine Form der Repräsentation erreicht wird, die weit über das eigenverantwortliche Handeln hinausgeht.

c) Haftung des Vereinsmitglieds für eigenverantwortliches Handeln

Schließlich könnte eine Modifikation der Prüfungs- und Überwachungspflichten beim eigenverantwortlich handelnden Vereinsmitglied eintreten. Man könnte demnach daran denken, dass die Pflichten eines Vereinsmitglieds für die Handlungen der durch ihn mit Netzleistungen versorgten Nutzer anders oder gar strenger zu beurteilen wären als diejenigen eines nicht in einem Verein organisierten Netzbetreibers. Aus der Mitgliedschaft in einem Organisationsverbund lässt sich jedoch keinesfalls der Schluss ziehen, dass z.B. eine weitergehende Nutzenziehung als gegenüber unorganisierten Betreibern gegeben ist. Insbesondere wenn das Mitglied auch Nichtmitgliedern den Zugang ermöglicht, bestehen praktisch keine Unterschiede zwischen dem organisierten und dem unorganisierten Betreiber, so dass das Pflichtenprogramm sich nicht verändert.

d) Fazit

Der Verein kann als Störer haften, wohingegen seine Mitglieder im wesentlichen wie nicht organisierte Betreiber zu behandeln sind. Das Maß an Organisation fällt somit lediglich dem Verein, nicht aber den beteiligten Mitgliedern bzw. Nutzern zur Last.

12. Exkurs: Unbewusstes „Angebot" - ein Privilegierungsparadoxon?

Als letzter problematischer Fall soll an dieser Stelle die unbewusste Erbringung von Netzzugangsleistungen durch Private behandelt werden. Im Zusammenhang mit „Wardriving" ist bereits mehrfach darauf hingewiesen worden, dass Funknetze häufig so konfiguriert sind, dass

---

[265] Vgl. *Reuter* in: MünchKommBGB, § 31 BGB Rn. 3 ff.

Dritte diese nutzen können. Ein Haftungsproblem ergibt sich, wenn der unbekannte Dritte das Netz für rechtsverletzende Handlungen nutzt.[266] Knackpunkt dabei ist, ob der Betreiber des Funknetzes von den Privilegierungen der §§ 7 ff. TMG profitieren kann, oder ihn die volle Haftung - also insbesondere auch die Haftung auf Schadensersatz - trifft. Für ein Eingreifen der Privilegierungen ist notwendig, dass der private Betreiber Diensteanbieter i.S.d. § 2 Nr. 1 TMG ist. Ein offenes, durch Dritte nutzbares Funknetz mit Gateway zum Internet stellt jedenfalls technisch den Zugangsdienst zum Internet dar. Der Betreiber könnte demnach als Access Provider zu qualifizieren sein. Nach dem Wortlaut des § 2 Nr. 1 TMG ist Diensteanbieter, wer „eigene oder fremde Telemedien zur Nutzung bereithält oder den Zugang zur Nutzung vermittelt". Zwei Merkmale sollen in diesem Zusammenhang gesondert untersucht werden: das „Angebot" und „zur Nutzung". Ein Diensteanbieter bietet bereits nach dem Wortlaut einen Dienst an. Anbieten erfordert allerdings eine Handlung, also ein bewusstes und willensgesteuertes Verhalten. Die Handlung und das darin verortete voluntative Element kann im Aufstellen und in der Inbetriebnahme des Funknetzwerks gesehen werden. Schwieriger ist das Merkmal des Angebots „zur Nutzung". Denn im Grunde wird das Netz durch den Inhaber häufig nur in Betrieb genommen, um es selbst zu nutzen. Es wird Dritten damit nicht bewusst zur Verfügung gestellt. Nach dem Wortlaut läge kein Angebot zur Nutzung vor.[267] Es fehlt insofern an der in der Regelung angelegten Zielrichtung des Betreibers. Damit wäre das Ergebnis klar und das TMG fände keine Anwendung.

Geht man allerdings davon aus, dass der Betreiber ahnt, dass ein Dritter das Netz nutzt, befindet er sich automatisch im Anwendungsbereich des TMG. Die Privilegierung greift, da das voluntative Element gegeben ist. Die Abwägung der Zuweisung von Pflichten im Rahmen der Störerhaftung hängt im weiteren Sinne von der Beherrschung bzw. Beherrschbarkeit von Gefahrenquellen ab. Wer also bewusst oder zumindest mit einem gewissen entsprechenden Bewusstsein eine Gefahrenquelle in Form eines offenen Internetzugangs eröffnet, der unterfällt jedenfalls der Privilegierung des § 8 TMG. Demjenigen, der sich dieser Gefahreröffnung nicht bewusst ist, würde hingegen die volle Haftung drohen. In dieser Konstellation offenbart sich eine paradoxe Folge der gesetzlichen Regelung: Wer die Nutzung durch Dritte in die eigenen Gedanken und Überlegungen auch nur entfernt einbezieht, dem sollen Prüfungs- und Überwachungspflichten unter engen Voraussetzungen obliegen. Wer dies nicht tut, haftet dagegen ohne weiteres, obwohl der Tatbeitrag des unbewusst Handelnden weniger schwer wiegt

---

[266] LG Hamburg MMR 2006, 763 m. Anm. *Grosskopf*, CR 2007, 122 u. *Mantz*, MMR 2006, 764; *Roggenkamp*, jurisPR-ITR 12/2006 Anm. 3; LG Frankfurt a.M. MMR 2007, 675 m. krit. Anm. *Gietl*, ZUM 2007, 407; s. auch *Ernst/Seichter*, ZUM 2007, 513; *Hornung*, CR 2007, 88, 90.
[267] *Hornung*, CR 2007, 88, 90; andere Auslegung schon *Mantz*, MMR 2006, 764, 765; *Gietl*, ZUM 2007, 407, 408; i.E. *Roggenkamp*, jurisPR-ITR 12/2006 Anm. 3, C.

als die Tatbeteiligung des Anbieters, der die Leistung bewusst erbringt.[268] Dieses Ergebnis würde auch eine Loslösung vom Haftungsmaßstab des § 823 Abs. 1 BGB bedeuten. Denn wenn Verkehrssicherungspflichten nach § 823 Abs. 1 BGB verletzt wären, die insofern den Prüfungs- und Überwachungspflichten des § 1004 BGB analog sehr ähnlich sein dürften,[269] wäre eine Haftung nach § 823 Abs. 1 BGB und § 1004 BGB analog gegeben, während ansonsten aufgrund der Privilegierung nur die Störerhaftung greifen würde. Hinzu kommt, dass die notwendige Zielrichtung „zur Nutzung" bereits dann anzunehmen sein dürfte, wenn der Betreiber den Funknetzknoten nicht einzig und allein zur eigenen Nutzung, sondern z.b. auch dem Familienmitglied oder einem Nachbarn zur Verfügung stellt bzw. die Nutzung durch Dritte auch nur in Betracht zieht. Mit dem Bewusstsein, dass ein beliebiger Dritter, das schließt eben auch das Familienmitglied ein, den Knoten nutzen kann, kann die entsprechende Zielrichtung bei Aufnahme des Betriebs bereits angenommen werden.

Es stellt sich die Frage, wie mit diesem offensichtlichen Widerspruch umzugehen ist. *Hornung* will hier das Tatbestandsmerkmal der Kenntnis von Verletzungen Dritter als Korrektiv einführen und gelangt damit - auf umständlichem und gesetzlich nicht begründbarem Wege - zum selben Ergebnis wie bei Zugeständnis der Privilegierung.[270] Versagt man die Privilegierung, so ist nicht einzusehen, warum Voraussetzungen des Privilegierungstatbestands im Rahmen von § 823 Abs. 1 BGB oder § 1004 BGB analog wieder aufleben sollen. Als Lösungen des Dilemmas kommen dementsprechend eine weite Auslegung von § 2 Nr. 1 TMG oder eine analoge Anwendung von § 8 TMG in Betracht.

Es spricht einiges für eine weite Auslegung. Den privaten und ahnungslosen Betreiber schärfer in die Haftung zu nehmen als den kommerziellen Diensteanbieter, der sogar einen wirtschaftlichen Nutzen aus der Eröffnung seiner Gefahrenquelle zieht, ist schlicht kaum begründbar.[271] Zudem macht es aus Sicht des Dritten, der den Internetzugang nutzt, keinerlei Unterschied, ob er einen frei zugänglichen kostenlosen Dienst z.B. eines benachbarten Cafés oder den versehentlich offen gelassenen Funkrouter eines Nachbarn nutzt.[272] Eine weite Auslegung des § 2 Nr. 1 TMG würde dementsprechend nur auf die Sichtweise eines Dritten bzw. eines objektiven Betrachters abstellen, für den ein offener Netzzugang ganz offensichtlich „zur Nutzung" bereitsteht. Anknüpfungspunkt wäre dementsprechend weniger der tatsächliche Wille des Betreibers als vielmehr der offenkundig gewordene, vermutete Wille. Dieser Ansatz deckt sich zumindest teilweise mit der für die Abgrenzung zwischen TMG und TKG

---

[268] *Gietl*, ZUM 2007, 407, 408.

[269] Vgl. *Spindler/Volkmann*, WRP 2003, 1, 4; *Volkmann*, Der Störer im Internet, 107; *Volkmann*, CR 2004, 767, 769.

[270] *Hornung*, CR 2007, 88, 91.

[271] Ebenso *Hornung*, CR 2007, 88, 91; vgl. auch *Marly* in: Grabitz/Hilf, vor Art. 12 ECRL Rn. 6.

[272] Vgl. auch *Schneier*, Steal This Wi-Fi.

angewandten funktionalen Betrachtung:[273] Auch hier wird eine eher technische Sicht von außen angewandt anstatt auf Intention und Zielrichtung des Betreiberhandelns abzustellen. Das Ergebnis ist unter Einbeziehung der teleologischen Auslegung des § 2 TMG ebenfalls geboten. Der europäische Gesetzgeber hat in der E-Commerce-RL Regelungen nur für die kommerziell handelnden Diensteanbieter getroffen und treffen können.[274] Der deutsche Gesetzgeber hingegen hat den Anwendungsbereich bei der Umsetzung der E-Commerce-RL im TMG bewusst auf unentgeltliche und private Dienste ausgeweitet,[275] und sich damit zugunsten eines weiten, umfassenden Dienstebegriffs entschieden. Nicht notwendig ist deshalb, dass der Diensteanbieter die Netzwerkinfrastruktur an sich fördert.[276]

Die analoge Anwendung von § 8 TMG wäre demgegenüber eine eingeschränkte Lösung, da für den Funknetzbetreiber nur diese Privilegierung, nicht aber die übrigen Vorschriften des TMG gelten würden. Voraussetzungen für die analoge Anwendung einer Norm sind eine planwidrige Regelungslücke und eine vergleichbare Interessenlage.[277] Die Regelungslücke läge - bei Ablehnung der weiten Auslegung des § 2 Nr. 1 TMG - in der Nichtanwendung von § 8 TMG auf unbewusste Angebote. Planwidrig ist eine Lücke unter anderem dann, wenn der Gesetzgeber die Lücke nicht gesehen und deshalb keine entsprechende Regelung getroffen hat.[278] Da die ECRL nur für wirtschaftlich relevante Handlungen gilt und deshalb den hier betrachteten Fall gar nicht erfassen kann, lässt sich auf diese nicht abstellen.[279] Der deutsche Gesetzgeber hat diese Beschränkung auf Handeln in einem wirtschaftlichen Kontext im nationalen Recht aber ausdrücklich aufgehoben.[280] Er wollte private Diensteanbieter ebenfalls in den Anwendungsbereich des TMG einbeziehen. Eine logische Erklärung für die Diskriminierung unbewusster Angebote, darunter könnte auch die versehentliche Freischaltung einer fremden privaten Homepage als Anwendungsbeispiel für § 10 TMG fallen, ist jedenfalls nicht ersichtlich. Die Lücke ist dementsprechend planwidrig. Schließlich ist die Interessenlage auch vergleichbar, denn für den Dritten ist kein Unterschied zwischen einem kostenlosen kommer-

---

[273] S.o. S. 52.

[274] Erwägungsgrund 20 ECRL; BT-Drs. 14/6098, 23; *Nickels*, CR 2002, 302, 306; *Spindler* in: Spindler/ Schmitz/Geis, vor § 8 TDG Rn. 21.

[275] *Nickels*, CR 2002, 302, 306.

[276] *Gietl*, ZUM 2007, 407, 408.

[277] *Bork*, Rn. 145; *Canaris*, Die Feststellung von Lücken im Gesetz, 25; *Larenz*, Methodenlehre, 370; *Larenz/ Wolf*, § 4 Rn. 80.

[278] *Bork*, Rn. 144; *Brox/Walker*, Rn. 64, 68; *Larenz*, Methodenlehre, 374.

[279] Vgl. Erwägungsgrund 20 ECRL; BT-Drs. 14/6098, 23; *Nickels*, CR 2002, 302; *Spindler* in: Spindler/ Schmitz/Geis, vor § 8 TDG Rn. 21.

[280] BT-Drs. 14/6098, 23; *Nickels*, CR 2002, 302, 306; *Spindler* in: Spindler/Schmitz/Geis, vor § 8 TDG Rn. 21; *Stadler*, Haftung für Informationen im Internet, Rn. 15; ebenso *Gietl*, ZUM 2007, 407, 408; *Gietl*, MMR 2007, 630, 631.

ziellen und dem privaten Angebot zu ersehen. Zudem haben sowohl der ein Funknetz anbie-
tende Café-Inhaber als auch der private Nachbar mit Funknetz ein vitales Interesse daran, für
die Handlungen Dritter nicht zur Rechenschaft gezogen zu werden. § 8 TMG kann insofern
analog auch auf den privaten „Diensteanbieter" angewandt werden.

Das unbewusste Angebot von Netzleistungen offenbart insofern einen möglichen Widerspruch im Regelungssystem des TMG. Durch eine großzügigere Auslegung, im Zweifel aber
auch im Wege der Analogie, lässt sich dieser Widerspruch allerdings auflösen.

13. Ergebnis

Durch die zusätzliche Ebene der Vermittlung hat der geschädigte Rechtsinhaber wenig Möglichkeiten, gegen den unmittelbaren Störer vorzugehen. Aus diesem Grund gewinnt der Anspruch aus § 1004 BGB bei Internetsachverhalten allgemein enorm an Bedeutung.[281] Nichtsdestotrotz kann dies nicht als Grund dafür herhalten, die Störerhaftung unreflektiert anzunehmen und ohne Beachtung der normativen Grundlagen sowie der widerstreitenden Interessen
immer mehr auszuweiten. Gerade wegen der zunehmenden Wichtigkeit und Häufigkeit der
Geltendmachung von Ansprüchen auf Basis der Störerhaftung ist eine umfassende und ausgewogene Abwägung der in Frage stehenden Interessen im Einzelfall vorzunehmen.

Die Störerhaftung der Betreiber von offenen Netzwerken ist bei weitem nicht ausgeschlossen. Auch ihnen obliegen Überwachungs- und Prüfungspflichten. Eine Rechtsschutzlücke offenbart sich insofern nicht. Vielmehr sind die zu erfüllenden Pflichten ihren Aufgaben und
der zu Grunde liegenden Motivation sowie der Gefährdungslage angemessen. Als Folge sind
bei weitem nicht alle denkbaren Maßnahmen zumutbar. Durch eine Verhinderung der Aus-
uferung der Störerhaftung wird vielmehr der Primärrechtschutz gefordert und werden plurale
Kommunikations- und Sozialstrukturen gefördert und geschützt. Insofern wird nicht zuletzt
der Intention sowohl des europäischen als auch des deutschen Gesetzgebers Rechnung getragen.

V. Auskunftsansprüche

1. Einführung

Der geschädigte Rechtsinhaber hat durch die Rollenverteilung im Internet in aller Regel das
Problem, dass er zwar die IP-Adresse des mutmaßlichen Verletzers kennt bzw. zu ermitteln
vermag, diese aber mit den ihm zur Verfügung stehenden Mitteln nicht mit der Person des

---

[281] Vgl. *Gercke*, ZUM 2006, 593.

Schädigers verbinden kann. Dafür benötigt er Daten, über die - wenn überhaupt - lediglich Internet Service Provider verfügen können. Während im Rahmen der Störerhaftung bereits diskutiert wurde, ob nicht der Access Provider in der Pflicht steht, entsprechende Daten zu erheben,[282] schließt sich die Frage an, ob und wie der Geschädigte vom Access Provider Auskunft über die Identität des von ihm bereits mittels der IP-Adresse ausgemachten Schädigers verlangen kann. Insofern stellt die Erhebung und Speicherung der Daten lediglich eine vorbereitende bzw. unterstützende Handlung für den die Rechtsverfolgung ermöglichenden Auskunftsanspruch dar.

Im Hinterkopf zu behalten sind bei der Diskussion in jedem Fall zwei wesentliche Punkte: Zum ersten ist der potentiell Auskunftspflichtige als Access Provider nie selbst der Rechtsverletzer, er ist vielmehr ein nicht oder nur mittelbar beteiligter Dritter. Zum zweiten handelt es sich bei dem Anspruch gegen den Access Provider nicht um den eigentlichen aus der Verletzung herrührenden Anspruch. Die Auskunft ist vielmehr zwingende Voraussetzung für die Geltendmachung des Anspruchs gegen den Schädiger. Sie dient einzig und allein der Vorbereitung der Rechtsverfolgung. Nach erfolgter Auskunft kann der Rechtsinhaber rechtliche Schritte gegen den Verletzer einleiten. Ohne die Auskunft ist ihm dies mangels eines Antrags- bzw. Klagegegners nicht möglich.

Im folgenden sollen die wichtigsten dem Geschädigten zur Verfügung stehenden Auskunftsansprüche dargestellt und für die Situation der offenen Netzwerke beurteilt werden. Ausgegangen wird hierfür vom allgemeinen selbstständigen Auskunftsanspruch nach § 242 BGB i.V.m. der verletzten Rechtsnorm. Daneben soll der für viele internettypische Rechtsverletzungen wesentliche urheberrechtliche Auskunftsanspruch nach § 101 UrhG-RegE untersucht werden. Andere Ansprüche wie § 140b PatG-RegE, § 24b GebrauchsmusterG-RegE etc. werden nicht explizit behandelt. Die Ausführungen zu § 101 UrhG-RegE sind insofern exemplarisch.

2. Änderungen des Prüfungsablaufs durch Umsetzung der Enforcement-RL

Die Enforcement-RL dient der Harmonisierung der gesetzlichen Regelungen in der EU zur Durchsetzung der Rechte des geistigen Eigentums. Die Umsetzung wird durch das Gesetz zur Verbesserung der Durchsetzung von Rechten des geistigen Eigentums erfolgen.[283]

---

[282] S.o. S. 268.
[283] RegE BT-Drs. 16/5048; dazu *Nägele/Nitsche*, WRP 2007, 1047; zur unmittelbaren Wirkung vor der Umsetzung *Eisenkolb*, GRUR 2007, 387.

Vor der Umsetzung der Richtlinie war lange Zeit heftig umstritten, ob § 101a UrhG[284] analog auch auf den Nichtverletzer, also den nur beteiligten bzw. unbeteiligten Dritten angewandt werden könne. Mit der Umsetzung und Neufassung von §§ 101 f. UrhG-RegE hat dieser Streit - von Altfällen abgesehen - nur noch historische Bedeutung.[285] Relevant ist die Umsetzung auch hinsichtlich der Anwendbarkeit des allgemeinen Auskunftsanspruchs, der teilweise als Auffangnorm für den nicht greifenden § 101a UrhG (analog) angenommen wurde und dementsprechend für die Durchsetzung von Auskunftsansprüchen große Bedeutung hatte.[286] Mit der Neufassung von § 101 UrhG-RegE dürfte auch diese Unsicherheit beseitigt sein: Für Urheberrechts-, Patentrechts-, Gebrauchsmusterrechtsverletzungen etc. existieren jetzt spezielle und genau für diese Fallkonstellationen vorgesehene Regelungen, die als *leges speciales* dem allgemeinen Auskunftsanspruch vorgehen und diesen verdrängen. Für eine Anwendung als Auffanganspruch verbleibt damit kein Raum.[287]

Dennoch ist die Anwendung des allgemeinen Auskunftsanspruchs auf Internetsachverhalte nicht vollkommen ausgeschlossen. Es verbleiben noch immer mögliche Rechtsverletzungen, die nicht durch die mit Umsetzung der Enforcement-RL vorgenommenen Regelungen erfasst sind. Zu nennen wären hier Verletzungen des allgemeinen Persönlichkeitsrechts,[288] Verletzungen im Sinne des Wettbewerbsrechts sowie Verletzungen anderer absoluter Rechte wie des Eigentums oder eigentumsähnlicher Rechtspositionen.[289]

3. Auskunftsanspruch nach § 101 Abs. 2 UrhG-RegE

Angefangen werden soll die Prüfung mit einem der speziellen durch die Umsetzung der Enforcement-RL neu gefassten und wohl in seiner praktischen Bedeutung bei Verletzungen über das Internet wichtigsten Anspruch, dem Auskunftsanspruch nach § 101 Abs. 2 S. 1 Nr. 3 UrhG-RegE. Dieser Anspruch richtet sich nicht gegen den Verletzer, sondern gegen einen

---

[284] Mit Umsetzung der Richtlinie wird § 101a UrhG nach dem RegE entfallen.

[285] Ebenso *Hoeren*, Skriptum Internetrecht, 171; s. zu diesem Streit OLG München MMR 2006, 739; OLG Hamburg MMR 2005, 453; OLG Frankfurt a.M. MMR 2005, 241; LG Hamburg MMR 2005, 55; *Dreier* in: Dreier/Schulze, § 101a UrhG Rn. 7, 22; *Kitz*, GRUR 2003, 1014, 1016; *Kitz*, MMR 2005, 133; *Kitz*, ZUM 2005, 298; *Klett*, K&R 2005, 222; *Linke*, MMR 2005, 456; *Schlegel*, CR 2005, 144; *Wild* in: Schricker, § 101a UrhG Rn. 6 f.; *Sieber/Höfinger*, MMR 2004, 575; *Spindler/Dorschel*, CR 2005, 38; *Spindler*, MMR 2005, 243; *Splittgerber/Klytta*, K&R 2007, 78; *Stadler*, Auskunftsansprüche gegen Internet Service Provider bei Urheberrechtsverletzungen; *Bohne* in: Wandtke/Bullinger, § 101a UrhG Rn. 3.

[286] *Spindler/Dorschel*, CR 2005, 38, 40 f.; kritisch *Stadler*, Haftung für Informationen im Internet, Rn. 141d; vgl. auch *Kitz*, GRUR 2003, 1014, 1016.

[287] Ebenso schon zur alten Rechtslage *Stadler*, Haftung für Informationen im Internet, Rn. 141d.

[288] LG Berlin CR 2006, 418; s.o. S. 218.

[289] S.o. S. 220.

nicht oder nur mittelbar beteiligten Dritten, nach dem Wortlaut der Norm lediglich eine „Person". Da die Erfüllung des Anspruchs der Ermittlung der Identität des Verletzers dienen soll, scheidet Tatbestandsalternative 2 - Fälle, in denen der Verletzte gegen den Verletzer Klage erhoben hat - aus.[290] Anstatt dessen ist Voraussetzung, dass eine offensichtliche Rechtsverletzung vorliegt, und der Anspruchsgegner in gewerblichem Ausmaß für eine in ebenfalls gewerblichem Ausmaß begangene rechtsverletzende Tätigkeit genutzte Dienstleistungen erbrachte. Des weiteren darf kein Zeugnisverweigerungsrecht seitens des Anspruchsgegner bestehen. Schließlich ist zu prüfen, ob der Anspruch sich mit entgegenstehenden Rechtsnormen und Interessen, insbesondere dem Datenschutzrecht sowie dem Schutz des Fernmeldegeheimnisses, vereinbaren lässt.

a) Offensichtliche Rechtsverletzung

Zunächst ist also zu prüfen, ob eine offensichtliche Rechtsverletzung vorliegt. Das Merkmal der Offensichtlichkeit ist bereits aus § 140b Abs. 3 PatG bekannt und soll auch auf § 101 Abs. 2 UrhG-RegE angewandt werden.[291] Von einer offensichtlichen Rechtsverletzung ist demnach auszugehen, wenn die Rechtsverletzung so eindeutig ist, dass eine ungerechtfertigte Belastung des Dritten ausgeschlossen erscheint.[292] Das ist der Fall, wenn eine Fehlentscheidung oder eine andere Beurteilung mit der Folge einer ungerechtfertigten Belastung im Rahmen richterlichen Ermessens kaum möglich ist.[293]

Es stellt sich vor allem die Frage, auf wessen Standpunkt für die Beurteilung der offensichtlichen Rechtsverletzung abzustellen ist.[294] Da von einer Entscheidung im richterlichen Ermessen auszugehen ist, muss die Rechtsverletzung wohl aus Sicht eines objektiven Dritten als offensichtlich einzustufen sein. Es kommt insofern maßgeblich auf die vom Anspruchsteller vorgelegten Unterlagen an. Lediglich die Angabe von IP-Adresse und Nutzungszeit kann jedenfalls nicht ausreichen.[295] Vielmehr muss er belegen können, dass urheberrechtlich geschützte Inhalte durch den Inhaber der IP-Adresse angeboten oder heruntergeladen wurden. Aus der Formulierung der Norm lässt sich zudem entnehmen, dass nur die Offensichtlichkeit der Rechtsverletzung, nicht aber auch des gewerblichen Ausmaßes notwendig ist.

---

[290] Zu den Unstimmigkeiten diesbezüglich *Peukert/Kur*, GRURInt. 2006, 292, 297.

[291] *Raabe*, ZUM 2006, 439, 442.

[292] *Raabe*, ZUM 2006, 439, 442.

[293] OLG Düsseldorf GRUR 1993, 818, 821 - Mehrfachkleiderbügel; OLG München MMR 2005, 616; OLG Hamburg WRP 1997, 106, 112; *Mes* in: Mes, § 140b PatG Rn. 14; *Spindler/Dorschel*, CR 2006, 341, 343.

[294] BT-Drs. 16/5048, 39; ähnlich *Kitz*, ZUM 2006, 444, 446; *Peukert/Kur*, GRURInt. 2006, 292, 297.

[295] Vgl. *Grosskopf*, CR 2007, 122, 123; EuGH, Schlussantrag der Generalanwältin Juliane Kokott v. 18.7.2007, Rs. 275/06 - Promusicae vs. Telefónica, Rn. 115.

b) Für Rechtsverletzung genutzte Dienstleistung

§ 101 Abs. 2 S. 1 Nr. 3 UrhG-RegE formuliert, dass der Anspruchsgegner in gewerblichem Ausmaß „für rechtsverletzende Tätigkeiten genutzte Dienstleistungen erbracht" haben muss.

aa) Dienstleistung

Der Begriff der Dienstleistung ist im Sinne eines Telemedien- oder Telekommunikationsdienstes nach §§ 2 S. 1. Nr. 1 TMG, 3 Nr. 24 TKG zu verstehen. Die durch einen Access Provider erbrachte Zugangsvermittlung fällt jedenfalls - auch nach der Gesetzesbegründung - in den Anwendungsbereich.[296]

bb) Gewerbliches Ausmaß der Diensterbringung

Weiter muss die Diensterbringung in gewerblichem Ausmaß erfolgen. Erwägungsgrund 14 der Enforcement-RL lautet diesbezüglich: „In gewerblichem Ausmaß vorgenommene Rechtsverletzungen zeichnen sich dadurch aus, dass sie zwecks Erlangung eines unmittelbaren oder mittelbaren wirtschaftlichen oder kommerziellen Vorteils vorgenommen werden [...]." Damit besteht eine klare und deutliche Abgrenzung zur Geschäftsmäßigkeit im Sinne des TKG, die lediglich eine auf Dauer ausgerichtete Tätigkeit verlangt.[297] Die Dienstleistung muss also final auf die Erlangung eines wirtschaftlichen Vorteils gerichtet sein.[298] Bei nicht-kommerziellen Angeboten entsteht somit keine Verpflichtung des Diensteanbieters.[299] Bei üblichen, gegen Entgelt handelnden, Access Providern kann von dieser Zielsetzung durchaus ausgegangen werden.[300] Offene Netzwerke, bei denen kein Entgelt verlangt wird, sind dementsprechend nicht betroffen.

Fraglich ist erneut, wie sich die Situation für vereinsrechtlich organisierte Gemeinschaften darstellt, da dort Mitgliedsbeiträge erhoben werden. Während für die Betrachtung der Störerhaftung noch lediglich auf die faktische wirtschaftliche Nutzenziehung abgestellt wurde,[301] ist im Rahmen des § 101 UrhG-RegE nach dem klaren Wortlaut des Erwägungsgrundes 14 auch die subjektive Zielsetzung diesbezüglich erforderlich. Diese ist bei nicht-wirtschaftlichen Vereinen aber gerade nicht gegeben. Die Erlangung wirtschaftlicher oder kommerzieller Vorteile entspricht nicht der Zielrichtung der Vereine.

---

[296] BR-Drs. 16/5048, 49 f.; *Czychowski*, MMR 2004, 514, 515; *Frey/Rudolph*, ZUM 2004, 522, 525; *Haedicke*, in: Ohly, FS Schricker, 19, 30; *Seichter*, WRP 2006, 391, 396.

[297] S.o. S 50.

[298] Vgl. auch BGH NJW 2004, 1679 zu § 108a UrhG: „Einnahmen oder andere geldwerte Vorteile".

[299] Für Universitäten *Frey/Rudolph*, ZUM 2004, 522, 526.

[300] Ebenso *Frey/Rudolph*, ZUM 2004, 522, 526; *Knaak*, GRURInt. 2004, 749; *Zombik*, ZUM 2006, 450, 455.

[301] S.o. S. 290.

Der Anspruch nach § 101 UrhG-RegE scheidet dementsprechend regelmäßig schon mangels gewerblichen Ausmaßes der Diensterbringung aus.

cc) Nutzung für rechtsverletzende Tätigkeit

Gerade der Dienst des Anspruchsgegners muss für die rechtsverletzende Tätigkeit genutzt worden sein. Der unmittelbare Verletzer muss sich also des Angebots bedient haben, um eine Rechtsverletzung zu begehen. Im Gegensatz zu den Voraussetzungen der Störerhaftung ist hierfür auf Seiten des Providers keinerlei Kenntnis von der rechtsverletzenden Nutzung erforderlich. Wenn der Access oder Network Provider den Zugang zum Netz vermittelt oder Pakete zur Kommunikation übermittelt, so stellt er damit gerade die grundlegende Basis für jegliche Kommunikation und damit auch für die Rechtsverletzung zur Verfügung.[302] Nicht anders stellt sich dies im offenen Netzwerk für die einzelnen Knoten, speziell aber auch denjenigen dar, der den Zugang ins Internet vermittelt. Der Dienst in offenen Netzen kann demzufolge für eine rechtsverletzende Tätigkeit genutzt werden.

dd) Gewerbliches Ausmaß auch der Rechtsverletzung

Aus dem Wortlaut des § 101 Abs. 2 S. 1 Nr. 3 UrhG-RegE lässt sich unmittelbar nur darauf schließen, dass die Diensterbringung in gewerblichem Ausmaß erfolgen muss. Darüber hinaus muss aber ebenso die Rechtsverletzung selbst in gewerblichem Ausmaß begangen worden sein.[303] Es handelt sich insofern um ein Merkmal, das den Nutzer und damit den Rechtsverletzer betrifft. Trotz des nicht eindeutigen Wortlauts[304] lässt sich diese Tatbestandsvoraussetzung jedenfalls aus Erwägungsgrund 14 der Enforcement-RL herauslesen.[305] Das gewerbliche Ausmaß ist auch hier in der Nutzung zum Zweck der Erlangung eines wirtschaftlichen Vorteils zu sehen.[306] Für den Nutzer ergänzt Erwägungsgrund 14 allerdings, dass in der Regel „in gutem Glauben von Endverbrauchern" vorgenommene Handlungen nicht erfasst sind. Auch bösgläubigen Nutzern soll zudem eine Bagatellgrenze zugute kommen.[307] Deshalb soll ein gewerb-

---

[302] *Frey/Rudolph*, ZUM 2004, 522, 525; *Haedicke*, in: Ohly, FS Schricker, 19, 30; *Seichter*, WRP 2006, 391, 396.

[303] BT-Drs. 16/5048, 49; *Bizer*, DuD 2004, 627; *Knaak*, GRURInt. 2004, 749; *Raabe*, ZUM 2006, 439, 439 f.; *Seichter*, WRP 2006, 391, 398, Fn. 60, 46; kritisch Stellungnahme des Bundesrates, BR-Drs. 64/07 v. 9.3.2007, 2; *Berlit*, WRP 2007, 732, 735; *Frey/Rudolph*, ZUM 2004, 522, 525 f.; *Kramer*, 165 ff., 170, der aber für eine Einbeziehung des Merkmals in die Prüfung der Verhältnismäßigkeit plädiert; *Zombik*, ZUM 2006, 450, 456.

[304] Stellungnahme des Bundesrates, BR-Drs. 64/07 v. 9.3.2007, 2.

[305] *Raabe*, ZUM 2006, 439, 439 f.; *Seichter*, WRP 2006, 391, 398, Fn. 60, 46.

[306] S.o. S. 299.

[307] BT-Drs. 16/5048, 49; *Raabe*, ZUM 2006, 439, 440.

liches Ausmaß erst dann vorliegen, wenn der Umfang den üblichen Konsum überschreitet, wobei jeweils auf den Einzelfall abzustellen ist.[308]

Dadurch stellt sich ein Nachweisproblem für den Anspruchsteller.[309] Dieses hat der Gesetzgeber aber wohl durchaus gesehen und überlässt daher der Rechtsprechung die Bemessung der entsprechenden Schranken.[310]

ee)   Zwischenergebnis

Die Anspruchsvoraussetzungen dürften zum einen für den Anspruchsteller schwer zu belegen sein, zum anderen liegt das Tatbestandsmerkmal der Diensterbringung in gewerblichem Ausmaß bei Betreibern offener Netzwerke in der Regel nicht vor.

c)   Der Auskunft entgegenstehende Rechte und Normen

Selbst wenn diese Voraussetzungen alle erfüllt sein sollten, ist noch nicht endgültig klar, ob die Auskunft durch den Betreiber erfolgen darf. Dem könnten nämlich rechtliche Hindernisse durch Privilegierungstatbestände, datenschutzrechtliche Bestimmungen oder das Fernmeldegeheimnis aus Art. 10 GG entgegen stehen.

aa)   Privilegierung, § 8 TMG

Zunächst ist zu prüfen, ob nicht die Privilegierungen der §§ 7 ff. TMG zugunsten des Betreibers greifen. Durch sie wäre eine Haftung für praktisch alle Fälle ausgeschlossen. Allerdings gelten die Privilegierungen nicht für Ansprüche auf Unterlassung aufgrund der Störerhaftung.[311] Dieser Ausschluss könnte sich auch auf Auskunftsansprüche erstrecken.

§ 7 Abs. 2 S. 2 TMG nimmt „Verpflichtungen zur Entfernung oder Sperrung der Nutzung von Informationen" vom Privilegierungsumfang aus. Nach dem Wortlaut wären demnach Verpflichtungen zur Auskunft durchaus von der Privilegierung erfasst.[312]

---

[308]   *Raabe*, ZUM 2006, 439, 440.
[309]   Ausführlich *Zombik*, ZUM 2006, 450, 455 f.
[310]   *Raabe*, ZUM 2006, 439, 442.
[311]   S.o. S. 285.
[312]   OLG Frankfurt a.M. MMR 2005, 241, 243 m. Anm. *Spindler*, MMR 2005, 243; OLG Hamburg MMR 2005, 453, 456 m. Anm. *Linke*, MMR 2005, 456; *Kitz*, ZUM 2005, 298, 300; *Klett*, K&R 2005, 222, 224; *Köcher/Kaufmann*, MMR 2005, 61; *Sieber/Höfinger*, MMR 2004, 575, 580; *Stadler*, Auskunftsansprüche gegen Internet Service Provider bei Urheberrechtsverletzungen; i.E. *Stadler*, Haftung für Informationen im Internet, Rn. 141h ff.; a.A. LG Hamburg CR 2005, 136, 138 m. krit. Anm. *Köcher/Kaufmann*, MMR 2005, 61; LG Köln ZUM 2005, 236, 240; *Spindler/Dorschel*, CR 2005, 38, 41; *Spindler*, MMR 2005, 243, 245; *Spindler/Dorschel*, CR 2006, 341, 344 f.

Spindler und *Dorschel* führen dagegen an, dass Ziel des § 7 Abs. 2 S. 2 TMG sowie des zugrunde liegenden Art. 15 ECRL das Verbot proaktiver Überwachungspflichten sei.[313] Die Herausgabe von Daten tangiere diesen Schutzbereich nicht. Es würde nur die Herausgabe bekannter Daten verlangt. Eine zukünftige Speicherung und Überwachung sei nicht intendiert. Spätestens ab Kenntnis der Rechtsverletzung seitens des Providers würde die Privilegierung nicht mehr greifen, die Auskunft müsse erteilt werden.[314] Diese Ansicht würde auch von der historischen Auslegung im Hinblick auf die Entstehungsgeschichte der ECRL gedeckt: In die ECRL sollte laut Änderungsantrag 10 in einem neuen Erwägungsgrund 9a die Verpflichtung der Mitgliedstaaten aufgenommen werden, dafür zu sorgen, dass die Diensteanbieter Auskünfte zur Ermittlung von Rechtsverletzungen zu geben hätten.[315] Dieser Änderungsantrag wurde mit der Begründung zurückgewiesen, dass der Vorschlag in einem Sinne verstanden werden könnte, der den Datenschutzvorschriften zuwiderlaufe.[316] Aus dem Vorschlag und der Begründung der Zurückweisung ließe sich nun folgern, dass der Richtliniengeber Auskunftsansprüche nicht als Einschränkung, sondern sogar als Voraussetzung der Haftungsprivilegierung ansah.[317] Auskunftspflichten würden dementsprechend nicht durch Art. 12-15 ECRL, sondern nur durch Datenschutz und Fernmeldegeheimnis eingeschränkt. Die Regelungen der Art. 12-15 ECRL würden dementsprechend nicht begrenzende Tatbestandsmerkmale des Auskunftsanspruchs darstellen, sondern nur des dem Auskunftsanspruch zugrunde liegenden Haftungstatbestandes.[318]

Eine Auslegung nach dem Wortlaut stützt zunächst die erstgenannte Ansicht. § 7 Abs. 2 S. 2 TMG nimmt von der Privilegierung nur die Sperrung und Entfernung aus. Die für Access Provider relevanten Art. 12 Abs. 3 und 13 Abs. 2 ECRL erlauben den Mitgliedstaaten, für Gerichte und Behörden Befugnisse gegenüber dem Provider mit dem Ziel des Abstellens bzw. Verhinderns der Rechtsverletzung vorzusehen, während der für Host-Provider einschlägige Art. 14 Abs. 3 ECRL zusätzlich die Alternative enthält, dass die Mitgliedsstaaten Verfahren für die Entfernung einer Information oder die Sperrung des Zugangs vorsehen können. Die Erteilung von Auskünften wird in diesen Normen ausdrücklich nicht als mögliche Beschränkung

---

[313] *Spindler*, MMR Beil. 7/2000, 4, 18; *Spindler/Dorschel*, CR 2005, 38, 41; *Spindler/Dorschel*, CR 2006, 341, 345; ebenso Antrag der FDP-Bundestagsfraktion vom 13.6.2007, BT-Drs. 16/5613, 2 f.; s. auch o. S. 255.

[314] *Spindler*, MMR 2005, 243, 245.

[315] Änderungsantrag 10 des Europäischen Parlaments, ABl. EG Nr. C 279 v. 10.9.1999, 389, 391.

[316] Vgl. Geänderter Vorschlag für eine Richtlinie des Europäischen Parlaments und des Rates über bestimmte rechtliche Aspekte des elektronischen Geschäftsverkehrs im Binnenmarkt, KOM 1999(427) endg., ABl. EG Nr. C 248 E/69 v. 29.8.2000; *Spindler/Dorschel*, CR 2006, 341, 345.

[317] Vgl. Änderungsantrag 50 im Bericht des Rechtsausschusses vom 23.4.1999, ABl. EG Nr. C 279 v. 10.9.1999, 8; *Spindler/Dorschel*, CR 2006, 341, 345.

[318] *Spindler/Dorschel*, CR 2006, 341, 345.

geregelt. Sie findet nur in Art. 15 Abs. 2 ECRL Niederschlag: Danach können Diensteanbieter zur Übermittlung von Informationen an die „zuständigen Behörden" verpflichtet werden. Die Auskunft an Dritte findet sich auch hier nicht.

Systematisch deutet die Überschrift von Abschnitt 4, nämlich „Verantwortlichkeit", nur auf einen Bezug zur Haftung, nicht zur Herausgabe von Informationen hin. Das könnte die Auffassung stützen, dass Auskünfte gar nicht vom Richtliniengeber als im Abschnitt 4 geregelt angesehen wurden. Dagegen spricht jedoch Art. 15 Abs. 2 ECRL, der gerade die Auskunft an Behörden vorsieht.[319] Nach Art. 15 Abs. 2 ECRL empfand der Richtliniengeber es also durchaus als notwendig, Auskunftsbefugnisse in den Bereich der Haftungsprivilegierungen aufzunehmen. Andernfalls wäre Art. 15 Abs. 2 ECRL in dieser Form unnötig. *Spindler* und *Dorschel* legen Art. 15 Abs. 1 ECRL wie bereits angedeutet teleologisch aus.[320] Lediglich proaktive Überwachungspflichten sollten durch Art. 12-15 ECRL verhindert werden. Auskunftsansprüche würden Überwachungspflichten nicht bedingen bzw. bewirken. Aus diesem Grunde seien Auskunftsansprüche nicht erfasst. Dagegen sprechen jedoch Wortlaut und Zielrichtung von Art. 15 Abs. 2 ECRL.

Die historische Auslegung entsprechend der eingebrachten Anträge und den gegebenen Begründungen kann durchaus als Argument gegen eine Anwendbarkeit von Art. 12-14 ECRL auf Auskunftsansprüche vorgebracht werden. Wortlaut und Systematik deuten aber auf eine andere Auslegung hin. Zudem hat der Richtliniengeber im Ergebnis Auskunftspflichten an Dritte nicht aufgenommen bzw. zurückgewiesen. Als Grund für die Zurückweisung lässt sich zusätzlich ein Gedanke aus Erwägungsgrund 23 der VSRL anführen. Nach Auffassung des europäischen Richtliniengebers wären Erhebungspflichten der Provider bezüglich Daten jeder Art, die nicht bereits durch den Betrieb automatisch anfallen, keinesfalls verhältnismäßig und würden damit gegen primäres wie sekundäres Europarecht verstoßen.[321] Wenn die Privilegierungen jedoch von einer Befriedigung von Auskunftsansprüchen abhängig gemacht würden, so käme dies einer (faktischen) Erhebungspflicht zumindest sehr nahe. Auf diese Art und Weise ließen sich auch die bei der Zurückweisung des Antrages angeführten Bedenken hinsichtlich des Datenschutzes begründen. Die Privilegierungen sollen unbeschadet der datenschutzrechtlichen Bestimmungen gelten.

Das *LG Hamburg* und das *LG Köln* haben den Auskunftsanspruch zusätzlich als für den Provider weniger belastend als die Störerhaftung angesehen und ihn von daher *a maiore ad minus* als mit §§ 7 ff. TMG vereinbar angesehen: Wenn die Störerhaftung nicht von den

---

[319] Vgl. *Kramer*, 117 f.
[320] S.o. S. 301.
[321] S.o. S. 274.

Privilegierungen erfasst sei,[322] dann gelte dies auch für den „kleinen Bruder" Auskunftsanspruch.[323] Zuzugeben ist dieser Ansicht, dass Störerhaftung und Auskunftsanspruch in engem Zusammenhang stehen.[324] Das liegt aber nicht zuletzt daran, dass die mittelbare Störereigenschaft des Providers als Rechtsbeziehung im Sinne des allgemeinen Auskunftsanspruchs nach §§ 242 BGB i.V.m. der verletzten Rechtsnorm dienen kann.[325] Im Anwendungsbereich des § 101 Abs. 2 UrhG-RegE, der den allgemeinen Auskunftsanspruch für Urheberrechtsverletzungen verdrängt,[326] greift dieses Argument deshalb keinesfalls. Die Auskunftsverpflichtung nach § 101 Abs. 2 S. 1 Nr. 3 UrhG-RegE soll den Provider auch treffen, wenn er nicht als mittelbarer Störer einzuordnen ist.[327] Aber selbst ohne diesen Umstand ist die Schlussfolgerung aus den oben angeführten Gründen zu bezweifeln.[328] Zudem ist die Belastung des Auskunftspflichtigen aufgrund datenschutzrechtlicher und vertraglicher Haftungsrisiken nicht vernachlässigbar.[329]

Die Privilegierungen der §§ 7 ff. TMG gelten mithin auch für Auskunftsansprüche.

bb) Datenschutzrecht

In Frage steht die Herausgabe von Daten des Nutzers durch den Provider an einen privaten Dritten. Zunächst ist dieser Vorgang datenschutzrechtlich zu klassifizieren. Anschließend muss überprüft werden, ob die Herausgabe mit den einschlägigen Vorgaben vereinbar wäre, wobei insbesondere auf die durch die Enforcement-RL neu geschaffenen Bestimmungen und das europäische Gemeinschaftsrecht hinsichtlich des Datenschutzes allgemein einzugehen ist.

aaa) Ermittlung und Übermittlung von Daten zur Erfüllung des Auskunftsanspruchs

Der Access Provider teilt seinen Nutzern regelmäßig für die Zeit der Nutzung eine dynamische IP-Adresse zu. Zusätzlich kann er speichern, wem er in welchem Zeitraum welche IP-Adresse zugewiesen hat. Der Rechtsinhaber kann nun mittels dieser beiden Daten Auskunft vom Access Provider begehren. Kommt der Access Provider also dem Begehren nach, muss er in seinen Datenbanken eine Anfrage stellen, deren identifizierender Schlüssel zunächst IP-Adresse

---

[322] S.o. S.285.
[323] LG Hamburg CR 2005, 136, 138; LG Köln ZUM 2005, 236, 240.
[324] *Spindler*, MMR 2005, 243, 244.
[325] S.u. S. 322.
[326] S.u. S. 320.
[327] BT-Drs. 16/5048, 38.
[328] Ebenso OLG Hamburg MMR 2005, 453, 456; *Kramer*, 118; *Sieber/Höfinger*, MMR 2004, 575, 580.
[329] *Köcher/Kaufmann*, MMR 2005, 61; *Kramer*, 118.

und Zeit sind. Diese werden dann mit den Daten über die Identität des Nutzers verknüpft. Herausgegeben werden anschließend nur die Daten über die Identität des Nutzers.

Kundendaten		
Id	Name	Adresse
...	...	...
1023	Max Mustermann	..., Frankfurt
1024	Anne Musterfrau	..., Hamburg
...	...	...

Verkehrsdaten			
Id	UserId	IP-Adresse	Zeit
...	...	...	...
23822	1023	84.17.145.176	1.1.2007; 17:04:43 MEZ
23823	3017	84.17.146.43	1.1.2007; 17:04:44 MEZ
...	...	...	...
24116	2657	84.17.145.176	1.1.2007; 18:17:01 MEZ
...	...	...	...
24763	1024	84.17.145.68	1.1.2007; 20:07:08 MEZ
...	...	...	...
24945	2334	84.17.145.68	1.1.2007; 23:34:26 MEZ
...	...	...	...

Abbildung 7.4: **Die Verknüpfung von Nutzungs- und Verkehrsdaten beim Access Provider**

Dies kann am einfachsten anhand eines Beispiels verdeutlicht werden:[330]

Der Rechteinhaber habe die Information, dass der Nutzer, dem die IP-Adresse 84.17.145.176 am 1.1.2007 um 17:31:20 MEZ zugeordnet war, von dieser IP-Adresse aus eine rechtsverletzende Handlung, beispielsweise die Verbreitung urheberrechtlich geschützter Werke, vorgenommen hat. Bei der RIPE NCC[331] erfragt er nun, welcher Access Provider diese IP-Adresse an seine Kunden vergibt. Anschließend bittet er diesen Access Provider, ihm darüber Auskunft zu erteilen, welcher seiner Kunden am 1.1.2007 um 17:31:20 MEZ die IP-Adresse 84.17.145.176 genutzt hat. Der Access Provider sieht nun in seiner Datenbank nach, welcher Benutzer-Identifikationsnummer (UserId) die IP-Adresse zum fraglichen Zeitpunkt zugeordnet war. Im Beispiel wurde die fragliche IP-Adresse dem Nutzer mit der UserId 1023 um 17:04:43h MEZ zugewiesen, um 18:17.01h MEZ erhielt der Kunde mit der UserId 2657 die IP-Adresse. Im dazwischenliegenden Zeitraum hat also nur der Kunde mit der UserId 1023 diese IP-Adresse genutzt. Die Verknüpfung der Verkehrsdaten mit den Bestandsdaten ergibt nun, dass unter der UserId 1023 ein Max Mustermann in Frankfurt registriert ist. Erst durch diese Zusammenführung von zwei unterschiedlichen Datenquellen kann der Access Provider die Frage beantworten.

---

[330] S. Abb. 7.4.
[331] Réseaux IP Européens Network Coordination Centre, http://www.ripe.net (abgerufen am 28.2.2008).

Diese Vorgänge sind nun datenschutzrechtlich einzuordnen. Zunächst ist festzustellen, dass es sich sowohl bei den Daten über die Identität des Nutzers, als auch bei den IP-Adressen um personenbezogenen Daten handelt. Personenbezogen sind Daten nach § 3 Abs. 1 BDSG, wenn es sich um Einzelangaben über persönliche oder sachliche Verhältnisse einer bestimmten oder bestimmbaren natürlichen Person handelt. Die Nutzungszeit sowie die IP-Adresse, unter der eine Person im Internet auftritt, sind nicht per se personenbezogen.[332] Allerdings lässt sich ohne weiteres ein Personenbezug unter Hinzunahme der vorliegenden Daten herstellen. Die Person, zu der eine IP-Adresse gehört, ist demnach ohne größeren Aufwand bestimmbar. Damit liegen personenbezogene Daten vor.[333]

Bei der Ermittlung der Identität durch Verknüpfung der IP-Adresse und des Zeitpunkts der Nutzung mit den Bestandsdaten handelt es sich nicht um ein Verarbeiten von Daten i.S.v. § 3 Abs. 4 BDSG, da Daten nicht gespeichert, verändert, übermittelt, gelöscht oder gesperrt werden. Allerdings handelt es sich um eine Nutzung nach § 3 Abs. 5 BDSG. Nutzung ist demnach nämlich jeder Vorgang, bei dem die Daten mit einer bestimmten Zweckbestimmung ausgewertet, zusammengestellt oder sogar nur mit einer bestimmten Zielrichtung zur Kenntnis genommen werden.[334] Die Verknüpfung von Daten in diesem Sinne ist jedenfalls eine Auswertung oder Zusammenstellung und damit Nutzung.[335]

Die Herausgabe der Daten an den privaten Dritten wiederum wird von § 3 Abs. 4 Nr. 3 BDSG erfasst. Danach ist Übermittlung u.a. jedes Bekanntgeben gespeicherter personenbezogener Daten. In welcher Form die Bekanntgabe der Daten dabei erfolgt, ist unerheblich.[336]

Als Zwischenergebnis ist demnach festzuhalten, dass sowohl die Ermittlung der Identität des Nutzers, wie auch die Herausgabe der Daten jeweils für sich und insgesamt datenschutzrechtlich relevante Handlungen darstellen.[337]

Beim Betreiber eines offenen Netzwerkes stellt sich die Situation, was die rechtliche Beurteilung angeht, nicht anders dar. Allerdings ist es häufig gar nicht er, der die IP-Adresse dem

---

[332] *Eckhardt*, K&R 2007, 602, 603; *Wüstenberg*, TKMR 2003, 105, 107.

[333] LG Berlin, K&R 2007, 601; LG Hamburg CR 2005, 136, 140; AG Berlin Mitte K&R 2007, 600; *Kitz*, GRUR 2003, 1014, 1018; *Nordemann/Dustmann*, CR 2004, 380, 386; *Tinnefeld* in: Roßnagel, Handbuch Datenschutzrecht, Kap. 4.1 Rn. 21; *Spindler/Dorschel*, CR 2005, 38, 44; *Wüstenberg*, TKMR 2003, 105, 107; a.A. wohl *Eckhardt*, K&R 2007, 602, 603, der dynamische IP-Adressen als nur relativ personenbezogen und damit häufig nicht personenbezogen bezeichnet.

[334] *Gola/Schomerus*, § 3 BDSG Rn. 42.

[335] *Bär*, MMR 2005, 626, 627; *Gnirck/Lichtenberg*, DuD 2004, 598, 600; *Kitz*, ZUM 2006, 444, 448; *Spindler/Dorschel*, CR 2006, 341, 342.

[336] *Gola/Schomerus*, § 3 BDSG Rn. 32.

[337] Ebenso *Czychowski*, MMR 2004, 514, 517; *Spindler/Dorschel*, CR 2006, 341, 342; *Splittgerber/Klytta*, K&R 2007, 78, 82; a.A. Beschluss des Bundesrates v. 8.6.2007, BR-Drs. 275/07(B), 17.

Nutzer zuweist,[338] so dass ihm eventuell zusätzlich die Datenbasis fehlt. Dabei handelt es sich aber lediglich um ein faktisches, kein rechtliches Problem.

bbb) Rechtmäßigkeit der Verarbeitung

Nach § 4 Abs. 1 BDSG sind Erhebung, Verarbeitung und Nutzung personenbezogener Daten nur zulässig, soweit ein gesetzlicher Erlaubnistatbestand vorliegt oder der Betroffene eingewilligt hat. Dieser Grundsatz gilt auch für TKG und TMG.[339] Vom Vorliegen einer Einwilligung kann nicht ausgegangen werden, es kommt somit wesentlich darauf an, ob ein Erlaubnistatbestand die Ermittlung der Nutzeridentität sowie deren Herausgabe an den privaten Dritten ermöglicht. In Betracht hierfür kommen Regelungen des TMG, TKG und BDSG. Diese sind vor dem Hintergrund des Gemeinschaftsrechts zu behandeln und auszulegen.

Während das TDDSG noch unstreitig keinen Erlaubnistatbestand für die Drittauskunft enthielt,[340] könnte sich dies durch die Neufassung im TMG geändert haben. Nach § 14 Abs. 2 TMG darf der Diensteanbieter Auskunft über Bestandsdaten erteilen, sofern dies zur Durchsetzung der Rechte am geistigen Eigentum erforderlich ist. Für Nutzungsdaten enthält § 15 Abs. 5 TMG einen Erlaubnistatbestand, der über den Verweis auf § 14 Abs. 2 TMG auch die Übermittlung an Dritte erlaubt. Damit könnte ein entsprechender Erlaubnistatbestand bestehen.[341] Darauf kommt es vorliegend jedoch nicht an, da nach § 11 Abs. 3 TMG weder § 14 Abs. 2 noch § 15 Abs. 5 TMG auf Access Provider und damit Betreiber offener Netzwerke angewandt wird.[342] Die Ermittlung des Nutzers und die Herausgabe der Daten kann auf diese Normen jedenfalls nicht gestützt werden. Vielmehr sind die Normen des Telekommunikationsdatenschutzes zu untersuchen.

Auch das TKG enthielt bisher keinen Erlaubnistatbestand.[343] Ein solcher soll in § 96 Abs. 2 TKG[344] aufgenommen werden. Nach § 96 Abs. 2 TKG sollen gespeicherte Verkehrs- bzw. Nutzungsdaten auch für die durch „andere gesetzliche Vorschriften begründeten" Zwecke verwendet werden dürfen.[345] Damit könnte durchaus ein Einfallstor für die Herausgabe der Daten an Dritte geschaffen worden sein, die durch § 101 UrhG-RegE konkretisiert wird. §§ 91

---

[338] S.o. S. 33.

[339] Für das TKG *Robert* in: BeckTKG, § 91 TKG Rn. 2; für das TMG *Schmitz* in: Spindler/Schmitz/Geis, Einf. TDDSG Rn. 20, § 3 TDDSG Rn. 2 ff.

[340] S. nur *Spindler/Dorschel*, CR 2005, 38, 44 f. m.w.N.

[341] Kritisch hinsichtlich der Wirksamkeit *Splittgerber/Klytta*, K&R 2007, 78, 84; *Bizer*, Datenschutz im Telemediengesetz, Nr. 7 bezweifelt die Verfassungskonformität.

[342] Darauf weist auch *Spindler*, CR 2007, 239, 243 hin; ebenso *Rössel*, ITRB 2007, 158, 160 f.

[343] S. nur *Spindler/Dorschel*, CR 2005, 38, 44 f. m.w.N.

[344] BGBl. 2007 I v. 23.2.2007, 114; RegE und Begründung BT-Drs. 16/2581, 14.

[345] Kritisch dazu *Köcher/Kaufmann*, DuD 2006, 360, 364; offen *Splittgerber/Klytta*, K&R 2007, 78, 84.

ff. TKG sehen als Handlung bezogen auf die personenbezogenen Daten nur das Erheben und Verwenden vor. „Verwenden" wiederum wird in § 3 Abs. 5 BDSG zur Definition der Nutzung herangezogen. Der Begriff der Verwendung nach §§ 91 ff. TKG ist dementsprechend allgemeiner und deckt die durch das BDSG vorgesehenen Handlungen vollständig ab.[346] Er stellt mithin diesbezüglich keine abweichende Definition auf.

Problematisch sind beide Erlaubnistatbestände hinsichtlich der Enforcement-RL. Grund dafür ist, dass nach Art. 8 Abs. 3 lit. e) Enforcement-RL vorherige Regelungen bezüglich des Schutzes der Verarbeitung personenbezogener Daten unangetastet bleiben. Die Auskunftsansprüche der Enforcement-RL schränken somit nicht die Datenschutzvorgaben der Datenschutz-RL[347] und der TK-Datenschutz-RL ein,[348] sofern diese Anwendung finden. Verdeutlicht wird dieser Zusammenhang noch durch Erwägungsgrund 15 der Enforcement-Richtlinie.[349] In Frage stehen die Nutzung von Verkehrsdaten sowie die Übermittlung von Bestandsdaten. Die TK-Datenschutz-Richtlinie, die insofern spezieller ist, gilt entsprechend ihrem Art. 3 Abs. 1 „für die Verarbeitung personenbezogener Daten in Verbindung mit der Bereitstellung öffentlich zugänglicher elektronischer Kommunikationsdienste in öffentlichen Kommunikationsnetzen". Elektronische Kommunikationsdienste sind nach Art. 2 lit. c) der Rahmenrichtlinie[350] Dienste, die ganz oder überwiegend in der Übertragung von Signalen über elektronische Kommunikationsnetze bestehen. Gemäß Erwägungsgrund 10 der Rahmenrichtlinie gehören dazu gerade auch „Dienste der Informationsgesellschaft" nach Richtlinie 98/34/EG und folglich ebenfalls Internetzugangsanbieter. Die Definition deckt sich mit derjenigen der Telekommunikationsdienste nach § 3 Nr. 24 TKG.[351] Telemediendienste und speziell Access Provider unterfallen mithin dem persönlichen Anwendungsbereich der TK-Datenschutz-RL. Art. 6 TK-Datenschutz-RL regelt den Schutz von Verkehrsdaten. Der Begriff der Verkehrsdaten aus Art. 6 TK-Datenschutz-RL ist in § 3 Nr. 30 TKG aufgenommen

[346] Vgl. *Schütz/Robert* in: BeckTKG, § 3 TKG Rn. 67; *Spindler/Dorschel*, CR 2005, 38, 45.
[347] Richtlinie 95/46/EG des Europäischen Parlaments und des Rates vom 24. Oktober 1995 zum Schutz natürlicher Personen bei der Verarbeitung personenbezogener Daten und zum freien Datenverkehr, ABl. EG Nr. L 281 v. 23.11.1995, 31-50.
[348] *Czychowski*, MMR 2004, 514, 515; *Spindler/Dorschel*, CR 2006, 341, 345; *Wiebe*, in: Büllesbach/Büchner, IT doesn't matter!?, 153, 169.
[349] *Wiebe*, in: Büllesbach/Büchner, IT doesn't matter!?, 153, 169.
[350] Richtlinie 2002/21/EG des Europäischen Parlaments und des Rates vom 7. März 2002 über einen gemeinsamen Rechtsrahmen für elektronische Kommunikationsnetze und -dienste (Rahmenrichtlinie), ABl. EG Nr. L 108 v. 24.04.2002, 33-50.
[351] Vgl. *Piepenbrock* in: BeckTKG, § 3 TKG Rn. 2; trotz des Vorrangs des europäischen Rechtsrahmens wird insofern auf die vorherigen Ausführungen zum TKG verwiesen, s.o. S. 49 ff.

worden.[352] Die von Access Providern im Betrieb der angebotenen Dienste erhobenen Daten unterfallen mithin dem Schutzbereich der TK-Datenschutz-RL.[353]

Verkehrsdaten sind nach den Regelungen umgehend zu löschen oder zu anonymisieren, sobald sie für die Übertragung nicht mehr benötigt werden, sofern nicht ein Erlaubnistatbestand des Art. 6 TK-Datenschutz-RL greift. Art. 6 TK-Datenschutz-RL sieht zwei Erlaubnistatbestände vor: Zum einen die Erforderlichkeit der Daten für die Abrechnung oder aber das Vorliegen einer Einwilligung des Nutzers in die Nutzung zum Zwecke der Vermarktung. Diese Erlaubnistatbestände sind für Art. 6 TK-Datenschutz-RL abschließend.[354] Diese Auslegung lässt sich aus Erwägungsgrund 30 der Richtlinie ersehen, wonach jede Tätigkeit nur auf aggregierten Verkehrsdaten beruhen sollte. Ein Bezug zum Nutzer soll gerade nicht mehr hergestellt werden können. Zusätzlich stellt das TK-Datenschutzrecht gerade eine spezielle Gesetzgebung gegenüber allgemeinen datenschutzrechtlichen Bestimmungen dar. Allgemeine Erlaubnistatbestände können dementsprechend, sofern das sektorspezifische Recht einschlägig ist, nicht zur Anwendung kommen.[355]

Weitere Erlaubnistatbestände können allerdings spezialgesetzlich festgelegt werden. Die erlaubten Zwecke solcher zusätzlichen Erlaubnistatbestände schränkt Art. 15 Abs. 1 TK-Datenschutz-RL jedoch ein: Möglich sind nur Einschränkungen, die für die „nationale Sicherheit, (d. h. die Sicherheit des Staates), die Landesverteidigung, die öffentliche Sicherheit sowie die Verhütung, Ermittlung, Feststellung und Verfolgung von Straftaten oder des unzulässigen Gebrauchs von elektronischen Kommunikationssystemen in einer demokratischen Gesellschaft notwendig, angemessen und verhältnismäßig" sind.[356]

Mit der Anwendbarkeit der TK-Datenschutz-RL sind dessen Regelungen bei der Gestaltung des Auskunftsanspruchs im nationalen Recht zu beachten. Nach der Begründung des Regierungsentwurfs hat der Gesetzgeber dieses Problem im Umgang mit Verkehrsdaten nach § 3 Nr. 30 TKG, der eine Übernahme der Definition aus Art. 2 Abs. 2 lit. b) darstellt, erkannt und will ihm mittels des Richtervorbehalts in § 101 Abs. 9 UrhG-RegE entgegentreten.[357] Fraglich ist jedoch, ob diese Lösung ausreichend ist, um eine Vereinbarkeit mit europäischem Datenschutzrecht zu gewährleisten. Art. 15 Abs. 1 TK-Datenschutz-RL erfasst jedenfalls nicht die Auskunft an Dritte für die private Rechtsverfolgung. Die Zielrichtung des § 96 Abs. 2 TKG sowie § 14 Abs. 2 TMG verstößt mithin gegen den - nach Art. 8 Abs. 3 lit. e) Enforcement-

---

[352] *Schütz/Robert* in: BeckTKG, § 3 TKG Rn. 66; *Robert* in: BeckTKG, § 96 TKG Rn. 1.
[353] *Spindler/Dorschel*, CR 2006, 341, 345; wohl auch *Stadler*, Haftung für Informationen im Internet, Rn. 141n.
[354] *Spindler/Dorschel*, CR 2006, 341, 346.
[355] *Robert* in: BeckTKG, § 91 TKG Rn. 4; *Spindler/Dorschel*, CR 2005, 38, 45; *Spindler/Dorschel*, CR 2006, 341, 346; i.E. *Seichter*, WRP 2006, 391, 398.
[356] Vgl. dazu EuGH, Urt. v. 29.1.2008 - C 275/06 - Promusicae/Telefónica de Espana, Rn. 57 ff.
[357] BT-Drs. 16/5048, 40.

RL vorrangigen - Art. 15 Abs. 1 TK-Datenschutz-RL.[358] Dieses Ergebnis lässt sich zusätzlich aus dem in Art. 7 der Charta der Grundrechte und Art. 8 EMRK gewährleisteten Schutz der Vertraulichkeit der elektronischen Kommunikation herleiten.[359] Diese Feststellung erscheint paradox, verlangt doch der europäische Gesetzgeber in der Enforcement-RL von den Mitgliedstaaten die Einführung eines effektiven Auskunftsanspruchs zur Durchsetzung der Rechte des geistigen Eigentums, betont aber nichtsdestotrotz den Vorrang der TK-Datenschutz-RL in Art. 8 Abs. 3 lit e) der Enforcement-RL.[360] Ein solcher Eingriff könnte nur gerechtfertigt sein, wenn der Gesetzgeber einen verhältnismäßigen Ausgleich zwischen den Grundrechten vorsieht, der sowohl mit nationalem Verfassungsrecht wie mit dem Recht der Richtlinien in Einklang steht.[361] Derzeit kann von einem solchen Ausgleich kaum ausgegangen werden, so dass der Widerspruch auf nationaler Ebene als nicht aufgelöst anzusehen ist.

Teilweise wird angenommen, man könne, wenn die speziellen Erlaubnistatbestände nicht greifen, auf den allgemeineren § 28 Abs. 3 BDSG zurückgreifen.[362] Nach § 28 Abs. 3 Nr. 1 BDSG ist die Übermittlung oder Nutzung von Daten auch zulässig, sofern dies zur Wahrung der berechtigten Interessen Dritter erforderlich ist. Nun wird argumentiert, dass die Rechtsverfolgung durch Dritte ein solches berechtigtes Interesse darstelle und damit für den Dateninhaber deren Übermittlung zulasse.[363] Dieser Ansatz ist jedoch einer Argumentation vom gewünschten Ergebnis her geschuldet. Zwar ist richtig, dass das BDSG nach § 1 Abs. 3 BDSG subsidiär Anwendung findet. Schon der allgemeine Grundsatz der Spezialität schließt eine Anwendung von § 28 Abs. 3 BDSG aus. Hinzu kommt weiter die spezielle Schutzrichtung der datenschutzrechtlichen Regelungen: Der Gesetzgeber hat eine spezielle und sektorspezifische Regelung hinsichtlich der Erlaubnistatbestände für die Verwendung von Daten der Telekommunikation und der Telemedien geschaffen und diese ausdrücklich enger gefasst als den allgemeinen Tatbestand des § 28 BDSG. Wenn eine hilfsweise Anwendung des allgemeinen Erlaubnistatbestandes möglich wäre, so hätte der Gesetzgeber die speziellen Regelungen überhaupt nicht erlassen brauchen. Die Erlaubnistatbestände des TKG und des TMG sind

[358] *Kramer*, 188; *Seichter*, WRP 2006, 391, 398; *Spindler/Dorschel*, CR 2006, 341, 345; vgl. EuGH, Schlussantrag der Generalanwältin Juliane Kokott v. 18.7.2007, Rs. 275/06 - Promusicae vs. Telefónica, Rn. 46 ff.; *Bizer*, DuD 2004, 627; *Kitz*, ZUM 2006, 444, 449; ebenso aufgrund der VSRL *Köcher/Kaufmann*, DuD 2006, 360, 364; offen *Splittgerber/Klytta*, K&R 2007, 78, 84.

[359] EuGH, Urt. v. 29.1.2008 - C 275/06 - Promusicae/Telefónica de Espana, Rn. 64; *Bizer*, DuD 2004, 627; dazu *Bernsdorff* in: Meyer, Art. 7 GRC Rn. 24.

[360] *Czychowski*, MMR 2004, 514, 515.

[361] EuGH, Urt. v. 29.1.2008 - C 275/06 - Promusicae/Telefónica de Espana, Rn. 70.

[362] LG Hamburg CR 2005, 136, 140 m. krit. Anm. *Köcher/Kaufmann*, MMR 2005, 61; *Czychowski*, MMR 2004, 514, 517 f.; *Nordemann/Dustmann*, CR 2004, 380, 387; *von Olenhusen/Crone*, WRP 2002, 164, 170; wohl auch LG Berlin CR 2006, 418, 420; LG Köln ZUM 2005, 236, 240.

[363] *Czychowski*, MMR 2004, 514, 518.

demzufolge innerhalb ihres Anwendungsbereichs abschließend und sperren diejenigen des BDSG.[364] Zudem würde ein Verstoß gegen die diesbezüglich vorrangige TK-Datenschutz-RL bestehen.

Schließlich könnte man noch daran denken, dass mit der Umsetzung der Vorratsdatenspeicherungsrichtlinie (VSRL) ein europarechtskonformer Ansatz für die Speicherung und eben auch Herausgabe der Daten bestünde.[365] Schließlich erlaubt bzw. erzwingt diese in Art. 3 i.V.m. Art. 5 die Speicherung sowohl der Bestands- als auch der Verkehrsdaten. Damit lässt sich aber noch nicht auf einen europarechtlichen Erlaubnistatbestand zur Herausgabe der Daten an Dritte zum Zwecke der Rechtsverfolgung schließen. Ganz im Gegenteil enthält Art. 1 Abs. 1 VSRL eine Zweckbindung der Daten im Hinblick auf die „Ermittlung, Feststellung und Verfolgung von schweren Straftaten". Die Herausgabe an private Dritte dürfte hiervon nicht gedeckt sein.[366] Erwägungsgrund 25 der VSRL wiederum lautet: „Diese Richtlinie berührt nicht das Recht der Mitgliedstaaten, Rechtsvorschriften über den Zugang zu und die Nutzung von Daten durch von ihnen benannte nationale Behörden zu erlassen." Im Umkehrschluss daraus ist gerade Privaten gegenüber die Herausgabe nicht erlaubt. Hinzu kommen grundsätzliche Bedenken, ob die Speicherung und Verwendung der Daten überhaupt mit europäischem Ver-

---

[364] BT-Drs. 14/6098, 14, 29; *Robert* in: BeckTKG, § 91 TKG Rn. 4; *Kitz*, ZUM 2005, 298, 302; *Kitz*, ZUM 2006, 444, 449; *Bizer* in: Roßnagel, Recht der Multimedia-Dienste, § 3 TDDSG Rn. 111; *Schaar*, Rn. 372; *Schmitz* in: Spindler/Schmitz/Geis, § 3 TDDSG Rn. 3; *Spindler/Dorschel*, CR 2005, 38, 45; *Spindler/Dorschel*, CR 2006, 341, 342; *Spindler* in: Spindler/Wiebe, Kap. 6 Rn. 60; *Splittgerber/Klytta*, K&R 2007, 78, 83; nur für Bestandsdaten *Schmitz/Laun*, MMR 2005, 208, 213.

[365] Zur VSRL s. schon oben S. 270.

[366] Ebenso EuGH, Schlussantrag der Generalanwältin Juliane Kokott v. 18.7.2007, Rs. 275/06 - Promusicae vs. Telefónica, Rn. 122 ff.; *Kitz*, ZUM 2006, 444, 449; *Köcher/Kaufmann*, DuD 2006, 360, 364; *Splittgerber/Klytta*, K&R 2007, 78, 84; offen *Spindler/Dorschel*, CR 2006, 341, 344.

tragsrecht[367] und die Umsetzung mit deutschem Verfassungsrecht[368] vereinbar wären. Diese Zweifel hat nicht zuletzt der wissenschaftliche Dienst des Deutschen Bundestages offen formuliert.[369] Gegen das Umsetzungsgesetz zur VSRL sind mehrere Verfassungsbeschwerden eingereicht worden.[370] Im vorliegenden Rahmen muss allerdings nicht näher darauf eingegangen werden.

ccc) Ergebnis

Die Herausgabe der Daten lässt sich jedenfalls nicht mit vorrangigem europäischen Datenschutzrecht vereinbaren und ist aus diesen Gründen nicht möglich.

cc) Fernmeldegeheimnis

Zusätzlich könnte die Ermittlung der Daten einen Eingriff in das Fernmeldegeheimnis nach Art. 10 GG darstellen. Die Argumentation diesbezüglich ist ähnlich der beim Datenschutzrecht. Allerdings wird teilweise bestritten, dass überhaupt ein Eingriff in das Fernmeldege-

[367] *Angelov* et al., Stellungnahme der Humanistischen Union zum Referentenentwurf eines „Gesetz zur Neuregelung der Telekommunikationsüberwachung und anderer verdeckter Ermittlungsmaßnahmen sowie zur Umsetzung der Richtlinie 2006/24/EG" vom 27. November 2006, 30 ff.; *Alvaro*, RDV 2005, 47; *Bizer*, DuD 2007, 586, 587; *Breyer*, StV 2007, 214; *Gitter/Schnabel*, MMR 2007, 411; *Sierck/Schöning/Pöhl*, 7 ff.; *Ulmer/Schrief*, DuD 2004, 591; *Unabhängiges Landeszentrum für Datenschutz Schleswig-Holstein*, Stellungnahme VSRL, 18; *Westphal*, EuR 2006, 706, 712 ff.; Stellungnahme des Europäischen Datenschutzbeauftragten zur VSRL, ABl. EG 2005, C 298, 1 ff.

[368] Ausführlich *Angelov* et al., Stellungnahme der Humanistischen Union zum Referentenentwurf eines „Gesetz zur Neuregelung der Telekommunikationsüberwachung und anderer verdeckter Ermittlungsmaßnahmen sowie zur Umsetzung der Richtlinie 2006/24/EG" vom 27. November 2006, 33 ff.; *Bizer*, DuD 2007, 586, 587 ff.; *Breyer*, Vorratsdatenspeicherung, 396; *Breyer*, RDV 2004, 147; *Gitter/Schnabel*, MMR 2007, 411; *Hülsmann*, DuD 2004, 734; *Köcher/Kaufmann*, DuD 2006, 360, 364; *Schulz*, Stellungnahme des ifrOSS zu einem Auskunftsanspruch der Rechtsinhaber gegenüber Providern v. 10.11.2003; *Sierck/Schöning/Pöhl*, 14 ff.; *Ulmer/Schrief*, DuD 2004, 591, 593 ff.; *Unabhängiges Landeszentrum für Datenschutz Schleswig-Holstein*, Stellungnahme VSRL, 18; *Wüstenberg*, RDV 2006, 102; *Westphal*, EuR 2006, 706, 720 ff.; vgl. weiter *Gola/Klug/Reif*, NJW 2007, 2599.

[369] *Sierck/Schöning/Pöhl*, 14 ff.

[370] Beschwerdeschrift des Arbeitskreises Vorratsdatenspeicherung vom 31.12.2007 unter http://wiki.vorratsdatenspeicherung.de/images/Verfassungsbeschwerde_Vorratsdatenspeicherung.pdf (abgerufen am 28.2.2008); s. weiter http://www.vorratsdatenspeicherung.de/images/schriftsatz_2008-01-31_anon.pdf (abgerufen am 28.2.2008).

heimnis bestehe.[371] Als Grund dafür wird u.a. angeführt, dass die Kommunikation zumindest bei der Verteilung urheberrechtlich geschützter Werke in geradezu öffentlicher Weise erfolge. Die an der Kommunikation Beteiligten würden ihre Daten quasi „herausschreien".[372] Zudem gehe es lediglich um die Herausgabe der Bestandsdaten, eine Unterscheidung zwischen dynamischen und statischen IP-Adressen sei ebenfalls nicht angebracht,[373] schließlich seien die Verkehrsdaten dem Auskunftsuchenden ja sogar bereits bekannt, er teile diese dem Internet Provider bereits im Vorhinein mit.[374] Diese Ansicht geht jedoch fehl. Denn öffentlich ist lediglich die IP-Adresse, nicht aber die Identität des Nutzers. In concreto geht es um eine Verknüpfungshandlung des Access Providers, durch die er mittels IP-Adresse und Nutzungszeit die Identität des Nutzers feststellen will. Diese Verknüpfung ist jedenfalls in datenschutzrechtlicher Hinsicht relevant.[375] Das Fernmeldegeheimnis nach Art. 10 GG schützt die näheren Umstände der Telekommunikation.[376] Dabei handelt es sich um Daten darüber, ob, wann und wie oft zwischen welchen Personen oder Anlagen Telekommunikationsverkehr stattgefunden hat.[377] Die Verknüpfung von Verkehrsdaten mit Bestandsdaten lässt genau solcherlei Schlüsse zu.[378] Das BVerfG formuliert die Beziehung des Teilnehmers zum Provider wie folgt: „Art. 10 Abs. 1 GG soll einen Ausgleich für die technisch bedingte Einbuße an Privatheit schaffen und will den Gefahren begegnen, die sich aus dem Übermittlungsvorgang einschließlich der Einschaltung eines Dritten ergeben."[379] Das Fernmeldegeheimnis gilt auch und gerade gegenüber dem Kommunikationsdiensteanbieter. Er ist schließlich Verpflichteter. Natürlich hat der Diensteanbieter die Daten zunächst vorrätig. Dies ist zwangsläufige Folge der Erbringung des Dienstes. Dennoch sollen Umstände der Kommunikation auch vor ihm geschützt werden. Diese Tatsache ergibt sich ebenfalls aus § 88 Abs. 3 TKG, nach dem der Diensteanbieter sich nicht über das erforderliche Maß hinaus Kenntnis verschaffen darf.[380] Jeder Zugriff auf die Daten,

---

[371] LG Hamburg MMR 2005, 711; LG Stuttgart NJW 2005, 614 mit krit. Anm. *Bär*, MMR 2005, 626; Stellungnahme des Bundesrates, BR-Drs. 64/07 v. 9.3.2007, 9; *Czychowski*, MMR 2004, 514, 518; *Nordemann/ Dustmann*, CR 2004, 380, 387; wohl auch OLG München MMR 2006, 739, 744; vgl. *Langhoff*, ZUM 2006, 457, 457 f.; vgl. auch ÖOGH MMR 2005, 827 m. krit. Anmerkung *Wiebe*, MMR 2005, 828.

[372] *Czychowski*, MMR 2004, 514, 518; *Langhoff*, ZUM 2006, 457.

[373] *Zombik*, ZUM 2006, 450, 453 f.

[374] Stellungnahme des Bundesrates, BR-Drs. 64/07 v. 9.3.2007, 9; ÖOGH MMR 2005, 827.

[375] S.o. S. 304.

[376] Vgl. BVerfGE 67, 157, 172; BVerfGE 85, 386, 396; BVerfGE 100, 313, 358; BVerfGE 107, 299, 312 f.; BVerfG NJW 2004, 2213, 2215; BVerfG MMR 2005, 520, 522; BVerfG NJW 2006, 976, 978.

[377] BVerfGE 67, 157, 172; BVerfGE 85, 386, 396; BVerfG NJW 2003, 1787, 1788; BVerfG MMR 2005, 520, 522; BVerfG NJW 2006, 976, 978.

[378] *Köbele*, DuD 2004, 609; *Wiebe*, MMR 2005, 828, 829; vgl. *Gnirck/Lichtenberg*, DuD 2004, 598, 600.

[379] BVerfG NJW 2006, 976, 978; unter Hinweis auf BVerfGE 85, 386, 396; BVerfGE 106, 28, 36; BVerfG NJW 2003, 1787.

[380] „Kenntnisnahmeverbot" *Bock* in: BeckTKG, § 88 TKG Rn. 26.

also auch die Verarbeitung und Verknüpfung muss somit gesetzlich legitimiert und zulässig sein. Des Fernmeldegeheimnisses kann man sich nicht ohne weiteres begeben, wenigstens eine ausdrückliche Erklärung aller beteiligten Betroffenen diesbezüglich muss verlangt werden.[381] Die Verwendung der Verkehrsdaten und damit die notwendige Unterscheidung zwischen dynamischer und statischer IP-Adresse ist mit der notwendigen Datenverknüpfung evident. Der Zugriff auf die Verkehrsdaten ist somit durch das Fernmeldegeheimnis geschützt.[382]

Der Auskunftsanspruch ist demnach an den Voraussetzungen des Art. 10 GG zu messen. § 101 UrhG-RegE schränkt Art. 10 GG ein. In § 101 Abs. 10 UrhG-RegE wird dem Zitiergebot Genüge getan. Die Einschränkung steht bei den Verkehrsdaten jedenfalls unter einem Richtervorbehalt und einer Verhältnismäßigkeitsprüfung. Diese beiden Komponenten dürften insofern eine verfassungsgemäße Beschränkung des Fernmeldegeheimnisses gewährleisten, sofern es sich bei § 101 UrhG-RegE um eine andere Norm i.S.d. § 96 Abs. TKG handelt.[383]

dd)   Schutz des Rechts auf informationelle Selbstbestimmung?

Nach der Untersuchung der Bestimmungen zu Datenschutzrecht und Schutz des Fernmeldegeheimnisses im Hinblick auf Auskunftsansprüche und eventuelle Erhebungspflichten kann an dieser Stelle kurz ein Abgleich erfolgen, um den bereits anfangs angesprochenen Schutz des Rechts auf informationelle Selbstbestimmung zu bewerten. Das Grundrecht auf informationelle Selbstbestimmung schützt auch das Recht auf Anonymität. Dies gilt sowohl absolut - als Recht gegenüber jedermann - als auch relativ hinsichtlich der Herausgabe bekannter Daten von bestimmten Personen an Dritte. Insoweit ist das Recht auf informationelle Selbstbestimmung derart gestaltet, dass dem Betroffenen möglichst weitgehende Kontrollrechte hinsichtlich Informationen bezüglich seiner Person zur Verfügung stehen sollen.

Es bestehen keine Erhebungspflichten für Betreiber offener Netze. Selbst wenn die Daten erhoben und gespeichert wurden, müssen sie nicht an private Dritte herausgegeben werden. Der Schutz des Rechts auf informationelle Selbstbestimmung sowie der Spezialaspekt des

---

[381]   Ebenso vgl. *Langhoff*, ZUM 2006, 457, 458.

[382]   LG Bonn DuD 2004, 628; *Bär*, MMR 2005, 626, 627; *Eckhardt*, DuD 2006, 365, 367 f.; *Gercke*, CR 2006, 210, 215 f.; *Gnirck/Lichtenberg*, DuD 2004, 598, 600; *Köbele*, DuD 2004, 609; *Seichter*, WRP 2006, 391, 398; *Sieber/Höfinger*, MMR 2004, 575, 583; *Spindler/Dorschel*, CR 2006, 341, 342 f.; *Splittgerber*, in: Taeger/Wiebe, Rechtsfragen zu IT 2006, 14, 21 f.; *Splittgerber/Klytta*, K&R 2007, 78, 83; *Stadler*, Haftung für Informationen im Internet, Rn. 141n; *Stadler*, Auskunftsansprüche gegen Internet Service Provider bei Urheberrechtsverletzungen; *Wiebe*, MMR 2005, 828, 830; *Wüstenberg*, TKMR 2003, 105, 107.

[383]   *Raabe*, ZUM 2006, 439, 440; *Splittgerber/Klytta*, K&R 2007, 78, 84; vgl. *Spindler/Dorschel*, CR 2006, 341, 344.

Rechts auf Anonymität der Internetnutzer sind durch die gesetzlichen Regelungen demnach gewährleistet.

ee) Ergebnis

Dem Herausgabeanspruch können sowohl die Privilegierungsbestimmungen der §§ 7 ff. TMG, das Datenschutzrecht als auch das Fernmeldegeheimnis entgegenstehen. Die datenschutzrechtliche Zulässigkeit der Herausgabe ist jedenfalls nicht gegeben. § 101 UrhG-RegE schränkt zumindest das Fernmeldegeheimnis wirksam ein, so dass in dieser Hinsicht die Verarbeitung der Verkehrsdaten zulässig ist.

d) Verhältnismäßigkeit

§ 101 Abs. 4 UrhG-RegE sieht weiter eine Überprüfung des Einzelfalls vor. Die Notwendigkeit dieses Merkmals folgt aus Art. 3 Abs. 2 Enforcement-RL.[384] Der Anspruch ist nach dieser Regelung ausgeschlossen, wenn die Inanspruchnahme unverhältnismäßig ist. In diesem Merkmal gleicht der Anspruch nach § 101 UrhG-RegE dem allgemeinen Auskunftsanspruch.[385] Die Prüfung der Verhältnismäßigkeit ist aber auch schon aus dem Grunde notwendig, dass der Inanspruchgenommene häufig ein unbeteiligter Dritter ist, in dessen Rechte nachhaltig eingegriffen wird. § 101 Abs. 4 UrhG-RegE ist zudem geeignet, als eine Leitlinie für den richterlichen Entscheidungsprozess nach § 101 Abs. 9 UrhG-RegE zu dienen.

Im Ergebnis sind auch hier die betroffenen Rechtsgüter und Interessen einzubeziehen. Auf Seiten des Rechtsinhabers steht erneut das Interesse an einer effektiven Rechtsverfolgung. Der Access Provider kann sein Interesse an einem ungestörten Ablauf sowie der Aufrechterhaltung seines Betriebes, den hohen Aufwand für die Erfüllung des Auskunftsbegehrens[386] und seine Funktion im Hinblick auf die Internetversorgung geltend machen. Letzeres gilt für die Betreiber offener Netzwerke natürlich in besonderem Ausmaße.[387] Liegen die vom Anspruchsteller begehrten Daten beim Pflichtigen nicht vor, so steht ihm der Einwand der Unmöglichkeit zu, wobei § 101 Abs. 5 UrhG-RegE zu beachten ist: Die vorsätzliche falsche oder unvollständige Auskunfterteilung kann Schadensersatzansprüche dem Anspruchsteller gegenüber begründen.

Das Interesse an effektiver Rechtsverfolgung wiegt auch hier schwer. Zu bedenken ist aber, dass im Rahmen der Verhältnismäßigkeitsprüfung hinsichtlich von Pflichten Dritter jedenfalls

---

[384] *Wiebe*, in: Büllesbach/Büchner, IT doesn't matter!?, 153, 159.
[385] S.u. S. 320 ff.
[386] *Schulz*, Stellungnahme des ifrOSS zu einem Auskunftsanspruch der Rechtsinhaber gegenüber Providern v. 10.11.2003, IV.1.
[387] S.o. S. 260; 13 ff.

eine gewisse Schwere der Rechtsverletzung vorliegen muss.[388] Dieses Merkmal dürfte mit der notwendigen Offensichtlichkeit der Rechtsverletzung sowie ihrer Begehung in gewerblichem Ausmaß gegeben sein. Bestrebungen, diese Tatbestandsmerkmale zu beschränken,[389] sind also bereits von daher nicht zielführend, dass sie zu einem Aufleben dieser Kriterien im Rahmen der Verhältnismäßigkeit führen dürften. Wenn kein gewerbliches Ausmaß erreicht ist, es sich also eher um Bagatellfälle handelt, so ist die Auskunftspflicht jedenfalls nicht als verhältnismäßig anzusehen. Dies lässt sich nicht zuletzt aus Erwägungsgrund 14 der Enforcement-RL ablesen. Selbst Auskünfte an Strafverfolgungsbehörden im Bereich der einfachen Urheberrechtsverletzungen können aufgrund einer Bagatellgrenze unverhältnismäßig sein. Wenn nur eine geringe Anzahl urheberrechtlich geschützter Dateien nachweislich bereitgehalten wurden, dann sei die Auskunftserteilung „offensichtlich unverhältnismäßig".[390] Zudem sei in die Betrachtung auch einzubeziehen, ob der Täter finanzielle Vorteile durch die Tat realisiere.[391] Als nächster Schritt muss diese Aussage selbstverständlich auch für den Provider gelten, der aus der Rechtsverletzung keine wirtschaftlichen Vorteile zieht und durch seine Vermittlungsfunktion weiter von der Rechtsverletzung entfernt ist als der unmittelbare Täter. Dementsprechend ist das gewerbliche Ausmaß jedenfalls Teil der Verhältnismäßigkeitsprüfung.

Im Hinblick auf den Kostenaufwand sieht § 101 Abs. 2 S. 3 UrhG-RegE eine Kostentragung des Anspruchstellers vor: Getätigte Aufwendungen kann der Access Provider vom den Auskunftsanspruch erhebenden Rechtsinhaber ersetzt verlangen. Der Anspruchsteller kann die Kosten nach allgemeinen Regeln wiederum gegenüber dem Rechtsverletzer im nachfolgenden Verfahren geltend machen. Insofern ähnelt die Regelung der Kostentragung bei der Grenzbeschlagnahme nach § 111b Abs. 6 S. 2 UrhG. Die erfolgte Kostenverteilung ist interessengerecht. Der Rechtsinhaber verfolgt das Ziel, Ansprüche gegen den Nutzer zu erheben. Die Erweiterung dieser Ansprüche um die Aufwendungen ist rechtlich gesehen nur eine zusätzliche (vor-)prozessuale Handlung. Zudem wird durch die Kostentragungsregel das Verhältnis zwischen Provider und Nutzer nicht weiter als bereits durch die Datenherausgabe gestört. Schließlich ist nicht einzusehen, warum der Provider als maximal mittelbar Beteiligter das Kostenrisiko des Anspruchstellers gegenüber dem Rechtsverletzer übernehmen soll.

---

[388] BGH GRUR 1994, 635, 636 - Pulloverbeschriftung.
[389] So Stellungnahme des Bundesrates, BR-Drs. 64/07 v. 9.3.2007, 16; , Stellungnahme der Deutschen Landesgruppe der IFPI e.V. und des Bundesverbandes der Phonographischen Wirtschaft e.V. zum Regierungsentwurf für ein Gesetz zur Verbesserung der Durchsetzung von Rechten des geistigen Eigentums, 6; vgl. *Langhoff*, ZUM 2006, 457, 459; *Zombik*, ZUM 2006, 450, 455.
[390] AG Offenburg MMR 2007, 809 m. zust. Anm. *Bär*, MMR 2007, 811; *Heidrich*, CR 2007, 678; *Sankol*, K&R 2007, 540; *Spoenle*, jurisPR-ITR 8/2007 Anm. 6; ähnlich AG Hamburg-Altona, Urt. v. 11.12.2007 - 316 C 127/07.
[391] AG Offenburg MMR 2007, 809, 810.

Die Rechtsverfolgung liegt allein im Interesse des Rechtsinhabers, nicht in dem des Internet Service Providers. Der Kosteneinwand ist somit als gelöst anzusehen.[392]

Nicht gelöst ist hingegen der über die reine Kostentragung hinausgehende Aufwand für die Erfüllung des Auskunftsbegehrens. Zwar können auch personelle Ressourcen im Sinne des Aufwendungsersatzes abgerechnet werden, dennoch ziehen die erforderlichen Nachforschungen eine nicht zu vernachlässigende Störung des normalen Betriebs des Access Providers nach sich.[393] Dies schlägt sich natürlich bei privaten Betreibern ganz besonders nieder: Während der kommerzielle Access Provider im Zweifelsfall zusätzliches Personal einstellen kann, steht dem Privaten diese Möglichkeit nicht zur Verfügung. Der Betrieb eines Netzwerkknotens erfolgt schließlich ausschließlich unter Aufbringung der Freizeit des Betreibers. Ein Entgelt wird nicht verlangt. Den zusätzlichen Zeitaufwand kann er somit auch nicht im Sinne eines ersetzbaren Aufwands finanziell bemessen, so dass ihm die Kostentragungsregel des § 101 Abs. 2 S. 3 UrhG-RegE nur bedingt hilft. Der hohe Aufwand mehrerer Anfragen wird ihn dementsprechend mit hoher Wahrscheinlichkeit zur Aufgabe dieser Tätigkeit bewegen. Solche mittelbaren - aber sehr wahrscheinlichen Effekte - sind im Rahmen der Verhältnismäßigkeit einzubringen und zu bewerten. Eine Einstellung des Betriebs kann schon aufgrund der Störerhaftung nicht verlangt werden.[394] Wenn aber der Auskunftsanspruch bereits greifen soll, ohne dass der Anspruchsgegner selbst wenigstens mittelbar, unter Verletzung eigener Prüfungs- und Überwachungspflichten,[395] an der Rechtsverletzung beteiligt ist, so müssen diejenigen Gründe, die im Rahmen der Verhältnismäßigkeit bei der Störerhaftung Gewicht haben, auch hier Geltung beanspruchen können. Dementsprechend sind Folgen, die selbst bei Vorliegen einer Störerhaftung nicht verlangt werden können bzw. nicht zu den Prüfungs- und Überwachungspflichten des Betreibers gehören, auch im Rahmen der Auskunftsverpflichtung als unverhältnismäßig anzusehen. Jede Pflicht, die unmittelbar oder mit hoher Wahrscheinlichkeit zur Einstellung des Betriebs führt, greift demzufolge zu stark in die Rechte und Interessen des Betreibers ein und ist damit unverhältnismäßig.[396]

Gegenüber dem nicht-kommerziellen Betreiber eines offenen Netzwerks ist die Geltendmachung des Auskunftsanspruchs in der Regel unverhältnismäßig. Dieses Ergebnis gilt auch für die auf Basis des Pico Peering Agreement gesellschaftlich organisierten Netzwerke.

Anders könnte die Verhältnismäßigkeit in diesem Punkt hinsichtlich vereinsrechtlich organisierter Gemeinschaften zu bewerten sein. Diese können eher den Aufwand, den sie für

[392] Ebenso *Kitz*, ZUM 2006, 444, 446.
[393] *Haedicke*, in: Ohly, FS Schricker, 19, 30; *Splittgerber/Klytta*, K&R 2007, 78, 79.
[394] S.o. S. 280; ferner OLG Hamburg MMR 2006, 744, 745.
[395] Dieses Merkmal verortet *Haedicke*, in: Ohly, FS Schricker, 19, 30 letztendlich auch im Bereich des Auskunftsanspruchs.
[396] Ebenso für den allgemeinen Auskunftsanspruch *Splittgerber/Klytta*, K&R 2007, 78, 81.

den Verein erbringen, als Kostenaufwand beziffeRn. Nicht zu vergessen bleibt aber, dass auch Vereinsstrukturen häufig nur den Rahmen für die offenen Netzwerke bereitstellen. Abzustellen ist somit auf den Einzelfall: Handelt es sich lediglich um den rechtlichen Aufbau rund um ein hauptsächlich privat organisiertes Netzwerk, so dürfte der Auskunftsanspruch unverhältnismäßig sein. Wenn sich der Auskunftsanspruch aber gegen den Verein bezüglich vereinseigener Infrastruktur richtet, und eine umfassende Organisation besteht, die diese Anlagen betreut und verwaltet, so sind in dieser Hinsicht kaum Unterschiede zum kommerziellen Access Provider zu sehen. Hier verbleibt Raum für eine Einzelfallbetrachtung, die vorliegend allerdings aufgrund der verschiedenen bekannten Vereine nicht umfassend beantwortet werden kann.

e) Umfang der Auskunft

Der Umfang der zu erteilenden Auskunft richtet sich nach § 101 Abs. 3 UrhG-RegE. Relevant ist für die Auskunft durch Internet Service Provider nur § 101 Abs. 3 Nr. 1 UrhG-RegE, dort wiederum nur die Auskunft über Namen und Anschrift des Nutzers der Dienstleistung. Der Auskunftsanspruch ist insofern im Umfang stark beschränkt. Eine Herausgabe der gesamten zu einem Nutzer gespeicherten bzw. durch die Umsetzung der Vorratsdatenspeicherungsrichtlinie zu speichernden Daten[397] ist nicht vorgesehen und wäre vor dem Hintergrund der bereits in diesem Umfang datenschutzrechtlich unzulässigen Herausgabe widerrechtlich. Schließlich ist auch die Begrenzung des Umfangs der herauszugebenden Daten Ausfluss aus dem Grundsatz der Verhältnismäßigkeit,[398] an dem sich jede Erweiterung der in der Auskunft enthaltenen Daten zu messen hätte.

f) Kein Zeugnisverweigerungsrecht

Zudem darf dem Anspruchsgegner kein Zeugnisverweigerungsrecht nach §§ 383 bis 385 ZPO zustehen. Betreiber, die auch für Familienmitglieder oder Lebenspartner die Netzwerkverbindung herstellen, sind also in Bezug auf diese Personen zur Verweigerung der Auskunft berechtigt. Damit würden beispielsweise die Fälle erfasst, die das *LG Mannheim* sowie das *LG Hamburg* im Hinblick auf die Störerhaftung des Betreibers zu entscheiden hatten und bei denen es um die Störerhaftung des Anschlussinhabers für Handlungen von Familienmitgliedern ging.[399] Eine Dienstleistung „im Zweifel [... für ...] jeden Dritten", wie es das *LG Hamburg*

---

[397] Vgl. *Raabe*, ZUM 2006, 439, 441, 443.
[398] Vgl. *Metzger/Wurmnest*, ZUM 2003, 922, 930.
[399] LG Mannheim MMR 2007, 267; dazu *Schöttler*, jurisPR-ITR 2/2007 Anm. 2; LG Hamburg CR 2007, 121; dazu kritisch *Grosskopf*, CR 2007, 122; LG Frankfurt a.M. MMR 2007, 804; s. auch *Ernst/Seichter*, ZUM 2007, 513, 517; *Gercke*, ZUM 2006, 593, 598.

formuliert,[400] ist damit beim Auskunftsanspruch nach § 101 Abs. 2 S. 1 Nr. 3 UrhG-RegE nicht ausreichend, vielmehr greift für diesen Personenkreis die Privilegierung des Zeugnisverweigerungsrechts.

g) Richtervorbehalt, § 101 Abs. 9 UrhG-RegE

§ 101 Abs. 9 UrhG-RegE sieht für Fälle, in denen die Auskunft nur unter Verwendung von Verkehrsdaten nach § 3 Nr. 30 TKG erteilt werden kann, vor, dass eine richterliche Anordnung über die Zulässigkeit durch den Anspruchsteller beantragt werden muss. Die IP-Adresse, die der Anspruchsteller in der Regel vorlegt, ist als Verkehrsdatum einzuordnen.[401] Auch Angaben von Zeiträumen, die der Betreiber evtl. gespeichert hat, oder Kommunikationsinhalten und -umständen sind Verkehrsdaten i.S.v. § 3 Nr. 30 TKG.

Der Betreiber kann nur unter Verknüpfung dieser Daten mit eventuell anderen gespeicherten Daten überhaupt die gewünschte Identität des Verletzers oder zumindest des nächsten Knotens in der Kette ermitteln.[402] Die richterliche Anordnung ist demzufolge erforderlich. Dagegen wird eingewandt, dass dieses Erfordernis eine hohe zusätzliche Belastung der Gerichte mit sich bringe, da die Richter in einer großen Anzahl von Fällen Abwägungen und Entscheidungen zu fällen hätten.[403] Begründet wird der Richtervorbehalt hingegen mit dem durch die Verarbeitung der Verkehrsdaten erfolgenden Eingriff in das Fernmeldegeheimnis.[404] Aus diesem Grunde ist der Richtervorbehalt notwendig. Die Belastung der Gerichte ist insofern kein gültiges Argument, da es um die Verhinderung verfassungswidriger Eingriffe in ein Grundrecht geht. Zudem könnte mit Verzicht auf den Richtervorbehalt die Rechtsschutzgarantie des Art. 19 Abs. 4 GG ausgehebelt werden.[405]

Eine richterliche Anordnung gegen den Betreiber des offenen Netzwerks ist somit einzuholen.

h) Ergebnis

Der urheberrechtliche Auskunftsanspruch aus § 101 Abs. 2 UrhG-RegE greift gegenüber den Betreibern offener Netzwerke nicht. Bereits der objektive Tatbestand ist - mangels der Diensterbringung in gewerblichem Ausmaß - in aller Regel nicht gegeben. Hinzu kommt die

---

[400] LG Hamburg CR 2007, 121, 122.
[401] Ausführlich s.u. S. 304; Ausnahme hiervon sind statische IP-Adressen.
[402] Zur datenschutzrechtlichen Einordnung und weiteren Einordnung s.u. S. 304.
[403] Stellungnahme des Bundesrates, BR-Drs. 64/07 v. 9.3.2007, 2, 7 ff.; *Ernst/Seichter*, ZUM 2007, 513; *Kramer*, 177 f.; *Seichter*, WRP 2006, 391, 398; *Zombik*, ZUM 2006, 450, 453 f.
[404] *Raabe*, ZUM 2006, 439, 440, 442; s.u. S. 304.
[405] So *Peukert/Kur*, GRURInt. 2006, 292, 297; i.E. *Splittgerber/Klytta*, K&R 2007, 78, 84.

Unsicherheit über die in gewerblichem Ausmaß erbrachte Rechtsverletzung. Sofern die Auskunft sich auf Mitglieder des eigenen Haushalts bzw. der eigenen Familie erstreckt, steht dem Betreiber ein Auskunftsverweigerungsrecht nach § 101 Abs. 2 S. 1 UrhG-RegE zu. Weiter ist er generell nach §§ 7 ff. TMG privilegiert. Hinzu kommt, dass die Erfüllung des Anspruchs datenschutzrechtlich unzulässig ist, und bereits die Umsetzung in deutsches Recht europarechtswidrig ist. Zwar liegt ein Eingriff in das Fernmeldegeheimnis vor, dieser dürfte jedoch rechtskonform gerechtfertigt sein. Schlussendlich ist das Auskunftsbegehren gegenüber dem Betreiber offener Netzwerke nicht verhältnismäßig.

4. Allgemeiner Auskunftsanspruch, § 242 BGB i.V.m. verletzter Rechtsnorm

Der allgemeine selbständige Auskunftsanspruch oder Drittauskunftsanspruch dient dazu, den Geschädigten durch Auskunft über die Identität des dem Anspruchsgegner bekannten Schädigers in die Lage der effektiven Rechtsverfolgung zu versetzen.[406] Bereits das *Reichsgericht* hat einen solchen Anspruch aus § 249 BGB hergeleitet.[407] Der *BGH* hat die Existenz dieses Anspruchs bestätigt,[408] begründet ihn aber mittlerweile über § 242 BGB i.V.m. der verletzten Rechtsnorm.[409] Der Anspruch auf Auskunft und Rechnungslegung ist mittlerweile gewohnheitsrechtlich anerkannt.[410] Für die hier betrachteten Fälle könnten als verletzte Rechtsnorm beispielsweise für Verletzungen des allgemeinen Persönlichkeitsrechts gemäß § 823 Abs. 1 BGB[411] sowie wettbewerbsrechtliche Verletzungen nach §§ 3 ff. UWG[412] in Betracht kommen. Für andere Rechtsverletzungen sind die mit der Umsetzung der Enforcement-RL eingeführten bzw. angepassten Auskunftsansprüche spezieller.

[406] *Köhler* in: Hefermehl/Köhler/Bornkamm, § 9 UWG Rn. 4.2.
[407] RGZ 148, 364, 374.
[408] BGH GRUR 1964, 320, 323 - Maggi; BGH GRUR 1974, 351, 352 - Frisiersalon.
[409] Vgl. BGH GRUR 1994, 630, 632 f. - Cartier-Armreif; BGH GRUR 1994, 635, 637 - Pulloverbeschriftung; BGH GRUR 1995, 427, 429 - Schwarze Liste; BGH GRUR 2001, 841, 842 - Entfernung der Herstellungsnummer II; BGH GRUR 2002, 709, 711 - Entfernung der Herstellungsnummer III; *Köhler* in: Hefermehl/ Köhler/Bornkamm, § 9 UWG Rn. 4.5; *Teplitzky*, Wettbewerbsrechtliche Ansprüche und Verfahren, Kap. 38 Rn. 4.
[410] BGH GRUR 1962, 398, 400 - Kreuzbodenventilsäcke II; BGH GRUR 1980, 227, 232 - Monumenta Germaniae Historica; *Banzhaf*, 32; *Gernhuber*, § 24 III 2; *Kitz*, GRUR 2003, 1014, 1016.
[411] LG Kiel NJW 2007, 1002; LG Frankfurt a.M. NJW-RR 2007, 115; LG München I ZUM-RD 2003, 601; LG Berlin CR 2006, 418, 419; LG Berlin ZUM-RD 2006, 522; KG Berlin CR 2007, 261.
[412] BGH GRUR 1994, 630, 633 - Cartier-Armreif; BGH GRUR 1995, 427, 429 - Schwarze Liste; *Spindler/ Dorschel*, CR 2005, 38, 40.

Voraussetzung für das Vorliegen des Anspruchs ist, dass der Verletzte in entschuldbarer Weise über Umfang und Bestehen seines Ersatzanspruchs im Unklaren ist.[413] Zudem muss der Auskunftspflichtige in der Lage sein, unschwer Auskunft über die benötigten Informationen zu erteilen.[414] Weiter ist eine zwischen dem Auskunftspflichtigen und dem die Auskunft Begehrenden bestehende Sonderverbindung notwendig.[415] Schließlich erfolgt auf Grundlage des § 242 BGB eine einzelfallbezogene Interessenabwägung, bei der das Interesse des Rechtsinhabers an der verlangten Auskunft und die Belastung des Auskunftspflichtigen gegenübergestellt werden.[416]

a) Kein Eigenbehelf des Verletzten

Der Verletzte darf nicht in der Lage sein, selbst auf zumutbare Weise an die nötigen Daten zu gelangen.[417] Er hat vielmehr alle ihm zur Verfügung stehenden Informationsmöglichkeiten auszuschöpfen.[418] Der Anspruch ist auch ausgeschlossen, wenn der Anspruchsteller ihm vormals - aber zum Zeitpunkt der Anspruchserhebung nicht mehr - zur Verfügung stehende Informationsquellen nicht genutzt hat.[419] In diesem Fall ist die Unkenntnis nicht mehr unverschuldet, und die Geltendmachung des Anspruchs verstieße gegen den Grundsatz *venire contra factum proprium* aus § 242 BGB.[420]

Bei den hier betrachteten Fallkonstellationen ist der Geschädigte aus dem Grund nicht in der Lage, gegen den Schädiger vorzugehen, dass er nur dessen IP-Adresse kennt, aber ihm keine Datenbasis zur Verfügung steht, über die er die Verknüpfung mit der Identität des Schädigers herstellen kann. Handelt es sich beim vom Betreiber genutzten Zugangspunkt um einen, der NAT[421] verwendet, so kann der Rechtsinhaber nicht einmal auf die IP-Adresse, die ja dem Betreiber des Zugangsknotens zugewiesen war, sondern nur die Nutzungszeit und eventuell

---

[413] BGH GRUR 1988, 604, 605 - Kopierwerk.

[414] BGH GRUR 1974, 53 - Nebelscheinwerfer; *Teplitzky*, Wettbewerbsrechtliche Ansprüche und Verfahren, Kap. 38 Rn. 8.

[415] BGH GRUR 1986, 66 - GEMA-Vermutung II; BGH GRUR 1988, 604, 605 - Kopierwerk; *Kitz*, GRUR 2003, 1014, 1016; *Spindler/Dorschel*, CR 2005, 38, 40.

[416] BGH GRUR 1980, 227, 232 - Monumenta Germaniae Historica; BGH GRUR 1994, 630, 633 - Cartier-Armreif; BGH GRUR 1994, 635, 637 - Pulloverbeschriftung; *Spindler/Dorschel*, CR 2005, 38, 41; *Teplitzky*, Wettbewerbsrechtliche Ansprüche und Verfahren, Kap. 38 Rn. 9.

[417] RGZ 108, 1, 7; RGZ 158, 377, 379; BGHZ 10, 385, 387; BGHZ 81, 21, 24; BGH GRUR 1986, 62, 64 - GEMA-Vermutung I; *Hoeren*, Skriptum Internetrecht, 178; *Spindler/Dorschel*, CR 2005, 38, 40.

[418] BGH NJW 1980, 2463, 2464; OLG Düsseldorf GRUR-RR 2002, 23, 26; *Oppermann*, 16 f.; *Teplitzky*, Wettbewerbsrechtliche Ansprüche und Verfahren, Kap. 38 Rn. 8.

[419] BGH NJW 1980, 2463, 2464; *Stürner*, JZ 1976, 320, 321.

[420] *Oppermann*, 17.

[421] S.o. S. 26.

Nutzungsinhalte als Anhaltspunkte zurückgreifen. Mit den ihm zur Verfügung stehenden Mitteln kann er die notwendigen Informationen nicht erlangen. Eine Eigenbehelfsmöglichkeit ist nicht gegeben.

b) Rechtsbeziehung zwischen Auskunftsgläubiger und -schuldner

Notwendig ist des Weiteren eine zwischen dem Anspruchsteller und dem Anspruchgegner bestehende Rechts- oder Sonderbeziehung, die über das zwischen Bürgern üblicherweise bestehende Verhältnis hinausgeht.[422] Grund dafür ist, dass § 242 BGB allein keine Ansprüche gewährt.[423] Die Rechtsbeziehung kann in einem (vor-)vertraglichen oder gesetzlichen Schuldverhältnis bestehen, also z.b. durch das Vorliegen der mittelbaren Störerhaftung legitimiert sein.[424] Der Auskunftsanspruch gegen den Betreiber eines offenen Netzwerks, der ja nicht unmittelbarer Verletzer ist, wird sich demnach auf §§ 242 BGB i.V.m. § 1004 BGB analog stützen müssen. Das Vorliegen der Haftung als Störer hängt jeweils vom Einzelfall ab, liegt aber nicht per se vor.[425]

Die Störereigenschaft und damit eine Rechtsbeziehung kann demnach durchaus gegeben sein, sofern der Anspruchsgegner gegen ihm zumutbare Prüfungs- und Überwachungspflichten verstoßen hat.

c) Interessenabwägung

Beim allgemeinen Auskunftsanspruch ist - nicht zuletzt aufgrund der Herleitung aus § 242 BGB - eine Interessenabwägung notwendig, die die Beeinträchtigung des Auskunftsgläubi-

---

[422] BGH GRUR 1986, 66 - GEMA-Vermutung II; BGH GRUR 1988, 604, 605 - Kopierwerk; *Kitz*, GRUR 2003, 1014, 1016; *Oppermann*, 11; *Spindler/Dorschel*, CR 2005, 38, 40; *Stürner*, JZ 1976, 320; *Teplitzky*, Wettbewerbsrechtliche Ansprüche und Verfahren, Kap. 38 Rn. 35, 6.

[423] *Banzhaf*, 31.

[424] BGH NJW 1978, 1002; BGH GRUR 1986, 62, 64 - GEMA-Vermutung I; BGH GRUR 1988, 604, 605 - Kopierwerk; BGH GRUR 2001, 841, 842 f. - Entfernung der Herstellungsnummer II; *Köhler* in: Köhler/ Piper, vor § 13 UWG Rn. 116; *Oppermann*, 12; *Spindler/Dorschel*, CR 2005, 38, 40; *Spindler* in: Spindler/ Wiebe, Kap. 6 Rn. 58; *Splittgerber/Klytta*, K&R 2007, 78, 80; *Stürner*, JZ 1976, 320, 322; a.A. wohl *Kitz*, ZUM 2006, 444, 447.

[425] S.o. S.242 ff.

gers auf der einen und die Schwere der Rechtsverletzung auf der anderen Seite einbezieht.[426] Zudem werden überwiegende Interessen der Allgemeinheit in die Abwägung eingestellt.[427]

Notwendig ist jedenfalls eine gewisse Schwere der Rechtsverletzung.[428] Während dies bei Urheberrechtsverletzungen[429] und auch wettbewerbsrechtlichen Verletzungen nicht ohne weiteres festgestellt werden kann, bedeutet der Eingriff in das allgemeine Persönlichkeitsrecht jedenfalls einen Eingriff in ein unmittelbar und stark geschütztes persönliches Recht. Beleidigungen, beleidigende oder anstößige Darstellungen[430] oder ähnliche Eingriffe in das allgemeine Persönlichkeitsrecht weisen eine solche Schwere in der Regel auf, wobei Platz für eine Abwägung im Einzelfall verbleibt. Bei wettbewerbsrechtlichen Verletzungen wird man wohl von einer andauernden, nicht zu behebenden und wesentlichen Beeinträchtigung ausgehen müssen, um diese Schwere im Rahmen der Zumutbarkeit für den Anspruchsgegner annehmen zu können. Bevor der Auskunftsanspruch greifen kann, sollte die Unterbindung des Angebots - soweit möglich - durch Geltendmachung von Ansprüchen aus der Störerhaftung verfolgt werden. Wenn diese nicht greift, weil der Anspruchsgegner nicht Störer ist, so fehlt bereits die notwendige Rechtsbeziehung. Der Anspruch besteht folglich nicht. In den übrigen Fällen sollte auf eine Verhinderung der Informationsverbreitung gedrungen werden.

Dem gegenüber stehen die Interessen des Betreibers: Der zu betreibende Aufwand zur Befolgung des Auskunftsersuchens, das Interesse am ungestörten Ablauf sowie der Aufrechterhaltung des Betriebs sowie die durch den Betreiber erfüllte Funktion.[431] Außerdem sind natürlich auch beim allgemeinen Auskunftsanspruch konkurrierende Rechtspflichten zu beachten, namentlich datenschutzrechtliche Bestimmungen sowie die Einhaltung des Schutzes des Fernmeldegeheimnisses nach Art. 10 GG.

Das Interesse am ungestörten Ablauf und Betrieb des Dienstes besteht hier ebenfalls in besonderem Maße. Allerdings ist im Gegensatz zu den urheberrechtlichen Konstellationen mit weniger Auskunftsbegehren zu rechnen, die zudem regelmäßig relativ schwer in die Rechte der Betroffenen eingreifen. Sofern sich durch diese Annahmen der Aufwand des Betreibers in

---

[426] BGH GRUR 1986, 62, 64 - GEMA-Vermutung I; BGH GRUR 1986, 66, 69 - GEMA-Vermutung II; BGH GRUR 1994, 630, 632 - Cartier-Armreif; BGH GRUR 1994, 635, 637 - Pulloverbeschriftung; BGH GRUR 2001, 841 - Entfernung der Herstellungsnummer II; OLG München NJW-RR 2002, 1045, 1047; *Banzhaf*, 148; *Teplitzky*, in: Keller/Plassmann/v. Falck, FS Tilmann, 913, 915 m.w.N.

[427] BGH GRUR 2001, 841 - Entfernung der Herstellungsnummer II; *Teplitzky*, in: Keller/Plassmann/v. Falck, FS Tilmann, 913, 915.

[428] BGH GRUR 1994, 635, 636 - Pulloverbeschriftung; *Spindler/Dorschel*, CR 2005, 38, 41; *Splittgerber/ Klytta*, K&R 2007, 78, 81.

[429] Dazu s. die Ausführungen zum Anspruch aus § 101 Abs. 2 UrhG-RegE o. S. 297 ff.

[430] LG Berlin CR 2006, 418, 419; LG Berlin ZUM-RD 2006, 522.

[431] *Splittgerber/Klytta*, K&R 2007, 78, 79, 81.

engen Grenzen hält, kann der Anspruch insoweit verhältnismäßig sein. Wenn allerdings mit hoher Wahrscheinlichkeit zu befürchten steht, dass der Aufwand den Betreiber zur Aufgabe des Dienstes bewegen wird,[432] so sind erhöhte Anforderungen an die Schwere der Rechtsverletzung zu stellen.

Bedeutender sind die Einschränkungen durch Datenschutzrecht und Fernmeldegeheimnis. Wie gezeigt, ist es dem nationalen Gesetzgeber auf Grundlage der europäischen Gesetzgebung derzeit nicht möglich, gesetzlich Auskunftsansprüche an Dritte zur privaten Rechtsverfolgung datenschutzkonform zu gestalten.[433] Insbesondere sind §§ 14 Abs. 2 TMG und 96 Abs. 2 TKG nicht geeignet, Auskunftsbegehren privater Dritter zu decken. Während der Auskunftsanspruch im Normalfall nicht gegen Datenschutzrecht verstößt, da § 28 Abs. 3 BDSG als Erlaubnistatbestand für eine Herausgabe aufgrund überwiegender und maßgeblicher Interessen Dritter dienen würde, unterliegen Verwendung und Herausgabe von Telekommunikationsdaten aufgrund der besonderen Bedeutung von Art. 10 GG und Art. 2 Abs. 1 i.V.m. Art. 1 Abs. 1 GG bzw. der diese Belange schützenden TK-Datenschutz-RL einem klaren und deutlichen Verbot. Wenn es nicht möglich ist, einen gesetzlichen Auskunftsanspruch zu formulieren, bzw. die Einführung und damit auch Durchführung gegen geltendes vorrangiges Recht verstoßen würde, so wird selbstverständlich auch ein aus § 242 BGB hergeleiteter Anspruch bzw. dessen Ausführung die datenschutzrechtlichen Bestimmungen verletzen. Eine Herausgabe von Verkehrs- wie Bestandsdaten wäre somit unrechtmäßig.

Die Abwägung wird folglich von der Schwere und Persistenz der Rechtsverletzung abhängen, wobei bei Eingriffen in das Persönlichkeitsrecht eher zugunsten des Anspruchstellers zu entscheiden ist. Nichtsdestotrotz ist die Herausgabe nicht möglich, da sie datenschutzrechtlich unzulässig wäre und den Betreiber zum Rechtsbruch zwingen würde.

d) Privilegierung, § 8 TMG

Die Privilegierung des § 8 TMG entfaltet Wirkung auch für Auskunftsansprüche.[434] Der Betreiber ist insofern privilegiert.

e) Inhalt und Umfang

Unter Berücksichtigung der Abwägung der widerstreitenden Interessen ist der Anspruch erfüllt, wenn der Auskunftspflichtige die benötigte und notwendige Auskunft erteilt hat. Er darf sich dafür nicht auf präsentes Wissen beschränken, vielmehr obliegt ihm die Pflicht, seine

---

[432] Vgl. o. S. 315.
[433] S.o. S. 304 ff.
[434] S.o. S. 304.

Geschäftsunterlagen durchzusehen und alle ihm zugänglichen Informationen bzw. Informationsquellen aus seiner Tätigkeit heranzuziehen.[435] Eine Pflicht, Nachforschungen bei Dritten vorzunehmen, ist allerdings nicht vom Auskunftsanspruch umfasst.[436] Der Auskunftsanspruch ist voll erfüllt, wenn der Verpflichtete soweit Auskunft gegeben hat, wie es ihm möglich ist, selbst wenn die vom Rechtsinhaber gewünschte Klarheit nicht erreicht worden ist.[437] Der aus dem allgemeinen Auskunftsanspruch Umfang der herauszugebenden Informationen ist dementsprechend erheblich weiter als derjenige beim Anspruch nach § 101 Abs. 2 UrhG-RegE, bei dem die Auskunft auf die in § 101 Abs. 3 UrhG-RegE benannten Daten beschränkt ist.[438] Allerdings dürfte der Auskunftsanspruch gegen einen Dritten zur Vorbereitung eines Prozesses gegen den Rechtsverletzer, wie vorliegend, bereits aus dem Gedanken der Zumutbarkeit bzw. Verhältnismäßig im Umfang ebenfalls lediglich auf die Identität bzw. die die Identifizierbarkeit ermöglichenden Tatsachen begrenzt sein.[439] Wenn der Gesetzgeber den kodifizierten Auskunftsanspruch nur mit einer Beschränkung des Auskunftsumfangs als verhältnismäßig ansieht, muss dieser Umstand bei Auskunft durch Internet Service Provider auch für den aus § 242 BGB hergeleiteten Anspruch gelten.

Unter Zugrundelegung der Pflicht, auch die eigenen Unterlagen durchzusehen, besteht also durchaus die Obliegenheit, auch vorhandene Daten auszuwerten. Im Hinblick auf die Verknüpfung einer vorgegebenen IP-Adresse mit der Identität des Verletzers ist der Access Provider also zur Erfüllung eines gegebenen Auskunftsanspruchs gehalten, eine Verknüpfung von gespeicherten Verkehrsdaten mit der IP-Adresse vorzunehmen, um die Identität des Schädigers zu bestimmen, worin jedoch eine datenschutzrechtlich unzulässige Nutzung liegen würde.

f) Ergebnis

Der allgemeine Auskunftsanspruch kann bei wettbewerbsrechtlichen Verletzungen, insbesondere aber bei Verletzungen des allgemeinen Persönlichkeitsrecht auch gegen Betreiber offener Netzwerke grundsätzlich greifen, wobei eine besonders schwere und dauerhafte Rechtsverletzung notwendig wäre. Seine Erfüllung verstieße gleichwohl gegen datenschutzrechtliche Bestimmungen. Der Auskunftsanspruch ist damit nicht gegeben.

---

[435] BGH GRUR 2003, 433 - Cartier-Ring; BGH GRUR 2006, 504 - Parfümtestkäufe; *Teplitzky*, Wettbewerbsrechtliche Ansprüche und Verfahren, Kap. 38 Rn. 35b.
[436] BGH GRUR 1994, 630, 633 - Cartier-Armreif; BGH GRUR 2003, 433 - Cartier-Ring; BGH GRUR 2006, 504, 507 - Parfümtestkäufe.
[437] *Gernhuber*, § 24 I 8.
[438] S.o. S. 318.
[439] Ebenso *Stürner*, JZ 1976, 320, 322.

5. Ergebnis

Auskunftsansprüche gegen die Betreiber offener Netzwerke bestehen nicht.

VI. Ergebnis

In diesem Abschnitt wurde die Haftung des Betreibers eines Netzwerkknotens behandelt, der nicht in eigener Person unmittelbarer Rechtsverletzer ist, aber für den Geschädigten den ersten Ansatzpunkt eines rechtlichen Vorgehens bildet. Aufgrund der Privilegierung des § 8 TMG scheiden deliktsrechtliche Ansprüche gegen den Access Provider jedenfalls aus. Da diese Privilegierung für Unterlassungsansprüche und damit insbesondere die Störerhaftung des § 1004 BGB (analog) nicht greift, war zu diskutieren, ob der Knotenbetreiber als mittelbarer Störer in Anspruch genommen werden kann. Die Störerhaftung kann nicht vollständig ausgeschlossen werden. Notwendig ist die Betrachtung des Einzelfalls und jeweils eine entsprechende Bewertung aller betroffenen Rechte. Allerdings dürften die Prüfungs- und Überwachungspflichten der Betreiber in der Regel als schwach ausgeprägt anzusehen sein, so dass eine Haftung meist ausscheiden dürfte. Abschließend wurden Auskunftsansprüche gegenüber dem Betreiber untersucht, die dazu dienen sollen, den unmittelbaren Störer für eine anschließende Rechtsverfolgung zu identifzieren. Die untersuchten Ansprüche sind aus verschiedenen Gesichtspunkten nicht begründet. Insbesondere entgegenstehende Normen wie § 8 TMG sowie das Datenschutzrecht beschränken die Auskunftsverpflichtung.

Vierter Teil:

Zusammenfassung und Ausblick

§ 8 Schlussbetrachtung

I. Zusammenfassung

Die rechtliche Beurteilung offener Netze stellt sich als eine Betrachtung verschiedener Rechtsgebiete dar. Angefangen wurde dementsprechend mit der Analyse hinsichtlich der Begründung von Rechtsverhältnissen. Hierfür wurde zwischen drei Grundkonstellationen unterschieden: Dem Verhältnis ohne explizite Regelungsgrundlage, mit einer Gestaltungsgrundlage und schließlich die Verwendung von vereinsrechtlichen Strukturen.

Erfolgt die Teilnahme am offenen Netz ohne jegliche Gestaltungsgrundlage, so ist grundsätzlich davon auszugehen, dass die Netzleistungen im Rahmen eines Gefälligkeitsverhältnisses erbracht werden. Grund dafür ist der in aller Regel fehlende Rechtsbindungswille, der wiederum auf der gemeinschaftsorientierten Zielrichtung der Beteiligten basiert. Die Annahme eines Gefälligkeitsverhältnisses lässt sich nicht aufrecht erhalten, wenn die Parteien das Pico Peering Agreement nutzen. Durch die Nutzung dieser Vertragsgrundlage ist jedenfalls auf einen Rechtsbindungswillen zu schließen. Das Pico Peering Agreement kann hierbei als Basis eines zwei- oder mehrseitigen Vertrages dienen. Insbesondere die Offenheit der Verbindungen für das jederzeitige Hinzutreten Dritter ermöglicht die Annahme eines Gesellschaftsvertrages. Die Überprüfung der notwendigen Voraussetzungen und Rechtsfolgen einer Gesellschaftsgründung und -aufrechterhaltung hat ergeben, dass das Pico Peering Agreement die Organisation in der Form einer Gesellschaftlich bürgerlichen Rechts ermöglicht. Anschließend wurden vereinsrechtliche Grundlagen und beispielhaft bereits bestehende Vereine dargestellt.

Den zweiten Block der Untersuchung bildete die Analyse möglicher Störungen in den vorher ermittelten Rechtsverhältnissen. Als primäres Ergebnis zeigt sich, dass sowohl im Gefälligkeits-, als auch im Gesellschaftsverhältnis die Sekundärhaftung weitgehend ausgeschlossen bzw. eingeschränkt ist. Dieser Befund deckt sich mit der Interessenlage der Beteiligten. Lediglich der Verein als Rechtsperson ist hier einem weitergehenden Haftungsrisiko ausgesetzt. Sofern allerdings keine vereinseigenen Anlagen angeschafft und betrieben werden, also die Mitglieder diese Leistungen in Eigenregie erbringen und der Verein lediglich als Dachorganisation dient, hält sich das Haftungsrisiko in Grenzen. Als Folge müssen die Beteiligten jeweils entscheiden, ob der Vorteil im Hinblick auf die vereinfachten Organisationsstrukturen und -kanäle dieses Haftungsrisiko überwiegt.

Abschließend wurde auf die Haftung gegenüber Dritten eingegangen. Der schädigende Nutzer haftet in aller Regel unmittelbar. Bezüglich seines Computersystems können ihn darüber hinaus Pflichten zur Sicherung treffen. Der Bereich der Haftung des Betreibers wiederum wird, wie sich gezeigt hat, in Rechtsprechung und Literatur kontrovers diskutiert. Die Betreiber eines Knotens können jedenfalls als Access Provider die Privilegierung des § 8 TMG in Anspruch nehmen. Diese hilft jedoch nicht im Rahmen der Störerhaftung. Die Störerhaftung ist gekennzeichnet durch eine unübersichtliche Einbeziehung und Gewichtung verschiedenster Interessen. Dem Betreiber eines Netzknotens im offenen Netz ist jedenfalls zugute zu halten, dass er eine sozial erwünschte Aufgabe vor dem Hintergrund einer sozialen Motivation erfüllt. Weiter sind ihm bestimmte Pflichten aufgrund der Unentgeltlichkeit seiner Handlungen nicht zuzumuten. Aufgrund der Vielzahl der Interessen und der Möglichkeit der unterschiedlichen Gewichtung ist jeweils eine intensive Untersuchung des Einzelfalls notwendig. Die Haftung des Betreibers eines offenen Netzknotens aus § 1004 BGB (analog) dürfte aber in aller Regel ausgeschlossen sein. Wenn die Störerhaftung nicht greift, verbleibt dem Geschädigten lediglich der Anspruch gegen den unmittelbaren Verletzer. Um dessen Identität festzustellen, kann er versuchen, vom Access Provider Auskunft über den Störer zu erhalten. In offenen Netzen sind die notwendigen Daten allerdings regelmäßig nicht vorhanden. Zudem widerspricht der Auskunftsanspruch geltendem Datenschutzrecht. Nicht zuletzt deshalb bestehen Auskunftsansprüche gegen den Netzknotenbetreiber nicht.

II. Ausblick

Die vorliegende Arbeit soll und kann einen Überblick nur über die derzeit geltende Rechtslage inklusive den geplanten Änderungen im Urheber- und Telekommunikationsrecht und durch die Vorratsdatenspeicherung geben und basiert dafür auf der Situation im Bereich offener Netzprojekte, wie sie sich dem Autor zum Zeitpunkt der Untersuchung dargestellt hat. Beide Gesichtspunkte – Rechtslage und Status offener Netzprojekte – unterliegen allerdings einer beständigen Änderung. Aus diesem Grunde soll kurz versucht werden, einen Ausblick auf mögliche Entwicklungen zu geben.

Die rechtliche Situation im Bereich der Internet Service Provider kann bei weitem noch nicht als konsolidiert angesehen werden. Die (politische) Diskussion um die Haftung im Internet wird zwar bereits seit Jahren geführt, kann aber keineswegs als abgeschlossen betrachtet werden. Die Neufassung des TMG sowie die Umsetzung der Enforcement-Richtlinie und der Vorratsdatenspeicherungsrichtlinie bilden jedenfalls den vorläufigen Höhepunkt der Rechtsentwicklung. Wie in dieser Hinsicht Zweifel an der Rechtmäßigkeit und Praktikabilität der Umsetzung zukünftig behandelt werden, lässt sich kaum sagen. Es ist jedoch nur eine Frage der Zeit, bis sich die Gerichte mit den entsprechenden Gesetzen auch im Bezug auf die Haftung von Internet Service Providern beschäftigen werden müssen.

Nicht zuletzt sich widersprechende instanzgerichtliche Entscheidungen und die Vielzahl der wissenschaftlichen Publikationen verdeutlichen die Volatilität der geltenden Rechtslage. Mittlerweile hat der *BGH* zwar Stellung zu verschiedenen Gesichtspunkten nehmen müssen, eine stringente und konsequente Linie insbesondere im Bereich der Störerhaftung lässt sich aber dennoch nicht ausmachen. Die Tendenz des *BGH* scheint jedoch eher in Richtung einer Haftungsverschärfung zu gehen, wobei das Zögern hinsichtlich nicht unmittelbar im zu entscheidenden Fall betroffener Rechtsfragen darauf hindeutet, dass auch der *BGH* die Entwicklung der Diskussion der Instanzgerichte und der Literatur abwarten will. Bei den Instanzgerichten hingegen ist jedes Urteil mit entsprechender Vorsicht zu untersuchen. Eine definitivere Aussage im Hinblick auf die zukünftige Entwicklung lässt sich jedenfalls derzeit kaum treffen.

Als offen muss wohl auch die Frage der weiteren Entwicklung der Netzprojekte bewertet werden. Aufgrund der Offenheit und gerade der nur losen rechtlichen Bindung können Gemeinschaften praktisch jederzeit zerfallen oder sich neu bilden.[1] Es zeigt sich allerdings, dass sich ein Kern der Gemeinschaften konsolidiert und teilweise auch rechtliche Beziehungen eingeht bzw. rechtliche Strukturen in Betracht zieht. Zusätzlich ändern sich die technischen Gegebenheiten beständig. Die Netzwerke werden vergrößert und optimiert. Änderungen können sich weiter im Hinblick auf die im Zusammenhang dieser Untersuchung sehr problematische Adressierung der Netzwerkknoten ergeben. Im Zuge der Optimierung werden teilweise offizielle Internetadressen registriert, die dann im offenen Netz verwendet werden. Durch den Erwerb dieser offiziellen Adressen kann eine Identifizierung des unmittelbaren Störers erleichtert werden. Die technisch bedingte Verschleierung der Nutzeridentitäten nach außen wird dadurch aufgehoben und die rechtliche Problematik vereinfacht.

III. Offene Fragen

Im Rahmen dieser Arbeit wurde das Augenmerk auf die zivilrechtlichen Rechtsverhältnisse der Netzteilnehmer sowie bezüglich Dritter gerichtet. Nicht untersucht wurden strafrechtliche und öffentlich-rechtliche Fallkonstellationen. Weiter wurde das Verhältnis der Knotenbe-

---

[1]   Vgl. *Autengruber*, Freie Netze, 78 ff.

treiber zu ihrem Internet Service Provider ausgeblendet. Grund dafür sind u.a. die Vielzahl verschiedener AGB und die ständige Veränderung des Marktes. Außerdem wirkt sich das Verhältnis zwischen dem Betreiber des offenen Netzes und dem kommerziellen Internet Service Provider nicht auf das offene Netz und die in diesem Zusammenhang betrachteten Rechtsverhältnisse aus.

Die Haftungssituation zwischen den Beteiligten wurde nur im Hinblick auf die unmittelbare Sekundärhaftung betrachtet. Offen bleibt die Frage des Regresses. Hier verbliebe zu klären, ob und inwiefern der eventuell sogar unrechtmäßig in Anspruch genommene Netzknotenbetreiber Regress beim unmittelbaren Störer nehmen kann. In diesem Zusammenhang könnte darauf einzugehen sein, ob und wie sich das möglicherweise vorliegende Rechtsverhältnis zwischen Betreiber und Nutzer auf die Regressansprüche auswirkt.

Weiter erfolgte eine Beschränkung der Fallkonstellation auf kostenlose Angebote, die nur im Hinblick auf Vereine erweitert wurde, die lediglich den Rahmen für den privaten Aufbau bieten sollen. Kommerzielle Angebote wurden dementsprechend ausgeklammert, wobei sich z.B. aus den Erwägungen zur Störerhaftung zumindest Rückschlüsse auf diese Konstellation ziehen lassen dürften. Zudem hat sich die Rechtsprechung bereits mehrfach mit der Haftung kommerzieller Anbieter beschäftigen müssen. Es existiert insofern Judikatur, die Anhaltspunkte für die Bewertung liefern kann. Interessant im Zusammenhang mit offenen Netzen könnte schließlich die Untersuchung von „Konkurrenzmodellen" sein. Kommerzielle Anbieter nutzen hierbei über verschiedene Modelle die Anschlüsse privater Haushalte, die ihrerseits – auch finanziell – an der Nutzung ihrer Knoten durch Dritte profitieren können. Solche quasikommerziellen bzw. gemischten Angebote bergen für den privaten Betreiber ähnliche Risiken wie der Betrieb eines offenen Netzknotens.[2] Der Betreiber eines Knotens befindet sich hier in einer potentiell unangenehmen Zwitterstellung: Einerseits ist er ein quasi-kommerzieller Betreiber, der aber nur in geringem Umfang oder gar nicht finanziell an den über seinen Knoten generierten Gewinnen beteiligt ist, andererseits stellt er lediglich Infrastruktur zur Verfügung und ist in die Abwicklung der Dienstleistung praktisch gar nicht eingebunden. Beispielsweise könnten Haftungs- und Auskunftsansprüche gegen ihn geltend gemacht werden. Aufgrund seiner Stellung im Leistungssystem verfügt der Betreiber jedoch weder über die Informationen noch die Mittel, um angemessen auf diese reagieren zu können. Sehr fraglich ist dementsprechend, inwiefern die vorliegend untersuchten und aufgrund der altruistischen Haltung und der integrativen Komponente offener Netze zugunsten der privaten Betreiber angewandten Privilegierungen und Erleichterungen die Haftungssituation positiv zu beeinflussen vermögen. In unmittelbarem Anschluss wäre natürlich das Verhältnis des Knotenbetreibers zu dem die voll-

---

[2] Vgl. http://www.heise.de/newsticker/meldung/91630 (abgerufen am 28.2.2008).

ständige Organisation in der Hand haltenden kommerziellen Anbieter zu betrachten. Neben die Untersuchung der Verteilung von Haftungsrisiken träte die Analyse, inwiefern der Knotenbetreiber Ansprüche auf Freistellung von eventuellen Folgen der durchgesetzten Unterlassungsansprüche hätte. Bereits an diesen kurzen Ausführungen zeigt sich, dass die derzeitige Rechtslage Zündstoff nicht nur für offene Netze, sondern eben auch andere kommerzielle Geschäftsmodelle darstellen kann.

Anhang   Pico Peering Agreement

Pico Peering Agreement v1.0[3]

Präambel

Mittlerweile gibt es viele Community-Netzwerke, diese sind jedoch geographisch und sozial voneinander getrennt und bilden kein zusammenhängendes Netzwerk. Dieses Dokument ist ein Ansatz (Versuch), diese Netzwerkinseln miteinander zu verbinden, indem es die minimale, grundsätzliche Vorlage für ein PeeringAbkommen (Verbindungsabkommen, Bündnisabkommen) zwischen den Eigentümern individueller Netzwerkknoten liefert: das Pico Peering Agreement (PPA).

Das PPA ist eine formalisierte Beschreibung der Verbindung zwischen zwei Netzwerk-Instanzen (peers). Eigentümer einer Netzwerkinfrastruktur machen von ihrem Eigentumsrecht Gebrauch, indem sie ihr Einverständnis dafür geben, einen Teil ihrer Infrastruktur für den freien Datenaustausch über ihr Netzwerk bereitzustellen.

Das PPA wird auf http://picopeer.net von einer Gruppe Freiwilliger aus verschiedenen Ländern der Welt gepflegt (maintained). Es soll als Vorlage für weitere Kleinst-Verbindungsabkommen und Verträge dienen.

Vereinbarung

1. Freier Transit

   - Der Eigentümer bestätigt, freien Transit über seine freie Netzwerkinfrastruktur anzubieten.

---

[3]   http://www.picopeer.net/PPA-de.html (abgerufen am 28.2.2008).

- Der Eigentümer bestätigt, die Daten, die seine freie Netzwerkinfrastruktur passieren, weder störend zu beeinträchtigen noch zu verändern.

2. Offene Kommunikation

- Der Eigentümer erklärt, alle Informationen zu veröffentlichen, die für die Verbindung mit seiner Netzwerkinfrastruktur notwendig sind.
- Diese Information soll (muss?) unter einer freien Lizenz (free license) veröffentlicht werden.
- Der Eigentümer erklärt, erreichbar zu sein und wird dazu wenigstens eine E-Mail-Adresse bekanntgeben.

3. Keine Garantie (Haftungsausschluss)

- Es wird keinerlei garantierter Dienst (Betrieb, Service) vereinbart. (Es gibt keine Garantie für die Verfügbarkeit / Qualität des Dienstes.)
- Der Dienst (Betrieb, Service) wird ohne Gewähr bereitgestellt, ohne Garantie oder Verpflichtung jedweder Art.
- Der Dienst (Betrieb, Service) kann jederzeit ohne weitere Erklärung beschränkt oder eingestellt werden.

4. Nutzungsbestimmungen

- Der Eigentümer ist berechtigt, eine akzeptierbare Benutzungsrichtlinie (use policy) zu formulieren.
- Diese kann Informationen über zusätzlich (neben den grundsätzlich) angebotene Dienste enthalten.
- Dem Eigentümer steht es frei, die Richtlinie selber zu formulieren, so lange diese nicht den Punkten 1 bis 3 dieser Vereinbarung widersprechen (siehe Punkt 5).

5. Lokale (individuelle) Zusätze

- Hier können vom Eigentümer selbst Ergänzungen zur Vertragsvereinbarung vorgenommen werden.

Begriffserklärungen

- Eigentümer: Der Eigentümer verfügt über das Recht, seine Netzwerkinfrastruktur zu betreiben und einen Teil ihrer Funktionalität für das freie Netzwerk (FreeNetwork) bereitzustellen (zu stiften, zu spenden).

- Transit: Transit ist der Austausch von Daten in ein Netzwerk hinein, heraus oder durch ein Netzwerk hindurch.

- Freier Transit: Freier Transit bedeutet, dass der Eigentümer weder Gebühren für den Transit von Daten erhebt, noch die Daten verändert.

- Freies Netzwerk: Das Freie Netzwerk ist die Summe der miteinander verbundenen Hard- und Software, dessen Anteil für den freien Transit vom Eigentümer dieser Ressourcen zu Verfügung gestellt wird.

- Der Dienst: Der Dienst (Betrieb, Service) besteht aus freiem Transit und zusätzlichen Diensten.

- Zusätzliche Dienste: Im Sinne des PPA ist ein Zusätzlicher Dienst alles war über freien Transit hinaus geht. Zum Beispiel die Bereitstellung eines DHCP-Servers, WEB-Servers oder Mail-Servers.

Das PPA soll nach vereinbarten Standards in maschinenlesbarer Form in Community-Node-Datenbanken (nodeDBs) eingebaut werden, um die automatische Vernetzung solcher Knoten (Nodes) zu ermöglichen.

Abbildungsverzeichnis

2.1	VPN-Verbindungen	17
2.2	Referenzmodelle	23
2.3	Gateway mit NAT	26
2.4	Infrastrukturmodus	28
2.5	AdHoc-Modus	30
4.1	Peering und Transit	118
4.2	Sternstruktur	140
4.3	Eine vermaschte Struktur, jeder ist Betreiber und Nutzer	141
4.4	Beitritt eines Mitglieds zu einer Gesellschaft	142
4.5	Beitritt eines Mitglieds zu einer Gesellschaft ohne Verbindung zu allen bisherigen Mitgliedern	143
4.6	Zwei getrennte Gesellschaften verschmelzen durch ein Bindeglied	144
4.7	Ein Mitglied, das ersetzt werden kann, scheidet aus	145
4.8	Eine Gesellschaft zerfällt, A5 verliert jegliche Mitgliedschaft	146
4.9	Direkte Sichtbarkeit: Verschmelzung	148
4.10	VPN-Verbindung zweier Wolken	154
6.1	Der Nutzer schädigt den Dritten direkt	212
6.2	Der Nutzer schädigt durch die Kommunikation mit Dritten	213
7.1	Nur ein zwischengeschalteter Betreiber	241
7.2	Mehrere zwischengeschaltete Betreiber	241
7.3	Whitelist-Betreiber und Gateway	287
7.4	IP-Daten-Verknüpfung beim Provider	305

Index

Die Zahlen verweisen auf die Seitenzahlen.

802.11, 189

Abhilfemöglichkeit, 249
Abwägungskriterien, 259
Access Point, 28
Access Provider, 47
AdHoc, 29, 30
Admin-C, 251
Anerkennung, 15
Anmeldung, 36
Anonymität, 67, 69, 239, 261, 263
    Recht auf, 72
AODV, 31
Auskunftsanspruch, 295, 297
Auslobung, 124

B.A.T.M.A.N., 31
Beispiel, 10
Beitritt, 142
Bekanntheit, 224
Bestandsdaten, 59
Betreiber/Nutzer-Paradigma, 205
Bittorrent, 251
Blacklist, 33, 286
Bot-Netze, 40

Cluster, 33
Code is law, 19
Content Provider, 47
Copyleft, 19, 86, 99, 251
Creative Commons, 86, 123, 129, 130, 251
culpa in contrahendo, 172, 173

Daten, 220
Datenschutz, 261, 304
    Übermittlung, 306
    Nutzung, 306
    Verarbeitung, 306
Deliktsrecht, 219
Denial-of-Service, 39
Dialer, 224
Dialer-Entscheidung, 224, 226–230
Digital Divide, 17
diligentia quam in suis, 150, 180, 202, 205
do ut des, 155

DPPL, 86

effektiver Rechtsschutz, 246
Einstellung, 252
Empfangsbedürftigkeit, 96
Erhebungspflicht, 249, 268

Förderungspflicht, 135
Fernmeldegeheimnis, 312
Filter, 32
Firewall, 33
Firmware, 10
Fortsetzungsklausel, 136
Freie Netze, 12
Funkwellen, 32

Gateway, 8, 26, 32, 41, 286
Gelegenheitsgesellschaft, 135
Gesellschaft, 140
    Auseinandersetzung, 149
    Gesellschaftsvertrag, 132
    Kündigung, 149
    Verschmelzung, 142
Gesellschaft:Kuendigung, 136
Gesellschafter
    Haftung, 150
GPL, 86, 130, 133, 140
Gründung, 134

Handlungsstörer, 243
Handy-Überwachungsentscheidung, 71
Host Provider, 47
Host-Provider, 216

ICANN, 25
Identifizierung, 34
Informationelle Selbstbestimmung
    Recht auf, 67, 72
Infrastruktur-Modus, 28
Innengesellschaft, 137, 143

Internet Protocol, 24
Internetversteigerung I-Entscheidung, 5, 258, 272, 281, 284, 285
Internetversteigerung II-Entscheidung, 284
invitatio ad offerendum, 126–128
IP-Adresse, 25
IP-Header, 24
IPv4, 26
IPv6, 27
ISO/OSI-Referenzmodell, 23
ISO/OSI-Schichtenmodell, 52

Kenntnis, 244, 255
Kontrollstrukturen, 32
Kopierläden-Entscheidung, 247, 281

Lebach-Entscheidung, 73, 76
Lokalisierung, 139
Lottogemeinschafts-Entscheidung, 109

Möbelklassiker-Entscheidung, 247
MAC-Adresse, 24, 32, 35, 250
MANET, 30
Mikrozensus-Entscheidung, 76
Mittelbare Verursachung, 246
Motive, 16

NAT, 26, 35, 41
Network Provider, 47

Offene Netze, 7, 11
OLSR, 31
Open Content, 18, 123, 126
    Vertragsgestaltung, 85
Open Source, 12, 18, 123, 126, 133
    Vertragsgestaltung, 85

Patronatserklärung, 125
Peer-to-Peer, 33, 247, 251
Peering, 117
Persönlichkeitsrecht, 218
Personalausweise-Entscheidung, 247
Personenbezug, 306
Pertussin II-Entscheidung, 260
Pico Peering Agreement, 119, 120, 129, 160, 180
    Haftungsausschluss, 182
positive Forderungsverletzung, 172, 173
Prüfungspflichten, 254
Privilegierung, 301, 324
Prozessor-Id, 36
Pseudonym, 277
Pseudonymität, 69

Quality of Service, 183

R-Gesprächsentscheidung, 230

Rasterfahndungsentscheidung, 77
Rechenscheibe-Entscheidung, 247
Recht der öffentlichen Zugänglichmachung, 215
Richtervorbehalt, 319
Roaming, 29, 30
Routing, 24, 27

Sachenrecht, 187
Sekundärhaftung, 171
    bei Verwendung des Pico Peering Agreement, 180
    im Gefälligkeitsverhältnis, 171
    Verein, 185
Serverdienste, 41
Sittenwidrigkeit, 138
Spam, 40, 60
Störer, 243
Sternstruktur, 118, 140
Synallagma, 94, 123, 155, 268

TCP/IP, 24
TCP/IP-Referenzmodell, 23
Telekommunikationsüberwachungsurteil, 74, 82
Telekommunikationsdienste, 49
Telekommunikationsdiensteanbieter, 49
Terrorismus, 75
TKÜV, 61
Transit, 19, 117, 118, 205
Trojaner, 39, 220, 227

Überwachungspflichten, 254
Unterlassungsanspruch, 242
Urheberrecht, 213
Use Policy, 194

Verein, 185
    Mitglied, 164, 185
Verkehrsdaten, 59
Verkehrspflichten, 257
Verkehrssicherungspflichten, 223
    Gefahrbeherrschung, 223
Vermaschte Struktur, 141
Vernetzung, 22
Verschlüsselung, 252
Vervielfältigung, 215
Virus, 37, 60, 220
Voice-over-IP, 270
Volkszählungsurteil, 71, 74, 77, 83
Vorratsdatenspeicherung, 270
Vorratsdatenspeicherungsrichtlinie, 311

Umsetzung, 270
VPN, 17, 31, 42, 148, 163, 164

Whitelist, 33, 286
Wirtschaftliche Nutzenziehung, 259

WLAN, 10
Wurm, 38

Zustandsstörer, 243
Zweckbestimmung, 306